ROCKY MO
NATIONALPARKS

D1735831

PRAKTISCH
&
PREISWERT

Über 70 Routen- & Orientierungskarten

Baxter Reiseführer:

USA (Gesamtband)
Kalifornien
Der Westen der USA
Florida
Kanada-Ost
Kanada-West
Atlantik-Kanada
Transkanada Highway
Mexiko
Alaska
Arizona
New Mexico
West-Texas
Texas
Hawaii
Der Süden der USA
Die Ostküste der USA

Der Südwesten der USA
Die Westküste der USA
Yukatan & Südflorida
Nationalpark-Reihe:
  USA Nationalparks
  Grand Canyon bis Yellowstone
  Kalifornien Nationalparks
  Südwest USA Nationalparks
  Nordwest USA Nationalparks
  Rocky Mountains Nationalparks
  Nationalparks USA A-L
  Nationalparks USA M-Z
  Kanada Nationalparks
Inter Rail
Paris
London
Spanien (Städteführer)

alle *Praktisch & Preiswert*

Verfasser: Rosemarie Dzygoluk

Vertrieb:
GeoCenter Verlagsvertrieb GmbH/Verlagsgruppe Bertelsmann
81673 München

BAXTER Reiseführer

Seit vielen Jahren hat der Benutzerkreis der Baxter Reiseführer durch Mitteilungen und nützliche Hinweise geholfen, unsere Reiseführer auf dem neuesten Stand zu halten. Auch für Ihre Berichtigungen, Kritik und Vorschläge wären wir sehr dankbar.

Praktisch & Preiswert
Postfach 41
55272 Oppenheim/Rhein

INHALTSVERZEICHNIS

EINLEITUNG

Rocky Mountains Nationalparks *Praktisch & Preiswert* – einer der bewährten **Baxter Reiseführer** – ist der praktische Reiseführer durch die Nationalparks im Gebiet der Rocky Mountains: Gebiete der kanadischen Provinzen British Columbia und Alberta sowie der US-Bundesstaaten Montana und Wyoming. Ganz gleich, ob Sie auf eigene Faust oder als Teilnehmer einer Gruppe reisen, Rocky Mountains Nationalparks *Praktisch & Preiswert* führt Sie zuverlässig durch dieses riesige Gebiet und zeigt, **wie** Sie Ihre Reise gut planen, **wo** Sie unterwegs übernachten und **was** Sie in den Nationalparks entdecken und erleben können.

384 Seiten
Aktuell – praktisch – handlich – ausführlich

Rocky Mountains-Ortsalphabet
Von Ausgangsorten bis zu Metropolen und Nationalparks

Überblick der Nationalparks
Wetter – Entfernungen – Attraktionen – Unterkunft

Reiseroutenvorschläge
Optimale Routen zu und durch die Nationalparks

Veranstaltungen/Aktivitäten
Hinweise auf Aktivitäten wie Wandern, Reiten

Beschreibungen & Erklärungen
Informationen über Flora & Fauna sowie Geologie

Insider Tips
Praktisch & Preiswert durch die Nationalparks

Icefields Parkway
Die schönste Panoramastraße ganz ausführlich

Museum of the Plains Indians
Prärie-Indianer-Museum östlich vom Glacier NP

Wir möchten uns bedanken . . .

An dieser Stelle möchten wir den vielen Regierungsstellen und nichtstaatlichen Organisationen danken, die uns Informationsmaterial zur Verfügung gestellt haben, darunter:

Parks Canada
U.S. National Park Service
Chambers of Commerce/Visitors Bureaus
unseren Freunden in Kanada & in den USA.

Baxter Reiseführer – unentbehrlich für Reise und Urlaub!

VORBEREITUNG

Der Erfolg einer Reise durch die Rocky Mountains, die Bergkette, die das Rückgrat des nordamerikanischen Kontinents bildet, hängt weitgehend von der vorherigen gründlichen Planung und Vorbereitung ab. Feste Vorstellungen über Reiseziele, die gewaltigen Nationalparks in Kanada sowie in den USA und Reiseart erleichtern auch die Zusammenarbeit mit dem Reisebüro – Partner für den Trip.

Allgemeine USA-Information:

Fremdenverkehrsamt der USA
Bethmannstr. 56
60311 Frankfurt
(069) 9 20 03 60

Allgemeine Kanada-Information:

Kanadisches Fremdenverkehrsamt
Immermannstr. 1
40210 Düsseldorf
(02 11) 36 03 34

Gleich zum Überlegen

Automieten. Rechtzeitig reservieren. Entscheiden, welche Metropole als Ausgangsort dienen soll. Beim Reisebüro erkundigen (siehe Tips unten), wo es am günstigsten ist, ein Auto zu mieten – vom kanadischen Ausgangsort (z. B. Vancouver) oder USA-Ausgangsort (z. B. Seattle). Manche Autovermieter bieten unbegrenzte Meilen an – z. B. Alamo in Seattle; erlaubt, den Mietwagen nach Kanada zu fahren. Eventuell ein Grund, Seattle als Ausgangspunkt für die Rocky Mountains Nationalparks zu wählen! Neuester Stand und Information beim Reisebüro.

Hotel-Reservierungen. Oft sehr problematisch, kurzfristig Unterkunft in verkehrsgünstigen Orten oder sogar in Nationalparks zu bekommen. Daher finden Sie in diesem praktischen Reiseführer einen Routenvorschlag und eine Liste willkürlich ausgewählter geeigneter Hotels (mehr Info unter den einzelnen Reisezielen). Unbedingt Hotelreservierungen rechtzeitig vornehmen. Ideal, für jeden Abend der gesamten Route über eine Hotel-Reservierungsbestätigung zu verfügen – erst dann wird der Urlaub ein Urlaub! Reisebüro ist behilflich.

Reisezeit. Um die Rocky Mountains Nationalparks zu genießen und eventuellen Wetterproblemen aus dem Weg zu gehen, empfiehlt es sich, die Reisezeit Mitte Juni bis Anfang September zu wählen.

Anschlußprogramm. In diesem Reiseführer finden Sie einen 2wöchigen Routenvorschlag durch die Rocky Mountains Nationalparks. Wer z. B. eine Woche mehr Zeit hat, kann einen Besuch der Bergwelt der Rocky Mountains mit dem sonnigen Kalifornien verknüpfen; z. B. führt der Highway *I-80* problemlos von Salt Lake City nach San Franzisko. Von Kalifornien geht es auf *I-5* nordwärts zurück nach Seattle (bzw. Vancouver).

10 Tips zur Vorbereitung des Trips

1. Reisebüro aufsuchen und über die günstigsten Flugpreise, Automietangebote, Unterkunfts-/Hotelgutscheine und neuesten Visabestimmungen erkundigen. Gültigkeit des Reisepasses überprüfen. Sich mit dem Inhalt dieses Reiseführers vertraut machen.

2. Ein „*multiple-entry*"-USA-Visum besorgen; für den Kanada/USA-Grenzübertritt erforderlich.

3. Kreditkarte beantragen, z. B. Eurocard (in USA Mastercard) oder Visa-Card; erleichtert Automieten und Hotelreservierung unterwegs und hilft, wenn einem das Bargeld ausgeht.

4. Reiseroute planen, wobei die **Baxter-Route** durch die Rocky Mountains als Anhaltspunkt gilt.

5. Reisebüro aufsuchen, um Mietauto- und Hotelreservierung zu erledigen (letzteres in den Nationalparks wichtig!); Zimmerreservierung für die erste Nacht vornehmen.

6. Körperlich gut in Form sein; Nationalparks gewinnen noch mehr an Reiz, wenn man gut zu Fuß ist und die Naturschönheiten hautnah erleben kann.

7. O. a. Adressen bezüglich neuester Information anschreiben.

8. Bequeme Laufschuhe, Kamera ausprobieren. Noch zu Hause mit der Familie sich ein wenig mit dem Lesen von Straßenkarten vertraut machen – macht der ganzen Familie Spaß.

9. Mindestens nur halb so viel wie geplant packen, aber doppelt soviel Filmmaterial mitnehmen. Festen Anorak, Pullover oder Strickjacke, Badezeug, einfache Badeschuhe (für Hotelzimmer und Swimmingpool-Area), einen verläßlichen Wecker, Regenschirm und Kopfbedeckung nicht vergessen.

10. Nicht damit rechnen, in den USA deutsches Geld umzutauschen. Vor dem Abflug etwas Geld in American Express Travelers Checks umwechseln; 100-US-Dollar-Banknoten vermeiden (viele Geschäfte und Unternehmen verweigern die Annahme!). Auch etwas kanadisches Geld vor der Abreise umtauschen. US-Geld läßt sich in Kanada problemlos umtauschen; allerdings recht schwierig, kanadisches Geld in den USA umzutauschen. Am Abreisetag genug Zeit zum Erreichen des Flughafens lassen.

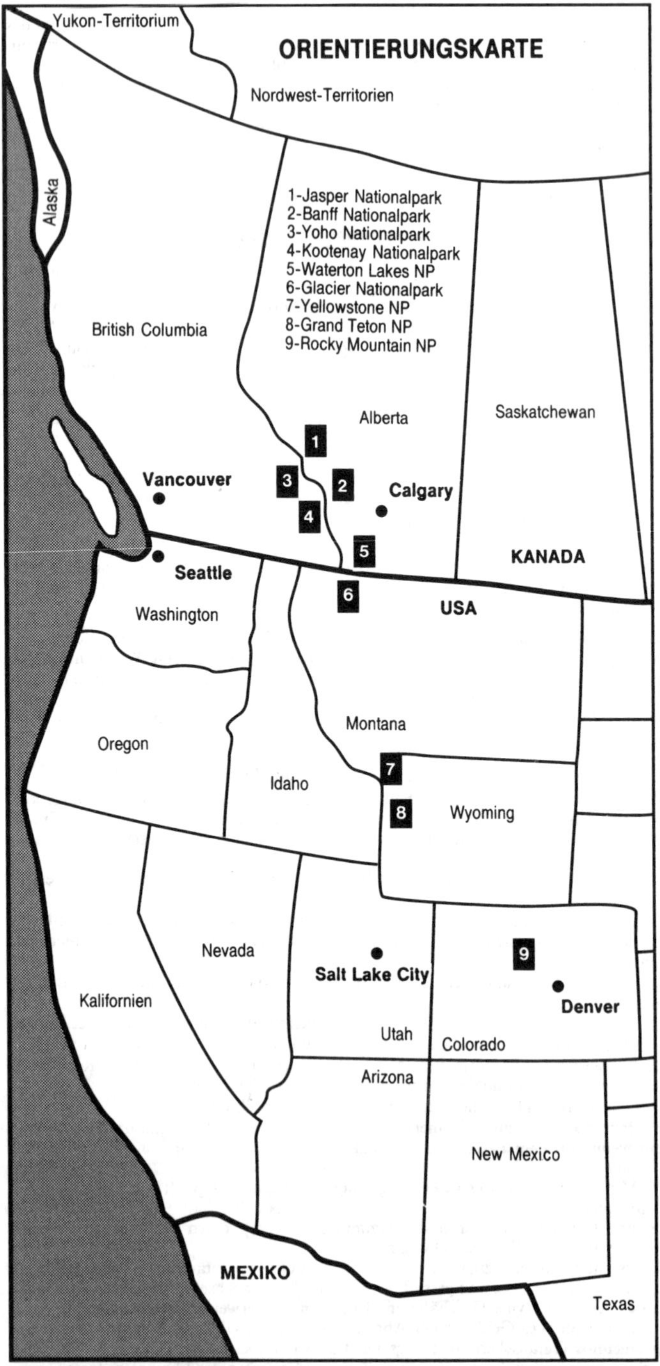

ORIENTIERUNGSKARTE
Yukon-Territorium
Nordwest-Territorien
Alaska
1-Jasper Nationalpark
2-Banff Nationalpark
3-Yoho Nationalpark
4-Kootenay Nationalpark
5-Waterton Lakes NP
6-Glacier Nationalpark
7-Yellowstone NP
8-Grand Teton NP
9-Rocky Mountain NP
British Columbia
Alberta
Saskatchewan
Vancouver
Calgary
KANADA
Seattle
USA
Washington
Montana
Oregon
Idaho
Wyoming
Nevada
Salt Lake City
Denver
Kalifornien
Utah
Colorado
Arizona
New Mexico
MEXIKO
Texas

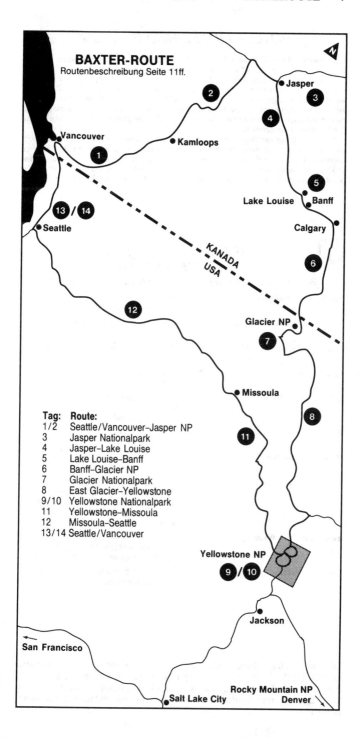

BAXTER-ROUTE
Routenbeschreibung Seite 11ff.

N

Jasper ●

2

3

4

● Vancouver

● Kamloops

1

5

Lake Louise ● ● Banff

13 / 14

Calgary

● Seattle

KANADA
USA

6

12

Glacier NP

7

● Missoula

8

11

Tag: **Route:**
1/2   Seattle/Vancouver–Jasper NP
3   Jasper Nationalpark
4   Jasper–Lake Louise
5   Lake Louise–Banff
6   Banff–Glacier NP
7   Glacier Nationalpark
8   East Glacier–Yellowstone
9/10   Yellowstone Nationalpark
11   Yellowstone–Missoula
12   Missoula–Seattle
13/14 Seattle/Vancouver

Yellowstone NP

9 / 10

● Jackson

← San Francisco

Rocky Mountain NP
Denver →

● Salt Lake City

HOTEL-/MOTEL-RESERVIERUNG

Man mag wohl den Gedanken haben, daß **Hotel-/Motel-Reservierungen** im weiten Gebiet der Rocky Mountains Nationalparks bedeutungslos zu sein scheinen. Ist man allerdings während der Hochsaison im Sommer unterwegs, wird man häufig an Motels in Nähe oder bei populären Attraktionen auf das „*No vacancy*" -Schild stoßen, wenn nicht vorausgeplant wurde. Dann entsteht Frustration, wenn nun unter viel Zeitaufwand eine Unterkunft gesucht werden muß, da alle Motelzimmer am Zielort belegt zu sein scheinen. Das sollte man sich ersparen und **vorausplanen** und Zimmerbestellungen **rechtzeitig** vornehmen!

Möglichst lange vor Beginn des Trips Zimmerreservierungen mit Hilfe des Reisebüros vornehmen. Den Reiseroutenvorschlag studieren und den eigenen Bedürfnissen anpassen. Die Baxter-Route umfaßt pro Tag ein oder zwei Motels zur Auswahl – eine größere Auswahl an Unterkünften findet man unter den jeweiligen Reisezielen. Die Muster-Reiseroute auf Seite 7 kann als Anhaltspunkt der eigenen Reiseroute dienen.

AUSWAHL VON HOTELS (MIT VORWAHLNUMMER)

Beim Reisebüro reservieren lassen oder selbst anrufen – lohnt sich!

Seattle SeaTac Airport ....Super 8 Motel: (206)433-8188
Hampton Inn: (206)878-1700

Vancouver, British Columbia ....Sheraton Landmark: (604)687-0511
O'Doul's Best Western: (604)684-8461

Kamloops, British Columbia ....Coast Canadian Inn: (604)372-5201
Slumberlodge Motel: (604)372-8235

Jasper, Alberta ....Sawridge Hotel: (403)852-5111
Mount Robson Motor Inn: (403)852-3327

Lake Louise, Alberta ....Post Hotel (Relais Châteaux):
(403)522-3989
Deer Lodge: (403)522-3747

Banff, Alberta ....Banff Park Lodge: (403)762-4433
BW Siding 29 Lodge: (403)762-5575

Waterton Lakes NP, Alberta ....Bayshore/Kootenai Inn: (403)859-2211
Prince of Wales Hotel: (403)859-2231

Glacier NP, Montana ....Many Glacier Hotel (nördlicher Teil)
Glacier Park Lodge (südöstlicher Teil)
beide o. g. Hotels im Park: (406)266-5551
St. Mary Lodge (beim Osteingang):
(406)732-4431

Yellowstone NP, Wyoming ....Mammoth Hot Springs Hotel (nördl. Teil)
Grant Village Motel (südl. Teil)
Reservierungen im Park: (307)344-7311

Missoula, Montana ....Holiday Inn Parkside: (406)721-8550
Days Inn Westgate: (406)721-9776

Die zweiwöchige Rundreise durch die Rocky Mountains Nationalparks erlaubt ideale Anschlußreise, beispielsweise durch Colorado, Utah und Nevada – siehe Der Westen *Praktisch & Preiswert,* Band 1 – oder sogar nach San Franzisko und Kalifornien – siehe Kalifornien *Praktisch & Preiswert,* Band 1.

TIPS FÜR UNTERWEGS

1. Beim Automieten versuchen, ein Auto mit **Kofferraum** (möglichst kein Auto nur mit Heckklappe!) zu bekommen. Damit läßt sich das Gepäck außer Sicht verstauen und bildet auch keinen Anziehungspunkt für Autodiebe. Sollte nicht gleich ein Auto mit Kofferraum vorhanden sein, lohnt es sich zu warten, bis eins zur Verfügung steht. Das Mietauto bei der Übernahme auf etwaige Beschädigungen und Vorhandensein des Reserverads überprüfen. Die Buchstaben am Schaltknüppel umfassen P (Park), R (Reverse = Rückwärtsgang), N (Neutral = Leerlauf) und D (Drive = Fahren). Alle Spiegel einstellen. Die Buchstaben an der Tankanzeige bedeuten F (Full = voll) & E = (Empty = leer). Mit dem Anlassen und Herausziehen des Zündschlüssels vertraut machen.

2. Auto stets abschließen. Wertsachen außer Sicht lassen. Eine Routine entwickeln, vor Verschließen des Autos den Autoschlüssel in der Hand oder in der Tasche zu haben. Um Probleme zu vermeiden, keine Anhalter mitnehmen.

3. Tankanzeige kontrollieren. Zur Gewohnheit machen, noch vor dem Einchecken ins Hotel/Motel **volltanken.** So kann am nächsten Tag ohne Verzögerung gestartet werden.

4. Zur Regel werden lassen, morgens früh aufzubrechen. Ein zeitiger Start läßt mehr Zeit, die langen Strecken zwischen den Nationalparks zu überwinden, die Nationalparks intensiver zu genießen, ehe Attraktionen überlaufen sind, zum nächsten Reiseziel/Hotel zu fahren und noch den Hotel-Swimmingpool vor Sonnenuntergang zu genießen.

5. Geschwindigkeitsbegrenzungen nicht überschreiten und möglichst nicht bei Dunkelheit fahren; reichlich Pausen machen, um sich die Beine zu vertreten. Fast-food-Lokale wie McDonald's sind ideal – man kann einen Stopp gut damit verbinden, zur Toilette zu gehen, einen Imbiß und etwas Kühles für unterwegs mitzunehmen. Gute Gelegenheit, die im Supermarkt gekauften Äpfel zu waschen. Daran denken: Nie Alkohol am Steuer; immer anschnallen.

6. Außer Snacks, Obst, Getränken oder Säften gibt es auch in vielen Supermärkten eine „heiße Theke", wo man Brathähnchen und „Ribs" erhält – auf die „Deli"-Abteilung achten. Viele Supermärkte offerieren auch eine Salatbar – herrlich an heißen Tagen.

7. Zur Erkundung der Rocky Mountain Nationalparks möglichst 3 oder 4 Tage vorausplanen und die Unterkunft anhand der in diesem Reiseführer aufgelisteten Telefonnummern/gebührenfreien Telefonnummern festlegen. In der Zeit um den **4. Juli** und **Labor Day** (erster Montag im September in den USA) scheint bei den Attraktionen immer Hochbetrieb zu sein. Natürlich bietet sich andererseits die Zeit um den 4. Juli an, die USA so richtig zu erleben und bei den Veranstaltungen mitzumachen, da überall Umzüge, Feuerwerke und besondere Veranstaltungen stattfinden (z. B. Rodeos), mit denen die Amerikaner den Independence Day = Unabhängigkeitstag feiern. Genauso feiert man am **1. Juli** in Kanada **Canada Day;** eine gute Gelegenheit, Kanada beim Feiern zu erleben.

8. Nicht zögern, beim Einchecken ins Hotel eine regionale Zeitung zu kaufen. Oft sind darin die Festveranstaltungen aufgeführt; ähnlich mit dem Fernsehprogramm.

9. Unterwegs eine Liste über die Anzahl der **Postkarten,** die nach Hause geschickt werden sollen, erstellen. Beim ersten Postamt entlang der Route (an der US-Flagge vor dem Gebäude und dem Schild U.S. Post Office/United States Post Office erkennbar; ähnlich erkennt man in Kanada das **Post Office**/die Post an der kanadischen Flagge) haltmachen und die *airmail*-Briefmarken für Postkarten nach Europa verlangen.

10. Sich sofort nach Betreten des Motelzimmers mit dem Fluchtweg im Falle eines **Feueralarms** vertraut machen. Zimmerschlüssel an sicherem Ort aufbewahren, wo er auch jederzeit auffindbar ist – z. B. oben auf dem Fernsehgerät. Muß das Zimmer fluchtartig verlassen werden, Zimmerschlüssel mitnehmen (es könnte sein, daß man zum Zimmer zurückkehren muß, wenn es im Gang brennt). Und falls man sich zum Swimmingpool oder zum Essen begibt, die Klimaanlage auf „high" (in heißen Regionen wie in Kamloops, British Columbia) stellen – so ist das Zimmer später angenehm kühl und man braucht sich nicht dem kalten Gebläse auszusetzen.

11. Beim ersten kanadischen Nationalpark eine mehrtägige Eintrittskarte kaufen.

12. Ein guter Tourist sein; die Privatsphäre der Indianer, den Grundbesitz der Rancher oder die natürlichen Schätze der Nationalparks **respektieren.**

Gebührenfreie Hotel-/Motel-Reservierungsnummern

Amfac Hotels: 1-800-227-4700
Best Inns: 1-800-237-8466
Best Value Inns: 1-800-322-8029
Best Western: 1-800-528-1234
Budgetel Inns: 1-800-4-BUDGET
Chalet Susse: siehe Susse Chalet
Clarion Hotels: 1-800-CLARION
Comfort Inn: 1-800-228-5150
Country Hearth Inn: 1-800-848-5767
Courtyard Inn: 1-800-321-2211
Days Inn: 1-800-325-2525
Doubletree Hotels: 1-800-528-0444
Downtowner Motor Inn: 1-800-238-6161
Drury Inn: 1-800-325-8300
Econolodge: 1-800-55-ECONO
Embassy Suites: 1-800-EMBASSY
Exel Inns: 1-800-356-8013
Fairfield Inn by Marriott: 1-800-228-2800
Fairmont Hotels: 1-800-527-4727
Forte Hotels: 1-800-225-5843
Four Seasons Hotels: 1-800-332-3442
Friendship Inns: 1-800-453-4511
Guest Quarters Suite Hotel: 1-800-424-2900
Hampton Inn Hotels: 1-800-HAMPTON
Helmsley Hotels: 1-800-221-4982
Hilton Hotels: 1-800-HILTONS
Holiday Inn: 1-800-HOLIDAY
Homewood Suites: 1-800-CALL-HOM(E)
Howard Johnson: 1-800-654-2000
Hyatt Hotels: 1-800-233-1234
Ibis: siehe Novotel
Inter Continental: 1-800-327-0200
Knights Inn: 1-800-843-5644
La Quinta: 1-800-531-5900

Lexington Hotel Suites: 1-800-53-SUITE
Loews Hotels: 1-800-23-LOEWS
L-K Motels: 1-800-282-5711
Marriott: 1-800-228-9290
Master Hosts Inns: 1-800-251-1962
Meridien: 1-800-543-4300
Nendels Motor Inns: 1-800-547-0106
Novotel: 1-800-221-4542
Omni Hotels: 1-800-THE OMNI
Park Inns: 1-800-473-PARK
Preferred Hotels: 1-800-323-7500
Quality Inn: 1-800-228-5151
Radisson Hotels: 1-800-333-3333
Ramada Inn: 1-800-2-RAMADA
Red Carpet Inns: 1-800-251-1962
Red Lion Inns: 1-800-547-8010
Red Roof Inns: 1-800-THE-ROOF
Residence Inns: 1-800-331-3131
Ritz Carlton: 1-800-241-3333
Rodeway Inn: 1-800-228-2000
Scottish Inns: 1-800-251-1962
Sheraton: 1-800-325-3535
Shilo Inns: 1-800-222-2244
Shoney's Inns: 1-800-222-2222
Sleep Inns: 1-800-62-SLEEP
Sofitel: siehe Novotel
Sonesta Hotels: 1-800-SONESTA
Stouffer: 1-800-468-3571
Super 8 Motel: 1-800-800-8000
Susse Chalet: 1-800-S-CHALET
Travelodge: 1-800-255-3050
Vagabond Inns: 1-800-522-1555
Westin Hotels: 1-800-228-3000
Wyndham Hotels: 1-800-822-4200

Temperaturen. Temperaturen werden in den USA im allgemeinen in Fahrenheit angegeben. Umrechnung von Fahrenheit auf Celsius: Minus 32, dann mal 5 und durch 9! In Kanada werden die Temperaturen in Celsius angegeben.

Temperaturvergleich auf einen Blick
°Fahrenheit (°F) = °Celsius (°C)

°F	°C	°F	°C	°F	°C	°F	°C	°F	°C
32 =	0	49 =	9	66 =	19	83 =	28	100 =	38
33 =	1	50 =	10	67 =	19	84 =	29	101 =	38
34 =	1	51 =	11	68 =	20	85 =	29	102 =	39
35 =	2	52 =	11	69 =	21	86 =	30	103 =	40
36 =	2	53 =	12	70 =	21	87 =	31	104 =	41
37 =	3	54 =	12	71 =	22	88 =	31	106 =	41
38 =	3	55 =	13	72 =	22	89 =	32	107 =	42
39 =	4	56 =	13	73 =	23	90 =	32	108 =	42
40 =	4	57 =	14	74 =	23	91 =	33	109 =	43
41 =	5	58 =	14	75 =	24	92 =	33	110 =	43
42 =	6	59 =	15	76 =	24	93 =	34	111 =	44
43 =	6	60 =	16	77 =	25	94 =	34	112 =	44
44 =	7	61 =	16	78 =	26	95 =	35	113 =	45
45 =	7	62 =	17	79 =	26	96 =	36	114 =	46
46 =	8	63 =	17	80 =	27	97 =	36	115 =	46
47 =	8	64 =	18	81 =	27	98 =	37	116 =	47
48 =	9	65 =	18	82 =	28	99 =	37	117 =	47

Zahlen von 0 bis 31

0-zero
1-one
2-two
3-three
4-four
5-five
6-six
7-seven
8-eight
9-nine
10-ten

11-eleven
12-twelve
13-thirteen
14-fourteen
15-fifteen
16-sixteen
17-seventeen
18-eighteen
19-nineteen
20-twenty
21-twenty one

22-twenty two
23-twenty three
24-twenty four
25-twenty five
26-twenty six
27-twenty seven
28-twenty eight
29-twenty nine
30-thirty
31-thirty one

BAXTER'S 2-WOCHEN-ROUTE
„Auf nur 4000 km die Bergwelt der Rockies erleben"

1.-2. Tag: Seattle/Vancouver–Kamloops/Jasper NP
(etwa 476 mi/762 km Vancouver–Jasper)

Seattle, im Bundesstaat Washington der USA, und **Vancouver,** in der kanadischen Provinz British Columbia, sind auf Grund ihrer Lage, der ausgezeichneten Flugverbindungen und großen Auswahl an Autovermietern ideale Ausgangspunkte für die Rocky Mountain Nationalparks (NP ist im folgenden die Abkürzung für Nationalpark).

Reisenden, die von der Pazifikküste aus den Jasper Nationalpark so schnell wie möglich erreichen möchten, wird folgende Route empfohlen. Von **Vancouver** fährt man auf dem *Trans-Canada-Highway* bis **Hope.** Von **Hope** geht es dann auf dem *Coquihalla Highway* (zwar eine gebührenpflichtige Autobahn, aber es lohnt sich) nach **Kamloops.** Anschließend gelangt man über *Hwy 5/Hwy16* von **Kamloops,** in British Columbia, zum **Jasper Nationalpark** in Alberta. Vielen mag die 476 mi/762 km lange Strecke zwischen Vancouver und Jasper Townsite (Stadt) im Jasper Nationalpark ein bißchen zu lang vorkommen, aber bei einem frühen Start in Vancouver ist das durchaus zu schaffen.

Da die Entfernung zwischen **Seattle/Vancouver** und dem **Jasper Nationalpark** so groß ist, läßt sich die Etappe auch auf zwei Tage verteilen. Außerdem gibt es unterwegs verschiedene interessante Attraktionen, wie beispielsweise das Visitors Center im **Wells Gray Provincial Park,** die **Reargard Falls** in Clearwater (wo man die Lachse auf ihrer Wanderung zu ihren Laichplätzen beobachten kann) – nur einen kurzen Spaziergang weg vom *Hwy 16,* östlich der Kreuzung *Hwy 5/Hwy 16,* und den westlich von Jasper Nationalpark, aber noch in British Columbia befindlichen **Mt. Robson Provincial Park.**

Kamloops ist ein idealer Übernachtungsstopp auf dem Weg zwischen Vancouver und dem Jasper Nationalpark – etwa 202 mi/323 km nordöstlich von Vancouver via *Coquihalla Highway* und 274 mi/439 km südwestlich vom Jasper Nationalpark. Am 2. Tag der Etappe kann man bei einem frühen Start von Kamloops am frühen Nachmittag in **Jasper** eintreffen – gerade noch rechtzeitig, um im Hotel einzuchecken und sogar noch einen Ausflug zum **Maligne Canyon/Maligne Lake** zu unternehmen. Den nächsten Tag hat man dann für andere Aktivitäten in der Jasper Townsite Area zur vollen Verfügung.

4. Tag: Jasper–Lake Louise
Entlang des Icefields Parkways durch Jasper & Banff Nationalparks
(etwa 145 mi/232 km)

Die Fahrt entlang des **Icefields Parkways** bildet einen der Höhepunkte des Trips durch die Nationalparks der Rocky Mountains. Möglichst vor 7 Uhr morgens von Jasper Townsite aufbrechen. Dies läßt genügend Zeit, unterwegs an den Aussichtsstellen bis zur **Columbia Icefield Area** mit dem **Icefield Centre** (ausgezeichnete Ausstellung/Exponate/Information) zu halten, dann hinunter zur Gletscherstirn des Athabasca-Gletschers zu fahren, und, wenn man will, eine Snocoach Tour zu dem nahen Gletscher zu unternehmen. Auf dem Weg zur Columbia Icefield Area und Lake Louise auf keinen Fall die Wasserfälle **Athabasca Falls** versäumen. Einzelheiten zur Jasper–Lake Louise-Route siehe **Icefields Parkway** unter Jasper Nationalpark.

5. Tag: Lake Louise–Banff
(nur etwa 35 mi/56 km entlang des verkehrsreichen Trans-Canada-Highways)

Der kurze Trip entlang des verkehrsgeplagten *Trans-Canada-Highways* (TCH) zwischen **Lake Louise** und der Stadt **Banff** läßt genügend Zeit, die Stadt und die Umgebung zu erkunden. Wer ein bißchen mehr Zeit hat, kann von Lake Louise nach Banff als Alternativroute zum *TCH* den überraschend ruhigen Trip entlang des reizvollen **Bow Valley Parkways** wählen. Wer einen halben Tag extra hat, könnte einen Ausflug zum nahen **Kootenay Nationalpark** mit interessanter Fahrt per Sessellift zum **Sunshine Village** (auf Beschilderung entlang *TC-1* achten) als willkommene Abwechslung unternehmen.

6. Tag: Banff–Waterton Lakes NP/Glacier NP
(etwa 245 mi/392 km zum Waterton Lakes Nationalpark)

Bei frühem Start von **Banff** läßt sich vermutlich der größte Teil des morgendlichen Berufsverkehrs in **Calgary** vermeiden. Dann hat man ausreichend Zeit, den **Waterton Lakes Nationalpark** zu erkunden, von Kanada in die USA überzuwechseln (über Öffnungszeiten der Grenzkontrollstellen = *border opening hours* bei Information Centers erkundigen) und seine Unterkunft im **Glacier Nationalpark** zu erreichen – beispielsweise Many Glacier Hotel im nördlichen Teil des Parks. Die Entfernung vom Waterton Lakes Nationalpark zum Glacier Nationalpark beträgt etwa 50 mi/80 km.

7. Tag: Durch den Glacier Nationalpark
(von St. Mary über Going-To-The-Sun-Road & US 2 nach East Glacier etwa 118 mi/189 km)

Das **St. Mary Visitors Center** aufsuchen, ehe zum Trip über die Panoramastraße **Going-To-The-Sun-Road** nach **West Glacier** aufgebrochen wird. Von hier geht es weiter ostwärts entlang *US 2* nach East Glacier mit Unterkunft im Glacier Nationalparks Glacier Park Hotel; sehr angenehme Unterbrechung mit Swimmingpool und Golfplatz!

8. Tag: Glacier NP–Yellowstone NP
(etwa 375 mi/600 km via Browning, Helena & Livingston)

Die etwa 375 mi/600 km lange Route zwischen **East Glacier**, am Südostzipfel des Glacier Nationalparks und **Mammoth Hot Springs**, am Nordeingang = North Entrance des Yellowstone Nationalparks, bietet große Abwechslung an Attraktionen und Landschaft.

Ungefähre Entfernungen in Meilen/Kilometer:

East Glacier – Browning................................. 12/19
Browning – Choteau..................................... 74/118
Choteau – Wolf Creek/I-15.......................... 69/110
Wolf Creek – Helena....................................... 36/58
Helena – Three Forks/I-90............................. 64/102
Three Forks – Livingston.............................. 59/94
Livingston – Yellowstone NP.......................... 61/98
East Glacier – Yellowstone NP..................... 375/600

East Glacier–Choteau

US 2 überquert den **Two Medicine River** östlich von **East Glacier.** In **Browning** – bekannt durch sein **Museum of the Plains Indian** – geht es auf *US 89* südwärts nach **Choteau**. Die Fahrt geht durch die Blackfeet Indian Reservation. Außerhalb von Browning erklärt eine Informationstafel ein wenig über die **Blackfeet Indianer.**

Gelegentlich mag es vorkommen, daß die im Text erwähnten Hinweistafeln Opfer von Rowdytum geworden und entfernt worden sind. Der Text kann aber weiterhin als begleitende und unterhaltende Randinfo dienen.

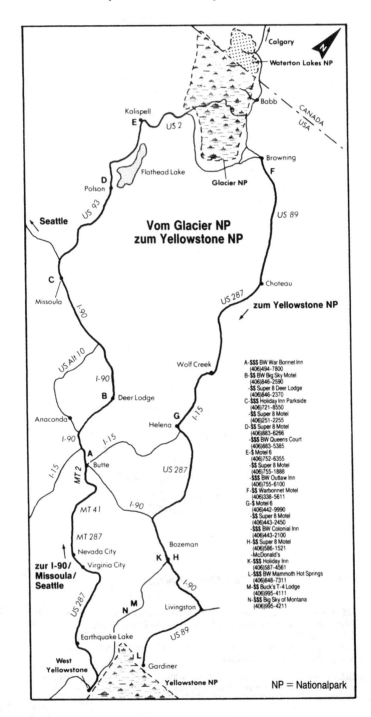

Calgary

Waterton Lakes NP

Babb

CANADA
USA

Kalispell

E — US 2

Browning

F

Flathead Lake

Glacier NP

D

Polson

US 89

Seattle

US 93

**Vom Glacier NP
zum Yellowstone NP**

Choteau

C

Missoula

US 287

zum Yellowstone NP

I-90

US Alt 10

I-90

Wolf Creek

B — Deer Lodge

Anaconda

G

Helena

I-15

I-90

I-15

A

Butte

US 287

MT 2

MT 41

I-90

MT 287

Bozeman

Nevada City

Virginia City

K H

**zur I-90/
Missoula/
Seattle**

I-90

US 287

N M

Livingston

Earthquake Lake

US 89

**West
Yellowstone**

L

Gardiner

Yellowstone NP

A-$$$ BW War Bonnet Inn
(406)494-7800
B-$$ BW Big Sky Motel
(406)846-2590
-$$ Super 8 Deer Lodge
(406)846-2370
C-$$$ Holiday Inn Parkside
(406)721-8550
-$$ Super 8 Motel
(406)251-2255
D-$$ Super 8 Motel
(406)883-6266
-$$$ BW Queens Court
(406)883-5385
E-$ Motel 6
(406)752-6355
-$$ Super 8 Motel
(406)755-1888
-$$$ BW Outlaw Inn
(406)755-6100
F-$$ Warbonnet Motel
(406)338-5611
G-$ Motel 6
(406)442-9990
-$$ Super 8 Motel
(406)443-2450
-$$$ BW Colonial Inn
(406)443-2100
H-$$ Super 8 Motel
(406)586-1521
-McDonald's
K-$$$ Holiday Inn
(406)587-4561
L-$$$ BW Mammoth Hot Springs
(406)848-7311
M-$$ Buck's T-4 Lodge
(406)995-4111
N-$$$ Big Sky of Montana
(406)995-4211

NP = Nationalpark

THE BLACKFEET NATION – Die Nation der Schwarzfüße: Besteht aus drei Stämmen – Pikunis oder Piegans, Bloods und Blackfeet. Jeder Stamm ist je nach Blutsverwandschaft in Clans unterteilt. Die Hauptgruppe der Indianer des Reservats bilden die Piegans. Einst hielten die Blackfeet die Gegend nördlich von Edmonton, Alberta (Kanada) bis zum Yellowstone River souverän besetzt. Sie waren bekannt dafür, sich schnell zur Wehr zu setzen, zu vergelten und zu rächen, doch sobald man ihre Freundschaft gewonnen hatte, waren sie starke und loyale Verbündete.

Von den ersten Trappern und Siedlern wurden sie sehr gefürchtet, da sie sich erbittert und blutrünstig zur Wehr setzten, um ihre Jagdgründe vor Eindringlingen zu schützen. Kein anderer Stamm kam ihnen an Tapferkeit gleich. Stolz auf ihre Herkunft und Geschichte, bemühten sie sich, ihre Stammesgepflogenheiten und Traditionen zu erhalten. Aus ihren Reihen gingen große Redner, Künstler und Politiker hervor.

In der Nähe vom **Birch Creek** kommt man etwa 30 mi/48 km südlich von **Browning** zu einer interessanten Informationstafel.

CAPTAIN MERIWETHER LEWIS: Captain Meriwether Lewis von der Lewis und Clark Expedition, von dreien seiner Leute begleitet, erforschte diesen Teil des Landes auf der Rückreise von der Pazifikküste. Am 26. Juli 1806 trafen sie acht Indianer und verbrachten gemeinsam die Nacht am **Two Medicine Creek,** etwas nordöstlich von hier. Am nächsten Morgen entwickelte sich ein Kampf, nachdem die Indianer versucht hatten, den Forschern Pferde und Gewehre zu stehlen. Dabei wurden zwei Indianer getötet.

Man vermutete, daß es sich um Blackfeet Indianer gehandelt hatte. In Wirklichkeit waren es Gros Ventres (Big Bellies = Großbäuche). Die Verwirrung im Sprachgebrauch kommt durch die etwas oberflächliche Anwendung des Namens Blackfeet während der Pelzhandelsepoche, als damit global verschiedene Stämme bezeichnet wurden – zum Beispiel nur die Blackfeet, die Piegans oder Pikuni, die Bloods und die Gros Ventre der Prärie.

Fährt man auf *US 89* weiter südwärts, gibt es soweit das Auge reicht, nur Felder und Weideflächen. Zwischendurch sind die imposanten Ölpumpen zu sehen. Etwa 6 mi/10 km nördlich von **Choteau** biegt die Straße ab zur **Teton Pass Winter Sports Area** – etwa 28 mi/45 km westlich. In der Nähe der Kreuzung befindet sich eine interessante Informationstafel.

BUFFALO – Büffel: In der Zeit der Pelzhändler und Trapper, kurz nach dem Lewis und Clark Expedition (1804-1806), war das ganze, an die Rocky Mountains grenzende Land von hier nordwärts bis hinauf nach Kanada und südwärts zu den drei Gabelflüssen des Missouri und des Yellowstone Rivers Büffelland und Jagdrevier der Blackfeet Nation. Die Indianer galten als gefürchtete und erbitterte Kämpfer, die argwöhnisch ihr Territorium vor Eindringlingen schützten und verteidigten.

Wie bei allen Plains Indianern hing ihre Existenz von der der **Büffel** ab. Büffelherden bedeuteten Nahrung, Mokassins, Bekleidung, Beinkleider (Gamaschen) und Zeltwände ihrer Tepees. In manchen Indianerlegenden kommt der erste Büffel aus einem Loch im Boden hervor. Als das schier Undenkbare passierte und der Büffel ausgerottet wurde, machten die Indianer die Weißen dafür verantwortlich, diese Stelle gefunden, die Herden hineingetrieben und das Loch zugeschüttet zu haben.

Choteau–Helena

Choteau ist ein freundlicher Ort auf der Route vom **Glacier Nationalpark** zum **Yellowstone Nationalpark.** Nach Pierre Chouteau (1789-1865) benannt – Angehöriger der berühmten Pelzhandelsfamilie von St. Louis. Das reizvolle Naturschutzgebiet **Bob Marshall Wilderness** (etwa 96 km langes Gebiet entlang der *Continental Divide)* liegt östlich der Stadt. Das **Teton Trail Museum** beherbergt Ausstellungen und Exponate aus der Zeit des Wilden Westens. Im **Wildlife Museum** ist die größte Bärenfalle der Welt zu besichtigen. Snack oder richtige Mahlzeit beim **Log Cabin Drive In;** gemütliche „Wildwest"-Atmosphäre; wer Kontakt zu Einheimischen sucht, setzt sich an die Theke.   Südlicher Teil der Stadt Choteau am Verkehrskreisel hinter Teton County Courthouse. Motels in der Stadt vorhanden.

Von **Choteau** geht es auf *US 287* südwärts Richtung **Helena.** Unterwegs fährt man kilometerweit durch Felder- und Rinderland. Auf *I-15* passiert man mehrere bezaubernde Canyons, ehe es auf die hügelige Prärie geht. Bei der Anfahrt auf Helena, ist schon von weitem der See **Lake Helena** zu sehen.

Helena–Three Forks

In **Helena** wurde Gold gefunden, als eine Gruppe erfolgloser Goldsucher, die durch die Gegend zogen, hier im Bach einen letzten Versuch unternahm, nach dem kostbaren Metall zu suchen. 1864 fanden sie viel Gold und nannten die Area **Last Chance Gulch** – etwa Fluß der letzten Chance. 1875 wurde Helena Hauptstadt des Montana Territoriums (später des Bundesstaates Montana), während Last Chance Gulch die heutige *Main Street* (Hauptstraße) ist!

Attraktionen: **State Capitol** – 45minütige Führungen sowie Gemälde des Charles M. Russel (1864-1926; berühmter Maler des Amerikanischen Westens) „Lewis and Clark Meeting the Flathead Indians" (Lewis und Clark treffen sich mit den Flathead Indianern). Ebenfalls populär ist das **Montana Historical Museum & Russel Gallery.**

Von **Helena** geht es auf *US 287* an East Helena, am **Canyon Ferry Lake** vorbei nach Townsend, wo der Missouri River überquert wird. Weiter südwärts gelangt man auf *I-90* und zur Stadt Three Forks. **Three Forks** bekam seinen Namen von den drei Flüssen Jefferson, Madison und Gallatin Rivers, die hier zusammenfließen und den **Missouri River** bilden. Hier befindet sich der Kern der Rinderzuchtbetriebe. Attraktionen: Die alte **Sacajawea Inn** aus dem Jahre 1910; mit Restaurant. Sehenswert ist auch der **Missouri Headwaters State Park** mit Exponaten der Lewis & Clark Expedition.

Three Forks–Livingston–Yellowstone NP

Von **Three Forks** läuft *I-90* ostwärts über **Bozeman** und **Livingston.** Östlich von Three Forks ist die Abzweigung von *I-90* südwärts, wo man auf einer etwa 7 mi/11 km langen Staubstraße zum **Madison Buffalo Jump State Monument** gelangt. Wer Zeit übrig hat, kann sich diesen Abstecher erlauben. Die Stätte wurde mindestens 2000 Jahre lang als Büffelfalle genutzt. An diesem Buffalo Jump (*buffalo* = Büffel; *jump* = Sprung) töteten einst Jäger von Primitivkulturen riesige Mengen Büffel, indem sie die Büffel in einer wilden Hetzjagd über den Klippenrand trieben.

Heute ist hier nicht viel zu sehen; es gehört schon ein bißchen Fantasie dazu, sich das Trampeln der riesigen Büffelherden und die Aufregung, wenn die Büffel über den Felsrand in den Abgrund stürzten, vorzustellen. Büffel gehörten damals schließlich zur Existenzgrundlage der Indianer in dieser kargen Gegend des alten Amerikas und lieferten alles Lebensnotwendige – Nahrung und Material. In einem Zeitalter, bevor man hier Pferde und Gewehre besaß, war dies wahrscheinlich die beste Methode, Büffelfleisch zu bekommen.

Bozeman ist ein populärer Ausgangsort zum **Big Sky Resort,** südlich an *US 191,* sowie nach West Yellowstone. Attraktionen: **Montana State University** und **Museum of the Rockies** – Geologisches, Archäologisches, Ethnologisches, Geschichtliches und Western Art Kunstgalerie; *South 7th & Kagy Blvd,* auf dem Universitätsgelände **Montana State University Campus,** in der Nähe des Football-Stadions (amerikanischer Fußball).

Livingston war ursprünglich das Tor zum Yellowstone Nationalpark. Hier hielten die Fernzüge von den 1880er Jahren an und brachten Touristen aus aller Welt hierher. Heute folgt *US 89* dem **Yellowstone River** südwärts Richtung **Gardiner** und **Mammoth Hot Springs,** innerhalb des Yellowstone Nationalparks. Kurz bevor man **Mammoth Hot Springs** erreicht, passiert man ein riesiges Steintor und überquert den 45. Breitengrad – hier hat man die Hälfte zwischen Nordpol und dem Äquator erreicht!

9. & 10. Tag: Yellowstone Nationalpark erkunden
(etwa 140 mi/224 km)

Es gibt im Yellowstone Nationalpark soviel zu sehen und zu erleben, daß es sich empfiehlt, mindestens 2–3 Tage im Park zu verbringen. Wer Extrazeit hat, kann einen Ausflug zum Grand Teton Nationalpark mit seinen majestätischen Berggipfeln unternehmen, südlich des Yellowstone Nationalparks.

11. Tag: Yellowstone NP–Missoula
(etwa 284 mi/454 km)

Möglichst früh am Tag **Yellowstone Nationalpark** via **West Yellowstone** verlassen, um unterwegs bis **Missoula** einige Stopps machen zu können. Unterkunftsreservierung für Missoula rechtzeitig im voraus vornehmen – beispielsweise Holiday Inn in der Innenstadt oder Days Inn an I-90 am westlichen Ausläufer der Stadt (Exit 96).

Ungefähre Entfernungen in Meilen/Kilometer:

West Yellowstone – Earthquake Lake................ 36/58
Earthquake Lake – Virginia City........................ 59/94
Virginia City – Butte...................................... 72/115
Butte – Deer Lodge....................................... 38/61
Deer Lodge – Missoula.................................. 79/126

West Yellowstone–Earthquake Lake

Von **West Yellowstone** führt *US 287* nordwärts vorbei an der Ranger Station, dem Flughafen West Yellowstone Airport und einem Campingplatz National Forest Campground. Unterwegs wird der **Madison River** überquert. Etwa 9 mi/14 km nördlich von West Yellowstone führt *US 191* nordwärts zum Feriengebiet **Big Sky Resort Area** und nach **Bozeman**. *US 287* zieht sich westwärts entlang des Seeufers des **Hebgen Lake**, wo die Landschaft durch ein heftiges Erdbeben des Jahres 1959 völlig verändert wurde. Informationstafeln unterwegs geben nähere Einzelheiten.

GEOLOGICAL AREA – Geologisches Gebiet: Dieses etwa 14 800 Hektar große Gebiet wurde vom U.S. Forest Service (Forstbehörde) zur geschützten geologischen Area erklärt – zur Aufklärung der Öffentlichkeit und zum Studium der zahlreichen Erscheinungsformen, die aus dem Erdbeben vom 17. Aug. 1959 herrühren.

RED CANYON – Roter Canyon: Die rötliche Felsklippe im Basisbereich des Berges gehört zum Erdgraben **Red Canyon Fault Scarp**. Diese Oberflächenerscheinung eines Erdgrabens schnitt eine Forststraße *Forest Service Trail* ab. Eine Seite der Straße fiel etwa 7 m ab.
   Die an der Bergseite sichtbaren Klippen gehören ebenfalls zum Graben Red Canyon Fault. An verschiedenen Stellen gibt es bis zu fünf separate Steilhänge auf der Bergseite oberhalb der Straße.

Weiter westwärts entlang *US 287* kommt man zu einer weiteren Informationstafel. Der See **Hebgen Lake** liegt auf etwa 1048 m ü. M.

HEBGEN LAKE: Eine der spektakulären Folgen des Erdbebens ist die Verschiebung des Ufers dieses Reservoirs. Der Staudamm **Hebgen Dam** sank etwa um fast 3 m, als sich ein Brocken der Erdkruste gegen diese Seite verschob.

BUILDING DESTRUCTION – Zerstörte Gebäude: An dieser Stelle stürzten zwei Ferienhäuser ein und ein drittes, das von einer Frau und deren Hund bewohnt war, kippte in den See. Nachdem die Frau das Ufer erreicht hatte, versuchte sie sich bis zu den Nachbarhäusern zu retten. Der Hund rettete sein Frauchen vor einer etwa 4 bis 5 m tiefen Spalte. Hier ist auch ein Stück der zerstörten Straße zu sehen.

Fährt man auf *US 287* weiter, erreicht man den Staudamm **Hebgen Dam**, wo deutlich zu sehen ist, wo der Damm gesunken ist. Ein Stück weiter überquert man den **Cabin Creek** und passiert einen neuen National Forest Campingplatz.

REFUGE POINT – Flüchtlingspunkt: In der Nacht des Erdbebens wurden etwa 250 Leute im **Madison River Canyon** von der Katastrophe überrascht. Der Fluchtweg wurde ihnen durch den Einsturz der Straße am See Hebgen Lake und den riesigen Erdrutsch am Canyon-Rand versperrt. Als feststand, daß man in der Falle saß, sammelten sich die meisten der Leute auf dem hinter dieser Informationstafel liegenden Bergkamm und warteten auf Hilfe.
   Ein Rettungsteam mit Fallschirmspringern, die sonst bei Waldbränden eingesetzt werden, sprang an dieser Stelle ab, um erste Hilfe zu leisten und die Verletzten für den Transport vorzubereiten. Die Leute wurden von Hubschraubern der Luftwaffe und des Forest Service abtransportiert.

EARTHQUAKE LAKE – Erdbebensee: Der See bildete sich, als der Erdrutsch den Weg des **Madison Rivers** versperrte. Die Leute des U.S. Army Corps of Engineers schnitten in aller Eile einen 15-m-Ablauf in den Erdrutsch, um flußabwärts eine mögliche Überschwemmung zu verhindern. Die abgestorbenen Bäume entlang des Seeufers waren im Hochwasser ertrunken.

Etwa 2 mi/3 km nach dieser Infotafel gelangt man zum **Madison River Canyon Visitors Information Center** mit Ausstellung und Exponaten über das Erdbeben Madison River Earthquake.

Am Aussichtspunkt links vom Earthquake Visitors Center:

MADISON RIVER CANYON LANDSLIDE – Erdrutsch des Madison River Canyons: Der gewaltige Erdrutsch am Ende des **Madison Canyon** ereignete sich in der ersten Minute des Erdbebens in der Nacht des 17. Aug. 1959. Etwa 40 Millionen Kubikmeter Steine und Felsbrocken verstopften den Canyon 60 bis 120 m tief. Die Masse des Erdrutsches besteht aus glimmerhaltigem metamorphem Gestein, das sich vor dem Erdrutsch im oberen Teil der Böschung gebildet hatte. Das Material war stark verwittert und sehr weich. Halt bot eine Dolomitschicht, die sich im unteren Teil des Hangs gebildet hatte; stärker als das glimmerhaltige Material diente sie als natürliche Stützwand für das weichere Material. Durch das Erdbeben erhielt die Stützmauer möglicherweise Risse, die dem Material des Abhangs erlaubten, in den darunter befindlichen Canyon zu rutschen. Die großen, weißlichen Brocken auf der Oberfläche des Erdrutsches sind ehemalige Teile der gebrochenen Dolomitmauer; sie wurden über und auf die gegenüberliegende Canyon-Wand geschoben oder davongetragen.

Earthquake Lake–Virginia City
Ungefähre Entfernung etwa 59 mi/94 km

Nach dem **Earthquake Lake** und dem **Forest Service Visitors Center** setzt sich *US 287* nordwärts fort. In der Nähe befindet sich die Informationstafel zum **Raynolds Pass.**

RAYNOLDS PASS: Der niedrige Einschnitt in den südlich von hier liegenden Bergen ist der Bergpaß **Raynolds Pass** über der *Continental Divide* = kontinentale Wasserscheide.

Jim Bridger, berühmter Trapper und Scout (Späher), führte im Juni 1860 eine aus Wissenschaftlern bestehende Expedition durch den Paß. Die Gruppe wurde von Capt. W. F. Raynolds vom U.S. Army Corps of Engineers angeführt. Die Gruppe kam vom Süden durch den Paß und lagerte in derselben Nacht hier in der Nähe am Madison River. Capt. Raynolds schrieb: „Der Paß ist so niedrig, daß es äußerst schwierig ist, den genauen Punkt festzustellen, wo sich die Wasserscheide befindet. Ich nannte den Paß Low Pass (= Niedriger Paß); nach meinem Dafürhalten ist es einer der bemerkenswertesten und wichtigsten Punkte in der Topographie der Rocky Mountains".

Auf dem Weg nach **Ennis** passiert man einen Campingplatz = BLM Campground (BLM = *Bureau of Land Management*) am **Madison River** sowie künstlich bewässerte Felder. In Ennis gibt es mehrere Motels. Von hier läuft *MT 287* westwärts nach **Virginia City.**

SPHINX MOUNTAIN: Man sieht im Osten die Skyline der **Madison Mountain Range** – Teil des Beaverhead National Forest. Die Berge wurden allmählich durch geologische Kräfte wie beim Erdbeben im August 1959 in die Höhe geschoben. **Sphinx Mountain** und **Helmet** bestehen fast ausschließlich aus Sphinx-Konglomerat wie die unten an der Basis dieser Informationstafel eingelassenen Gesteinsproben. Das Konglomerat ist etwa 900 m dick; wurde vermutlich unter Wasser in der Nähe einer prähistorischen Gebirgsfront gebildet und später an seinen heutigen Platz gedrängt. Die Färbung kommt von roten Sandkörnern, die die größeren Kiesel bedecken.

Virginia City

Sechs Prospektoren unter Führung des Bill Fairweather entdeckten hier am Alder Gulch am 26. Mai 1863 **Gold**; sie nannten den Fluß so wegen der vielen Erlen = *alder* am Ufer. Innerhalb eines Jahres hatte **Virginia City** 10 000 Einwohner. **Virginia City** – Schauplatz des größten Goldrauschs der Geschichte – wurde Hauptstadt des Montana Territoriums und blieb es bis 1875, als die Hauptstadt nach **Helena** – heutige Hauptstadt des Bundesstaates Montana – verlegt wurde.

Überall entlang des **Alder Creek** schossen Lager und Camps aus dem Boden – einschließlich **Nevada City**, fast 2 mi/3 km entfernt, und **Adobetown**. Recht und Ordnung zu halten, galt damals als eines der größten Probleme, zumal der Sheriff selbst kein Gesetzeshüter und an den vielen Überfällen und Golddiebstählen beteiligt war. Bürger, sogenannte *Vigilantes* (eine Art Selbstschutzverband), nahmen das Gesetz selbst in die Hand, hängten den Sheriff und einige seiner Kumpane, die als Straßenräuber bekannt waren. Der Friedhof **Boot Hill Cemetery** wurde ihre letzte Ruhestätte.

Glücklicherweise verfiel **Virginia City** – etwa 1756 m ü. M., als die Bergleute und Goldgräber abzogen, nicht in eine Geisterstadt = *Ghost Town*. Heute sind noch viele der ursprünglichen Gebäude erhalten. Am besten parkt man das Auto und bummelt die Straße entlang. Es gibt viele Souvenirläden, Saloons und mehrere Museen, einschließlich **Historical Museum** neben der Post. Abends gibt es zur Unterhaltung populäre Melodramen über das 19. Jahrhundert, aufgeführt von den Virginia City Players. Vom Stage Office am anderen Ende der Stadt gibt es Zugverkehr zu dem etwa 1,6 km entfernten **Nevada City**.

Virginia City–Butte
Entfernung via *MT 287/MT 41/MT 2* etwa 72 mi/115 km

Kurz hinter Virginia City kommt man nach **Nevada City** – etwa 1715 m ü. M. Nevada City wurde, nachdem die Bergleute abzogen, zur Geisterstadt; die alten Gebäude, die man sieht, stammen aus anderen Teilen Montanas. Hier kann man sich die alten Blockhütten und andere Gebäude von der Nähe ansehen; in der **Music Hall** befindet sich eine große Sammlung Musikorgeln.

NEVADA CITY: Heute Geisterstadt entlang des Alder Gulch, aber einst eine Bergwerksstadt, in der in den 1860er Jahren oft der Teufel los war. Einst ein Handelszentrum, in dem mit Goldstaub und Gold-Nuggets bezahlt wurde, wo Männer noch Männer und Frauen eine Seltenheit waren.
Die erste Exekution der Bürger-Selbstschutzorganisation (sogenannte *Vigilantes*) fand statt, als George Ives, ein berüchtigter Straßenräuber, des Mordes überführt, gehängt wurde. Das Flußtal erlebte einst viele Romanzen, Glanz, Melodramen, Komödien und Tragödien. Heute ist alles still und friedlich.

ADOBETOWN: Goldhaltige Stellen im Alder Gulch ließen viele Orte aus dem Boden sprießen. **Adobetown** beispielsweise erlebte eine kurze Blütezeit, als es 1864 Zentrum des Goldabbaus wurde. In jenem Jahr holten die Bergleute Gold im Werte von über 350 000 Dollar aus Wasserläufen der Gegend.
Der Name stammt von den vielen Lehmhütten (= *adobe shacks*), die die Bergleute in der Gegend errichteten. Im Herbst 1865 schien Adobetown eine feste Siedlung geworden zu sein, als Nicholas Carey und David O'Brien einen großen Blockhausladen eröffneten. Die zentrale Lage des Geschäfts wirkte sich auf die Erweiterung der Siedlung und Entwicklung weiterer Geschäftszweige aus. Postkutschen von Salt Lake City und später von der Union Pacific Railroad in Corinne, Utah (Nähe Brigham City) machten reguläre Station in Adobetown und brachten Fahrgäste und Post.
Die Stadt erhielt 1875 ein Postamt mit Carey als Posthalter. Er und später seine Frau Mary waren bis zu ihrer Pensionierung die einzigen Posthalter; die post wurde danach im Herbst des Jahres 1907 geschlossen.
Einst bestand zwischen **Adobetown** und **Virginia City** starker Konkurrenzkampf um die politische und gesellschaftliche Position am Alder Gulch. Adobetowns Einwohnerzahl und Bedeutung ließ nach 1865 nach, als die Goldstellen in der unmittelbaren Gegend erschöpft waren.

Hinter Adobetown führt *MT 287* durch saftige Wiesen und die Orte **Laurin** und **Sheridan**. Bei **Twin Bridges** (von hier sind es etwa 45 mi/72 km bis Butte) verläuft *MT 41* durch Jefferson Valley und überquert den Jefferson River.

JEFFERSON VALLEY: Die Lewis und Clark Expedition kam im August 1805 auf dem Weg nach Westen den **Jefferson River** hinauf. Sie hofften, Shoshone Indianer – Sacajaweas Stamm – zu treffen und Pferde zu bekommen, um die westlich von hier verlaufenden Berge zu überqueren. Südlich von hier gabelt sich der Fluß; den Ostarm bildet der **Ruby** und den Westarm der **Beaverhead**. Die Expedition folgte dem letzteren und stieß in der Nähe von **Armstead** auf Shoshones.
Auf der Rückreise von der Pazifikküste im Jahre 1806, verfolgte Capt. William Clark ihre ehemalige Route dieses Tal abwärts bis **Three Forks** und überquerte den **Yellowstone River**. Capt. Lewis trennte sich im **Bitter Root Valley** von Clark, überquerte die *Continental Divide* über den **Big Blackfoot River** und zog bis **Great Falls**. Lewis und Clark trafen sich in der Nähe der Mündung des Yellowstones, wo beide im Abstand von 9 Tagen ankamen.

Die kurvenreiche *MT 2* klettert beim **Pipestone Pass** – etwa 1975 m ü. M. – hinauf zur *Continental Divide*; zu beiden Seiten der Straße ein Felsenmeer. Bei der Fahrt abwärts nach **Butte** hat man eine Panoramasicht von der Stadt. Es geht am Flughafen, einer Ranger Station, Shopping Center (Einkaufszentrum) und kurz, bevor man *I-90* erreicht, am Chamber of Commerce (Handelskammer) vorbei – anhalten, um neueste Informationen über Attraktionen, Führungen sowie einen Stadtplan zu erhalten.

Butte

Butte nahm in den 1860er Jahren seinen Anfang als Goldbergwerks-Camp; nachdem die Goldfunde zurückgegangen waren, fand man Silber und in den 1880er Jahren Kupfer in dem angeblich „reichsten Hügel der Erde" (*the richest hill on earth*). Seitdem bestimmte Kupfer die Wirtschaftslage der Area. Durch gefallene Kupferpreise und gestiegenen Produktionskosten wird heute nicht mehr viel Kupfer abgebaut; die Stadt war gezwungen, sich eine andere Wirtschaftsgrundlage aufzubauen.

Attraktionen in Butte: **Copper King Mansion** – 32 Zimmer in viktorianischer Eleganz. Die Grube **Berkeley Pit** war einst eines der größten Bergwerke der Welt. **Mineral Museum** im Montana College of Mineral Science and Technology beherbergt eine riesige Mineraliensammlung. Im **World Museum of Mining** befinden sich Exponate über Bergbau und Bergwerksgeräte.

Big Hole Battlefield Nationalmonument

Reisenden, die etwas zeitlichen Spielraum haben, bietet **Butte** eine interessante Ausflugsmöglichkeit. Etwa 90 mi/144 km südwestlich von Butte, in der Nähe des Orts **Wisdom**, liegt **Big Hole Battlefield Nationalmonument**; erreichbar über *I-15* südwärts von **Divide**, dann westwärts entlang *MT 43*.

Hier bekämpften die Nez Percé Indianer am 9. und 10. Aug. 1877 die Truppen der amerikanischen Armee und entgingen der Gefangennahme. Sie befanden sich auf dem Weg vom östlichen Oregon und westlichen Idaho, wo man sie in kleinen Reservaten zwangsevakuiert hatte, nach Kanada. Die Indianer hofften, dort mit ihrem Volk in Frieden leben zu können. Am Ende ihres Trecks (ging auch durch Yellowstone NP) hatten sie etwa 2720 km zurückgelegt und nur etwa 48 km südlich der Grenze zwischen den USA und Kanada haltgemacht! Von den 800 Indianern zu Beginn des Trecks blieben nur etwa 480 übrig, die sich am 30. Sept. 1877 übergaben.

Butte–Deer Lodge

Auf der Weiterfahrt nach **Missoula** und zum **Glacier Nationalpark** verläuft der Interstate Highway entlang der Ausläufer des Berges, der **Butte** so berühmt machte. Kurz nach der Kreuzung der südwärts führenden *I-15* kommt man zu einer Informationsstelle über **Pintlar Scenic Route** – die Strecke der *MT 1* durch **Anaconda** und **Philipsburg**, bevor es bei **Drummond** wieder auf *I-90* geht. Fährt man auf *I-90* weiter, sieht man den großen Schornstein von **Anaconda** – Be- und Verarbeitungsanlage für Kupfer.

Deer Lodge ist eine der ältesten Städte Montanas; liegt etwa auf halbem Weg zwischen Yellowstone und Glacier Nationalparks. Bekannt durch das Gefängnis Old Montana Prison (Montana Territorial Prison), diente 1871 bis 1979 als Strafanstalt; auch antike Ford-Autosammlung, Towe Ford Museum (1903-1950). Am Nordrand der Stadt liegt die

Grant-Kohrs Ranch mit Interessantem über Montanas Ranch-Leben. Die Ranch gehörte einst einem der Begründer Montanas Rinderwirtschaft.

Deer Lodge–Missoula

Fährt man auf *I-90* weiter nordwärts, gelangt man durch Farmland und Viehzuchtgebiet; künstlich bewässertes Land. Es geht über Little Blackfoot River, Drummond (etwa 30 mi/48 km nördlich von Deer Lodge), durch bewaldetes Gebiet und über Blackfoot River, ehe man **Missoula** erreicht. Missoula kommt aus dem Indianischen „Lm-i-sule-tiku", was etwa „am oder in der Nähe von kalten, eisigen Gewässern" bedeutet. Die Stadt mit etwa 40 000 Einw. beherbergt die 1895 gegründete **University of Montana**; von einst 50 sind es heute etwa 9000 Studenten, die die Universität besuchen.

12. Tag: Missoula, Montana–Seattle
(etwa 483 mi/773 km entlang *I-90*)

Bei einem sehr frühen Start von Missoula läßt sich Seattle noch am frühen Abend erreichen. Obwohl die Etappe ziemlich groß ist, gewinnt man im allgemeinen durch die ausgezeichnete Autobahn *I-90* entsprechend viel Zeit. Nur während des letzten Abschnitts durch das Gebirge der Cascades wird die Strecke etwas kurvenreich. Für diejenigen, die von Seattle weiter nach Vancouver, in Kanada, fahren wollen, beträgt die Entfernung etwa 150 mi/240 km.

Space Needle
Seattle

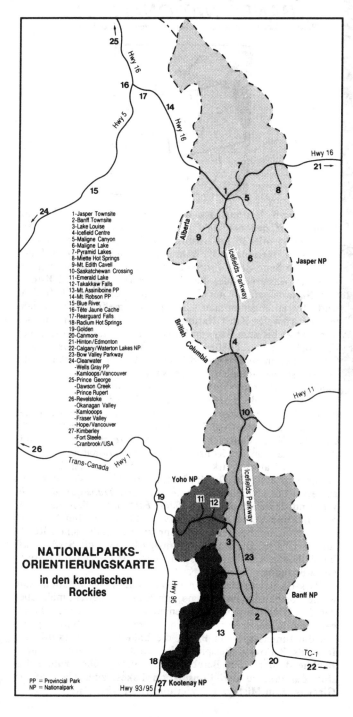

1-Jasper Townsite
2-Banff Townsite
3-Lake Louise
4-Icefield Centre
5-Maligne Canyon
6-Maligne Lake
7-Pyramid Lakes
8-Miette Hot Springs
9-Mt. Edith Cavell
10-Saskatchewan Crossing
11-Emerald Lake
12-Takakkaw Falls
13-Mt. Assiniboine PP
14-Mt. Robson PP
15-Blue River
16-Tête Jaune Cache
17-Rearguard Falls
18-Radium Hot Springs
19-Golden
20-Canmore
21-Hinton/Edmonton
22-Calgary/Waterton Lakes NP
23-Bow Valley Parkway
24-Clearwater
  -Wells Gray PP
  -Kamloops/Vancouver
25-Prince George
  -Dawson Creek
  -Prince Rupert
26-Revelstoke
  -Okanagan Valley
  -Kamlooops
  -Fraser Valley
  -Hope/Vancouver
27-Kimberley
  -Fort Steele
  -Cranbrook/USA

NATIONALPARKS-
ORIENTIERUNGSKARTE
in den kanadischen
Rockies

PP = Provincial Park
NP = Nationalpark

BANFF NATIONALPARK
„Reizvolle Landschaft mit den beliebten Orten Banff & Lake Louise"

Der **Banff Nationalpark** liegt in der kanadischen Provinz Alberta, auf den östlichen Seiten der kanadischen Rockies, nur etwa 85 mi/136 km westlich von **Calgary.** Im **Norden** liegt der **Jasper Nationalpark,** während sich im Westen, auf der westlichen Seite der *Continental Divide,* die große nordamerikanische Wasserscheide, die Nationalparks **Yoho** und **Kootenay Nationalpark** in der Provinz British Columbia befinden. Und obwohl angenommen wird, daß vor mehr als 10 000 Jahren die Area des Banff Nationalparks die Heimat der Indianer war, hat es bis zum Bau von Kanadas erster transkontinentaler Eisenbahn in den 1880er Jahren gedauert, bis die ersten weißen Siedler in diese Gegend kamen. Mit der Entdeckung von heißen Schwefelquellen in der Nähe vom Stadtzentrum von Banff, für die die Stadt berühmt ist, und mit dem Bau der Eisenbahn, wurde die Gegend ein beliebtes Reise- und Erholungsziel. Um die Area in der Umgebung der Quellen und die natürliche Schönheit der Landschaft zu schützen, wurde 1885 eine Art Naturschutzgebiet, *a national reserve,* eingerichtet; damit hatte man das Konzept für einen **Nationalpark** – Kanadas **erstem** Nationalpark – geschaffen. Von der ursprünglichen Größe von etwa 26 Quadratkilometern dehnte sich der Park auf etwa 6641 Quadratkilometer aus. Der *Trans-Canada Highway* und der spektakuläre *Icefields Parkway* stellen die Nord/Süd-Highway-Verbindung auf etwa 109 mi/174 km her; und schaffen damit bequemen Zugang zu dem natürlichen Reichtum des Parks. Der **Banff Nationalpark** sowie die **Stadt Banff** im südlichen Teil des Parks sind nach dem Ort Banffshire in Groß-Britannien benannt.

Park-Naturspezialisten, *park naturalists* veranstalten eine Reihe kostenloser Programme, um Ihnen zu helfen, mehr über den **Banff Nationalpark** kennenzulernen. Zu den drei Hauptgebieten, in deren Bereich diese Programme stattfinden, gehören die **Innenstadt** von **Banff,** die **Lake Louise Area** und der **Icefields Parkway.** Beispielsweise werden Wanderungen nach **Bankhead,** der alten Bergbaustadt, durchgeführt; zum **Johnston Canyon,** zu den **Consolation Lakes,** zum **Plain of Six Glaciers,** zum **Mistaya Canyon** und zur **Parker Ridge.**

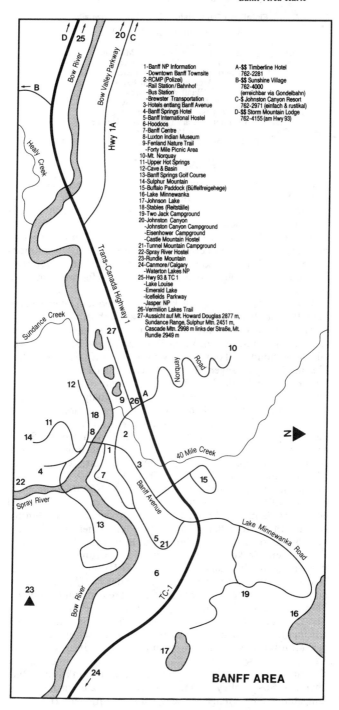

1-Banff NP Information
-Downtown Banff Townsite
2-RCMP (Polizei)
-Rail Station / Bahnhof
-Bus Station
-Brewster Transportation
3-Hotels entlang Banff Avenue
4-Banff Springs Hotel
5-Banff International Hostel
6-Hoodoos
7-Banff Centre
8-Luxton Indian Museum
9-Fenland Nature Trail
-Forty Mile Picnic Area
10-Mt. Norquay
11-Upper Hot Springs
12-Cave & Basin
13-Banff Springs Golf Course
14-Sulphur Mountain
15-Buffalo Paddock (Büffelfreigehege)
16-Lake Minnewanka
17-Johnson Lake
18-Stables (Reitställe)
19-Two Jack Campground
20-Johnston Canyon
-Johnston Canyon Campground
-Eisenhower Campground
-Castle Mountain Hostel
21-Tunnel Mountain Campground
22-Spray River Hostel
23-Rundle Mountain
24-Canmore/Calgary
-Waterton Lakes NP
25-Hwy 93 & TC 1
-Lake Louise
-Emerald Lake
-Icefields Parkway
-Jasper NP
26-Vermilion Lakes Trail
27-Aussicht auf Mt. Howard Douglas 2877 m,
Sundance Range, Sulphur Mtn. 2451 m,
Cascade Mtn. 2998 m links der Straße, Mt.
Rundle 2949 m

A-$$ Timberline Hotel
762-2281
B-$$ Sunshine Village
762-4000
(erreichbar via Gondelbahn)
C-$ Johnston Canyon Resort
762-2971 (einfach & rustikal)
D-$$ Storm Mountain Lodge
762-4155 (am Hwy 93)

BANFF AREA

26 BANFF NATIONALPARK

Banff-Stadt-Orientierung

Einteilung Banff Nationalpark/Banff Townsite

1. Banff Stadtorientierung Townsite Area
2. Baxter Banff Tips
3. Infotafeln neben Banff Museum
4. Tunnel Mountain Area
5. Banff Springs Hotel & Sulphur Mountain Area
6. Area nördlich von Banff
7. Banff Area Touren
8. Banff Area Checkliste
9. Lake Louise Orientierung
10. Infotafeln am Lake Louise Seeufer
11. Lake Louise Checkliste
12. Icefields Parkway durch Banff Nationalpark

BANFF-STADT

Die Stadt **Banff** liegt im südlichen Teil des **Banff Nationalparks, Ihr Tor zum Park. Banff Townsite,** wie wir die Stadt zur besseren Unterscheidung zum Banff Nationalpark auch manchmal nennen werden, ist von den Metropolen West-Kanadas leicht erreichbar, wie **Calgary, Edmonton** und **Vancouver. Calgary** liegt beispielsweise etwa 85 mi/136 km im Osten, **Edmonton** etwa 262 mi/422 km im Nordosten und **Vancouver** etwa 569 mi/915 km über den *Trans-Canada Highway* im Südwesten.

Banff ist mit jeder Art Verkehrsmittel **bequem** zu erreichen. Zum Beispiel berührt der *TC-1* die Stadt auf seiner Route zwischen **Calgary** und **Vancouver. Banff** verfügt über eine **Bahn**verbindung, via **Mountain Vistas Railtours,** sowie **Bus**verbindung mit Greyhound. Tourbusse verkehren auf der reizvollen 178 mi/287 km langen Route zwischen **Banff** und **Jasper,** im **Jasper Nationalpark.** Und **Lake Louise,** ein weiterer beliebter Ferienort, eine Ferienoase im **Banff Nationalpark,** liegt etwa nur 35 mi/56 km **nördlich** von Banff. Es gibt **direkte** Busverbindung vom Flughafen Calgary Airport nach Banff und zum Banff Springs Hotel. Und genau an den Ausläufern der Stadt, nahe dem Banff Springs Hotel, liegt der hohe **Mount Rundle,** etwa 3000 m hoch, nach dem ersten Missionar, der 1840 nach Alberta kam, benannt.

Die Stadt **Banff** hat etwa 4000 Einwohner, doch im Sommer schwillt diese Zahl durch die vielen Touristen an; Banff bekommt dann die Anzeichen einer Großstadt. Erwarten Sie von der Innenstadt Banffs nicht die Idylle eines kleinen Erholungsortes, oder eines verborgenen Bergdorfs. **Banff** ist eine Realität, ein Verkehrsknotenpunkt, ein Zentrum für Übernachtungsmöglichkeiten und wirtschaftlicher Mittelpunkt des Banff Nationalparks. Viel Gewimmel entlang der *Banff Avenue,* Verkehr, Verkehrsampeln, geschäftiges Treiben und Souvenir Shops. Schauen Sie sich *Banff Avenue,* die Hauptstraße der Stadt, einmal gegen Abend an, dann werden Sie merken, was wir meinen. Das Schöne an Banff ist, daß Sie schon nach wenigen Minuten aus all dem Gewimmel der Stadt an den stillen Ufern des **Bow River** sein, oder auf einem Wanderpfad an Douglas-Tannen vorbei zu einem Aussichtspunkt mit Blick über das **Bow Valley** gelangen können. Es gibt in Banff und Umgebung eine Menge zu sehen und zu erleben. Halten Sie sich ruhig ein paar Tage hier auf, aber machen Sie hierzu **recht-zeitig vorher** Ihre Zimmerreservierung, oder falls Sie Camping machen, zeigen Sie sich früh am Tage, um einen Campingplatz auf den Campingplätzen am **Tunnel Mountain** zu sichern.

BANFF STADTORIENTIERUNG

Eine Ihrer ersten Stationen im Stadtzentrum von Banff sollte das **Park Information Center** sein, Punkt 1 auf unserer Orientierungskarte. Hier können Sie sich ins einzelne gehende Informationen über den **Banff Nationalpark** besorgen. In einer Ecke gibt es einen bestimmten Spezialschalter, wo Sie Wander-karten, topographische Karten kaufen, wo Sie sich über Einzel-heiten der vielen Wander- und Bergpfade erkundigen und sich Ihre *backcountry hiking permits,* Wandererlaubnis mit Über-nachtung in der Wildnis, besorgen können. Hier bekommen Sie auch Auskunft über die Stadt Banff sowie anderer Teile und Regionen der Provinz Alberta sowie der Nachbarprovinz British Columbia. Die Leute hier kennen sich aus und werden Ihnen gerne behilflich sein, aber Sie müssen wissen, **was** Sie erfragen wollen. Wir haben Ihnen dazu eine **Checkliste** über Informationsmaterial und mögliche Fragen erstellt.

Die Greyhound Busstation befindet sich am Punkt 2 unse-rer Karte. Von hier (wie auch vom Banff Springs Hotel) fahren die Gray Line Tours Ausflugsbusse ab. Busse vom Bahnhof und vom Flughafen Calgary Airport halten ebenfalls hier. Wei-tere Auskünfte über Banff erhalten Sie beim Chamber of Com-merce, Punkt 3. Hier erkundigen Sie sich auch über Einzelhei-ten und Preise für Ausritte, *trail rides,* fragen Sie nach Spezia-litätengeschäften, *specialty shops,* von Banff sowie nach Na-men und Adressen von Angel-, Jagd- und Bergführern und Kletterschulen, *mountaineering (climbing) schools.* Und wenn Sie während der ersten Hälfte des August hier sind, verlangen Sie den speziellen Veranstaltungskalender, *Banff Festival Ca-lendar,* Opern, Schauspiele, Ballett und Musicals im **Banff Centre** Komplex, direkt östlich der Innenstadt von Banff.

Neben Central Park befindet sich das Nature Museum mit sehr interessanter Ausstellung über Tiere des Banff Nationalparks, Felsen, Gesteinen, Pflanzen, Vögeln, Bergziegen und Schafen. Sehr lehrreich, ein von *Parks Canada* betriebenes Museum. Der **Totempfahl** in dem angrenzenden **Central Park** ist ein Geschenk des Indianerhäuptlings Chief Shaman Kipton aus British Co-lumbia als eine Geste der Freundschaft. Am entgegengesetzten Teil des Parks gibt es ein Picknickgelände und einen öffent-lichen Parkplatz.

Ein sehr beliebtes Lokal für ein schnelles Essen zu vernünfti-gen Preisen ist das Smitty's Pancake House, **4,** das es auch in anderen Teilen Kanadas gibt. Bei Nijinska's, **5,** kanadi-sches Kunsthandwerk, Indianer-Mokassins und andere Souve-nirs. Die Post ist am Punkt **6.** Beim Trail Rider, **7,** bekommen Sie Informationen über Reittouren, Angeln und Camping; auch

DOWNTOWN BANFF

Buffalo Paddocks
(einzige Zufahrt über TC 1 westwärts).

1-Park Information Centre
 -Parks Canada
2-Greyhound
 -Brewster Transportation
3-Chamber of Commerce
 -Central Park
 -Park Museum
4-Smitty's Restaurant
5-Nijinska's (Souvenirs)
6-Post Office (Post)
7-Trail Rider
 (132 Banff Avenue)
 -Holiday on horseback
8-Hudson's Bay Company
9-McDonald's
10-Bank
11-Clock Tower Village Mall
 -Natural History Museum
12-Melissa's Restaurant
13-Luxton Museum Plains Indian
 -Luxton Trading Post
14-Avis
15-Whyte Museum of the
 Canadian Rockies
 -Gallery
 -Archives of the
 Canadian Rockies
16-Mexican Restaurant
17-A & W Restaurant
18-CAA (kanadischer Automobilclub)
19-Canoe Rental Kanuvermietung
20-Ticino Restaurant
21-Rail Station
 -Caboose Restaurant
22-Park Administration Building
 -Cascade Garden
23-Banff Springs Hotel
 -Upper Hot Springs
 -Sulphur Mountain
24-RCMP (Polizei)
25-Hospital
26-Sundance Mall
 -British Columbia Info
27-Banff Camera Shop
28-Buffalo Paddock
29-Harvey's Swiss Chalet
30-Fenland Nature Trail
 -Vermilion Lakes Drive
 -Trans-Canada Highway
 -Timberline Lodge
 -Mt. Norquay
 -Bow Valley Parkway
 -Johnston Canyon
 -Sunshine Village
 -Icefields Parkway
 -Lake Louise/Jasper
31-Supermarkt
32-Gus's Family Restaurant
33-Phil's Steak & Pancake
 (Family Restaurant)
34-Bumper's The Beef House
35-Banff Centre
36-Tunnel Mountain Drive

37-Trans-Canada Highway
 -Lake Minnewanka
 -Canmore/Calgary
 -Waterton Lakes NP
38-Lake Louise/Jasper
39-Calgary
40-Pharmacy/Apotheke
41-Library/Bibliothek
42-High School

A-$$$ Mount Royal Hotel
 762-3331
B-$$ High Country Inn
 762-2236
C-$$ Red Carpet Inn
 762-4184
D-$$ Irwin's Motor Inn
 762-4566
E-$$$ BW Siding 29 Lodge
 762-5575
F-$$ Woodland Village Inn
 762-5521
G-$$ Charlton's Evergreen Court
 762-3307
H-$$ Aspen Lodge
 762-4418
K-$$$ Charlton's Cedar Court
 762-4485
L-$$ Banff Motel
 762-2332
M-$$ Alpine Motel
 762-2332
N-$$$ Banffshire Inn
 762-2201
O-$$ Spruce Grove
 762-2112
P-$$ Voyager Inn
 762-3301
R-$$$ Swiss Village Lodge
 762-4581
S-$$ Bumper's Inn
 762-3386
T-$$$ Inns of Banff Park
 762-4581
U-$$$ Banff Rocky Mountain Resort
 762-5531
V-$$ Bow View Motor Lodge
 762-2261
W-$$$ Banff Park Lodge
 762-4433
X-$$ Homestead Inn
 762-4471
Y-$$ Cascade Inn
 762-3311
Z-$ YWCA
 nach billigen Zimmern erkunden
AA-Banff Int. Hotel
BB-Ptarmigan Inn
CC-Traveller's Inn

Keine Unterkunft! Banff Reservations versucht,
Zimmer zu finden (Vermittlungsgebühr).
204 Cariboo Street (403)762-5561. Auch beim
Chamber of Commerce nach Zimmer in Privathäu-
sern erkundigen
- accommodations in private homes.

Downtown Banff-Karte

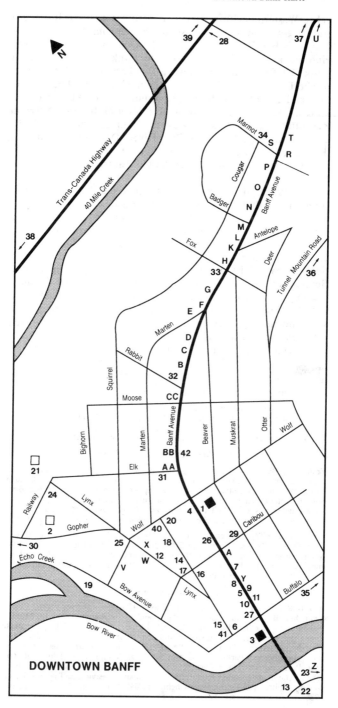

DOWNTOWN BANFF

echte Westernkleidung. Daneben befindet sich ein Reisebüro, *travel agency*. Am Punkt **8** ist eine Filiale vom Warenhaus Bay, Hudson's Bay Department Store; **McDonald's** und eine Bäckerei, *bakery*, gibt es am Punkt **9**; eine Bank am Punkt **10**. Ein **wichtiger Hinweis**: Den besten Kurs für amerikanische Dollars (falls Sie vorher in den USA waren) bekommen Sie bei der Bank. Am Punkt **11** befindet sich eine kleine Ladenstraße, *shopping mall*, sowie das **Natural History Museum**. Restaurant ,**12**. Das **Luxton Museum** befindet sich am Punkt **13**, auf der anderen Seite des **Bow River**. Das Indianermuseum, das wie ein Fort gestaltet ist, enthält Ausstellungen mit Erklärungen, wie die Indianer früher lebten. Eintritt. Sehr lohnender Besuch.

Am Punkt **14** ist eine Geschäftsstelle der Avis-Autovermietung; **15** – Bibliothek, *library*, mit Büchern über Banff, und Kunstgalerie Peter Whyte Gallery, von Zeit zu Zeit gibt es hier eine Ausstellung kanadischer Künstler; und vor der Galerie steht ein Totempfahl. Am Punkt **16** gibt es ein nettes kleines Restaurant mit mexikanischem Essen. Die Autovermietung Tilden *car rental* ist am Punkt **17**, direkt neben einem A&W Schnell-Restaurant. Das Pendant zum ADAC ist die *Canadian Automobile Association*, die am Punkt **18** eine Geschäftsstelle hat. Am Punkt **19**, direkt am **Bow River** (es ist hier sehr erholsam und nett) gibt es eine Kanuvermietung. Für Floßfahrten, *raft trips*, auf dem Bow River bekommen Sie in der Busstation oder beim Banff Springs Hotel Teilnehmerkarten, *tickets*.

 ## BAXTER BANFF TIPS

Tips für einen angenehmen Aufenthalt in der Banff Area

1. Zimmerreservierung im voraus vornehmen.
2. Mindestens 2-3 Tage einkalkulieren, Banff Area zu erkunden.
3. Sunshine Village, Johnston Canyon, Sulphur Mountain sind super.
4. Für Camping/RV vor 10 Uhr am ausgewählten Campingplatz eintreffen.

Vorschlag für 2-3 Tage Aufenthalt

Erster Tag. Banff Townsite als Ausgangsbasis zur Erkundung der Banff Area wählen. Morgens Banff Park Museum, Cave & Basin (Centennial Centre) aufsuchen; später mit der Kabinenbahn hinauf zum Sulphur Mountain; das berühmte Banff Springs Hotel ansehen; Spaziergang entlang der belebten Banff Avenue, wo man auf Besucher aus aller Welt trifft. Bei Parks Canada Information über Spezialveranstaltungen sowie kulturelle Veranstaltungen im Banff Centre erkundigen.

Zweiter/dritter Tag. Je nach Wetterlage bietet sich ein Ausflug zum Büffelfreigehege = Buffalo Paddock sowie eine Schiffspartie auf dem benachbarten See Lake Minnewanka an. Später Fahrt entlang der Panoramastraße Bow Valley Parkway zum interessanten Johnston Canyon. Wer Zeit hat, kann zum Sunshine Village fahren – Dorf inmitten herrlicher Berglandschaft.

Restaurants

A & W Restaurant. Hamburgers, Milk Shakes, Kaffee. – – **Harvey's Swiss Chalet.** Schnellimbiß *(fast food);* Suppen, Salat; populär. – – **Bumper's The Beef House.** Neben Bumper's Inn. Early Bird Special (Mo.-Fr. 16.30-17.30 Uhr); ermäßigte Dinnerpreise. Ideal, Geld zu sparen und dem Gedränge zu entgehen; außerdem Gelegenheit, Alberta Beef (= Rindfleisch) zu kosten. – – **Smitty's Restaurant.** Direkt gegenüber von Parks Canada Information; zivile Preise. – – **Melissa's Restaurant.** Preiswert; ideal für Frühstück. – – **Ticino Restaurant.** Schweizerisch-italienische Küche in angenehmer Atmosphäre. – – **Caboose Restaurant.** Tägl. ab 17 Uhr; speisen inmitten von Eisenbahngeschichte; im Bahnhof! – – **Banff Café.** Steaks seit 1926.

Weitere Tips

Straßennamen. Auffällig ist, daß die meisten Straßen in Banff Townsite nach im Banff Nationalpark vorkommenden Tieren benannt sind. – – **Angel-/Fischerlaubnis/Fishing Permits.** Bei Parks Canada und verschiedenen Filialen erhältlich; etwa $10. – – **Kanuvermietung/Canoe Rental.** An Bow Avenue. Etwa $7/Stunde; $25 pro Tag. – – **Banff Camera Shop.** Filmmaterial; Hilfe bei Kameraproblemen. – – **Bed & Breakfast/Pension.** Pension Tannenhof, 762-4636; 121 Cave Avenue (auf dem Weg nach Cave & Basin). Bei Chamber of Commerce nach Liste von Privatzimmern = *list of accommodations in private homes* erkundigen. – – **British Columbia Information.** Sundance Mall, 215 Banff Area; (403)762-4347. – – **Mietwagen/Car Rental.** Führende Autovermieter besitzen in Banff Geschäftsstellen. Lage Orientierungskarte entnehmen. – – **Billig essen.** Phil's Steak & Pancake; 461 Banff Avenue; in günstiger Lage zu vielen Banff Motels.

Infotafeln neben Park-Museum

Draußen vor dem **Park-Museum** gibt es eine Reihe von Infotafeln der Parks Canada. Sehr viel Informatives über Trends und Entwicklung der Nationalparks; neben dem Totempfahl (Symbol des guten Willens unter Indianern und ihren weißen Brüdern). Chamber of Commerce an Nordseite des Museums.

Changing Attitudes – Änderungen in der Zielsetzung. Banff war in seinen Anfangsjahren ein vom Wildnis umgebener Thermal-Kurort. Dem Schutz der Tiere und Wälder wurde weniger Bedeutung beigemessen als seinen Landschaftswundern und Bodenschätzen. Die heutigen Nationalparks bilden geschützte Wildnis inmitten entwickelter und kultivierter Landflächen. Die Nationalparkverwaltungen schützen natürliche Landschaften und Tierwelt zur Freude heutiger Besucher und deren nachfolgende Generationen.

Hunting – Jagen. In den Anfangsjahren im Park eintreffende Besucher kamen nicht nur mit der Absicht, Tiere beobachten zu können, sondern oft, sie zu jagen – wegen des Fleischs, Fells und der Hörner/Geweihe als Trophäen. Um 1890 machte sich ein alarmierender Rückgang in der Zahl des Großwilds bemerkbar, woraufhin die Jagd verboten wurde. Doch die Wilderei nahm kein Ende. 1909 wurden die ersten Wildschützen eingesetzt. Heute halten die Wildschützen die Zahl der Tiere unter Kontrolle und sorgen für den Schutz des Wildes.

Predator Control – Raubtierkontrolle. Mit dem Jahr 1890 war die Jagd auf Wild im Park verboten, doch die Jagd auf Raubtiere ging weiter. Man hielt es für die beste Methode, Wölfe, Kojoten und Pumas zu schießen oder zu vergiften, um andere wertvollere Tierarten zu erhalten. Allmählich erkannte man allerdings, welche Rolle den Raubtieren zukam, das Gleichgewicht in der gesunden Tierbevölkerung zu halten. Seit den 1960er Jahren stehen alle Parktiere gleichermaßen unter Naturschutz.

Fishing – Angeln. In den 1880er Jahren zählte in der Banff-Area das Spannen von Netzen über Flüssen und Seen zu den herkömmlichen Fischmethoden. Guter Fischfang war sicher! Doch bald wurden die Fischbestände selten; um die Fischgründe zu schützen, wurden derartige Fischmethoden verboten.

Heutige Besucher dürfen immer noch in den Parkgewässern angeln und fischen, doch Fischgröße und Angelsaison sind genau festgelegt.

Elk – Wapitihirsch. Als Banff 1885 gegründet wurde, waren die riesigen Wapitihirschherden bereits durch zuviel Abschuß, strenge Winter und fehlende Weidegebiete dezimiert. Um diese Situation zu verbessern, setzte der Park 1917 kleine, vom Yellowstone Nationalpark eingeführte Herden ein. Der Erfolg dieser Maßnahme ist heute an den Wapitihirschherden sichtbar, die in der Landschaft des Parks grasen.

Bison – nordamerikanischer Büffel. Gegen Ende der 1880er Jahre war das Plains Bison fast vollkommen ausgestorben. Um die noch verbliebenen Tiere zu schützen, holte die kanadische Regierung Herden aus Manitoba und dem US-Bundesstaat Montana. Einige wurden nach Banff gebracht und östlich der Stadt in einem Freigehege gehalten. Heute besitzt der Park Wood Bison, eine Büffelart, die vermutlich ursprünglich in dieser Area beheimatet war. Kleine Herden dieser Büffelart sind heute isoliert in verschiedenen Teilen des Parks zu finden, wo sie vor Krankheiten oder anderer Unbill geschützt sind.

Bears – Bären. Bis vor kurzem konnten viele Besucher Bären als die Parkclowns beobachten, harmlos, amüsant und eifrig für einen Snack zurückkehrend. Parkmaßnahmen waren zwecklos – Schilder mit der Aufschrift „To the Bears (zu den Bären)" führten die Besucher zu den Abfallplätzen, beliebtem Futterplatz der Bären. Die Förderung dieser Begegnung führte zu Konflikten. Besucher wurden manchmal verletzt und Bären mußten erschossen werden. Heute werden Abfälle sorgfältig beseitigt und aufbewahrt, Besucher angehalten, ihre Vorräte sicher und sorgsam aufzubewahren, was sowohl dem Schutz der Besucher als auch der Bären zugute kommt.

Wolves – Wölfe. Wohl kein anderes Tier Nordamerikas wurde mehr mißverstanden als der Wolf. Vor 1960 wurden Wölfe immer noch in Fallen gelockt und erschossen, womit man sie fast völlig aus dem Park ausgerottet hatte. Seitdem jedoch war man zu der Erkenntnis gelangt, daß Wölfe und andere Raubtiere eine große Rolle dabei spielen, das natürliche Gleichgewicht in gesunden Herden von Wapitihirschen, Elchen, Reh- und Hirschwild sowie anderen Huftieren herzustellen. Erst jetzt beginnt Banffs Wolfsbestand, sich zu stabilisieren.

Fire – Feuer. Feuer galt bislang nur als zerstörendes Element. Heute hat man den Wert von Bränden erkannt, daß nämlich damit Nährstoffe zum Boden zurückgelangen und neuer Waldwuchs gefördert werden kann. Zum Programm der Parkranger oder Warden gehört das sorgsam kontrollierte Abbrennen von Waldflächen, wodurch für viele Tiere neuer Lebensraum geschaffen wird; außerdem wird verhütet, daß sich riesige Mengen Holz- und Waldabfälle bilden, die riesige Flächenbrände nähren und verursachen können.

Habitat – Lebensraum. Lebensraum ist das Schlüsselwort zum Überleben jeden Tieres. Es bedeutet Futter, Schutz, Wohnraum und Platz, Junge aufzuziehen. Seit den 1960er Jahren entwickelten sich die ansteigenden Besucherzahlen und die zusätzlich geschaffenen touristischen Einrichtungen zu einer starken Bedrohung des Lebensraums der Tierwelt. Heutzutage ist man ernsthaft bestrebt, einen gesunden Ausgleich zwischen den Bedürfnissen der Besucher und den natürlichen Rohstoffen des Parks aufrechtzuerhalten.

TUNNEL MOUNTAIN AREA

In der Nähe des Stadtzentrums von Banff befindet sich der etwa 1692 m hohe Berg **Tunnel Mountain**. Da die Innenstadt von Banff bereits auf einer Höhe von 1383 m liegt, erhebt sich Tunnel Mountain etwa 308 m über der Talsohle. Nach der Überlieferung soll der Berg so zu seinem Namen gekommen sein: Eisenbahningenieure der Eisenbahngesellschaft Canadian Pacific dachten beim Bau der Eisenbahnstrecke ursprünglich, daß sie zum Verlegen ihrer Schienen einen Tunnel durch diesen Berg bauen müßten. Der Tunnel brauchte jedoch nicht gebaut zu werden, weil man die Schienen auch ohne Tunnel anders verlegen konnte. Am Tunnel Mountain, genau östlich von Banff, gibt es viele **Motels, Chalets**, die berühmten „**hoodoos**" und mehrere **Campingplätze**. Von der Stadt Banff gibt es auch verschiedene Wanderwege zum Berg hinauf. Es ist eine interessante Ausflugsfahrt auf der *Tunnel Mountain Road* vom Stadtzentrum Banffs zum *Trans-Canada Highway*.

Zu den **Übernachtungsmöglichkeiten** der **Tunnel Mountain Area** zählen: Mountview Village, Box 1326, Banff, Alberta T0L 0C0; 762-2400. Hidden Ridge Bungalows, Box 519, Banff, Alberta T0L 0C0; 762-3544, und Tunnel Mountain Chalets, Box 1137, Banff, Alberta T0L 0C0; 762-4515. **Campingplätze:** Tunnel Mountain Tent-Trailer Campground, etwa 246 Plätze.

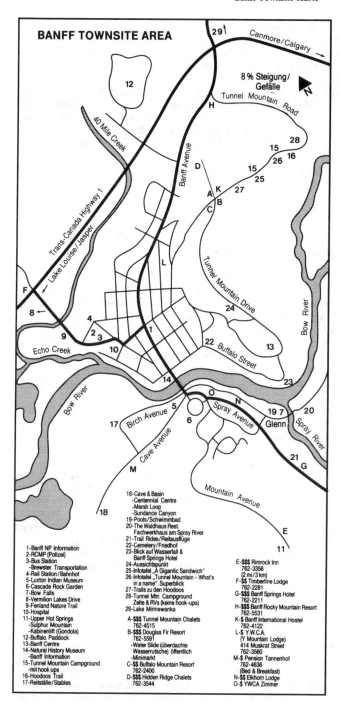

BANFF TOWNSITE AREA

Canmore/Calgary

8 % Steigung/Gefälle

Tunnel Mountain Road

40 Mile Creek

Banff Avenue

Trans-Canada Highway 1

Lake Louise/Jasper

Tunnel Mountain Drive

Bow River

Echo Creek

Buffalo Street

Bow River

Birch Avenue

Spray Avenue

Spray River

Cave Avenue

Glenn

Mountain Avenue

1-Banff NP Information
2-RCMP (Polizei)
3-Bus Station
   -Brewster Transportation
4-Rail Station/Bahnhof
5-Luxton Indian Museum
6-Cascade Rock Garden
7-Bow Falls
8-Vermilion Lakes Drive
9-Fenland Nature Trail
10-Hospital
11-Upper Hot Springs
   -Sulphur Mountain
   -Kabinenlift (Gondola)
12-Buffalo Paddock
13-Banff Centre
14-Natural History Museum
   -Banff Information
15-Tunnel Mountain Campground
   -mit hook ups
16-Hoodoos Trail
17-Reitställe/Stables

18-Cave & Basin
   -Centennial Centre
   -Marsh Loop
   -Sundance Canyon
19-Pools/Schwimmbad
20-The Waldhaus Rest.
   Fachwerkhaus am Spray River
21-Trail Rides/Reitausflüge
22-Cemetery/Friedhof
23-Blick auf Wasserfall &
   Banff Springs Hotel
24-Aussichtspunkt
25-Infotafel „A Gigantic Sandwich"
26-Infotafel „Tunnel Mountain – What's
   in a name". Superblick
27-Trails zu den Hoodoos
28-Tunnel Mtn. Campground
   Zelte & RVs (keine hook-ups)
29-Lake Minnewanka

A-$$$ Tunnel Mountain Chalets
   762-4515
B-$$$ Douglas Fir Resort
   762-5591
   -Water Slide (überdachte
   Wasserrutsche) öffentlich
   -Minimarkt
C-$$ Buffalo Mountain Resort
   762-2400
D-$$$ Hidden Ridge Chalets
   762-3544

E-$$$ Rimrock Inn
   762-3356
   (2 mi/3 km)
F-$$ Timberline Lodge
   762-2281
G-$$$ Banff Springs Hotel
   762-2211
H-$$$ Banff Rocky Mountain Resort
   762-5531
K-$ Banff International Hostel
   762-4122
L-$ Y.W.C.A.
   (Y Mountain Lodge)
   414 Muskrat Street
   762-3560
M-$ Pension Tannenhof
   762-4636
   (Bed & Breakfast)
N-$$ Elkhorn Lodge
O-$ YWCA Zimmer

Tunnel Mountain Village, etwa 622 Plätze, und Tunnel Mountain Trailer Camp, etwa 322 Plätze. Und in einer Area nahe dem *Trans-Canada Highway* ist der Aussichtspunkt **hoodoos viewpoint**. Der Pfad in der Nähe führt Sie ganz dicht an die *hoodoos*, aus Erde gebildete Säulen, die sich durch den Einfluß von Bächen und Flüssen, von Gletschern und Wind geformt haben. Manche dieser kegelförmigen Gebilde sind mit einem flachen Stein bedeckt, der ihnen das Aussehen eines Mexikanerhuts „*mexican hat*" gibt. Und wenn Sie zum Berg hinaufsteigen wollen, der **Tunnel Mountain Trail** beginnt an der *St. Julian Road* oder (wenn Sie die Tour so kurz wie möglich halten wollen) an der *Tunnel Mountain Road*, genau nördlich vom **Banff Centre**. Rechnen Sie mit etwas mehr als 1 Stunde, hinaufzusteigen. Von oben werden Sie eine herrliche Aussicht auf den **Mount Rundle** und den **Bow River** haben.

 ## BANFF SPRINGS HOTEL & SULPHUR MOUNTAIN AREA

Jenseits des **Bow River** und der Innenstadt von Banff, liegt ein Teil des **Banff Nationalparks**, dessen Besuch sich lohnt. Das große Gebäude, das Sie in der Nähe der Brücke sehen, ist das Verwaltungsgebäude des Parks – *Banff National Park Administration Building;* dicht dabei ein sehr schöner Blumengarten, den Sie sich bei einem Spaziergang ansehen können. Die *Cave Avenue* führt nach Westen, vorbei am Indianermuseum **Luxton Museum**, das wie ein Fort aussieht, zu den Reitställen Warner & Mackenzie, Box 2280, Banff, Alberta T0L 0C0 – die Geschäftsstelle befindet sich hinten im Trail Rider Store, wie auf unserer Karte zur Innenstadt von Banff markiert. Erkundigen Sie sich dort über halbtägige und ganztägige **Ausritte**, die von den Reitställen **gegenüber** vom **Banff Springs Hotel** starten; es werden auch sechstägige Ausritte mit Packpferden, *six-day pack trip,* durchgeführt. Etwa eine Meile (1,6 km) westlich an der *Cave Avenue* liegen die **Cave & Basin Hot Springs**, eine Menge heißer Quellen im Gebiet des **Sulphur Mountain**. Nachdem man 1883 diese Quellen entdeckt hatte, entwickelte sich hier der Ort **Banff**, und 1885 wurde Kanadas **erster** Nationalpark gegründet. Weiter westlich liegt der **Sundance Canyon** und der 1.5 mi/2,4 km lange **Sundance Canyon Trail**.

Genau östlich vom Park Administration Building führt die *Mountain Avenue* hinauf zum **Sulphur Mountain;** die *Spray Avenue* führt zu den Wasserfällen **Bow Falls** und zum berühmten **Banff Springs Hotel**, eine der Hauptattraktionen des **Banff Nationalparks**. Zunächst zur Straße, die hinauf zum etwa 2450 m hohen **Sulphur Mountain** führt. Die Straße geht an dem netten Rimrock Inn vorbei, Box 1110, Banff, Alberta T0L 0C0, 762-3356. Von hier haben Sie eine ausgezeichnete Aussicht auf das Tal **Spray River Valley**. Weiter entlang der Straße kommen Sie zu den **Upper Hot Springs** und der Seilbahn. Im Schwimmbad des Upper Hot Springs können Sie sich im heißen Quellwasser entspannen; zum Schwimmen wird die

ENTFERNUNGEN IN MEILEN/KILOMETER

VON BANFF NACH:

Calgary	85/136	Lethbridge	214/342
Columbia Icefield	121/194	Marble Canyon	31/50
Continental Divide	45/72	Medicine Hat	262/419
Cranbrook	195/312	Moraine Lake	47/75
Edmonton	262/419	Mt. Eisenhower Jct.	16/26
Edson	280/448	Mt. Norquay	4/6
Emerald Lake	63/101	Natural Bridge	59/95
Fort Macleod	182/291	Pincher Creek	210/336
Golden	94/150	Radium Hot Springs	88/141
Hinton	224/358	Red Deer	168/269
Jasper	187/299	Revelstoke	178/285
Johnston Canyon	15/24	Vancouver	569/910
Kamloops	306/490	Waterton Park	245/392
Lake Louise	35/56	Winnipeg	975/1560
Lake Minnewanka	8/13	Yoho National Park	45/72

Vancouver (via Coquihalla Hwy)............................. 509/814

PARK INFORMATION CENTRE CHECKLISTE

☐ *Banff National Park brochure*
   Banff Nationalpark Prospekt

☐ *Drives and Hikes: Banff Vicinity*
   Fahr- und Wanderwege: Banff Umgebung

☐ *Bighorn Sheep brochure*
   Prospekt über Bighorn-Schafe

☐ *You Are In Bear Country brochure* (auch auf deutsch)
   Prospekt über Bären; Ratschläge zur Sicherheit

☐ *Backcountry User's Guide brochure*
   Regeln und Anleitungen zum Benutzen von Bergpfaden

☐ *Icefields Parkway brochure*
   Prospekt über den Icefields Parkway

☐ *Summer Interpretive Program brochure*
   Prospekt über Sommerprogramme in der Natur

☐ *Fishing Regulations Summary brochure*
   Prospekt über Angel- und Fischbestimmungen

☐ *Fishing Permit*
   Angelerlaubnis

☐ *Overnight Backcountry Permit*
   Übernachtungserlaubnis für unterwegs

☐ *Topographic Maps*
   Wanderkarten

☐ *Safety Information*
   Sicherheitsbestimmungen

☐ *Special Park Program*
   Spezielle Parkveranstaltungen

heiße Wassertemperatur von 46 ^{o}C auf eine etwas angeneh-
mere Temperatur abgekühlt. Der Duft „fauler Eier" kommt
von den schwefelhaltigen Quellen. Badekleidung kann zur Verfügung gestellt werden. In der Nähe befindet sich die Seilbahn,
die Sie von 1585 m in genau **acht** Minuten auf eine Höhe von
2286 m des **Sulphur Mountain** bringt. Oben am Berg gibt es
ein *Tea House* und Möglichkeiten, die alpine Umgebung zu
erforschen. Wenn Sie zu Fuß hinaufsteigen möchten, können
Sie vom Parkplatz Upper Hot Springs den **Sulphur Mountain
Summit Trail** benutzen; rechnen Sie für diese etwa 3 mi/
5 km lange (ein Weg) Bergtour etwa 2 Stunden. **Hinweis:** Es
gibt **Busverbindungen** zu den **Upper Hot Springs** und zur **Seilbahnstation.** Erkundigen Sie sich in der Busstation der Stadt
nach Einzelheiten.

Die *Spray Avenue*, östlich vom Park Administration Build-
ing, führt zu den Wasserfällen **Bow Falls** und zum **Banff Springs
Hotel.** Zuerst die breiten **Bow Falls.** Folgen Sie den Hinweis-
schildern zu den Wasserfällen der bergab führenden Straße.
In der Nähe der Wasserfälle gibt es einen Parkplatz, unweit da-
von ist der Zusammenfluß von **Bow** und **Spray Rivers.** Wenn
Sie weiterfahren, überqueren Sie den Fluß Spray River. Die
Straße macht hier eine Schleife durch die Gegend mit dem
Golfplatz Banff Springs Golf Course und zum unteren **Bow
Valley**; etwa 5 mi/8 km. Wenn Sie wandern möchten, beginnt
in der Nähe des ersten „Green" des Golfplatzes der **Golf Course
Loop Trail**; etwa 2 Stunden. Die *Spray Avenue* führt gleichzei-
tig weiter zum Banff Springs Hotel — das Hotel, das Banff be-
rühmt gemacht hat.

Das **Banff Springs Hotel** wurde 1888 von der Eisenbahngesellschaft *Canadian Pacific* als Ergänzung zu ihrem Eisenbahn-
verkehr errichtet. Die bezaubernde Landschaft mit dem Hotel
erwies sich als so erfolgreich, daß das Hotel vergrößert werden
mußte. Das heutige Hotel, „eines der größten **ganzjährigen**
Ferienhotels West-Kanadas — *one of Western Canada's greatest
all-year resort hotels*", wurde 1928 gebaut. Es verfügt über
550 Zimmer und stellt praktisch eine kleine Stadt für sich dar,
denn Sie finden tatsächlich in den unteren Stockwerken eine
Menge Boutiquen und interessante Geschäfte, Informationsstellen, und es gibt hier sogar eine Hertz-Autovermietung. Ausflugstouren der Gray Line Tours beginnen vom Hotel. Und sogar für die Nichtautofahrer gibt es eine **direkte** Busverbindung
vom Flughafen Calgary Airport zum Hotel; ebenfalls Busverbindung vom Bahnhof in Banff sowie von der Busstation.

Wie Sie sich sicher vorstellen können, ist das riesige Banff
Springs Hotel mit oft über tausend Gästen ein recht lebhafter
Platz; es herrscht hier tatsächlich hektischer Betrieb. Und es
wird Ihnen zweifellos auffallen, daß mehrere Leute im Hotel
einen schottischen Kilt oder zumindest eine Krawatte mit
Schottenkaro tragen! Sogar wenn Sie nicht hier übernachten
werden, sollten Sie sich vielleicht das Vergnügen bereiten, zum
Afternoon Tea oder zum Dinner am Abend hierherzukommen,
beispielsweise im **Alberta Dining Room** ein *Alberta Prime Rib*

of *Beef,* den *Trailrider, Stampeder, Klondike Cut* oder einen
frischen *British Columbia Salmon* zu probieren! Sie können
auch draußen sitzen und den Blick auf die majestätischen Berge
genießen und dem Rauschen des Wassers der beiden Flüsse
Bow und **Spray Rivers** lauschen. Falls Sie Tennis oder Golf
spielen, hier haben Sie die Gelegenheit. Fragen Sie Ihr Reisebüro über ausführliche Einzelheiten, oder wenden Sie sich
direkt an: Banff Springs Hotel, Spray Avenue, Banff, Alberta
T0L 0C0, 762-2211. Zu Ihrer **Information**, nur etwa 3 mi/
5 km vom Hotel entfernt liegt die **Jugendherberge** Spray River
Youth Hostel, 36 Betten, Juli & August geöffnet. Mehrere
Kilometer weiter südlich liegt der **Campingplatz** 4 Mile Spray
Walk In Campground, **nur für Zelte!**

AREA NÖRDLICH VON BANFF

Die Gegend genau nördlich des *Trans-Canada Highway* besteht aus zwei Hauptattraktionen, **Mount Norquay** und dem
See **Lake Minnewanka**. Um zum Berg Mount Norquay zu gelangen, fahren Sie aus der Innenstadt von Banff auf der *Gopher
Street* am Bahnhof, am **Fenland Self-Guiding Trail** und der
Vermilion Lakes Road (siehe Reiseroute **Lake Louise—Banff**)
vorbei, überqueren den *Trans-Canada Highway* und folgen
etwa 4 mi/6 km der *Mount Norquay Road* in **südliche** Richtung. Die Fahrt zum Berg hinauf ist einmalig schön. Vom
Parkplatz bringt Sie ein Skilift **(im Sommer außer Betrieb)**
auf etwa 2135 m Höhe des 2522 m hohen Berges. Am
Ende der 7-Minuten-Liftfahrt gelangen Sie zum **Cliffhouse**,
mit herrlicher Aussicht und Gelegenheit zu einem Snack. Und
unterwegs können Sie manchmal vielleicht auch eine der hier
sehr häufig vorkommenden Tierarten sehen, das **Bighorn Schaf**.
Die Tiere können bis zu 160 kg schwer werden, haben gebogene Hörner, die eine Länge von einem Meter erreichen können. Vom Parkplatz am Mount Norquay starten verschiedene
Bergpfade, die Sie in Gegenden mit phantastisch schöner Aussicht bringen. So ist beispielsweise der **Stoney Squaw Trail**
vom Parkplatz 3 ein solcher Pfad, der Ihnen einen herrlichen
Ausblick auf das Tal **Bow Valley** bietet; rechnen Sie etwa jeweils mit einer Stunde für den 3 mi/5 km (hin und zurück) langen Weg.

Etwa 8 mi/13 km nordöstlich von der Innenstadt von
Banff, nördlich vom *Trans-Canada Highway* und der Eisenbahnlinie, liegt der See **Lake Minnewanka** — etwa 12 mi/
19 km lang. Vom Stadtzentrum in Banff nehmen Sie die
Banff Avenue. Unterwegs entlang der *Minnewanka Road* kom-
men Sie an der ehemaligen Bergbaustadt **Bankhead** vorbei.
Das Kohlebergwerk wurde in den 1920er Jahren stillgelegt,
und die Stadt verschwand von der Bildfläche. Heute können
Sie dort nur noch einige der Grundmauern der Häuser, die ehe-
mals hier standen, sehen. Genau im Norden beginnt der **C-Level
Cirque Trail** an der *Minnewanka Road* und führt an den alten
Bergwerksgebäuden vorbei zu einer Mulde am Cascade Moun-

tain, einem *cirque,* einst von einem Gletscher ausgehöhlt; hin
und zurück 5 mi/8 km, etwa 3 Stunden. Der Wasserstand des
Lake Minnewanka, aus dem Indianischen für ,,*Geister des
Wassers*'', der größte See im Banff Nationalpark, ist infolge
mehrerer Staudämme beachtlich gestiegen. Sie können eine 90-
Minuten-Schiffstour über den See mitmachen. **Busverbindung
zum See** von der Innenstadt von Banff. Es gibt am See auch
Gelegenheit, Motorboote zu mieten, stunden- oder tageweise.
Angelgerät, *fishing rods and reels,* gibt es auch zum Mieten.
Von hier aus läuft der **Lake Minnewanka Trail** etwa 17 mi/
27 km am Nordufer des Sees entlang, am **Stewart Canyon** vor-
bei, wo der **Cascade River** in den See mündet. Rechnen Sie mit
10 Stunden für diesen Trip, ein Weg. Unterwegs, entlang der
Wanderstrecke, liegt der **Campingplatz** Mt. Aylmer Walk-In
Campground.
   Nehmen Sie für die Rückfahrt vom See nach Banff die
Straße vom Bootshaus, die am **Two Jack Lake** vorbeiführt.
Hier können Sie Kanus und Ruderboote mieten, etwa $6 pro
Stunde. **Wichtiger Hinweis:** Rechnen Sie damit, daß Sie, wenn
Sie ein Boot mieten, eine Kaution in bar leisten müssen, ein so-
genanntes *cash deposit.* Hier in dieser Gegend gibt es zwei
Campingplätze. Two Jack Main Campground, etwa 380 Plätze,
und Two Jack Lakeside Campground, etwa 80 Plätze. Die
Straße setzt ihre Schleife fort und führt am **Johnson Lake** vor-
bei zurück zum *Trans-Canada Highway.* Am Parkplatz des
Johnson Lake führt der 2 mi/3 km lange Rundwanderweg
Johnson Lake Trail um den See; etwa 1 Stunde. In der Nähe
liegt die alte Bergbaustadt **Anthracite,** die zur Geisterstadt,
ghost town, wurde, als man 1904 in Bankhead auf große Kohle-
vorkommen stieß. Sie können entweder über **Tunnel Mountain** nach Banff zurückkehren oder auf dem *TC-1* in westliche
Richtung zu den **Buffalo Paddocks,** direkt am *TC-1* fahren.
Hier gibt es genau westlich vom Verkehrskreisel eine kleine
Büffelherde. Während Ihres Aufenthalts im Büffelfreigehege
bleiben Sie im Auto. Beste Zeit: Gegen frühen Abend.

  BANFF AREA TOUREN

   Das Unternehmen Brewster Transport Company, das zur
Gray Line Company gehört, hat mehrere **Ausflugsfahrten** zu
Sehenswürdigkeiten im **Banff Nationalpark** im Programm. Die
Busse fahren sowohl von der Greyhound Busstation in Banff
als auch vom Banff Springs Hotel ab. Melden Sie sich am Vorabend der Ausflugsfahrt in Ihrem Hotel zu einer solchen Fahrt
an, oder rufen Sie bei der Busstation in Banff an, 762-2286 —
für Reservierung, neueste Information über Touren, Abfahrtszeiten und Preise. Prospekte über die veranstalteten Touren
mit neuesten Preisen und Abfahrtszeiten erhalten Sie in der
Busstation, beim Chamber of Commerce oder per Post direkt
von Brewster Transport Company, P.O. Box 1140, Banff,
Alberta T0L 0C0. Und hier einige der angebotenen Touren.

Banff General Drive – Sehenswürdigkeiten in der Stadt und Umgebung; etwa 3 Stunden, Abfahrt morgens und nachmittags. **Banff to Lake Louise** – etwa 4 Stunden, von Banff nach Lake Louise, Abfahrt morgens und nachmittags. **Devil's Gap Coach and Cruise;** Ausflug zum See Lake Minnewanka; etwa 3 Stunden, Abfahrt morgens und nachmittags. **Banff to Jasper** – Fahrt auf dem Icefields Parkway; etwa 9 Stunden, ein Weg; Fahrt hin und zurück erfordert zwei Tage. Herrlich für die Reisenden, die mit dem Bus oder der Eisenbahn in Jasper weiterfahren wollen! **Columbia Icefield;** etwa 9 Stunden, Abfahrt am frühen Morgen. **Majestic Lakes Tour** – Fahrt zu den Seen Moraine Lake, Lake Louise und Emerald Lake; etwa 9 Stunden. **Bow River Raft Tour** – Floßfahrt auf dem Bow River, etwa 3 Stunden; Abfahrten morgens und nachmittags. Außerdem gibt es morgens und nachmittags Abfahrten zum **Mount Norquay** und zum **Sulphur Mountain.**

BANFF AREA CHECKLISTE

- ☐ BEIM PARK INFORMATION CENTRE INFORMIEREN
- ☐ NATURE MUSEUM ANSEHEN
- ☐ BEIM CHAMBER OF COMMERCE ERKUNDIGEN
- ☐ LUXTON MUSEUM BESUCHEN
- ☐ PARKSPAZIERGANG
- ☐ BANFF SPRINGS HOTEL ERLEBEN
- ☐ BOW FALLS ANSEHEN
- ☐ AUSFLUG ZUM MT. NORQUAY/SULPHUR MOUNTAIN
- ☐ IM HOT SPRINGS POOL BADEN
- ☐ FAHRT ZUM TUNNEL MOUNTAIN
- ☐ BÜFFEL IM BUFFALO PADDOCK SEHEN
- ☐ FAHRT AM LAKE VERMILION ENTLANG
- ☐ SEEAUSFLUG ZUM LAKE MINNEWANKA
- ☐ EXKURSION ZUM JOHNSTON CANYON

LAKE LOUISE

Der Ferienort **Lake Louise** liegt etwa in der Mitte des **Banff Nationalparks,** direkt am *Trans-Canada Highway* und am südlichen Ende des herrlichen, etwa 144 mi/230 km langen *Icefields Parkway.* Die Stadt **Banff** liegt etwa 35 mi/56 km südlich davon, und **Jasper,** im **Jasper Nationalpark,** befindet sich etwa 144 mi/231 km im Norden. Der nach Prinzessin Louise, der Tochter von Königin Viktoria, benannte See, **Lake Louise,** die sehenswerte Attraktion des Ferienortes, wurde erst im Jahre 1882 von weißen Pionieren entdeckt. 1884 baute die Eisenbahngesellschaft *Canadian Pacific* ihre Eisenbahn durch diese Area; und erst etwa im Jahre 1890 errichtete diese mächtige Eisenbahngesellschaft direkt an dem wunderschönen See, ein Juwel in den Bergen, das erste Hotel. Das heutige riesige Canadian Pacific Hotel am See, *Chateau Lake Louise,* wurde 1923 gebaut und vor kurzem renoviert.

Das Gebiet von **Lake Louise,** das durch die Vielzahl von Wanderwegen belebt wird, kann man in **vier** verschiedene **Areas** einteilen: Der **untere** Bereich im Tal, zu der verschiedene Hotel/Motels in Nähe des *Trans-Canada Highway,* sowie ein Campingplatz, der Bahnhof, mehrere Geschäfte, die Greyhound Busstation und ein Information Center gehören. Der **obere** Bereich besteht aus dem **See Lake Louise,** dem **Chateau Lake Louise** und mehreren in der Nähe liegenden Motels. Das Gebiet um den See **Moraine Lake** im **Valley of Ten Peaks** – Tal der zehn Gipfel – ist die dritte, ebenfalls lohnende Gegend. Ein **vierter** Bereich ist die Gegend, die **östlich des Trans-Canada Highway** liegt. Dort ist die Abfahrtsstelle der Seilbahn **Lake Louise Gondola,** mit der Sie auf den 2669 m hohen **Mount Whitehorn** fahren können.

In dem Gebiet mit der Nähe des *Trans-Canada Highway* gibt es das Information Center, die Polizeistation von Kanadas berittener Polizeieinheit R.C.M.P., die kleine Greyhound Busstation und den hübschen, kleinen Bahnhof mit Blockhaus-Bahnhofsgebäude, nett mit den massiven Holzbalken und dem roten Dach; sieht aus wie ein Spielzeugbahnhof.

Die Straße *Lake Louise Road* führt hinauf zu den Seen **Lake Louise** und **Moraine Lake** (achten Sie auf die Hinweisschilder). Zunächst zur Hauptattraktion hier – **der** See und **das** Hotel. Der **See Lake Louise** liegt etwa 3 mi/5 km von unten im Tal liegenden Ort Lake Louise entfernt. Unterwegs kommen Sie an der Abzweigung zum See **Moraine Lake** und Picknicktischen vorbei. Die **Übernachtungsmöglichkeiten** der Paradise Lodge, 522-3595, umfassen: Zimmer in der Lodge (die **billigsten**) und einzelne einfache Bungalows. Kurz danach zweigt die Straße zum See ab (wenn Sie weiterfahren, treffen Sie auf den *Trans-Canada Highway* auf der Westseite der *Continental Divide,* der großen nordamerikanischen Wasserscheide,

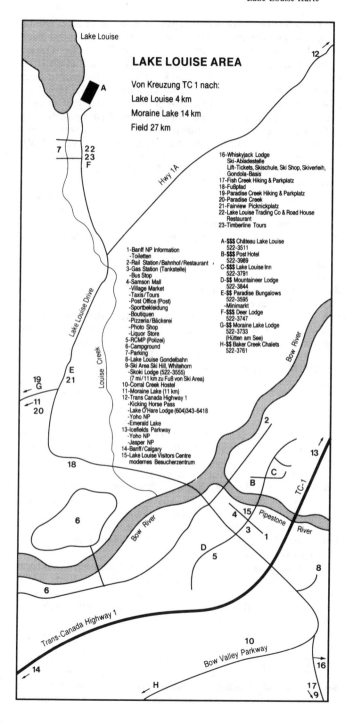

Lake Louise

LAKE LOUISE AREA

Von Kreuzung TC 1 nach:

Lake Louise 4 km

Moraine Lake 14 km

Field 27 km

7   22
    23
    F

Hwy 1A

16-Whiskyjack Lodge
   Ski-Abladestelle
   Lift-Tickets, Skischule, Ski Shop, Skiverleih,
   Gondola-Basis
17-Fish Creek Hiking & Parkplatz
18-Fußpfad
19-Paradise Creek Hiking & Parkplatz
20-Paradise Creek
21-Fairview Picknickplatz
22-Lake Louise Trading Co & Road House
   Restaurant
23-Timberline Tours

A-$$$ Château Lake Louise
   522-3511
B-$$$ Post Hotel
   522-3989
C-$$$ Lake Louise Inn
   522-3791
D-$$ Mountaineer Lodge
   522-3844
E-$$ Paradise Bungalows
   522-3595
   -Minimarkt
F-$$$ Deer Lodge
   522-3747
G-$$ Moraine Lake Lodge
   522-3733
   (Hütten am See)
H-$$ Baker Creek Chalets
   522-3761

1-Banff NP Information
  -Toiletten
2-Rail Station/Bahnhof/Restaurant
3-Gas Station (Tankstelle)
  -Bus Stop
4-Samson Mall
  -Village Market
  -Taxis/Tours
  -Post Office (Post)
  -Sportbekleidung
  -Boutiquen
  -Pizzeria/Bäckerei
  -Photo Shop
  -Liquor Store
5-RCMP (Polizei)
6-Campground
7-Parking
8-Lake Louise Gondelbahn
9-Ski Area Ski Hill, Whitehorn
  -Skoki Lodge (522-3555)
  (7 mi/11 km zu Fuß von Ski Area)
10-Corral Creek Hostel
11-Moraine Lake (11 km)
12-Trans Canada Highway 1
  -Kicking Horse Pass
  -Lake O'Hare Lodge (604)343-6418
  -Yoho NP
  -Emerald Lake
13-Icefields Parkway
  -Yoho NP
  -Jasper NP
14-Banff/Calgary
15-Lake Louise Visitors Centre
  modernes Besucherzentrum

19
G

E
21

11
20

Lake Louise Drive

Louise Creek

18

6

6

Bow River

Bow River

2

13

C
B

TC-1

4   15   Pipestone
3   River
5   1

D

8

10

Trans-Canada Highway 1

Bow Valley Parkway

14

H

16

17
9

im **Yoho Nationalpark**; unterwegs kommen Sie an einer einmaligen Wasserströmung entlang; ein Teil des Wassers biegt nach einer Richtung ab und fließt in Richtung Pazifischer Ozean, während der andere Teil derart abbiegt, daß sein Ziel die Hudson Bay wird!). Die Straße zum See führt an der großen Deer Lodge vorbei, Box 100, Lake Louise, Alberta, T0L 1E0, 522-3747. Wenn Sie etwas **Geld sparen** wollen, hier gibt es auch **preiswerte** Zimmer ohne Bad. Gleich daneben ist die Inglenook Cafeteria, eine *„cafeteria at downtown prices"* – Cafeteria mit zivilen Preisen". Von hier aus sind es nur noch etwa 3–5 Minuten zu Fuß zum wunderschönen **Lake Louise**. Der Verkehr in dieser scheinbar abgelegenen Gegend des Banff Nationalparks ist wirklich heftig. **Tip:** Sobald Sie einen Parkplatz finden können, nehmen Sie ihn sofort; laufen Sie dann die paar hundert Meter zum Chateau Lake Louise und zum See Lake Louise. **Wichtiger Hinweis:** Bevor Sie hier ankommen, alle Wertsachen außer Sicht bringen, am besten im Kofferraum verstauen!

Der See **Lake Louise** wird gerne *„Jewel of the Canadıan Rockies* – der Juwel der kanadischen Rockies" genannt, und das ist er auch. Durch den natürlichen Damm eines zurückgezogenen Gletschers (der dort, wo heute das Hotel steht, Tonnen von Felsschutt abgelagert hat) gebildet, wird der smaragdgrüne See von den ihn umgebenden Gletschern und Gipfeln eingerahmt, darunter der Ihnen praktisch gegenüberliegende, etwa 3464 m hohe, **Mt. Victoria**. Der Gipfel zu Ihrer Linken ist der **Mt. Fairview**, etwa 2747 m. Der See liegt etwa auf 1725 m Höhe. Wanderpfade führen vor dem Hotel rund um das Nordufer des Sees und hinauf zu den Seen **Mirror Lake** und **Lake Agnes**. Beispielsweise beträgt die Entfernung zwischen dem Lake Louise und dem Mirror Lake etwa 2 mi/ 3,2 km, ein Weg. Der **Lakeshore Trail** führt auch zu dem **Plain of Six Glaciers**; rechnen Sie mit etwa 6 Stunden für die 8 mi/ 13 km lange Wandertour (hin und zurück). Phantastische Aussicht auf Gletscher. Am Südufer des Sees verläuft ebenfalls ein weiterer Wanderweg, .8 mi/1,2 km aufwärts zum **Fairview Lookout** mit einer herrlichen Aussicht auf den See. Am See, in der Nähe vom Hotel, werden Pferde vermietet, für stundenweise, halbtägige und ganztägige Ausritte. Kanus werden ebenfalls vermietet; das ist ein Erlebnis, mit einem Kanu über diesen weltberühmten See zu fahren!

Chateau Lake Louise ist mit seinen 500 Zimmern praktisch eine „Stadt" für sich. Hier gibt es eine Bank, eine Hertz Autovermietung, mehrere Geschäfte und Boutiquen, einen Frisörsalon, mehrere Restaurants und Bars und vieles mehr. Es herrscht hier viel Betrieb, wie man es bei einem Hotel dieser Größe erwarten kann, das nicht nur die Hotelgäste, sondern auch viele Besucher tagtäglich aufnimmt. Um der Hektik und dem geschäftigen Treiben zu entgehen, sollten Sie sich draußen auf der Terrasse aufhalten oder am Seeufer einen Platz suchen und die Einmaligkeit dieser Naturschönheit vor Ihnen genießen, den See, die Gletscher und die Berge. **Tip** für ein anderes nettes Erlebnis: Im Hotel wird als Tradition der **Afternoon Tea** mit Kuchen und Sandwiches, zwischen 14 und 17 Uhr, serviert. Machen Sie mit! Im **Tudor Manor**, neben dem Hotel (Sie werden das Gebäude an dem Fachwerk erkennen) ist die Dick Turpin Lounge, nach dem größten Straßenräuber des 18. Jahrhunderts benannt, und ein Souvenirladen.

Wenn Sie im Chateau Lake Louise übernachten oder auch nur zum Besuch dorthin fahren möchten, gibt es von dort aus außer der Busverbindung zur Greyhound Busstation und zum Bahnhof im unteren Bereich von Lake Louise (im Tal) auch **direkte Busverbindung** zum oder vom Flughafen Calgary Airport und nach Banff. Abfahrten zu **Ausflügen** mit Gray Line vom Hotel (sowie von der in der Nähe liegenden Deer Lodge) nach **Moraine Lake, Banff, Emerald Lake, Columbia Icefield, Jasper** sowie zur **Lake Louise Gondola.** Wenden Sie sich hinsichtlich weiterer Einzelheiten über das Hotel und Zimmerreservierung an Ihr Reisebüro oder direkt an: Chateau Lake Louise, Lake Louise, Alberta T0L 0S0, 522-3511.

Entfernungen in Meilen/Kilometer von **Lake Louise** nach:

Banff 35/56		Emerald Lake 28/45	
Bow Lake 24/38		Jasper 144/231	
Calgary 113/181		Lake l ouise, See 3/5	
Columbia Icefield 81/129		Moraine Lake 9/14	
Edmonton 295/472		Vancouver 534/854	
	Vancouver (via Coquihalla Hwy) 474/558		

Informationstafeln am Seeufer von Lake Louise

Beim Spaziergang am Ufer des Lake Louise entlang lenken Infotafeln in Nähe des Hotels ihre Aufmerksamkeit auf sich, die Interessantes über Personen, die eng mit diesem herrlichen Flecken Landschaft in den Rocky Mountains verbunden sind, beinhalten.

Von rechts nach links Richtung Boathouse:

Tom Wilson, 1859-1933

Trailblazer – Pfadfinder, Pionier (Tom Wilson, 1859-1933). Bergführer und Ausrüster erschlossen Touristen den Weg in die Wildnis.

In einem Land mit noch wenig erschlossenen Pfaden und noch weniger Karten, kannte sich Tom Wilson bestens aus und wußte besser als jeder andere, wie man von hier nach da und wieder zurück gelangte. Er kannte Wald und Sumpf, Canyon und Flüsse, Hunger und Frostschäden.

Kamen abenteuerlustige Touristen um die Jahrhundertwende mit dem Zug an, hielten sie nach Wilson Ausschau, dem Hauptführer und Ausstatter der bedeutendsten Bergsteiger- und Sightseeing-Expeditionen.

Tom Wilson war der erste weiße Mensch, der diesen See zu sehen bekam, und zwar am 24. August 1882. Das Bild zeigt Wilson am Ufer des Sees, 50 Jahre, nachdem er ihn entdeckt hatte!

Philip Stanley Abbot, 1867-1896

Death On Lefroy – Tod am Lefroy (Philip Stanley Abbot, 1867-1896). Nordamerikas erstes Bergsteigerunglück ereignete sich hier.

Philip Abbot war nur von einem Gedanken beseelt, Mt. Lefroy als erster zu bezwingen.

Als sie den Gipfel erreicht hatten, löste sich Abbot, ein erfahrener Bergsteiger, von der Seilschaft seiner Kameraden, um die letzten 23 m vorzusteigen. Kurze Zeit darauf vernahmen seine Kameraden einen plötzlichen Schrei und das Herunterprasseln abbrechender Felsbrocken, als Abbot an ihnen vorbei in den Tod stürzte.

Scharfe Gegner des Bergsteigens erklärten es für verrückt, daß intelligente Menschen so ihr Leben aufs Spiel setzten. Abbots Tod löste allerdings eine Welle des Bergsteigens in den Rockies aus, wodurch sich dieser neue Sport immer größerer Beliebtheit erfreute.

Lake Louise-Infotafeln

John Barrymore, 1882-1942

Lights, Camera, Action! – Scheinwerfer, Kamera, Aktion! Lake Louise war populär für Filmaufnahmen.

Hollywood entdeckte Lake Louise als Filmkulisse in den 1920er Jahren. Brauchten Filmdirektoren exotische, europäische Landschaftsaufnahmen, wurden die Szenen hier am See gedreht.

1928 wurde Lake Louise zur Schweiz, als das Filmidol John Barrymore zu den Filmaufnahmen zu „Eternal Love" (Ewige Liebe) hier erschien. Das Aufnahmeteam filmte einige Szenen am Mt. Victoria, einschließlich einer herunterkommenden Lawine. Bei gefährlichen Aufnahmen ersetzte der schweizer Bergführer Rudolf Aemmer Barrymore als Double. Das Bild mit dem Autogramm des Stars zeigt die beiden (Double und Star) – Barrymore links.

Georgia Engelhard Cromwell, 1906-1986

On top off the world – auf dem Gipfel der Welt. Auch Frauen als Bergsteiger...

Bei einem Aufenthalt in den Alpen erklärte Georgia Engelhard noch als Teenager das Bergsteigen „für verrückt". 1925 änderte sie ihre Meinung, nachdem sie ihren ersten Berg am Lake Louise bestiegen hatte.

Als Engelhard 1929 zum Lake Louise zurückkehrte, bestieg sie neun Gipfel in neun Tagen. 1931 unternahm sie 38 Aufstiege. Während ihrer Aufenthalte hier bestieg sie dreizehnmal Mt. Victoria.

Engelhard heiratete einen Bergsteiger, wurde Berufsfotografin, und bannte als solche die Hochgebirgswelt auf Film.

Edward Feuz Jr., 1884-1981

Ice Axe introduced tourists to climbing – Eispickel führt Touristen zur Bergsteigerei. Schweizer Bergführer schult Touristen im Bergsteigen.

Für fünf Dollar pro Tag führte Edward Feuz in Tweed gekleidete Männer und Frauen in Kniebundhosen und Wickelgamaschen durch Dickicht, über Gletscher und hinauf auf die Gipfel dieser Berge.

Feuz, dessen Vater sowie zwei seiner Brüder gehörten zu den 20 aus der Schweiz stammenden Bergführern, die von der Canadian Pacific Railway zu Werbezwecken angeheuert worden waren, um die Rockies als Kletterzentrum für Touristen schmackhaft zu machen.

Feuz zog 1903 nach Kanada, und war hier 46 Jahre als Bergführer tätig. Er liebte die Berge sein Leben lang, von seinem ersten Aufstieg mit 13 bis zu seiner letzten Bergtour mit 96.

Rev. William Spotswood Green, 1847-1919

Mountain-climbing Preacher – bergsteigender Prediger.

Wie ein Bergführer Touristen zum Besuch des Lake Louise lockt.

Reverend William Green kämpfte seit 1888 zu diesem See vor. Von der Schönheit der Landschaft angetan, schrieb er an die Verantwortlichen der Eisenbahn und schlug den Bau eines Pfads vom CPR-Bahnhof zum See vor.

Green fertigte Zeichnungen vom See und schrieb seine Erkenntnisse in einem Buch nieder; er war der erste, der über die Haupteisenbahnlinie hinaus von der Wildnis berichtete.

Um 1890 hatte CPR einen Weg zum See geschlagen und eine Hütte errichtet. Im nächsten Jahr folgte der Bau eines eingeschossigen Blockhaus-Chalets. Die Abbildung stammt aus Greens Buch mit einer Zeichnung der Selkirk-Gletscher.

Walter Dwight Wilcox, 1869-1949

The Young Adventurers – die jungen Abenteurer.

Studenten der Yale Universität brachten Lake Louise auf die Landkarte.

Im Sommer 1894 trampten Walter Wilcox und vier Studienkollegen durch diese Berge, fotografierten, fertigten Karten, führten Vermessungen durch und schrieben Erkenntnisse nieder.

Wilcox kehrte bis zu seinem Tod fast jedes Jahr zum Lake Louise zurück. Er brachte zwei Bücher über seine Abenteuer heraus, in denen auf jeder Seite die Verlockung der Berge spürbar war. Seine Fotos und Texte lockten viele Touristen, einen Blick auf den wilden und von einer zerklüfteten Bergwelt eingeschlossenen Lake Louise zu werfen. Das Bild zeigt die 4 Yale-Studenten im Jahr 1894.

Walter J. Phillips, 1884-1963

Brush and Palette – Pinsel und Palette. Die Rockies wurden zum Anziehungspunkt vieler Künstler.

Seit Ankunft des ersten Landschaftsmalers im Jahre 1887, liefern sich Künstler einen Wettstreit, diese Berge einzufangen.

Walter Phillips verfiel dem alpinen Zauber 1923 bei seinem ersten Besuch der Rockies. 1940 zog er nach Banff und arbeitete 20 Jahre hier. Er fing in seinen Holzschnitzereien und Aquarellen die blauen Gipfel, von Gletschern genährte Flüsse und baumbegrenzte Ufer des Sees ein, wie kein anderer Künstler. Das Foto zeigt ein farbenprächtiges Werk des Künstlers.

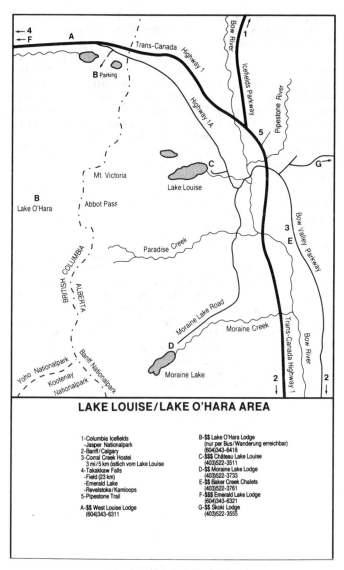

LAKE LOUISE/LAKE O'HARA AREA

1-Columbia Icefields
-Jasper Nationalpark
2-Banff/Calgary
3-Corral Creek Hostel
3 mi/5 km östlich vom Lake Louise
4-Takakkaw Falls
-Field (23 km)
-Emerald Lake
-Revelstoke/Kamloops
5-Pipestone Trail

A-$$ West Louise Lodge
(604)343-6311

B-$$ Lake O'Hara Lodge
(nur per Bus/Wanderung erreichbar)
(604)343-6418
C-$$$ Château Lake Louise
(403)522-3511
D-$$ Moraine Lake Lodge
(403)522-3733
E-$$ Baker Creek Chalets
(403)522-3761
F-$$$ Emerald Lake Lodge
(604)343-6321
G-$$ Skoki Lodge
(403)522-3555

Lake O'Hara Information

Lake O'Hara (Camping, Alpenhütte und Lodge) ist nur zu Fuß (9 mi/14 km ein Weg) oder mit dem Bus (Anmeldung erforderlich; Anmeldung kann bis zu zwei Monate im voraus erfolgen) vom Parkplatz Nähe TC-1/Hwy 1A erreichbar. Tagesbesucher = **Day Users** folgende Anmeldenummer benutzen: (604)343-6324. – – **Camper** – (604)343-6324 (bei Campinganmeldung erfolgt gleichzeitig Busreservierung. – – Hüttenunterkunft = **Alpine Hut** zuerst Tel. (403)762-4481 zur Anmeldung und Reservierung wählen. – – **Lodge**-Unterkunft Tel. (604)343-6418 (Mitte Juni – Ende Sept.) oder (403)762-2118 (Okt. – Juni). – – Busabfahrt (Ende Juni – Anfang Sept.) vom Parkplatz um 8.30, 11.30, 16.30 Uhr; Abfahrt vom Lake O'Hara zum Parkplatz Nähe TC-1/Hwy 1A um 8, 9.30 und 16 Uhr. Weitere Auskunft von Parks Canada Information.

Ein weiterer Schönheitstupfen in der Lake Louise Area ist der See **Moraine Lake,** das Tal **Valley of the Ten Peaks** und die **Consolation Lakes.** Der See **Moraine Lake** liegt etwa 9 mi/ 14 km vom unteren Bereich, dem Ortskern von Lake Louise, entfernt, und ist über die *Lake Louise Road* und die *Moraine Lake Road* zu erreichen. Ein Wanderweg führt von der Straße zum **Paradise Valley,** zum See **Annette Lake** und dem eindrucksvollen, etwa 3547 m hohen **Mt. Temple.** Obwohl der **Moraine Lake** etwas kleiner als Lake Louise ist, so besitzt er dadurch nicht weniger an Reiz. Ein Wanderweg führt rund um sein nördliches Ufer. Eine etwas längere Wanderung führt Sie durch das etwa 2.5 mi/4 km entfernt gelegene Tal **Larch Valley.** Der See selbst liegt auf einer Höhe von etwa 1900 m und wurde von Forschern **Moraine Lake** genannt. Die Forscher hatten damals angenommen, daß der See sich durch den von einem Gletscher aus zurückgelassenen Moränen gebildeten Damm entstanden sei. Heute kommt man zu der Erkenntnis, daß die Massen der hier befindlichen Gesteinsbrocken von einem Erdrutsch herrühren. Westlich von See und Tal erheben sich die **zehn Gipfel,** daher der Name **Valley of the Ten Peaks.** In der Reihenfolge von links nach rechts sind das die 10 Gipfel der Dreitausender: **Mt. Fay** mit 3238 m, **Mt. Little** mit 3140 m, **Mt. Bowlen** mit 3063 m, **Mt. Tomsa** mit 3060 m, **Mt. Spata** mit 3057 m, **Mt. Allen** mit 3301 m, **Mt. Tuzo** mit 3249 m, **Deltaform Mtn.** mit 3424 m, **Neptuak Mtn.** mit 3236 m und **Wenkchemna Mtn.** mit 3173 m. Östlich von Mt. Babel, 3104 m hoch, führt aus der Gegend des Sees ein Bergpfad zu den **Consolation Lakes,** etwa 4 mi/6 km hin und zurück. **Übernachtungsmöglichkeit** am Moraine Lake: Moraine Lake Lodge & Cabins, Box 70, Lake Louise, Alberta T0L 1E0, 522-3733, einfache Blockhütten.

LAKE LOUISE CHECKLISTE

- ☐ ERKUNDIGEN BEIM INFORMATION CENTER
- ☐ DEN SEE LAKE LOUISE BETRACHTEN
- ☐ HOTEL CHATEAU LAKE LOUISE ERLEBEN
- ☐ AFTERNOON TEA IM HOTEL GENIESSEN
- ☐ MIT DEM KANU ÜBER LAKE LOUISE
- ☐ AUSFLUG ZUM SEE MORAINE LAKE
- ☐ PANORAMA-GONDELFAHRT UNTERNEHMEN
- ☐ LAKE LOUISE UFERWANDERUNG

ICEFIELDS PARKWAY
„Parkstraße durch Banff Nationalpark – von Nord nach Süd"

Columbia Icefield Area – TC1/Lake Louise

Nach Besuch des Icefield Centre und Wanderung zur Gletscherstirn des Athabasca-Gletschers geht die Fahrt entlang des Icefields Parkways weiter. Vorbei an dem am roten Dach erkennbaren Columbia Icefield Chalet und Columbia Icefield Tent Camp gleitet der Icefields Parkway nach dem **Wilcox Creek Campground** bei 2030 m ü.M. über den **Sunwapta Paß**, verläßt den Jasper Nationalpark und tritt in den Banff Nationalpark ein. Links der Nigel Peak mit 3211 m.

Die Entfernungsangaben der Überschrift zu den jeweiligen Aussichtsstellen am Icefields Parkway mit Infotafeln beziehen sich jeweils auf die Entfernung von Jasper-Stadt.

Die direkt an der Grenze zwischen Jasper/Banff Nationalparks und am Sunwapta Paß befindliche Infotafel zeigt die Grenzen des Banff Nationalparks seit 1902 und Jasper Nationalparks seit 1907 bis heute.

L– KM 108: SUNWAPTA PASS 1
122 km vom Trans-Canada-Highway

The Moving Boundary/Die sich verschiebende Grenze. *When Jasper National Park was...* Als der Jasper Nationalpark 1907 gegründet wurde, stellte dieser Paß zwischen der Athabasca und North Saskatchewan Wasserscheide die südlichste Grenze dar.

Von 1907 bis 1930 schwankte die Größe des Parks sehr häufig. An seiner schmalsten Stelle schützte er einen nur 32 km breiten Streifen entlang der Grand Trunk Pacific Railway. Bei seinem größten Umfang umfaßte er 2538 km² südlich von hier. Diese Schwankungen spiegeln verschiedene staatliche und provinzialische Rechtsprechungen, genauere Vermessungen und gelegentliche politische Überlegungen wider.

Seit Inkrafttreten des Nationalparkgesetzes im Jahre 1930 wurden die Parkgrenzen endgültig festgelegt. Der **Sunwapta Paß** bildet nun seit über 60 Jahren die Grenze zwischen Banff und Jasper.

Eine weitere Tafel erinnert an die offizielle Eröffnung des Icefields Parkways im Jahre 1961.

Der Icefields Parkway führt danach am Hilda Creek Hostel vorbei und stößt auf den Trail zur Parker Ridge.

M– KM 113: PARKER RIDGE
117 km vom Trans-Canada-Highway 1

Parker Ridge Trail. *This...* Dieser 2,5 km lange Pfad führt zum Kamm der **Parker Ridge**. Von dort oben hat man grandiose Sicht auf den aus dem Columbia Icefield fließenden Saskatchewan-Gletscher. Auf alle Fälle Windjacke, Trinkwasser mitnehmen – und Kamera natürlich nicht vergessen.

Der freiliegende Kamm der Parker Ridge ist ein windumwehtes Gebiet aus Fels, Schnee und baumloser Tundra. Das Klima wird von der Höhenlage und der Nähe zum Columbia Icefield diktiert. Es ist eine Welt dramatischer Kontraste, die von der nahesten Betrachtung winziger Hochgebirgsblumen bis zum ergreifenden Panoramablick auf das Eisfeld reichen.

Nun bergab und vorbei am Nigel Creek Trail zum nächsten Stopp am Anfang der Schleife ins Tal. Die Panther Falls sind direkt unten am Ende der Schleife.

N– KM 116,5: PANTHER FALLS
113,5 km vom Trans-Canada-Highway 1

Dieselbe Information über Columbia Icefield Area wie zu G– (bei km 95, Stutfield-Gletscher im Jasper Nationalpark-Teil des Icefields Parkway); ideale Orientierung für nordwärts fahrende Reisende. Hier guter Blick auf Bridal Veil Falls.

Dann oben noch über dem Tal an der Schleife auf dem Big Hill zum nächsten Stopp:

O– KM 117: NORTH SASKATCHEWAN RIVER
113 km vom Trans-Canada-Highway 1

Headwaters/Zuflüsse. *The North...* Der North Saskatchewan River beginnt westlich von hier am Saskatchewan-Gletscher. Dieser herabstürzende Fluß ist der Anfang eines großen Flußsystems, das die Prärien überquert und sich in die Hudson Bay entleert.

„Young" Rocks/„Junges" Gestein. *The rock...* Die Felsformationen in der südlichen Hälfte des Cirrus Mountains sind die jüngsten Felsen, die entlang des Parkways sichtbar sind; die Felsen auf dem Gipfel sind nur 35 Millionen Jahre alt. Da die geologische Struktur von beiden Enden des Parkways abstürzt, liegen die Oberflächenformationen, die man in Jasper oder Lake Louise sieht, 8 km hier unter der Erde.

The Big Hill/Der große Hügel. *Not long ago...* Vor nicht allzu langer Zeit zogen hier Tragtierkolonnen entlang, Pferde schwitzten und Packer fluchten, wenn sie es geschafft hatten, Sunwapta Paß, den Gipfel des Big Hills zu erreichen.

1940 kamen Arbeiter aus Nord und Süd nach der großen Depression hier zusammen, um den alten Banff-Jasper Highway zu bauen, der teilweise dort unten noch zu sehen ist. Die Straße ging im Zickzack um sieben Haarnadelkurven, um den Aufstieg zu bezwingen.

Today/Heute. *Icefields Parkway...* Der 1961 fertiggestellte Icefields Parkway kombiniert steile Steigung/Neigung (7 %) und eine riesige Berg- und Talbahn, um den Paß zu erreichen, etwa 500 m über dem Tal am North Saskatchewan River.

Dicke Lagen von Palliser-Kalkstein bilden das Fundament dieser Felswand – schon immer das größte Hindernis für Reisende dieser Route.

Bis ins Tal hinab zu dem schleifenmachenden North Saskatchewan River sind es etwa 4 mi/6,4 km. Hat man Flußhöhe erreicht, sieht man den herabdonnernden Wasserfall zur Rechten. Von der Brücke blickt man in den steilen Canyon. Danach führt die Straße abwärts und erreicht links die **Weeping Wall.**

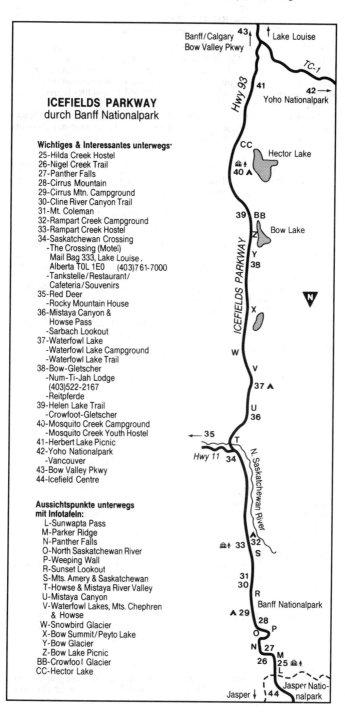

ICEFIELDS PARKWAY
durch Banff Nationalpark

Wichtiges & Interessantes unterwegs·
25-Hilda Creek Hostel
26-Nigel Creek Trail
27-Panther Falls
28-Cirrus Mountain
29-Cirrus Mtn. Campground
30-Cline River Canyon Trail
31-Mt. Coleman
32-Rampart Creek Campground
33-Rampart Creek Hostel
34-Saskatchewan Crossing
  -The Crossing (Motel)
   Mail Bag 333, Lake Louise,
   Alberta T0L 1E0   (403)761-7000
  -Tankstelle/Restaurant/
   Cafeteria/Souvenirs
35-Red Deer
  -Rocky Mountain House
36-Mistaya Canyon &
   Howse Pass
  -Sarbach Lookout
37-Waterfowl Lake
  -Waterfowl Lake Campground
  -Waterfowl Lake Trail
38-Bow-Gletscher
  -Num-Ti-Jah Lodge
   (403)522-2167
  -Reitpferde
39-Helen Lake Trail
  -Crowfoot-Gletscher
40-Mosquito Creek Campground
  -Mosquito Creek Youth Hostel
41-Herbert Lake Picnic
42-Yoho Nationalpark
  -Vancouver
43-Bow Valley Pkwy
44-Icefield Centre

**Aussichtspunkte unterwegs
mit Infotafeln:**
  L-Sunwapta Pass
  M-Parker Ridge
  N-Panther Falls
  O-North Saskatchewan River
  P-Weeping Wall
  R-Sunset Lookout
  S-Mts. Amery & Saskatchewan
  T-Howse & Mistaya River Valley
  U-Mistaya Canyon
  V-Waterfowl Lakes, Mts. Chephren
   & Howse
  W-Snowbird Glacier
  X-Bow Summit/Peyto Lake
  Y-Bow Glacier
  Z-Bow Lake Picnic
  BB-Crowfoot Glacier
  CC-Hector Lake

P– KM 125: WEEPING WALL
105 km vom Trans-Canada-Highway 1

The Weeping Wall/Die Tränenvergießende Wand. *Melting snow...* Schmelzwässer vom **Cirrus Mountain** speisen die Wasserfälle der **Weeping Wall.** Die Wasserfälle sind im Juni am gewaltigsten, dann gehen sie langsam zurück, wenn der Berg trocken wird. Im Winter kommen Bergsteiger aus dem ganzen Westen, um das blaue Eis, das hier hängt, zu bezwingen.

Das Wasser fließt an der Wand aus widerstandsfähigem Palliser-Kalkstein herab – eine der jüngsten Gesteinsarten, denen man am Icefields Parkway begegnet. Sie ist nur etwa 350 Millionen Jahre alt.

Das Wasser fließt nun in Fahrtrichtung. Rechts taucht der 3257 m hohe Cirrus Mountain auf, links Cirrus Mountain Campground und rauschender Wasserfall.

R– KM 137: SUNSET LOOKOUT
93 km vom Trans-Canada-Highway 1

Avalanche Slopes/Lawinenhänge. *The great swaths...* Die großen Bahnen am Hang auf der gegenüberliegenden Talseite wurden von Lawinen geschaffen. Unter bestimmten Voraussetzungen gehen Schneelawinen aus gespanntem, windgepreßtem Schnee los, und zwar reißen sie in Form großer kompakter Schneestollen (Schneebretter) mit lautem Knall ab und donnern den Hang hinunter. Die Lawinen nehmen bis zum Untergrund alles an Bäumen und Steinen mit und lagern diesen Schutt in einer verworrenen Masse unten im Tal ab. Nur biegsame Sträucher und kleine Pflanzen können dieser zermalmenden Gewalt abrutschender Schneemassen widerstehen.

Unterwegs Blick auf The Castelets rechts mit 2877 m und Mt. Coleman, 3128 m; dann am Cline River Trail vorbei, ehe der nächste Aussichtspunkt erreicht wird.

S– KM 140: MTS. AMERY & SASKATCHEWAN
90 km vom Trans-Canada-Highway 1

Vom Aussichtspunkt sieht man den quadratischen Gipfel des Mt. Amery, das Flußtal North Saskatchewan River Valley sowie Mt. Saskatchewan.

This One's Mine!/Das ist meiner! *During the...* In den 1920er Jahren benannte das Geographic Board of Canada diesen quadratischen Gipfel vor uns nach L.S. Amery, einem britischen Staatsminister. Obwohl damals nicht mehr der Jüngste, heuerte Amery einen Bergführer aus Banff an und machte den ersten Aufstieg auf „seinen" Berg.

Alexandra River. *The Alexandra River is...* Der Alexandra River wurde nach Königin Alexandra (Tochter Christians IX. von Dänemark) benannt, die 1863 den späteren König Eduard VII. heiratete. Alexandra war von besonderer Sanftmut, Güte und Schönheit jener Epoche geprägt.

The Lighthouse/Der Leuchtturm. *Why does this...* Weshalb bleibt dieser Felsenfinger bestehen, während das umliegende Gestein verwittert? Es handelt sich um einen widerstandsfähigen Teil der Lyell-Formation, in der sich Teile des Kalksteins zu Dolomit umwandelten.

Look Out Below!/Blick nach unten! *Across the river...* Auf der gegenüberliegenden Uferseite entstellen hellgrüne Streifen, die wie Ski-Abfahrtsspuren aussehen, den Hang. Hier handelt es sich um Lawinenbahnen, den von mit großer Geschwindigkeit ins Tal gehenden Schneemassen verursachten Pfaden der Verwüstung.

Hier in der Nähe der Großen Wasserscheide gibt es heftige Schneefälle. An steilen Hängen kann sich eine Schneedecke plötzlich lösen und bergab donnern, und dabei alles, was ihr in den Weg kommt, niederwalzen.

Diese Verwüstung bringt Tod – und danach neues Leben. Weiden- und Erlenbüsche biegen sich unter dem herabgleitenden Schnee und richten sich später wieder auf, überleben, wo es keinem Baum möglich ist. Hirsche und Rehe suchen Lawinenbahnen auf, um sich an dem neuen Pflanzenwuchs zu laben. Und sollte eines dieser Tiere von einer Lawine erfaßt und getötet werden, freut sich ein vorüberziehender Bär über den, nachdem der Schnee geschmolzen ist, zum Vorschein kommenden Kadaver.

Kurz darauf geht es am Rampart Creek Campground und dem Rampart Creek Youth Hostel vorbei, ehe der Trail zum 10 km entfernten **Glacier Lake** erreicht wird. Danach kommt man zur **Saskatchewan River Crossing** mit Raststätte.

Die Raststätte umfaßt The Crossing-Motelunterkunft, Mt. Wilson Lodge mit Souvenir- & Lebensmittelladen, Restaurant, Cafeteria sowie Tankstelle; Toiletten & Telefon vorhanden. Weitere Auskunft: The Crossing, Mail Bag 333, Lake Louise, Alberta T0l 1E0.

Direkt danach befindet sich die Kreuzung *Alberta 11 & Alberta 93* (Icefields Parkway).

Gleich dahinter rechts:

Südlich der Kreuzung der Highways *Alberta 11* = David Thompson Highway & *Alberta 93* = Icefields Parkway am *Highway 93* Parkplatz mit Information über Icefields Parkway (siehe unter **A** im Abschnitt Icefields Parkway unter Jasper Nationalpark).

KM 153: SASKATCHEWAN CROSSING
77 km vom Trans-Canada-Highway 1

Etwa 96 mi/153 km südlich von Jasper gelangt man zur Kreuzung von **Icefields Parkway** (Alberta 93) und dem **David Thompson Highway** (Alberta 11), der ostwärts zu der 261 km entfernten Stadt Red Deer führt. Die **Saskatchewan River Crossing,** wie die Kreuzung bezeichnet wird, war früher eine Pferdefurt über den North Saskatchewan River, der dann nach Nordosten zum Lake Winnipeg abbiegt, anschließend vereinigt er sich mit dem Nelson River und fließt in die Hudson Bay. Die Kreuzung liegt in der Nähe, wo drei Flüsse zusammenfließen – Saskatchewan River, Mistaya River und Howse River. Letzterer war die Route, die der Pelzhändler und Forscher David Thompson 1807 zum Überqueren der Großen Wasserscheide = Great Divide benutzte.

Über *Hwy 11* erreicht man das **Rocky Mountain House,** etwa 112 mi/179 km östlich der Kreuzung, wo man sich in dem National Historic Park im einzelnen über die Pelzhandelszeit informieren kann. David Thompson benutzte das Rocky Mountain House als Basislager, um von dort neue Handelsrouten über die Rockies zu suchen. Von diesem Handelsposten in einer pelzreichen Gegend wurden Riesenmengen Zobel, Otter, Biber und Fuchs nach Europa versandt. In der Nähe liegt der **Crimson Lake Provincial Park,** Bademöglichkeit und Camping. Etwa 54 mi/86 km von Saskatchewan River Crossing kommt man über *Hwy 11* zur Ortschaft **Nordegg** (die in der Nähe liegende Geisterstadt, *ghost town,* trägt denselben Namen), die früher eine wichtige Bergbaustadt für den Abbau von Kohle war. Die landschaftlich schöne nordsüdwärts verlaufende *Forestry Trunk Road,* die parallel zu den Rocky Mountains läuft, führt hier durch.

Entfernungen von der Kreuzung *Hwy 11/Hwy 93:* Lake Louise 48 mi/ 76 km, Banff 83 mi/132 km, Jasper 96 mi/153 km, Columbia Icefield 33 mi/52 km.

Ein kurzer Pfad führt vom Parkplatz zur Picknickarea mit Aussichtspunkt und Infotafel:

T– KM 154: HOWSE & MISTAYA RIVER VALLEYS
76 km vom Trans-Canada-Highway 1

Thanks Awfully, Old Chap!/Vielen Dank, alter Freund! *Swiss guide...* Der Schweizer Bergführer Peter Sarbach führte 1897 die englischen Bergsteiger J.N. Collie und G.P. Baker bei der Erstbesteigung dieses Bergs. Die letzten 30 m waren riskant und die Kletterer waren dankbar für die Hilfe ihres Führers und tauften daher den Gipfel Mt. Sarbach (3127 m ü.M.).

Rock Layers/Gesteinsschichten. *Mount Sarbach...* Mount Sarbach besteht aus Kalksteinklippen der Cathedral-Formation und Eldon-Formation fast wie bei einem Sandwich mit einer Schicht weichen Schiefers dazwischen. Der kleine Knopf oben auf der Spitze ist Kalkstein der Pika-Formation.

Want A Closer Look?/Ein Blick aus der Nähe? *Ambitious hikers...* Ergeizige Wanderer können einen mehrtägigen Trip zum Howse Paß in den Fußstapfen David Thompsons unternehmen. Der Pfad verläßt den Icefields Parkway am Mistaya Canyon, etwa 4,5 km südlich von hier. Länge: 26 km. Höhenunterschied: 60 m.

Want A Closer Look?/Ein Blick aus der Nähe? *Glacier Lake fills...* Der See Glacier Lake füllt das Tal zwischen Mt. Forbes und Survey Peak. Der Pfad zum See verläßt den Parkway 2 km nördlich von hier. Länge: 9 km. Höhenunterschied: 215 m.

The Mountain Crossroads/Verkehrsknotenpunkt in den Bergen. *On the broad floodplain...* In der breiten Flußebene treffen drei Flüsse zusammen. Der Mistaya River und der Howse River fließen in den North Saskatchewan River, wo dieser zu den offenen Prärien im Osten abbiegt. Diese Flußtäler haben im Laufe der vergangenen paar Jahrhunderte viel Verkehr miterlebt.

Piegan- und Kootenay-Indianer benutzten diese Route vor mindestens 200 Jahren zur Jagd, zum Handel und auf ihren Kriegszügen. 1807 führten die Kootenay-Indianer den Pelzhändler und Kartographen David Thompson durch den Howse Paß. Er benutzte diesen Paß nur bis 1810, da er wegen feindlich gesinnter Piegan-Indianer gezwungen war, eine Route weiter nördlich zu suchen.

In den 1870er und 1880er Jahren erkundeten Eisenbahn-Vermesser dieses Tal für eine Route des Canadian Pacific, entschieden sich allerdings für eine südlichere Strecke. Anfang der 1900er Jahre beförderten Tragtierkolonnen Bergsteiger, Forscher und Touristen hierher. In den 1990er Jahren nun kommen Sie hierher – die Letzten einer langen Kette von Besuchern.

Danach geht es bergab, am Lake Trail vorbei zum Parkplatz für Wanderungen zum Mistaya Canyon & Howse Paß. Von hier zum Sarbach Lookout 8 km, Mistaya Canyon 2 km (etwa 1 Std. hin und zurück) und Howse Paß 30 km. Bei der nächsten Aussichtsstelle befindet man sich hoch über dem Tal.

U– KM 159: MISTAYA CANYON
71 km vom Trans-Canada-Highway 1

Range Marker/Namensgebung. *One of the...* Einer der Banffer Ausrüster, der seine Pferde hier in diesem Tal überwinterte, war Tom Wilson, besser bekannt als Entdecker von Lake Louise. Dieser dicht bei dem Winterquartier seiner Pferde gelegene Berg wurde 1898 nach ihm benannt.

Soft Rock/Weiches Gestein. *Each coloured...* Jeder farbige Streifen am Mt. Wilson markiert einen Wechsel – Wechsel im Alter, Zusammensetzung und Stärke. Weiche Gesteinsschichten liegen wie ein Sandwich zwischen festen Schichten. Gletscher, Wind und Wasser verwittern das weichere Gestein und unterhöhlen dabei die darüberliegende harte Schicht. Nach und nach bricht das feste Gestein ab, wobei Hartfelsklippen und „Weichfels"-Fächer entstehen.

High Pastures/Hochgebirgsweiden. *There are few...* Es gibt nur wenige Stellen in den kanadischen Rockies, wo niedrige, breite Täler ostwestwärts durch die Berge verlaufen. Dieses Tal des North Saskatchewan bildet wie die Täler Upper Athabasca Valley im Norden und Bow Valley im Süden einen derartigen Durchbruch durch die Gebirgsbarrieren.

Diese tiefen Täler leiten trockene Luft von den Prärien in die Rockies. Die trockene Luft und niedere Höhenlage lassen Gebiete von offenen montanen Wäldern entstehen, die Weidetiere wie das Bighorn Sheep = Dickhornschaf willkommen heißen.

In den 1800er Jahren wurden die Kootenay- und die Piegan-Indianer von den Weideflächen angelockt, um Jagd auf die auf den Wiesen grasenden Bisonherden zu machen. Saftige Weiden zogen auch Anfang der 1900er Jahre Packer (Besitzer der Tragtiere) aus Banff an, um ihre Packpferde auf den Kootenay Plains zu überwintern. Saftiges Weideland fördert die reiche Tierwelt, die der Besucher heutzutage im Park zu sehen bekommt.

Vorbei am Waterfowl Lake mit Trail und Waterfowl Lake Campground zum nächsten Aussichtspunkt.

V– KM 174: WATERFOWL LAKES, MTS. CHEPHREN & HOWSE
56 km vom Trans-Canada-Highway 1

Von dieser Aussichtsstelle kann man den Howse Peak und Mt. Synge mit der „Aiguille" (= Nadel) rechts daneben gut erkennen.

Howse Peak. Hinter dieser Barrikade von Bergen liegt der Howse Paß, ein sanftes Tal, das eine kurze Zeitlang vor 1810 als Pelzhandelsroute über die Rockies benutzt wurde. Der Paß und sein bewachender Gipfel wurden nach Joseph Howse von der Hudson's Bay Company benannt, der die Route 1810 benutzte.

Layer Cakes/Schichtkuchen. *These mountains...* Diese Berge bestehen aus:
A– Quarz-Sandstein aus der Cog-Formationsgruppe;
B– schieferigen Mt. Whyte-Formationen;
C– grauem Cathedral-Kalkstein.

Mount Chephren. 1847 gab die Forscherin Mary Schaffer diesem Berg den Namen „the Black Pyramid" = die schwarze Pyramide. Um Verwechslungen mit Pyramid Mountain in Jasper zu vermeiden, nannte man den Gipfel später um. Der neue Name wahrt die Bedeutung des alten – da Chephren eine der großen Pyramiden Ägyptens (bei Giseh, südwestlich der Cheopspyramide) ist.

And For Future Generations/Für künftige Generationen. *More than...* Vor über 80 Jahren gab ein Bergsteiger den Seen wegen der vielen Enten, die er dort sah, den Namen **Waterfowl Lakes** (*waterfowl* = Wasservögel).

Heute ist dies immer noch eine günstige Stelle, die Vögel und Tiere des subalpinen Waldes zu beobachten. Ground Squirrels =Erdhörnchen graben sich an dieser Aussichtsstelle in die Uferränder; und Gray Jays = Grauhäher und Clark's Nutcrackers = Amerikanischer Tannenhäher rufen heiser von den Kiefern und Fichten. Unten am Wasserrand eilen Strandläufer über den Sand. Teals (River Ducks) = Flußenten – möglicherweise Nachkommen der Enten, die der Bergsteiger sah – tauchen in das undurchsichtige Wasser, um unvermutet wieder aufzutauchen. Weit über dem See hebt ein Elch sein tropfendes Maul und frißt genüßlich an einer viel zu großen Portion Wasserpflanzen. Ein ausgewachsener Elch kann beispielsweise zwischen 23 kg und 27 kg pro Tag an Zweigen, Blättern, Büschen und Wasserpflanzen als Nahrung zu sich nehmen.

Doch weshalb darüber lesen? Bei einem Spaziergang den Pfad entlang kann man alles selbst sehen.

Der Silverhorn Creek wird passiert. Danach auf der vom See abgewandten Seite zum nächsten Aussichtspunkt.

W– KM 182: SNOWBIRD GLACIER
48 km vom Trans-Canada-Highway 1

Cirques/Talkessel. *The great...* Die großen, schüsselförmigen Amphitheater auf der gegenüberliegenden Talseite sind typische Merkmale einer vergletscherten Landschaft.

Natürliche Depressionen in den Flanken der Berge wurden langsam durch die Frier-Auftau-Aktion geweitet und vertieft. Schwere Anhäufung von Schnee wurde zu Eis gepreßt. Die scheuernde und aushöhlende Tätigkeit von Gletschern oder „Eisflüssen" hob die Talkessel noch größer aus.

Viele der Gebirgseen füllen verlassene „Cirques". Wenn man unterwegs im Park aufmerksam umherblickt, wird man Zeichen von Vergletscherung überall entdecken.

Etwa 5 mi/8 km weiter vorbei am Silverhorn Creek Overflow Campground, erreicht man am **Bow Summit** (2069 m ü.M.) die Abzweigung zum Peyto Lake-Aussichtspunkt. Vom Parkplatz führt ein 15-Minuten-Pfad zum Ausblick. Im Südwesten sieht man den Peyto-Gletscher, der den See speist. Ein 2,4 km langer Pfad führt hinab zum Peyto Lake – ein sehr steiler Weg, etwa 3 Stunden für Ab- und Aufstieg einkalkulieren. Der See wurde übrigens nach Bill Peyto, einem bekannten Bergführer benannt. In der Ferne erkennt man den 3078 m hohen Mistaya Mountain.

X– KM 190: BOW SUMMIT AREA
40 km vom Trans-Canada-Highway 1

Bow Summit liegt 2069 m ü.M. Vom Parkplatz führt ein asphaltierter Pfad an herrlichen alpinen Wildblumen vorbei zu einem grandiosen Aussichtspunkt mit Panoramablick auf den Peyto Lake. Toiletten am Parkplatz. Übrigens haben es Moskitos hier auch sehr gerne!

Bow Summit
Bow-Gipfel

Bow Summit ist eines von Tausenden alpiner Gebiete der Rocky Mountains. Doch der 1919 angelegte Highway macht die Area wegen ihrer Zugänglichkeit einmalig.

Es ist eine urzeitliche Welt, die von Wind und Schnee beherrscht wird. Die Landschaft hat sich verändert, seit Gletschereis vor 7000 Jahren sich zusammenpreßte. Der Mensch ist hier erst seit weniger als 100 Jahren in Erscheinung getreten.

Menschen haben diese Landschaft ruiniert. Doch wenn man sich über die Empfindlichkeit dieser Area bewußt ist, können Tausende von Menschen weiterhin zum Bow Summit kommen, ohne die Schönheit der Natur, die sie sehen wollen, zu zerstören. Wo der Boden sogar das Trampeln einiger weniger Füße nicht vertragen kann, hat man Pfade verlegt, deutlich markiert und asphaltiert. Wo die Vegetation bis auf den nackten Boden abgetreten wurde, hat man neue Soden verpflanzt.

Wir versuchen, in Eile zu erneuern, wozu die Natur 7000 Jahre brauchte, Vegetation zu bilden. Daher die Bitte: Auf dem Pfad bleiben.

This Is A Sub-alpine Forest
Dies ist ein subalpiner Wald

Here, 2000 m above... Hier, 2000 m über dem Meeresspiegel kann es jede Nacht Frost geben, oder jeden Tag schneien. Dieser subalpine Wald liegt fast die gesamte Zeit im Schnee und wartet auf die Wärme.

Die Engelmannfichte im Vordergrund mag über 30 Jahre alt sein, ist aber nur 4 m hoch. Fichten und Tannen gehören zu den zähesten Bäumen der Welt. Ihr Saft ist so dickflüssig, daß er nicht friert, und die immergrünen Zweige fangen den Schnee und isolieren die Bäume vor der Kälte des Winters.

Darauf achten, wie sich die Bäume verändern, wenn man höher zu den alpinen Areas steigt.

Peyto Lake

The remarkable... Die bemerkenswerte Farbe des Peyto Lakes ist typisch für Gletscherseen.

Peyto-Gletscher, den man oben von der Aussichtsplattform sieht, ist eine Gletscherzunge des 15 km² großen Wapta Icefields.

Gletschereis hob das Becken, wo man heute den Peyto Lake sieht, wie mit einem Bulldozer aus. Als sich das Klima erwärmte, schmolz das Eis und ließ Peyto-Gletscher in einer kalten, geschützten Ecke zurück.

Beyond The Treeline
Oberhalb der Baumgrenze

The first alpine... Die ersten alpinen Wiesen beginnen an der oberen Baumgrenze, 2000 m über dem Meeresspiegel. In diesem Gebiet oberhalb des Waldes können nur die zähesten und kleinsten Pflanzen die rauhen Gebirgselemente überleben. Der Sommer ist so kurz, daß Pflanzen rasen müssen, um genug Nahrung zu produzieren, trotz Feuchtigkeitsmangels, Frosttemperaturen und Beschädigungen durch Wind, Regen und den Menschen. Man kann die Pflanzen in ihrem Eifer oft durch den Schnee sprießen sehen.

Kurz darauf begibt man sich von dem geschützten subalpinen Wald zur feindlichen, alpinen Zone, die so kalt und windig ist, daß dort kein Baum überlebt. Bemerkenswert, wie sich kleine Pflanzen an den Boden klammern, um dem gnadenlosen Wind zu entkommen.

Nächster Stopp nach dem Bow Paß ist die Num-Ti-Jah Lodge am Bow Lake. Die Lodge ist mehrstöckig im rustikalen Blockhausstil. Trail Parking = d.h. Parken für Wanderer, Toiletten. Vermietung von Reitpferden; Guide & Outfitter (= Führer & Ausrüster), Angeltrips. Restaurant – Frühstück (8-10), Mittag- (12-14) und Abendessen (18-21). Herrlicher Blick auf Bow-Gletscher auf der gegenüberliegenden Seite des Sees, sowie auf Mt. Jimmy Simpson, 2957 m. Kurzer Pfad zum See. Weitere Information über Unterkunft und Lodge: Num-Ti-Jah Lodge, Mile 22, Banff-Jasper Highway; Tel. (403)522-2167.

Am Bow Lake, direkt links der Zufahrt zur Lodge:

Y– KM 193: BOW GLACIER
37 km vom Trans-Canada-Highway 1

Shrinking Ice/Schrumpfendes Eis. *Bow Glacier has...* Der Bow-Gletscher hat sich beträchtlich zurückgezogen seit dem ausgestellten Foto, das 1918 aufgenommen wurde. Jüngste Messungen deuten an, daß der Gletscher-Rückzug sich verlangsamt. Ob sich unser Klima ändert?

Want A Closer Look?/Ein Blick aus der Nähe? *The Bow Glacier Falls Trail leads...* Der Bow Glacier Falls Trail führt zur Basis des Wasserfalls. Um den Pfad zu erreichen, hier parken und an der Num-ti-jah Lodge vorbeilaufen. Länge des Pfads: 4,3 km (ein Weg). Höhenunterschied: 150 m.

Thompson Peak. *Mountaineer...* Der Bergsteiger Charles S. Thompson fiel 1897 in eine Gletscherspalte des Bow-Gletschers. „ ...man konnte ihn um Hilfe rufen hören; er sagte, daß er zwar nicht verletzt sei, aber höchst dankbar wäre, wenn wir uns eilen würden, ihn da rauszuholen ... wir machten einen Steigbügel aus einem Seil ... die Wahl fiel auf Collie, den Leichtesten und noch Ledigen unseres Bergsteigerteams, sich in den Steigbügel zu stellen..." – Stutfield and Collie, 1903. Nach der Rettung Thompsons tauften die Bergkameraden den benachbarten Berg nach ihm.

Invisible River/Unsichtbarer Fluß. *Two rivers...* Zwei Flüsse fließen vom Bow-Gletscher. Von hier aus kann man einen davon sehen wie er über den Wasserfall Bow Glacier Falls stürzt. Der andere ist unsichtbar. Es ist ein Fluß kalter Luft.
    Die Luft überquert die Eisfelder der Großen Wasserscheide und gefriert. Kalte Luft, da schwerer als warme Luft, fließt in dieses Tal hinab. Dieses Fließen kalter Luft macht den Talboden unwirtlicher für Bäume, wodurch eine doppelte Baumgrenze entsteht, wo der subalpine Wald der Talhänge zwischen baumlosen alpinen Wiesen oberhalb und unterhalb wie ein Sandwich gepreßt wird.
    Gletschergekühlte Luft schafft ähnliche doppelte Baumgrenzen in vielen Hochgebirgstälern. Nach demselben Phänomen am Sunwapta Paß (Grenze zwischen Jasper und Banff Nationalparks) in der Columbia Icefield Area Ausschau halten.
    Man kann beim Besuch des Bow Summits, etwa 3 km von hier, mehr über das Leben in den alpinen Wiesen erfahren.
Entfernungen von hier nach: Lake Louise 22 mi/35 km; Banff 57 mi/ 91 km.

Direkt am Bow Lake, etwa 1 km südlich der Zufahrt zur Lodge:

Z– KM 196: BOW LAKE PICNIC
34 km vom Trans-Canada-Highway 1

Crumbling Mountains/Zerbröckelnde Berge. *Water freezes...* Wasser, das in winzigen Rissen in diesen Felswänden gefriert, preßt und bewegt Felsteilchen, bis sie abbrechen und unten auf das Ufer fallen. Das Ergebnis sind Geröllhänge und Schuttkegel, die oft in ständiger Bewegung sind.

Mountain Man/Mann der Berge. *Jimmy Simpson really...* Jimmy Simpson kannte sein Land wirklich gut. Als Jäger, Packer und Führer leitete er Generationen von Besuchern, von den Abenteurern zu Pferde des Jahres 1897 bis zu den Bustouristen der 1970er Jahre. Tüchtig, hartnäckig und mit trockenem Humor – er war ein echter Mann der Berge.

Num-Ti-Jah Lodge. *Simpson built...* Simpson baute 1922 eine kleine Fischerhütte am Bow Lake und baute sie 1940 zur heutigen Lodge aus, als die erste Banff-Jasper-Straße fertiggestellt war. Er nannte diese Lodge „Num-ti-jah" – Begriff der Stoney-Indianer für Marder (oder Zobel).

Phoenix. *These mountains...* Diese Berge wurden im Meer geboren und werden auch wieder zum Meer zurückkehren. Hier an den Zuflußgewässern des Bow Rivers bröckeln die Main Ranges (Hauptgebirgszüge) langsam und beginnen ihre Reise. Von diesen Felswänden abgewitterte Sandkörner werden vom Fluß über die Prärien transportiert. Irgendwo im Atlantik setzen sie sich am Boden ab, wo bereits andere Sedimentschichten lagern, die eines Tages möglicherweise Gestein werden. Eines Tages, wenn die Rockies müde alte Hügel sind, kann dieses Sedimentgestein in die Höhe geschoben werden, um neue Berge zu bilden. Sobald die neuen Berge aus dem Staub der alten emporgegangen sind, wird eine weitere Runde des globalen Kreislaufs vollendet sein.

Am nächsten Aussichtspunkt am **Bow Lake** hat man einen Blick auf mehrere Gletscher-Eishöhlen zur Rechten des **Crowfoot-Gletschers**. Ferner Aussicht auf Crowfoot Paß und Bow Peak. Auf der gegenüberliegenden Straßenseite startet der **Helen Lake Trail** zu dem kleinen Bergsee mit einer herrlichen Landschaft alpiner Blumenwiesen.

BB– KM 197: CROWFOOT GLACIER
33 km vom Trans-Canada-Highway 1

There's One Missing!/Einer fehlt! *In 1918, when...* 1918, als dieses ausgestellte Foto aufgenommen wurde, packte der Crowfoot-Gletscher die felswand mit drei „Zehen" wie die eines Krähenfußes (daher Crowfoot!). Wie alle Gletscher in den kanadischen Rockies, hat sich dieser während dieses Jahrhunderts beträchtlich zurückgezogen. Der unterste „Zeh" schmolz zuerst.

Advance To The Rear/Nach hinten vorrücken. *The ice...* Das Eis fließt in den Gletschern stets vorwärts. Wenn sich Eis auf der Spitze anhäuft, fließt es abwärts zur Gletscherstirn oder „Zeh". Doch während wärmerer Perioden kann die Schmelzrate an der Stirn stärker sein als die Akkumulationsrate an der Quelle und den Gletscher zum Rückzug zwingen.

A Question Of Scale/Eine Sache des Maßstabs. *Crowfoot Glacier is...* Der Crowfoot-Gletscher ist vielleicht größer und weiter entfernt als man denkt. Das Eis ist am Rand etwa 80 m stark: Das Bild zeigt, wie das 11stöckige Banff Springs Hotel aussehen würde, wenn man es auf den Crowfoot-Gletscher gebaut hätte.

The Tip Of The Iceberg/Die Spitze des Eisbergs. *The glaciers...* Die Gletscher, die man von der Straße sieht, sind nur eine Andeutung der riesigen Eisfelder, deren Sicht versperrt ist.

Wenn Luftmassen, die vom Pazifik ostwärts ziehen, von den hohen Bergen der Eastern Main Ranges zum Aufsteigen gezwungen werden, lassen sie das meiste ihrer feuchten Last als Schnee nieder. Die Schneefälle von Tausenden von Jahren haben viele Eisfelder geschaffen, die ihre Bergcontainer als fließende Gletscher überschwemmen.

Manche Gletscher, einschließlich des Crowfoot-Gletschers, sind groß und leicht erkennbar. Andere, wie der kleine, schmutzverkrustete Gletscher rechts, sind weniger auffallend. Die meisten kann man nicht von der Straße sehen; sie sind Teil der Eisfelderkette, die sich entlang der großen Wasserscheide verteilt – der Eisfelder = Icefields, wonach der Parkway benannt ist.

Vorbei am Mosquito Creek Campground, über den Mosquito Creek und vorbei am Mosquito Creek Youth Hostel (etwa 27 km von Lake Louise) gelangt man zum türkisblauen **Hector Lake**.

CC– KM 214: HECTOR LAKE
16 km vom Trans-Canada-Highway 1

Von der Aussichtsstelle Blick auf Bow Peak, Crowfoot Mountain, Crowfoot Paß und das Wapta Icefield.

Dr. James Hector. *At age...* Mit 24 war Dr. James Hector bereits ein erfahrener Forscher, der einen Teil der Palliser-Expedition auf der Suche nach Pässen hier am 8. Sept. 1858 durch die Berge geleitete. Er war vermutlich der erste Europäer, der den später nach ihm benannten See sah.

Up And Over/Auf und über. *Thrust faulting...* Schiebefaltung tritt auf, wenn die Erdkruste zusammengepreßt wird, wobei eine Felsschicht über die andere geschoben wird. Die Einbiegung einer Falte nennt man Mulde, die Aufwölbung hingegen Sattel. Man befindet sich hier dicht am Verlauf der liegenden Falte des Simpson Passes, die dem größten Teil des Icefields Parkways parallel folgt.

Want A Closer Look?/Ein Blick aus der Nähe? *The shores of...* Die Ufer des Hector Lakes kann man entlang des **Hector Lake Trails** erreichen, der etwa 2 km nördlich von hier vom Parkway abbiegt. Länge des Trails: 2,1 km (ein Weg); Höhenunterschied: 60 m.

High Mountains, Blue Water/Hohe Berge, blaues Wasser. *The layered...* Die um Hector Lake geschichteten Berge gehören zu den Eastern Main Ranges – dem Rückgrat der kanadischen Rockies. Der Icefields Parkway folgt dem Verlauf dieser Gebirgskette zwischen Jasper und Lake Louise.

Die hohen, zackigen Berge der Eastern Main Ranges setzen sich aus Schichten Sedimentgesteins zusammen. Riesige Platten dieses Gesteins wurden übereinandergeschoben, und die in die Höhe geschobenen Felsen wurden von abfließendem Wasser und Gletschern bearbeitet.

Hector Lake ist ein Produkt eines dieser Gletscher. Der Graben, in dem er liegt, wurde von einem inzwischen zurückgezogenen Gletscher ausgehöhlt und geweitet. Das, was von dem Gletscher übrig ist, liegt außerhalb des Sichtfeldes hinter der Ecke und mahlt und scheuert immer noch die Felswände aus. Das sich daraus ergebende feingemahlene Felsmaterial schwebt in den Schmelzwässern des Gletschers. Die Lichtreflektion dieser im Schmelzwasser schwebenden Partikel bewirkt die Blaufärbung des Seewassers.

Nach dem Hector Lake führt der Icefields Parkway bergab und erreicht den kleinen See **Herbert Lake** mit Picknickplatz (etwa 4 mi/6,4 km nördlich von Lake Louise). Kurz vor der Kreuzung Icefields Parkway und Trans-Canada-Highway 1 erneut eine Infotafel, die für die nordwärts reisenden Besucher den **Icefields Parkway** beschreibt (siehe unter **A** im Abschnitt Icefields Parkway durch Jasper Nationalpark). *Hwy 93* setzt sich südwärts fort bis Castle Junction, um dann westwärts durch den **Kootenay Nationalpark** (s. Seiten 192 ff.) zu führen. *Trans-Canada-Highway 1* führt westwärts abbiegend durch den **Yoho Nationalpark** (s. Seiten 367 ff.) und südwärst weiter an **Lake Louise** (s. Seiten 40 ff.) vorbei zur etwa 35 mi/56 km entfernten Stadt **Banff** (s. Seiten 26 ff.).

CALGARY, ALBERTA

„Tor zu den Rockies"

Calgary, eine Metropole mit etwa einer halben Million Einwohnern, liegt in der südwestlichen Ecke der Provinz **Alberta.** Die Stadt, die wegen ihrer alljährlich stattfindenden **Calgary Stampede** weltberühmt geworden ist, stellt heute ein wichtiges Zentrum der Ölindustrie dar. Calgary ist eine schnell wachsende Stadt, und das sehen Sie am besten an den Wolkenkratzern der Hotels und Bürogebäude sowie dem 191 m hohen **Calgary Tower,** die vollkommen unerwartet aus der Prärie-Landschaft „in die Höhe schießen". Calgary ist auch ein wichtiger **Verkehrsknotenpunkt;** die **Flug**verbindungen von Europa und den USA sowie von anderen kanadischen Städten nach Calgary sind hervorragend. Außerdem liegt Calgary am **Trans-Canada Highway; Bus-** und **Zug**verbindung mit Greyhound und *VIA Rail* auf deren **transkontinentalen** Routen. Und wenn Sie in Calgary ankommen, ist hier Ihr **Ausgangspunkt** zum **Banff Nationalpark,** genau 85 mi/136 km im Westen, und Ihr **Tor** zu den **kanadischen Rockies.** Edmonton, die Hauptstadt der **Provinz Alberta,** liegt etwa 185 mi/296 km im Norden. **Vancouver** ist etwa 670 mi/1072 km im Westen und **Winnipeg** etwa 825 mi/1320 km im Osten.

Calgary wurde **1875** gegründet, als die *North West Mounted Police* (aus der die heutige berittene Polizeieinheit *Royal Canadian Mounted Police* hervorgegangen ist) in der Nähe, wo die Flüsse Bow und Elbow Rivers zusammenfließen, ein **Fort** errichtete. Um das Jahr **1883** dehnte die Eisenbahngesellschaft *Canadian Pacific* ihre Eisenbahnlinie bis in diese Gegend aus, und die Ortschaft wurde Calgary genannt — nach der Bucht Calgary Bay an der Insel Isle of Mull in Schottland. **1914** wurde der erste Ölbohrturm in Betrieb genommen; die Stelle befindet sich südwestlich der Stadt. Heutzutage ist Calgary nicht nur das Zentrum für Rinderzucht und Weizenanbau, sondern in erster Linie, wie wir anfangs erwähnten, eine führende Stadt der Mineralölindustrie — Forschung, Handel und Produktion, sowohl für Öl als auch für Gas.

Und da sich Calgary für Besucher West-Kanadas als **Tor** für Ferien in den **Rockies** anbietet, geben wir Ihnen hier ein wenig zusätzliche Information. Wenn Sie mit dem **Flugzeug** ankommen, achten Sie darauf, daß es direkt am Flughafen Calgary International Airport ein Hotel gibt, Einzelheiten unter **Übernachten In Calgary.** Viele der Haupt-Autovermieter, *car rental companies,* haben Geschäftsstellen im Flughafen; zum Beispiel Budget, Hertz und Tilden. Machen Sie Ihre Reservierung für Ihr Mietauto rechtzeitig vor Ihrer Ankunft. Der Flughafen liegt im Nordosten von Calgary, etwa 9 mi/14 km außerhalb des Stadtzentrums. Vom Flughafen gibt es eine Busverbindung zur Stadt. Der *Trans-Canada Highway,* der **direkt** nach **Banff** führt, verläuft genau südlich vom Flughafen. Sie brauchen also erst gar nicht durch Calgary zu fahren, wenn Sie direkt nach Banff möchten! Und für die Flugreisenden, die nicht mit dem Auto in die Wunderwelt der Rocky Mountains fahren wollen, gibt es eine **Bus-Direktverbindung** vom Flughafen nach **Banff** und zum **Banff Springs Hotel**, nach **Lake Louise** und zum „Schloß-hotel" **Chateau Lake Louise** sowie nach **Jasper** und zur **Jasper Park Lodge**. **Bus-** oder **Bahn**reisende haben Anschlüsse nach **Banff** und **Lake Louise**. Der **Waterton Lakes Nationalpark**, im Süden von Calgary, ist ebenfalls mit dem **Bus** erreichbar.

Und hier noch einige Informationen, damit Sie sich in Calgary zurechtfinden. Die Stadt ist in **vier Abschnitte** eingeteilt: Nordosten *(Northeast = N.E.)*; Nordwesten *(Northwest = N.W.)*; Südosten *(Southeast = S.E.)* und Südwesten *(Southwest = S.W.)*. Die Straßen, **Streets**, verlaufen in Nord/Süd- *(north-south)* und **Avenues** in Ost/West-Richtung *(east-west)*. **Wichtiger Hinweis**: Viele Straßen der Innenstadt sind Einbahnstraßen, *one-way streets*.

ATTRAKTIONEN IN CALGARY

Calgary wird von vielen Reisenden als **Tor** zum **Banff Nationalpark** und anderer Gegenden im Westen Kanadas benutzt. Oft werden die Attraktionen von Calgary selbst übersehen, weil jeder schnell in die bezaubernde Bergwelt der Rocky Mountains will. Vielleicht paßt es in Ihr Urlaubskonzept, sich vor Ihrer Fahrt in die kanadischen Rockies einen oder zwei Tage gemütlich mit Sightseeing in Calgary aufzuhalten, und nach einem langen Flug von Europa sich erst einmal zu akklimatisieren. Sie können beispielsweise zum **Calgary Tower** hinauffahren (die Fahrt dauert etwa eine Minute), von wo Sie einen phantastischen Blick auf die Prärie-Landschaft und die Rockies haben. Das „i"-Tüpfelchen ist natürlich ein Dinner im Drehrestaurant oben im Turm. In der Innenstadt, *downtown area*, finden Sie auch mehrere Shopping Centers und bekannte kanadische Kaufhäuser, wie Hudson's Bay Company — einfach „the Bay" genannt. An *9th Avenue & 1st Street, S.E.* befindet sich das **Glenbow Museum** — Kunst der Eskimos *(Inuit)* und Indianer, Kunstausstellung und eine riesige Gewehrsammlung; bis 21 Uhr geöffnet. Der Park **Devonian Gardens**, zwischen *2nd & 3rd Streets* und *7th & 8th Avenue, S.W.*, beherbergt ein Pflanzenhaus aus Glas.

Eine der größten Attraktionen außerhalb des Stadtzentrums von Calgary ist der **Heritage Park** — südwestlich der Stadtmitte, westlich von *14th Street, S.W.* und dem *Heritage Drive*. Der Heritage Park ist eine echte Pioniersiedlung um die Jahrhundertwende. Nehmen Sie hier im „Hotel" als Erfrischung ein echtes Getränk des alten Westens zu sich (alkoholfrei), einen *Sarsaparilla*, oder probieren Sie die Lebkuchen, *ginger bread cookies*, aus der Bäckerei, *bakery*. In der hölzernen Kirche können Sie vielleicht sogar eine Trauung sehen. Mit einem Raddampfer, *paddlewheeler*, können Sie auf dem See, *reservoir*, entlangfahren, oder mit einer Dampflok betriebenen Eisenbahn eine Entdeckungsfahrt machen. Genau östlich der Innenstadt ist die Stelle, wo sich das alte **Fort Calgary** befand. Hier können Sie herumspazieren und sich ansehen, wo Calgarys erstes Gebäude stand. In einem Interpretive Center erfahren Sie eine Menge über Calgarys Vergangenheit. Von hier führt eine Brücke zur Insel **St. George's Island** inmitten des Bow River. Auf der Insel können Sie den **Dinosaur Park** (Reproduktionen von Dinosauriern in Lebensgröße) und den **Zoo** — einer der größten Zoos in Kanada — besuchen. Ebenfalls in der südöstlichen Gegend von Calgary liegt der Park **Brewery Gardens** *(9th Avenue & 15th Street, S.E.)* mit angenehmen Spazierwegen, mit der Forellenzucht **Trout Hatchery** *(17th Ave, S.E.)* und den **Calgary Stockyards** *(21st Avenue & 12th Street, S.E.)*, wo Sie morgens bei Viehauktionen dabei sein können.

Auf der Westseite der Innenstadt liegt das **Calgary Centennial Planetarium** *(11th Street & 7th Avenue, S.W.)*. Und an 1300 6th Avenue, S.W., können Sie eine der größten Dampfloks der Welt sehen; hier befindet sich auch das **Hospitality Centre** (Informationszentrum). Halten Sie dort und holen Sie sich ausführliche Information über Calgary und seine Sehenswürdigkeiten.

CALGARY STAMPEDE

Eine der populärsten Veranstaltungen des Jahres in Calgary (und mit Sicherheit auch eines der meistbekanntesten Ereignisse im Westen Kanadas) ist die **Calgary Stampede**; etwa 10 Tage lang aufsehenerregende Rodeos — nachmittags und abends; die „*ten days that shake the west*" — zehn Tage, die den Westen außer Rand und Band bringen", beginnen gewöhnlich Anfang Juli. Da gibt es Musikgruppen, Floßfahrten, Cowboys und Indianer, Tanz auf den Straßen und Unterhaltungsprogramm im Stadtzentrum. Aber das aufregendste und größte Ereignis dieser Tage sind die **Rodeos** am Nachmittag; abends gibt es die berühmten Planwagen-Rennwettbewerbe **Chuckwagon Races** (ein *chuckwagon* ist ein Planwagen, wie ihn früher die Pioniere als Küchen- und Vorratswagen auf ihren Wagentrecks in den Westen benutzt haben), anschließend Musik und Feuerwerk. Erkundigen Sie sich über Einzelheiten des Programms und über Preise bei: Calgary Tourist & Convention Association, 1300 6th Ave, S.W., Calgary, Alberta T3C 0H8; dort wird man Ihnen auch bei der Zimmerbeschaffung behilflich sein, doch während der Zeit der Calgary Stampede müssen Sie Ihre Zimmerreservierung sehr **frühzeitig** vornehmen.

 ## ÜBERNACHTEN IN CALGARY

Da **Calgary** so ein wichtiger Verkehrsknotenpunkt und auch ein Zentrum für Handel und Wirtschaft sowie ein günstiger Ausgangsort zum populären **Banff Nationalpark** ist, wird es schon am späten Nachmittag und Abend **schwierig**, ein Zimmer in dieser modernen Geschäftsmetropole zu finden. Versuchen Sie auf alle Fälle, **vor** dem späten Nachmittag im Bereich von Calgary anzukommen, wenn Sie ein vernünftiges Zimmer bekommen wollen. Wenn Sie erst am **späten Abend** in

Calgary sein können, oder beabsichtigen, zu besonderen Tagen in Calgary zu sein, zum Beispiel zur berühmten **Calgary Stampede**, machen Sie Ihre Zimmerreservierung **rechtzeitig im voraus**, aber rechnen Sie damit, daß Sie **etwas mehr zahlen** müssen als zu anderen Zeiten. Wie immer bestimmen Angebot und Nachfrage den Preis! In diesem Abschnitt stellen wir verschiedene, **praktisch auf dem Weg zur Stadt Calgary** liegende Areas mit **Übernachtungsmöglichkeiten** heraus: Wenn Sie **vom Westen** über den **TC-1** nach Calgary kommen; **vom Süden** über den **Hwy 2** kommend; die Gegend um den **Flughafen** und über den **Hwy 2 von Edmonton** kommend sowie das **Stadtzentrum**, *downtown area*, von **Calgary**. **Wichtiger Hinweis:** Die Zimmerpreise in den luxuriösen Hotels der **Innenstadt** sind beträchtlich höher, als die meisten Preise der außerhalb liegenden Motels. Und falls Sie **mit dem Auto** nach Calgary fahren, ein **Tip:** Vermeiden Sie es nach Möglichkeit, zu den Hauptstoßzeiten des Verkehrs auf den Straßen von Calgary unterwegs zu sein; man kommt dann fast nur noch im Schrittempo voran. Berücksichtigen Sie dies bitte auch, wenn Sie gerade zu dieser Zeit zum Flughafen müssen!

Chinatown: 2nd Ave S. & Centre St. South

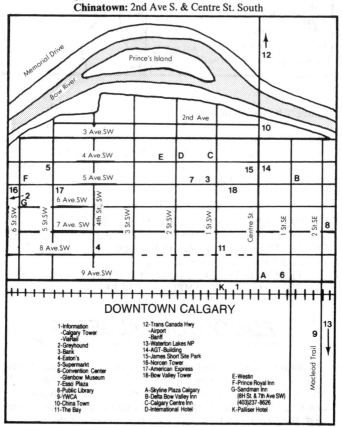

DOWNTOWN CALGARY

1-Information	12-Trans Canada Hwy
-Calgary Tower	-Airport
-ViaRail	-Banff
2-Greyhound	13-Waterton Lakes NP
3-Bank	14-AGT-Building
4-Eaton's	15-James Short Site Park
5-Supermarkt	16-Norcen Tower
6-Convention Center	17-American Express
-Glenbow Museum	18-Bow Valley Tower
7-Esso Plaza	
8-Public Library	A-Skyline Plaza Calgary
9-YWCA	B-Delta Bow Valley Inn
10-China Town	C-Calgary Centre Inn
11-The Bay	D-International Hotel

E-Westin
F-Prince Royal Inn
G-Sandman Inn
(8H St. & 7th Ave SW)
(403)237-8626
K-Palliser Hotel

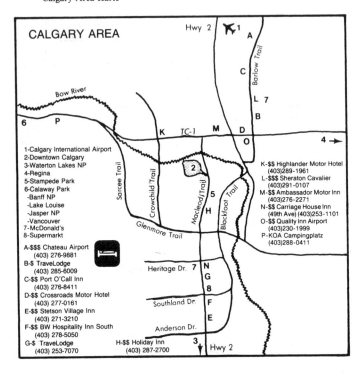

CALGARY AREA

Hwy 2

1-Calgary International Airport
2-Downtown Calgary
3-Waterton Lakes NP
4-Regina
5-Stampede Park
6-Calaway Park
 -Banff NP
 -Lake Louise
 -Jasper NP
 -Vancouver
7-McDonald's
8-Supermarkt

A-$$$ Chateau Airport
 (403) 276-9881
B-$ TraveLodge
 (403) 285-6009
C-$$ Port O'Call Inn
 (403) 276-8411
D-$$ Crossroads Motor Hotel
 (403) 277-0161
E-$$ Stetson Village Inn
 (403) 271-3210
F-$$ BW Hospitality Inn South
 (403) 278-5050
G-$ TraveLodge
 (403) 253-7070
H-$$ Holiday Inn
 (403) 287-2700

K-$$ Highlander Motor Hotel
 (403)289-1961
L-$$$ Sheraton Cavalier
 (403)291-0107
M-$$ Ambassador Motor Inn
 (403)276-2271
N-$$ Carriage House Inn
 (49th Ave) (403)253-1101
O-$$ Quality Inn Airport
 (403)230-1999
P-KOA Campingplatz
 (403)288-0411

Billige Übernachtungsmöglichkeiten: YMCA Calgary, 332 6th Ave, S.W. 269-6701; und YWCA Calgary, 320 5th Ave, S.E. 263-1550. Und sogar **noch billiger:** Die Jugendherberge Calgary Hostel, 502 7th Ave, S.E.; 269-8239 (für etwa $5 gibt es Übernachtungsmöglichkeiten im Mehrbettzimmer, *dormitory* = Schlafsaal — für Jugendherbergsmitglieder etwas billiger).

CALGARY CHECKLISTE

☐ CALGARY TOWER HINAUFFAHREN
☐ SICH BEIM HOSPITALITY CENTRE INFORMIEREN
☐ AUSFLUG ZUM HERITAGE PARK
☐ FORT CALGARY BESUCHEN
☐ TROUT HATCHERY, FORELLENZUCHT ANSEHEN
☐ DIE CALGARY STAMPEDE ERLEBEN

EDMONTON, ALBERTA
„Provinzhauptstadt mit riesiger West Edmonton Shopping Mall"

Edmonton, etwa eine halbe Million Einwohner, ist die **Hauptstadt** der **Provinz Alberta.** Die Stadt, die nach der Heimatstadt (in der Nähe von London, Großbritannien) eines stellvertretenden Gouverneurs der Hudson's Bay Company benannt wurde, liegt geographisch gesehen praktisch in der Mitte der Provinz.

DENVER

„Mile High City und Ausgangspunkt zu den Rockies"

U.S. Mint

State Capitol

Denver Art Museum

16th Street Mall

Larimer Square

Buffalo Bill Grabstätte

Temperaturen in °C

	Jan	Feb	März	Apr	Mai	Jun	Jul	Aug	Sept	Okt	Nov	Dez
∅ max	5	7	10	16	21	28	31	31	26	19	12	7
∅ min	−10	−8	−4	−1	6	11	14	13	8	3	−4	−8

Denver auf einen Blick

Lage: Nordzentralteil des US-Bundesstaates Colorado, am Ostrand der Rocky Mountains; etwa 430 mi/688 km nördlich von Albuquerque, etwa 1000 mi/ 1600 km südöstlich von Chicago, etwa 860 mi/1376 km westlich von St. Louis und etwa 510 mi/816 km östlich von Salt Lake City. – – **Name:** Nach dem Gouverneur des Territoriums Kansas, James Denver. – – **Besiedlung:** Mit der Entdeckung von Gold im Cherry Creek im Jahre *1858* kam die erste Siedlerwelle; *1867* wurde Denver die Hauptstadt des Territoriums; *1870* Ausbau der Eisenbahn bis Denver; *1876* wurde Colorado 38. US-Bundesstaat und Denver dessen Hauptstadt. – – **Einwohnerzahl:** Etwa 500 000; Großraumbevölkerung der Denver-Boulder Area etwa 1,9 Millionen. – – **Handel & Wirtschaft:** Flug- und Raumtechnik, Bierbrauereien, Koffer- & Reiseartikel, Banken, Versicherungen, Verwaltungs- & Forschungszentrum für Energie, Tourismus. – – **Höhenlage:** 1609 m ü. M. daher auch *mile high city* (= Meile-hohe-Stadt; 1 Meile = 1 600 m) – – **Vorwahlnummer,** *area code:* (303).

Denver International Airport

Denvers neuester Flughafen, einer der größten Flughäfen der USA, liegt etwa 25 mi/40 km nordöstlich von Downtown Denver (18 mi/29 km Luftlinie). Der moderne Flughafen ist leicht an seinem „Segeltuchdach" über dem Hauptterminal erkennbar, in der Nähe von *I-70.* Mietwagen, Taxis und Flughafenbusse (Airport Bus) vorhanden. Während Flughafenhotels im Bau sind, ist das nächste Hotel zum **Denver International Airport** das Holiday Inn Denver I-70, Tel. (303)371-9494.

Straßen, Züge, Busse, Mietwagen

Straßen: *I-25* (Nord-Süd) und *I-70* (Ost-West) kreuzen sich nördlich der Innenstadt von Denver; *US 40 (Colfax Avenue)* führt durch die Innenstadt. – – **Eisenbahn/Amtrak:** Zugverkehr in östlicher Richtung nach Chicago und in westlicher Richtung nach Salt Lake City und weiter. – – **Busse:** Inter-City-Busverkehr in verschiedene Richtungen. – – **Mietautos:** Überall am Flughafen und in der Innenstadt. – – **Stadtbusse/City Buses:** Überall in der Denver Area.

Entfernungen in Meilen/Kilometer nach:

Aspen	165/264	Golden	16/ 26
Boulder	30/ 48	Grand Junction	250/400
Castle Rock	30/ 48	Idaho Springs	34/ 54
Central City	34/ 54	Mesa Verde NP	370/592
Colorado Springs	70/112	Mt. Evans	62/ 99
Cortez	380/608	Rocky Mountain NP	80/128
Durango	335/536	Salida	140/224
Estes Park	72/115	Silverton	320/512
Georgetown	45/ 72	Steamboat Springs	167/267
Glenwood Springs	160/256	Vail	100/160

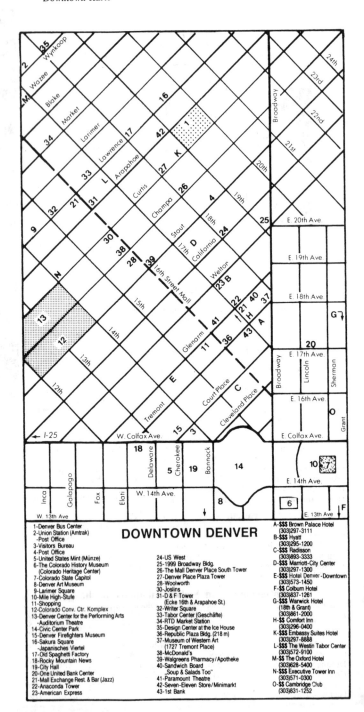

DOWNTOWN DENVER

1-Denver Bus Center
2-Union Station (Amtrak)
 -Post Office
3-Visitors Bureau
4-Post Office
5-United States Mint (Münze)
6-The Colorado History Museum
 (Colorado Heritage Center)
7-Colorado State Capitol
8-Denver Art Museum
9-Larimer Square
10-Mile High-Stufe
11-Shopping
12-Colorado Conv. Ctr. Komplex
13-Denver Center for the Performing Arts
 -Auditorium Theatre
14-Civic Center Park
15-Denver Firefighters Museum
16-Sakura Square
 -Japanisches Viertel
17-Old Spaghetti Factory
18-Rocky Mountain News
19-City Hall
20-One United Bank Center
21-Larimer Square Rest. & Bar (Jazz)
22-Anaconda Tower
23-American Express

24-US West
25-1999 Broadway Bldg.
26-The Mall Denver Place South Tower
27-Denver Place Plaza Tower
28-Woolworth
30-Joslins
31-D & F Tower
 (Ecke 16th & Arapahoe St.)
32-Writer Square
33-Tabor Center (Geschäfte)
34-RTD Market Station
35-Design Center at the Ice House
36-Republic Plaza Bldg. (218 m)
37-Museum of Western Art
 (1727 Tremont Place)
38-McDonald's
39-Walgreens Pharmacy/Apotheke
40-Sandwich Board
 „Soup & Salads Too"
41-Paramount Theatre
42-Seven-Eleven Store/Minimarkt
43-1st Bank

A-$$$ Brown Palace Hotel
 (303)297-3111
B-$$$ Hyatt
 (303)295-1200
C-$$$ Radisson
 (303)893-3333
D-$$$ Marriott-City Center
 (303)297-1300
E-$$$ Hotel Denver-Downtown
 (303)573-1450
F-$$ Colburn Hotel
 (303)837-1261
G-$$$ Warwick Hotel
 (18th & Grant)
 (303)861-2000
H-$$ Comfort Inn
 (303)296-0400
K-$$$ Embassy Suites Hotel
 (303)297-8888
L-$$$ The Westin Tabor Center
 (303)572-9100
M-$$ The Oxford Hotel
 (303)628-5400
N-$$$ Executive Tower Inn
 (303)571-0300
O-$$ Cambridge Club
 (303)831-1252

DOWNTOWN DENVER

Denvers Stadtbild hat in den vergangenen Jahren eine starke Veränderung erfahren. In der Innenstadt schießen ständig neue Wolkenkratzer in die Höhe wie das Republic Plaza Bldg. mit 714 ft = 218 m (Tremont Place & 16th Street Mall), das sogar schon von Rocky Mountains Bergsteigern mutig bestiegen wurde. Auf der Suche nach Energiequellen wurde Denver, das mitten im Herzen riesiger Kohle- und Ölvorkommen liegt, zur Energiehauptstadt der Rocky Mountains. Entsprechend hektisch gestaltet sich auch die Innenstadt Denvers. Glücklicherweise wird der Verkehr in der Innenstadt von der etwa 1½ km langen Grünanlage – der 16th Street Mall und vom Civic Center Park mit Statuen und Brunnen abgehalten.

Children's Museum. Kindermuseum. 2121 Crescent Dr. Exponate zum Anfassen; im Supermarkt dürfen Kinder Kassierer, Packer und Kunde spielen. Tierpräparate. Im Ball Room mit ca. 80 000 bunten Plastikbällen können Kinder „schwimmen". I-25 bis Exit 211 (23rd Ave.); Exit East zur 7th St., rechts in 7th St., dann erneut rechts in Crescent Dr. Di-Sa 10-17 Uhr.

Colorado History Museum. 1300 Broadway. Exponate zu Denvers und Colorados Geschichte Mo-Sa 10-16.30 Uhr; So- & Feiertage 12-16.30 Uhr; Eintrittsgebühr.

Colorado State Capitol. Regierungsgebäude. Das etwa 83 m hohe Kapitolgebäude wurde nach dem Vorbild des US-Kapitols von Washington, D.C. errichtet. Die goldene Kuppel erinnert noch an Colorados erste Goldbergwerke. Die 13. Treppenstufe des Kapitols (zur Lincoln St.) liegt genau eine Meile hoch; „one mile above sea level" ist in den Stein gemeißelt. Oben von der Kuppel hat man einen herrlichen Blick auf die Stadt und die Rocky Mountains. Kostenlose Besichtigung und Führung – Mo-Fr von 9.30 bis 15.15 Uhr.

Denver Art Museum. Kunst- & Gemäldegalerie. Eines der größten Museen zwischen Missouri und Kansas City; montags geschlossen; Di-Sa 10-17 Uhr; Mi von 10 bis 20 Uhr; So von 12 bis 17 Uhr. Eintrittsgebühr. Hier ein kurzer Wegweiser durch das 28seitige Gebäude, dessen über eine Million Glasscheiben so plaziert sind, die Exponate vor direkter Sonnenbestrahlung zu schützen.
Erdgeschoß: Läden und Restaurants. Zwischengeschoß: Totempfähle. Erster Stock: Kunst der amerikanischen Indianer. Zweiter Stock: Ausstellungsstücke aus dem 18. und 19. Jahrhundert über Amerikaner von Nord- und Südamerika. Dritter Stock: Europäische Kunst. Vierter Stock: Asiatische Kunst. Fünfter Stock: Textilien und Kleider. Ausgezeichnetes Museum. Restaurant und Andenkenladen ebenfalls vorhanden.
Auf der gegenüberliegenden Straßenseite erstreckt sich der **Civic Center Complex** mit Parkanlagen und Theater sowie Statuen der Pionierleute Colorados.

Denver Center for the Performing Arts. Mehrere Theater (darunter Auditorium Theatre), Rundbaukonzerthalle, Filminstitut sowie Einkaufspassagen.

D & F Tower. Ca. 99 m hoher Turm Ecke 16th & Arapahoe St. Nachbildung des Campanile von St. Markus in Venedig. War bei Einweihung im Jahre 1910 das dritthöchste Bauwerk der USA!

Denver Firefighters Museum. 1326 Tremont Ave. Exponate über die Feuerwehr in Denvers Anfangsjahren.

Denver Museum of Natural History. Naturhistorisches Museum. Anthropologie, Archäologie und Tierexponate sowie Planetarium. Täglich 9 bis 17 Uhr.

Denver Museum of Western Art. 1727 Tremont Place, gegenüber vom Brown Palace Hotel. Gemälde- & Skulpturensammlung von Künstlern wie Remington, Russell und Georgia O'Keeffe. Di-Sa 10 bis 16.30 Uhr Eintritt.

Forney Transportation Museum. Verkehrsmuseum. 1416 Platte, Valley Hwy (I-25) & Speer Blvd., westlich der Innenstadt. Sammlung von Oldtimers (Teddy Roosevelts Paradeauto und verschiedene Raritäten anderer Persönlichkeiten), Kutschen und Eisenbahnwagen. Mo-Sa von 9 bis 17 Uhr, So von 11 bis 17.00 Uhr. Von I-25 (Valley Hwy) Exit 212 C, W. 32nd Ave. oder Exit 211 W. 23rd. Ave & Water St.

Larimer Square. Kleines aufgemöbeltes und kommerzialisiertes Stadtviertel in der Gegend von *Larimer* und *15th Streets*. An dieser Stelle wurde 1858 Denver gegründet, als sich Pioniere mit ihren Planwagen hier niederließen, um nach Gold zu suchen. Renoviertes und attraktives Viertel mit Boutiquen, Geschäften und Restaurants, sowie altmodischen Gaslampen. In der Nachbarschaft breitet sich Writer Square aus – ebenfalls kommerzialisiertes Viertel mit Fußgängerzone.

Molly Brown House. 1340 Pennsylvania Avenue. Haus im viktorianischen Stil. Hier wohnte die „unsinkable" (unsinkbar) Molly Brown, eine der Überlebenden der 1912 untergegangenen Titanic.

Sakura Square. *19th* und *Lawrence Streets*. Asiatische Läden und Restaurants.

Sixteenth Street Mall. Fußgängerzone, Einkaufsstraße mit Tabor Center. Busse entlang 16th Street Mall „The Mall Ride". Auch Kutschfahrten.

United States Mint. Münzprägeanstalt. Hier werden Münzen von Pennies (Cent-Stücke) bis Dollar-Stücke geprägt. Mo-Fr kostenlose Führungen, Anmeldung nicht erforderlich. Öffnungszeiten: Sommer – Mo-Fr von 8 bis 15 Uhr; Winter – Mo-Fr von 8.30 bis 15 Uhr. Mittags von 11.30 bis 12.30 Uhr geschlossen. 20-Minuten-Führung sehr beliebt. Eingang von Cherokee; Münzverkauf *(coin sales)* Westeingang *(west entrance)*.

 INSIDER TIPS

Praktisch & Preiswert durch Denver

Orientierung

Streets (Straßen) in der Innenstadt von Denver laufen diagonal, während Haupt-Avenues wie *Colfax Avenue* in Ostwestrichtung verlaufen. – – *Broadway*, eine weitere Hauptstraße, verläuft in Nordsüdrichtung. *17th Street*, zwischen Broadway und Arapahoe Street, ist der **Financial District** (Bankenviertel). – – Die östlich vom Colorado State Capitol befindliche Gegend war früher Wohnviertel wohlhabender Minenbesitzer. Unter den Villen im viktorianischen Stil aus Denvers Anfangszeit zählt das **Molly Brown House**; Molly Brown befand sich unter den Überlebenden beim Untergang der Titanic. Molly Browns Ehemann war ein reicher Bergwerksbesitzer. **Informationen** beim Visitors Bureau, 225 W. Colfax, (303)892-1112.

INSIDER TIPS

Praktisch & Preiswert durch Denver

Unterkunft
Viele Hotels der Denver Innenstadt – *Downtown* – gehören zur gehobenen Preiskategorie. Wer sich etwas Luxus erlauben und eines der bekanntesten Hotels im Westen erleben will, sollte dann schon im **Brown Palace Hotel** (nach Altbau = *old section* fragen) bleiben. Manche Stadt- und Flughafenhotels bieten speziell niedrige **Wochenendraten** an (vorherige Reservierung erforderlich), die Luxus für wenig Geld erlauben! – – Zivile Zimmerpreise außerhalb der Innenstadt, beispielsweise bei Days Inns. – – **Preiswerte und gute Unterkunft:** Hampton Inn (Aurora), 1500 S. Abilene, Tel. (303)369-8400, Exit 7 von I-225; Hampton Inn (Denver-Southeast/Tech Center), 9231 E. Arapahoe Rd., Tel. (303)792-9999, Exit 197 von I-25. Sehr gute Lage zur Downtown-Area und direkt an I-25, La Quinta Central, 3500 Fox St., Tel. (303)458-1222, Exit 213 v. I-25. – – **Billige** Unterkunft beim Motel 6, (303)371-1980, etwa 5 mi/8 km östlich vom alten Flughafen, *I-70*/Exit 281; Nähe *I-225/I-70*. **Denver International Youth Hostel**, 630 East 16th Ave (Ecke 16th Ave & Washington St.), Denver, CO 80203, Tel. (303)832-9996. Bus 15, 20 – Station Washington St.

Einkaufen/Shopping
16th Street Mall in der Denver Innenstadt ist ein Einkaufsparadies mit Dutzenden von Läden und 3 großen Kaufhäusern wie Fashion Bar, Joslyn's und May D & F. **Tabor Center** mit exklusiven Geschäften ist ein völlig verglastes Einkaufszentrum, das sich über 2 Straßenblocks erstreckt; 16th Street Mall/Lawrence St. – – **Larimer Square** mit vielen Boutiquen. – – **Einkaufzentren/Shopping Malls** in den Vororten, z. B. Aurora Mall an *I-225*, östlich der Stadt; Cinderella City südlich vom Stadtkern an *US 285 & US 85*; Northglenn, nördlich der Stadt an *I-25 & CO 44*; Cherry Creek *East 1 Ave & University Blvd.* – – **Westernkleidung/Western Wear** bei Shepler's, südlich von *I-25/I-225* an *I-25* und *East Orchard Road*; der Platz für echte Westernbekleidung für den Eigenbedarf oder für Freunde. – – *Tivoli Denver* (901 Larimer St.) mit 12 Kinotheater, Modegeschäften, Souvenirläden, in einer ehemaligen Brauerei; kostenloser Pendel-Trolley.

Restaurants
Elegantes und vornehmes Restaurant im berühmten **Brown Palace Hotel** – Steak, Rocky Mountain Trout (Forelle). – – Eines der beliebtesten Restaurants ist **Buckhorn Exchange**, 1000 Osage Street – Steak, Büffelsteak (Buffalo Steak), Forelle (Trout). Teddy Roosevelt und Buffalo Bill haben hier gespeist; viel Western-Atmosphäre; Lunch Mo-Fr 11-15 Uhr, Dinner Mo-So ab 17 Uhr. 534-9505. – – Ein weiteres populäres Restaurant ist **Casa Bonita**, 6715 W. Colfax, in Lakewood, westlicher Stadtteil. Das riesige mexikanische Lokal bietet Platz für über 1000 Personen; Attraktion sind die Klippenspringer wie in Acapulco und Mariachi Musik; 232-5115. – – **Old Spaghetti Factory** in der Innenstadt mit Speisen zu vernünftigen Preisen; sehr beliebt, daher starker Andrang! – –   Sehr beliebt sind auch die *Village Inn* Restaurants, beispielsweise in Downtown Denver Curtis & 15th Street; preiswert. – – **McDonald's**, Ecke Champa & 16th Street Mall. – – Mehrere Straßenlokale entlang der Fußgängerzone 16th Street Mall.

Öffentliche Verkehrsmittel
Gute Stadtbusverbindung durch *Rapid Transit District* überall in der Denver Area einschließlich Verbindung zwischen Flughafen und Stadtmitte. Ebenfalls Busverbindung nach Boulder. Einzelheiten über Busse vom Flughafen/Innenstadt nach Estes Park beim Visitors Bureau.

Touren
Stadtführungen (zu Fuß), Einzelheiten beim Visitors Bureau. Verschiedene Ausflugsunternehmen einschließlich Gray Line bieten Stadtrundfahrten in Denver und Ausflüge in die Umgebung an. Auskünfte beim Hotel. Beliebte Touren – 10stündige **Big Circle Tour**, die nach Norden führt (mit Fahrt durch den Rocky Mountain Nationalpark) oder die 10stündige **Pikes Peak & Air Force Academy Tour** nach Süden und in die Colorado Springs Area.

Ausgehen/Unterhaltung
Bei den Hotels **Hyatt Hotel** und **Brown Palace Hotel** ausgezeichnete Restaurants sowie Unterhaltung und Tanz. – – Bummel durch **Larimer Square** mit den vielen Restaurants und Saloons. – – Sogenannte Off-Broadway Shows (ehe sie am Broadway in New York aufgeführt werden) beim **Denver Center for the Performing Arts** oder Besuch eines Konzerts des Denver Symphony Orchestra. – – Konzerte in herrlicher Umgebung im **Red Rock Amphitheatre**; etwa 13 mi/21 km westlich der Innenstadt an *CO 8* zwischen *I-70* und Morrison.

Denver ohne Auto
Denvers Sehenswürdigkeiten in der Innenstadt lassen sich auch ohne Auto gut erreichen – U.S. Mint, Colorado History Museum sind bequem zu Fuß erreichbar. Zu den außerhalb Denvers liegenden Attraktionen wie Rocky Mountain Nationalpark und U.S. Air Force Academy kann eine der ausgezeichneten Tagestouren genommen werden.

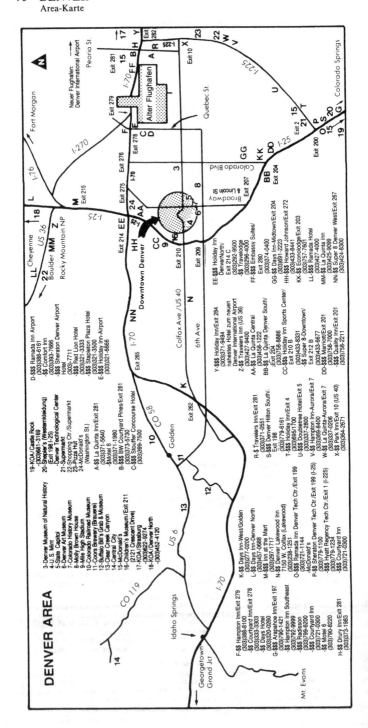

DENVER AREA

3-Denver Museum of Natural History
4-U.S. Mint
5-State Capitol
6-Denver Art Museum
7-Colorado History Museum
8-Molly Brown House
9-Mile High Stadium
10-Colorado Railroad Museum
11-Coors Brewery (Brauerei)
12-Buffalo Bill's Grab & Museum
13-Clear Creek Canyon
14-Central City
15-McDonald's
16-Children's Museum/Exit 211
  (2121 Crescent Drive)
17-KOA/Strasburg
  (303)622-9274
18-KOA Denver North
  (303)452-4120
19-KOA/Castle Rock
  (303)681-3169
20-Shepler's (Westernkleidung)
  (Exit 198 I-25)
-Denver Technological Center
21-Supermarkt
22-Shopping Ctr/Supermarkt
23-Pizza Hut's
24-McDonald's
  (Washington St)

A-$$ La Quinta Inn/Exit 281
  (303)371-5640
-$ Motel 6
  (303)371-1980
B-$$$ BW Courtyard Pines/Exit 281
C-$$$ Stouffer Concourse Hotel
  (303)399-7500

D-$$$ Ramada Inn Airport
  (303)388-6161
-$$ Comfort Inn
  (303)393-7666
-$$$ Sheraton Denver Airport
  Hotel
  (303)-7711
-$$$ Red Lion Hotel
  (303)321-3333
-$$$ La Quinta Plaza Hotel
  (303)321-3500
E-$$$ Holiday Inn-Airport
  (303)321-6666

F-$$ Hampton Inn/Exit 279
  (303)388-8100
-$$ Courtyard Inn/Exit 278
  (303)333-3303
-$$ Days Hotel
  (303)320-0260
G-$$$ Arapahoe Inn/Exit 197
  (303)790-1421
-$$ Hampton Inn Southeast
  (303)792-9999
-$$$ Radisson
  (303)799-6200
-$$ Econolodge Inn
  (303)721-6500
-$ Motel 6
  (303)779-134
H-$$$ Drury Inn/Exit 281
  (303)373-1983

K-$$ Days Inn-West/Golden
  (303)277-0200
L-$$$ Days Inn-Denver North
  (303)457-0688
M-$$$ La Quinta Inn at the Mart
  (303)297-1717
N-$ Denver Lakewood Inn
  (303)238-1251
O-$$$ Ramada Inn Denver Tech Ctr/Exit 199
  (303)721-1144
-McDonald's
P-$$ Sheraton Denver Tech Ctr/Exit 199 (I-25)
-$$$ Hyatt Regency Tech Ctr/Exit 1 (I-225)
  (303)779-1234
-$$$ Courtyard Inn
  (303)721-0300

R-$ Travelers Inn/Exit 281
  (303)371-0551
S-$$ Denver Hilton South/
  Exit 198
  (303)779-6161
T-$$$ Holiday Inn/Exit 4
  (303)695/1700
U-$$$ Doubletree Hotel/Exit 5
  (303)337-2800
V-Hampton Inn-Aurora/Exit 7
  (303)696-8400
W-$$$ La Quinta-Aurora/Exit 7
  (303)337-0206
X-$$ Park Inn/Exit 10 (US 40)
  (303)364-2671

Y-$$$ Holiday Inn/Exit 284
  (303)371-9494
Z-$$$ Travelers Inn to the neuen
  nahesten Hotel zum neuen
  Denver International Airport
  Z-$$ Travelers Inn (US 36)
  (303)427-9400
AA-$$ La Quinta Denver South/
  Exit 204
  (303)458-1222
BB-$$ La Quinta Denver South/
  Exit 204
  (303)758-8886
CC-$$$ Holiday Inn Sports Center/
  Exit 210
  (303)433-8331
-$$ Super 8-Downtown/
  Exit 212 B
  (303)433-6677
DD-$$$ Marriott/Exit 201
  (303)758-7000
-$$$ Quality Inn/Exit 201
  (303)758-2211

EE-$$$ Holiday Inn
  Denver North/
  Exit 214 C
  (303)292-9500
-$$ Travelodge
  (303)296-4000
FF-$$$ Embassy Suites/
  Exit 280
  (303)374-0400
GG-$$ Days Inn-Midtown/Exit 204
  (303)433-4441
HH-$$$ Howard Johnson/Exit 272
  (303)691-2223
KK-$$ Econolodge/Exit 203
  (303)427-7603
LL-$$$ Ramada Hotel
  (303)427-4000
MM-$$ La Quinta Inn
  (303)425-9099
NN-$$ Super 8 Denver West/Exit 267
  (303)424-8300

ATTRAKTIONEN DER DENVER AREA

Buffalo Bill Grave. Grabstätte von Buffalo Bill. Lookout Mountain westlich von Denver, in der Nähe von Golden. Hier wurde Buffalo Bill 1917 begraben. Mit Museum zu Ehren des berühmten Scouts und Schaustellers.

Central City. Westlich von Denver, etwa 1 Autostunde entfernt, über *US 6* und *CO 119* erreichbar. In **Central City** wurde 1859 Gold entdeckt, der Goldrausch brach aus, die Stadt wuchs bis auf etwa 40 000 Einwohner! Auf der *richest square mile on earth* – etwa: reichste Quadratmeile der Erde – wurden Gold und andere Edelmetalle im Wert von über einer halben Milliarde abgebaut. Heute ist die Goldgräberzeit noch lebendig – es gibt eine Menge zu sehen. 1874 fiel ein Teil der Stadt den Flammen zum Opfer, doch der größte Teil von Central City wurde wieder neuaufgebaut, so auch 1878 das **Opera House.** Das im viktorianischen Stil erbaute Opernhaus auf 2 590 m ü. M. hoch in den Rockies ist heute eine der Hauptattraktionen des Ortes. Touren mit Besichtigung einer der Goldminen. Auch „gold panning", mit Pfannen kann „Gold gewaschen" werden.

Clear Creek Canyon. Herrlicher Canyon an *US 6* zwischen Golden und Idaho Springs.

Colorado Railroad Museum. Eisenbahnmuseum. 17155 West 44th Ave, *CO 58*; östlich von Golden. Fotos, Exponate und alte Eisenbahnlokomotiven, die bei der Entwicklung Colorados eine wesentliche Rolle gespielt haben.

Colorado School of Mines Museum. Bergbaumuseum. Ausgezeichnetes geologisches Museum in Golden.

Colorado Springs Area. U.S. Air Force Academy, NORAD (North American Air Defense = Überwachung des nordamerikanischen Luftraums) in Cheyenne Mountain, Pikes Peak Cog Railroad, Garden of the Gods, Cripple Creek.

Coors Brewery. Bierbrauerei. 12th und East Streets in Golden. Eine der größten Brauereien Amerikas. Kostenlose Besichtigung, Mo-Sa von 9 bis 16 Uhr.

Georgetown. Historische Silberminenstadt an *I-70* westlich von Denver. Viele Häuser im viktorianischen Stil, einschließlich Hotel de Paris. Auch historische Schmalspurbahn, die an einem Berghang entlang nach Silver Plume fährt.

Mt. Evans Highway. Eine der höchsten Straßen Amerikas. Führt zum Gipfel des Mt. Evans – 4348 m ü. M. Von *I-70* über Abfahrt in Idaho Springs aus erreichbar.

Rocky Mountain Nationalpark. Etwa 80 mi/144 km nordwestlich von Denver über *US 36* und Estes Park erreichbar. Spektakuläre Bergszenerie; Parkstraße überquert die transkontinentale Wasserscheide.

DENVER CHECKLISTE

☐ COLORADO STATE CAPITOL BESUCHEN
☐ KUNST IM DENVER ART MUSEUM ENTDECKEN
☐ BUMMEL DURCH LARIMER SQUARE
☐ EINKAUFSBUMMEL AUF 16th STREET MALL
☐ FÜHRUNG DURCH U.S.-MINT MITMACHEN

ESTES PARK

Estes Park 2293 m ü. M.
„Tor zum Rocky Mountain Nationalpark"

Rocky Mountain NP Tor

Rodeo

Cowboy Essen

Reiten

Estes Park − etwa 72 mi/115 km nordwestlich von Denver − ist Ausgangspunkt zum westlich der Stadt liegenden **Rocky Mountain Nationalpark**. Estes Park wurde nach den Estes benannt, die sich gegen Ende der 1850er Jahre als Rancher in der Gegend niedergelassen hatten. Die Nähe des Rocky Mountain Nationalparks, Roosevelt National Forest und beliebter Gäste-Ranches sowie verschiedene Attraktionen direkt in der Stadt machen Estes Park zu einem beliebten Ferienziel sogar für einen längeren Aufenthalt. „Horse Capital of the Nation" bedeutet − Pferdehauptstadt Amerikas.

ESTES PARK AREA ATTRAKTIONEN

Big Thompson Canyon. Spektakuläre, kurz hinter Estes Park östlich beginnende Fahrt auf der *US 34* durch den Roosevelt National Forest; etwa 19 mi/30 km. Die Straße folgt dem Big Thompson River durch die Schlucht; 1976 kamen hier bei einer verheerenden Flut viele Menschen um.

Downtown Estes Park. Stadtzentrum von Estes Park. *Elkhorn Avenue* ist das Herz von Estes Parks Innenstadt; Restaurants, viele Souvenirläden, Postamt, Busbahnhof; westlich der Stadt gibt es einen Supermarkt und Sunset Motel. Die Innenstadt ist sehr beliebt für einen Abendbummel nach einem Tagesausflug in die Berge.

Guest Ranches; Gäste-Ranches. Zu den Gäste- und Dude Ranches der Estes Park Area zählen Indian Head Ranch, Lazy H Ranch (in Allenspark), Apsen Lodge & Guest Ranch, Longs Peak Inn and Guest Ranch, Double JK Ranch und Peaceful Valley Lodge and Guest Ranch.

H-Bar-G-Ranch-Hostel. Etwa 6 mi/10 km östlich von Estes Park oder nur etwa 3 mi/5 km nördlich der *US 34*, auf dem Weg zum Lazy B Chuckwagon; Hostel (Jugendherberge) etwa

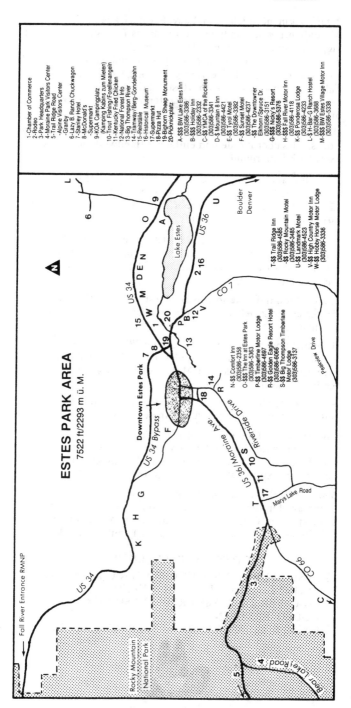

ESTES PARK AREA
7522 ft/2293 m ü. M.

Downtown Estes Park

1-Chamber of Commerce
2-Rodeo
3-Park Headquarters
4-Moraine Park Visitors Center
5-Trail Ridge Road
-Alpine Visitors Center
-Granby
6-Lazy B Ranch Chuckwagon
7-Stanley Hotel
8-McDonald's
-Supermarkt
9-KOA Campingplatz
(Kamping Kabins zum Mieten)
10-Trout Fishing/Forellenangeln
11-Kentucky Fried Chicken
12-National Forest Info
13-Big Thompson River
14-Tramway/Berg-Gondelbahn
15-Reitstalle
16-Historical Museum
17-Supermarkt
18-Pizza Hut
19-Bighorn Sheep Monument
20-Picknickplatz

A-$$$ BW Lake Estes Inn
(303)586-3386
B-$$$ Holiday Inn
(303)586-2332
C-$$ YMCA of the Rockies
(303)586-3341
D-$ Mountain B Inn
(303)586-4421
E-$$ Tyrol Motel
(303)586-3382
F-$$ Sunset Motel
(303)586-4237
-$$ The Downtowner
Elkhorn/Spruce Dr.
G-$$$ Nicky's Resort
(303)586-5376
H-$$$ Fall River Motor Inn
(303)586-4118
K-$$ Ponderosa Lodge
(303)586-4233
L-$ H-Bar-G Ranch Hostel
(303)586-3688
M-$$ BW Estes Village Motor Inn
(303)586-5338

N-$$ Comfort Inn
(303)586-2358
O-$$$ The Inn at Estes Park
(303)586-5363
P-$$ Timberline Motor Lodge
(303)586-4697
R-$$ Golden Eagle Resort Hotel
(303)586-6066
S-$$ Big Thompson Timberlane
Motor Lodge
(303)586-3137

T-$$ Trail Ridge Inn
(303)586-4585
-$$ Rocky Mountain Motel
(303)586-3485
U-$$ Landmark Motel
(303)586-4523
V-$$ High Country Motor Inn
(303)586-3668
W-$$ Hobby Horse Motor Lodge
(303)586-3336

2 mi/ 3 km nördlich vom Lazy B Chuckwagon. Kostenloser Abholdienst vom Stadtzentrum in Estes Park gegen Nachmittag, nachdem der Bus von Denver angekommen ist. Wer mit dem Auto fährt, folgt zunächst der Beschilderung an der *US 34* östlich der Stadt. Hervorragende Lage mit Blick über das Tal. Das Eingangstor zum Hostel bringt gleich die richtige Einstimmung für einen Ranchaufenthalt. Kein Luxus, aber billig, und man kommt mit vielen Leuten zusammen.

Historical Museum. *US 36 & 4th Street.* Ausstellung mit alten Fotos, alles über Pferde und einfaches Handwerkszeug. Neben Estes Park Fairgrounds.

Lazy B Ranch. Beliebte Chuckwagon Supper (Essen von der „Feldküche") und Western Show. Juni – Labor Day (1. Montag im Sept.); ab 17.30 Uhr geöffnet; Abendessen um 19 Uhr. 1915 Dry Gulch; (303)586-5371.

McGregor Ranch Museum. Seit 1873 eine Arbeits-Ranch mit Museum. Nördlich der Stadt. Von *Elkhorn Ave* auf *McGregor Avenue* oder *US 34 By Pass*; 0.5 mi/0,8 km nördlich der Stadt an Devil's Gulch Road.

Rocky Mountain Nationalpark. Westlich von Estes Park, beliebtestes Reiseziel in Colorado mit jährlich über 3 Millionen Besuchern.

Rodeo. Supergelegenheit, etwas vom Wilden Westen mitzuerleben; Beginn 20 Uhr im Stanley Park. Einzelheiten beim Information Center oder im Motel, wenn während der Woche Rodeos veranstaltet werden.

Stanley Hotel: Nördlich vom Stadtzentrum. Berühmtes altes Hotel; seit 1909 in Betrieb gewesen; eröffnete mit 88 Zimmern.

Touren. Gray Line führt von Estes Park Nachmittags- und Tagesfahrten zum Rocky Mountain Nationalpark durch. Ebenfalls Wilderness Jeeptouren durch den National Forest; Einzelheiten beim Sunset Motel oder beim Information Center.

YMCA of the Rockies. Riesiger, preiswerter Übernachtungskomplex für Familien, südlich von Estes Park. Superlage; Tennisplätze, Cafeteria, Blockhütten, moderne Zimmer und viel Freizeitmöglichkeiten für die ganze Familie. Auch Museum.

ESTES PARK CHECKLISTE

☐ BESUCH DES ROCKY MOUNTAIN NATIONALPARKS
☐ BUMMEL ÜBER ELKHORN AVENUE
☐ CHAMBER OF COMMERCE AUFSUCHEN
☐ RODEO ERLEBEN
☐ LAZY B CHUCKWAGON SUPPER MITMACHEN

GLACIER NATIONALPARK
„Bären, Gletscher, Paßstraße, an der Grenze Kanadas"

Öffnungszeiten: *Ende Mai bis Mitte September.* Bezeichnung Glacier (= Gletscher) wegen der vielen Gletscher, die die Täler ausgehöhlt haben.

Lage: Im Nordwesten des US-Bundesstaats Montana, etwa *33 mi/53 km* nordöstlich von **Kalispell**, MT; etwa *565 mi/904 km* östlich von Seattle und etwa *190 mi/304 km* südlich von **Calgary**, Alberta, und etwa *370 mi/592 km* nördlich vom Yellowstone Nationalpark.

Günstigste Besuchszeiten: *Ende Juni* bis *Anfang September.*

Wetter: Bis etwa Juni sehr starke Schneefälle, die die *Going-To-The-Sun-Road* in höheren Lagen blockiert. Angenehme Sommertemperaturen tagsüber.

Ausmaße: Über *400 000 Hektar;* 1910 gegründet.

Eingänge: Drei Haupteingänge zum Park – West Glacier (Belton) und East Glacier sowie St. Mary.

Ausgangsorte: Seattle, Calgary, Kalispell.

Verkehrsmittel & Touren: Amtrak (Eisenbahn) nach West Glacier/ Belton und East Glacier; Busverbindung nach Kalispell, MT oder zum Waterton Lakes Nationalpark, Alberta. Glacier Park Company befördert zwischen den Haupthotels des Glacier Nationalparks sowie zum Prince of Wales Hotel im Waterton Lakes Nationalpark; Ausflugstouren im Oldtimer, sogenannte *Jammers.*

Unterkunft: Village Inn, reizvolle Lake McDonald Lodge, Swiftcurrent Motor Inn & Cabins (Hütten), herrliches Many Glacier Hotel, Rising Sun Motor Inn & Cabin, attraktive Glacier Park Lodge und das beliebte Prince of Wales Hotel im Waterton Lakes Nationalpark.

Camping: Überall im Park verteilt.

Attraktionen: Die *53 mi/85 km* lange *Going-To-The-Sun-Road,* die den Park und die *Continental Divide* (kontinentale Wasserscheide) überquert; Bergszenerie, Wasserfälle, Bergblumen und etwa 50 Gletscher und 200 Seen.

Tierwelt: Bären, Wapiti und Maultierwild.

Wandern: Über *700 mi/1120 km* Wanderwege.

Essen: Restaurants/Snack Bars in oder in Nähe der meisten Hotels.

Information: Park – Superintendent, Glacier National Park, West Glacier, MT 59936, (406)888-5441; Unterkunft – Glacier Park Inc., Glacier Park Lodge, P.O. Box 147, East Glacier Park, MT 59434, (406)226-5551 (Sommer, 15. Mai-15. Sept.); Glacier Park Inc., The Dial Corporate Center, Phoenix, AZ 85077, (602)207-6000 (Winter, 16. Sept.-14. Mai).

GLACIER NATIONALPARK, MONTANA

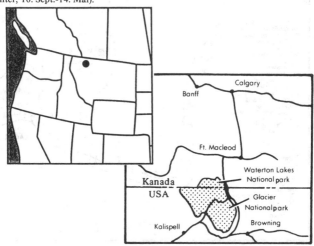

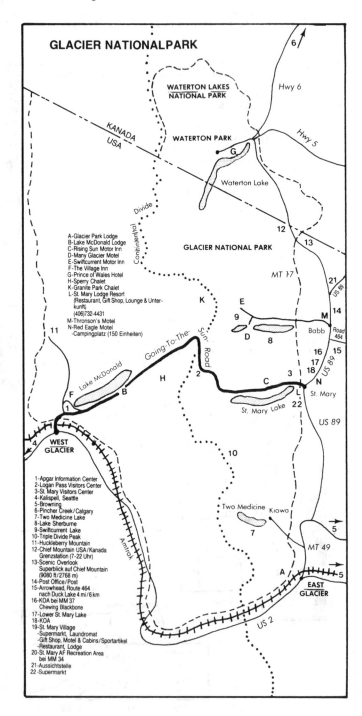

GLACIER NATIONALPARK

WATERTON LAKES NATIONAL PARK

KANADA
USA

WATERTON PARK

G

Waterton Lake

Hwy 6

Hwy 5

6

Divide

Continental

GLACIER NATIONAL PARK

MT 17

12

13

21

US 89

A-Glacier Park Lodge
B-Lake McDonald Lodge
C-Rising Sun Motor Inn
D-Many Glacier Motel
E-Swiftcurrent Motor Inn
F-The Village Inn
G-Prince of Wales Hotel
H-Sperry Chalet
K-Granite Park Chalet
L-St. Mary Lodge Resort
  (Restaurant, Gift Shop, Lounge & Unter-
  kunft)
  (406)732-4431
M-Thronson's Motel
N-Red Eagle Motel
  -Campingplatz (150 Einheiten)

K

E
9
D
8

M
14
Babb
Road
464

11

Going-To-The-
Sun
Road

Lake McDonald

H

2

C
3
L
St. Mary
22

16
17
18
N
US 89

US 89

F
B
1

St. Mary Lake

WEST
GLACIER

4

10

1-Apgar Information Center
2-Logan Pass Visitors Center
3-St. Mary Visitors Center
4-Kalispell, Seattle
5-Browning
6-Pincher Creek/Calgary
7-Two Medicine Lake
8-Lake Sherburne
9-Swiftcurrent Lake
10-Triple Divide Peak
11-Huckleberry Mountain
12-Chief Mountain USA/Kanada
   Grenzstation (7-22 Uhr)
13-Scenic Overlook
   Superblick auf Chief Mountain
   (9080 ft/2768 m)
14-Post Office/Post
15-Arrowhead, Route 464
   nach Duck Lake 4 mi/6 km
16-KOA bei MM 37
   Chewing Blackbone
17-Lower St. Mary Lake
18-KOA
19-St. Mary Village
   -Supermarkt, Laundromat
   -Gift Shop, Motel & Cabins/Sportartikel
   -Restaurant, Lodge
20-St. Mary AF Recreation Area
   bei MM 34
21-Aussichtsstelle
22 -Supermarkt

Two Medicine
Kiowa

7

MT 49

Amtrak

A

5

5

EAST
GLACIER

US 2

Tips für den Parkbesuch

1. Versuchen, Glacier Nationalpark Mitte Juli bis Anfang September zu besuchen, wenn die Straßen **schneefrei** und die Lodges/Motels sowie Visitors Centers **offen** sind.
2. Viel Zeit für die Fahrt auf der **Going-To-The-Sun-Road** lassen – spektakuläre Parkstraße, die die Ostseite des Parks über Logan Paß mit der Westseite verbindet.
3. Erholsame „Mini-Ferien" in einem der riesigen und landschaftlich bezaubernd liegenden **Hotels** – Glacier Park Lodge, Lake McDonald Lodge, Many Glacier Hotel oder Prince of Wales Hotel im benachbarten **Waterton Lakes Nationalpark;** der kanadische Park wurde nach dem berühmten englischen Naturforscher Charles Waterton benannt. **Glacier Nationalpark** kam wegen seiner vielen Gletscher = *glaciers* zu seinem Namen.
4. Wer Übernachtungskosten sparen will, sollte versuchen, Unterkunft in den billigen Hütten = *cabins* des Rising Sun Motels (an der Going-To-The-Sun-Road) oder Swiftcurrent Motor Inn (Nähe Many Glacier Hotel) zu arrangieren. Hotel- und Motelzimmerreservierung unter derselben Telefonnr. für Unterkunft unter **Information** in der Übersicht des Parks.

Parkeinteilung

Going-To-The-Sun-Road
Apgar **Village Area**
Nach North Fork
St. Mary Visitors Center
Auf dem Weg zum Many Glacier Hotel

GOING-TO-THE-SUN-ROAD
1933 fertiggestellte Paßstraße

Der Höhepunkt des Glacier Nationalparks ist die etwa *53 mi/ 85 km* lange Fahrt zwischen West Glacier/Apgar Information Center und St. Mary auf der östlichen Seite des Parks. Es folgt Hintergrundinformation zu verschiedenen Stationen unterwegs auf der äußerst beliebten Paßstraße *Going-To-The-Sun-Road.* Einzelheiten beim Apgar Information Center, Logan Pass Visitors Center und St. Mary Visitors Center.

Lake McDonald

Gletscher schufen Berglandschaften — einer der letzten ließ hier diesen bezaubernden Bergsee zurück.

In der Eiszeit schob sich ein Berggletscher langsam ins Tal **McDonald Valley** — eine riesige, mit Felsbrocken beladene Eismasse entlud sich hier im Tal. Bei seiner Talfahrt hatte der Gletscher Felsen aus den Bergen, in denen er selbst entstanden war, mitgenommen.

Der Gletscher stieß ins Tal vor, an **Apgar** vorbei, bis er sich infolge wärmerer Temperaturen fast genauso schnell wie er sich vorgeschoben hatte, wieder zurückzog. Dabei hinterließ er an der Gletscherzunge riesige Kies- und Sandmassen, die eine Endmoräne als Damm entstehen ließen.

Beim späteren Schmelzen des Gletschers blieb das Schmelzwasser als natürlicher Stausee zurück — Hinterlassenschaft eines längst nicht mehr vorhandenen Gletschers.

The Lake/Der See

Lake McDonald — klarer, kalter Gebirgssee, in dem sich der blaue Himmel widerspiegelt, inmitten grüner Nadelbäume. Dieses Produkt ehemaliger Gletscher hat sich kaum verändert, seitdem die **Kutenai Indianer** an seinem Ufer lagerten. Die **Kutenai Indianer** nannten den See *Yakilahkwilnamki* — etwa Heiliger Tanzplatz für religiöse Zeremonien.

Die nachfolgenden Trapper, Pelztierhändler und Forscher hinterließen hier kaum Spuren, bis **1878** der Händler Duncan McDonald hier in der Nähe seinen Namen an einen Baum ritzte und somit dem See den heutigen Namen gab.

Um die **1890er** Jahre entstand die Siedlung **Apgar**. Bald folgten Eisenbahn und weitere Siedler, um **1925** entstanden die ersten Sommerhütten, zwei Herbergen und schließlich wurde ein Dampfschiff in Betrieb genommen. **1910** wurde der See **Lake McDonald** in den **Glacier Nationalpark** einbezogen.

This is Moose Country/Elchrevier

Der etwas plump wirkende **Elch** könnte ein lebendes Fossil aus längst vergangener Zeit sein. Er ernährt sich unter anderem von Fichtenzweigen. Manchmal können Elche hier beim Fressen beobachtet werden, wenn sie von Zweigen fressen oder lässig Wasserpflanzen kauen und mit dem Kopf unter Wasser nach Wurzeln suchen.

Elche bewegen sich trotz ihrer Plumpheit ausgezeichnet in Wald- und Sumpfgebieten; wie eine dampfende Lokomotive stampft der Elch vorwärts, wobei Sträucher niedergewalzt und kleine Bäume zertrampelt werden. Der Elch hat wegen seiner Größe nur Grizzly Bären und Wölfe zum Feind.

Elche sind unberechenbar und können unvermutet angreifen, wenn sich ihnen jemand nähert! Elche am besten in sicherem Abstand von der Straße in Nähe des Autos beobachten.

Avalanche/Lawine

Im Winter bilden sich durch angewehte Schneemassen riesige Schneewächten auf dem Bergkamm. **Lawinen** sind solche

GOING-TO-THE-SUN-ROAD

Von St. Mary Visitors Center:

West Glacier.. 50 mi/80 km
Logan Pass.. 18 mi/29 km
Rising Sun.. 6 mi/10 km

mi   km

		mi	km
Calgary 190 mi/304 km	East Glacier 31 mi/50 km		
Waterton NP 48 mi/77 km			
Many Glacier 21 mi/34 km			
Alberta Information	St. Mary Lodge	47.6	76.2
Glacier National Park		47.5	76.1
	Ranger Station	47.2	76.0
	St. Mary		
St. Mary Visitors Center	St. Mary River	45.6	73.1
St. Mary Campground		45.4	73.0
Two Dog Flats	*TRIPLE DIVIDE PEAK*	43.1	69.0
Rising Sun Motor Inn	**Touren** Geology Tours	41.5	66.4
Otokomi Lake Trail	**Rose Creek**	0.7	65.1
Rising Sun Campground	**Aussichtsstelle** Wild Goose Island	0.4	64.6
See St. Mary Lake	Lake St. Mary	39.1	62.6
Länge: 16 km	**Picknicktische, Toiletten**		
Tiefe: 88 m	Sun Point →	37.6	60.2
St. Mary Falls		36.4	58.2
	AVALANCHE	35.0	56.0
	Gunsight Pass Trail		
	ABOUT GLACIERS		
Piegan Pass	*JACKSON GLACIER*	34.2	54.7
	Siyeh Creek	32.2	51.5
	Aussichtsstelle Heavy Runner Mtn.		
	8016 ft/2444 m	31.2	49.9
Wasserfall direkt am Tunnel	Tunnel	30.6	49.0
Garden Wall Trail ●●●●●●●●●●●●●●	Lunch Creek		
GLACIER ROUTE 1	Visitors Center		
Logan Pass 6670 ft/2033 m	Continental Divide	29.4	47.0
	ALPINE SANCTUARY	26.6	42.6
Weeping Wall		26.3	42.1
	GLACIAL LANDSCAPE	25.1	40.2
Haystack Creek	Bird Woman Falls	24.3	38.9
	FIRE	23.9	38.2
Granite Park Chalet, 888-5511	*THE MOUNTAINS OF*		
	GLACIER	21.5	34.4
Heaven's Peak 8987 ft/2739 m		21.4	34.2
Tunnel		20.8	33.3
Logan Creek		18.1	29.0
	AVALANCHE	15.8	25.3
	Trail of the Cedars		
Picknick & Toiletten	Avalanche Creek →	13.6	21.8
	Mt. Cannon 8952 ft/2729 m	12.5	20.0
	THIS IS MOOSE COUNTRY	10.9	17.4
Sacred Dancing Cascade			
McDonald Falls	Mt. Brown 8565 ft/2611 m	10.2	16.3
Lake McDonald Lodge	**Horse Rental/Reitpferde zum Mieten**		
& Coffee Shop	Sperry Chalet, 888-5511	8.1	3.0
	Snyder Creek		
THE LAKE		7.6	12.2
Sprague Creek Campground		7.2	11.5
Zelte/tents	**Ride the Reds = Jammers**		
LAKE McDONALD	Tel. 226-9311		
		0.5	0.8
Apgar Lodge	US 2	0.0	0.0

(vertical text along center) Going-to-the-Sun-Road

GOING-TO-THE-SUN-ROAD
APGAR VILLAGE

Massen aus Neuschnee, die auf hartem Altschnee liegen. Bei
Tauwetter und der geringsten Erschütterung kommen sie ins
Rutschen und donnern zu Tal. Dabei reißen sie Tonnen von
Schnee und Eis mit!

Sobald diese Masse in Schwung gerät, reißt sie immer neue
Schneemassen mit und nimmt unterwegs Felsbrocken und
Bäume mit. Die Geschwindigkeit der Lawine ist teilweise vom
Feuchtigkeitsgehalt des Schnees abhängig. **Trockene** Schneelawinen sind *schneller* – erreichen manchmal bis zu 112 Stundenkilometer, ehe sie das Tal erreichen. Der Weg einer Lawine
ist oft durch große Zerstörung gekennzeichnet, Bäume werden
wie Streichhölzer geknickt und ganze Dörfer begraben.

Gegen Winterende und im Frühjahr herrscht im Park überall
große Lawinengefahr. Manche Lawinen halten sich an einer
Rinne fest. Größere Lawinen ziehen mehrere hundert Meter
breite Abhänge mit hinein. Die senkrecht grünen „Streifen"
sind im Park besonders auffallend.

Wo Lawinen niedergehen, bleibt selten die Umgebung unge-
schoren. In den Wind geschlagene Warnungen vor Lawinen
haben schon zu oft Menschenleben und Hab und Gut gekostet.
Hier in Glacier werden Gletscher ernst genommen und darauf
geachtet, daß niemand zu Schaden kommt. Die Schweizer haben für die Lawinen ein gutes Rätsel: „Was kann fliegen und
hat keine Flügel, schlägt zu ohne Hände und sieht ohne
Augen? – Die Lawine."

The Mountains of Glacier/Die Gletscherberge

Hier befindet man sich im Herzen der nördlichen **Rocky
Mountains**, nur einige Kilometer westlich der großen kontinentalen Wasserscheide – *Continental Divide*. Die gewaltigen Berggipfel und tiefen Täler ringsum wirken, als ob sie schon immer
dagewesen wären. Nichts deutet darauf hin, daß im Laufe von
Millionen von Jahren Naturkräfte die ehemals flache Landschaft in diese zackige Gebirgskette Nordamerikas verwandelt
haben.

Fire/Feuer

1936– Bei dem hellerfarbenen Wald auf der anderen Talseite
handelt es sich um neuen Wald auf einer etwa 3000 Hektar
großen Waldfläche des **Heavens Peak**, die im August des Jahres **1936** einem Waldbrand zum Opfer fiel.

1967– Gerade kam man an dem etwa 1280 Hektar großen
Waldstück vorbei, das **1967** bei dem Glacier Wall-Brand ab-
brannte.

Beide Waldbrände wurden gerade in einer Zeit größter Brand-
gefahr vom Blitzschlag verursacht. In beiden Fällen wurde das
Feuer durch starken Wind verstärkt und an der Felswand **Garden Wall** hochgetrieben. Der Heavens Peak-Waldbrand sprang
über den **Swiftcurrent Pass** an der **Continental Divide** und ver-
breitete sich dann talwärts zum **Many Glacier Valley**. Der Glacier Wall-Brand stoppte allerdings kurz vor der *Continental
Divide*.

Im Jahr **2050?** Durch Blitzeinschlag verursachte Waldbrände
sind ganz natürlich und sorgen für die Waldverjüngung – alles

wiederholt sich schon Tausend von Jahren. Die Bäume, die ein Opfer der Flammen wurden, machen neuen Pflanzen Platz und sorgen für neues Tierfutter. Diese ökologische Ablösung von einer Pflanze zur anderen bringt Abwechslung und neues Wachstum ins Waldgebiet.

Fire/Feuer

Dort unten im Tal gibt es drei Waldgenerationen:

Die kleinen Bäume und Sträucher ringsum an den Abhängen sind Neuwuchs nach dem durch Blitzschlag verursachten **Glacier Wall**-Waldbrand, dem **1967** über 1200 Hektar Wald zum Opfer fielen.

Der zweite und ältere Baumbestand vom Tal aufwärts ist Neuwuchs aus dem **Heaven's Peak**-Waldbrand des Jahres **1936,** ebenfalls durch Blitzschlag verursacht, der etwa 3000 Hektar Wald vernichtete.

Die Bäume, die rund um die Heaven's Peak-Brandfläche wachsen, sind größer und dunkler und gehören der ältesten Generation von Bäumen an.

In wilden Wäldern kommen solche natürlichen Waldbrände häufig vor. Waldbrände haben durchaus auch einen Nutzen, da sie das Unterholz von leicht entzündlicher Waldstreu und Reisig befreien. Nach dieser Säuberungsaktion bleiben die widerstandsfähigeren Pflanzen zurück, die einen gesünderen Wald nachwachsen lassen. **Glacier** hat im Laufe von vielen Jahrhunderten schon unzählige Brände erlebt, denen neues Wachstum folgte — jede Phase aus der Asche alter Baumriesen hat Bedeutung für die Existenz des Waldes.

Doch der Mensch mischte sich in diesen gutgeregelten Zyklus ein und verhütete oder unterdrückte Waldbrände. Dadurch fanden die Flammen gute Nahrung im Unterholz, um sich weiter auszubreiten. Wenn heutzutage ein Waldbrand ausbricht, treten zwei Schäden gemeinsam auf — der Waldboden brennt ab und Neuwuchs verzögert sich.

Glacial Landscape/Gletscherlandschaft

Eismassen kommen unter großem Druck zum Fließen. Das ungeheure Gewicht eines Eisfeldes löst einen derart starken Druck aus, daß der Gletscher zu fließen beginnt. Sein Produkt ist eine Landschaft wie hier ringsum.

Über dem Wasserfall **Birdwoman Falls** links befindet sich eine Mulde, ein *Cirque,* woraus ein alpiner Gletscher entsteht. Schmelzender Schnee friert immer wieder zu körnigem Firn und wird durch weitere Schneefälle zu Gletschereis gepreßt. Von dieser Mulde fließt der Gletscher talwärts und bearbeitet den Berg, der ihm Nahrung verschafft hat.

Als das Eis durch das tiefergelegene Tal des **Logan Creek** (links) floß, hobelte es den Talboden und meißelte die Felswände ab. Als diese Talwände so plötzlich steil abgehoben wurden, blieb ein kleines Tal hoch oben zurück, das eine geologische Sonderheit darstellt — ein *hängendes Tal* mit Wasserfall.

Der Gletscher floß bergab, vereinigte sich mit dem unteren **McDonald Valley-Gletscher** und verschiedenen Nebengletschern und bildete schließlich den riesigen McDonald-Gletscher — McDonald Glacier, der das Tal McDonald Valley aushob und den See **Lake McDonald** entstehen ließ.

Entlang der Parkstraße ist sichtbar, wie stark sich die Gletscher in der Vergangenheit betätigt haben.

Alpine Sanctuary/Alpines Naturschutzgebiet

Im Winter sind diese alpinen Berghänge tief im Schnee begraben. Mit Sommerbeginn halten sich häufig hier Bergziegen, Schafe und Grizzly Bären auf. Von Natur aus scheu, ziehen sich diese Tiere in dieses abseits liegende Naturschutzgebiet zurück — eines der letzten Naturschutzgebiete.

MOUNTAIN GOAT — Bergziege: In der Ferne auftauchende **Bergziegen** nehmen sich als weiße Flecken aus, wenn sie dort auf den Bergwiesen grasen. Bergziegen bleiben hier das ganze Jahr über aktiv. Sie können sehr gut am Gletschergipfel existieren, sind wegen ihrer rutschfesten Hufe und perfekten Balance ausgezeichnete Kletterer. Scharfe Augen lassen die Bergziege die Reflektion einer Kameralinse schon auf 6 km erkennen. Vermutlich sieht sie ihren Beobachter zuerst.

GRIZZLY BEAR — Grizzly Bär: **Grizzly Bären** halten sich gerne auf Bergwiesen auf, da es dort genug zu fressen gibt. Der Grizzly ist immer hungrig — frißt fast alles einschließlich kleiner Tiere, Wurzeln und Beeren. Grizzly Bären können trotz ihrer Größe (etwa 90—227 kg) auf kurzen Strecken bis zu 48 Stundenkilometern laufen. Sie sind die größten Raubtiere des Parks und fürchten sich vor nichts. Das Fell der Bären variiert von gelbbraun bis schwarz. Grizzly Bären sind an dem markanten Schulterhöcker zu erkennen.

Es kommt selten vor, daß Bären Menschen anfallen, doch muß auch damit gerechnet werden. Stets an die Verhaltensregeln und Warnungen halten.

MOUNTAIN BIGHORN SHEEP — Gebirgs-Dickhornschaf: Schafe sind dunkler als Ziegen, wenn man sie an den Berghängen sieht. Sie ernähren sich ähnlich wie die Ziegen. Im Sommer ziehen die Böcke ohne ihre Weibchen los. In prähistorischen Zeiten lebten über eine Million **Dickhornschafe** im Westen — heute sind es nicht einmal mehr 20 000.

HOARY MARMOT — Weißgraues Murmeltier: Eine Tierart lebt hier das ganze Jahr über — an dem typischen Pfeifton erkennbar. Das **Hoary Marmot** — Weißgraues Murmeltier — hat sich sehr gut in seiner Bergheimat eingelebt. 3 bis 4 Monate fressen die Murmeltiere, und den Rest des Jahres schlafen sie. Murmeltiere bauen ihre Nester im allgemeinen im Geröll, wo sich die kleine Murmeltierfamilie von Pflanzenblüten und Beeren ernährt. Die aufgenommene Nahrung wird in Fett umgewandelt, das den Tieren durch den Winterschlaf hilft.

Leider fressen die Murmeltiere auch menschliche Nahrung, die jedoch nicht geeignet ist, die Tiere überwintern zu lassen. Tiere nicht füttern! Alle Tiere Glaciers lassen sich aus sicherer Entfernung am besten beobachten.

Nach der Infotafel „Alpine Sanctuary" erreicht man den Logan Paß mit großem Parkplatz, Visitors Center, Toiletten, Gift Shop, Restaurant, Trails und grandioser Aussicht.

Entfernungen vom Logan Paß in Meilen/Kilometer

Westen:		Osten:	
Avalanche Creek Campground...	16/26	Rising Sun	12/19
Lake McDonald	21/34	St. Mary	18/29
Apgar	30/48	Many Glacier	39/62
West Glacier	32/51	Two Medicine	45/72
Kalispell	49/78	East Glacier Browning	50/80

Doch nun zum Besuch des Visitors Centers am Logan Paß:

LOGAN PASS VISITORS CENTER
(6646 ft/2026 m)

Im Visitors Center gibt es außer dem Infostand eine Ausstellung mit interessanten Exponaten über Geschichte des Passes sowie Info über Tiere und Vegetation hier oben am Paß. Park Ranger erteilen Auskunft über Wandern usw. Buch- und Kartenverkauf; ferner Toiletten.

Ausstellung im Visitors Center

Von links nach rechts:

Life Above Treeline
Leben oberhalb der Baumgrenze

Most plants at Logan Pass ... Die meisten Pflanzen am Logan Paß sind Dauerpflanzen, sogenannte perennierende Pflanzen *(perennials)*. Sie leben jahrelang. Perennials passen sich der kurzen Wachstumsperiode sehr gut an. Der Sommer in den Bergen ist zu kurz, um jedes Jahr aus den Samen neue Pflanzen wachsen zu lassen.

Für das Leben unter den hier oben herrschenden mörderischen Lebensbedingungen sind die Pflanzen alle bestens gerüstet durch spezielle Ausstattung oder Verhalten:
– Photosynthese (Aufbau chemischer Verbindungen durch Lichteinwirkung), die „chemische Fabrik" arbeitet selbst bei Temperaturen unter dem Gefrierpunkt;
– dicke, wachsartige Blätter, die Verdunstung verhüten;
– haarige Schicht auf Blättern und Stengeln, die vor Sonne und Wind schützt;
– kurze Stengel, die von eisigen Stürmen und austrocknenden Winden nicht so leicht angegriffen werden;
– Blüten in normaler Größe, um Blütenbestäuber anzulocken;
– Wachstum in Kissen- oder Polsterform.

At treeline stunted ... Im Bereich der Baumgrenze wachsen verkrüppelte, subalpine Fichten inmitten der von Alpenblumen übersäten alpinen Matten. 300 m höher erstreckt sich die alpine Zone, wo der Baumwuchs aufhört. Tagsüber ist es zu kalt, und der Sommer ist zu kurz.
Am Logan Paß herrschen extreme Temperaturschwankungen, scharfe Winde, der Boden ist dünn, und die kurze Wachstumsperiode bestimmt die empfindlichen Lebensbedingungen. Wer hier überleben will, muß besonders gut angepaßt sein.

Adapting to Extremes
Anpassung an extreme Bedingungen

The low, streamlined ... Der niedrige, stromlinienförmige Wuchs der Moss Campion (Moosnelke) bringt der Pflanze den Vorteil dichter am Boden herrschender wärmerer Temperaturen, schützt sie vor Wind und damit verbundenem Feuchtigkeitsverlust.
Pflanzen mit Polsterwuchs sammeln angewehtes Material, das rund um die Wurzeln Erde bildet. Eine tiefe Pfahlwurzel verankert Moss Campion und gibt Halt gegen starken Wind und dringt in den steinigen Untergrund, um Wasser zu finden.

Nun links:

A cushion of moss campion ... Ein Polster von **Moss Campion** dieser Größe ist über 25 Jahre alt. Gebirgspflanzen wachsen während einer kurzen Wachstumsperiode sehr langsam. Moss Campion kommt eventuell erst nach zehn Jahren zum Blühen. Während der ersten Zeit geht das meiste Wachstum in die starke Pfahlwurzel.

Eight-petaled Dryad/Achtblättrige Dryade. Die Dryade kommt häufig oberhalb der Baumgrenze an windigen, ungeschützten Hängen vor. Die Pflanze trägt dazu bei, den Boden anzureichern.

Immergrüne Blätter sind ein Merkmal, daß die kostbare Energie nicht dafür verwendet wird, jedes Jahr neue Blätter hervorzubringen. Die kurze, gebogene Form der Blätter verringert Wasserverlust.

Glacier Lilie/Gletscherlilie. Im Hochgebirge schmilzt der Schnee langsam. *Glacier lilies* besitzen vorgeformte Blütenknospen, die während des kurzen Sommers zu einem wichtigen schnellen Start verhelfen.

Glacier lilies besitzen ähnlich wie Tulpen Zwiebeln, um während des Winters Nährstoffe zu speichern. Sie beginnen unter dem Schnee zu wachsen. Auf ihr Aufblühen am Rand schmelzender Schneebänke achten.

Many Young plants . . . Viele junge Pflanzen enthalten im Zellsaft lösliche, rote wasserlösliche Pflanzenfarbstoffe (sogenannte Anthozyane). Rot absorbiert Wärme leichter als Grün.

Alpine Buttercup blüht sehr früh. Der Pflanzensaft ist so zuckerhaltig, daß er wie Frostschutz wirkt.

Nun weiter links:

The Long and the Short of It
Lange und kurze Pflanzen derselben Art

Compare these . . . Hier läßt sich ein Vergleich dieser alpinen Blumen mit ihren größeren Verwandten anstellen. Pflanzen, die sich größeren Höhenlagen angepaßt haben, sind mit kurzen Stengeln ausgestattet, besitzen aber ähnlich große Blüten wie ihresgleichen in tieferen Lagen.

Common Fireweed/Gemeines Feuerkraut. Dieses Fireweed kann bis zu 1,80 m hoch werden und bekommt zahlreiche vierblättrige Blüten. Wächst in niederen Lagen üppig an alten Brandstellen.

Alpine Fireweed/Alpines Feuerkraut wird nur 10 bis 30 cm hoch. Wächst in der alpinen Zone auf steinigen Abhängen und auf felsigem Untergrund.

Jones Columbine. Diese seltene Pflanze ist mit dunkelblauen Blüten ausgestattet. Der kurze Stiel schützt vor starkem Wind, während die attraktive Blüte die Blütenbestäuber anlockt.

Arctic Willow/arktische Weide. Die Arctic Willow ist winzig, nur etwa 2,5 cm groß. Dank ihres niedrigen Wuchses überlebt sie den Winter auf windumwehten Berghängen.

Indian Paintbrush/ Obwohl die Indian Paintbrush im allgemeinen rot ist, gibt es Variationen, die von blaßgelb bis rosa und magentarot bis orange reichen.

Hummingbirds . . . Kolibris sind wichtige Blütenbefruchter der alpinen Regionen, da die kalten Temperaturen die Aktivitäten von Bienen und anderen Insekten einschränken.

Tiny fine hairs . . . Dünne feine Härchen schaffen ein warmes Mikroklima um eine Pflanze und schützen sie gegen Kälte, Hitze, Wind und Austrocknung.

Western Springbeauty (Steinbrechart) blüht überall im Park, zuerst in den Niederungen und später hoch in den Bergen, wenn die Schneeränder schmelzen.

Western Springbeauty. Die knollenartigen, unterirdischen Wurzeln sind bevorzugte Nahrung der Grizzlybären.

Alpine Springbeauty kommt nicht so häufig vor wie die Western Springbeauty. Diese alpine Blume wächst geschützt an Felsklippen oder in ähnlich felsiger Umgebung.

Alpine Springbeauty. Blattrosetten halten die Pflanze wärmer. Fleischige Blätter schützen vor intensiver Lichteinstrahlung mit hohem Ultraviolettanteil und verhüten Wasserverlust.

Jetzt weiter links:

Krummholz

At treeline . . . An der Baumgrenze bilden subalpine Fichten, Engelmannfichte und Weißrindenkiefer einen verkrüppelten, krummen Miniwald, das sogenannte Krummholz. „Krummholz" kommt aus dem Deutschen für verkrüppeltes, krummes Holz.

Krummholzbäume produzieren selten Samen. Die meisten jungen Pflanzen haben sich aus Samen, die aus niedrigeren, milderen Höhenlagen angeweht wurden, entwickelt. Neues Wachstum resultiert auch aus Verwurzelung, wo Zweige den Boden erreichen.

Alpine Diversity
Alpine Mannigfaltigkeit

More than one-third ... Über ein Drittel des Glacier Nationalparks ist alpines Gelände mit schroffen Felsklippen, steilen Berghängen und Schneefeldern. Die alpinen Matten und feuchten Moore des Logan Paß sind außergewöhnlich – ein Dachgarten mit besonders anmutigen Blumen und verschiedenen Pflanzen in unglaublicher Fülle.

Pink Snow/Rosa Schnee. Alljährlich im Frühjahr färben Millionen mikroskopisch kleiner roter Zellen den Schnee rosa. Rosa Schnee wird von winzigen grünen Algenzellen, die von einem starken, gallertartigen roten Überzug bedeckt sind, geschaffen. Die Schneeschmelze liefert das von Algen und seinen Blüten benötigte Wasser.

Dann links weiter:

Beargrass

Alpine Beargrass verzaubert Glacier National Park. Die Pflanze gehört zur Gattung der Lilien und wird gerne von Mountain goats/Bergziegen als Futter aufgesucht; auch die Bighorn Sheep/Dickhornschafe bevorzugen die Stengel und Äste der Pflanze.

Spring ... Sobald im Frühjahr die Schneeschmelze einsetzt, entsteht am Logan Paß eine Vielfalt feuchter Habitats für die Pflanzenwelt.

Monkeyflower ... Die Lewis Monkeyflower (Affenblume) wächst an den Rändern von Gebirgsbächen.

Red and ... Rote und gelbe Monkeyflowers besitzen Nektarwegweiser. Ein Punktmuster leitet die Befruchter in den Hals der Pflanze, in dem sich der Pollen befindet.

Nun rechts:

„Red-belt"
„Roter Gürtel"

„Red-belt" ... Der rote Gürtel entsteht, wenn die Nadeln der immergrünen Bäume unter Feuchtigkeitsverlust leiden. Dies passiert, wenn die Basis des Baums in tiefem Schnee versinkt und die Spitze des Baums sich an heißen, windstillen Tagen aufheizt. Die gefrorenen Wurzeln und Äste vermögen den Feuchtigkeitsverlust nicht zu ersetzen, folglich kommt es zu roten, abgestorbenen Nadeln.

„Flagging"

Subalpine firs ... Subalpine Tannen wachsen am Logan Paß asymmetrisch. Nadelartiges Eis, das von starken Stürmen angewht wird, sprengt die Äste auf der dem Wind zugewandten Seite. Nur einige „flags" (Fahnen) bleiben auf der geschützten Lee-Seite. Untere Äste, die im Winter geschützt unter der Schneedecke liegen, wachsen ungestört an der Basis.

Nun weiter links zu **Grizzlies:**

Grizzlies

Grizzly bears ... Grizzlybären sind keine niedlichen Schmusebären, aber auch keine barbarischen Killer. Hier hat man es mit einem wilden, herrlichen Tier zu tun.

Grizzlybären suchen den Logan Paß bei ihrer Nahrungssuche auf, halten sich in einer Höhle auf und fressen die in Lawinen umgekommenen Tiere. In der näheren Umgebung stößt man oft auf Spuren von Grizzlies, wie aufgegrabene Erdstellen, Kot oder Fußspuren.

Sich Tieren nicht nähern oder sie füttern.

Eine Bärin mit Jungen kann besonders gefährlich werden.

Werden Bären gesichtet, die Beobachtung einem Park Ranger melden.

Sweet vetch gehört zur Gattung der Erbse und gehört zum wichtigen Bestandteil der Ernährung der Grizzlies.

Grizzly bears ... Grizzlybären fressen Stengel des Bärenklaus *(cowparsnip).*

Despite their ... Trotz ihrer furchtbaren Zähne sind Grizzlybären überwiegend Pflanzenfresser. Wurzeln, Beeren und andere Pflanzen machen 90 % ihrer Nahrung aus.

Die abgenutzten Zähne dieses Schädels einer Grizzlybärin weisen darauf hin, daß die Bärin 15–20 Jahre alt war, als sie verendete.

These ... Diese Grizzlybär-Krallen sind ganze 3 Inches (= 7,6 cm) lang. Grizzlybären benutzen ihre starken Pranken, um nach Insekten, Wurzeln und Nagetieren zu graben. Im Bereich des Logan Passes kann man oft von Bären aufgegrabene Stellen sehen.

Grizzly ... Die Krallen sind das wichtige Grabwerkzeug des Grizzlybärs. Er kann etwa 18 Stunden pro Tag nur mit Graben und Fressen beschäftigt sein. Im Herbst sucht er Höhlen auf, um seinen Winterschlaf zu halten.

Mountain Wildlife
Tierwelt in den Bergen

Golden eagles ... Steinadler kommen in den Rockies häufig vor. Sie schweben über dem Logan Paß und suchen die Gegend nach Nahrung, wie Erdhörnchen, Murmeltieren, ab. Steinadler fressen auch von Kadavern, wie hier z. B. von einem toten Rehwild.

Bump. Die Jungen von Bergziegen (Mountain Goat) spielen und stoßen sich mit den Hörnern. Bei diesem „bumb" genannten Spiel stoßen sie mit dem Kopf in den hinteren Teil des Körpers ihres Partners und schieben sich im Kreis herum. Dieses Spiel bildet die Muskeln und fördert die Konzentration. Von größerer Wichtigkeit ist allerdings, daß dieses Spiel eine gesellschaftliche Rangordnung schafft, die das ganze Leben lang erhalten bleibt.

Mountain Goats/Bergziegen leben oberhalb der Baumgrenze. Durch ihre Flinkheit und Behendigkeit sowie ihren felsigen und abgelegenen Lebensraum bleiben sie vor Raubtieren geschützt. Ihre Hufe greifen fest auf dem Fels, während sie über die steilen Felsklippen klettern.

Ganz links zur großen Vitrine und dann von links nach rechts zu den weiteren Vitrinen mit Tierpräparaten:

Columbian Ground Squirrel/Erdhörnchen. Die Erhörnchen setzen wie andere Winterschläfer Fett für den Winter an. In ihrem Bau speichern sie auch Wurzeln und Samen. Wenn sie im Frühjahr aufwachen, ist der Boden noch von Schnee bedeckt.

Werden Erdhörnchen von Menschen gefüttert, vermehren sie sich in ungesundem Verhältnis.

Keinerlei Tiere im Park füttern. Sie sollen auf natürliche Weise gesund und wild erhalten bleiben.

White crowned sparrows ... Weißhäubchen-Sperlinge ziehen zum Überwintern so weit südlich bis nach Mexiko. Alljährlich kehren sie im Frühjahr zur Paarung und zum Eierlegen ins Hochgebirge zurück. Auf ihren Gesang achten, wenn sie von den Wipfeln der subalpinen Tannen zwitschern.

Rosy finches ... Finken (Rosafink) sind oft am Rand schmelzender Schneefelder zu beobachten, wo sie nach Insekten und Samen suchen. Sie bauen Nester aus Moos, Federn und Gras.

White-tailed ptarmigans ... Das Schneehuhn lebt ganzjährig an der Baumgrenze. Zum Schutz vor Raubtieren wechselt es sein Gefieder je nach Jahreszeit – braungesprenkelt im Sommer bis schneeweiß im Winter. Der Farbwechsel wird durch die Tageslänge ausgelöst.

Pikas ... Pikas sind ganzjährig aktiv. Sie beißen Pflanzen ab, die sie im Sommer in der Sonne trocknen lassen, sie schneiden sozusagen „Heu". Ein etwa 5 Unzen (ca. 142 Gramm) schweres Pika schafft ca. 30 Pounds (13,590 kg) Heu als Wintervorrat an. Pikas speichern ihre Heuballen unter Felsen und Felsüberhängen als Wintervorrat.

Clark's nutcracker ... Der amerikanische Tannenhäher ist ein sehr lauter Parkbewohner. Kommt im allgemeinen an den tieferen Berghängen vor, wo er sich von Tannenzapfen ernährt. Hält sich aber auch auf der Suche nach Insekten an der Baumgrenze auf.

Nun etwas zum Wetter im Gebirge:

Gegenüber an der Innenwand:

Mountain Weather
Gebirgsklima

Pacific air ... Pazifische Luftmassen aus dem Westen bringen feuchte Luft zum Glacier Nationalpark. In den Bergen steigt arktisch feuchte Luft auf, die Temperatur fällt, und die Feuchtigkeit schlägt sich als Regen oder Schnee nieder. Die nun trockenere und kühlere Luft fegt dann die östlichen Berghänge hinab.

Im Winter bringen warme Chinook-Winde den Schnee zum Schmelzen und blasen manchmal mit einer Geschwindigkeit von über 100 mph (160 km/h) durch die östlichen Täler.

Logan Pass is ... Der Logan Paß ist ein Wettermacher. Je höher man gelangt, um so kälter wird es. Bei einem Anstieg von 1000 foot (= 304,8 m) hat man durchschnittlich mit einem Fallen der Temperatur von ca. fünf Grad zu rechnen.

GOING-TO-THE-SUN-ROAD
Fortsetzung nach Logan Paß

Jackson Glacier/Jacksongletscher

Ganz in der Ferne ist der **Jacksongletscher** zu sehen. Ursprünglich gehörte er zum Blackfootgletscher — ehemaliger Riesengletscher, der vor über 3500 Jahren etwa das obere Tal des **St. Mary Valley** ausfüllte.

Ist der Jacksongletscher am Ende? Falls dies zutrifft, braucht er lange dafür! 1901 wurde der Jacksongletscher noch als eine Eismasse beschrieben, die sich über 2 km Fläche ausbreitete. Etwa 38 Jahre später stellten Vermesser fest, daß er etwa auf die Hälfte zusammengeschrumpft war. Sollten sich die klimatischen Verhältnisse ändern, könnte sich die Lebenszeit des Jacksongletschers verlängern, und er könnte sich erneut ausdehnen — milderes Klima würde sein Ende beschleunigen.

Es kann nur vermutet werden, wie lange der Jacksongletscher noch existieren wird. 1939 war er etwa 1 Meile (= 1,6 km) lang. Seit damals haben sich die Gletscher des Parks mit einer Geschwindigkeit von etwa 3 bis 9 m pro Jahr zurückgezogen. Sollte diese Schmelzrate konstant bleiben, würde der Jacksongletscher etwa im Jahr 2200 völlig weggeschmolzen sein. Doch die Lebensdauer eines Gletschers wird das ganze Jahr über von vielen anderen Faktoren beeinflußt.

About Glaciers/Info über Gletscher

Growth — Wachstum: Gletscher sind wie Lebewesen. Sie brauchen für ihr **Wachstum** Nahrung. Ihre „Nahrung" ist der **Schnee**. Der sich in einem Schneefeld anhäufende Schnee friert durch schmelzenden Schnee zu körnigem Firn. Durch weitere Schneefälle bis zu 30 m Dicke wird der Schnee zu kompaktem Gletschereis gepreßt. Das riesige Gewicht bringt den Gletscher schließlich zum Fließen.

Movement — Bewegung: Der Gletscher **bewegt** sich einmal über den Boden und gleichzeitig in sich selbst. Die Geschwindigkeit des Gletschers variiert jeden Tag um einige Zentimeter. Die im Park befindlichen Gletscher gehören zu den langsameren Gletschern, sie bewegen sich etwa 8 bis 11 m pro Jahr.

Sculpting — Landschaftsgestaltung: Gletscher bearbeiten die Landschaft, indem sie Felsen ausheben, abschaben und den Untergrund zusammenpressen. Das Eis bewegt sich im *Innern* des Gletschers immer *vorwärts* — es zieht sich niemals zurück. Daher wird auch Geröll ständig vorwärtsgeschoben. Der Gletscher frißt sich rückwärts in seine Gletschermulde, während er weit unten ein Tal aushöhlt.

Age — Alter: Gletscher können Tausende von Jahren existieren, doch eigentlich werden sie nur Hunderte von Jahren alt. Das Gletschereis erhält ständig Nachschub; **Alter** ist die Zeit, die das Eis benötigt, um von seinem Firnfeld bis zur Gletscherzunge zu fließen. Die restlichen 50 Gletscher des Parks sind jünger als 200 Jahre, obwohl diese Gletscher sich schon seit über 3000 Jahren hier befinden.

Triple Divide Peak/Gipfel an der dreifachen Wasserscheide

Der etwa 5490 m hohe **Triple Divide Peak** ist einer der weniger bekannten Berge an der kontinentalen Wasserscheide — *Continental Divide*. Dieser Berg teilt allerdings drei wichtige Wasserläufe auf, und zwar fließt das Wasser von seinem Gipfel in drei Richtungen — in die Hudson Bay, in den Golf von Mexiko und in den Pazifischen Ozean.

Nun ein kurzer Abstecher zum Apgar Village, etwa 2 mi/3 km nördlich von West Glacier.

APGAR VILLAGE

Apgar Village am wunderschönen See Lake McDonald umfaßt die Apgar Village Lodge – modernes Motel mit Cabins, Cafe, kleinen Lebensmittelläden, Bootsrampe, Toiletten, Bootsverleih sowie ein kleines Visitors Center mit Buchladen und kleinem Ausstellungsraum mit Info über Geologie, Tiere und Vegetation des Parks. Hier erteilen Park Ranger Auskunft über den Park, Wandermöglichkeiten sowie Vegetation und Tierwelt; Toiletten vorhanden.

Gestein des Glacier Nationalparks

Das Gestein von **Glacier** ist über 1 Milliarde Jahr alt. Es entstand aus Sedimenten, die sich in einem flachen Meer ablagerten, das einst den größten Teil des heutigen Bundesstaates Montana bedeckte. Etwa 60 Millionen Jahre später bildeten sich die Berge, als sich die Landschaft langsam nach Osten drückte, wobei sich älteres Gestein über jüngeres schob.

Während der großen Eiszeit, die vor etwa 3 Millionen Jahren begann, gestalteten Gletscher die heutige Landschaft. Jetzt werden die Berge langsam durch Erosion bearbeitet. Sedimentgestein wird abgetragen und in Seen und Meeren abgelagert, um vielleicht in näherer Zukunft neue Berge entstehen zu lassen.

RIPPLE ROCK — Gewelltes Gestein: Erosion und Gletscher haben die Berge von Sedimentgestein befreit, das über 1 Milliarde Jahre alt ist. Die Gesteinsschichten wurden als Sand, Triebsand und Schlamm in einem urzeitlichen Meer abgelagert. **Riffelmuster**, das durch die *Wellenbewegung* in flachen Gewässern hervorgerufen wurde, blieb als ,,Riffle Rock" zurück.

SALT CASTS — Salzkristalle: Als vor über 1 Milliarde Jahren das Wasser aus Meeren verdunstete, bildeten sich **Salzkristalle**. Die würfelförmigen Kristalle drückten sich in den schlammigen Untergrund. Schlamm und Eindrücke versteinerten, daher sind die Würfel heute noch zu sehen.

RED ROCKS, GREEN ROCKS — Rotes Gestein, grünes Gestein: Wie kommt es zu dieser Farbvariation? Anscheinend wurden die Farbunterschiede durch den jeweiligen Grad der Eisenoxydation hervorgerufen. **Grüner** Schlammstein enthält eisenhaltiges **Eisen** im Chlorid, während der **rote** Schlammstein Eisenoxyd oder **Hämatit** (Roteisenstein) enthält.

Die Farbabweichung ist eine typische Erscheinungsform dieses Gesteins und hat möglicherweise etwas mit der Umgebung zu tun, in der der Schlamm vor über 1 Milliarde Jahren abgelagert wurde.

MUD CRACKS – Schlammrisse: Viele der Sedimentgesteinsschichten tragen durch **Schlammrisse** gezeichnete Muster. Der Schlamm lagerte sich ursprünglich an Stellen ab, die abwechselnd feucht und trocken waren. Als der Schlamm trocknete, bildeten sich Risse, die im Gestein erhalten blieben.

FOSSILS – Fossilien: Als sich die Berge Glaciers bildeten, begann sich das Leben auf der Erde erst zu entfalten. Viele Felsschichten sind reich an **Fossilien** blaugrüner Algen, einer einfachen Pflanzenart.

SCRATCHES ON ROCK – Kratzer im Gestein: Während der letzten Eiszeit lag der größte Teil des Glacier Nationalparks unter einer massiven Eisdecke begraben. Eisflüsse bewegten sich in verschiedene Haupttäler und ließen die heutige Landschaft entstehen.

Im Gletschereis eingebettete Felsen und Erdpartikel wurden über das Untergestein geschoben und rasierten es ab; die auf diese Weise erodierte Oberfläche blieb glatt geschliffen mit tiefen **Kratzern** zurück.

Nun Weiterfahrt nach North Fork.

FAHRT NACH NORTH FORK

THE MATURE FOREST – Der reife Wald: Es gehört mehr als Samen dazu, solche Bäume wachsen zu lassen. Keimende Samen brauchen Nahrung durch Sonne, Wasser, Erde und Luft . . . jeweils in der richtigen Menge.

Sonnenlicht, Feuchtigkeit und Bodenzusammensetzung werden vom Klima reguliert. Höhenlage und Steillage spielen ebenfalls eine wichtige Rolle. Hinzu kommen auch noch biologische Faktoren. Zuviel oder zuwenig von jedem ist oft für das Überleben der Keimlinge entscheidend.

Gletscherklima wird westlich der kontinentalen Wasserscheide – *Continental Divide* – durch Wolken, Regen, Schnee bestimmt, es gibt keine extremen Temperaturschwankungen. Der **Tannen-Fichtenwald** verträgt dieses Klima gut und dominiert auf dieser Seite des Parks.

Von hier aus fährt man durch Kiefernwald mit **Lodgepole Pine**. Durch Waldbrände wurden große Flächen des Tannen-Fichtenwalds vernichtet. Auf den abgebrannten Waldflächen wuchsen anschließend die Lodgepole Pines.

McGEE MEADOW: Die nach einem Siedler benannte Wiese **McGee Meadow** war nicht immer eine Wiese. Früher befand sich hier ein Gletschersee, der sich aus schmelzenden Gletschern gebildet hatte.

In solchen Wiesen nisten gerne Enten, Gänse und Bisamratten. Manchmal kommen Rehwild, Wapitihirsche und Elche frühmorgens oder abends zum Äsen hierher.

1— Generationen von Uferpflanzen haben durch Pflanzenfolge rund um den See eine dicke Schicht abgestorbener Pflanzen hinterlassen, die sich in Erde oder Humus umwandelten.

2— Dadurch füllte sich der See langsam mit Erde und verschwand.

3— Hält die Pflanzenfolge an, wird die Wiese bald von einem Wald bedeckt sein. Die Vorboten des späteren Waldes sind jetzt schon am Wiesenrand an den jungen Tannen und Fichten zu sehen.

BEARS ON THE MOUNTAIN – Bären in den Bergen: Die **Apgar Mountains** sind bevorzugtes Bärenland. Die **Grizzly Bären** ziehen ihr Revier über riesige Fels- und Waldgebiete. **Schwarzbären** halten sich hauptsächlich im Wald auf und sind gelegentlich im Frühjahr an der *Camas Road* zu sehen.

Große Flächen mit Huckleberry (Beerenart) locken beide Bärenarten an. Bären sind im Sommer, wenn die Beeren reif werden, häufig zu sehen. Achtung, Wanderer!

Die Jungen – meistens 2 – werden in der Winterhöhle geboren und kommen im Frühjahr heraus. Sie bleiben bis zu 2 Jahren mit der Mutter zusammen, die ihnen beibringt, zu überleben.

Schwarzbären und Grizzly Bären sind wild und gefährlich. Im Park wurden bereits mehrere Menschen von Bären angefallen. Bären immer aus sicherer Entfernung beobachten. Vorsicht beim Wandern! Das Auftauchen von Bären ist den Rangers oder dem Parkbüro zu melden.

FIRE – Feuer: Im Sommer des Jahres **1967** verursachte Blitzschlag einen Waldbrand, der sich über diese Berghänge zog. Da jenes Jahr heiß und trocken war, mußte die Feuerwehr mehrere Brände löschen.

In einer Wildnis kommen vom Blitzschlag verursachte Brände häufig vor. Solche Brände sind meistens klein und brennen den Waldboden sauber und lassen gesündere Bäume unversehrt, die neuen Wald heranwachsen lassen können.

Im Laufe der Jahrhunderte ereigneten sich im **Glacier** unzählige natürliche Waldbrände, denen immer neues Wachstum folgte. Von seiten der Parkverwaltung wird versucht, solche natürlichen Waldbrände nicht mehr zu bekämpfen, sondern ihre eigentliche Aufgabe erfüllen zu lassen.

Diese Berghänge scheinen karg und öde. Tatsächlich gibt es allerdings heute hier größeren Pflanzenreichtum und mehr Tiere als in dem alten Wald vor dem Waldbrand.

Durch den abgebrannten Wald führt ein bequemer Waldpfad – *Nature Trail*, etwa 0.6 mi/1 km, etwa 1 Stunde. Vorsicht! Oft tauchen dort Bären auf.

UP THE NORTH FORK — Den North Fork hinauf: Dort unten fließt der Nordarm **North Fork of the Flathead River.** Der Fluß entspringt etwa *63 mi/100 km* entfernt in den kanadischen Rockies und erstreckt sich mit seinen Nebenflüssen über etwa 5000 Quadratkilometer Fläche. Die schwach sichtbaren Gipfel im Norden **(McDonald Range)** befinden sich in der Nähe der Quelle des **North Fork.**

Der **North Fork** bildet die *50 mi/80 km* lange Westgrenze des **Glacier Nationalparks** und fließt dort größtenteils sanft in Schleifen entlang. Die V-förmige Schlucht links ist der Anfang der *9 mi/15 km* langen Wildwasserstrecke, die mit Booten vorsichtig befahren werden muß.

Einst zogen die **Kutenai** und **Flathead Indianer** als Jäger durch die Gegend. Anschließend folgten Siedler, Trapper und Bergleute. Gegen Ende der **1800er** Jahre gab es über 2000 Claims am **North Fork.** Die Natur sorgte hier in der Gegend für reiche Bodenschätze . . . Schätze, die sehr gefragt sind.

St. Mary Lake: Länge – 9.9 mi/16 km; Tiefe – 289 ft/88 m

ST. MARY VISITORS CENTER

Informationsschalter, große Reliefkarte vom Park, Ausstellung über Indianer; Backcountry Info-Tisch, Karten, Bücher, Auditorium.

Rechts im Ausstellungsraum beginnen:

Sedimentary Rocks/Sedimentgestein

These are the rocks... Diese Felsen lagerten einst als Schlamm und Sand auf dem Meeresboden eines flachen Meeres. Im Laufe von Jahrmillionen wurden diese Ablagerungen durch ständigen Druck hartgepreßt. Anschließend schoben sich die stellenweise etwa 600 m dicken Schichten zu Bergen auf, die heute überall im Park zu sehen sind.

KINTLA ARGILLITE — **Metamorphes** Gestein, das zwischen Schieferarten vorkommt, aber nicht die schieferartige Spaltbarkeit besitzt: Diese Gesteinsschicht, die überwiegend aus rotem **Argillite** und **Sandstein** besteht, ist das jüngste Gestein der Beltserie und kommt nur auf wenigen Berggipfeln des Parks vor.

SHEPARD LIMESTONE — Kalkstein: Der unreine **Kalkstein** und kalkhaltige **Argillite** der etwa 180 m dicken Shepardformation unterliegen einem Verwitterungsprozeß und bringen die typische Färbung von gelbbraun bis grauorange hervor.

SIYEH LIMESTONE — Kalkstein: Meistens enthält **Kalkstein** dieser Dicke von bis zu 1200 m Fossilien von Algenkolonien.

GRINNELL ARGILLITE: Felsen dieser etwa 900 m dicken Formation, hauptsächlich roter **Argillite,** weisen ausgezeichnete Muster von Schlammrissen, Wellen und Regentropfen auf.

APPEKUNNY ARGILLITE: Über 900 m dicke grünliche **Schieferschicht** und **Argillites**, die ursprünglich Schiefer waren, wurden durch den stärkeren Druck der über der Altyn-Formation liegenden Appekunny-Formation fester zusammengepreßt.

ALTYN LIMESTONE – Kalkstein: Dieser sandige **Kalkstein** bildet die Basis der Beltserie und ist das älteste Gestein des Parks; durchschnittlich etwa 700 m dick.

Dann weiter links an der Wand entlang:

Rocks of Fire/Vulkangestein

Igneous rocks... Im Park auftretendes Eruptivgestein entstand, als sich geschmolzenes Felsmaterial aus der Erdkruste nach oben drückte.

PURCELL LAVA: Diese *kissenartige* Form entstand, als flüssige **Lava** aus dem Meeresboden quoll und rasch abkühlte.

SIYEH LIMESTONE – Kalkstein: Dickschichtiges Gesteinsbett, durch das sich das geschmolzene Gestein zwängte.

MARBLE – Marmor: Kalkstein, der sich durch die starke Hitze des eindringenden Magma veränderte.

METAGABBRO – Gestein, das sich bildete, als das Magma langsam zwischen Kalksteinschichten abkühlte.

CONTACT ZONE – Kontaktzone: **Metagabbro** und **Marmor** ist hier zusammen am Berg zu sehen.

Evidence of the Overthrust/Zeichen von Erdverschiebung

Specimens here reveal... Die hier ausgestellten Gesteinsproben zeigen, wie starker Druck aus der Erdkruste das Gestein gebogen und aufgefaltet, schließlich aufgebrochen, und eine Gesteinsmasse nach der anderen übereinander zu schieben begonnen hat.

CRETACEOUS ROCK – Kreidehaltiges Gestein: **Fossilien** und höhere Lage der Gesteinsschichten zeigen, daß dieses Gestein relativ *jung* ist – etwa 100 Millionen Jahre alt.

PRECAMBRIAN ROCK – Felsen des Präkambrium: Fossilienbildung und untere Lage der Felsschicht berichten, daß dieser **Altyn Kalkstein** sehr *alt* ist und vor über einer Milliarde Jahre entstanden ist!

THRUST FAULT ZONE – Verschiebezone: Hier liegt altes Gestein direkt oben auf jungem Gestein. Die Kontaktlinie gibt die Falte an, über die die Verschiebung erfolgte.

FOLDED ROCK − Aufgefaltetes Gestein: Gestein wird unter derartig starkem Druck biegsam und faltet sich zu gekrümmten Massen. Die kleine Gesteinsprobe zeigt das Ergebnis solcher Kraft.

Glaciation/Glaziale Aktion

The great ice rivers... Die großen Eisströme, die die Täler hier erweitert und ausgehoben haben, hinterließen Zeichen, die an verschiedenen Exponaten sichtbar sind.

Glacial Polish − Gletscherschliff: Staub und Erde enthaltendes Eis, das sich über die Felsoberfläche schiebt, reibt und poliert diese glatt.

Glacial Striations − Gletscherstreifen: Diese Kratzer entstanden, als sich Untergestein und der Boden des darüberwegziehenden Gletschers berührten.

Glacial Boulders − Gletschersteine: Die höher im Eis oder in dessen Decke befindlichen Steine litten wenig unter der Gletscherfahrt. Manche Steine, die am Boden eines Gletschers hingen, wurden wie Edelsteine geschliffen.

Glacial Flour − Gletschermehl: Steinmaterial, das durch die Gletscherbewegung pulverisiert wurde. Dieses „Mehl" färbt, wenn es sich im Schmelzwasser verteilt, viele Gletscherflüsse und Seen (man sagt deshalb auch Gletschermilch).

Glacial Debris − Gletschergeröll: Dieses unsortierte Material bleibt dort liegen, wo es abgelagert wurde, als der Gletscher schmolz. Das Eis nahm es entweder aus seinen Zuflüssen oder sammelte es unterwegs auf.

Dann in der Vitrine an der nächsten Wand:

Other Erosive Forces/Andere erosive Naturkräfte

Plants − Pflanzen: Flechten sondern eine Säure ab, die den Fels langsam zersetzt. Wurzeln, die sich in schmale Risse und Spalten zwängen, drücken den Fels auseinander.

Oxidation − Oxydation: Der an den Exponaten sichtbare Farbwechsel ist auf die Einwirkung von Sauerstoff und Wasser auf den äußeren Felsschichten zurückzuführen.

Freeze & Thaw − Frieren & Auftauen: Frostaufbruch tritt auf, wenn das in den Fels gesickerte Wasser friert und sich ausdehnt, wobei Felsbrocken abgesprengt werden.

Exfoliation — Abblätterungsprozeß: Dünne Felsschichten blättern bei Temperaturschwankungen ab, bei denen die Felsoberseite sich mehr ausdehnt und zusammenzieht als das Felsinnere. Durch Eindringen von Wasser wird dieser Prozeß noch beschleunigt.

In Vitrine:
Shaping the Land – The Action of Running Water
Landschaftsbildung – Das Werk fließenden Wassers

Streams first cut the valleys... Die Täler wurden zunächst durch Flüsse eingeschnitten. Nach der weiteren Bearbeitung durch Gletschereis ist fließendes Wasser erneut am Werk, die Landschaft zu verändern.

A Hanging Valley — Ein hängendes Tal: Die Flüsse, die ihrem alten Flußbett folgen, ergießen sich nun in ein breites Tal, das durch Gletscher ausgehoben wurde.

Tools Of The Stream — Werkzeuge des Stroms: Die abgerundeten Steine schaben und mahlen unter der Gewalt des reißenden Wassers am Untergestein und reiben aneinander.

Alluvial Deposits — Alluviale Ablagerungen: Felsschutt, den das Wasser mitschleppt, sortiert sich je nach Größe und Gewicht aus und lagert sich in Schichten von Kies, Sand und Triebsand ab.

Dann folgt Plants and Animals of the Mountains – Pflanzen und Tiere der Berge:
Plants and Animals of the Mountains
Pflanzen und Tiere der Berge

The upthrusted mountains captured rain... Die verschobenen Berge fingen vom Westen kommende, regenbeladene Wolken ein und schufen einen neuen Lebensraum, dem sich zahlreiche Pflanzen- und Tierarten angepaßt haben. Vorgestellt werden einige der darin vorkommenden Pflanzen und Tiere. Dazu zur nächsten Vitrine mit mehreren Fotos.

Nur nachrichtlich als Hintergrundinformation:
Different Kinds of Forests/Verschiedene Baumarten

Bei der Fahrt durch den Park geht es durch verschiedenartige Wälder; jeder Wald hat seine eigene Pflanzen- und Tierwelt.

Spruce-Fir Forest – Tannen-Fichtenwald: Diese Mischung vieler Baumarten bestimmt im wesentlichen die bewaldeten Gegenden auf der Ost- und Westseite des Parks. Viele Tiere des Parks leben in diesem dichten Waldgebiet.

Lodgepole Pine Forest – Lodgepole-Kiefernwald: Diese hohen Bäume wachsen auf beiden Seiten des Parks so dicht, daß man kaum hindurchgelangt.

Red Cedar-Hemlock Forest – Rotzeder-Hemlocktannenwald: Diese Bäume wachsen dort gemeinsam, wo die meisten Niederschläge niedergehen. In tieferen Lagen auf der Westseite wachsen sie so dicht, daß sich kaum Sträucher und Wildblumen ansiedeln können.

Tundra: Oberhalb der Baumgrenze kommen nur Zwergwuchs oder verkrüppelte Bäume vor. Die Pflanzen müssen hier ihr Wachstum beschleunigen und gegen strenge klimatische Verhältnisse ankämpfen. Nur die abgehärtetsten Wildblumen und Sträucher überleben.

Subalpine Forest – Subalpiner Wald: Schmaler Waldgürtel mit einer Mischung knorriger Bäume unterhalb der Baumgrenze. Hier bildet die subalpine Fichte mit ihrer spiralförmigen Krone richtige Bauminseln auf den Almwiesen.

Typical Alpines — Typische Bergblumen: Bergbäche brachten die Samen der Bergblumen herunter. Wachsen meistens dicht am Flußufer. **Mt. Washington Dryad, Pacific Anemone** und **Red Willoweed** (Alpine Fireweed, Schlüsselblumenart). Diese Pflanzen werden in den Bergen im allgemeinen nur etwa 13 Zentimeter hoch, erreichen aber hier in dem milderen Klima und durch die längere Saison 41 Zentimeter.

Nun weiter zu Tieren des Parks:

Some Larger Mammals of the Park
... and where to look for them
Einige größere Säugetiere des Parks ... und wo man sie findet

Few places offer... An einigen Stellen des Parks kann man große Tiere der nördlichen Rockies zu sehen bekommen.

Mountain Goat — Bergziege: Das inoffizielle „Parktier". Oft an der Felswand **Garden Wall** zu sehen; das weiße Fell sieht aus wie Schnee.

Moose — Elch: Liebt den Wald und das Wasser, wo er sich im Winter von Bäumen und Sträuchern und im Sommer von Wasserpflanzen ernährt. Gelegentlich an der *Going-To-The-Sun-Road* zwischen McDonald Hotel und dem Campingplatz Avalanche Campground zu sehen.

Black Bear — Schwarzbär: Entlang der Parkstraße zu sehen.

Mule Deer & Whitetail Deer — Maultierwild & damit verwandte Wildart: Diese eleganten Tiere sind überall im Park zu sehen. Maultierwild bevorzugt offene Gegenden, Lichtungen; Whitetail Deer hält sich lieber im Wald auf. Beide Wildarten unterscheiden sich durch Schwanz, Ohren und Geweih.

Bighorn Sheep — Dickhornschaf: Lebt an Steilhängen; früher auf den Ausläufern der Berge unten im Tal zu Hause. An den Berghängen der Gipfel von **Many Glacier** zu sehen.

Wapiti (Elk). Früher vom Osten Pennsylvanias bis zum westlichen Hochgebirge vorkommend. Ernährt sich im Sommer an den Berghängen und zieht im Winter ins Tal. Auf Bergalmen überall im Park zu sehen.

Nun zu den Vitrinen an der nächsten Wand rechts mit dem Thema „Animals adapted in the Mountains", und zwar von rechts nach links:

Animals Adapted in the Mountains
Sich der Bergwelt angepaßte Tiere

Vitrine rechts:

The Mountains as a Refuge/Die Berge als Zuflucht:
In these mountains live... In diesen Bergen leben Tiere, die inzwischen so selten geworden sind, daß ihre weitere Existenz äußerst fraglich ist.

Bear — Bär: Der Grizzly ist das eindrucksvollste Großtier, dessen Zahl immer weiter zurückgeht, ausgenommen in Nationalparks.

Mountain Lion & Cougar — Berglöwe & Puma: Der Naturfeind des Wilds; hält Zahl der Rehe und Hirsche unter Kontrolle und sorgt für gesunden Bestand.

Timber Wolf: Der Timber Wolf ist eines der ersten wilden Tiere, das sich zurückzieht, sobald ein Mensch in die Wildnis eindringt. Gelegentlich im Park zu sehen.

Lynx — Luchs: Dieses seltene und schleichende Tier aus dem hohen Norden ist mit dem Bobcat — amerikanischer Luchs — verwandt. Seine liebste Beute ist das Schneeschuhkaninchen.

Wolverine — Vielfraß: Größter Vertreter der Wieselfamilie: Kommt sehr selten vor, ist allerdings häufiger hier als an anderen Stellen südlich von Kanada zu sehen.

Daneben rechts zwei kleinere Vitrinen Mountain Bluebird und Dipper:

Mountain Bluebird/Blauhäher:
Mountain Bluebird – Blauhäher: Kommt überall im Park in lichten Wäldern vor.

Neben Bluebird:

Dipper or Water Ouzel — Taucher oder Wasseramsel: Dieser unwahrscheinlich kleine Vogel läuft oder „fliegt" auf dem Boden von reißenden Bergbächen entlang und taucht völlig trokken wieder auf!

Dann links Marten und Varying Hare:

Marten — Marder: Kommt in immergrünen Wäldern vor, wo das Red Squirrel — Rothörnchen — lebt, und hält die Tierzahl unter Kontrolle.

Varying Hare — Schneeschuhkaninchen: Tiere, die sich auf dem Schnee aufhalten, müssen darauf laufen und sich verstekken können. Die Läufe des **Varying Hare** sind daher breit wie Schneeschuhe ausgestattet; im Winter färbt sich sein Fell weiß.

Dann auf dem Weg zurück zum Ausgang, bzw. Infostand und Buchhandlung rechts eine Vitrine mit Exponaten der Blackfeetindianer, insbesondere Kleidung, Mokassins und Trommel:

Navel Amulet/Nabelamulett. Indianisch gegerbte Hirschhaut. Wurde als Amulett zur Abwehr von Bösem oder als Schutz vor Verletzungen bei gefährlichen Heldentaten oder bei Zeremonialtänzen und Zeremonien als Schmuck getragen.
Tobacco Pouch/Tabakbeutel. Indianisch gegerbte Hirschhaut. Zum Aufbewahren von bei Zeremonien benutztem Tabak und Pfeifenutensilien. Jeder trägt seine eigenen Pfeifenutensilien, die bei der Medizinpfeifenschüssel benutzt werden.
Woman's Dress/Frauenkleid. Indianisch gegerbte Hirschhaut mit Muscheln, Perlen aus Samen und Lederfransen. Von Blackfeetindianerinnen getragen.
Beaded Moccasins/perlenverzierte Mokassins. Indianisch gegerbte Hirschhaut. Von Blackfeetindianern getragen.
Child's Dress/Kinderkleid. Oberteil aus Wollfilz (100 Jahre alter Stoff), Unterteil aus neuem Wollstoff. Verzierungen aus Glasperlen, Atlasperlen, Wapitihirsch-Knochen, Zähnen und anderen Dingen. Von kleinen Mädchen der Blackfeetindianer getragen.
Beaded Dolls/perlenverzierte Puppen. Indianisch gegerbte Hirschhaut. Kinder der Blackfeetindianer spielten mit diesen Puppen.
Beaded Doll/perlenverzierte Puppe. Aus im Handel erhältlicher und indianisch gegerbter Hirschhaut. Kinder der Blackfeetindianer spielten mit derartigen Puppen.

Hide Scraper/Hautschaber. Aus Knochen des Wapitihirschs (unbearbeitet). Damit kratzte oder schabte man vor dem Gerben Fett und Talg von der Innenseite der Tierhaut.
Deer Hide/Hirschhaut. Indianisch gegerbte Hirschhaut, etwa mit den Maßen 1,50 m mal 1,40 m. Als Stoff für Bekleidung und Mokassins verwendet.
Beaded Dolls/perlenverzierte Puppen. Indianisch gegerbte Hirschhaut. Spielzeug der Blackfeet-Indianerkinder.
Beaded Doll/perlenverzierte Puppe. Indianisch gegerbte Hirschhaut. Die Puppe ist wie ein Indianerhäuptling gekleidet. Spielzeug der Blackfeet-Indianerkinder.
Deer Hoof Rattle/Rassel aus Hirschhufen mit hölzernem Griff. Von Zeremonialtänzern benutzt.
Deer Hoof Rattle/Rassel aus Hirschhufen mit Klauen und Holzgriff, Federbüschel und Perlen. Von Zeremonialtänzern verwendet.
Deer Hoof Rattle/Hirschhufrassel. Mit Klauen und lederumwickeltem Griff. Von Zeremonialtänzern verwendet.
Beaded Belt/perlenverzierter Gürtel. Sackleinen und indianisch gegerbte Hirschhaut. Als Schmuck auf traditioneller Blackfeet-Kleidung getragen.
Baby Moccasins/Babymokassins. Indianisch gegerbte Hirschhaut. Von Indianerbabies der Blackfeetindianer getragen.
Elk Hoof Bag/Tasche aus Wapithirschhufen. Indianisches Wildleder mit Wapitihirschhufen. Diente als Behälter zum Aufbewahren von Fleischkuchen.
Beaded Bag/perlenverzierte Tasche. Indianisch gegerbte Hirschhaut; nur teilweise fertiggestellt, um die Perlenstickerei zu demonstrieren. Bei traditioneller Blackfeet-Bekleidung als Schmuck und zum Aufbewahren persönlicher Gegenstände verwendet.
Stick Horse and Saddle/Steckenpferd und Sattel. Hirschhaut, Birkenholz und Pferdehaare. Die Indianer gerbten Hirschhäute. Von Blackfeetindianern als Spielzeug verwendet.
Deer Hoof Rattle/Hirschhorn-Rassel, Holzgriff. Von Zeremonialtänzern verwendet.
Beaded Moccasins/perlenverzierte Mokassins. Indianisch gegerbte und geschwärzte Hirschhäute; bei der Perlenarbeit verwendete man das Hakennasenmuster. Von Blackfeetindianern getragen.
Beaded Breast Plate/perlenverzierte Brustplatte. Von den Blackfeetindianern getragen.

FAHRT ZUM MANY GLACIER HOTEL

GRINNELL GLACIER
Grinnellgletscher

DURING AN EARLIER ICE AGE – Während einer früheren Eiszeit: Von vor etwa 1 000 000 bis 10 000 Jahren lag diese gesamte Gegend unter einem riesigen Gletscher. Als der Gletscher sich seinen Weg zum Tal bahnte, schuf er eine ganze Seenkette und hob dort, wo heute der Grinnellgletscher zu sehen ist, eine Mulde aus.

BETWEEN THE EARLIER ICE AGE AND NOW – Zwischen der früheren Eiszeit und heute: Als sich das Eis zurückzog und schmolz, war infolge geänderter Klimaverhältnisse und eindringender Pflanzenarten eine völlig andere Landschaft entstanden. Jetzt belebten Pflanzen und Tiere die ehemals karge Landschaft. **Ground Squirrels** – Erdhörnchen – siedelten sich in den Wiesen an, **Pine Marten** – Marder – bevorzugten die Nadelwälder, **Ptarmigans** – Schneehühner – zogen in die Bergwiesen und **Pikas** in Geröllhalden.

GRINNELL GLACIER IN THE 1890's – Der Grinnellgletscher in den 1890er Jahren: Der **Grinnellgletscher** ist nicht älter als 4000 Jahre alt. Er ist auch keine Hinterlassenschaft des riesigen Gletschers, der die Täler ausgehoben hatte. Der Gletscher erlebte vermutlich seine Blütezeit, als dieses Foto entstand. Seit damals ist er durch Wegschmelzen immer kleiner geworden; erneuertes Eis des Grinnellgletschers ist jünger als 100 Jahre alt.

GRAND TETON NATIONALPARK, WYOMING

GRAND TETON NP

„Viele Freizeitmöglichkeiten der Amerikanischen Alpenwelt"

Öffnungszeiten: Grand Teton Nationalpark ist *ganzjährig* geöffnet; im *Winter* jedoch eingeschränkte Benutzung der Besuchereinrichtungen.
Lage: Im *Nordwesten* des US-Bundesstaates *Wyoming. 1929* gegründet.
Entfernungen: Grand Teton Nationalpark liegt etwa *5 mi/8 km* nördlich von *Jackson,* Wyoming. Entfernung zwischen *Moose,* im Grand Teton Nationalpark, und *Old Faithful,* im Yellowstone Nationalpark beträgt etwa *90 mi/144 km;* Grand Teton Nationalpark liegt etwa *320 mi/512 km* nördlich von *Salt Lake City.*
Günstigste Besuchszeiten: *Juni–September.*
Wetter: Durchschnittliche, höchste Tagestemperaturen im *Sommer* etwa 21–27 °C; wegen der Lage von über 1829 m ü. M. können die *Nachttemperaturen* bis in die Nähe des Gefrierpunkts sinken.
Ausmaße: Etwa *124 000 Hektar.*
Eingänge: Übergang im Norden des Parks vom Yellowstone Nationalpark; Eingang im Süden – Moose Village und im Osten Moran.
Ausgangsorte: Salt Lake City, Utah und Jackson, Wyoming sind die Hauptausgangsorte zum Park.
Verkehrsmittel & Touren: *Bus-* und *Zugverbindungen* bis Jackson, Autovermieter vorhanden. *Parkbusse* verkehren zwischen Jackson und Grand Teton Nationalpark und Yellowstone Nationalpark im Norden. Innerhalb des Parks werden viele Touren angeboten – von *Bootsfahrten* bis zu Frühstückausritten *(Breakfast Rides).*
Unterkunft: Zentren für Übernachtungen im Park sind *Jackson Lake Lodge* und *Colter Bay Village.* Weitere Unterkünfte im benachbarten Jackson und Teton Village – ein Erholungs- & Wintersportort.
Camping: Es gibt *fünf* vom National Park Service betriebene Campingplätze innerhalb des Parks.
Attraktionen: Die majestätische Gebirgskette der *Grand Tetons* – bis zu 3962 m ü. M. erreichend – sind überall von Jackson Hole (das als „Hole = Loch" bezeichnete Hochlandtal) sichtbar. Bootsausflüge, Angeln, Reiten, Bergsteigen und Floßfahrten.
Tierwelt: Mit etwas Glück sieht man alle Tiere vom Bären, Biber, Wapitihirsch und Elch bis zum seltenen Trompeterschwan.
Wandern: Wanderwege in allen Richtungen des Parks – für Spaziergänger sowie für erfahrene Bergsteiger. Zwei beliebte Areas für Wanderungen sind *Jenny Lake Lodge Area* und *Lupine Meadows.*
Essen: Restaurants an mehreren Stellen überall im Park. Beim *Moose Village* ist sogar Gelegenheit, in einem Indianerzelt – in einem *Tepee* – zu essen.
Information: *Park* – National Park Service, Grand Teton National Park, Drawer 170, Moose, Wyoming 83012; (307)733-2880. *Unterkunft* – Grand Teton Lodge Company, P.O. Box 240, Moran, Wyoming 83013. Tel. (307)733-2811.

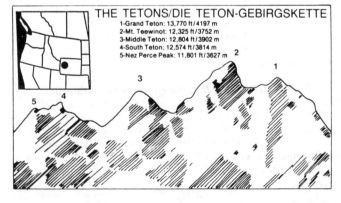

THE TETONS/DIE TETON-GEBIRGSKETTE

1-Grand Teton: 13,770 ft/4197 m
2-Mt. Teewinot: 12,325 ft/3752 m
3-Middle Teton: 12,804 ft/3902 m
4-South Teton: 12,574 ft/3814 m
5-Nez Perce Peak: 11,801 ft/3627 m

GRAND TETON GLIEDERUNG

Planung Ihres Grand Teton Aufenthalts
Informationsquellen
Beschreibung der Unterkünfte
Camping im Grand Teton Nationalpark
Grand Teton ganz billig
Was kann man unternehmen & sehen?
Was man noch unternehmen kann
3 Tage Grand Teton-Programm
Kinderseite
Insider Tips

Südeingang—Yellowstone
Jackson Lake Lodge—Moose Visitors Center
Moose Visitors Center
Colter Bay Visitors Center
Park Areas

PLANUNG IHRES GRAND TETON AUFENTHALTS

Die Gegend des **Grand Teton Nationalparks,** von einer berauschend schönen Bergkulisse umgeben, ist ein richtiges Ferien- und Erholungsparadies. Falls Sie vorhaben, hier in einem Nachmittag durchzujagen, wird Ihnen so manches entgehen. Obwohl die Berge sehr an die Alpen in der Heimat erinnern, sollte man jedoch die Landschaft der Grand Tetons nicht völlig ignorieren, denn es ist gerade für eine Weiterreise nach Yellowstone so geeignet, einen Stop zu machen — die Fahrt ist wirklich sehr erholsam und so beruhigend. **Wichtiger Hinweis**: Die Geschwindigkeit wird auf den Parkstraßen von der Parkpolizei; **Park Service Police**, mit **Radar** überwacht. Ein Gewinn auch für denjenigen, der es eilig hat, durch die Geschwindigkeitsbegrenzung gewinnt man nämlich extra Zeit, die Landschaft zu genießen!

Das Herz dieser bezaubernden Landschaft ist der **Grand Teton Nationalpark,** oft auch die Schweiz Amerikas genannt. Man kann hier inmitten von Seen, Wäldern, Flüssen, Wiesen und zackigen Berggipfeln eine ganze Menge unternehmen. Dazu gehört — Reiten, Radfahren, Angeln, Floßfahrten, Bootstouren, Wandern, Bergsteigen und nicht zu vergessen das große Angebot an **kostenlosen** Veranstaltungen der Park Ranger.

Unterkünfte reichen von den rustikalen aber luxuriösen Blockhütten der **Jenny Lake Lodge**, den modernen Zimmern in der **Jackson·Lake Lodge** bis zu den einfachen Hütten und Zeltkabinen, *tent shelters*, in der **Colter Bay Village**. Innerhalb des Parks gibt es **fünf** Campingplätze — und noch eine beträchtliche Anzahl mehr in der Umgebung.

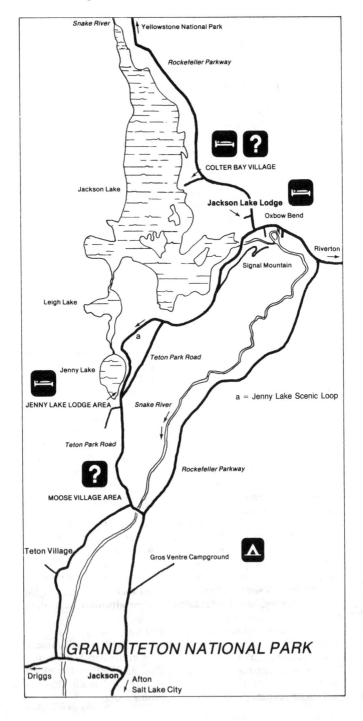

Snake River

Yellowstone National Park

Rockefeller Parkway

COLTER BAY VILLAGE

Jackson Lake

Jackson Lake Lodge

Oxbow Bend

Riverton

Signal Mountain

Leigh Lake

a

Teton Park Road

Jenny Lake

JENNY LAKE LODGE AREA

Snake River

a = Jenny Lake Scenic Loop

Teton Park Road

MOOSE VILLAGE AREA

Rockefeller Parkway

Teton Village

Gros Ventre Campground

GRAND TETON NATIONAL PARK

Driggs

Jackson

Afton
Salt Lake City

Es ist gerade auch die sich an den Park anschließende **Area**, die es so schwer macht, sich für eine bestimmte Aufenthaltsdauer im **Grand Teton Nationalpark** zu entscheiden — man hat einfach nicht genug Zeit, alles zu sehen! Da gibt es beispielsweise **Teton Village** — einen modernen Erholungsort in alpiner Umgebung. Von hier geht die Seilbahn, **Jackson Hole Aerial Tram**, hinauf zum 3184 m hohen **Rendezvous Mountain**.

Außerdem gibt es in der Gegend auch eine Menge **Dude Ranches**. So ein Ranchaufenthalt inmitten dieser Bergwelt ist ein herrliches Erlebnis. Dann gibt es die Stadt **Jackson** mit ihrer Westernatmosphäre — sehr viele Attraktionen, in denen der echte Wilde Westen lebt.

Eine besondere Attraktion ist der Zentralplatz der Stadt — **Jackson Town Square** — der von Bögen aus Hirschgeweihen eingerahmt ist — hier findet der abendliche **Überfall** auf die Postkutsche *„stagecoach robbery"* und eine **Straßenschießerei** *„shootout"* statt. Diese Vorstellung ist wirklich echt gemacht. An verschiedenen Abenden in der Woche finden auch **Rodeos** statt. Außerdem gibt es die **Million Dollar Cowboy Bar** (mit Sätteln als Barhocker) und **Silver Dollar Bar** — weltberühmte „Tränke" für Cowboys.

Die Entscheidung, **wie, wann, wo** und **wie lange** hier zu bleiben, fällt um so schwerer, weil genau im *Norden* des Grand Teton Nationalparks Amerikas erster und ältester Nationalpark — und gewiß auch einer der spektakulärsten — der **Yellowstone Nationalpark** liegt. Falls Ihre Zeit knapp ist, und Sie noch nicht einmal mindestens drei Tage für Yellowstone zur Verfügung haben, können Sie den **Grand Teton Nationalpark** als **Tor** nach **Yellowstone** benutzen. Am besten *früh morgens* in Grand Teton starten, um die untere Parkschleife, **Lower Loop** im **Yellowstone Nationalpark** zu fahren und abends wieder zu den **Tetons** zurückkehren.

INFORMATIONSQUELLEN

National Park Service Grand Teton National Park Moose, Wyoming 83012	Park Information Informationen über: *Float Trip Operators* Floßfahrt-Unternehmen *Activities & Camping* Aktivitäten & Camping
Grand Teton Lodge Company P.O. Box 240 Moran, Wyoming 83013 Tel. (307)543-2855	*Lodging Information* *Reservations* Auskunft über Unterkunft Zimmerreservierung *Colter Bay Trailer Village* *Reservations* Colter Bay Trailer Village, Campingreservierung
Signal Mountain Lodge Grand Teton National Park P.O. Box 50 Moran, Wyoming 83013 Tel. (307)543-2831	*Lodging Information* *Reservations* Auskunft über Unterkunft Reservierung
Triangle X Ranch Box 120T Moose, Wyoming 83012 Tel. (307)733-2183	*Lodging Information* *Reservations* *Float Trips* Auskunft über Unterkunft Reservierung Floßfahrten
Grand Teton Natural History Association Grand Teton National Park Moose, Wyoming 83012	Topographische Karten & Bildbände per Post
Chamber of Commerce Box E Jackson, Wyoming 83001	*Area Map* Straßen- & Umgebungskarte Liste über Hotels, Sehenswürdig- keiten, Ranches

 ## BESCHREIBUNG DER UNTERKÜNFTE

Die **Unterkünfte** im **Grand Teton** Nationalpark werden von verschiedenen Unternehmen bewirtschaftet. Das bei weitem größte Unternehmen des Parks, die **Grand Teton Lodge Company**, betreibt die Unterkünfte – Jackson Lake Lodge, Jenny Lake Lodge und Colter Bay Village – und veranstaltet verschiedene Freizeitprogramme. Saison im allgemeinen von *Ende Mai bis September*; erkundigen Sie sich nach genauen Daten.

Grand Teton Lodge Company

Bei der **Jackson Lake Lodge:**	*Main Lodge Rooms* (Zimmer im **Hauptgebäude**) & *Main Lodge Rooms with view* (Zimmer im Hauptgebäude mit Seeblick). Die attraktiven *Motor Lodge Rooms* (Zimmer in Nebengebäuden der Motor Lodge) sind um das Hauptgebäude der Lodge verteilt. Es gibt zwei Zimmertypen:

Lodge Rooms with view (Zimmer mit Seeblick);
Motor Lodge Rooms (niedrigste Preiskategorie. Zimmer im Nebengebäude in der Motor Lodge).

Bei der Jenny Lake Lodge: *Log Cabins* (Blockhütten), modern eingerichtet; Frühstück und Abendessen im Preis inbegriffen (*breakfast & dinner included*).

Bei Colter Bay Village: *Colter Bay Log Cabin* (Blockhütten), ein Zimmer mit Bad (gemeinschaftliche Badbenutzung mit der Nachbarhütte) — **niedrigste** Preiskategorie; ein Zimmer mit Bad sowie zwei Zimmer mit Bad.
Colter Bay Tent Cabins (Zelthütten), keine Toiletten, keine Bettwäsche (kann in einem benachbarten Gebäude gemietet werden); Tent Cabin besteht aus 2 Holzwänden, 2 Wänden und Dach aus Zeltplane.
Colter Bay Trailer Park für Camper-Reisende — über 100 Standplätze; Platzreservierung im voraus möglich.

Signal Mountain Lodge

Nur ein paar Kilometer südlich der **Jackson Lake Junction**, an der *Teton Park Road* und am See **Jackson Lake** liegt ein ganzer Unterkunftskomplex — **Signal Mountain Lodge** — mit allen möglichen Unterkunftstypen von Ein-Zimmer-Hütten bis zu Appartements am Seeufer. Auch Camping, Boots-, Floß-fahrten, begleitete Angeltouren.

Triangle X Ranch

Genau südlich von **Moran Junction**, am *Rockefeller Parkway*, liegt die **Triangle X Ranch** — eine echte Arbeitsranch mit Viehtrieb (*wrangling*), Heumachen (*haying*), Aufzucht von Rindern (*raising*) und Zähmung von Wildpferden sowie Beschlagen der Pferde. Die Ranch ist für den Publikumsverkehr **ganzjährig** geöffnet. Platz für etwa 70—80 Gäste; **Unterkunft** in Hütten (*cabins*) mit Bad, Reiten, Floßfahrten, Ausritt mit Packpferden (4-Tage-Ritt in die Berge), Angeln, Wandern, Cookouts (echtes Westernessen im Freien), Square Dancing und Spezialprogramme für Kinder — 12 Jahre oder jünger. Erkundigen Sie sich über eventuelle Mindestaufenthaltszeiten während der Hochsaison.

CAMPING IM GRAND TETON NATIONALPARK

Es gibt im **Grand Teton Nationalpark** fünf Campingplätze, die vom National Park Service bewirtschaftet werden. Auf allen

Campingplätzen gibt es sowohl Plätze für **Zelte** als auch
Camper – außer am **Jenny Lake**, wo **nur** Zelte und kleine
Campingfahrzeuge erlaubt sind. In **Colter Bay** ist der Cam-
pingtrakt am meisten ausgebaut – mit Duschen (*showers*),
Wäscherei (*laundry*) und Campinggas (*propane*). Auf allen
fünf Campingplätzen gibt es keine Anschlüsse (Strom, Wasser
usw.), *hookups*. Hier geben wir Ihnen eine Aufzählung – vom
Süden zum Norden folgend – der Campingplätze mit der
jeweiligen Platzkapazität:

> *Gros Ventre* *353*
> *Jenny Lake* 48
> *Signal Mountain* 80
> *Colter Bay* *350*
> *Lizard Creek.* 60

Bei Colter Bay befindet sich auch das **Colter Bay Trailer
Village** – es handelt sich hier um einen 112 Standplätze um-
fassenden Campingplatz für Camper (*Recreational Vehicles =
RV*), der von einem Konzessionär betrieben wird; sämtliche
Anschlüsse vorhanden (*full hookups*). Voranmeldung/Reser-
vierung möglich.

$\$$$ GRAND TETON GANZ BILLIG

Im **Grand Teton Nationalpark** hat man mehrere Möglichkeiten, bei den Kosten für **Unterkunft** zu sparen. Es gibt
innerhalb des Parks die zu den *preiswertesten* Unterkünften
zählenden Hütten im **Colter Bay Village** – die *One Room
with semi-private bath* **Cabins** (Hütten mit 1 Zimmer und mit
dem Nachbar zu teilendem Bad) sind die billigsten; spottbillig
sind jedoch die **Colter Bay Tent Cabins** – ideal, wenn man
seinen eigenen Schlafsack mit hat. Man kann dort aber auch
Schlafsäcke, *sleeping bags*, mieten.
    Wenn Sie Camping machen, sollten Sie sich natürlich um
einen Standplatz auf den vom **National Park Service** oder auf
den benachbarten, vom **U.S. Forest Service** (Forstverwaltung)
betriebenen Campingplätzen bemühen – sie sind viel **billiger**
als die Privat-Campingplätze. **Wichtiger Hinweis:** Am Südrand
von Jackson gibt es ein **Motel 6** – machen Sie rechtzeitig
Ihre Zimmerreservierung im voraus; eine der **billigsten** Unterkünfte der Gegend.
    Alle Veranstaltungen der **Park Ranger**, sogenannte *Ranger-
led activities*, sind **kostenlos**; erkundigen Sie sich bei den Visitors Centers über genaue Veranstaltungszeiten. **Wichtiger Hinweis:** Bei manchen Veranstaltungen (auch für Kinder) ist **Vor-
anmeldung,** *advance reservations*, erforderlich. Die Wildwest-
vorstellung, die abends auf dem *Jackson Town Square* statt-
findet, das sogenannte **Shootout** (Wildwestschießerei), ist
kostenlos – ein richtiges Westernerlebnis.
    Tip: Besorgen Sie Ihre Picknickvorräte in den Läden in

Jackson — im **Grand Teton Nationalpark** finden Sie nämlich eine ganze Reihe Gelegenheiten, **Picknick** zu machen, noch dazu inmitten einer berauschend schönen Berglandschaft. Kurz hinter dem *Jackson Town Square* (Zentralplatz der Stadt) gibt es mehrere *preiswerte* Steaklokale, **Steak Houses.**

WAS KANN MAN UNTERNEHMEN & SEHEN?

Park Rangers geben folgende *Empfehlung,* was man im **Grand Teton Nationalpark** unternehmen und sehen sollte. Alles **kostenlos!!**

1. Schauen Sie sich das herrliche Bergmassiv, die 40 mi/ 64 km lange **Teton Range** an und fahren Sie durch das reizvolle Tal, das man **Jackson Hole** nennt (das von den hohen Bergen eingerahmt wird).
2. Besuchen Sie das Pelzhandelsmuseum, **Fur Trader's Museum,** im **Moose Visitors Center;**
3. Reiche Tierwelt; man kann unterwegs mit etwas Glück **Tiere beobachten;**
4. Besuchen Sie das Indianermuseum, **Indian Arts Museum,** im **Colter Bay Visitors Center;**
5. Machen Sie einen kleinen Besuch bei der **Chapel of Transfiguration.** Gottesdienste: 15. Juni — Labor Day (erster Montag im September);
6. Spaziergang auf eigene Faust, *self-guiding trail,* durch die **Oxbow Bend Environmental Study Area** — Naturlehrpfad;
7. Spaziergang auf eigene Faust, *self-guiding trail,* zum Blockhaus, **Cunningham's Cabin;**
8. Sehen Sie sich die historischen Stätten einer alten Fährstation und einer Blockhütte an — **Menor's Ferry & Bill Menor's Homestead Cabin.** Machen Sie dort einen Spaziergang auf eigene Faust, *self-guiding trail;*
9. Sie können **167 mi/267 km** auf asphaltierten Straßen durch reizvolle Landschaften des **Parks** fahren;
10. Genießen Sie die Landschaft mit dem bunten Teppich herrlicher **Wiesenblumen;**
11. Jeden Abend werden auf den verschiedenen Campingplätzen Vorträge am Lagerfeuer gehalten, Veranstaltung der Park Naturkunde-Experten — **Campfire Talks;** erkundigen Sie sich bei den Visitors Centers nach den genauen Veranstaltungszeiten;
12. Nehmen Sie an einer **naturkundlichen Wanderung,** *naturalist-guided hike,* teil; genaue Veranstaltungszeiten bei den Visitors Centers erfragen;
13. **Spaziergang** auf eigene Faust, *self-guiding nature trail;* auf Naturlehrpfad entlang der **Colter Bay;**
14. Baden und Schwimmen erlaubt im — **String Lake** und am Strand **Colter Bay Beach** am **Jackson Lake.** Erkundi-

gen Sie sich bei den Park Rangers nach den neuesten
Verhältnissen;

15. **Wandermöglichkeiten** auf dem **200 mi/320 km** langen
    Wanderwegenetz. Abmeldung/Registrierung bei einer
    Ranger Station erforderlich für längere Wandertouren ins
    Hinterland, *cross-country travel*. Topographische Karten
    und Begleithefte für Wanderwege, *trail books*, bei den
    Visitors Centers.

WAS MAN NOCH UNTERNEHMEN KANN

Der Konzessionär, der die Unterkünfte der Jenny Lake Lodge,
Jackson Lake Lodge und Colter Bay Village bewirtschaftet —
Grand Teton Lodge Company, veranstaltet auch eine ganze
Reihe **Touren**. Hier ist eine kleine Auswahl; ein oder zwei soll-
te man vielleicht mitmachen.

Colter Bay Marina:
(Hafen von Colter Bay)

Scenic Lake Cruise (90 Minuten)
Bootsausflug
Breakfast Cruise
Bootsfahrt mit Frühstück
Luncheon Cruise
Bootsfahrt mit Lunch
Motor Boat Rentals
Motorbootvermietung
Rowboat & Canoe Rentals
Ruderboot- & Kanuvermietung

**Jackson Lake Lodge
& Colter Bay Corrals:**

Guided Trail Rides (2 Std; 3 Std;
4 Std.)
Begleitete Reittouren
Breakfast Rides (8 – 11.30 Uhr)
Frühstücksritt
Wagon Ride
Fahrt mit dem Pferdewagen
Bicycle Rentals
Fahrradvermietung
Snake River Float Trips
Floßfahrten auf dem Snake River

Außer diesen Freizeitmöglichkeiten gibt es noch viel mehr;
Sie können sich in der Stadt **Jackson** über weitere Veranstaltungen und Touren erkundigen: Abfahrt zu Floßfahrten,
Shootout (Wildwestschießerei), Rodeo und Melodrama. In
Teton Village findet im Sommer ein Music Festival statt;
außerdem kann man dort mit der Seilbahn, **Aerial Tram**,
fahren.

3 TAGE GRAND TETON-PROGRAMM

1. TAG: Ankunft; **Unterkunft** arrangieren
Visitors Center aufsuchen
Abendprogramm der Park Ranger mitmachen

2. TAG: **Breakfast Cruise**, Bootsfahrt auf dem Jackson Lake mit
Frühstück
Fahrt nach Jackson
Floßfahrt auf dem *Snake River*
Shootout am Town Square erleben
Rodeo in Jackson

3. TAG: **Breakfast Ride**, Vormittagsritt mit Frühstück
Wandern
Ranger-Veranstaltung (*Ranger-led activities*)
Indianertänze in der Jackson Lake Lodge
Abendprogramm der Park Ranger mitmachen

4. TAG: Abfahrt

🚶 WAS KANN MAN MIT KINDERN UNTERNEHMEN?

Der **Grand Teton Nationalpark** ist für die ganze Familie
– man kann hier so viel unternehmen, und für Kinder gibt es
vieles zum Mitmachen. Wir geben Ihnen hier ein paar *Anregungen*, was man mit **Kindern** unternehmen kann.

Lassen Sie die Kinder herausfinden, welches die **drei höchsten Gipfel** der Grand Tetons sind. ☐ Erklären Sie im **Moose Visitors Center**, welche Rolle die **Trapper** in der frühen Geschichte des Parks gespielt haben; zeigen Sie den Kindern auch den riesigen **Biber** (und erläutern Sie, wie er mit seinem mächtigen Schwanz die Dämme plättet). ☐ Machen Sie mit den Kindern einen Ausflug zum Essen in ein **Tepee** (Indianerzelt) im **Moose Village**. ☐ Nehmen Sie die Kinder mit, etwas **Wildwest** bei einem „*Shootout*" (Wildwestschießerei-Vorführung) auf den Straßen in **Jackson** zu erleben. ☐ Ausflug mit der Seilbahn, **Aerial Tram**, von Teton Village. ☐ Gemeinsam einen romantischen **Abendritt,** *evening ride,* entweder auf dem Pferd (*horseback*) oder auf einem Pferdewagen (*Western Wagon*) unternehmen – mit Würstchen (*hot dogs*) & Marshmallows, die überm Feuer zubereitet werden. ☐ **Indianermuseum** im **Colter Bay Visitors Center** besuchen (alles über Indianer). ☐ **Indianertänze** in der **Jackson Lake Lodge** ansehen. ☐ Schauen Sie mit den Kindern die Wandgemälde, *murals*, in der **Jackson Lake Lodge** an. ☐ Nehmen Sie die Kinder mit auf den Naturlehrpfad, **Oxbow Bend Environmental Study Area Trail**. ☐ Kinder zum **Little Moccasins** Programm anmelden – Spezialprogramm für Kinder **von 7 bis 12 Jahren** (etwa $2^{1/2}$ Stunden); **Reservierung** beim **Colter Bay Visitors Center**. ☐ Kinder zum **Youngpeople's Woodhike** Programm anmelden – Spezialprogramm für Kinder **von 8 bis 12 Jahren**; Reservierung beim **Colter Bay Visitors Center.** ☐ Kinder zum **Kid's Pond Walk** Programm anmelden – Spezialprogramm für Kinder **von 8 bis 13 Jahren**; Reservierung beim **Colter Bay Visitors Center.** ☐ Kinder zum **Junior Ranger Program** anmelden – Spezialprogramm für Kinder **von 7 bis 11 Jahren**; Reservierung beim **Moose Visitors Center.** ☐ Lassen Sie die Kinder unterwegs Art und Zahl der Tiere, die sie sehen, notieren.

INSIDER TIPS

Praktisch & Preiswert durch Grand Teton

Echte Indianer kann man im **Colter Bay** „Indianermuseum sehen – – Morgenritt, sogenannter *Breakfast Ride*, auf Pferden mit **Frühstück** ist ein Erlebnis – – Beschaulichen **Spaziergang** bei *Menor's Ferry* (Fähre) und zur Blockhauskirche *Chapel of Transfiguration* unternehmen – – Unbedingt mindestens *zu zweit* fahren; schönes **gemeinsames** Erlebnis – – **Essen** im Tepee (Indianerzelt) bei **Moose** Village – – Filme über *Indianergeschichte* im **Colter Bay** Visitors Center – – *Reservierung* für Unterkunft im **Yellowstone** Nationalpark *von* der *Jackson Lake Lodge* möglich – – *Busverbindung* zwischen **Jackson/Jackson Lake Lodge und Yellowstone** Nationalpark (Abfahrt morgens, Rückkehr am selben Abend) – – Pendelbusverkehr, *Shuttle Bus Service* zwischen **Jackson Lake Lodge** und **Colter Bay Village** – – Prima *Blick* durchs Panoramafenster in der *Lounge* (im Obergeschoß) der **Jackson Lake Lodge** – – Für Anspruchsvolle: Unterkunft im *Teton Village*, z. B. Alpenhof (Reservierung über jedes **Best Western** Motel möglich) – – Aufführung von *Indianertänzen* in der **Jackson Lake Lodge** – – Verlangen Sie die Parkzeitung, *Teewinot Newspaper*, bei den **Visitors Centers** (enthält alle Aktivitäten und Abendprogramme im Park) – – Fahren Sie zum *Signal Mountain* hinauf, wo Sie eine grandiose *Aussicht* auf den Park haben – – Nehmen Sie an einer *Vormittags*-Bootstour auf dem Jackson Lake teil, Gelegenheit für *Superfotos* von den **Grand Tetons**, da man nicht gegen die Sonne fotografieren muß (man hat die Sonne im Rücken) – – Mieten Sie ein **Fahrrad** in *Colter Bay* – – Gutes und *preiswertes* Restaurant ist das **Chuckwagon Restaurant** in **Colter Bay Village** – – Für *billige Unterkunft:* **Motel 6**, genau südlich vom Stadtzentrum **Jacksons**; Reservierung: Tel. (307)733-9666 – – Tonbandauskunft übers *Wetter* und *Veranstaltungen* in Grand Teton: *Tel. (307)733-2220* – – Barker-Ewing hat Angebote über Wildwasserfahrten (*Whitewater*) und ruhige Floßfahrten (*Snake River Float Trips*); Geschäftsstelle an 45 West Broadway im Zentrum von **Jackson;** *Tel. (307)733-8404* – – **Geschwindigkeitsbegrenzung** auf den Parkstraßen; Radarkontrollen!! (*speed checked by radar*) – – *Topographische* Karten bei den **Visitors Centers** erhältlich – – Wenn Sie per **Flugzeug** in **Jackson** ankommen, kümmern Sie sich gleich um Ihre Rückflugbestätigung (*return flight reconfirmation*) – – Spezial *Music Festival Weeks* im Sommer in Teton Village – – *Erfahrene Bergsteiger* können mit der *Aerial Tram* von Teton Village bis zum Gipfel fahren und den *Abstieg* über den **Granite Canyon** unternehmen; setzen Sie sich *vorher* mit einem Park Ranger in Verbindung, bevor Sie diese reizvolle **Ganztagstour** unternehmen – – Für Besucher, die im Flughafen, Jackson Hole Airport, ankommen, gibt es in der Nähe des Flughafenrestaurants einen *Tourist-Information-Schalter.*

SÜDEINGANG – YELLOWSTONE
Auf dem Rockefeller Parkway entlang

Der *Rockefeller Parkway*, der sich vom Südeingang – **South Entrance** – des **Grand Teton Nationalparks**, nördlich von Jackson die gesamte Strecke bis zum **Yellowstone Nationalpark** erstreckt, ist eine der besten Routen, zum **Grand Teton Nationalpark** zu fahren. Die Straße führt am Flughafen (*airport*), Moose Visitors Center (Hauptverwaltung des Parks), Jackson Lodge, Colter Bay Village mit dem Visitors Center & Indianermuseum vorbei und setzt sich durch den Yellowstone Nationalpark fort. Entfernung zwischen **Jackson** und Parkeingang von **Yellowstone** – etwa *64 mi/102 km.*

Von Jackson führt die Straße *US 89* nach Norden, und zwar zum Südeingang des **Grand Teton Nationalparks**. Kurz hinter der Stadt kommt man am **U.S. Forest Service Office** (Forstverwaltung) – informieren Sie sich hier über Einzelheiten, wenn Sie außerhalb von Nationalparks campen wollen, am **Jackson Chamber of Commerce** (Touristeninformation der Stadt Jackson), am **Wyoming Information Center** (Informationsstelle für Touristen des Bundesstaates Wyoming) sowie am **Travel & Information Center** (Reiseinformation) des Yellowstone Nationalparks vorbei.

In *östlicher* Richtung liegt die **National Fish Hatchery** (Fischzucht – Besucher sind willkommen) und das **National Elk Refuge** (Freigehege für Wapitihirsche). Das Tiergehege wurde **1912** gegründet; das etwa 9600 Hektar große Winterquartier nimmt etwa 8000 Wapitihirsche auf. Die Tiere verlassen das Gehege etwa im *Mai* und kehren gegen *Ende Oktober* wieder zurück. Hier überwintert auch einer der größten Wasservögel Nordamerikas – der **Trompeterschwan**. Etwa *5 mi/8 km* nördlich von Jackson kommt man zum Südeingang – **South Entrance** – des **Grand Teton Nationalparks** und zur ersten Hinweistafel des National Park Service.

Bei 5 mi/8 km: Jackson–Yellowstone

THIS IS JACKSON HOLE – Das ist Jackson Hole: Das gesamte Tal zwischen den Bergen **Teton** und **Gros Ventre Mountains** wurde **1829** von William Sublette nach seinem Partner, David E. Jackson – der diese Gegend fürs Fallenstellen benutzte (er war ein Trapper) – **Jackson's Hole** genannt. Früher nannten die Pelztierjäger jedes von Bergen umgebene Tal ein Hole (*hole* = Loch). Später, in den **1920er** Jahren, benutzte man einfach die Kurzform **Jackson Hole**.

Von hier aus hat man einen wunderschönen Panoramablick aufs Tal und auf die kantigen Tetons. **Tip:** Ein Foto mit dem Schild am Parkeingang ist ein prima Souvenir.

		YELLOWSTONE	mi	km
Yellowstone National Park				
		Siehe Yellowstone National Park	61	98
Huckleberry Campground ▲				
Flagg Ranch Village		Snake River ～～～	60	96
Snake River Campground ▲			59	94
Grand Teton National Park			55	88
Lizard Creek Campground ▲			52	83
Colter Bay Village			43	69
Jackson Lake Lodge		Christian Creek	38	61
Willow Flats			37	59
Teton Park Road		Jackson Lake Junction	36	58
←			34	54
Oxbow Bend				
		Teton Wilderness Area	33	53
Moran Junction		Dubois	32	51
		Buffalo River	29	46
Moose Head Ranch		Wolf Ranch Cabins	28	45
Cunningham Cabin			26	42
		Triangle X Dude Ranch	25	40
Snake River Overlook		Lost Creek Ranch	22	35
Teton Point Turnout			19	30
Schwabacher Landing Road			17	27
Glacier View Turnout			16	26
	Rockefeller Parkway			
Black Tail Ponds Overlook			14	22
Teton Park Road ←				
Moose Visitors Center		Moose Junction	12	19
Life Communities In The Tetons			11	18
Vom Flughafen bedient Grand Teton Lodge Co: Jackson Lake Lodge Colter Bay Village Jenny Lake Lodge Moose & Signal Mountain Lodge	**Jackson Hole Airport** ✈	Blacktail Butte	10	16
			9	14
Gros Ventre River		Gros Ventre Campground → ▲	7	11
The Discovery Of Jackson Hole			6	10
Grand Teton National Park		This Is Jackson Hole	5	8
Elk Refuge Inn		National Elk Refuge	3	5
Travel & Information Center		Wyoming Information	1	2
Teton Village ← Driggs	Motel 6 ↓ Afton Salt Lake City	U.S. Forest Service Jackson	0	0
		JACKSON		

Bei 6 mi/10 km: Jackson—Yellowstone

Noch etwas Info über Discovery of Jackson Hole:

THE DISCOVERY OF JACKSON HOLE — Entdeckung von Jackson Hole: **John Colter** — der *erste weiße* Mann, der in dieses Gebirgstal kam — kam im Winter **1807/08** diesen Weg entlang. Seine Entdeckungsreise begann weit im Nordosten, an der **Manuel Lisa Trading Post**, im heutigen Südzentralteil des Bundesstaates Montana. Colter hatte den Auftrag, die Indianer zu animieren, mit Lisa beim **Manuel's Fort** Handel zu treiben. Colter überquerte die Berge nördlich der **Window River Range** über den Paß, **Union Pass**, und machte den Abstieg zum **The Gros Ventre River**. Die **Teton Range** überquerte er über den **Teton Pass** und setzte seinen Weg am Fuße der Berge in Richtung *Norden* fort. Colter begab sich *nördlich* der **Tetons** auf den Rückweg, entdeckte dabei den See **Yellowstone Lake** und die Naturwunder im „Land mit dem gelben Stein".

Auf der Suche nach **Bibern** folgten Trapper Colters Route sowie die von anderen, die in diese Gegend kamen, aus denen die modernen Straßen entstanden sind, die nach und aus Jackson Hole führen. 1829 wurde die Stadt zu Ehren von David E. Jackson — ein Hochland-Trapper — **Jackson's Hole** genannt. **1889** kamen die ersten **Siedler** mit Wagen über den Teton Paß und ließen sich hier nieder.

Nach kurzer Zeit überquert man den Fluß, **Gros Ventre River,** der in den **Snake River** — westlich von hier — fließt. Der etwa *1650 km* lange **Snake River** (Schlangenfluß) mündet in den **Columbia River.** Als nächstes kommt man zur Kreuzung, **Gros Ventre Junction**, und zur Abzweigung zum Campingplatz, **Gros Ventre Campground** — einer der fünf Campingplätze im Park und mit mehr als 300 Standplätzen auch der Größten. Hier ein **Tip:** Wenn Sie campen wollen, und es bereits später Vormittag ist, ist es empfehlenswert, hier zu übernachten, da die anderen Campingplätze im allgemeinen vormittags bereits voll sind. Sobald Sie alles für Ihren Standplatz arrangiert haben, können Sie in Ruhe Ihre Weiterreise durch den Park fortsetzen. Ein Stück weiter, am Campingplatz vorbei, erreicht man die kleine Ortschaft **Kelly** und den See, **Slide Lake**; der See entstand bei einem Erdrutsch, der den **Gros Ventre River** blockiert hatte. Wieder zurück auf dem *Rockefeller Parkway* kommt man nach kurzer Zeit zum Flughafen, **Jackson Hole Airport.**

Bei 10 mi/16 km: Jackson—Yellowstone

BLACKTAIL BUTTE: Dieser einsame Felsblock ragt wie eine Insel hoch über die flache, von Gletschern ausgewaschene Ebene. Aus unerklärlichen Gründen ist er nicht wie der übrige Talboden abgetragen worden. Dieser alleinstehende Fels besteht aus etwa **9 Millionen** Jahre altem, im See abgelagertem **Sedimentgestein** und enthält auch **Kalkstein.** Man findet dieselben Gesteinsschichten hoch oben in den **Tetons** und auf dem Gipfel des **Sheep Mountain**. Dieser **Blacktail Butte** liegt etwa *2342 m ü. M.*

The Gros Ventres wurden nach einem Indianerstamm benannt, der früher in dieser Gegend jagte — diese Indianer standen im Ruf, stets hungrig zu sein — so kamen sie auch zu dem Namen *Gros Ventre*, was etwa *dicker Bauch* bedeutet. In den früheren Zeiten der Trapper wurde der Flußlauf des **Gros Ventre River** als Zugangs- und Ausgangsweg Jackson Holes benutzt. **1883** folgte der 21. US-Präsident, **Chester A. Arthur** (Amtszeit: 1881−1885), auf einer denkwürdigen Reise dieser Route, um die Tetons und Yellowstone kennenzulernen.

Bei 11 mi/18 km: Jackson−Yellowstone

LIFE COMMUNITIES IN THE TETONS — Tier- und Pflanzenwelt in den Tetons: Die Landschaft der Tetons bringt verschiedene Wachstumsbereiche mit jeweils eigener Tier- und Pflanzenwelt hervor — abhängig von Bodenbeschaffenheit, Feuchtigkeitsmenge, Höhenlage und Wind- & Sonneneinwirkung.

Auf dem von den Bergen von Gletschern heruntergespülten Material wächst **Sagebrush**, das sind niedrig wachsende Salbeisträucher. **Weiden, Cottonwood** und **Fichten** wachsen auf feuchtem Flußboden. Dort, wo ausreichend Erde an den Berghängen vorhanden ist, gedeihen gemischte **Nadelhölzer**. Oft sieht man breite, baumlose Streifen durch die Wälder laufen — das sind Spuren der **Winterlawinen**, die mit großem Tempo und voller Kraft niedergehen. Oberhalb von **3048 m** hört der Wald auf, dort beginnt das Wachstum mit alpiner Vegetation.

Bald darauf erreicht man die Kreuzung **Moose Junction**. Bei unserer Routenbeschreibung setzen wir den Weg auf dem *Rockefeller Parkway* in Richtung *Norden* fort. **Wichtiger Hinweis** zur Orientierung: Hier biegt gleichzeitig die *Teton Park Road* ab, die eine Alternativroute zur **Jackson Lake Lodge** ist. Und **Moose Village**, mit den Tepees (das sind die Indianerzelte, in denen man essen kann), Tankstelle und dem General Store (Geschäft) ist von **Moose Junction** zu sehen. Nur ein kurzes Stück weiter befindet sich das Besucherzentrum, **Moose Visitors Center**. Auch wenn Ihre Zeit knapp sein sollte, versuchen Sie, hier Halt zu machen, ehe Sie auf dem *Rockefeller Parkway* weiterfahren.

Nördlich vom Flughafen sieht man einen „Erdbuckel". Von Yellowstone kommend befindet man sich bei der Turnout kurz vor der Flughafenabzweigung vor dem nicht wie die übrige Region abgetragenen Blacktail Butte.

Bei 14 mi/22 km: Jackson−Yellowstone

BLACKTAIL PONDS OVERLOOK: Nicht weit von der Straße gibt es eine Aussichtsstelle, *overlook*. Das Leben ist kurz, und die meisten Entwicklungen in der Natur brauchen viele Jahre. Es dauerte beispielsweise etwa **9 Millionen** Jahre bis die **Teton Range** entstand. Doch manche Vorgänge in der Natur können auch vom Menschen beobachtet werden, und zwar wie ein Wassertümpel (oder kleiner See) entsteht, sich entwickelt und stirbt.

Vor vielen, vielen Jahren stauten **Biber** die von Quellen reich gefütterten Flüsse, die von der Basis, der sich hier unten befindlichen steilen Felsufer flossen, und schafften einen kleinen See – einen **Pond**. In dieser sumpfigen Umgebung wuchsen Sumpfpflanzen und siedelten sich Tiere an. Nachdem ihre Nahrungsvorräte erschöpft waren, zog die ganze Bibergesellschaft weiter! Infolge eines Vorgangs, den man als Nachfolgeerscheinung ansehen könnte, füllten sich die verlassenen Ponds langsam mit Kies und Schlamm und wandelten sich in saftige **Wiesen** um.

Im Laufe der Zeit kann sich folgendes ergeben: Die Wiesen können sich zu **Nadelwäldern/Cottonwood** weiter entwickeln oder, wenn die Natur ausreichend Nahrung zur Verfügung stellt, **kehren** die Biber eventuell wieder **zurück** und schaffen eine **neue** Seenlandschaft. Auf der interessanten Darstellung sieht man, wie der See im allgemeinen aussah, und was aus ihm heute geworden ist. Vor Ihnen liegt die gewaltige Bergkulisse der Tetons.

Wenn man auf dem *Rockefeller Parkway* weiter in Richtung *Norden* fährt, passiert man weitere interessante Aussichtsstellen. Vom **Glacier View Turnout** sieht man genau rechts vom **Grand Teton** die Überreste eines Gletschers. Vom **Teton Point Turnout** sehen Sie die Tetons direkt vor sich.

An der Snake River Turnout als Hintergrundinfo:

SNAKE RIVER OVERLOOK: Vor Ihnen rauscht der **Snake River** vorbei. Hier haben Sie ein herrliches Fotomotiv mit dem Fluß im Vordergrund und als Hintergrund die Grand Tetons. Die **Shoshone Indianer** nannten die Tetons – *Teewinot,* was etwa Spitztürme bedeutet. Der **Grand Teton** ist **4196 m** hoch. Die vor Ihnen liegende Ebene liegt auf etwa *2088 m ü. M.* Ein paar Kilometer weiter im Norden befindet sich die beliebte Triangle X Dude Ranch.

CUNNINGHAM CABIN HISTORIC SITE: Wer wissen will, wie eine der ersten Behausungen aussah, sollte an der **Pierce Cunningham Cabin** haltmachen. Hier steht eine Nachbildung der Hütte, wie sie um **1895** ausgesehen hat. Dach mit Erde bedeckt – Axteinhiebe auf den Balken – hölzerne Bolzen – dies war sehr **typisch** für die ersten Behausungen in Jackson Hole. Die Hütte liegt nicht weit von der Straße, man muß nur einen kleinen Bach überqueren. Wenn Sie dort sind, können Sie per Knopfdruck (*push button for story*) sich die Geschichte über diese ehemalige Ranchhütte anhören.

Auf der Weiterfahrt überquert man den **Buffalo River**, kommt man zur Kreuzung, **Moran Junction**, der Eingangsstation zum Park, **Entrance Station**, einer Straße, die zur **Teton Wilderness Area** und dann zur **Oxbow Bend** führt. Die Flußschleife, **Oxbow Bend**, des **Snake River** ist eine Naturkunde-Gegend, *National Environmental Study Area* – etwa 372

Hektar, die von den Schulen in Jackson Hole benutzt wird.
Parkplatz etwa 0.5 mi/0,8 km abseits der Straße; von dort beginnt ein *1.5 mi/2,4 km* langer Pfad, den man auf eigene Faust
benutzen kann, *self-guiding trail.*

Wieder zurück auf dem *Rockefeller Parkway* kommt man
an der Kreuzung **Jackson Lake Junction**, und am **Willow Flats
Overlook** vorbei – das ist die Stelle für ein Superfoto. Kurze
Zeit später erreicht man die Abzweigung zur **Jackson Lake
Lodge**; weiter nördlich kommt man zur Abzweigung zum
Colter Bay Village – Einzelheiten über die beiden Areas finden
Sie jeweils unter dem *speziellen Abschnitt.*

Auf der Weiterfahrt nach *Norden* kommt man am **Leeks
Marina** (Hafen), **Lizard Creek Campground** vorbei und verläßt
dann den **Grand Teton Nationalpark.** Danach gelangen Sie zur
Flagg Ranch und zum **Snake River**, bevor Sie den **Yellowstone
Nationalpark** erreichen. Schlagen Sie im Kapitel **Yellowstone**
die Routenbeschreibungen für Zufahrten zum Park nach.

JACKSON LAKE LODGE – MOOSE VISITORS CENTER
Auf der Teton Park Road entlang

Es gibt *zwei* Hauptstraßen, die durch den **Grand Teton Nationalpark** führen – *Rockefeller Parkway* und *Teton Park
Road.* In diesem Abschnitt beschreiben wir die Route der
Teton Park Road. Obwohl die *Teton Park Road* auf etwa
20 mi/32 km zwischen **Jackson Lake Junction** und **Moose
Junction** über **Signal Mountain Lodge** verläuft, beginnen
wir die in *Nord-Südrichtung* verlaufende Routenbeschreibung
an einem logischen Abfahrtspunkt – **Jackson Lake Lodge.** Unsere Route hat eine Länge von etwa *26 mi/42 km* – von der
Jackson Lake Lodge einschließlich eines reizvollen Abstechers
zur **Jenny Lake Lodge Area** bis **Moose Junction.**

Fährt man *südlich* der **Jackson Lake Lodge** weiter, erreicht
man bald den Aussichtspunkt **Willow Flats Overlook.** Von
dieser Stelle kann man ein herrliches Foto mit der Landschaft
des Parks knipsen. Hinter **Jackson Lake Junction** überquert
man den **Snake River**, und dann kommt man am Staudamm
vorbei, den man schon von weitem sieht – **Jackson Lake Dam**
– er reguliert das Wasser des Snake River. Kurz darauf kommt
ein kleines Kapellchen in Sicht – **Chapel of the Sacred Heart**
(Herz Jesu Kapelle) – mit benachbartem Picknickplatz. Anschließend geht es an der **Signal Mountain Lodge Area** und
an der Abzweigung vorbei, die auf den **Signal Mountain** führt
– etwa *2314 m ü. M.*, ausgezeichnete Aussicht. Danach kommt
man in ein weites Tal und zu einem Parkplatz, von wo man die
Umgebung betrachten kann.

Routenkarte: Jackson Lake Lodge–Moose Junction

MOOSE VISITORS CENTER

Rockefeller Parkway	Moose Junction	Rockefeller Parkway	mi	km
← Moran Junction		Airport, Jackson →		
Moose Village			27	43
		Snake River 〰		
			26	42
Moose Visitors Center ?		Gas Station / Benzin	25	40
		Teton Village →	25	40
		Granite Canyon Trail		
		Entrance Station	25	40
Menors Ferry			25	40
Chapel Of The Transfiguration				
Windy Point			24	38
Bar BC Ranch	Picknick	Taggart Lake Parking	23	37
	Cottonwood Creek	Climber's Ranch	22	35
		Glacier Gulch	21	34
		Lupine Meadows Parking →	19	30
	Teton Park Road	**South Jenny Lake Jct.**	18	29
← Horseback Rides				
Climber's School				
Camping			17	27
Ranger Station 🏕				
		Jenny Lake Trail 🚶	16	26
Jenny Lake Lodge		String Lake Picnic Area	15	24
← *Teton Park Road*		*Cathedral Group*	14	22
		North Jenny Lake Jct.	12	19
		Mt. Moran Scenic Turnout	9	14
Signal Mountain Road			5	8
		Signal Mountain Lodge & Camping		
		Chapel Of The Sacred Heart	4	6
Snake River 〰		Jackson Lake Dam	3	5
← Moran Junction *Rockefeller Parkway*		**Jackson Lake Junction**	2	3
		Willow Flats Overlook		
		Colter Bay Village →	1	2
		Yellowstone National Park		
		Jackson Lake Lodge	0	0

JACKSON LAKE LODGE

MT. MORAN SCENIC TURNOUT – Mt. Moran Aussichtsstelle: Hier kann man viele Berggipfel sehen, einschließlich **Mt. Moran**. Mt. Moran ist der prächtigste Berg nach dem Grand Teton. Er wird von geringeren Nachbarbergen durch die Schluchten **Leigh Canyon** im *Süden* und **Moran Canyon** im *Norden* abgetrennt. Hier einige der Berge, die vor Ihnen liegen, Höhenangabe jeweils in *Meter über dem Meeresspiegel:*

Nez Perce	*.3672*	*Rockchuck Peak*	*.3399*
South Teton	*.3812*	*Thor Peak*	*.3663*
Teewinot Mountain	*.3754*	**Mt. Moran**	*.3839*
Grand Teton	*.4196*	*Bivouac Peak*	*.3291*
Mt. Owen	*.3939*	*Eagles Peak*	*.3431*
Mt. St. John	*.3478*	*Ranger Peak*	*.3461*

Unsere Route folgt von der Kreuzung, **North Jenny Lake Junction**, der schmalen Einbahnstraße zur Jenny Lake Lodge und zur String Lake Area. Obwohl die Fahrt nach **Moose Junction** auf dieser Strecke ein paar Kilometer länger ist, lohnt sich jedoch die Auswahl der Route durch die etwas abseits liegende Gegend des Parks wegen der reizvollen Umgebung. Außerdem kommt man auf dieser Straße noch näher an die Grand Tetons heran.

CATHEDRAL GROUP SCENIC TURNOUT – Kathedralgruppe-Aussichtsstelle: Diese Berggruppe besteht aus den Bergen – **Teewinot Mountain, Grand Teton** und **Mt. Owen**. Sie ragen wie gotische Kirchturmspitzen in den Himmel.
Mt. St. John – etwa *3478 m. ü. M.*, mitten unter einer Gruppe gigantischer Berge – erhielt seinen Namen zu Ehren Orestes St. John, ein Geologe, der **1877** an der Expedition der Hayden Survey Party teilnahm. **Mt. Moran** wurde nach Thomas Moran benannt – ein berühmter Künstler, der schon um **1879** die Tetons malte.
Nach etwa *3 mi/5 km* hinter **North Jenny Lake Junction** kommt man zum romantischen, winzigen See, **String Lake**, mit Picknickplatz, und zum benachbarten **Leigh Lake**, zur **Jenny Lake Lodge Area** und zu dem Pfad zum Jenny Lake. **Leigh Lake** wurde nach einem alten Bergführer und Trapper und **Jenny Lake** nach der jungen Indianerfrau desselben Trappers benannt.

South Jenny Lake Jct.: Ranger Station, Laden, Reitpferde, Bootsfahrten, Kletterschule, Campground.

Südlich der **South Jenny Lake Junction** kommt man bereits nach ein paar Kilometern wieder auf der Hauptstraße, *Teton Park Road* zur Abzweigung, die zum Parkplatz **Lupine Meadows Parking Area** führt; etwa 3 mi/5 km hin und zurück. Nachdem man den **Cottonwood Creek** überquert hat, führt der steinige, ungeteerte Weg durch bunte Wiesen (wie der

Name *Lupine Meadows* verspricht, sind die von Lupinen übersäten Wiesen ein richtig bunter Teppich) zu einem reizvollen Wanderweg, der praktisch zu Füßen der Berge beginnt. Am Ende des Parkplatzes ist der Start, *trailhead*, des *Valley Trail* (auch *Glacier Trail* genannt) — ein herrlicher Wanderweg. Machen Sie auf alle Fälle einen kurzen Gang auf diesem Pfad (auch wenn Sie vielleicht nur eine halbe Stunde Zeit haben).

Wieder zurück auf der *Teton Park Road* kommt man bald zum **Glacier Gulch Scenic Turnout**, wo man einen herrlichen Blick auf die Berge hat. Ein grober Weg führt von der Hauptstraße zur **Grand Teton Climbers Ranch** — ein Treffpunkt für wirklich ernsthafte Bergsteiger. Weiter auf der Hauptstraße entlang kommt bald, nachdem der **Cottonwood Creek** überquert ist, der Parkplatz am **Taggart Lake** mit dem **Windy Point Scenic Turnout**. Später biegt eine Seitenstraße zu dem kleinen, einfachen Blockhaus, **Chapel of the Transfiguration** — eine kleine Andachtskapelle; in den **1920er** Jahren errichtet.

In der Nähe verläuft der kurze Wanderweg, *Menor-Noble Historic Trail*. Hier begann ein Mann namens **Bill Menor** in den **1890er** Jahren seinen Fährbetrieb auf dem Snake River. Das Blockhaus, in dem er wohnte, ist von *Juni bis August* geöffnet. **Maude Noble** betrieb die Fähre bis **1927**, bis man endlich eine Brücke baute. In ihrer Blockhütte wurde auch der Grundstein für den künftigen Nationalpark gelegt, als **Horace Albright** — späterer Superintendent des Yellowstone Nationalparks — eine Bürgerversammlung abhielt, um über die Zukunft dieser herrlichen Gegend zu beraten. Die Kapelle ist zu **jeder Zeit offen** — werfen Sie einen Blick hinein, wo früher (und heute auch noch) **Cowboys** ihr Gebet verrichteten; Gottesdienst im Sommer: *Sonntags.*

Hinter dem Parkeingang, **Park Entrance Station**, gelangt man zum *Granite Canyon Trail* und zum bezaubernden Dorf — Teton Village. Ein Stück weiter liegt das **Moose Visitors Center** — ein absolutes Muß (interessantes Pelzhandelsmuseum). Auf der anderen Seite des **Snake River**, kurz bevor man zur **Moose Junction** und zum *Rockefeller Parkway* (nach John D. Rockefeller Jr. benannt, der viel von dem Land der Jackson Area erworben hatte und dem Park schließlich zukommen ließ) kommt, befindet sich die kurze Abzweigung zum **Moose Village** — falls Sie hungrig sind, halten Sie hier unbedingt an.

MOOSE VISITORS CENTER

Das Besucherzentrum, **Moose Visitors Center**, liegt nur ein paar Kilometer *nördlich* der Stadt Jackson (im Bundesstaat Wyoming) und vom Flughafen. Das Visitors Center befindet sich nur ein kurzes Stück westlich vom *Rockefeller Parkway* und dem **Snake River** (Schlangenfluß). Es lohnt sich, auf dem Weg zum **Grand Teton Nationalpark** hier einen ersten Halt zu machen, wenn man *vom Süden* kommt. Es ist **ganzjährig** geöffnet.

Die **Park Rangers** im Visitors Center geben gerne Auskunft über den Park, seine Tier- und Pflanzenwelt, was man unternehmen kann, Details über Wanderwege, Informationen über Sicherheitsvorkehrungen und erteilen die **Backcountry Permits** für längere Wanderungen mit Unterwegsübernachtung. Beim Visitors Center gibt es auch **Toiletten**, *restrooms*, und Informationsmaterial über Floßfahrten (Schlauchboottouren), *float Trips*. Hier können Sie sich auch über die Wetteraussichten informieren. Es gibt topographische Karten und herrliche Bildbände zu kaufen, die sich besonders gut als Souvenir eignen.

Ebenfalls im Hauptraum des Visitors Center der berühmte – erst 1931 entdeckte – **Colter Stone.**

JOHN COLTER – FIRST WHITE MAN IN JACKSON HOLE – John Colter, der erste weiße Mann in Jackson Hole: Pelzhändler aus **St. Louis** fanden rasch heraus, daß Lewis & Clark ein neues Pelzhandelsgebiet erschlossen hatten. **1807** schickten sie eine Expedition unter **Manuel Lisa** den **Missouri River** stromaufwärts.

Unterwegs stieß Lisa auf **John Colter** und stellte ihn an. Colter hatte an der Lewis & Clark Expedition teilgenommen, hatte schon mit zwei anderen Männern zusammen den Winter **1806–07** als Trapper am unteren Yellowstone River verbracht und besaß daher wertvolle Kenntnisse über das Land. Auf Colters Rat hin, richtete Lisa an der Mündung des **Big Horn River** eine Handelsstation, **Trading Post**, ein.

Lisa entsandte Colter zu einer Winterreise, um mit den **Crow Indianern** über Pelzhandel zu verhandeln. Colter überquerte vom **Manuel's Fort** aus die Kontinentale Wasserscheide, *Continental Divide*, vom **Upper Wind River**, erblickte die **Tetons** und erreichte **Jackson Hole** – als erster Weißer.

Er nahm wahrscheinlich den Weg über die Bergkette **Teton Range** (wahrscheinlich über den **Teton Paß**) und ritzte etwa Anfang des Jahres **1808** seinen *Namen, Datum* und die groben *Umrisse eines Menschen* auf den hier ausgestellten Vulkanstein, den sogenannten **Colter Stone**, und zwar im **Teton Basin**, das westlich der Bergkette liegt. Colter überquerte erneut die **Tetons**, erreichte Jackson Hole und kämpfte sich durch den Schnee nach Norden, am See **Yellowstone Lake** vorbei, über **Colter's Hell** zurück (die Gegend mit den heißen Quellen, in der Nähe von Cody, im Bundesstaat Wyoming) zum **Manuel's Fort** am Big Horn River.

Vor einigen Jahren ist das Dach der Museumsabteilung infolge schwerer Schnee-lagen eingestürzt. Hier der Text der ehemaligen interessanten Ausstellung als Hintergrundinformation – viel Geschichte und Information.

THE HEART OF A CONTINENT – Das Herz eines Landes: **Jackson Hole** errang wegen seiner **Lage** geschichtliche Bedeutung. Es war der große Durchgangspunkt durch die **Rocky Mountain** Bergkette. Die stolzen **Tetons** erheben sich hoch über den Wasserquellen der drei mächtigen Flüsse des Landes, und zwar:

1 – **Green River**, der in den Colorado River mündet. Der *Colorado River* war die wilde Wasserbarriere, die den Transportweg zum Südwesten versperrte.
2 – **Snake River**, der in den *Columbia* River fließt – der langersehnte Wasserweg zum westlichen Meer.
3 – **Yellowstone River**, der in den *Missouri* und *Mississippi* fließt – eine der ersten Forschungsrouten vom Osten her.

THE DAWN OF DISCOVERY – Die ersten Entdecker: **1803** schickte der damalige US-Präsident **Thomas Jefferson** eine Expedition mit den Männern **Lewis & Clark** aus, um ... „den **Missouri River** und seine wichtigsten Seiten- und Zuflüsse zu erforschen und festzustellen, welchen Weg sie nehmen und welche Verbindung sie mit dem Pazifischen Ozean haben, da sie möglicherweise die direkteste und praktischste Verkehrsverbindung auf dem Wasserweg übers Land herstellen könnten, und gleichzeitig das neuerworbene Territorium von Louisiana zu erkunden."

In der Nähe befindet sich die Abteilung, in der ein riesiger **Biber** und eine Bibermütze zu sehen sind. Bibermützen, **Beaver Hats**, waren eine begehrte Kopfbedeckung, daher nahm das Interesse für diese Gegend stark zu. Schauen Sie sich auf alle Fälle den breiten, mit Hornschuppen bedeckten Schwanz an – kein Wunder, daß Biber gute Staudämme bauen können!

THE OREGON TRAIL – Der Weg nach Oregon: Als sich der Pelzhandel in der Wildnis ausdehnte, zogen Trapper (Fallensteller) und Pelzhändler auf transkontinentalen Routen durch **Jackson Hole**. Man kann unter den Ausstellungsstücken eine Biberfalle und ein Jagdgewehr aus dem Jahre **1812** bewundern.
Gegen Ende des Jahres **1812** kam eine 7köpfige Gruppe von Männern unter der Leitung von **Robert Stuart** durch Jackson Hole, um einem einflußreichen Geschäftsmann im Osten, **John Astor** (1763–1848), Nachrichten zu überbringen. Sie wären hier fast verhungert, als Indianer ihre Pferde gestohlen hatten. Sie fanden einen Weg über die Kontinentale Wasserscheide, *Continental Divide*, und zwar über den Südpaß, **South Pass** – eine Route, die dann die Wagenstraße zum Pazifik wurde, der berühmte **Oregon Trail**!

LES TROIS TETONS – die drei Tetons: Der Krieg im Jahre **1812** zwischen Amerikanern und Engländern stoppte die Unternehmungen der Amerikaner im Westen. Die Pelzhandelsgesellschaft, **North West Company** (die spätere Hudson's Bay Company), übernahm Astors Handelsgeschäfte in dieser Area. Damals kamen also die Franco-Kanadier als Pelztierjäger, Trapper, in die Gegend und gaben den markanten Punkten in der Landschaft französische Bezeichnungen; zum Beispiel war **Les Trois Tetons** („die drei Brustspitzen") der Name für die drei Hauptgipfel der Area. Die Gesellschaft zielte daraufhin, so viel zu jagen und das Gebiet so „auszujagen", daß den Amerikanern nichts mehr blieb. Unter den Exponaten befindet sich ein Jagdgewehr, ein **North West Gun** – die Flinte die die Hudson's Bay Company im Handel an die Indianer weitergab.

AMERICAN ENTERPRISE – amerikanische Unternehmen: Anfang der **1820er** Jahre drangen die Amerikaner auf der Suche nach Pelzen erneut über die Rockies (Rocky Mountains). Etwa 15 Jahre lang stellten sie überall in den Bergen an den Biberflüssen ihre Fallen auf. In der Ausstellung sieht man eine „Stellenanzeige" des **General Ashley**, der Trapper suchte.

Ashleys Männer zogen übers Land ins Biberrevier am oberen **Green & Snake River** und gaben damit dem Pelzhandel einen anderen Charakter. Trapper begannen, das ganze Jahr über in den Bergen zu leben, anstatt die Pelze zu den festen Handelsplätzen, **Trading Posts**, die es am Fluß entlang gab, zu bringen, und kannten sich daher ausgezeichnet in der Gegend aus.

Der Kampf gegen die Hudson's Bay Company war bitter. Im Frühjahr des Jahres **1825** stießen freie amerikanische Trapper unter der Leitung des **Johnson Gardner** in der Nähe des Großen Salzsees, **Great Salt Lake**, auf die von **Peter Skene Ogden** im Auftrag der Company geleitete **Snake River Expedition**. Sie lösten die Expedition auf; 23 Männer wechselten mit ihren Pelzen über zu den Amerikanern!

Mit Packtieren (später wurden Wagen eingesetzt) wurde Proviant zu den Hochland-Trappern gebracht, und von dort transportierte man Pelze zurück nach St. Louis. Unter den Exponaten befinden sich **Miniaturmodelle** von zwei **Booten**, die man damals für den Pelztransport benutzt hatte.

BULLBOAT: Dies war ein einfaches Ding aus Büffelhäuten, die um ein hölzernes Gestell gehüllt waren – man benutzte solche Boote, um Pelze auf flachen Gewässern zu befördern; meistens wurden sie nach dem Transport nicht mehr benutzt.

Länge: bis zu 6,1 m;
Breite: bis zu 2,4 m;
Tiefgang: flache Gewässer;
Belastungsfähigkeit: bis zwei Tonnen;
Kosten: Pulver & Blei, um einige Büffel zu erlegen, und 1–2 Tage, um das Boot zu bauen.

KEELBOAT – Kielboot: Man benutzte diesen Bootstyp auf

den Wasserwegen der Flüsse; er konnte gerudert, gesegelt oder mit einer Stange vorwärts bewegt werden. Doch stromaufwärts benötigte man die Männer, die das Boot mit der Leine ziehen mußten. 20–40 Männer zogen die am Topp befestigte Leine und schleppten solche Boote pro Tag etwa 24 km weit.

Länge: 18,3 m;
Breite: 5,5 m;
Tiefgang: tiefe Gewässer;
Belastungsfähigkeit: 10 Tonnen;
Kosten: $2500.

MOUNTAIN MEN IN JACKSON HOLE – Hochland Trapper in Jackson Hole: Viele legendäre „Hochland-Trapper" arbeiteten und jagten für **General Ashley** in Jackson Hole. 1825 leiteten **Jim Bridger** und **Tom Fitzpatrick** 30 Trapper hierher. **David Jackson** und zwei weitere Trapper kauften das Geschäft von Ashley auf. **Jackson** verbrachte hier so viel Zeit, daß man 1829 die Stadt, **Jackson Hole**, und den See, **Jackson Lake**, nach ihm nannte.

Unter den Exponaten gibt es verschiedene Ausrüstungsgegenstände der Trapper. Die „Hochland-Trapper" stellten ihre Fallen im flachen Wasser auf, und zwar unter einen Stock, der in streng riechendes, anlockendes Geschlechtssekret eingetaucht war, um den Biber anzulocken! Ein gefangener Biber ertrank sehr schnell, da die Falle an einer Kette so festgemacht war, daß der Biber nur ins tiefe Wasser, jedoch nicht an Land konnte!

DIORAMA: Betätigen Sie den Knopf und hören Sie sich die Geschichte vom **Traders Rendezvous Of 1832** an – eine „Pelzhandelsmesse", bei der sich einmal im Jahr **Trapper** und **Indianer** trafen. Hier wurde gehandelt – Alkohol, Perlen und Gewehre gegen Biberpelze von der Herbst- und Frühjahrsjagd. Dieses „Pelz-Rendezvous" war ein lebhaftes Ereignis mit viel Feierei. Im Anschluß zogen sich die Trapper wieder in die Berge zurück. Dieses spezielle Rendezvous fand etwa *30 mi/ 48 km* im Westen statt. Man hielt dieses Rendezvous jedoch wegen der hohen Gebirgspässe nie direkt in Jackson Hole ab.

COMMERCIAL ENTERPRISE – Handelsbetrieb: Die Pelzhändler der **Rocky Mountains** waren auf die aus St. Louis zum **Rendezvous** mitgebrachten Vorräte und Proviant **angewiesen** und tauschten sie gegen Pelze ein, die dann zurück nach St. Louis gebracht und verkauft wurden.

So wurde beispielsweise **Whiskey** (starker Alkohol) für *10 Cents/Gallone* (1 Gallone = 3,785 l) in St. Louis *gekauft*, in Fässern in den Westen transportiert, dort auf dem Rendezvous wurde der Alkoholgehalt mit Wasser auf die Hälfte herabgesetzt und dann als Drink für *$64/Gallone verkauft* – eine Spanne von **128 000%**!!!

Trapper zogen den **Bibern** das Fell ab, schabten die Häute ab, spannten sie auf hölzerne Rahmen und ließen sie in der

Sonne trocknen; dann falteten sie sie mit der Fellseite nach innen zusammen und markierten sie mit dem Symbol des Trappers oder der Pelzhandelsgesellschaft. Beim Rendezvous packten sie die Pelze mit einfachen Pelzpressen jeweils zu *100-Pfund-Ballen* zusammen.

Die **Pelzhandelsgesellschaften** und ihre Finanziers riskierten manchmal einen enormen Preissturz der Pelze, um einen Profit zu haben. Die Händler, Träger und Ausrüster riskierten den Verlust ihrer Vorräte, Boote und Pelze für ein kaum gewinnbringendes Leben. Die **Trapper** riskierten ihr Leben – fürs Abenteuer.

In den **1860er** und **1870er** Jahren kamen Expeditionsgesellschaften, Goldsucher und Bergsteiger hierher. Abgeschiedenheit und Mangel an Zufahrtswegen hatten **Jackson Holes** Besiedlung verzögert. Gegen **1884** kamen die ersten Siedler, und um **1890** begann man hier, Rinder aufzuziehen. Heute ist dies immer noch einer der Hauptwirtschaftszweige – Viehwirtschaft.

In der Nähe des Ausgangs vom Museum befindet sich eine Reproduktion eines Gemäldes von **Thomas Moran** (1837–1926), der 1879 die Teton Range malte; er ist auch berühmt für Malereien über Yellowstone.

❓ *COLTER BAY VISITORS CENTER*

Das **Colter Bay Visitors Center** – *Mai bis Oktober* geöffnet – befindet sich im *nördlichen* Teil des **Grand Teton Nationalparks**. Es sollte Ihre **erste** Station im Grand Teton Nationalpark sein, wenn Sie *vom* **Yellowstone Nationalpark** kommen. Aber lassen Sie sich die Gelegenheit auch nicht entgehen, hier Halt zu machen, wenn Sie *nach Norden zum* **Yellowstone Nationalpark** fahren, da Sie hier die hochinteressante Ausstellung über **Indianer** sehen können – David T. Vernon Indian Art Collection; wir nennen es das **Indianermuseum**. Vernon, der auf vielen Ranches, in Indianerreservaten und Nationalparks gearbeitet hat, war ein professioneller Künstler.

Außer dem Indianermuseum finden Sie im **Colter Bay Visitors Center** Park Rangers, die gerne Ihre Fragen über den Park beantworten, die Sie über Details der Wanderwege und über Sicherheitsvorkehrungen informieren werden. Hier werden auch die **Backcountry Permits** (Wandererlaubnis für längere Touren mit Unterwegsübernachtung) ausgestellt.

Mehrmals täglich werden **Filme** über Indianerkunsthandwerk und Geschichte gezeigt; alle 30 Minuten gibt es eine **10-Minuten-Diavorführung** über den Park – lassen Sie sich die auf keinen Fall entgehen. Topographische Karten und herrliche Bildbände werden auch hier verkauft – ausgezeichnete Souvenirs von Ihrem Nationalparkbesuch. Doch nun zum Museum.

RUNDGANG IM INDIANERMUSEUM

In dem Gebäude in Colter Bay, in dem sich auch das Besucherzentrum, **Visitors Center**, befindet, gibt es auf zwei Stockwerken ein **Indianermuseum** mit interessanten Exponaten. Man braucht für den Rundgang etwas weniger als eine halbe Stunde; unbedingt lohnend, wenn man sich für **Amerikas Indianer** interessiert. Vom Informationsstand geht man *rechts* zum Museum. Dort sind die Ausstellungsstücke alle numeriert.

1 — Einfache **Perlen**, die die Indianer beim Tauschhandel mit Häuten und Pelzen verwendeten, wurden oft mit Steinen zu teuren Schmuckstücken verarbeitet.

2 — **The Pipe/Die Pfeife** (auch Calumet genannt) wurde oft mit religiöser Bedeutung eingeweiht. Die Pfeifentaschen selbst waren überaus reich verziert.

3 — **Woven Sashes/**Gewebte und aus Perlen hergestellte Gürtel sind zu sehen.

5 — **Hunt and Dance Scene painted on elkhide . . .**/Jagd- und Tanzszene auf Hirschleder gemalt von Charlie Washakie, dem Sohn des Häuptlings Washakie, Shoshone-Stamm, Wind River Reservat, Wyoming, 1915. Für die geometrischen Ziermuster waren in erster Linie die Indianerfrauen zuständig. Jagd-, Märchen- und Kriegszenen wurden nur von Männern dargestellt. Auf dem Gemälde ist der Sonnentanz (Sun Dance) der Shoshone-Indianer dargestellt.

6 — „ . . . **the several tribes . . .**/Die verschiedenen Stämme. Einer der ersten Forscher, George Catlin, beschreibt 1832 die in diesem Teil der USA lebenden Indianer so: *„ Die Angehörigen der verschiedenen im Gebiet des oberen Missouri River lebenden Indianerstämme sind zweifellos die bestaussehendsten, bestausgerüstetsten und am hübschesten gekleideten Indianer. Sie leben in einer Gegend, in der es viele Büffel und Wildpferde gibt, die ihnen das Leben leichter machen. Sie leben einfach, sind gesund und werden alt. Sie sind die unabhängigsten und glücklichsten Indianer, die ich je getroffen habe. Sie sehen gut aus und sind oft unbeschreiblich attraktiv."*

7 — Ehe Sie die Treppe hinunter gehen, sollten Sie sich die farbenprächtigen **Kriegsschilde** ansehen. Sie werden feststellen, daß die meisten Schilde einen Schutzschild – ähnlich wie eine Kissenhülle – haben! Wenn Sie die Stufen hinuntersteigen, kommen Sie zu einer beachtlichen **Waffensammlung** – die Indianerfeldzüge bekamen durch die Verwendung von **Pferden** eine ganz neue Perspektive. Die Häuptlinge trugen reichen Federschmuck und waren mit Lanzen ausgestattet, ihre Pferdesättel waren reich verziert. Der Anblick eines Indianers in *voller Kriegsbemalung*, der von den Hochebenen wie ein Pfeil auftauchte, war bestimmt genauso Schrecken erregend wie die im *vollen Galopp* abgefeuerten Indianerpfeile.

Diese ausgestellten Stücke – früher Begleiterscheinungen von Terror – sind kein Beweis für gewonnene oder verlorene Kämpfe, sondern hier soll die *Kunst* und der Erfindergeist eines mächtigen Volkes veranschaulicht werden. Schauen Sie sich auch die Keulen mit den spitzen Eisendornen an – wirklich gefährliche Waffen! Außerdem sind **Sättel** in verschiedenen Ausführungen zu sehen.

Bei unserem letzten Besuch des Museums hing eine riesige **Büffelhaut** vom Geländer. Daran kann man endlich einmal sehen, wie groß diese wertvollen Tiere waren. Jahrhundertelang zogen Scharen tapferer Jäger über die flachen **Prärien** – vom Rand der riesigen Wälder bis in den Schatten der Berge. Sie trieben die mächtigen **Büffel** blindlings über die Felsränder – sie hatten die Tiere so zusammengetrieben, daß sie sich wie wahnsinnig selbst zu Tode stürzten; ihre dickes Fell durchbohrten die Jäger mit der Lanze und mit Pfeilen. Den Tierkörper teilten sie auf, aßen das Fleisch und trockneten und lagerten es. Aus den Häuten machte man Schilde, Satteltaschen oder Beutel, oder man stellte daraus warme Kleidung für den Winter her.

Nr. 8 der Ausstellung befindet sich links, wenn man die Treppe herunterkommt; Nr. **9** ist genau unten an der Treppe.

8 – In dem **Tipi** (auch oft *tepee* genannt) – typisches Indianerzelt – sind mehrere Kleidungsstücke und typische Baby-Tragegestelle, *cradleboards*, der Indianerfrauen zu sehen. Diese Stile sind bezeichnend für die Stilrichtung und Muster verschiedener geographischer Regionen. Umwelteinflüsse machen sich beispielsweise in den überwiegend geometrischen Mustern der Prärie Indianer, **Plains Indians**, bemerkbar, während man bei den Indianern der östlichen Wälder, **Eastern Woodlands**, mehr Blumenmuster findet; Kontakt mit dem weißen Mann macht sich in den Mustern bemerkbar. Die Perlenbänder an den Baby-Tragegestellen der **Shoshone** oder **Bannock Indianer** sind das beste Beispiel.

Im *östlichen* Teil der USA wurden die Kleidungsstücke der Indianer und Blumenmuster oft vom Kleidungsstil der *Europäer* beeinflußt. Es war im allgemeinen die Aufgabe der Frauen, die Kleidung kunstvoll zu verzieren. Da die meisten Frauen sich damit beschäftigten, gab es wahre Künstler unter ihnen. Betrachten Sie sich dort die Baby-Tragegestelle mit den Fahnenmuster sowie die Stiefel und Schneeschuhe.

9 – Hier sehen Sie viele verschiedene **Messer, Leitern** und **Pinzetten.**

10 – Hier an der Wand gibt es Wissenswertes über **Pferde** und **Sättel.**

11 – **Spielzeug, Trommeln** und **Flöten** in einer flachen Glasvitrine.

12 – Eine ganze Ausstellungsvitrine mit wunderschönen **Indianer-Mokassins.**

13 – **Lederbeutel** und farbenprächtige **Satteltaschen.** Die als Nomaden herumziehenden Prärie-Indianer, **Plains Indians,** benutzten viele dieser Beutel, Taschen und andere Reiseartikel, um ihre Waren zu befördern. Da sie zu damaliger Zeit Büffel, Wapitihirsche, Hirsche und kleineres Wild jagten, aus denen sie schließlich alles, was sie brauchten, herstellten, ist es nur natürlich, daß sie ihrer Kunst auf Häuten und Knochen Ausdruck verliehen.

14 – Man sieht hier verschiedene Stücke, die die **Medizinmänner** benutzten – Pelze mit Glöckchen, Bärklauen und Trommeln.

15 – Wunderschöne **Wildlederkleidung.**

16 – **Körbe.** Man verwendete zum Korbflechten **Gras, Binsen** und **Rinde,** die es fast überall in Nordamerika gab; daraus stellte man auch Matten in allen Variationen her. Das Material wurde gerollt, gezwirnt oder geflochten, um für den jeweiligen Gebrauch eine Form und Festigkeit zu geben. Die hübschen Verzierungen stellen traditionelle Muster der vielen verschiedenen Kulturbereiche dar.

17 – **Film:** Ein Indianer spricht über die Erde und ihre Umwelt. ,,Bringen Sie den Kindern bei, daß sie wenn sie der Erde Schaden zufügen, den Schöpfer verachten;" und ,,Was mit der Erde geschieht, geschieht mit den Kindern der Erde".

Hier kann man auch den indianischen Kunsthandwerkern bei der Arbeit zusehen.

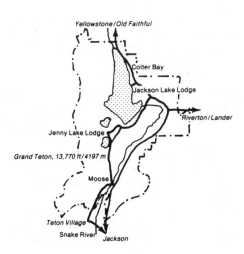

Yellowstone / Old Faithful

Colter Bay

Jackson Lake Lodge

Riverton / Lander

Jenny Lake Lodge

Grand Teton, 13,770 ft / 4197 m

Moose

Teton Village

Snake River   Jackson

GRAND TETON PARK AREAS

Colter Bay Village
Jackson Lake Lodge Area
Jenny Lake Lodge Area
Moose Village Area

In diesem Abschnitt informieren wir Sie über eine Reihe wichtiger **Areas** im **Grand Teton Nationalpark**. Einzelheiten wie Visitors Center im Colter Bay Village und im Moose Village schlagen Sie bitte im speziellen Abschnitt nach.

Colter Bay Village

Visitors Center/Indianer Museum
Blockhütten
Zelthütten
Camping
Trailer Village
Bootsvermietung
Chuckwagon Restaurant

Colter Bay Village liegt etwa *5 mi/8 km* nördlich der Jackson Lake Lodge. Hier findet man die *billigsten* Unterkünfte des Parks, einen riesigen Campingplatz sowie Trailer Village — für Camper (*RV campers = Recreational vehicles*), die angeschlossen werden müssen (*full hookups*). Die etwa 200 Hütten, *cabins*, die hier stehen, sind so wie die **Trapper** früher welche benutzten.

Falls Sie an Ihrem Bett das Kopfende vermissen, erinnern Sie sich daran, daß auch die Trapper früher ebenfalls keins besaßen! Hierzu muß man etwas in der Geschichte der **Pioniere** ausholen. Als damals so eine Pionierfamilie mit ihrem Planwagen loszog, mußte das Kopfende zurückbleiben. Und dort wo die Familie sich ein neues Heim errichtete, gab es so viel anderes zu tun, als ein neues Kopfende zu bauen. Als Ersatz malte man einfach ein Kopfende auf die Wand.

Und falls Sie noch keine bestätigte Zimmerreservierung, *confirmed accommodations reservations*, haben, wenden Sie sich dort direkt an das Verwaltungsbüro — **Cabin & Tent Village Office**. Zwischen hier und der Jackson Lake Lodge gibt es einen Pendelbusverkehr, *Shuttle Bus Service*. **Auskunft** über den Park erhalten Sie beim **Visitors Center**. **Auskunft** übers Reiten, über Touren, Verkehrsverbindungen & Fahrradvermietung beim **General Store**. An der Bootsanlegestelle, **Marina**, erhält man Auskunft über *Breakfast Cruises* (Bootsausflüge mit Frühstück), *Scenic Cruises* (Ausflugsbootstouren) und *Luncheon Cruises* (Bootsausflüge mit Lunch) zur Insel, **Elk Island** — mitten im **Jackson Lake**. Dort werden auch Boote

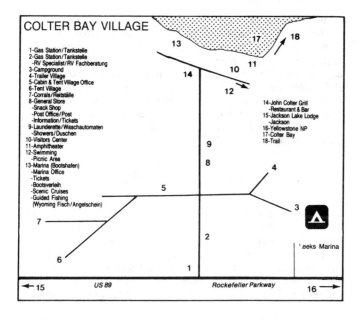

COLTER BAY VILLAGE

1-Gas Station/Tankstelle
2-Gas Station/Tankstelle
  -RV Specialist/RV Fachberatung
3-Campground
4-Trailer Village
5-Cabin & Tent Village Office
6-Tent Village
7-Corrals/Reitställe
8-General Store
  -Snack Shop
  -Post Office/Post
  -Information/Tickets
9-Launderette/Waschautomaten
  -Showers/Duschen
10-Visitors Center
11-Amphitheater
12-Swimming
  -Picnic Area
13-Marina (Bootshafen)
  -Marina Office
  -Tickets
  -Bootsverleih
  -Scenic Cruises
  -Guided Fishing
  (Wyoming Fisch/Angelschein)

14-John Colter Grill
  -Restaurant & Bar
15-Jackson Lake Lodge
  -Jackson
16-Yellowstone NP
17-Colter Bay
18-Trail

US 89   Rockefeller Parkway

'.eeks Marina

vermietet, hier starten auch die begleiteten Angeltouren, *guided fishing trips.* Das ist auch die Stelle, wo man die **Angellizenz,** *fishing licenses,* kaufen kann. Mahlzeiten im beliebten **Chuckwagon Restaurant** *(chuckwagon* war früher die fahrende Küche der Siedler auf den Planwagentrecks): Frühstück *(breakfast)* 7.30–9.30 Uhr; Mittagessen *(lunch)* 11.30–15 Uhr; Abendessen *(dinner)* 17–21 Uhr.

Jackson Lake Lodge

Die Gegend um die **Jackson Lake Lodge** ist möglicherweise eine der lebhaftesten Stätten im Park. Es ist eine günstige Stelle, sich um Verkehrsmittel zu kümmern, Busfahrten und Flüge zu buchen, Unterkunftsreservierungen für den Yellowstone Nationalpark vorzunehmen, sich zur Teilnahme an Touren, Angelausflügen und Floßfahrten anzumelden. Und hier ist natürlich auch die Reservierungsstelle, die man ansteuern sollte, wenn man noch keine feste Reservierung für eine Unterkunft im Grand Teton Nationalpark besitzt. Zur **Information**: In der Lodge selbst gibt es etwa 42 Zimmer und etwa 343 nette Zimmer in den rund um die Lodge verstreuten Nebengebäuden.

Im **Untergeschoß** der Jackson Lake Lodge befinden sich Toiletten, Telefone, Büros des Konzessionärs, Erste-Hilfe-Raum sowie der Anmeldeschalter für Gäste *(guest registration).* Erkundigen Sie sich nach genauen Zeiten der Aufführung von **Indianertänzen** sowie nach Abfahrtszeiten der eintägigen **Tour** zum Yellowstone Nationalpark.

Wenn man von der Halle die Treppe zum Obergeschoß
hochsteigt, sieht man durch etwa 18 m Glasfront von der
Lounge direkt auf die majestätischen Berge der **Tetons** — einfach grandios! Der große offene Kamin und bequeme Sessel
eignen sich, hier für einen Moment auszuruhen. Schauen Sie
sich auch die Trapperszenen in der Stockade Bar oder die
interessanten Wandgemälde im Speisesaal — im Mural Room
— an. Hier oben finden Sie auch den gut bestückten Souvenirladen. **Wichtiger Hinweis**: Im Bereich der Lodge gibt es keine
Campingmöglichkeiten.

Jenny Lake Lodge

Eine der hübschesten Gegenden des **Grand Teton Nationalparks** ist die **Jenny Lake Lodge Area**. Am *nördlichen* Ende des
Sees **Jenny Lake** liegt die etwa von 30 Hütten umgebene
Jenny Lake Lodge. Es ist ziemlich **teuer,** hier zu übernachten
— doch wenn man einen besonders ruhigen und zurückgezogenen Ferienplatz sucht, durchaus das Richtige. Auf alle Fälle
wird Ihnen hier alles gefallen, besonders aber die massiven,
hölzernen Schaukelstühle auf der Veranda Ihrer Blockhütte

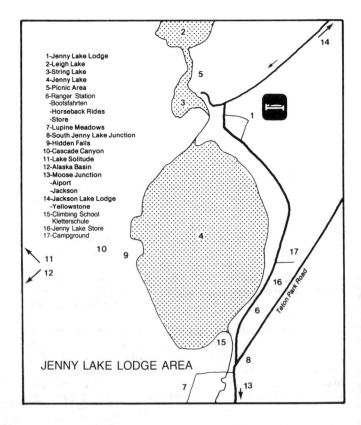

1-Jenny Lake Lodge
2-Leigh Lake
3-String Lake
4-Jenny Lake
5-Picnic Area
6-Ranger Station
 -Bootsfahrten
 -Horseback Rides
 -Store
7-Lupine Meadows
8-South Jenny Lake Junction
9-Hidden Falls
10-Cascade Canyon
11-Lake Solitude
12-Alaska Basin
13-Moose Junction
 -Aiport
 -Jackson
14-Jackson Lake Lodge
 -Yellowstone
15-Climbing School
 Kletterschule
16-Jenny Lake Store
17-Campground

Teton Park Road

JENNY LAKE LODGE AREA

und das ausgezeichnete Essen in der Lodge. Frühstück &
Abendessen (*breakfast & dinner = Modified American Plan =
MAP*), Reiten und Fahrradmieten sind im Preis **inbegriffen!**
Auch wenn man hier nicht übernachtet, kann man jedoch
hier zum Essen kommen. Nur als **Hinweis** – die Lodge und
Hütten liegen in einer Wiese und nicht direkt am See!

Genau *nördlich* vom **Jenny Lake** liegt der **String Lake**
mit einem hübschen Picknickplatz. Der **String Lake** schafft
die Verbindung zwischen **Jenny Lake** und **Leigh Lake**. Am
Südufer vom **Jenny Lake** ist wirklich viel los. Schauen Sie zur
Ranger Station rein – das ist nämlich die Stelle, wo man Informationen über **Wandertouren** in der Area, Auskunft übers
Wetter erhält. Hier hört man auch verschiedene Stories von
Bergsteigern (die es geschafft oder auch nicht geschafft haben),
die die steilen Felswände der Tetons erklommen haben. Hier
bekommen Bergsteiger auch ihre Erlaubnis – **Permit**. Wenn
Sie weitere Informationen übers Bergsteigen in den Grand
Tetons haben möchten oder sich für einen Bergsteigerkursus
interessieren, wenden Sie sich an:

Exum Mountain Guides	oder	Jackson Hole Mountain Guides
Box 56		Box 547
Moose, Wyoming 83012		Teton Village, Wyoming 83025

In der Nähe sind die Reitställe, *corrals*, der **Teton Trail
Rides** – Angebote: Reiten für eine Stunde bis zu dreitägigen
Touren mit Packpferden. Im **Jenny Lake Store** kann man
Fahrräder mieten aber auch Filme und Campingvorräte kau-
fen. **Campingplatz** nur für Zelte. Und von der Anlegestelle,
Jenny Lake Boat Dock – nicht weit von der Ranger Station
– gehen die Ausflugsboote über den See zum Wasserfall,
Hidden Falls, und zum *Cascade Canyon Trail* ab; auch Boots-
vermietung. Der Startpunkt, **Jenny Lake Trailhead**, für ver-
schiedene Wanderungen befindet sich gegenüber von der
Ranger Station, wo man sich bei langen Touren abmelden/
registrieren lassen muß. **Entfernungen von hier in Meilen/
Kilometer nach:**

Hidden Falls. 2.7/ 4,3
Cascade Canyon. 3.0/ 4,8
Lake Solitude 9.3/14,8
Alaska Basin. 11.8/18,8
String Lake 3.8/ 4,8
Leigh Lake. 4.6/ 7,4
Paintbrush Canyon 5.3/ 8,5
Paintbrush Divide 11.8/18,8

Der Jenny Lake Trail ist etwa *1 mi/1,6 km* lang; die Gesamtlänge des Rundwanderweges um **Jenny Lake** ist *6 mi/9,6 km*.
Wenn man mit dem Boot den See überquert, betragen die Entfernungen außer zum String Lake und Leigh Lake jeweils
2 mi/3,2 km **weniger.**

Moose Village Area

Visitors Center/Pelzhandelsmuseum
Kapelle – Chapel of the Transfiguration
Menors Fähre
Teton Village Road
Snake River
General Store
Post
Essen im Tepee

Ihr erster Halt in der **Moose Village Area** sollte das Besucherzentrum, **Visitors Center**, sein, wo Sie das Neueste über Veranstaltungen im Park erfahren können. Genau *östlich* vom **Visitors Center** ist das Gebiet, wo sich die Endstation der vielen Floßfahrten, *float trips*, befindet. Sie können sich vielleicht vorher die Schlauchboote, *river rafts*, ansehen, die bei den „Floßfahrten" benutzt werden, ehe Sie mitmachen. Auf der anderen Seite des Flusses befinden sich mehrere Gebäude mit Wäscherei, *laundry*, Souvenirladen und einer Buchhandlung. Essen gibt es in den **Tepees** – die Indianerzelte sieht man schon von der Straße. Im **General Store** bekommt man fast alles, was man braucht: Dosenöffner, Fleisch, Kuchen, Obst, Erfrischungsgetränke & Gebäck. Vor dem Laden gibt es ein Telefon und eine Eismaschine.

Von der **Moose Village Area** führt eine Seitenstraße zum benachbarten **Teton Village**. Die schmale, etwa *9 mi/14 km* lange Straße zum Teton Village ist gewiß eine der reizvollsten

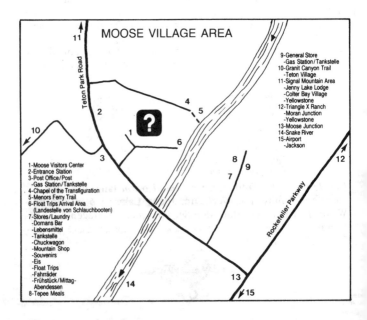

MOOSE VILLAGE AREA

11
Teton Park Road
10
2
1
3
4
5
6
8
9
7
12
Rockefeller Parkway
14
13
15

9-General Store
  -Gas Station/Tankstelle
10-Granit Canyon Trail
  -Teton Village
11-Signal Mountain Area
  -Jenny Lake Lodge
  -Colter Bay Village
  -Yellowstone
12-Triangle X Ranch
  -Moran Junction
  -Yellowstone
13-Moose Junction
14-Snake River
15-Airport
  -Jackson

1-Moose Visitors Center
2-Entrance Station
3-Post Office/Post
  -Gas Station/Tankstelle
4-Chapel of the Transfiguration
5-Menors Ferry Trail
6-Float Trips Arrival Area
  (Landestelle von Schlauchbooten)
7-Stores/Laundry
  -Dornans Bar
  -Lebensmittel
  -Tankstelle
  -Chuckwagon
  -Mountain Shop
  -Souvenirs
  -Eis
  -Float Trips
  -Fahrräder
  -Frühstück/Mittag-
   Abendessen
8-Tepee Meals

Strecken des Parks − nicht sensationell, nur hübsche Wiesen, Wald, Blumen und einige Stellen, wo man mit ein bißchen Glück Tiere beobachten kann. Nur ein kurzes Straßenstück ist nicht asphaltiert; auf diesem Stück befindet sich auch der Ausgangspunkt, *trailhead*, und Parkplatz des *Granite Canyon Trail*. Hier einige **Entfernungen dieses Wanderweges in Meilen/ Kilometer**:

Village Trail Jct...	*1.5/ 2,4*
Teton Village	*3.9/ 6,2*
Phelps Lake	*5.0/ 8,0*
Rendezvous Mountain Jct.	*6.3/10,0*
Rendezvous Mountain Summit (Seilbahn/Gipfelstation)	*11.5/18,4*
Open Canyon Trail Jct..	*7.0/11,2*
Skyline Trail Jct.	*8.2/13,1*
Marion Lake	*8.8/14,0*
Granite Canyon − Open Canyon Loop	*19.3/30,8*
Granite Canyon − Death Canyon Loop	*23.7/37,9*

Maße & Gewichte. In den USA werden meistens *inches/feet/yards & miles* (Meilen) als Längenmaße und Entfernungsangabe benutzt; beim Tanken geht die Menge nach *gallons* (Gallonen); bei Milch und Speiseeis wird die Menge in *pints, quarts & half gallons* angegeben; Fleisch & Gemüse geht nach *ounces & lbs.* („pounds" ausgesprochen).

1 cm.........= 0.394 inches
1 m...........= 39.4 inches/3.28 feet
1 km........ = 0.621 miles
1 Liter....... = 2.1 pints/1.06 quarts/0.264 gallons
1 Gramm... = 0.035 ounces
1 kg.......... = 35.3 ounces = 2.2 lbs

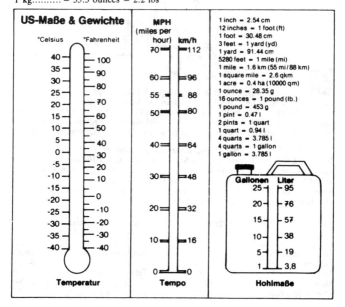

US-Maße & Gewichte

°Celsius   °Fahrenheit

Temperatur

MPH (miles per hour)   km/h

Tempo

1 inch = 2.54 cm
12 inches = 1 foot (ft)
1 foot = 30.48 cm
3 feet = 1 yard (yd)
1 yard = 91.44 cm
5280 feet = 1 mile (mi)
1 mile = 1.6 km (55 mi/88 km)
1 square mile = 2.6 qkm
1 acre = 0.4 ha (10000 qm)
1 ounce = 28.35 g
16 ounces = 1 pound (lb.)
1 pound = 453 g
1 pint = 0.47 l
2 pints = 1 quart
1 quart = 0.94 l
4 quarts = 3.785 l
4 quarts = 1 gallon
1 gallon = 3.785 l

Gallonen   Liter

Hohlmaße

JACKSON, WYOMING

„Tor zu Grand Teton & Yellowstone Nationalparks"

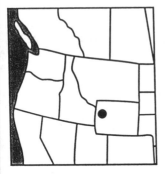

Grand Teton NP

Wapiti Wildgehege

Jackson Town Square

Grand Teton Village

Rodeo

Yellowstone NP

Jackson auf einen Blick

Lage: Nordwestlich des amerikanischen Bundesstaates Wyoming, in einem etwa 50 mi/80 km langen und 7 mi/11 km breiten Tal oder „hole" (= Loch, daher *Jackson Hole*), am südlichen Rand des Grand Teton Nationalparks; etwa 315 mi/504 km nördlich von Salt Lake City; etwa 100 mi/160 km südlich von Old Faithful Inn im Yellowstone Nationalpark und etwa 38 mi/61 km südlich von Jackson Lake Lodge. – – **Name:** Nach David Jackson, amerikanischer Trapper, der hier 1828 & 1829 lebte; die Gegend wird wegen des Jackson Hole genannt. – – **Geschichte:** *1807* passierte John Colter das Tal; *1828* lebte David Jackson hier; in den *1860er* Jahren strömten Goldsucher ins Tal; *1872*, Gründung des Yellowstone Nationalparks; *1884*, Ankunft der ersten Siedler; *1912*, Gründung des National Elk Refuge = Wapiti Schutzgebiet (nördlich von Jackson), Winterquartier für Wapitis; *1929*, Gründung des Grand Teton Nationalparks. – – **Handel & Wirtschaft:** Tourismus. – – **Wetter:** Angenehme Sommertemperaturen; kalte Winter. – – **Höhenlage:** Etwa 1890 m ü. M. – – **Vorwahlnummer,** *area code:* (307).

Jackson Hole Airport/Flughafen

Lage: Etwa 9 mi/14 km nördlich von Jackson. – – **Unterkunft:** Best Western Executive Inn, (307)733-4340 in Jackson oder Jackson Lake Lodge (Zentrum von Grand Teton Nationalpark), (307)543-2855. – – **Verkehrsmittel:** Kleinbusverkehr nach Jackson, Grand Teton Village und Jackson Lake Lodge; Mietwagen vorhanden.

Straßen, Eisenbahn, Busse

Straßen: US 89 führt nordwärts von Salt Lake City und US 191 von Rock Springs nach Jackson; US 26 führt östlich von Moran Junction nach Riverton, Casper und nach Cheyenne und Denver. – – **Eisenbahn/Amtrak:** Kein Bahnanschluß; nächster Bahnhof Salt Lake City/Ogden. – – **Busse:** Greyhound fährt Jackson nicht an; Busverbindung zwischen Rock Springs und Jackson.

Entfernungen in Meilen/Kilometer nach:

Afton	70/112	Old Faithful, YNP	100/160
Colter Bay Village	43/69	Riverton	164/262
Flagg Ranch	60/96	Salt Lake City	315/504
Jackson Airport	9/14	Shoshoni	186/298
Jackson Lake Lodge	38/61	Teton Village	12/19
Moose Junction	12/19	Thermopolis	218/349
Moran Junction	32/51	Yellowstone Eingang	61/98

JACKSON HOLE, WYOMING

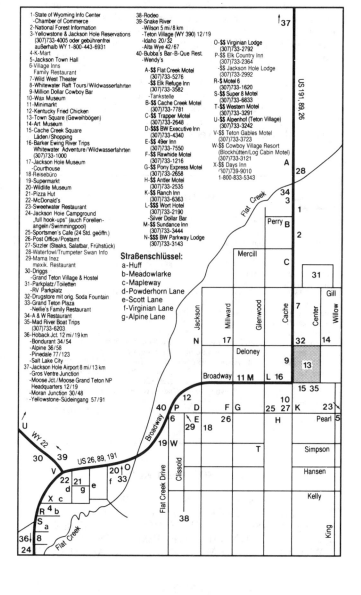

1-State of Wyoming Info Center
-Chamber of Commerce
2-National Forest Information
3-Yellowstone & Jackson Hole Reservations
(307)733-4005 oder gebührenfrei
außerhalb WY 1-800-443-6931
4-K-Mart
5-Jackson Town Hall
6-Village Inns
Family Restaurant
7-Wild West Theater
8-Whitewater Raft Tours/Wildwasserfahrten
9-Million Dollar Cowboy Bar
10-Wax Museum
11-Minimarkt
12-Kentucky Fried Chicken
13-Town Square (Geweihbögen)
14-Art Museum
15-Cache Creek Square
Läden/Shopping
16-Barker Ewing River Trips
Whitewater Adventure/Wildwasserfahrten
(307)733-1000
17-Jackson Hole Museum
-Courthouse
18-Reisebüro
19-Supermarkt
20-Wildlife Museum
21-Pizza Hut
22-McDonald's
23-Sweetwater Restaurant
24-Jackson Hole Campground
"full hook-ups" (auch Forellen-
angeln/Swimmingpool)
25-Sportsmen's Cafe (24 Std. geöffn.)
26-Post Office/Postamt
27-Sizzler (Steaks, Salatbar, Frühstück)
28-Waterfowl/Trumpeter Swan Info
29-Mama Inez
mexik. Restaurant
30-Driggs
-Grand Teton Village & Hostel
31-Parkplatz/Toiletten
-RV Parkplatz
32-Drugstore mit orig. Soda Fountain
33-Grand Teton Plaza
-Nellie's Family Restaurant
34-A & W Restaurant
35-Mad River Boat Trips
(307)733-6203
36-Hoback Jct. 12 mi/19 km
-Bondurant 34/54
-Alpine 36/58
-Pinedale 77/123
-Salt Lake City
37-Jackson Hole Airport 8 mi/13 km
-Gros Ventre Junction
-Moose Jct./Moose Grand Teton NP
Headquarters 12/19
-Moran Junction 30/48
-Yellowstone-Südeingang 57/91

38-Rodeo
39-Snake River
-Wilson 5 mi/8 km
-Teton Village (WY 390) 12/19
-Idaho 20/32
-Alta Wye 42/67
40-Bubba's Bar-B-Que Rest.
-Wendy's

A-$$ Flat Creek Motel
(307)733-5276
-$$ Elk Refuge Inn
(307)733-3582
B-$$ Cache Creek Motel
(307)733-7781
C-$$ Trapper Motel
(307)733-2648
D-$$$ BW Executive Inn
(307)733-4340
E-$$ 49er Inn
(307)733-7550
F-$$ Rawhide Motel
(307)733-1216
G-$$ Pony Express Motel
(307)733-2658
H-$$ Antler Motel
(307)733-2535
K-$$ Ranch Inn
(307)733-6363
L-$$$ Wort Hotel
(307)733-2190
-Silver Dollar Bar
M-$$ Sundance Inn
(307)733-3444
N-$$$ BW Parkway Lodge
(307)733-3143

O-$$ Virginian Lodge
(307)733-2792
P-$$ Elk Country Inn
(307)733-2364
-$$ Jackson Hole Lodge
(307)733-2992
R-$ Motel 6
(307)733-1620
S-$$ Super 8 Motel
(307)733-6833
T-$$ Western Motel
(307)733-3291
U-$$ Alpenhof (Teton Village)
(307)733-3242
V-$$ Teton Gables Motel
(307)733-3723
W-$$ Cowboy Village Resort
(Blockhütten/Log Cabin Motel)
(307)733-3121
X-$$ Days Inn
(307)739-9010
1-800-833-5343

Straßenschlüssel:

a-Huff
b-Meadowlarke
c-Mapleway
d-Powderhorn Lane
e-Scott Lane
f-Virginian Lane
g-Alpine Lane

JACKSON ERLEBEN

Jackson wird oft als Ausgangsort zum Grand Teton und Yellowstone Nationalpark benutzt. Wer hier während der Hochsaison im Sommer übernachten möchte, tut gut daran, sich rechtzeitig im voraus anzumelden.

Nördlich von Jacksons Innenstadt kommt man auf dem Weg zum Flughafen und Grand Teton Nationalpark zu einem Informationszentrum, Wyoming Information Center – neueste Information über Wyoming und Jackson; auf der gegenüberliegenden Straßenseite gibt es ein Yellowstone Park Division Büro, wo man Auskunft über alle Aktivitäten im Yellowstone Nationalpark erhält und Zimmerreservierungen vornehmen kann.

Zur besonderen Attraktion Jacksons gehört der Platz in der Stadtmitte – **Jackson Town Square**; von Bögen aus Hirschgeweihen eingerahmter Platz. Abends wird hier für die Touristen ein Überfall auf die Postkutsche inszeniert – *stagecoach robbery*; eine Straßenschießerei – *shootout* – findet auch statt. An verschiedenen Abenden auch Rodeo. In der **Million Dollar Cowboy Bar** sitzt man „im Sattel" an der Bar, und die Silver Dollar Bar ist die weltberühmte „Cowboytränke".

INSIDER TIPS

Praktisch & Preiswert durch Jackson

Unterkunft: Billigunterkunft im Motel 6, am Südrand von Jackson, (307)733-1620. – Herbergsunterkunft/*Hostel accommodations* bei „The Hostel" im reizvollen Grand Teton Village, etwa 12 mi/19 km von Jackson, (307)733-3415. – Nette (und etwas teurere) Unterkunft in Grand Teton Village; abseits vom geschäftigen Treiben in Jackson: Best Western Alpenhof, (307)733-3242. – – **Einkaufen/Shopping:** Viele Geschäfte und Boutiquen um Jackson Square. – – **Busse:** Busverkehr von Jackson, Jackson Lake Lodge zum Yellowstone Nationalpark; Abfahrt frühmorgens, Rückkehr abends – ausgezeichnete Möglichkeit, zum Yellowstone Nationalpark zu gelangen, wenn man ohne Auto ist. – – **Snacks:** Snacks und Getränke beim Supermarkt besorgen, am Südrand von Jackson. – – **Flughafen/Airport:** Informationsstelle beim Flughafen; bei der Fluglinie über Bestätigung – *reconfirming* – des Fluges von Jackson Hole Airport erkundigen. – – **Touren:** Im Hotel über Touren zum Grand Teton Nationalpark, Yellowstone Nationalpark und Schlauchbootfahrten – *float trips* – erkundigen. Beförderung nach Jackson und Teton Village möglich. – – **Cowboy-Essen/Cookouts:** Essen im Freien in Moose Village oder beim Chuckwagon (*chuckwagon* ist die fahrende Küche der Cowboys, sogenannte Feldküche) zwischen Jackson und Grand Teton Village.

JACKSON CHECKLISTE

☐ ZIMMERRESERVIERUNG IM VORAUS
☐ BUMMEL UM JACKSON TOWN SQUARE
☐ STRASSENSCHIESSEREI & RODEO ERLEBEN
☐ GRAND TETON VILLAGE BESUCHEN
☐ WYOMING INFORMATION CENTER AUFSUCHEN

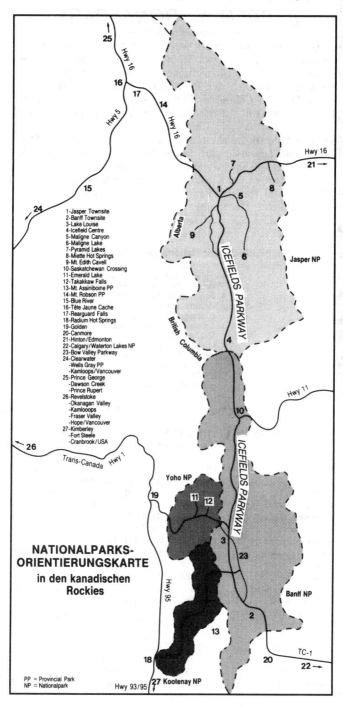

1-Jasper Townsite
2-Banff Townsite
3-Lake Louise
4-Icefield Centre
5-Maligne Canyon
6-Maligne Lake
7-Pyramid Lakes
8-Miette Hot Springs
9-Mt. Edith Cavell
10-Saskatchewan Crossing
11-Emerald Lake
12-Takakkaw Falls
13-Mt. Assiniboine PP
14-Mt. Robson PP
15-Blue River
16-Tête Jaune Cache
17-Rearguard Falls
18-Radium Hot Springs
19-Golden
20-Canmore
21-Hinton/Edmonton
22-Calgary/Waterton Lakes NP
23-Bow Valley Parkway
24-Clearwater
  -Wells Gray PP
  -Kamloops/Vancouver
25-Prince George
  -Dawson Creek
  -Prince Rupert
26-Revelstoke
  -Okanagan Valley
  -Kamlooops
  -Fraser Valley
  -Hope/Vancouver
27-Kimberley
  -Fort Steele
  -Cranbrook/USA

**NATIONALPARKS-
ORIENTIERUNGSKARTE**

**in den kanadischen
Rockies**

PP = Provincial Park
NP = Nationalpark

JASPER NATIONALPARK
„Gletscher- und Gebirgspark in den kanadischen Rockies"

Der **Jasper Nationalpark** wurde im Jahre 1907 gegründet — seine Fläche umfaßt etwa 10 000 Quadratkilometer. Der Gebirgspark liegt in der kanadischen Provinz Alberta, an der Provinzgrenze zwischen den Provinzen British Columbia und Alberta. Der **Mt. Columbia**, direkt im Park, ist mit 3747 m der höchste Gipfel in Alberta. Nach diesem gewaltigen Berg wird auch das Gletscherfeld **Columbia Icefield** benannt — eine der größten Sehenswürdigkeiten im Jasper Nationalpark. Die Stadt **Jasper**, am Zusammenfluß der beiden Flüsse **Miette** und **Athabasca Rivers** (die im späteren Verlauf in das Nordpolarmeer abfließen), liegt an der Kreuzung des **Yellowhead Highway** *(Hwy 16)* und dem **Icefields Parkway** *(Hwy 93)*. Die Stadt ist der wirtschaftliche Mittelpunkt des **Jasper Nationalparks.** Von hier aus können Sie **Ausflüge** in die Umgebung mit bezaubernden Landschaften unternehmen.

(Seitenleiste: JASPER NATIONALPARK, ALBERTA)

Einteilung Jasper Nationalpark/Jasper Townsite

1. Entfernungen
2. Campingplätze im Jasper Nationalpark
3. Wilderness Trails/Wanderpfade
4. Jasper-Stadtorientierung
5. Jasper Information Office-Checkliste
6. Baxter Jasper-Tips
7. Bildtafeln Jasper Grundschüler
8. Jasper Park Lodge
9. Miette Hot Springs Area
10. Patricia & Pyramid Lakes Area
11. Whistlers Mountain Area
12. Touren von Jasper
13. Maligne Canyon
14. Jasper Area-Checkliste
15. Icefields Parkway durch Jasper NP
16. Columbia Icefield Area

ENTFERNUNGEN IN MEILEN/KILOMETER
Von Jasper *nach:*

Athabasca Falls	20/32	McBride	111/178
Banff	187/299	Medicine Lake	18/29
Blue River	133/212	Miette Hot Springs	38/61
Calgary	265/424	Montreal	2408/3853
Celestine Lake	23/37	Mt. Edith Cavell	18/29
Columbia Icefield	66/106	Mt. Robson	55/88
Edmonton	235/376	Old Fort Point	1/2
Edson	105/168	Patricia Lake	5/8
Hinton	50/80	Prince George	250/400
Hope	446/714	Prince Rupert	685/1096
Jasper Lake	13/21	Punchbowl Falls	28/45
Jasper Park Lodge	5/8	Pyramid Lake	5/8
Kamloops	275/440	Sky Tram, Gondel	5/8
Lac Beauvert	5/8	Sunwapta Falls	34/54
Lake Annette	4/6	Tete Jaune Cache	63/101
Lake Edith	4/6	Tonquin Valley, Tal	30/48
Lake Louise	144/231	Valley of the Five Lakes	7/11
Maligne Canyon	9/15	Vancouver	550/880
Maligne Lake	35/56	Waterton Park	432/691
Marmot Basin Skigebiet	13/21	Whistlers Mountain	5/8

Vancouver (via Coquihalla Hwy) 476/762

CAMPINGPLÄTZE IM JASPER NATIONALPARK ▲

Sie können alle nachstehend genannten Campingplätze im **Jasper Nationalpark** von der Straße aus erreichen. Genau innerhalb des *East Park Entrance* (Osteingang des Parks) liegt der **Miette Hot Springs Campground** – etwa 100 Campingplätze. Nördlich vom Stadtzentrum befindet sich der **Snaring River Campground**. Genau südlich vom Stadtbezirk von Jasper, *townsite*, erstreckt sich mit über 700 Campingplätzen der **Whistlers Campground**. In der Nähe liegt der 300 Plätze große **Wapiti Campground**. Weiter südlich entlang des *Icefields Parkway, Hwy 93*, kommen Sie zum **Wabasso Campground**, 200 Plätze. Die folgenden Campingplätze am *Hwy 93* liegen etwa in der Größenordnung von jeweils 10 bis 40 Campingplätzen. **Mount Kerkeslin Campground**, in der Nähe der Wasserfälle Athabasca Falls; **Honeymoon Lake Campground** liegt in der Nähe der Wasserfälle Sunwapta Falls. Dann gibt es dort den kleinen Campingplatz **Jonas Creek Campground**; unweit vom Icefield Centre befindet sich der **Columbia Icefield Campground** für Zeltcamper; in der Nähe liegt der etwas größere Campingplatz **Wilcox Creek Campground**. Und denken Sie daran, vorherige Platzreservierungen können nicht vorgenommen werden, die Platzvergabe erfolgt in der Reihenfolge der ankommenden Camper auf der Basis wer zuerst kommt . . . *first come – first served basis*. Da viele der Campingplätze schnell belegt sind, empfehlen wir Ihnen, während des Vormittags an dem von Ihnen ausgewählten Campingplatz zu sein, um einen Platz zu belegen.

WILDERNESS TRAILS

Im **Jasper Nationalpark** gibt es eine Fülle von Wanderpfaden, *trails*, auf denen Sie das landschaftlich einmalig schöne Naturereignis im Park richtig erleben können. Die folgenden Trails, für mehrtägige Bergwanderungen, von etwa 2 bis 10 Tagen (unterschiedliche Schwierigkeitsgrade), geben wir Ihnen als Ergänzung zu einigen der Trails für ganztägige Bergwanderungen, die wir in verschiedenen Abschnitten dieses Kapitels angeben. Diese Aufzählung dient Ihnen nur zur Information. Hinsichtlich aller Einzelheiten, wie beispielsweise genauer Beschreibung der Lage der Startpunkte der Trails, den sogenannten *trailhead locations*, Beschaffung topographischer Karten, *topographic maps*, Information über Beschaffenheit und Zustand der Wanderwege, *trail conditions*, sowie Empfehlungen und Ratschläge wenden Sie sich an das Informationsbüro, *park information office*, in der Stadt Jasper, *townsite*, oder an das Icefield Centre, in der Nähe vom Gletscherfeld **Columbia Icefield** im südlichen Teil des Parks. Bei diesen beiden genannten Informationsstellen können Sie auch Ihr **park use permit** verlangen, das Sie sich **vor** Beginn aller *backcountry trips* — Wanderungen mit Übernachtung in abgelegenen Teilen des Parks — besorgen müssen. Diese Kontrollmaßnahme ist erforderlich, um zu vermeiden, daß einige der Trails überfüllt werden, um die Unberührtheit der Natur, *wilderness atmosphere*, zu erhalten und vor allen Dingen, auf den einfachen Campingstellen unterwegs entlang der Trails genügend Platz für die Wanderer zu haben, die übernachten wollen. Beachten Sie bitte, daß Camping unterwegs auf den Trails nur an den dafür vorgesehenen Stellen, an den *primitive campsites*, erlaubt ist. Erkundigen Sie sich über alle Einzelheiten, wie genaue Entfernungen, Beschaffenheit und Bedingungen der einzelnen Trails bei den *park information offices* (Informationsstellen des Parks).

Zwei-Tage-Wanderungen, *Two Day Hikes:* 1—Saturday Night Loop (27,4 km); 2—Jacques Lake (12,9 km ein Weg); 3—Second Geraldine Lake (6 km ein Weg); 4—Watchtower Basin (11,3 km ein Weg); 5—Mystery Lake (12,8 km ein Weg); 6—Vine Creek (10 km ein Weg); 7—Fortress Lake Trail (15,3 km ein Weg).

Drei-Tage-Wanderungen, *Three Day Hikes:* 1—Berg Lake — im Anschluß an Mount Robson Provincial Park (17,4 km ein Weg); 2—Maligne Pass Trail (48 km); 3—Skyline Trail (45 km); 4—Tonquin Valley (47,1 km); 5—Fryatt Valley (20,1 km ein Weg); 6—Merlin Trail (46 km).

Vier-Tage-Wanderungen, *Four Day Hikes:* 1—Fiddle River (30,5 km ein Weg); 2—Poboktan—Brazeau—Nigel Loop (72,4 km); 3—Jonas Pass (53,3 km ein Weg).

Sieben-Tage-Wanderungen, *Seven Day Hikes:* 1—Athabasca Pass (51,5 km ein Weg); 2—Moosehorn (etwa 72 km).

Zehn-Tage-Wanderungen, *Ten Day Hikes:* 1—North Boundary Trail (185 km ein Weg); 2—South Boundary Trail (176 km ein Weg).

JASPER-STADT

Die Stadt **Jasper** — im Zentrum des Jasper Nationalpark lie-
gend — ist der Ausgangspunkt zu vielen landschaftlich bezaubernden Areas des Parks. Die Stadt ist von den Großstädten
in Kanada-West leicht zu erreichen. So liegt zum Beispiel
Edmonton etwa 235 mi/376 km östlich, **Vancouver** etwa
550 mi/880 km südwestlich von Jasper. Der ausgezeichnet aus-
gebaute und landschaftlich bezaubernde **Yellowhead Highway** *(Hwy 16 & Hwy 5)* schafft eine Highway-Verbindung
nach **Westen** über die kontinentale Wasserscheide, **Continental Divide**, nach **Prince George, Prince Rupert, Kamloops** und
Vancouver; nach **Osten** setzt er sich bis **Edmonton** fort. Von
Jasper aus in Richtung Süden führt *Hwy 93* — auch als **Icefields Parkway** bekannt — einer der spektakulärsten, landschaftlich reizvollsten Highways in Nordamerika, und zieht
sich bis nach **Lake Louise**, wo er sich mit dem **Trans-Canada
Highway** in Richtung **Banff** und **Calgary** vereint.

Calgary, Edmonton und Vancouver sind die nahesten Aus-
gangsstädte, um auf dem **Luftweg** nach Jasper zu gelangen. Ein
kleiner Flughafen liegt bei **Hinton**, genau außerhalb des Ost-
eingangs, *eastern entrance,* zum Jasper Nationalpark. Während
der Hauptsaison gibt es eine **direkte Busverbindung** zwischen
dem Flughafen Calgary Airport und Jasper. Jasper liegt auch
auf der transkontinentalen **Busreiseroute** des Busunternehmens
Greyhound, Bus Stop in Jasper. **Bahnverbindung** mit VIA Rail
von Stationen wie Prince Rupert, Prince George, Vancouver
oder Edmonton und von kanadischen Städten im Osten Kanadas nach Jasper. Verschiedene **Mietwagenfirmen** haben ihre
Vermietstationen in Jasper.

Da Jasper praktisch inmitten des **Jasper Nationalparks** liegt,
gibt es hier eine Konzentration von Hotels, Parkinformations-
stellen, Läden und Restaurants sowie eine Abfahrtsstelle für
die verschiedenen Ausflüge und Touren. Obwohl Jasper nur
eine Stadt mit einer festen Einwohnerzahl von vielleicht nicht
mehr als 5000 ist, bekommt die Stadt während der Sommer-
monate zur Hochsaison, *peak season,* den Charakter einer großen Stadt — starker Autoverkehr, überfüllte Restaurants, be-
legte Hotelzimmer, Mangel an Hotelbetten und Parkplätzen.
Es ist auch kein Wunder, daß sich hier so viele Besucher einfin-
den, denn schließlich zählt diese Gegend zu den überragendsten Naturschönheiten Nordamerikas. Sollten Sie Ihre Reise
hierher planen, machen Sie auf alle Fälle sicher, daß Sie rechtzeitig im voraus Ihr Hotelzimmer bestellt haben. Wenn Sie mit
einem Camper ankommen, empfehlen wir Ihnen, schon morgens gegen 10 Uhr an dem ausgewählten Campingplatz zu
sein, um einen Platz zu belegen, da die Campingplätze sehr
schnell belegt sind. Bevor wir Sie über Einzelheiten über Jasper
informieren, wo Sie übernachten, wo Sie essen können, wo Sie
zusätzliche Information erhalten, möchten wir Ihnen ein wenig
Hintergrundinformation über das Stadtzentrum, **Jasper Townsite**, geben und erzählen, woher der Name der Stadt und des
gleichnamigen Parks stammt.

Während der frühen 1800er Jahre war die Area ein wichtiger Durchgang auf der Pelzhandelsroute Kanadas, *fur trading route.* Bald darauf wurde ein Handelsplatz, *trading post,* errichtet, der von einem Mann namens Jasper Hawse geleitet wurde. Man nannte die Trading Post in der Gegend allgemein **Jasper's House.** Als sich die Handelstätigkeit in der Gegend entfaltete und wuchs – den Stadtbezirk, *townsite,* nannte man inzwischen Jasper, entfaltete sich gleichzeitig der 1907 gegründete Nationalpark, der die Stadt Jasper umgibt. Heute ist Jasper auch der Name des Symbols der Stadt – ein freundlicher **Bär** namens Jasper. Sie werden ihn als Maskottchen auf verschiedenen Prospekten abgebildet finden, aber direkt bei dem großen Totempfahl, *totem pole,* in der Stadt können Sie eine Statue von Jasper ansehen. Machen Sie auf alle Fälle ein Urlaubsfoto mit Jasper!

JASPER STADTORIENTIERUNG

Der Greyhound **Bus-Terminal** ist am Punkt **1**. Hier können Sie sich in der Geschäftsstelle auch eingehend über Sightseeing Touren in der Jasper Area erkundigen sowie Tickets für die Bustouren kaufen. Die Tourbusse sowie die Busse zur Jasper Park Lodge, zum Whistlers Mountain und der dortigen Seilbahn, *sky tram,* fahren von dieser Stelle ab. Verlangen Sie dort den Prospekt ,,*Canadian Rockies Highlight Tours*", in dem die Preise und Abfahrtszeiten der Touren angegeben sind. Züge der VIA Rail von Vancouver, Prince Rupert/Prince George und verschiedener Stationen im Osten Kanadas kommen im **Bahnhof** an. Zur **Information:** Vancouver liegt etwa 534 Bahn-mi/854 Bahn-km und Montreal 2408 Bahn-mi/ 3853 Bahn-km von hier. Im Bahnhof gibt es Schließfächer, *lockers,* sowie eine telefonische Direktleitung zu einzelnen Autovermietern, die sich in Jasper *townsite,* in der Stadt, befinden. Bei unserem letzten Besuch in Jasper gab es eine Geschäftsstelle von Budget Car in der Bahnhofshalle.

Eine der wichtigsten Stellen, wo Sie sich über den Jasper Nationalpark informieren können, ist das **Park Information Office, 2**; Öffnungszeit zur Hochsaison: 8–20 Uhr. An verschiedenen Abenden in der Woche werden interessante Veranstaltungen, wie Vorträge über den Park im Freien geboten, und zwar auf dem Rasen vor dem Information Center. Kostenlos. Im Information Center selbst können Sie alles mögliche an Information erhalten; Einzelheiten und Empfehlungen und Vorschläge über den Park, Aktivitäten, Ratschläge, Sicherheitsbestimmungen, um Unfällen vorzubeugen, Zustand der Trails (Wanderwege) und Vorschläge über Wanderungen. Hier können Sie sich auch Übernachtungserlaubnis – *overnight backcountry permits,* Angelscheine – *fishing permits,* topographische Karten und vieles mehr besorgen. Der Besuch hier im Information Center ist fast obligatorisch, wenn Sie im Stadtzentrum von Jasper sind. Und weil im Information Center immer viel Betrieb ist, haben wir eine allgemeine **Checkliste** aufgestellt, die

CHECKLISTE FÜR DEN BESUCH BEIM PARK INFORMATION OFFICE

- ☐ *Jasper National Park brochure*
  Jasper Nationalpark Prospekt
- ☐ *Hikers Guide: Jasper Vicinity brochure*
  Wanderführer: Jasper Umgebung Prospekt
- ☐ *You Are In Bear Country brochure* (auch auf deutsch)
  Prospekt über Bären; Ratschläge zur Sicherheit
- ☐ *Interpretive Program Schedule brochure*
  Veranstaltungsprogramm der Park Naturalists
- ☐ *Trail Information Summary sheet*
  Informationsblatt über Wanderwege
- ☐ *Fishing Regulations Summary brochure*
  Prospekt über Angel- und Fischbestimmungen
- ☐ *Fishing permit*
  Angelerlaubnis
- ☐ *Overnight Backcountry Permit*
  Übernachtungserlaubnis für unterwegs
- ☐ *Trail Conditions*
  Beschaffenheit der Wanderwege
- ☐ *Advice For Hiking Trips*
  Ratschläge für Wanderungen
- ☐ *Topographic Maps*
  Wanderkarten
- ☐ *Recommended Pack Trip Guides*
  Empfehlungen für Führer bei mehrtägigen Ausritten
- ☐ *Status Of Campgrounds*
  Zustand von Campingplätzen
- ☐ *Safety Information*
  Sicherheitsbestimmungen
- ☐ *Special Park Programs*
  Spezielle Parkveranstaltungen
- ☐ *Checklist Of Birds In Park*
  Checkliste über die Vögel des Parks

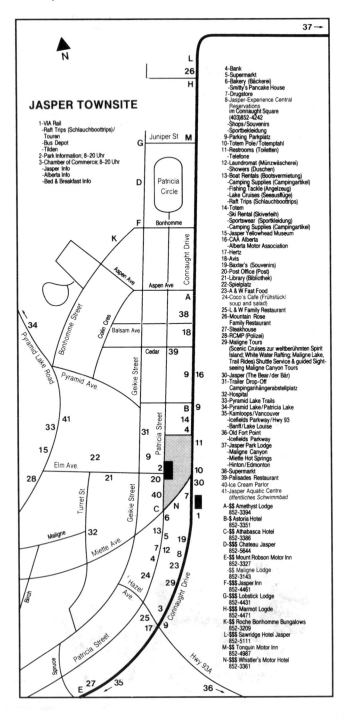

JASPER TOWNSITE

1-VIA Rail
 -Raft Trips (Schlauchboottrips)/
  Touren
 -Bus Depot
 -Tilden
2-Park Information; 8–20 Uhr
3-Chamber of Commerce; 8–20 Uhr
 -Jasper Info
 -Alberta Info
 -Bed & Breakfast Info

4-Bank
5-Supermarkt
6-Bakery (Bäckerei)
 -Smitty's Pancake House
7-Drugstore
8-Jasper-Experience Central
  Reservations
  im Connaught Square
  (403)852-4242
 -Shops/Souvenirs
 -Sportbekleidung
9-Parking Parkplatz
10-Totem Pole/Totempfahl
11-Restrooms (Toiletten)
 -Telefone
12-Laundromat (Münzwäscherei)
 -Showers (Duschen)
13-Boat Rentals (Bootsvermietung)
 -Camping Supplies (Campingartikel)
 -Fishing Tackle (Angelzeug)
 -Lake Cruises (Seeausflüge)
 -Raft Trips (Schlauchboottrips)
14-Totem
 -Ski Rental (Skiverleih)
 -Sportswear (Sportkleidung)
 -Camping Supplies (Campingartikel)
15-Jasper Yellowhead Museum
16-CAA Alberta
 -Alberta Motor Association
17-Hertz
18-Avis
19-Baxter's (Souvenirs)
20-Post Office (Post)
21-Library (Bibliothek)
22-Spielplatz
23-A & W Fast Food
24-Coco's Cafe (Frühstück/
   soup and salad)
25-L & W Family Restaurant
26-Mountain Rose
   Family Restaurant
27-Steakhouse
28-RCMP (Polizei)
29-Maligne Tours
   (Scenic Cruises zur weltberühmten Spirit
   Island; White Water Rafting; Maligne Lake,
   Trail Rides) Shuttle Service & guided Sightseeing Maligne Canyon Tours
30-Jasper (The Bear/der Bär)
31-Trailer Drop-Off
   Campinganhängerabstellplatz
32-Hospital
33-Pyramid Lake Trails
34-Pyramid Lake/Patricia Lake
35-Kamloops/Vancouver
 -Icefields Parkway/Hwy 93
 -Banff/Lake Louise
36-Old Fort Point
 -Icefields Parkway
37-Jasper Park Lodge
 -Maligne Canyon
 -Miette Hot Springs
 -Hinton/Edmonton
38-Supermarkt
39-Palisades Restaurant
40-Ice Cream Parlor
41-Jasper Aquatic Centre
   öffentliches Schwimmbad

A-$$ Amethyst Lodge
   852-3394
B-$ Astoria Hotel
   852-3351
C-$$ Athabasca Hotel
   852-3386
D-$$$ Chateau Jasper
   852-5644
E-$$ Mount Robson Motor Inn
   852-3327
 -$$ Maligne Lodge
   852-3143
F-$$$ Jasper Inn
   852-4461
G-$$$ Lobstick Lodge
   852-4431
H-$$$ Marmot Logde
   852-4471
K-$$ Roche Bonhomme Bungalows
   852-3209
L-$$$ Sawridge Hotel Jasper
   852-5111
M-$$ Tonquin Motor Inn
   852-4987
N-$$$ Whistler's Motor Hotel
   852-3361

das enthält, was Sie dort eventuell bekommen oder fragen wollen, um den Jasper Nationalpark kennenzulernen und richtig erleben zu können. Natürlich können Sie diese Liste mit Ihren ganz speziellen Fragen zum Besuch des Jasper Nationalparks ergänzen. Die hier beschäftigten Leute sind Experten − Sie werden Ihnen sehr gerne behilflich sein, aber dazu brauchen Sie einige Anhaltspunkte über das, was Sie genau wissen wollen und was Sie im einzelnen vorhaben.

Die Geschäftsstelle des Chamber of Commerce (Industrie- und Handelskammer) befindet sich am Punkt 3. Hier können Sie sich über all das erkundigen, was in Jasper geboten wird. Sie erhalten aber auch Informationen über die Umgebung und die gesamte Provinz Alberta; **kostenlose** Land- und Straßenkarten, Ansteck-Buttons, Prospekte, Hotelverzeichnisse. Hier holen Sie sich auch die neueste Information über Hotels und Hotelpreise, wo man Autos, Fahrräder, Pferde, Boote und Campingausrüstung mieten kann, welche Touren von wem und wo veranstaltet werden und wieviel sie kosten; welche zugelassene Führer, *licensed guides,* mehrtägige Ausritte mit Reit- und Packpferden, *pack trips,* oder Bergwanderungen, *wilderness hikes,* durchführen. Sie können sich auch danach erkundigen, ob es begleitete Flüge, *narrated flights,* über den Jasper Nationalpark gibt. Oder Sie können sich auch über Foster's Fishing Trips oder Bergtouren mit Bergführern, die von Blackstone Tours angeboten werden, erkundigen; mit Begleitung, Beförderung zum Startpunkt, Rucksäcke *(back packs),* Mahlzeiten, Regencapes, *rainsuits,* und Schlafsäcken, *sleeping bags.* Übernachtungslager, *overnight camps,* werden an Ort und Stelle zur Verfügung gestellt, damit Sie nicht eine so schwere Last zu tragen haben! Erkundigen Sie sich auch, wer Reittouren, *pack trips,* und Übernachtungen im herrlichen **Tonquin Valley** durchführt und arrangiert. Da von Zeit zu Zeit die Besitzer und Inhaber von Firmen und Gesellschaften oder Tourveranstaltern wechseln, aus dem Geschäft steigen oder neu hinzukommen, wenden Sie sich an das Chamber of Commerce, wenn Sie gerade hier sein sollten, oder schreiben Sie es an, um sich über die neuesten Verhältnisse, Einzelheiten, Preise und Leistungen der Veranstalter zu informieren.

Am Punkt 4, in der Nähe des Park Information Office ist eine Bank, wo Sie Ihr Geld wechseln können. Da Sie überall in Restaurants, Souvenir Shops usw. in kanadischen Dollars zahlen müssen, so haben Sie hier Gelegenheit, Ihr Geld zu wechseln. Tip: Besorgen Sie sich bei der Bank einen Jasper-Dollar als Souvenir. In Jasper wird er als Zahlungsmittel anerkannt. Am Punkt 5 finden Sie einen Supermarkt, wo Sie Ihre Picknickvorräte einkaufen können.

BAXTER JASPER TIPS

Tips für einen angenehmen Aufenthalt

1. Zimmerreservierung im voraus vornehmen.
2. mindesten 2-3 Tage einkalkulieren; nach Möglichkeit mehr.
3. Für Camping/RV vor 10 Uhr am ausgewählten Campingplatz eintreffen.

Vorschlag für 2-3 Tage Aufenthalt

Erster Tag: Jasper Townsite als Ausgangspunkt zur Erkundung dieser Area des Jasper Nationalparks wählen. Früher Start für Maligne Lake; Schiffsausflug auf dem See. Auf der Rückfahrt zur Jasper Area am Maligne Canyon halten; Spaziergang, die enge und tiefe Gebirgsschlucht zu erkunden. Anschließend die herrliche Jasper Lake Lodge aufsuchen; eventuell dort essen, Nachmittagstee (Afternoon Tea) einnehmen oder nur ein wenig innerhalb des weltberühmten Ferienhotels umherzuspazieren. Beim Park Information Office in Jasper nach Veranstaltungskalender für Abendveranstaltungen erkundigen oder einen „Stadtbummel" unternehmen oder am Bahnhof auf das Eintreffen des Abendzugs warten - da Jasper über eine reiche Eisenbahngeschichte verfügt.

Zweiter Tag/Dritter Tag: Von den vielen Ausflugsmöglichkeiten von Jasper Townsite Gebrauch machen. Ausflug nach Miette Hot Springs – die heißen Quellen und das Thermalbad der Parks Canada sind ein Erlebnis; auch Picknickplatz. Pyramid Lake ist ideal für Boottrips; auch eine Menge Wanderwege sowie Reitmöglichkeiten. Nur etwa 4 mi/7 km südwestlich von Jasper Townsite liegt Whistlers – der Berggipfel kann mit der Bergbahn erreicht werden. Der südlich von Jasper verlaufende Hwy 93A führt zum Mount Edith Cavell, etwa 19 mi/30 km von Jasper Townsite entfernter, spektakulärer Berggipfel.

Restaurants

A & W Restaurant. Hamburgers, Pommes frittes, Milk Shakes, Kaffee; direkt am Connaught Drive, Nähe Chamber of Commerce; reger Betrieb. **Smitty's Pancake House.** Nähe Park Information Office; populäres Lokal für Snack oder komplette Mahlzeit; Bäckerei nebenan – auch günstig für Snacks. – – **Steakhouse.** Neben Mount Robson Motor Inn; zivile Preise und gutes Essen. – – **Mountain Rose Family Restaurant.** Am Nordrand der Stadt, neben dem großen Sawridge Hotel Jasper; zivile Preise. – – **L & W Family Restaurant.** Neben Chamber of Commerce; auch Pizza; Tische im Freien.

Weitere Tips

Busverkehr. Zu und vom Calgary International Airport via Brewster Transportation. Inter-City Busverkehr nach Edmonton, Prince George, Prince Rupert, Dawson Creek, Kamloops, Vancouver. – – **Mietwagen/Car Rental.** Führende Mietwagenfirmen besitzen Geschäftsstellen in Jasper. Lage der Orientierungskarte entnehmen. – – **Souvenirs.** Eines der besten Geschäfte mit großer Auswahl an Souvenirs ist Baxter's (wer sonst mit solch einem Namen!) – ein Foto mit dem freundlichen Bären am Eingang des Geschäfts wird zum netten Souvenirfoto (bestimmt findet sich einer der Passanten, das Foto zu knipsen!). – – **Sportartikel/Sportkleidung.** Überall in Jasper gibt es Boutiquen usw.; ein gutes Geschäft für Freizeitkleidung ist **Totem;** auch Campingartikel und Information über Angeln & Fischen. – – **Keine Unterkunft.** Auf alle Fälle Zimmerreservierung vor Ankunft in Jasper vornehmen. Wer das Pech hat, während der Hochsaison im Sommer ohne Unterkunftsreservierung in Jasper anzukommen, sollte sich sofort an das Jasper Central Reservations wenden (Lage der Orientierungskarte entnehmen) und sich in die Schlange stellen; man wird sich dort (gegen eine Reservierungsgebühr) um eine Unterkunft bemühen; darauf gefaßt sein, eine gewisse Entfernung zum Quartier zurücklegen zu müssen. – – **Billige Unterkunft.** Billigste Unterkunftsmöglichkeit sind die Hostels/ Jugendherbergen im Maligne Canyon und am The Whistlers. Beim Chamber of Commerce nach Liste von Privatzimmern & Pensionen *(list of accommodations in private homes)* erkundigen. – – **Maligne Lake Cruises/Ausflugsboote Maligne Lake.** Erstes Schiff 10 Uhr; letztes Schiff 17 Uhr. Kinder 6-12 Jahre halber Preis; unter 6 frei. Familienermäßigung: 10-Uhr-Schiff *Family Special* = Mutter, Vater & Kinder für etwa $65. Senior Citizens (über 65 Jahre): Ein paar Dollar Ermäßigung vom regulären Fahrpreis für 16-Uhr und 17-Uhr-Schiff.

Bild-Infotafeln von Jasper Grundschülern

Als Beitrag zur 100-Jahrfeier der Nationalparks vor ein paar Jahren malten 10jährige Schüler der Jasper Elementary School (Grundschule in Jasper) Bilder der landschaftlichen Wahrzeichen der Gegend und verfaßten Erklärungstexte dazu. Wer durch Jasper Townsite spaziert und **Connaught Drive** entlangbummelt, wird unterwegs diese wahren Kunstwerke entdecken; sie wurden von Jasper's Schulkindern für Parks Canada geschaffen.

Am Bahnhof VIA Rail Station, gegenüber vom Whistlers Hotel:

The Railway – die Eisenbahn. 1871 beschloß die kanadische Regierung den Bau einer Eisenbahn, um eine Verbindung zwischen British Columbia und dem übrigen Kanada zu schaffen. Die ersten beiden Eisenbahngesellschaften, die sich am Bau dieser Strecke beteiligten, waren Grand Trunk Pacific (G.T.P.) und Canadian Northern.

Der Bau der Eisenbahn war ein recht schwieriges Unterfangen wegen der Berge und der Größe Kanadas. Die beiden wichtigsten Baucamps waren Fitzhugh (Jasper) und Pocahontas. Die G.T.P. erreichte 1911 Jasper, und 1912 folgte ihr Canadian Northern. G.T.P. erkor Fitzhugh als Schnittpunkt ihrer Linie, während Canadian Northern Lucerne als ihren Schnittpunkt bestimmte.

1916 mußten die beiden Eisenbahnen zusammengelegt werden, da es durch den Zweiten Weltkrieg zu einer Verknappung der Eisenbestände gekommen war. Bis 1922 war Lucerne der Schnittpunkt, bis man ihn nach Jasper verlegte. Von Norman Gieschen und Paron Bolt.

zwischen Toiletten & Totempfahl:

Mt. Tekarra. Mt. Tekarra liegt etwa 8 km östlich von Jasper. Der Berg ist Teil des Gebirgszugs Maligne Range. Mt. Tekarra ist 2688 m hoch. Dr. James Hector von der Palliser Expedition, die im Auftrag der englischen Regierung nach möglichen Routen zur Durchquerung der Northwest Territories (Nordwestterritorien) suchte, gab dem Berg seinen Namen. Mt. Tekarra wurde nach einem Irokesenjäger benannt, der Hector auf der Expedition begleitete. Tekarra arbeitete für Henry Moberly, der als Factor im Jasper House tätig war. Von Jennifer Kowalyk.

Gegenüber vom Whistlers Hotel auf dem Rasen des Park Information Centre neben Fahnenmast:

Whistler Mtn. Whistler Mountain liegt etwa 7 km südwestlich von Jasper und ist 2464 m hoch. Die Vegetation des Whistler Mountain bezeichnet man als Alpine Tundra (Alpentundra). Alpine Tundra bedeutet Bäume, Büsche und Pflanzen von kleinem Wuchs. Sie bleiben klein wegen des starken Winds im Sommer und Schnee und Eis im Winter. Hoary Marmot (Murmeltier), Golden Eagle (Steinadler), Grizzly Bear (Grizzlybär) und Ptarmigan (Schneehuhn) sind oben auf dem Berg zuhause. Der Berg wurde nach den Murmeltieren benannt, da die Murmeltiere einen schrillen Pfeifton *(= whistling noise)* von sich geben.

Das Murmeltier gehört zur Familie der Wood Chuck (= Murmeltier). Es wiegt ca. 6 kg und ist überwiegend braun, manchmal etwas schwarzweiß-gefleckt. Im Winter halten sie Winterschlaf. Sie leben kolonieweise in großen Gruppen. Das Hoary Marmot liebt steinige Abhänge und Geröllhalden, Felsvorsprünge, alpine Wiesen und Gebirgspässe. Droht Gefahr, gibt das Hoary Marmot einen schrillen Pfeifton von sich. Von Loretta Leonardi. *In der Nähe eine weitere Bildtafel.*

Neben Park Information Centre:

Administration Bldg. – Verwaltungsgebäude. Das Administration Bldg. wurde 1913 erbaut. M. Calderon, ein Architekt aus Edmonton, entwarf das Gebäude. Es diente als Wohnung und Büro des Superintendenten des Parks. Zum Bau wurden Felssteine und Beton verwendet. Der erste Superintendent war S. Maynard Rogers. 1936 wurde für den Superintendenten ein separates Wohnhaus errichtet. Die Parkverwaltung benutzte das Gebäude bis 1972. 1972 verlegte sie ihren Sitz in die Patricia Street. Heute dient das Gebäude als Informationszentrum Information Centre und Interpretive Office. Von Brian Unran und Shane Barron.

Gegenüber der Bank auf dem Rasen des Park Information Centre, bei Park-Infotafel:

Pyramid Mountain. Der 2766 m hohe Berg Pyramid Mountain liegt ca. 10 km nördlich von Jasper Townsite. Er gehört zu den Gebirgszügen der Eastern Main Ranges. Rund um Pyramid Mountain gibt es zwei Seen, Pyramid Lake und Patricia Lake. Pyramid Mountain besteht aus Quarz-Sandstein, das zu den ältesten Gesteinsarten im Jasper Nationalpark zählt.

1859 gab Doctor James Hector dem Berg den Namen Pyramid Mountain wegen seiner pyramidenähnlichen Form. Er war Geologe und Doktor, der an der Palliser Expedition teilnahm. Von Michelle Jassone.

Nähe Parkplatz. Gegenüber von Alberta Motor Association:

Mt. Edith Cavell. Der etwa 20 km südlich von Jasper liegende Mt. Edith Cavell ist der höchste Berg rund um Jasper. Er ist genau 3363 m hoch. Mt. Edith Cavell wurde ursprünglich von den Pelzhändlern „La Montagne de la Grande Traverse" (etwa Berg der großen Durchquerung) genannt. Der zweite Name des Berges war „Mt. Fitzhugh", und zwar von A.O. Wheeler nach Earl Hopkins Fitzhugh benannt. Zur Bezeichnung Mt. Edith Cavell nach der Krankenschwester Edith Cavell kam es am 1. August 1926. Die Geschichte der Krankenschwester Edith Cavell geht auf den Ersten Weltkrieg zurück. Edith Cavell war eine englische Krankenschwester, die hungrigen englischen Soldaten aus dem von deutschen Streitkräften besetzten Belgien verhalf. Am 6. August 1915 wurde sie vom deutschen Geheimdienst gefangengenommen. Gemeinsam mit dem Architekten Philippe Baucq wurde sie am 12. Okt. 1915 erschossen. Von Ravi Singh und Laura Barton.

Park Heritage – Parkgeschichte. Jaspers Anfangsjahre: Vor vielen Jahrmillionen war der Park völlig von Wasser bedeckt. Die Eiszeit begann, und das Eis begann, sich fortzubewegen, schuf Täler, Hügel und Berge.

Jasper Nationalpark: 1887 wurde das Gesetz Rocky Mountain Park Act verabschiedet. Sulphur Mountain Hot Springs wurde als erster Park gegründet. Glacier Nationalpark und Yoho Nationalpark folgten. Jasper wurde 1907 Nationalpark; er umfaßte 13 000 Quadratkilometer. Eins hatten alle Parks gemeinsam – die Eisenbahn führte quer durch. 1927 kamen die Columbia Icefields als Erweiterung zum Jasper Nationalpark.

Fur Trade Era – Pelzhandelsära: Die ersten weißen Menschen, die nach Jasper kamen, waren auf der Suche nach Biberfellen. Diese Pelzhändler arbeiteten für zwei Pelzhandelsgesellschaften, die Northwest Fur Company und die Hudson's Bay Company. In Jasper wurden Handelsposten *(= Trading Posts)* erstellt, die von „Factors" kontrolliert und verwaltet wurden.

Mountaineers And Adventurers – Bergsteiger und Abenteurer: Aus Europa kamen viele Bergsteiger, um die Rocky Mountains zu besteigen. Sie hielten die Berge für höher als sie waren. Mary Schaeffer aus Philadelphia (USA) reiste auf dem Pferd vom Lake Louise an und war die erste Frau, die den Maligne Lake zu sehen bekam.

Railroad Era – Eisenbahn-Ära: Die kanadische Regierung wollte den Anschluß British Columbias an den Rest Kanadas und beschloß den Bau einer Eisenbahn von Ost nach West. 1915 führten zwei Eisenbahnlinien durch Jasper. 1922 verschmolzen sie ineinander und wurden zur Canadian National Railway. Von Amy Porter und Adam Berry.

Eine Gruppe von dreimal zwei Bildtafeln gegenüber vom Astoria Hotel:

Athabasca. Der Athabasca River beginnt in den Columbia Icefields und endet im Athabasca Lake. Der Begriff Athabasca bedeutet „schilfreiches Gewässer" und stammt von den Cree-Indianern. Der Athabasca Paß ist 1745 m hoch und liegt 50 km südlich von Jasper. Der erste weiße Mann, der den Athabasca Paß überquerte, war David Thompson. Er überquerte 1811 den Athabasca Paß. Er war auf der Suche einer Durchgangsroute zum Pazifischen Ozean. Von Diana Arendo.

Lobstick. Lobstick nennt man einen Baum, dessen Zweige und Äste außer der Krone abgeschnitten sind. Man fand ihn etwa 1,5 km nördlich der Jasper Townsite am Athabasca River. Der Baum starb ab, als seine Äste abgebrochen waren, doch der Lobstick blieb als sichtbares Zeichen künftiger Besucher zurück. Michel Gauthier, ein Irokesen-Mischling, schnitt die Äste ab, um 1872 während der Vermessungsarbeiten der C.P.R. durch den Yellowhead Paß ein Treffen zwischen Walter Moberly und Sandford Fleming zu markieren. Man benutzte Lobsticks auch anderweitig. Wenn Pelzhändler unterwegs waren, suchten sie sich einen am Fluß wachsenden Baum, dem sie alle Äste außer der Krone abschnitten, um auf dem Rückweg zu erkennen, wo sie ihre Vorräte verstaut hatten. Von Christine Klopfenstein.

Lewis Swift. Lewis Swift kam 1892 von Edmonton nach Jasper. Lewis Swift wurde im Erie County, Ohio, geboren. Er kam mit seiner Frau Suzette und seinen Kindern und ließ sich 12 km nördlich von Jasper Townsite nieder. Er war Jaspers erster Farmer und Siedler. Er baute Weizen, Kartoffeln, Rüben, Karotten, Rettiche und etwas Hafer an. Er züchtete Pferde, Kühe, Hühner und Schweine. Den Weizen mahlte er mit Hilfe eines selbstgebauten Wasserrads zu Mehl. Seine Farmprodukte verkaufte er an Touristen; Swifts Frau nähte Mokassins und Jacken.

1907 wurde Jasper Forest Park gegründet. 1909 entsandte die Regierung J.J. McLoggan von Ottawa, um Mr. Swifts Farm aufzukaufen. Swift weigerte sich, seinen Besitz zu verkaufen. Die Eisenbahngesellschaft Grand Trunk Pacific Railroad wollte eine Eisenbahn durch seine Farm bauen. Zunächst weigerte er sich, doch später willigte er in die Verkaufsverhandlungen ein. 1935 verkaufte er sein Land an Mr. Willoughby von England. Von Chad Solovich.

Jasper. Jasper wurde nach Jasper Hawse benannt. Er kam 1817 aus den USA nach Jasper. Er arbeitete für die Pelzhandelsgesellschaft North West Fur Company. Er war von 1801 bis 1825 als „Factor" bei deren Trading Post Jasper House tätig. Jasper Hawse hatte eine Indianerin zur Frau und besaß eine große Familie.

Jasper wurde erst Fitzhugh genannt, und zwar nach Earl Hopkins Fitzhugh, dem Vizepräsidenten der Great Trunk Pacific Railway. Am 1. Juni 1913 wurde Fitzhugh in Jasper umbenannt. 1907 wurde Jasper ein Nationalpark. Von Warren Van Asten und Sam Pitts.

Colin Range. Der Gebirgszug Colin Range wurde 1859 von Dr. James Hector nach Colin Fraser benannt. Colin Fraser arbeitete als Factor des Jasper House für die Hudson's Bay Fur Company und handelte Pelze mit den Indianern. Er war ein junger Dudelsackpfeifer aus dem schottischen Hochland. Er hatte eine indianische Frau und 9 Kinder. Er kam 1827 in die Gegend, die er 1849 verließ. Ein Priester namens Father De Smet und ein berühmter Maler namens Paul Kane besuchten die Area, als Colin als Factor im Jasper House tätig war. Die Colin Range befindet sich etwa 15 km nördlich von Jasper. Von A. McMillan.

Roche Bonhomme. Alter-Mann-Felsen (= Roche Bonhomme oder Old Man Mountain) ist etwa 2495 m hoch und liegt etwa 12 km nordöstlich von Jasper. Roche Bonhomme gehört zur Front Range. Vermutlich von ersten frankokanadischen Pelzhändlern benannt. Roche Bonhomme wurde erstmals 1873 in George Grants Buch „Ocean to Ocean" (Meer zu Meer) erwähnt. Von Jania Morrison.

JASPER AREA CHECKLISTE

- ☐ BEIM PARK INFORMATION OFFICE ERKUNDIGEN
- ☐ BEIM CHAMBER OF COMMERCE INFORMIEREN
- ☐ FOTO AM TOTEMPFAHL KNIPSEN
- ☐ AM MALIGNE CANYON ENTLANGSPAZIEREN
- ☐ MIT DER SKY TRAM FAHREN
- ☐ JASPER PARK LODGE GENIESSEN
- ☐ AUSFLUG ZUM MT. EDITH CAVELL UNTERNEHMEN
- ☐ ABSTECHER ZU PATRICIA & PYRAMID SEEN
- ☐ URLAUBSFOTO MIT DEM BÄR JASPER KNIPSEN
- ☐ IM MIETTE HOT SPRINGS POOL BADEN
- ☐ AUSFLUGSFAHRT AUF DEM ICEFIELDS PKWY

JASPER PARK LODGE

Eine der **reizvollsten** und malerischsten Ferienoasen in Nordamerika ist **Jasper Park Lodge** — nur etwa 5 mi/8 km nordöstlich vom Stadtkern von Jasper, Jasper *townsite,* entlang der *Lodge Road.* Sogar wenn Sie nicht vorhaben, dort in der Luxusherberge zu übernachten (Reservierungen müssen lange im voraus vorgenommen werden), lohnt es sich, einen Ausflug zu diesem großzügig angelegten luxuriösen Komplex am hübschen See **Lac Beauvert** (aus dem Französischen für „schöner grüner See") zu unternehmen, vielleicht zum Frühstück, Mittagessen oder Abendessen oder nach altenglischer Sitte zum Afternoon Tea (Nachmittagstee). Natürlich können Sie auch nur zum Spazierengehen hierherkommen. In der Nähe der Lodge gibt es einen riesigen Parkplatz für Besucher. Achten Sie auch darauf, daß es häufige **Busverbindung** vom Busbahnhof in der Stadt von Jasper zur Jasper Park Lodge gibt.

In der Hochsaison täglich einmal Busverbindung vom Flughafen Calgary Airport zu dieser bekannten Ferienoase! Wenden Sie sich ans Reisebüro oder an Brewster Transport Company, P.O. Box 1140, Banff, Alberta T0L 0C0, und erkundigen Sie sich nach dem neuesten Fahrplan und dem Fahrpreis. Für diejenigen, die so wenig wie möglich selbst fahren wollen, ist das eine sehr bequeme Verkehrsverbindung. Auf dem Weg zur Jasper Park Lodge kommen Sie am See **Lake Annette** vorbei — Picknicktische stehen am Ufer zur Verfügung.

Im Jahre 1922 übernahm die kanadische Eisenbahngesellschaft Canadian National Railroad CNR den Betrieb des **Jasper Camp** von Jack und Fred Brewster (Veranstalter der Busfahrten und Touren). Der erste Abschnitt eines neuen Hauptgebäudes wurde 1923 mit einer Länge von etwa 76 m und einer Breite von etwa 60 m errichtet. Zur damaligen Zeit galt dieses Gebäude als das größte einstöckige Holzbalken-Gebäude (Blockhaus) der Welt! Das Zentrum der Ferienoase in heutiger Zeit ist eine moderne Form des Blockhauses; eine Umgebung, in der Sie elegant und formell sein und sich gleichzeitig wie zu Hause fühlen können mit herrlicher Atmosphäre.

Wenn Sie sich im Hauptgebäude, *main building,* befinden, sollten Sie in den Souvenirladen, *gift shop,* hineinschauen — Schnitzereien der Eskimos, Gemälde und Keramik. Auf dem Grundstück befindet sich auch eine Bank. **Lodge Sundeck** ist die Stelle, wo Sie Fahrräder, *bicycles,* Tretboote, *pedal boats,* Kanus, *canoes,* Kajaks, *kayaks,* Ruderboote, *rowboats,* Segelboote, *sailboats,* Angelzeug, *fishing rods & reels,* mieten; auch Campinggeräte, *camping gears,* können Sie hier kaufen. Zur Ferienoase gehört auch ein ausgezeichneter Golfplatz (öffentlich) sowie mehrere Tennisplätze. Von der Lodge werden auch Ausritte unternommen. Sightseeing Touren starten sowohl von der Lodge als auch vom Bus Terminal im Stadtzentrum von Jasper.

Wenn Sie schon einmal in **Jasper Park Lodge** sind, sollten Sie das auch richtig genießen. Suchen Sie sich eine Sitzgelegenheit vor dem Hauptgebäude. Die Aussicht, die Sie haben, ist spektakulär – wie eine farbenprächtige Ansichtskarte. Die hohen Berge ringsum scheinen greifbar nah, und das tiefgrüne Wasser des Sees Lac Beauvert paßt in das beruhigende und friedliche Stimmungsbild – wirklich sehr erholsam. Wenn Sie am späten Nachmittag hier sein sollten, brauchen Sie nicht erstaunt zu sein, wenn Sie die Klänge eines **Dudelsackpfeifers** hören, der original in Kilt und Tartan gekleidet über den sauber geschorenen und gepflegten Rasen schreitet und seine Musik entlang der Uferfront weiterspielt. Abends wird das **Lake Front Barbecue** draußen am See veranstaltet – ,,Prime Alberta Sirloin Steak''! Ein Besuch in dieser Oase wird auch für Sie zu einem unvergeßlichen Erlebnis werden.

Jasper Park Lodge mit Zimmern im Hauptgebäude sowie in den Ferienwohnungen aus Zedernholz von unterschiedlicher Größe kann etwa 700 Gäste aufnehmen. Es gibt auch Spezial-Pauschalangebote wie Golf-, Tennis- und Reit-Packages. Im allgemeinen sind Frühstück *(breakfast)* und Abendessen *(dinner)* im Preis inbegriffen. Erkundigen Sie sich beim Reisebüro oder schreiben Sie direkt an Jasper Park Lodge, Jasper, Alberta T0E 1E0, (403)852-3301, wenn Sie weitere Information benötigen oder Reservierungen vornehmen möchten.

MIETTE HOT SPRINGS AREA

Die Gegend von **Miette Hot Springs** liegt etwa 38 mi/61 km nordöstlich vom Stadtkern von Jasper. Sie folgen etwa für 27 mi/43 km dem **Yellowhead Hwy 16** und fahren dann südöstlich etwa 11 mi/18 km auf einer Nebenstraße weiter. In der Nähe der Straßenkreuzung finden Sie als **Übernachtungsmöglichkeit** Pocahontas Bungalows, Box 820, Jasper, Alberta,

Jasper-Area-Karte

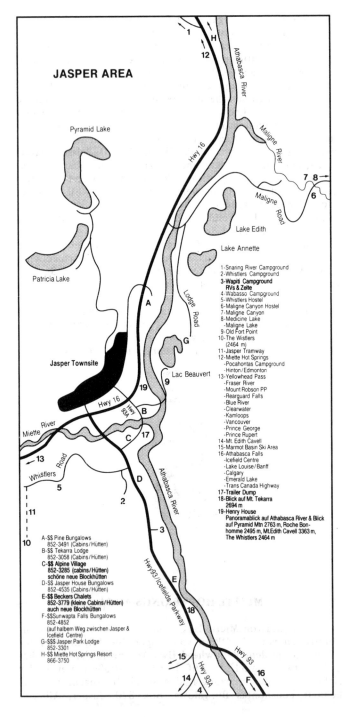

JASPER AREA

Pyramid Lake

Patricia Lake

Jasper Townsite

Miette River

Lodge Road

Lac Beauvert

Athabasca River

Maligne River

Maligne Road

Lake Edith

Lake Annette

Hwy 16

Hwy 93 A

Hwy 93 / Icefields Parkway

Hwy 93

Hwy 93A

Whistlers Road

1-Snaring River Campground
2-Whistlers Campground
3-**Wapiti Campground**
  RVs & Zelte
4-Wabasso Campground
5-Whistlers Hostel
6-Maligne Canyon Hostel
7-Maligne Canyon
8-Medicine Lake
 -Maligne Lake
9-Old Fort Point
10-The Wistlers
  (2464 m)
11-Jasper Tramway
12-Miette Hot Springs
 -Pocahontas Campground
 -Hinton/Edmonton
13-Yellowhead Pass
 -Fraser River
 -Mount Robson PP
 -Rearguard Falls
 -Blue River
 -Clearwater
 -Kamloops
 -Vancouver
 -Prince George
 -Prince Rupert
14-Mt. Edith Cavell
15-Marmot Basin Ski Area
16-Athabasca Falls
 -Icefield Centre
 -Lake Louise/Banff
 -Calgary
 -Emerald Lake
 -Trans Canada Highway
17-**Trailer Dump**
18-**Blick auf Mt.Tekarra**
  2694 m
19-**Henry House**
  Panoramablick auf Athabasca River & Blick
  auf Pyramid Mtn 2763 m, Roche Bon-
  homme 2495 m, Mt.Edith Cavell 3363 m,
  The Whistlers 2464 m

A-$$ Pine Bungalows
  852-3491 (Cabins/Hütten)
B-$$ Tekarra Lodge
  852-3058 (Cabins/Hütten)
C-**$$ Alpine Village**
  852-3285 (cabins/Hütten)
  schöne neue Blockhütten
D-$$ Jasper House Bungalows
  852-4535 (Cabins/Hütten)
E-**$$ Beckers Chalets**
  852-3779 (kleine Cabins/Hütten)
  auch neue Blockhütten
F-$$Sunwapta Falls Bungalows
  852-4852
  (auf halbem Weg zwischen Jasper &
  Icefield Centre)
G-$$$ Jasper Park Lodge
  852-3301
H-$$ Miette Hot Springs Resort
  866-3750

866-3732. Während Sie sich der Miette Hot Springs Area nähern, werden Sie schon **Sulphur Creek**, Pony Barn (Ponyhof
mit Reitgelegenheit), dann das Hotel und das weltbekannte
Bad mit den heißen Quellen sehen. Das große Schwimmbad,
das staatlich betrieben wird, zählt zu einer der beliebtesten
und anziehendsten Attraktionen der Gegend; es wird mit dem
Wasser der heißen Schwefelquellen gespeist (etwa 50 ^{o}C/
122 ^{o}Fahrenheit). Das Wasser des Schwimmbeckens wird bis
zur angenehmen Badetemperatur von etwa 32 ^{o}C/90 ^{o}Fahren-
heit herabgekühlt; täglich geöffnet.

Außer dem herrlichen Schwimmbad der **Miette Hot Springs
Area** gibt es hier auch den **Campingplatz** Miette Hot Springs
Campground (etwa 100 Plätze). Für Nichtcamper sind auch
andere Übernachtungsmöglichkeiten vorhanden, und zwar die
Miette Hot Springs Bungalows – Motelzimmer und Ferienwoh-
nungen, *chalets*.

Eine der Hauptaktivitäten im Bereich von Miette Hot
Springs ist das Wandern, *hiking*. Es gibt mehrere Möglichkeiten
für Tagestouren, *day hikes*, zum Beispiel den **Sulphur Creek
Nature Trail** (hin und zurück etwa .8 mi/1,3 km). Der leicht be-
gehbare Pfad beginnt hinter dem Schwimmbad, in der Nähe
der heißen Quellen. Der **Fiddle River Trail** (vom Schwimmbad
aus) folgt zunächst dem Sulphur Creek Nature Trail und den
Markierungen zum Fiddle River, etwa 3.5 mi/5,6 km, ein Weg.
Der **Whitehorse Pass** ist etwa 18 mi/29 km (ein Weg) von
Miette Hot Springs entfernt. Vom **Fiddle River Trail** (von der
Gegend des Spielplatzes auf dem Campingplatz aus) auf dem
Weg zum Fiddle River haben Sie einen phantastischen Ausblick auf die Umgebung – etwa 3 mi/5 km (ein Weg). Der
Sulphur Skyline Trail, ein steiler Pfad, folgt auf etwa 1.5 mi/
2,4 km (über den Campingplatz) dem Fiddle River Trail und
biegt dann nach Süden ab und klettert den **Sulphur Mountain**
hinauf – etwa 3 mi/5 km ein Weg. **Wichtiger Hinweis:** Bevor
Sie eine Wanderung oder Bergtour unternehmen wollen, wenden Sie sich jeweils an das Park Informationsbüro, *park information office*, um sich zu informieren und über den Zustand
der Wanderwege zu erkundigen und eventuell ein paar Ratschläge zu erhalten.

Von der Gegend Miette Hot Springs haben Sie auch eine
fabelhafte Gelegenheit, den **Jasper Nationalpark** auf dem Rük-
ken eines Pferdes kennenzulernen. Information und Anmeldung beim Pony Barn oder beim Chamber of Commerce im
Stadtbezirk von Jasper. Es gibt beispielsweise dreistündige Vor-
mittags- oder Nachmittags-Ausritte zum Gipfel des **Sulphur
Mountain**, einen ganztägigen Reitausflug mit Mittagessen,
lunch, und einen dreistündigen Abendritt, um den so spektakulären kanadischen Sonnenuntergang zu erleben. Erkundigen
Sie sich auch nach dem „*Saturday Night Wiener Roast Ride*"
– Ausritt, heiße Würstchen, *wieners*, Kaffee, heiße Schokolade mit Marshmallows. Wer noch mehr erleben möchte, für
den gibt es auch einen dreitägigen Ausritt mit Sattel- und Packpferden, *pack trip*.

PATRICIA & PYRAMID LAKES AREA

Einer der hübschesten Ausflüge vom Stadtkern Jaspers ist zu den Seen **Patricia Lake** und **Pyramid Lake**, nur etwa 5 mi/ 8 km entfernt. Die Straße **Pyramid Road**, in der Nähe des Schwimmbades in Jasper, steigt ziemlich rasch steil an. Von der Straße aus haben Sie einen herrlichen Blick auf die Stadt und Umgebung. Etwa 2.5 mi/4 km oberhalb der sich durch den Wald und den Berg hinaufwindenden Straße biegt rechts eine Straße ab, die zum Reitstall **Pyramid Riding Stables** führt. Idyllischer Reitstall unter zarten Espen, *aspen trees*. Einstündige Ritte bis zu ganztägigen Ausritten werden durchgeführt. Erkundigen Sie sich beim Chamber of Commerce in der Stadt in Jasper nach Einzelheiten oder schreiben Sie an Pyramid Riding Stables, Box 703, Jasper, Alberta T0E 1E0.

Genau gegenüber des Eingangs zu den Reitställen (das heißt, links von der *Pyramid Lake Road*) beginnen mehrere Wanderpfade (Startpunkte, *trailheads*) zu verschiedenen interessanten Wanderungen. Zum Beispiel führt Sie der Weg auf dem **Patricia Lake Circle Trail** am **Cottonwood Creek, Riley Lake,** dem südlichen Ufer des **Patricia Lake** vorbei und geht zurück zum Ausgangspunkt in der Nähe der Reitställe, *stables;* etwa 3 mi/5 km, halbtägige Wanderung. Die Leute von der Parkverwaltung sagen, daß diese Wanderroute ganz speziell dazu geeignet sei, am frühen Morgen oder abends bei Dunkelheit Vögel und Tiere, darunter auch Elche und Biber, zu beobachten.

Wenn Sie die **Pyramid Lake Road** weiter hinauffahren, breitet sich plötzlich oben auf dem höchsten Punkt der Straße der See **Patricia Lake** vor Ihnen aus. Wenn Sie von der Hauptstraße aus links abbiegen, kommen Sie zu **Übernachtungsmöglichkeiten,** den Hütten der Patricia Lake Bungalows, Box 657, Jasper, Alberta, 852-3560. Bootsvermietung. Wieder auf der Hauptstraße fahren Sie direkt am Ufer des Sees Patricia Lake entlang, vorbei an mehreren Picknickplätzen und erreichen schließlich den See **Pyramid Lake. Übernachtungsmöglichkeit** etwas weiter am Südufer des Sees: Pyramid Lake Bungalows, Box 388, Jasper, Alberta, 852-3536. Bootsvermietung.

 ## WHISTLERS MOUNTAIN AREA

Etwa 5 mi/8 km südlich vom Stadtzentrum Jaspers liegt der Berg **Whistlers Mountain,** 2.464 m hoch. Es bieten sich zwei Möglichkeiten an, den Gipfel dieses 800 Millionen Jahre alten Berges, der aus Sandstein und verschiedenen Schichten besteht, zu erreichen, entweder mit der Seilbahn **Jasper Sky Tram** (Kabinenseilbahn für je 30 Personen) oder zu Fuß. Sie gelangen sowohl zur Seilbahnstation und dem Startpunkt, *trailhead,* des **Whistlers Mountain Trail,** wenn Sie vom Zentrum der Stadt Jasper auf dem *Hwy 93* in südliche Richtung fahren und dann auf die **Whistlers Mountain Road** abbiegen.

In der Nähe der Whistlers Mountain Road kommen Sie an der Stelle vorbei, wo auf einer Freilichtbühne etwa Ende Juli/ Anfang August das Stück **The Jasper Story** aufgeführt wird. In dem Stück erleben Sie alles, was sich an Abenteuern hier im Westen ereignet hat, die Brigaden der Pelzhändler, die Jagd nach Gold, die Goldsucher auf ihrem Treck in die Cariboo führte; und die Geschichte handelt von Pionieren und den Eisenbahnleuten, die die Eisenbahn durch die Rocky Mountains zum Pazifik bauten. Das Stück soll Ihnen auch ein wenig Hintergrundinformation geben, welche wichtige Rolle **Jasper** in der Geschichte gespielt hat. Zur weiteren Information wenden Sie sich an The Jasper Outdoor Productions, Box 1247, Jasper, Alberta T0E 1E0. **Übernachtungsmöglichkeit** direkt am *Hwy 93*, auf dem Weg zur Seilbahnstation (von Jasper kommend): Ferienwohnungen, *chalets*, der Alpine Village, Box 610, Jasper, Alberta, 852-3285. Der größte Campingplatz, *campground*, im Jasper Nationalpark (und am dichtesten bei der Stadt gelegen) ist **Whistlers Campground**, in der Nähe der Kreuzung von *Hwy 93 & Whistlers Mountain Road* — etwa 700 Campingplätze, Toiletten mit Wasserspülung, *flush toilets*, Unrat-Abflußstelle für Camper, *trailer sewage disposal area*. In der Nähe, in südliche Richtung am *Hwy 93* gibt es weitere **Übernachtungsmöglichkeiten**: Ferienwohnungen, *chalets*, Jasper House Bungalows, Box 817, Jasper, Alberta, 852-4535; noch etwas südlicher liegen die Blockhütten, *cabins*, Becker's Chalets, Box 579, Jasper, Alberta, 852-3779.

Wenn Sie auf der *Whistlers Mountain Road* weiterfahren, kommen Sie nach einigen Minuten (etwa 1.6 mi/2,5 km) zu einer unbefestigten Straße, *gravel road*, die links zu einem Parkplatz führt. Das ist der *trailhead*, Start, zum **Whistlers Mountain Trail** — Länge etwa 5 mi/8 km. Der steile Bergpfad steigt an über die Mittelstation, *middle terminal*, der Seilbahn, *sky tram*, und endet oben an der Bergstation der Seilbahn, **Upper Sky Tram Terminal** und dem Teehaus, *tea house*. Die *Whistlers Mountain Road* führt weiter zur Herberge, *hostel*, und zur Talstation der Seilbahn, **Lower Sky Tram Terminal**. Die Herberge The Whistlers Hostel, Box 607, Jasper, Alberta, 852-3215, bietet **Übernachtungen** im Schlafsaal, *dormitory*. **Wichtiger Hinweis:** Anmeldung nur von 17 bis 23 Uhr. Anschreiben oder über Einzelheiten telefonisch erkundigen.

Die Talstation, **The Lower Sky Tram Terminal**, Ihre Abfahrtsstelle für die faszinierende Seilbahnfahrt hinauf zum Gipfel, liegt etwa auf 1288 m. Die Bergstation, **Upper Terminal** dagegen befindet sich auf 2265 m Höhe; dort oben gibt es Erfrischungen. Wenn Sie auf der Bergstation, *upper terminal*, der **Sky Tram** angekommen sind, werden Sie mehrere gut markierte Wanderwege entdecken, auf denen Sie dort oben die Gegend erkunden und zum eigentlichen Gipfel des Whistlers Mountain hinaufklettern können. Sie haben von dort oben vor allem einen weiten Panoramablick. **Wichtiger Hinweis:** An verschiedenen Tagen der Woche führen vormittags Park-Naturspezialisten, *park interpreters*, eine zweistündige Wanderung (ko-

stenlos) vom **Upper Terminal** zum **Gipfel** durch. Erkundigen Sie
sich über Einzelheiten in Jasper im Jasper National Park Information Office. Beachten Sie auch, daß Sie auch mit dem **Bus**
zur Abfahrtsstelle der Seilbahn, *lower terminal,* fahren können
(wenn Sie mal nicht mit dem Auto fahren möchten oder mit
dem Bus oder Zug in Jasper angekommen sind); Abfahrt von
der Jasper Park Lodge und vom Bus Terminal in Jasper. Es
gibt auch eine Kombination von Bus & Seilbahn-Tickets, *bus
& lift ride tickets.* Erkundigen Sie sich vor Ihrer Fahrt mit der
Seilbahn nach dem Wetter, denn schließlich ist es vor allem
die Sicht, wegen der man hierherkommt. Der Name des Berges
Whistlers Mountain kommt von den Pfeif-Lauten der Murmeltiere, *marmots,* die Sie vielleicht hier unterwegs sehen, aber
vor allem deren Pfeifen hören können. Ein weiterer Ausflug,
der sich gewiß lohnen wird, ist zum **Mount Edith Cavell;** die
Entfernung von der Stadt Jasper bis Mount Edith Cavell beträgt etwa 18 mi/29 km. Folgen Sie nur dem *Hwy 93,* vorbei
an der *Whistlers Mountain Road* und biegen dann ab auf
Hwy 93A. Einzelheiten unter der **Reiseroute Jasper—Lake
Louise.**

TOUREN VON JASPER

Das Unternehmen Brewster Transport Company, das zur
Gray Line Company gehört, hat eine Anzahl von **Ausflugs-
fahrten** zu Sehenswürdigkeiten im **Jasper Nationalpark** im
Programm. Die Busse fahren sowohl vom Busbahnhof in Jasper
als auch von der Jasper Park Lodge ab. Melden Sie sich am
Vorabend der Ausflugsfahrt in Ihrem Hotel zu einer solchen
Fahrt an, oder rufen Sie beim Busbahnhof in Jasper an, 852-
3332 — für Reservierung, neueste Information über Touren,
Abfahrtszeiten und Preise. Prospekte über die veranstalteten
Touren mit neuesten Preisen und Abfahrtszeiten erhalten Sie
beim Busdepot (Busbahnhof), Chamber of Commerce oder per
Post direkt von Brewster Transport Company, P.O. Box 1140,
Banff, Alberta T0L 0C0; **Brewster Tel. in Jasper: 852-3332.**
Hier einige der angebotenen **Touren:**
Jasper General Drive — Sehenswürdigkeiten der Stadt und Um-
gebung; etwa 3 Stunden, 26 mi/42 km, Abfahrt morgens und
nachmittags. **Mt. Edith Cavell and Glacier of the Angel** — etwa
3 Stunden, 40 mi/64 km; Abfahrten morgens & nachmittags.
Whistlers Mountain Aerial Tramway — Fahrt zum Whistlers
Mountain mit dem Bus und anschließende Seilbahnfahrt;
etwa 2 Stunden, mehrere Abfahrten morgens & nachmittags.
Columbia Icefield — Fahrt zum Gletscherfeld; etwa 6 Stunden;
eine Abfahrt am späten Vormittag. **Jasper to Lake Louise** —
etwa 7 Stunden von Jasper nach Lake Louise; eine Abfahrt am
frühen Morgen; Fahrt hin und zurück erfordert zwei Tage.
Jasper to Banff — Fahrt von Jasper nach Banff; etwa 8 Stunden, eine Abfahrt am frühen Morgen; Hin- und Rückfahrt
dauert zwei Tage. **Maligne Lake** — Fahrt zum See Maligne
Lake; etwa 5 Stunden, zwei Abfahrten am Vormittag. **Athabasca River Raft Tour** — Floßfahrt auf dem Athabasca River,
etwa 3 Stunden; Abfahrten morgens und nachmittags.

Maligne Canyon
„Spektakulärer Canyon auf dem Weg zum Maligne-See"

Einer der beliebtesten Ausflüge von Jasper ist **Maligne Canyon**, wo der reißende Gebirgsbach Maligne River das Felsgestein gewaltig eingeschnitten hat, um die spektakuläre, tiefe Gebirgsschlucht entstehen zu lassen. Die kurze Anfahrt zum Maligne Canyon führt von Jasper über den Athabasca River an der Abzweigung zur Jasper Lake Lodge und zum See Lake Edith vorbei. Die enge, aber tiefe Schlucht wird von einer Reihe von Brücken überquert, von denen man in die Schlucht hineinsehen kann. Vom Maligne Canyon setzt sich eine gutausgebaute, asphaltierte Straße, dem Lauf des **Maligne Rivers** folgend, zu den Seen **Medicine Lake** und **Maligne Lake** fort, wo es eine Bootsvermietung und eine Cafeteria gibt, die Mahlzeiten offeriert; außerdem kann man auf dem malerischen See Schiffsausflüge und Angeltrips unternehmen. Nun zur Information über **Maligne Canyon.**

Entfernungen in Meilen/Kilometer
Jasper Townsite–Maligne Canyon........................ 9/15
Jasper Townsite–Maligne Lake........................ 35/56
Maligne Canyon–Medicine Lake........................ 10/16
Medicine Lake–Maligne Lake........................ 16/26

Quick-Info
Benötigte Zeit: Mit etwa 1 bis 2 Stunden für den Besuch des Canyons rechnen; länger, wenn bis hinunter zur 3. Brücke = Third Bridge gegangen werden soll. – – **Pfad/Trail:** Der Pfad, der auf dem Weg zur Third Bridge (3. Brücke) den Canyon entlang folgt (dran denken, daß es anschließend wieder bergauf zurück zum Parkplatz geht!), ist kurz aber steil – man sollte daher körperlich fit sein und bequeme Schuhe tragen. – – **Teahouse/Teehaus:** Am Parkplatz; Erfrischungsgetränke, Snacks, Souvenirs und Bildbände über die Rocky Mountains. – – **Maligne Canyon Hostel/Jugendherberge:** Auf der anderen Straßenseite an der Zufahrt zum Parkplatz und Teahouse; Check-in-Zeit 17-23 Uhr. – – **Namensherkunft:** Aus dem Französischen *(maligne)* für „böse" oder „boshaft" – 1846 gab der Mönch, Bruder de Smet, der Schlucht diesen Namen, als er beim Überqueren des reißenden Maligne Rivers in der Nähe des Zusammenflusses mit dem Athabasca River auf große Schwierigkeiten stieß.

Schaukasten am Parkplatz

Eine Orientierungskarte und Schaubilder am Ende des Parkplatzes in der Nähe des Bus Drop Off (Aussteigeplatz der Ausflugsbusse) geben einen guten Überblick über den spektakulären Maligne Canyon. Hinter dem Schaukasten gelangt man auf dem Pfad auf eigene Faust zur Second Bridge (2. Brücke) und zur Third Bridge (3. Brücke).

Maligne Valley – Maligne-Tal. Maligne begann als Sediment auf dem Meeresboden eines tropischen Meeres, das einst diesen Teil Nordamerikas bedeckte. Durch sein eigenes Gewicht zusammengepreßtes Sediment entwickelte sich langsam zu festem Felsmaterial.

Das Meer verschwand, als die Landschaft durch unterirdischen Druck in die Höhe geschoben wurde. Das Untergestein spaltete sich in Westoströchtung in Schichten, die zusammengezwängt, übereinandergeschoben und an den Rändern abgeschrägt wurden.

Wind und Wasser trugen die oberen Felsschichten von den Bergen ab. Hier im Maligne vereinigte sich das im Laufe von Ewigkeiten niedergegangene Regenwasser zu einem einzigen Fluß, der ein massives Tal einzuschneiden begann.

Daran schloß sich die Eiszeit an; das Tal wurde mit Gletschern gefüllt, die es tiefer und weiter einschnitten, dabei die Seiten steil abschnitten und die Berge abrundeten. Als die Gletscher sich zurückzogen, entlud das Eis wahllos seine Ladung von Felsmaterial, und Schmelzwasser und Gletscherbäche verschoben und bearbeiteten die Felstrümmer.

Grave to cradle – vom Grab bis zur Wiege. Sand, Schlamm und abgestorbene Meerespflanzen und -lebewesen auf dem Meeresboden eines tropischen Meeres verhalfen zur Geburt des Maligne.

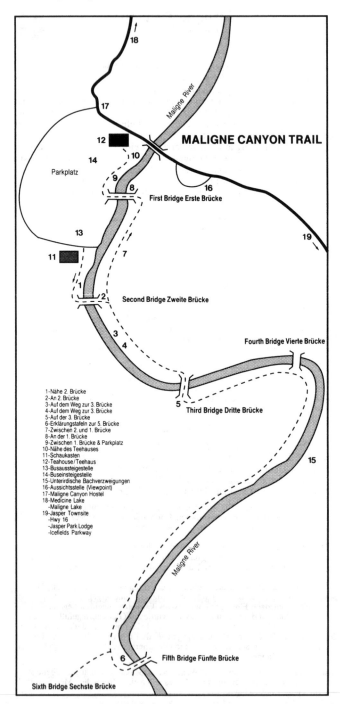

MALIGNE CANYON TRAIL

18

Maligne River

17

12

14

Parkplatz

10

9 8

First Bridge Erste Brücke

16

13

11

7

19

1

2

Second Bridge Zweite Brücke

3

4

Fourth Bridge Vierte Brücke

5

Third Bridge Dritte Brücke

15

Maligne River

6

Fifth Bridge Fünfte Brücke

Sixth Bridge Sechste Brücke

1-Nähe 2. Brücke
2-An 2. Brücke
3-Auf dem Weg zur 3. Brücke
4-Auf dem Weg zur 3. Brücke
5-Auf der 3. Brücke
6-Erklärungstafeln zur 5. Brücke
7-Zwischen 2. und 1. Brücke
8-An der 1. Brücke
9-Zwischen 1. Brücke & Parkplatz
10-Nähe des Teehauses
11-Schaukasten
12-Teahouse/Teehaus
13-Busaussteigestelle
14-Buseinsteigestelle
15-Unterirdische Bachverzweigungen
16-Aussichtsstelle (Viewpoint)
17-Maligne Canyon Hostel
18-Medicine Lake
  -Maligne Lake
19-Jasper Townsite
  -Hwy 16
  -Jasper Park Lodge
  -Icefields Parkway

A time of upheaval – Zeit der Bodenverwerfung und Bergbildung. Druck aus dem Erdinnern drückte den Meeresboden in die Höhe und krümmte das Felsmaterial. Das Meer verschwand, und an seine Stelle traten Berge.

Sculpting a valley – ein Tal wird ausgeformt. Wind und Wasser formten zwischen zwei großen Gebirgszügen ein Haupttal – das Maligne-Tal.

Onslaught of ice – Angriff durch Eis. Das von Wind und Wasser begonnene Werk wurde während der Eiszeit von Gletschern beendet. Maligne Canyon begann allmählich, sein heutiges Aussehen anzunehmen.

Once is not enough – einmal ist nicht genug. Auf vom Reiz des Canyons bezaubernde Besucher, die Jahr für Jahr wiederkehren, wirkt das reißende Wasser des Canyon wie Feuer, es unterliegt einem ständigen Veränderungsprozeß. Frühjahrsjubel des Wassers steigert sich im Sommer zu stürmisch tobender Gewalt, um allmählich während des Herbstes abzuebben und zur kristallinen Stille des Winters zu führen.

Die veränderlichen Stimmungen des Canyons lassen sich eigentlich nur bei einem Wiederholungsbesuch kennenlernen. Es ist jedermanns eigene Wahl. Wer an dieser Stelle startet, kann einer Kombination von Brücken, Fußpfaden und informativen Hinweis- und Erklärungstafeln entlang und durch eine der tiefsten Schluchten der Rockies folgen. Das Erlebnis des Canyons kann ein kurzer Spaziergang sein oder sich zu einem vollen Tag der Erkundung entwickeln.

Die Pfade und Brücken sind sicher, aber die Schlucht ist gefährlich. Stets hinter den Absperrungen und dem Geländer bleiben!

Maligne – the hanging valley – Maligne das hängende Tal. Große, mächtige Gletscher hauen tiefere Täler aus als kleinere Gletscher. Der alte Maligne-Gletscher war viel kleiner als der alte Athabasca-Gletscher, daher hängt das Maligne-Tal etwa 100 m über dem Athabasca-Tal, wo sich die beiden treffen. Hier, wo der Maligne River ins Athabasca-Tal abfließt, hat er die enge, steilwandige Gebirgsschlucht Maligne Canyon eingeschnitten.

Nun zur Rückseite des Schaukastens.

Room for people – Raum für Menschen. Im Maligne gibt es eine Menge zu sehen und zu erleben. Das Tal ist 65 km lang und erstreckt sich zwischen den Front- und Main- (Haupt-) Gebirgszügen der kanadischen Rockies, die sich bis zu 1600 m über der Talsohle erheben. Die Straße überwindet vom Taleingang bis zum am Südostrand des Tals befindlichen See Maligne Lake eine Steigung von 460 m; außerdem verbindet sie die meisten touristischen Einrichtungen des Tals.

Hier am Canyon befinden sich ein Teehaus/Teahouse und ein entlang der Gebirgsschlucht führender Fußpfad. Am See Medicine Lake gibt es Picknickplätze und Exponate. Weitere Exponate und Erklärungen, einen Picknickplatz sowie ein Restaurant bzw. Cafeteria findet der Besucher am Nordufer des Maligne Lake. Unterwegs entlang der Straße stößt man auf viele Aussichtsstellen und Erklärungstafeln, die Maligne erklären und erleben lassen.

Changing Maligne – Maligne verändert sich. Obwohl aus festem Fels gehauen, wird das Maligne-Tal eines Tages verschwinden.

Fels wird Stück für Stück, Schicht für Schicht durch Erosion abgetragen und hinunter ins Tal befördert, wo er als große oder kleine Ablagerung zurückbleibt. Diese Vorgänge – Erosion, Transport und Ablagerung – bringen die Berge Tag für Tag dem Ende näher. Einige der Ablagerungen, die weit vom Tal hinwegtransportiert werden, können als Aufschüttung wieder neue Landschaften entstehen lassen.

Flüsse bilden Deltas und versorgen die von Gletschern zurückgelassenen Gletscher. Reißende Bäche lagern Kieselsteine und Felsbrocken ab; träge fließende Gewässer lassen Schlammebenen entstehen.

Vom Parkplatz zur 2. Brücke/Second Bridge

Nun zum Pfad, der zur ersten von 10 Erklärungstafeln und zur nahen Second Bridge/2. Brücke führt.

Läuft man den abwärts führenden Pfad entlang, läßt sich eigentlich zunächst nichts von dem vermuten, was man als ein Naturwunder bezeichnen könnte. Dann aber hat man von der ersten Brücke, die die enge, aber tiefe Schlucht überquert, einen unvergleichlich schönen Blick in den steilwandigen **Maligne Canyon**. Obwohl sich der Maligne River

hier in der Klamm nicht mehr als 51 m tief in den Kalksteinfelsen ge-
schnitten und die enge Gebirgsschlucht entstehen lassen hat, hinterlassen
die tobenden Wassermassen und rauschenden Wasserfälle, die in Kaskaden von allen Seiten herunterstürzen, die tiefgrünen und türkisfarbenen
Wasserflächen und die aus dem Kalkstein herausgemeißelten steilen
Felswände der Schlucht einen unvergeßlichen Eindruck.

Nachdem man die Schlucht von mehreren Stellen in Augenschein genommen hat (da die Umgebung des Canyon auch ziemlich steil abfällt,
wirkt der Canyon auch noch spektakulärer), kann man den Rückweg
zum Parkplatz auf der anderen Seite der engen Klamm entlang des steil
ansteigenden Pfads zurücklegen, wobei es am Teehaus/Teahouse vorbei-
geht. Nach der „Kletterpartie" ist dies ein willkommener Ort, zu verschnaufen und eine kleine Erfrischung zu sich zu nehmen. Nicht weit davon befinden sich Maligne Canyon Hostel/Jugendherberge (Nähe Maligne River an der Straße zum See Medicine Lake). Kurz davor stößt man
an der Hauptstraße zum Start/Trailhead des Wanderpfads zum Campingplatz Signal Campground (8 km) und zum See Maligne Lake (48 km).
Doch nun zu den Erklärungstafeln entlang des Canyons.

1–Nähe der 2. Brücke/Second Bridge

Why is the canyon here? – Warum ist der Canyon hier? Während der Eiszeit wurde
das Athabasca-Tal – wie weiter flußabwärts sichtbar – tiefer abgetragen als sein Sei-
tental, das Maligne-Tal. Wo der Maligne River in das Haupttal einfloß, fiel das Tal
schnell ab. Durch die Schwerkraft beeinflußt, schnitten sich die reißenden Gebirgs-
bäche rasch durch den Untergrund hinab.

Seit dem Rückzug des Maligne-Gletschers vor 10 000 Jahren hat sich das Flußbett gesenkt und das Gefälle abgenommen. Die stärkste Erosion erfolgte an der 2.
Brücke/Second Bridge, wo die Sohle der Gebirgsschlucht etwa 50 m unter den Füßen liegt.

2–An der 2. Brücke/Second Bridge

The Maligne Canyon Trail – Der Maligne Canyon-Wanderpfad. Man betritt hier
eine von Wasser und Eis geschaffene Welt. Hier soll man sich Zeit zur Erkundung
nehmen, um etwas über die Vorgänge zu lernen, die sogar heute noch das Land
umgestalten.

The Upper Canyon – der obere Canyon. Auf dem Weg zurück zum Parkplatz entlang des Upper Canyon Trail geht es an mehreren markanten Stellen vorbei, wo
das Wasser den Fels „behauen" hat. Die Entfernung zum Parkplatz beträgt etwa
0,4 km (etwa 10 Minuten). Höhepunkte unterwegs bilden der höchste Wasserfall
des Canyons, Strudelkessel, tief eingelassene „Gärten" und Fossilien.

The Lower Canyon – der untere Canyon. Bei dem Spaziergang entlang des Lower
Canyon Trail entdeckt der Besucher, wie die Gebirgsschlucht auf Pflanzen und Tiere und Ausläufer eines riesigen unterirdischen Gebirgsbachs einwirkt.

Zur 4. Brücke/Fourth Bridge........................ 0,8 km (20 Min.)
Zur 5. Brücke/Fifth Bridge........................ 2,3 km (45 Min.)
Höhepunkte unterwegs: Wasserfälle, Quellen und schattiger Wald.

3–Auf dem Weg zur 3. Brücke/Third Bridge

Frost Action – Frost. Der Zyklus von Gefrieren und Auftauen hat allmähliche, aber
zerstörende Wirkung auf die Felshänge. Kleine Mengen Wasser von Regen oder
Sprühwasser können in Spalten und Risse sickern. Wenn das Wasser gefriert,
dehnt es sich aus und zerschmettert den Fels. Im Laufe vieler Jahre splittert die
vom Wasser polierte, glatte Felsoberfläche langsam ab.

4–Auf dem Weg zur 3. Brücke/Third Bridge

Protected Places – geschützte Stellen. Kleine Lebenwesen sind behend und flink genug, die nahen, steilen Canyonwände zu ersteigen, wo sie oft ein schützendes Zuhause finden. Auf der gegenüberliegenden Canyonwand fallen die Ausscheidungen
von Packratten, Feldmäusen und anderen kleinen Nagetieren auf. Viele ihrer natürlichen Feinde sind nicht fähig, sie zu erreichen, und fliegenden Jägern fällt es
schwer, sie anzugreifen. Raben und andere an Felswänden lebende Vögel haben
hier ihre Nester gebaut, um Eierdieben zu entgehen.

5–Auf der 3. Brücke/Third Bridge

Feel the Spray? – Ist das Sprühwasser zu spüren? Die Pflanzen fühlen es. Kühle, feuchte Luft, die vom oberen Canyon/Upper Canyon weht, und Sprühwasser dieser Wasserfälle haben den benachbarten Wald verändert – es gibt mehr Moos, und das Dickicht ist dichter. Der Canyon ist hier etwa 10 m tief.

Kurz nach der 4. Brücke/Fourth Bridge kommt man auf dem Weg zur 5. Brücke/Fifth Bridge zu den Ausläufen und Öffnungen des unterirdischen Gebirgsbachs.

6–Erklärungstafel zur Fünften Brücke/Fifth Bridge
(etwa 0,8 km von der Maligne Canyon Road)

The Maligne Canyon Trail – Maligne Canyon Pfad. Hier wird eine vom Durchgang von Wasser und Eis geschaffene Welt betreten. Zeit nehmen zur Erkundung und mehr über die Vorgänge, die sogar noch heute die Landschaft verändern, kennenzulernen.

Wer über genug Zeit und Kraft verfügt, kann die gesamte Wegstrecke zum Teehaus/Teahouse und Kopf der Schlucht zurücklegen. Brücken über dem Abgrund bieten ausgezeichneten Blick in die Tiefe; Erklärungstafeln informieren über viele der Merkmale.

Entfernungen von der 5. Brücke/Fifth Bridge
Zur 4. Brücke/Fourth Bridge	1,5 km
Zur 3. Brücke/Third Bridge	1,9 km
Zur 2. Brücke/Second Bridge	2,3 km
Zum oberen Parkplatz/Upper Parking Lot & Teahouse	2,7 km

Entlang des unteren Teils des Pfads ist der Einfluß der Schlucht auf Pflanzen und Tiere zu beobachten. Auf Öffnungen und Austritte eines riesigen unterirdischen Bachs achten.

Weiter den Pfad aufwärts, gelangt man an mehreren Stellen vorbei, wo die vom Wasser ausgemeißelten Felsskulpturen deutlich sichtbar und Merkmale ehemaliger Bedingungen erkennbar sind. Höhepunkte sind Wasserfälle und Quellen, versunkene Gärten, schattiger Wald und Fossilien.

7–Zwischen 2. und 1. Brücke (Second & First Bridge)
(auf dem Weg zum Parkplatz/Teahouse)

Agents of decay – Kräfte des Zerfalls. Der Maligne River transportiert riesige Sand- und Schlammassen durch den Canyon. An manchen Stellen haben reißendes, strudelndes Wasser und diese abschmirgelnden Teilchen in Gemeinschaftsarbeit große kesselförmige Strudellöcher ausgemeißelt. Trockene, höher in der Canyonwand gelegene Strudellöcher lagen in früheren Zeiten unter dem Wasserspiegel. Wasser, das aus dem Erdreich der Berge abgeschwemmte, auflösende Säuren und Kohlendioxyd enthält, zersetzt und löst den Kalkstein entlang des Bachbetts ebenfalls auf und schneidet den Kanal sogar tiefer. Schleifmaterial, Säuren und Wasser sind heute im Canyon die Hauptakteure der Erosion.

8–An der 1. Brücke/First Bridge

Origin of a waterfall – Ursprung eines Wasserfalls. Über den Rand dieses Wasserfalls herunterstürzendes Wasser hat durch eine Änderung in der Felsschichtung eine interessante Form geschaffen. Die oberen, viel dickeren und härteren Schichten, können der Gewalt des in Kaskaden herunterstürzenden Wassers viel stärker widerstehen als die unteren Schichten des 23 m hohen Wasserfalls, die dünner und viel empfindlicher sind, daher schneller abgetragen werden und diese merkwürdige Form hervorrufen.

Sunken Gardens – versunkene Gärten. Vom Wind angewehter Staub hat sich dort unten in diesem Strudelloch angesiedelt und bietet eine dünne aber ausreichende Erdschicht. Von direkter Sonneneinstrahlung geschützt und einem hohen Feuchtigkeitsgrad ausgesetzt, hat diese Erde ein saftiges Bett aus Farnen und Moosen geschaffen. Hier im schattigen, feuchten Bereich der Canyonwände finden diese primitiven Pflanzen günstige Bedingungen.

The canyon's changing mood – wechselnde Stimmung des Canyon. Im Sommer stürzt vor dem Besucher ein donnernder Wasserfall in die Tiefe. Das Donnern des Wassers macht einen taub und läßt den Boden erbeben.

Doch im Winter ist alles hier still außer einem Tröpfeln von Wasser hinter der Eiswand, die die Rolle der Wasserfälle ersetzt. Dann ruht der Maligne Canyon eine Zeitlang und wartet auf ein neues Frühjahr, und mit diesem beginnt das Tosen der reißenden Wassermassen durch die Klamm von neuem. Die tiefste Stelle hier ist 38 m.

9–Zwischen 1. Brücke/First Bridge & Parkplatz

The fate of the canyon – das Schicksal des Canyons. Im Laufe von 10 000 Jahren hat fließendes Wasser langsam den letzten Abgang des Bachs ins Athabasca-Tal verlangsamt und allmählicher gemacht. Wo sich einst eiszeitliche Schmelzbäche ungestüm über neu freigelegtes Untergestein gestürzt haben, fließt heute nur noch Ablaufwasser nahe gelegener Berge durch den Canyon. Obwohl der Fluß immer noch kraftvoll und gewaltig ist, verfügt er nicht mehr über die Energie, die er in seiner „Jugend" besaß.

Doch während die Canyonbildung hier endet, gibt es im Jasper Nationalpark viele junge Canyons, die jetzt ähnliche Merkmale und Gestalt entwickeln wie hier sichtbar, wobei jeder seine eigene Geschichte in den Fels zeichnet.

10–Nähe des Teahouse/Teehauses

Traces of ancient life – Spuren urzeitlichen Lebens. Nimmt man den Fels hier in der Nähe genauer in Augenschein, entdeckt man die versteinerten Reste von Meereslebewesen. Sie existierten hier vor 350 Millionen Jahren in warmen, tropischen Meeren.

Derartige Zeugnisse der Vergangenheit bringen in Erinnerung, daß in geologischer Zeit sogar die widerstandsfähigsten Landschaftsmerkmale nur zeitlich bedingt sind und daß das, was man heute hier sieht, eines Tages selbst Geschichte sein wird.

Nun zum Teahouse mit seinem interessanten Souvenirladen und dann zum Parkplatz als Ausgangspunkt zu weiteren interessanten Stationen des Jasper Nationalparks.

Nach dem Besuch des Maligne Canyons

Vom Maligne Canyon folgt die schmale Straße dem Lauf des **Maligne Rivers** bis zum malerischen See **Medicine Lake.** Der Wasserstand des Sees ist während des Jahres starken Schwankungen unterworfen. Im Sommer, wenn das Schmelzwasser der Gletscher am stärksten abfließt, erreicht der See seinen höchsten Wasserstand. Im Herbst fällt der Wasserspiegel beträchtlich, da die Schmelzwasser der Gletscher ausbleiben, und der See infolge eines mysteriösen, unterirdischen Ablaufsystems Wasser verliert. Am Ende des Sees gibt es einen Picknickplatz; von hier aus führen Wanderwege zum See **Beaver Lake** (2 km) und dem Campingplatz **Jacques Lake Campground** (13 km). Vom Parkplatz bietet sich ein faszinierendes Panorama der umliegenden Berglandschaft.

Vom Medicine Lake führt die Straße weiter zum wunderschönen, postkarten-farbenprächtigen **Maligne Lake,** den eine berauschende Bergszenerie umgibt; da macht jede Kamera sicher „klick"! Am See liegt das Maligne Lake Chalet (keine Übernachtungsmöglichkeiten) – Cafeteria und Souvenirs. Hier können Tickets für die 48-km = 2-Stunden-Bootsfahrt über den See gekauft werden – Juni bis Anfang Oktober. Preisermäßigung, *special family rate,* zur 10-Uhr-Fahrt sowie für Fahrten spätnachmittags. Auch Bootsvermietung für Angeltrips zum Forellenangeln *(trout fishing).* Im Winter ist die Area beliebt für Skilanglauf, *cross-country skiing.*

ICEFIELDS PARKWAY

„Panoramastraße durch Jasper Nationalpark – von Nord nach Süd"

Die grandiose Panoramastraße 93 durch die kanadischen Rocky Mountains durchläuft als **Icefields Parkway** zwei der großartigsten kanadischen Nationalparks – **Jasper** und **Banff-Nationalparks** – der Länge nach von Nordwest nach Südost. Der Eisfelder-Parkweg – *Icefields Parkway* – durch die Provinz Alberta beginnt im Norden von der großen Ostwest-Route des *Trans-Canada-Highways 16* (von Winnipeg, Manitoba bis Prince Rupert, British Columbia) am Südrand der Stadt **Jasper** und legt 230 km zurück, ehe er kurz vor **Lake Louise** auf die lebhafte Ostwestachse, den *Trans-Canada-Highway 1* stößt. Der Parkway ist nach der Kette riesiger Eisfelder, die die Rockies bedecken, benannt. Das größte dieser Eisfelder, **Columbia Icefield,** liegt etwa auf halber Strecke zwischen Jasper und Banff, 106 km, bzw. ca. 1½ Std. – 2 Std. von Jasper.

Die wunderbare Straße, die Besuchern vorbehalten ist, die sich den Wundern der Bergwelt hingeben möchten, folgt den Tälern der Athabasca, Sunwapta, North Saskatchewan, Mistaya und Bow Rivers. Die **Rocky Mountains** sind in drei Gebirgszüge aufgeteilt, und zwar die vorderen Gebirgszüge = Eastern Main Ranges, den Hauptteil = Main Ranges und die westlichen Bergketten = Western Main Ranges. Die vorderen Gebirgszüge durchqueren den östlichen Teil der beiden Nationalparks. Den Hauptgebirgszug bildet der Kamm der Wasserscheide des Kontinents = Great Divide. Die westlichen Bergketten liegen jenseits der Parkgrenzen in British Columbia.

Die unvergeßliche Fahrt durch die faszinierende Bergwelt wird unterwegs von zahlreichen Halte- und Aussichtspunkten unterbrochen, in denen Informationstafeln die Gegend im einzelnen beschreiben. Ferner laden Picknickplätze und Wanderwege zum Kennenlernen der Parks ein. An reiner Fahrtzeit ohne Stopps sollte man unbedingt mindestens 4 Stunden einkalkulieren, empfehlenswert, einen vollen Tag einzuplanen! Unterwegs Campingplätze, Motelunterkünfte (beschränkte Bettenzahl) und Jugendherbergen. Auf alle Fälle rechtzeitig im voraus für die Unterkunft am Ende des Tages sorgen. Mit vollem Tank starten!

Die Fahrt entlang des Icefields Parkway läßt sich in zwei Abschnitte unterteilen: Icefields Parkway durch Jasper Nationalpark: **Jasper–Columbia Icefields** und Icefields Parkway durch Banff Nationalpark: **Columbia Icefield–TC1/Lake Louise.** Dazwischen liegt der Abschnitt **Columbia Icefield Area** (noch im Jasper Nationalpark). Die Entfernungsangaben der Überschrift zu den jeweiligen Aussichtsstellen mit Infotafeln beziehen sich jeweils auf die Entfernung **von** Jasper Townsite (Jasper-Stadt).

ICEFIELDS PARKWAY:
Jasper-Townsite – Columbia Icefield
Entfernung: 66 mi/106 km

Etwa 4.3 mi/6,9 km südlich von Jasper, kurz nachdem man Whistlers Campground und Straße zum Whistlers Mountain und Hostel passiert und den Whistler Creek überquert hat, informiert die erste Infotafel über den **Icefields Parkway:**

A– KM 7: ICEFIELDS PARKWAY
223 km vom Trans-Canada-Highway 1

The Icefields Parkway passes... Der Icefields Parkway verläuft im Schatten der Great Divide = Großen Kontinentalen Wasserscheide. Den Zuflußgewässern von drei Hauptflußsystemen entlang der Berge der Eastern Main Ranges folgend, hat man den Parkway nach der Kette riesiger Eisfelder beannt, die das Dach der Rockies bilden.

Vor nicht allzu langer Zeit war der 230 km Trip zwischen Lake Louise und Jasper eine denkwürdige, zweiwöchige Reise für die Tragtierkolonnen. Heutzutage bietet der Parkway Gelegenheiten für gemütliches Sightseeing und Abenteuer. Infotafeln entlang der Straße, wie hier, erklären die Landschaft und Geschichte des Divide Country (= Landschaft um die Wasserscheide). Bei den Campingplätzen über Wanderwege und Aktivitäten erkundigen (Infotafeln).

Bow Summit. *More than half...* Über die Hälfte des Gebiets der Rocky Mountains liegt über der Baumgrenze. Am Bow Summit, dem höchsten Punkt des Icefields Parkways, kann man die baumlose alpine Zone besuchen. Dort blühen während der kurzen Wachstumszeit Hochgebirgsblumen in üppiger Pracht. Ausschau nach Murmeltieren, Pikas = Pfeifhasen und Ptarmigans = Alpenschneehühnern halten.

Columbia Icefield. *Straddling the...* Das die Kontinentale Wasserscheide aufteilende Columbia Icefield ist das größte Eisfeld der Rocky Mountains. Von der Straße aus kann man drei der vielen Gletscher sehen. Ein kurzer Abstecher führt zur Gletscherstirn des Athabasca-Gletschers. Das **Icefield Centre** aufsuchen und sich informieren, was man in der Area sehen und unternehmen kann.

Athabasca Falls. *The Athabasca River...* Der Athabasca River stürzt beim Wasserfall Athabasca Falls 23 m in die Tiefe. Die ausmergelnde Kraft dieses großen Flusses hat gewaltige Formationen in die Canyonwände getrieben. Entlang eines Lehrpfads kann man die Area auf eigene Faust erkunden. Highway *93A* bietet eine Alternativroute zwischen Athabasca Falls und der Stadt Jasper.

Wildlife/Tierwelt. *The Icefields Parkway...* Der Icefields Parkway dient als „Fenster" zum Blick auf die Tierwelt. Bei der Fahrt durch die drei Hauptlebenszonen – montane Stufe, subalpine und alpine Stufe – kann man mit ein bißchen Glück Elche, Wapitihirsche, Maultierwild, Bären, Dickhornschafe, Ziegen und Kojote sehen.

Die Gebirgsparks sind vitale Tierschutzgebiete. Fährt man vorsichtig und versucht, die Tiere nicht zu stören, und auf keinen Fall zu füttern, kann man einen wesentlichen Beitrag zu ihrer Zukunft leisten.

Kurz nach dieser ersten Hinweistafel am Icefields Parkway kommt es zur Entscheidung, auf *Highway 93A* entlang bis zum Wasserfall **Athabasca Falls** zu fahren, um dann wieder auf *Hwy 93* zu stoßen, oder sich diesen „Schlenker" zu schenken und

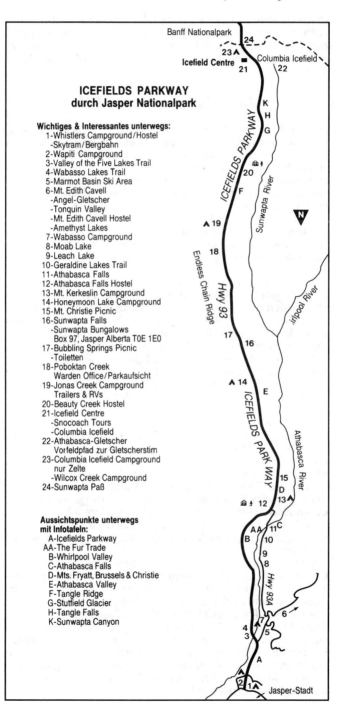

Banff Nationalpark

24

23

Icefield Centre 21

Columbia Icefield

22

ICEFIELDS PARKWAY

**ICEFIELDS PARKWAY
durch Jasper Nationalpark**

Wichtiges & Interessantes unterwegs:
1-Whistlers Campground/Hostel
 -Skytram/Bergbahn
2-Wapiti Campground
3-Valley of the Five Lakes Trail
4-Wabasso Lakes Trail
5-Marmot Basin Ski Area
6-Mt. Edith Cavell
 -Angel-Gletscher
 -Tonquin Valley
 -Mt. Edith Cavell Hostel
 -Amethyst Lakes
7-Wabasso Campground
8-Moab Lake
9-Leach Lake
10-Geraldine Lakes Trail
11-Athabasca Falls
12-Athabasca Falls Hostel
13-Mt. Kerkeslin Campground
14-Honeymoon Lake Campground
15-Mt. Christie Picnic
16-Sunwapta Falls
 -Sunwapta Bungalows
  Box 97, Jasper Alberta T0E 1E0
17-Bubbling Springs Picnic
 -Toiletten
18-Poboktan Creek
  Warden Office/Parkaufsicht
19-Jonas Creek Campground
  Trailers & RVs
20-Beauty Creek Hostel
21-Icefield Centre
 -Snocoach Tours
 -Columbia Icefield
22-Athabasca-Gletscher
  Vorfeldpfad zur Gletscherstim
23-Columbia Icefield Campground
  nur Zelte
 -Wilcox Creek Campground
24-Sunwapta Paß

**Aussichtspunkte unterwegs
mit Infotafeln:**
 A-Icefields Parkway
AA-The Fur Trade
 B-Whirlpool Valley
 C-Athabasca Falls
 D-Mts. Fryatt, Brussels & Christie
 E-Athabasca Valley
 F-Tangle Ridge
 G-Stutfield Glacier
 H-Tangle Falls
 K-Sunwapta Canyon

K
H
G

Sunwapta River

20

F

N

19

18

Endless Chain Ridge

Hwy 93

17

16

irlpool River

14

E

Athabasca River

ICEFIELDS PARK WAY

15
D
13

12

AA 11 C
B   10

9
8

Hwy 93A

6

7
4   5
3

A

2   1

Jasper-Stadt

gleich auf dem Icefields Parkway *(Hwy 93)* weiterzufahren. Die
Athabasca Falls erreicht man auch von *Hwy 93* über die Kreuzung, wo *Hwy 93A* in den Icefields Parkway mündet. Hier zur
Alternativroute und danach die Fortsetzung des Icefields Parkways.

Alternativroute via Hwy 93A

Etwas ruhiger, parallel zum stark befahrenen Icefields Parkway,
verläuft *Highway 93A* auf rund 16 km entlang der westlichen
Uferseite des Athabasca Rivers. Die Straße ist eng und an einigen Stellen etwas kurvenreich. Nicht unbedingt etwas Spektaku-
läres unterwegs erwarten. Da die Straße auch rechts und links
von hohen Bäumen eingerahmt wird, bieten sich auch nicht die
fabelhaften Panoramablicke auf die schneebedeckten Berggipfel
wie vom Icefields Parkway. Den Abstecher kann man sich eigentlich schenken, es sei denn, man wolle hinauf zum Mt. Edith
Cavell oder zur Cavell-Jugendherberge oder zum Ausgangspunkt der Wanderung zu den Geraldine Lakes oder ins Fryatt-
Tal.

Kurz nach der Kreuzung beginnt *Hwy 93A* zu steigen und bietet einen guten Blick aufs Tal. Etwa 13 mi/21 km südlich von Jasper passiert man zunächst die **Marmot Basin Ski Area.** Beliebtes
Wintersportgebiet mit Liften und Abfahrtpisten. Einzelheiten
über Ski-Packages, Skikurse, Busverbindung von Jasper usw.:
Marmot Basin, Box 1300, Jasper, Alberta T0E 1E0.

Nun führt *Hwy 93A* bergab und passiert die Zufahrtsstraße
(eng und sehr kurvenreich, Schlaglöcher) hinauf zum **Mount
Edith Cavell,** 3363 m ü.M., und zum **Angel-Gletscher,** der einige
hundert Meter über der Talsohle liegt, Mount Edith Cavell wurde nach der berühmten englischen Krankenschwester benannt,
die im Ersten Weltkrieg belgischen Soldaten und entflohenen
englischen Kriegsgefangenen zur Flucht nach Holland verholfen
hatte. Sie wurde von deutschen Militärbehörden verhaftet und
erschossen. Von der Kreuzung bis zum Tea House unterhalb des
Mount Edith Cavell sind es ca. 9 mi/13 km entlang des Astoria
Rivers. Am Ende der Straße erreicht man den Aussichtspunkt
Tonquin Valley Viewpoint mit der Jugendherberge **Mount Edith
Cavell Hostel.** Der Trip zum Mount Edith Cavell bleibt unvergeßlich; den gewaltigen Anblick, wenn man am See Cavell Lake
von der Fußgängerbrücke hinaufschaut, wird man so schnell
nicht los.

Etwa 7.9 min/12,7 km von der Kreuzung entlang der *Edith
Cavell Road* beginnt der herrliche Wanderweg **Tonquin Valley
Trail,** ein 47,1 km langer Rundwanderweg zu den Seen **Ame-
thyst Lakes** und zurück zum km 6,3 an der *Marmot Basin Road.*
Etwa 3-Tage-Trip. Auch beliebte Reitausflüge, sogenannte Pack
Trips. Einzelheiten über die Wanderung beim Park Information
Office in Jasper. Nähere Information über Pack Trips und ggfs.
Unterkunft in den Tonquin Valley Chalets, Nähe Amethyst La-
kes, beim Chamber of Commerce in Jasper oder Tonquin Valley
Chalets, Box 550, Jasper, Alberta. Tonquin Valley nur zu Fuß
oder zu Pferde erreichbar!

Weiter entlang *Hwy 93A* entlang des Athabasca Rivers (der übrigens auf Umwegen ins Nordpolarmeer abfließt) passiert man dicht am Fluß den Wabasso Campground, dann Otto's Cache Picknickplatz, ehe man etwa 4 km vor Erreichen der Athabasca-Wasserfälle auf einen Picknickplatz direkt am Fluß mit Infotafel stößt:

AA– THE FUR TRADE
The Athabasca Trail Across Canada

At this point... An dieser Stelle verläßt der Athabasca Trail den Athabasca River und folgt dem Whirlpool River. Dies war die kanadische Hauptroute über die Rockies zu den reichen Pelzvorkommen an der Pazifikküste. David Thompson von der North-West Fur Company entdeckte diese Route im Winter 1810/11, als Piegan-Indianer den südlicher gelegenen Howse Paß sperrten; diese Route ermöglichte einen Weg vom Athabasca River zum Columbia River und dem Pazifik. Die North-West Company und später die Hudson's Bay Company transportierten Felle & Pelze sowie Handelsware per Kanu, mit Pferden und zu Fuß über diesen Trail.

A small tarn... 1824 gab Sir George Simpson einem kleinen Gletschersee an der Wasserscheide im Athabasca Paß, 48 km den Whirlpool River aufwärts, die Bezeichnung *The Committees Punch Bowl (punch bowl = Punschschale).* An diesem berühmten Treffpunkt tauschten die Männer der Pelzhandels-Brigaden aus dem Westen Pelze gegen Handelsware ihrer Partner aus dem Osten aus. Dabei wurden Geschäfte abgewickelt und gleichzeitig Freundschaften bekräftigt und erneuert.

Montreal's Fur Trade... Montreals Pelzhandel, ein Imperium, das seine Blütezeit von 1770 bis 1821 erlebte, bis es von der Hudson's Bay Company „geschluckt" wurde, entwickelte eine 3000 Meilen/4800 km Kanuroute zwischen Montréal und dem Nordwesten. Dieser Hauptroute schlossen sich verschiedene Seiten- oder Zulieferrouten an. Der am Athabasca Paß auf den Athabasca Trail stoßende Columbia Trail war eine dieser Routen. Anfang 1826 wurde die Route nach und nach wegen eines leichteren Zugangs zum Pazifik vernachlässigt.

Mit ein bißchen Glück kann man hier in den frühen Morgenstunden Elche beobachten. Danach passiert man den Trail zum **Moab Lake** (7,5 km) und dem Whirlpool Valley. Nach Überqueren des **Whirlpool Rivers** gelangt man zum **Leach Lake** mit Picknickplatz. Vorbei am Ausgangspunkt zum Trail zu den **Geraldine Lakes** (6 km) erreicht man die **Athabasca Falls** mit Parkplatz und Picknick-Area (Einzelheiten siehe Fortsetzung entlang Icefields Parkway, *Hwy 93.)* Kurz danach vereinigen sich *Hwy 93A* und Icefields Parkway = *Hwy 93.*

Doch nun zur Fortsetzung des Icefields Parkway nach der ersten Infotafel:

ICEFIELDS PARKWAY

B– KM 25: WHIRLPOOL VALLEY
205 km vom Trans-Canada-Highway 1

Vom Parkplatz der Aussichtsstelle Athabasca Pass Viewpoint ist der 1748 m hohe Athabasca Paß 55 km entfernt.

Edith Cavell. *As matron...* Edith Cavell half als Vorsteherin des belgischen Rot-Kreuz-Krankenhauses den hinter den deutschen Linien in der Falle sitzenden Soldaten der Verbündeten zur Flucht. Nachdem sie festgenommen und 1915 erschossen worden war, beschlossen die Kanadier aus Dankbarkeit und patriotischen Gefühlen, diesen Berg nach ihr umzubenennen.

Sign Post. *„La Montagne de la Grande Traverse" was...* Die Fur Brigaders nannten diesen Gipfel, der ihre direkte Route vom Jasper House zum Athabasca Paß markierte, *„La Montagne de la Grande Traverse"* = den Berg des großen Durchgangs. Nach dem Ersten Weltkrieg nannte man ihn nach Edith Cavell, der englischen Krankenschwester, die als Kriegsheldin gefeiert wurde.

Want A Closer Look?/Ein Blick aus der Nähe? *The Geraldine Lakes chain...* Die Seenkette der Geraldine Lakes folgt dem Tal zwischen Mt. Fryatt und dem namenlosen Gipfel im Norden. Der Wanderweg beginnt am Parkplatz, 6 km die Straße *Geraldine Lookout Fire Road* hinauf, die vom *Highway 93A* etwa 1,1 km nördlich des Wasserfalls Athabasca Falls abbiegt. Länge des Wanderwegs: 6 km (ein Weg). Höhenunterschied: 350 m.

Fur Trade Highway. *David Thompson first...* David Thompson erwähnte die Existenz des am Ende des Tals Whirlpool Valley befindlichen Athabasca Passes am 10. Januar 1811:

„*...before us was...* vor uns lag eine Anhöhe tiefen Schnees, allem Anschein nach so hoch wie das Land zwischen Atlantik und Pazifik. Für mich war es ein ermutigender Anblick, doch für meine unerfahrenen Leute ein drohender Anblick." Spätere Reisende schlossen sich der Meinung Thompsons Leuten an: *„I'll take...* Ich würde darauf schwören, meine lieben Freunde, daß der allmächtige Gott einen derartigen Platz niemals geschaffen hat."

Über fünfzig Jahre lang galt der Paß als eines der Glieder über die Rockies. Die zähen Männer der Pelzbrigaden schleppten ihre Lasten über die verschneite Wasserscheide als sogenannter „Columbia Express" – die Postexpedition der Hudson's Bay Company, die im Oktober westwärts und im April ostwärts überquerte.

Die Benutzung des Athabasca Passes ging allmählich mit dem Rückgang des Pelzhandels und der Konzentration des Handels an der Pazifikküste zurück. Um 1875 wurde das Jasper House geschlossen, und der Pelzhandels-Highway verfiel zurück in die Wildnis.

Noch am selben Parkplatz, etwa 25 m südlich, links der vorangegangenen Infotafel eine Gedenktafel für David Thompson:

David Thompson

David Thompson, 1770–1857. *Born in London...* Der in London geborene Thompson leistete sowohl der Hudson's Bay Company (1784–1797) als auch der North West Company (1797–1815) als Händler, Forscher und Vermesser wertvolle Dienste. Er gilt als einer der weltbesten Geographen; er kartographierte die Hauptreiserouten durch etwa 4 420 000 Quadratkilometer im kanadischen und amerikanischen Westen, auf über 80 000 Kilometern, die er im Kanu, zu Pferde und zu Fuß zurücklegte. Seine große geographische Karte vom Westen und seine Erklärungen dazu, die von J.B. Tyrrell für die Champlain Society 1916 herausgegeben wurden, sind bleibende Erinnerungen an dieses Genie. Er starb in Longueuil.

Ein paar Hundert Meter südlich Blick auf Mt. Edith Cavell, 3363 m; Erstbesteigung im August 1915 durch A.J. Gilmour und E.W.D. Holway. In der anderen Richtung Blick auf Mt. Hardisty, 2716 m.

Nun zu den Wasserfällen Athabasca Falls, wo man hinter zementenen Zaunmauern und von gesicherten Plattformen ein prächtiges Schauspiel der Natur ganz aus der Nähe erleben kann:

C– KM 31: ATHABASCA FALLS
199 km vom Trans-Canada-Highway 1

Vom Parkplatz gelangt man auf dem Fußweg zum Wasserfall zur ersten Infotafel mit Orientierungskarte:

Athabasca Falls. *Since the last...* Seit der letzte einer Dynastie von Gletschern sich vor 10000 Jahren zurückgezogen hat, steht der Athabasca River im Kampf gegen eine bebende Erde.

Hinterlassene Kanäle, Strudellöcher und tiefe Schluchten in einem der härtesten Felsmaterialien des Jasper Nationalparks markieren die urzeitlichen Kampflinien. Heutzutage setzt sich der Kampf stromaufwärts am 25 m hohen Wasserfall fort.

Dieser Pfad ermöglicht einen 20minütigen Besuch einer der vielen Kampfstätten. Es ist eine gefährliche Stelle, daher hinter dem Schutzgeländer bleiben.

Am Wasserfall folgenden Hinweis ernst nehmen:

Dangerous banks and slippery rocks. Stay on trails and remain within viewpoints. = Gefährliche Ränder und Rutschgefahr auf den Steinen. Auf dem Pfad und an den Aussichtsstellen bleiben.

Am Aussichtspunkt erster Pfad, links:

Abandoned Channel/Verlassener Kanal. *Flowing...* Fließendes Wasser bearbeitete unaufhörlich das Untergestein und schnitt diesen Kanal ein. Später fand das Wasser eine andere Schwachstelle im Fels und ließ diesen Kanal im Stich.

Vor der Brücke:

Potholes/Strudellöcher. *Trapped...* Durch die strudelnde Bewegung von Wasser, das Sand und Geröll mit sich führt, entsteht eine Wasserwalze, die wie mit einem Diamantbohrer eine Nische in das Gestein treibt. Der Fluß brauchte Jahrtausende, die nun in den Canyonwänden hängenden Strudellöcher (auch Kolk genannt) auszuhöhlen.

Die Strudellöcher, deren Entstehung man heutzutage beobachten kann, werden eines Tages an den Wänden eines sogar tieferen Canyons hängen.

Dann über die die Schlucht überquerende Fußgängerbrücke:

Rock's Retreat/Felserosion. *A few...* Vor ein paar Tausend Jahren befand sich der Rand des Wasserfalls hier unter unseren Füßen. Unter dem ständigen Angriff des Flusses erodierte der Felsrand bis zum Kopf der Schlucht zurück – der heutigen Kampffront.

Wo sich der Pfad verzweigt; links geht es zum Wasserfall, rechts unter der Straßenbrücke zur Lower Gorge & Abandoned Channel:

Battlefront/Kampffront. *Water fights...* Wasser schlägt die „Felslippe" jährlich einige Millimeter zurück. Jetzt ist das Wasser der Sieger, aber die Art des Gesteins mag eines Tages das Wasser dazu zwingen, diesen Kanal aufzugeben und einen anderen Weg zu suchen.

Unter der Straßenbrücke, auf dem Weg zur Lower Gorge:

Time Tunnel/Zeittunnel. *After centuries...* Nach jahrhundertelangem Kampf kapitulierte das Wasser und ließ seinen Kanal im Stich. Ein Gang durch die Vergangenheit im Kampf von Wasser und Fels. Hier trat der Fels als Sieger hervor, aber die Wunden der Schlacht blieben.

Erster Aussichtspunkt:

Sound And Spray/Getöse, Gesprüh und Wasserdunst. *Here, in a...* Hier treffen tosendes Wasser und zitternde Erde in heftigem Getöse, Gesprüh und Wasserdunst aufeinander. Das Echo einer nie-enden-wollenden Schlacht hallt in unseren Sinnen.

Danach führt der Pfad weiter zum zweiten Aussichtspunkt (ohne Infotafel).

Nun weiter entlang des **Icefields Parkways.** Von hier sind es etwa 45 mi/72 km zum **Columbia Icefield** und etwa 118 mi/189 km nach **Lake Louise.** Nach der Abzweigung zu den Athabasca Falls passiert man das Athabasca Falls Hostel, Mt. Kerkeslin Campground sowie links Mt. Kerkeslin.

Zur nächsten Infotafel:

D– KM 38: MTS. FRYATT, BRUSSELS & CHRISTIE
192 km vom Trans-Canada-Highway 1

Am Mt. Kerkeslin-Aussichtspunkt Blick vom Parkplatz auf Mt. Kerkeslin, 2956 m; Erstbesteigung 1926. Kurzer Fußweg von wenigen Metern zu herrlichem Ausblick auf das Tal Athabasca River Valley.

Want A Closer Look?/Ein Blick aus der Nähe? *The Fryatt Valley...* Der Fryatt Valley Trail, der zwischen Mt. Brussels und Mt. Fryatt durchs Tal führt, ist ein mehrtägiger Trip. Über die *Geraldine Lookout Fire Road,* 1,1 km nördlich vom Athabasca-Wasserfall am *Highway 93A* erreicht man den Start dieses Wanderwegs. Gesamtlänge: 20 km (ein Weg). Höhenunterschied: 760 m.

Fryatt And Brussels: What's In A Name?/Fryatt und Brussels: Woher stammen diese Namen? *During the...* Während des Ersten Weltkriegs rettete Capitain Charles Fryatt viele verbündete Soldaten, indem er sie wiederholt mit seinem Schiff *Brussels* über den englischen Kanal brachte. Fryatt wurde später verhaftet und erschossen, als er versuchte, ein U-Boot zu rammen. Diese Berge wurden kurz darauf nach ihm benannt.

Want A Closer Look?/ Ein Blick aus der Nähe? *The Geraldine Lakes...* Die Geraldine Lakes Seenkette folgt dem Tal zwischen Mt. Fryatt und dem im Norden befindlichen namenlosen Gipfel. Den Ausgangspunkt erreicht man über die *Geraldine Lookout Fire Road,* 1,1 km nördlich der Athabasca Falls vom *Highway 93A* abbiegend. Länge: 6 km (ein Weg). Höhenunterschied: 350 m.

Red And Pink Rocks/Rotes und rosa Gestein. *The dark red...* Bei dem dunkelroten Gestein, das fast die ganzen Berghänge auf der anderen Talseite bedeckt, handelt es sich um Quarz-Sandstein aus der Cog-Gruppe geologischer Formationen. Frisch gebrochenen, hellrosa Cog kann man am Bergsturz, Jonas Creek Slide, sehen, etwa 21 mi/34 km südlich von hier.

Riverside Bar And Grill. *If you see...* Sollte man hier Bergziegen entdecken, wäre dies kein Zufall. Die Gegend um diese Aussichtsstelle verfügt über eine Kombination verschiedener Voraussetzungen, die sie zum idealen Habitat für Ziegen macht.

Die rotgefleckten Hänge des **Mt. Kerkeslin** auf der anderen Seite des Icefields Parkways versorgen eine Herde von etwa 60 Ziegen. Sie ernähren sich von Hochgebirgspflanzen auf den sanfteren grünen Hängen und sind jederzeit bereit, beim Nahen eines Raubtieres auf die angrenzenden Klippen zu flüchten.

Die Ziegen verlassen gelegentlich ihr sicheres Gebirgszuhause und begeben sich zur Mineralstoffversorgung zu den Salzleckstellen hier im Tal. Die blassen, sandigen glazialen Ablagerungen zwischen dieser Aussichtsstelle und dem Fluß enthalten Spuren von Mineralstoffen, nach denen sich die Tiere sehnen, möglicherweise um die bei der Geburt oder dem Fellwechsel erlittenen Nährstoffverluste zu ersetzen. Die Ziegen fressen diesen Staub mit sichtlichem Genuß.

Die Kombination von Futterstellen, Fluchtklippen und Mineralstoff-Leckstellen macht Mt. Kerkeslin zu einer der besten Stellen entlang des Icefields Parkways, um Ziegen zu sehen.

Einige hundert Meter weiter über dem Athabasca River Superblick auf Mt. Fryatt 3364 m; Erstbesteigung im Juli 1926 durch J.W.A. Hickson, H. Palmer und H. Fuhrer. Im Süden Brussels Peak, 3161 m; Erstbesteigung im Juli 1948 durch R.C. Garner und J. Lewis.

Icefields Parkway führt nun bergab entlang des Athabasca Rivers. Etwa 3.5 mi/5,6 km von der Mt. Christie Picnic Area Blick auf Mt. Christie, 3103 m. Nachdem Ranger Creek überquert wurde, steigt die Straße etwas an, ehe sie den nächsten Aussichtspunkt erreicht.

E– KM 50: ATHABASCA VALLEY
180 km vom Trans-Canada-Highway 1

Reedy River, „Athabasca" ist ein Begriff der Cree-Indianer und bedeutet „wo es Schilfrohr = *reeds* gibt" – eine seltsame Bezeichnung für den tosenden Gebirgsfluß im Tal dort unten. Der Fluß wurde erst an dem sumpfigen Delta, wo er in den Lake Athabasca fließt, benannt.

Ancient Moraines/Urzeitliche Moränen. *The forested slope...* Der bewaldete Hang auf der gegenüberliegenden Talseite ist eine erodierte Kette von Seitenmoränen, die zurückblieben, als der Gletscher durch Schmelzen den Rückzug zum Columbia Icefield antrat. Kann man sich vorstellen, wie das Tal aussah, als es bis zum Kamm dieser Moränen mit Eis gefüllt war?

Headwaters/Zuflußgewässer. *At the head...* Am Anfang des Tals entsteht der Athabasca River aus dem Eis des Columbia-Gletschers. Der Fluß fließt an der Stadt Jasper vorbei, schwingt aus auf die Prärien und verliert sich im See Lake Athabasca. Sein Wasser endet schließlich über den MacKenzie River etwa 2800 km weiter im Nordpolarmeer.

The Divide Wilderness/Die Wildnis der Wasserscheide. *Wilderness is...* Wildnis ist ein abgedroschener Begriff. Er wird für alles benutzt, vom winzigsten Fleckchen Wald bis zu einem großen Nationalpark.

Möglicherweise kommt der Besucher auf der Suche nach Wildnis zu diesem Nationalpark. Vielleicht wurde auch das bereits gefunden, wonach man suchte; wenn nicht, **das** ist es!

Hier schaut man auf eine echte Wildnis, in Ketten scharfkantiger Berge, steilwandiger Täler und wilder Flüsse, die über die große Wasserscheide steigen. Man blickt in ein Land des Grizzlybärs, des Adlers und des Vielfraßes.

Hier gibt es keine markierten Wege, und die Flüsse haben keine Brükken. Diese Wildnis wird nur von den paar wenigen, völlig Abgehärteten aufgesucht. Man mag diese Wildnis vielleicht nie besuchen, aber gut ist es doch zu wissen, daß es sie gibt!

Vorbei am Honeymoon Lake Campground und den Seen Buck Lake (0,5 km vom Highway) sowie Osprey Lake mit Wanderpfad gelangt man etwa 53 km von Jasper zur Abzweigung zu den

Sunwapta Falls. Vor der Abzweigung passiert man Tankstelle und Sunwapta Falls Bungalows mit Totempfahl, Souvenirladen und Restaurant direkt am Icefields Parkway; weitere Auskunft: Sunwapta Falls Bungalows, Box 97, Jasper, Alberta T0E 1E0.

Die etwa 0.3 mi/0,5 km lange Zufahrt zu den Wasserfällen führt zum Parkplatz der **Sunwapta Falls.** Etwa 15 Minuten Fußweg zu den unteren Fällen Lower Falls. Der Name *Sunwapta* kommt aus dem Indianischen und bedeutet turbulent, was man begreift, wenn man die Wasserfälle aus der Nähe sieht. Der Athabasca River ändert hier seinen Lauf. Von hier sind es 33 mi/53 km nach Jasper, 30 mi/48 km zum Columbia Icefield und 109 mi/174 km nach Lake Louise. Auf der Weiterfahrt ist auffällig, wie sich der Athabasca River in eine Anzahl von Nebenarmen verzweigt. Zeitweilig scheint der tosende Fluß plötzlich ganz harmlos. Mit etwas Glück kann man hier Elche an den Uferrändern beobachten.

Vorbei an der Bubbling Springs Picnic Area mit Toiletten und der Endless Chain Ridge links, erreicht man nach dem Poboktan Creek und Warden Office (Ranger Office/Parkwächter) den Ausgangspunkt zu mehreren Wanderwegen: Zum Maligne Lake 50 km, Brazeau Lake 37 km und Poboktan Campground 8 km. Nach den vom Felsrutsch, Jonas Slide, herrührenden Felsbrokken rechts und links wird der kleine Jonas Creek Campground für Campers, Trailers, RVs und Zelte passiert.

Der Icefiels Parkway führt dann näher an den **Sunwapta River** heran, wo Gletscherschutt und Geröll ständig abgeladen, abgewaschen und sortiert wird und einem Felsengarten gleicht. Hier zum nächsten Aussichtspunkt.

F– KM 85: TANGLE RIDGE
145 km vom Trans-Canada-Highway 1

Vom Aussichtspunkt Blick auf Tangle Ridge 3001 m, und Mushroom Peak, 3200 m, Erstbesteigung im August 1947 durch N.E. Odell.

Slow Motion/Zeitlupe. *Although Tangle Ridge...* Obwohl Tangle Ridge wie ein einziger riesiger Felsblock aussieht, wird der Bergkamm von einem normalen Graben durchzogen, der durch eine allmähliche, minimale Dehnung der Erdkruste entstanden ist. Die Felsformationen im rechten Teil des Bergs liegen etwa 1500 m tiefer als das Gegenstück im linken Teil.

Advance Notice/Vorwarnung. *The thick...* Die dicke Zuckerglasur auf der Spitze von Mt. Kitchener ist der Rand des Columbia Icefields. Das Eisfeld ist wie ein großer See aus Eis, der seine Ufer in eisigen Flüssen, den sogenannten Gletschern, überschwemmt. Einer dieser Gletscher – der **Athabasca-Gletscher** – ist etwa 21 km südlich von hier entlang des Parkways leicht zugänglich.

Who was Kitchener?/Wer war Kitchener? *Horatio Herbert, first...* Horatio Herbert, erster Lord Kitchener of Khartoum and of Broome war in den ersten Kriegstagen des Ersten Weltkriegs englischer Heeresminister. Auf einer geheimen diplomatischen Reise nach Rußland ging er 1916 mit dem Panzerkreuzer *Hampshire* unter, als sein Schiff auf eine Mine lief.

Flowers And Ice/Blumen und Eis. *In the past...* In der Vergangenheit haben Gletscher, die aus dem Columbia Icefield flossen, dieses Tal ausgearbeitet. Als das Eis schmolz, blieben mitgeführte Steine und Sand zurück.

Heutzutage überfließt das gar nicht mehr so weit südlich gelegene Columbia Icefield seine felsige Schale, um viele Gletscher zu bilden. Die trüben Schmelzwässer von drei dieser Gletscher speisen den **Sunwapta River.**

Der Fluß schleppt und lädt ab, sortiert und sondert Schutt von alten und neuen Gletschern aus, läßt neue Schotterbänke zwischen wechselnden Flußrinnen entstehen und zerstört alte. Pionierpflanzen, wie Avens = Bach-Nelkenwurz und Fireweed = Stauden-Feuerkraut siedeln sich auf diesen vorübergehenden Inseln an und bahnen den Weg künftiger Wälder. Zeitweilig finden diese Blumen festen Halt und schützen ihr steiniges Beet vor dem Übergriff des Flusses. Manchmal wird jedoch jahrelanges Wachstum durch die Schmelzwässer eines einzigen heißen Tages ausgelöscht.

Nun passiert man die idyllisch direkt am Fluß liegende Jugendherberge Beauty Creek Hostel und fährt auf Flußhöhe weiter zur nächsten Aussichtsstelle.

G– KM 95: STUTFIELD GLACIER
135 km vom Trans-Canada-Highway 1

Vom Aussichtspunkt Blick auf Mt. Kitchener, 3505 m; Erstbesteigung im Juli 1927 durch A.J. Ostheimer und H. Fuhrer.

Linke Tafel:

Cold Comfort/Kalter Komfort, *Hugh Stutfield was...* Hugh Stutfield gehörte zu den Teilnehmern der Expedition, die das Columbia Icefield 1898 zum ersten Mal sahen. An dem Tag, an dem die Bergsteigergruppe ihre eigentliche Entdeckung machte, konnte er allerdings nicht dabeisein. Vielleicht sollte es als gewisser Trost gelten, daß seine Freunde diesen Gipfel und Gletscher nach ihm benannten.

The Challenge Of Rock And Ice/Die Herausforderung von Fels und Eis. *Early mountaineers...* Frühere Bergsteiger waren glücklich, die Spitze ihres Ziels erreicht zu haben. Heutzutage suchen viele Bergsteiger die zusätzliche Herausforderung durch extrem schwierige Routen.

Die Nordwand des Mt. Kitchener ist ein solcher Fall. Die 1200 m hohe Felswand wird selten bezwungen.

Overflow/Überfließen. *You are looking at...* Man blickt hier auf den äußeren Rand des Columbia Icefields. Wie eine riesige Sahneschüssel überfließt es sein felsiges Terrain und speist fließende Gletscher. Einer dieser Gletscher ist der **Stutfield-Gletscher.**

Das Gletschereis fließt entlang des vor dem Betrachter liegenden Stutfield Valleys. Seine trüben Schmelzwässer haben Sedimente abgelagert, die dort, wo der Stutfield Creek auf die Schotterebenen des Sunwapta Rivers stößt, einen alluvialen Fächer bilden.

Das Columbia Icefield fließt nach allen Seiten über. Es wird von Gletschern, Bächen und Fächern, wie hier, umgeben, doch die meisten sind relativ unzugänglich. Doch beim nur wenige Kilometer südlich von hier befindlichen **Athabasca-Gletscher** kann man man direkt an den Rand des Eises spazieren.

Nun zur rechten Tafel:

The Columbia Icefield Area/Das Columbia Icefield-Gebiet. *The Columbia is the...* Das Columbia Icefield ist das größte einer Kette von Eisfeldern entlang der Großen Wasserscheide. Das **Columbia Icefield** ist von den höchsten Gipfeln der kanadischen Rockies umgeben und bildet die Quelle eines Dutzends großer Gletscher, drei davon – **Athabasca-**, **Dome-** und **Stutfield-Gletscher** – sind vom Parkway aus sichtbar. Schmelzwässer vom Icefield und seinen Gletschern fließen zum Pazifik, Atlantik und Nordpolarmeer.

Icefield Centre Orientierung

Icefield Centre. *The Icefield Centre, open...* Das Icefield Centre, nur im Sommer geöffnet, überschaut den Athabasca-Gletscher. Dort helfen Personal und Ausstellung herauszufinden, was es in dieser Area und den angrenzenden Nationalparks zu sehen und zu unternehmen gibt.

Das Columbia Icefield Chalet bietet Unterkunft, Restauration sowie Tankstelle.

Wer Tiere am Straßenrand zu sehen bekommen will, muß langsam und mit besonderer Vorsicht fahren. Daran denken: Es ist verboten, Tiere in einem Nationalpark zu reizen, anzufassen oder zu füttern.

Gletscher besitzen gefährliche Löcher, Gletscherspalten und brüchige Eisbereiche. Sich beim Parkpersonal über Gefahren der Icefield-Area erkundigen.

Unfälle und dergleichen können den **Sunwapta** oder **Saskatchewan Crossing Warden Stationen** und den **Maintenance Camps** das *ganze* Jahr über und dem **Icefield Centre** *nur im Sommer* gemeldet werden.

Weitere Information: Zwei **Campingplätze** befinden sich südlich vom Icefield Centre und verfügen über begrenzte Zelt- und Camper/Trailer-Plätze.

Aufmerksam **fahren**. Steiles Gefälle/Steigung, scharfe Kurven und Bildung von Verkehrsstaus in der Area. Es kann zu jeder Zeit des Jahres schneien. Reisende im Winter müssen mit schweren Schneefällen und schlechten Sichtverhältnissen rechnen. Vorsicht: Schneeräumer und Streufahrzeuge.

Park Naturalists (Park Rangers) veranstalten im Sommer in der Icefield Centre Area geführte Wanderungen und Abendprogramme. Termine und Information beim Icefield Centre.

Snocoach Tours; Spezialfahrzeuge fahren auf einer speziellen Eisstraße den Athabasca-Gletscher hinauf. Information und Tickets beim Terminal, dem weiteren Gebäudekomplex beim Icefield Centre.

Gletscher und Gipfel bergen Gefahren, sogar für erfahrene Bergsteiger, die mit spezieller Ausrüstung arbeiten. Information über Bergsteigen und Rat sowie freiwillige Sicherheitsregistrierung (Safety Registration) im Sommer beim Icefield Centre, im Winter bei der Sunwapta Warden Station.

Der **Athabasca-Gletscher** ist der bestzugänglichste Gletscher Nordamerikas. Ein Pfad führt vom Parkplatz am Ende der gegenüber vom Icefield Centre liegenden Straße zur Gletscherstirn.

Nach dem Aussichtspunkt steigt der Icefields Parkway gewaltig an und erreicht **Tangle Falls**. Links nach den Wasserfällen Ausschau halten.

H– KM 99: TANGLE FALLS
131 km vom Trans-Canada-Highway 1

Tangle Falls. *„Our trail dropped...* Wir verloren unseren Pfad aus dem Blick, der trotz allen Suchens nicht wieder in Sicht kam. Als wir fast den ganzen nächsten Morgen auf der rechten Seite jenes Flusses arbeiteten, kam uns die Idee, ihn Tangle *(tangle* = verstrickt) zu nennen." So schreibt Mary Schaffer im Jahre 1907.

Der steile Abstieg vom Wilcox Paß und der tote Winkel, der den Pfad verschluckte, ließ diesen Abschnitt des Trails zu einer schwierigen Passage für erste Besucher werden.

Nachdem Tangle Creek überquert wurde, hat man beim nächsten Aussichtspunkt einen Blick auf die Moränen des Gletschers.

K– KM 100: SUNWAPTA CANYON
130 km vom Trans-Canada-Highway 1

Ice Block. Eisblock. *When Walter Wilcox...* Als Walter Wilcox 1896 durch dieses Gebiet reiste, füllte das Eis des Athabasca-Gletschers noch dieses Tal.

Mt. Kitchener Slide/Mt. Kitchener-Bergsturz. *The brown and...* Die braunen und grauen Felsbrocken auf der gegenüberliegenden Seite des Tals sind Reste eines Bergsturzes, der einst den Sunwapta River staute. Der Fluß schnitt zwar seinen Weg durch den Damm, doch blieb dieser Teil des Tals eng und mit Schuttablagerungen zugeschüttet.

Bighorn Country/Dickhornschaf-Gebiet. *This rugged terrain...* Dieses zerklüftete Terrain ist Heimat einer Herde von Rocky Mountain Bighorn Sheep = Rocky Mountain Dickhornschafen. Böcke lassen sich leicht an den großen und mächtigen, bogenförmig (fast spiralförmig) gekrümmten Hörnern erkennen, während die Weibchen kürzere Hornkuppen besitzen. Bitte keine Schafe füttern – es sind ausgesprochene Weidetiere; die ziemlich scheuen Tiere betteln nicht.

Barriers To Travel/Schranken zu überwinden. *In 1896 Walter Wilcox...* Als Walter Wilcox 1896 sich durch diese Area arbeitete, fand er seinen Weg „ ...von einem Gletscher versperrt ... und dahinter eine Schlucht, die die gesamte Route außer Betracht kommen ließ. Doch ein rechts davon liegendes hohes Tal bot ... einen Ausweg."

Die lange Schufterei auf und ab über den Wilcox Paß wurde unter diesen Umständen zur Standardroute. Sogar nachdem der Athabasca-Gletscher sich zurückgezogen hatte, vereiteilte der Sunwapta-Canyon immer noch die untere Route. 1921 legte der Präsident des Alpine Clubs, Arthur Wheeler, der Regierung eine Petition vor, „ ...die untere Route zugänglich zu machen ... ein großer Segen für die Reisenden."

Der heutige Parkway und der ihm vorangegangene Trail wurde in die Flanke der Tangle Ridge gehauen, um sowohl den Canyon als auch den Paß zu umgehen.

Kurze Zeit danach ist der Icefields Parkway auf Flußhöhe, wo das trübe Schmelzwasser des Athabasca-Gletschers zu sehen ist, dem man sich nun mit dem Icefield Centre und Vorfeld-Gletscherpfad zur Gletscherstirn nähert. Vom Icefield Centre sind es etwa 79 mi/127 km zum TC1/Lake Louise und etwa 114 mi/ 183 km nach Banff. Nun zum Abschnitt **Columbia Icefield Area.**

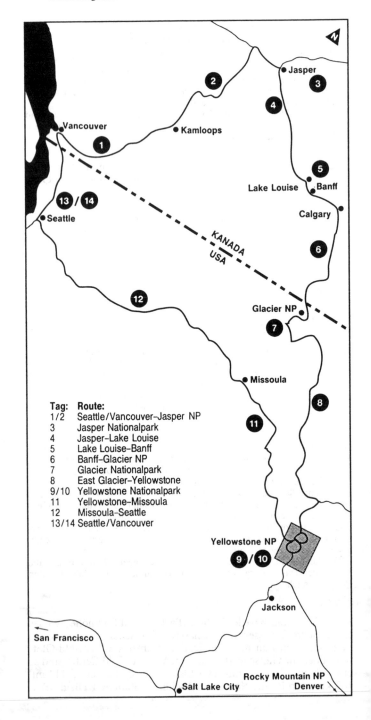

Tag:	Route:
1/2	Seattle/Vancouver–Jasper NP
3	Jasper Nationalpark
4	Jasper–Lake Louise
5	Lake Louise–Banff
6	Banff–Glacier NP
7	Glacier Nationalpark
8	East Glacier–Yellowstone
9/10	Yellowstone Nationalpark
11	Yellowstone–Missoula
12	Missoula–Seattle
13/14	Seattle/Vancouver

COLUMBIA ICEFIELD AREA
„Spektakuläre Gletscher am Südzipfel des Jasper Nationalparks"

Icefield Centre
An der Stirn des Athabasca-Gletschers

Quick-Info

Park-Information: Im Icefield Centre; auch Ausstellung mit Exponaten. Info über geführte Wanderungen & Wanderwege.

Snocoach Tours: Komplex neben Icefield Centre (Nordseite des Parkplatzes.) Reservation-Schalter im selben Komplex wie Restaurant. Snocoach-Touren etwa 80 Minuten einschließlich Bustransfer hinauf zum Gletscher – etwa 55 Minuten im Snocoach. Sich sofort nach Ankunft zur Tour anmelden, dann hinüber zum Icefield Centre mit Ausstellung begeben.

Wanderung: Athabasca Glacier Forefield Trail/Athabasca-Gletscher Vorfeldpfad – gegenüber vom Icefield Centre; 1 km Länge; Höhenunterschied etwa 30 m.

Camping: In der Nähe auf Columbia Icefield Campground (etwa 2 km) und Wilcox Creek Campground (etwa 3 km).

Unterkunft: Columbia Icefield Chalet (22 Zimmer); Ende Mai bis Ende Sept. in Betrieb; Tel. 762-2241

Hostel: Hilda Creek Hostel; etwa 8,5 km südlich vom Icefield Centre am Icefield Parkway.

Souvenirs: Souvenirs im Komplex der Snocoach Tours.

Restaurant/Snacks: Neben Icefield Centre; auch Toiletten; Souvenirs.

Toiletten: Im Icefield Centre und Komplex der Snocoach Tours.

Entfernungen in Meilen/Kilometer

Athabasca-Gletscher	0.8/1,2	Jasper Townsite (Stadt)	66/106
Banff NP/Jasper NP-Parkgrenze	3/5	Lake Louise	81/129
Banff Townsite (Stadt)	116/185	Saskatchewan Crossing	31/50
Columbia Icefield Campground	1/2	Sunwapta Paß	3/5
Emerald Lake (Yoho NP)	107/171	TC-1 & Icefields Parkway	79/127
Hilda Creek Hostel	6/9	Wilcox Creek Campground	2/3

Columbia Icefield/Athabasca-Gletscher

Die Gletscherwelt des gewaltigen **Columbia Icefields** liegt etwa 66 mi/106 km südlich der Stadt **Jasper**, etwa 81 mi/129 km nördlich von **Lake Louise** und etwa 116 mi/185 km nördlich von **Banff**. Das Columbia Icefield ist das Nährgebiet des Athabasca-Gletschers, das bis zu 350 m Tiefe erreicht. Zu dem riesigen Eisfeld, dem größten Gletscherfeld der Rockies, gehört der 3747 m hohe **Mount Columbia**, der dem Icefield seinen Namen verliehen hat.

In dem riesigen Gletscherfeld, das von der Straße aus nicht sichtbar ist, nimmt der Athabasca-Gletscher seinen Anfang. Vom Eisfeld breitet sich der Gletscher als Gletscherzunge über eine Serie von drei Bergkämmen aus und fließt mit einem Höhenunterschied von rund 550 m hinunter ins Tal. Der vom Icefield Centre erkennbare Eisstrom ist der **Athabasca-Gletscher**.

Zur Bildung von Gletschern sind Schneefälle bis zu 30 m Höhe erforderlich, die genügend Druck zur Eisbildung ausüben können. Dieses Eis besitzt bei seiner „Talfahrt" verschiedene, jeweils von der Dicke abhängige Eigenschaften. Während das Gletschereis in seinen unteren Bereichen mit Geschwindigkeiten von wenigen Metern bis zu wenigen Kilometern plastisch fließt, entstehen auf der Oberfläche Gletscherspalten in Form von Querspalten von bis zu 30 m Tiefe, die über Stufen im Untergrund aufreißen und zu ganzen Gletscherbrüchen werden können.

Der **Athabasca-Gletscher** hat eine Länge von ca. 6,5 km, Breite von durchschnittlich 1 km und Dicke von bis zu 300 m. Vom Zeitpunkt der Schneefälle im Nährgebiet bis zum Eis am Zungenende vergehen etwa 185–200 Jahre! Obwohl das Eis ohne Unterbrechung aus seinem Nährgebiet ins Tal fließt, ist die Ablation, d. h. das Abschmelzen von Schnee und Eis durch Sonneneinstrahlung am Zungenende, dem sogenannten Gletscherzeh oder Gletschertor, größer als der Niederschlag. Daher wird dieser Teil als Zehrgebiet bezeichnet. Da beim Athabasca-Gletscher die Ablation stärker ist, erfolgt ein Rückzug des Gletschers, bei dem sich der Gletscherzeh beispielsweise im vergangenen Jahrhundert ca. 2 km zurückverlagert hat. Setzt man das Fließen des Eisstroms mit der Ablation in Relation, so ist etwa bei einer jährlichen Ablation von 47 m, der ein Fließen des Eisstroms von 39 m entgegensteht, ein Rückzug von 8 m Gletscher pro Jahr festzustellen. In den letzten 110 Jahren hat der Athabasca-Gletscher einen Rückzug von rund 1,5 km erlebt und dabei ein Drittel seines Volumens eingebüßt. Im Vergleich dazu hat sich der Morteratsch-Gletscher von Graubünden in der Schweiz beispielsweise seit dem Jahre 1900 etwa 1400 m zurückgezogen.

Vom Zungenende des Athabasca-Gletschers treten aus dem sogenannten Gletschertor Gletscherbäche in Form kleiner Rinnsale aus. Diese als Gletschermilch austretenden Schmelzwasser bilden den Anfang des Flusses, der in den See Lake Sunwapta fließt. Dieser Fluß schwillt später zu dem mächtigen Athabasca River an, der in den Mackenzie River fließt und seinen Lauf zum Nordpolarmeer nimmt. Da man sich hier auf dem Scheitel eines Kontinents (Apex genannt) befindet, fließt das Schmelzwasser aus einem Eisfeld als eine der wenigen Stellen der Erde in **drei** verschiedene Meere ab. Das sich auf Bäche und Flüsse verteilende Wasser gelangt in die Hudson Bay und den **Atlantik**, in den **Pazifik** und ins **Nordpolarmeer**!

Im Bereich des Athabasca-Gletschers stehen dem Besucher verschiedene touristische Einrichtungen zur Verfügung: Icefield Centre zur Information mit Exponaten, Nachbarkomplex für Snocoach Tour & Restaurant, Columbia Icefield Chalet zum Übernachten und direkt am Gletscherzeh (Gletscherseite der Straße) der Pfad zum Gletscherzeh = Athabasca Glacier Forefield Trail mit Parkmöglichkeiten.

Icefield Centre

Information & Ausstellung

Das **Icefield Centre** beherbergt eine Jasper Nationalpark-Info-Theke, Buchverkaufsstand mit einer Auswahl an Bildbänden über den Park, Toiletten sowie einen interessanten Ausstellungsraum, wo man noch eine Menge mehr über die faszinierenden Gletscher des Columbia Icefields lernen und erfahren kann.

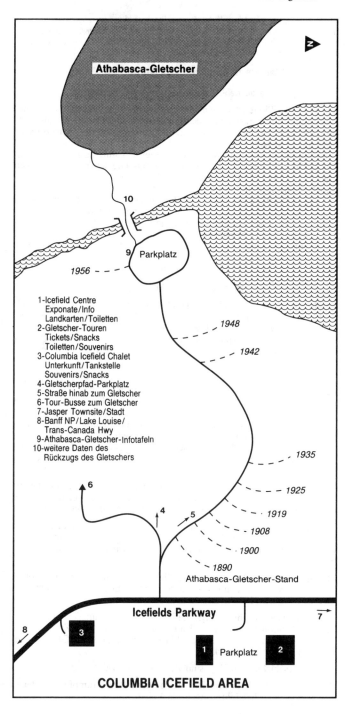

Athabasca-Gletscher

10

9 Parkplatz

1956

1-Icefield Centre
Exponate/Info
Landkarten/Toiletten
2-Gletscher-Touren
Tickets/Snacks
Toiletten/Souvenirs
3-Columbia Icefield Chalet
Unterkunft/Tankstelle
Souvenirs/Snacks
4-Gletscherpfad-Parkplatz
5-Straße hinab zum Gletscher
6-Tour-Busse zum Gletscher
7-Jasper Townsite/Stadt
8-Banff NP/Lake Louise/
Trans-Canada Hwy
9-Athabasca-Gletscher-Infotafeln
10-weitere Daten des
Rückzugs des Gletschers

1948

1942

1935

1925

6

4

5

1919

1908

1900

1890

Athabasca-Gletscher-Stand

Icefields Parkway

7

8

3

1

Parkplatz

2

COLUMBIA ICEFIELD AREA

Mitten im Raum ein Modell des Columbia Icefields mit seinen vielen Glet-schern u.a. auch des naheliegenden Athabasca-Gletschers. Infotafeln er-klären die Entwicklung der Gletscher im Laufe der Zeit. Zunächst rechts entlang der Wand:

Glaciers through time/Gletscherentwicklung

Pleistocene/Pleistozän – – vor 1.000.000 Jahren

Vor etwa 2 Millionen Jahren erfolgte eine drastische Klimaveränderung. Abkühlung führte dazu, daß sich Eis in nördlichen Regionen und Ge-birgszonen bildete und aufbaute. Diese Zeitperiode, das **Pleistozän**, ist bekannt als Eiszeit.

Man weiß nicht genau, warum die Eiszeit begann. Im Laufe der letz-ten Millionen Jahre breiteten sich mehrmals Gletscher und Eisdecken über den größten Teil Kanadas. Jeder Vorschub wurde von einer Wär-mezwischenzeit oder **Interglaziale** unterbrochen.

Langsam vorrückende kontinentale Eismassen überzogen den größten Teil des kanadischen Flachlands. Gletscher überrannten die Rockies. Eis füllte nahezu jedes Tal und ließ nur die höchsten Gipfel unbedeckt.

Die gegenwärtige **Wärmezwischenzeit** begann vor etwa 10 000 Jahren. Diese zurückliegende Zeitperiode nennt man Holozän oder Alluvium.

Jetzt weiter entlang der Wand von rechts nach links zur ersten Holocene/ Holozän-Periode:

Holozän – – vor 10 000 Jahren:

Landscape history - Landschaftsgeschichte. In der umliegenden Land-schaft sind veränderte Bedingungen in der Columbia Icefield Area er-kennbar. Einiges an Geschichte ehemaliger Klimate und Gletschertätig-keit ist in der stratigraphischen Holozän-Säule vom Sunwapta-Paß er-kennbar. Jede Schicht repräsentiert ein spezielles Ereignis oder eine Zeitperiode.

Bedingungen der vergangenen 5500 Jahre sind in organischen Ablage-rungen, sogenanntem Torf, festgehalten. Gewisse Typen von Pflanzen-pollen im Torf zeigen kühle, feuchte Wetterverhältnisse an, die ihren Höhepunkt im Gletschervorschub der Kleinen Eiszeit fanden. Torfbil-dung wurde durch die Ablagerung von Vulkanasche unterbrochen. Vul-kanasche dient als Markierungsschicht, da sie sich ziemlich genau zeitlich festlegen läßt. Gut erhaltene Ascheschichten im Oberflächenmaterial zeigt an, daß sich die Gletscher nicht über diese Stelle vorgeschoben ha-ben, seitdem Asche sich dort ansammelte.

Die jüngste Asche wurde schätzungsweise vor 2350 Jahren abgelagert. Die sogenannte Bridge River-Asche wurde nach Eruptionen in der Nähe des Meager Mountain, British Columbia, von Winden angeweht.

Der mittlere Aschefall, die St. Helens Yn-Asche, wurde schätzungsweise vor 3500 Jahren während einer Eruption des Mt. St. Helens, im amerika-nischen Bundesstaat Washington (südlich von British Columbia), abgela-gert.

Die älteste Asche, Mazama-Asche, fiel vor 6600 Jahren nach Eruption des Mount Mazama, heute bekannt als Crater Lake (im US-Bundesstaat Oregon) – etwa 1100 km südwestlich von hier.

Vor 5500 bis 8000 Jahren herrschte lt. Pollenanzeige im Torf ein wärme-res und vermutlich trockeneres Klima als zu jeder anderen Zeit während des Holozän. Die Baumgrenze lag höher als heute, und die Gletscher zo-gen sich vermutlich zurück.

Holzkohleschichten im Torf sind Zeichen von Waldbränden.

An der Torfsohle befinden sich verschiedene Baumstümpfe, von denen der älteste vor 8300 Jahren noch am Leben war.

Vor 5500 bis 8000 Jahren wuchsen große Bäume wie die abgebildete Bergfichte vor 5900 Jahren an Stellen weit oberhalb der heutigen Baumgrenze – Zeichen eines vermutlich wärmeren Klimas.

Sofort nach Wegschmelzen der Gletscher lagerten die Flüsse der Seitentäler riesige Schuttfächer auf dem Boden des Sunwapta-Passes an.

Eiszeit-Gletscher zogen sich schätzungsweise vor 10 000 bis 12 000 Jahren vom Sunwapta-Paß zurück. Lehmschichten im Erdreich des Passes weisen darauf hin, daß er nach Schmelzen des Gletschers von mehreren kleinen Seen bedeckt war.

Gletschererde wurde von Gletschern abgelagert, die vor 12 000 Jahren und länger den Paß bedeckt hatten.

Nun zum Abschnitt über Jahresringe.

Holozän – – vor 1000 Jahren:

Tree Ring History – aus Jahresringen erkennbare Geschichte. In dem von Jahr zu Jahr unterschiedlichen jährlichen Zuwachs spielen klimatische Faktoren eine wesentliche Rolle. Die Ordnung der konzentrischen Ringe im Holz dient als Anhaltspunkt zur Altersbestimmung und erweist sich gewissermaßen als Kalender und zeigt umweltliche Veränderungen an. Zum Begutachten der klimatischen Bedingungen vergangener Jahrhunderte lassen sich sowohl lebende als auch abgestorbene Bäume heranziehen. Die in der Columbia Icefield Area untersuchten Jahresringe lieferten reiche Erkenntnisse über sich hier im Laufe der letzten 1000 Jahre vollzogene umweltliche Veränderungen.

Größere Bäume wuchsen vor 800 bis 1200 Jahren im Bereich der heutigen Baumgrenze, was darauf hinweist, daß das Klima hier wie in anderen Teilen der Erde wärmer war. Darauffolgende Abkühlung bestimmte das Zeitalter der kleinen Eiszeit, die bis zum Beginn dieses Jahrhunderts anhielt.

Im 18. und 19. Jh. stießen Athabasca- und Dome-Gletscher weiter vor als je zuvor in den letzten 8500 Jahren. Merkmale einiger Hauptvorstöße der Jahre 1714 und 1850 sind heute noch in der Area erkennbar. Aus dem Baumstammquerschnitt links und im Schaubild unten ist ersichtlich, wie das Klima den jährlichen Zuwachs während dieser Ereignisse beeinflußte.

Tree Ring Widths in the Columbia Icefield Area – Jahresringstärke im Bereich des Columbia Icefields. Die im Schaubild gezeigten Jahresringe weisen die Unterschiede im jährlichen Zuwachs im Laufe der letzten 400 Jahre auf. Zwischen diesen Trends und den Aufzeichnungen der Gletschervorstöße läßt sich eine erstaunliche Ähnlichkeit erkennen.

Baumringe zeigen Verletzung der Baumrinde im Jahre 1846 und Verschiebung des Dome-Gletschers in Richtung Gletschermund.

1846 war der abgebildete Baum von Eis des sich vorschiebenden Dome-Gletschers umgeben. Das Jahr 1846 erhielt man durch Vergleich der Jahresring-Ordnung und Querdatierung mit dem unten abgebildeten Stamm. Die große Kerbe in der Rinde, die teilweise heilte, bevor der Baum 1902 abstarb, stammt vom Zusammenstoß mit dem Gletscher.

Die oben abgebildete Tanne war 1714 ein kleiner Schößling, als er bei einem Vorstoß des Athabasca-Gletschers umgeknickt wurde. Der Baum überlebte; an der Unterseite des gekippten Stamms bildeten sich, bis er wieder vertikal wuchs, dickere, dunklere Jahresringe.

Der weißrindrige Kieferstamm (oben abgebildet) liegt auf der heutigen Baumgrenze. Die außerordentlich großen, auf etwa 980 Jahre datierten Jahresringe zeigen an, daß der Baum zu jener Zeit unter günstigen Bedingungen wuchs.

Der links abgebildete Baum wuchs an demselben Hang wie der obige Baum. Die 287 sehr kleinen Jahresringe zeigen die ungünstigen Wachstumsbedingungen während seiner Lebenszeit auf.

Nun zum Abschnitt mit den Fotos aus den Jahren 1917 und 1982 mit den Veränderungen des Athabasca-Gletschers sowie Gletscher-Area-Karte, die den Rückzug des Gletschers zeigt.

Holozän – – vor 100 Jahren:

Human History – Geschichte der Menschheit. Der Rückzug des Athabasca-Gletschers seit 1900 läßt sich durch andere Nachweise dokumentieren. Berichte erster Forscher und Bergsteiger, alte Fotos und genaue Meßwerte lassen Einzelheiten veränderter Bedingungen erkennen. Von der *Interprovincial Boundary* des Jahres 1917 wurden viele ausgezeichnete Fotos gemacht. 1945 bis 1964 schwankte die jährliche „Rückzugsrate" von 20 m bis 37 m. Seit 1970 zog sich der Gletscher 1-3 m pro Jahr zurück.

Today/Heute . . .

Bilder zeigen die saisonbedingten und täglichen Veränderungen in der Columbia Icefield Area.

Winter. Schnee füttert Columbia Icefield und Athabasca-Gletscher. Etwa 10 m Schnee im Laufe eines Jahres möglich; größtenteils im Winter; Temperaturfall auf minus 40 °C. Im Winter schieben sich die Gletscher vorwärts. Im vorangegangenen Sommer an der Gletscherzunge abgelagerter Schutt, Sand und Kies wird von den Gletschern zu niedrigen Kämmen geschoben, die Jahresmoräne genannt werden. Im Frühjahr wird Schmelzwasser sichtbar; der Gletscher schürft die letzten Ablagerungen aus Felsbrocken in die Moräne.

Summer – Sommer. Lange Tage mit viel Sonnenlicht und warmen Winden drücken die Temperaturen auf dem Gletscher über den Gefrierpunkt, wobei die Schneegrenze nach oben verschoben wird. Freiliegendes Eis schmilzt rasch. Zieht sich der Gletscher zurück, bleibt die Jahresmoräne allein auf einem prominenten Bergrücken zurück und markiert den weitesten Punkt des Wintervorstoßes.

Fall – Herbst. Invasion von Herbstfrösten verleiht Weiden und Beeren ein gelbrotes Farbkleid. Schmelzwasserspiegel fallen, wenn die Oberfläche der Gletscher friert. Schnee fällt auf hochgelegenen Wiesen und Gipfeln.

Die Sonne steht niedrig am Horizont und vermag nicht genügend Wärme für weitere Schmelzvorgänge zu produzieren. Der Athabasca-Gletscher hat seinen höchsten Rückzugspunkt des Jahres erreicht. Er ist nun für einen nächsten Zyklus jährlicher Moränebildung bereit.

Verschiedene Illustrationen verdeutlichen den Ablauf des Schmelzwassers und zeigen interessante Fakten über den See Sunwapta Lake auf. Bei steigender Lufttemperatur während eines warmen Sommertages nimmt die Eisschmelze und das Abfließen des Wassers zu. Schmelzwasserabfluß – noch schwach am Morgen – nimmt bis Mitte Nachmittag zu.

Sunwapta Lake – Sunwapta-See. Zu dünn, um darin zu gehen ... zu dick, um darin zu schwimmen. Schätzungsweise 570 Tonnen Gletscherschutt, Schlamm, Lehm und Sand können im Laufe von 24 Stunden von Schmelzwasserflüssen, sog. Gletscherbächen, in den Sunwapta Lake transportiert werden, was dem See eine trübe, stumpf-graue Farbe verleiht – bekannt als Gletschermilch. Viel Material wird als Alluvial-Fächerdeltas abgelagert und füllt dabei allmählich den See.

What next?/Was kommt danach?

Im Laufe der Zeit gab es ein Kommen und Gehen von Gletschern. Man macht Klimaschwankungen für Aufstieg und Fall der Eiszeitalter verantwortlich. Heute sind die Gletscher der kanadischen Rockies im Vergleich zu ihren riesigen Vorgängern relativ klein. Eine neue Eiszeit läßt sich von niemandem präzise genau vorherbestimmen. Andererseits besteht kein Grund zu Annahme, daß dieser Prozeß beendet sei.

Die andere Seite des Columbia Icefields, der abseits liegende und wunderschöne Columbia-Gletscher, ist innerhalb von 10 Jahren etwa 1 km vorgestoßen. Andere Gletscher Kanadas weisen ähnliche Zunahmen auf. Welche nächste Veränderung ist zu erwarten?

Jetzt zur gegenüberliegenden Wand mit Einzelheiten über Gletscher:

Anatomy of a glacier/Anatomie eines Gletschers

Entlang der Wand zieht sich ein herrliches Wandgemälde, das die Veränderungen aufzeigt, vom Schneefall und der Schneezufur im Nährgebiet zum Gletscher und der Endstation des Gletschers (Gletscherzunge) sowie den Eishöhlen, die sich am dichtesten zum Icefield Centre befinden. Am besten geht man das Wandbild von links nach rechts, mit „Athabasca Glacier – Cold Facts" beginnend, an.

Athabasca Glacier – Cold Facts
Athabasca-Gletscher – Kältefaktoren

Klassifizierung:...............	Outlet Valley Glacier = Talgletscher
Länge:..	6,5 km
Breite:...............................	durchschnittlich 1 km
Geschätztes Eisvolumen:............................	640 000 000 m³
Maximale Dicke:......................................	300 m
Höhe am Terminus/Gletscherzunge:...............	1900 m
Höhe am Icefield Rim (Rand):.......................	2800 m
Schiebegeschwindigkeit an Icefalls:...............	125 m/Jahr
Schiebegeschwindigkeit am Terminus:.............	15 m/Jahr
Rückzugs-/Schmelzrate	
(total seit 1878)......................................	1,5 km
(durchschnittlich pro Jahr seit 1878).............	13 m
Jährl. Schneefall auf Columbia Icefield:...........	etwa 10 m
Dichte des Gletschereises:...........................	800 kg/m³
Dichte von Neuschnee:...............................	60 kg/m³

Clouds to ice to water – Wolken zu Eis zu Wasser: Gletscher sind die Ableger von Klima- und Wasserzyklen. Ihr Verhalten wird durch Niederschläge, Temperaturen, Wind und Luft bestimmt. Größe, Form und Geschichte des Athabasca-Gletschers sind Folgen der Zyklen. Sturmwolken entsenden Schnee, der sich verdichtet, zu fließendem Gletschereis und eventuell zu allerletzt zu Schmelzwasser umformt. Der Zyklus wiederholt sich immer und immer wieder.

Dann zum Video „Glacier in Action":

Jetzt dem blauen Pfeil nach rechts folgen:

Accumulation Data – Akkumulationsdaten (eine Eisfabrik). Eis entsteht, wo sich mehr Eis anhäuft als während eines Jahres schmelzen kann. Das Columbia Icefield und der obere Athabasca-Gletscher sind enorme **Akkumulationsbereiche.** Sie sind bedeckt von das ganze Jahr überdauerndem Schnee; die untere Grenze kennzeichnet sich durch die **Jahresschneegrenze.**

Gletschereis besteht aus Schnee. Sturmwolken steigen über den Rockies auf, kühlen ab und lagern Schnee in aufeinanderfolgenden Lagen und Schichten ab.

Schneeflocken lassen sich nieder und verbinden sich mit altem Schnee. Der Druck der überlagernden Schneemassen nimmt zu und im Nährgebiet entwickelt sich Firn und Firneis, eine dichte Zwischenform von Schnee und Eis. Dieser Firn ist alter, mehrjähriger Schnee, der durch vielfaches Auftauen und Wiedergefrieren körnig geworden ist, und zwar in einer Korngröße von unter 3 mm Durchmesser. Aus dem Firn wird Luft ausgepreßt, Schmelzwasser sickert durch und gefriert erneut. Sobald die Verbindung der Zwischenräume zwischen den Körnern abgebrochen ist, geht das dichter komprimierte Firneis in Gletschereis über.

Es kann drei oder mehr Jahre dauern und bis zu 30 m Schnee erfordern, bis Schneeflocken sich in Gletschereis umwandeln.

Dann von rechts nach links Ice Flow:

Iceflow – Eisfluß (Abrutschen - Weggleiten). Der Athabasca-Gletscher fällt 900 m vom Columbia Icefield ab. Schwerkraft, Schmelzwasser-Abschmierung an der Gletschersohle und Eigengewicht begünstigen den Gletscherfluß.

Eis fällt in Kaskaden durch drei steile Eisfälle mit einer Geschwindigkeit von 125 m pro Jahr. Geringeres Eisvolumen und sanfter abfallende Hänge verlangsamen den Gletscher auf etwa 15 m pro Jahr in Nähe der Gletscherzunge/Terminus.

Gletscherstürze treten in verschiedenen Bereichen des Athabasca-Gletschers auf dem Weg ins Tal auf. Die brüchige Oberfläche bricht in Risse und Spalten auf, die sich langsam öffnen, wenn das Eis unter dem Druck der Bewegung auseinanderbricht.

Ablation Area – Ablationsbereich (Ablation = Abschmelzen und Verdunsten von Eis und Schnee). Abschmelzen erfolgt hauptsächlich durch Einwirkung warmer Sommertemperaturen und Wind. Ablation ist am unteren Athabasca-Gletscher während des Sommers wirksam, wobei sich die Gletscherstirn zurückzieht und das totale Eisvolumen abnimmt.

Ein Gletscher operiert auf der Basis eines „Budgets" mit Einnahmen und Ausgaben. Wenn die Schnee- und Eismenge, um die der Gletscher zugenommen (Einnahme) hat, größer ist als die abgenommene oder geschmolzene Eismenge (Ausgabe), wächst der Gletscher oder stößt vor. Das Gegenteil resultiert in Gletscherschrumpfung oder -rückzug.

Während der letzten 110 Jahre bewirkten Ausgaben (oder Schmelze) beim Athabasca-Gletscher einen Rückzug von insgesamt 1,5 km und einen Verlust eines Drittels seines Volumens.

Meltwater – Schmelzwasser (ein totales Auswaschen). Während der Schmelzzeit schmelzen Schnee und Eis unter die jährliche Schneegrenze. Das Volumen des Schmelzwassers hängt von Temperaturen und Winden ab. Ein heißer, luftiger Sommertag kann innerhalb weniger Stunden zu einer dreifachen Zunahme des Schmelzwassers führen.

Auf der Gletscheroberfläche schneiden Schmelzwasserflüsse oder Gletscherbäche Kanäle ins Eis. Die größten Ströme können einen Meter breit und tief sein und beträchtliche Strecken zurücklegen, ehe sie in Spalten im Eis abfließen. Hier schneidet das Wasser sanfte, vertikale Schäfte und Tunnel, Mühlen oder Mühlquellen genannt, die bis tief in den Gletscher reichen. Innerhalb des Gletschers rauscht das Schmelzwasser durch einen Komplex internen Röhren- und Kanalsystems, das bis zur Gletschersohle gelangt, wo das Schmelzwasser als Gletscherbach zweiter Ordnung fließt. Der größte Teil des Schmelzwassers entkommt zu beiden Seiten der Gletscherzunge oder des Terminus' durch die Eishöhlen.

Nachdem man über Geschichte und Einzelheiten der Gletscher informiert ist, sollte man den Blick durch das riesige Panoramafenster auf den Gletscher genießen. Außerhalb des Fensters gibt es verschiedene Infotafeln; von links nach rechts:

Blick aus dem Panoramafenster

Mt. Athabasca Meadows – Mt. Athabasca Wiesen. Die niedrigeren Hänge von Mt. Athabasca sind während der letzten 10 000 Jahre eisfrei geblieben, doch die Nähe von Gletschern stellt immer noch einen gewaltigen Einfluß dar. Bei Tag und Nacht üben im Laufe der Jahreszeiten extreme Temperaturen, Wind, Licht und Feuchtigkeit ihren Einfluß auf das Leben dieser Hänge und Wiesen aus.

Erhebung von Icefield Centre: 1980 m; Entfernung von hier bis Alpine Meadows: 2,5 km; zum Mt. Athabasca: 4,5 km.

Life in sight of glaciers – Leben im Blickfeld von Gletschern. Klimafeste, dauerhafte Pflanzen und Bergtiere leben hier innerhalb enger räumlicher Begrenzung. Dickhornschafe, die kühle, insektenfreie Gletscherwinde suchen, grasen im Sommer oberhalb der Baumgrenze. Erdhörnchen graben einen Irrgarten schützender Tunnels in den lockeren, felsigen Gletscherboden.

Baumgrenze, die höchste Lage, in der noch Bäume wachsen, bildet die Grenze zwischen subalpinen und alpinen Lebenszonen. Eisige Gletscherwinde trocknen und stutzen die Vegetation zurecht, unterdrücken weiteres Wachstum und stutzen Tannen, Fichten und Kiefern zu windzersaustem Krummholz zurecht.

Auf den alpinen Wiesen bildet eine Decke aus Winterschnee einen Schutzmantel für Gras, Riedgras und Schneeweiden. Kalte Winde von den nahen Gletschern lassen die Schneedecke bis in den Sommer halten und verkürzen die Wachstumszeit, lassen Bodentemperaturen fallen und unterdrücken Pflanzenwuchs.

Zu den hier vorkommenden Tieren und Pflanzen gehören Columbian Ground Squirrel (kolumbianisches Erdhörnchen), Yellow Mountain Saxifrage (Gelber Bergwiesensteinbrech), Moss Campion (Moosnelke), Mountain Heather (Bergerika), Grizzlybär, Kinnikinnick (Pflanzenart wie beispielsweise die Bearberry, deren Blätter von den Indianern als Tabak geraucht wurden), Foliose Lichens (Flechten), Mountain Chickadee (kleiner, grauer amerikanischer Vogel mit schwarzem Kopf), Marten (Marder), Rocky Mountain Fescue (eine Grasart), Bighorn Sheep (Dickhornschaf), White Tailed Ptarmigan (Schneehuhn), Pikea oder Pika (kleines, schwanzloses, kaninchenähnliches Säugetier der Gattung *Ochotona*) und Moose (Elch).

Athabasca Glacier Forefield – Athabasca-Gletscher Vorfeld. Das Vorfeld ist eine wiedergeborene, nackte Stelle. Erst im Laufe der letzten 100 Jahre vom eisigen Griff befreit. Die lebhaften Merkmale ehemaliger, vorbeigezogener Gletscher überall, heute kann sogar dieser kahle Flekken besiedelt werden. Sobald sich der Gletscher zurückzieht, dringt langsam Leben ein.

Das Icefield Centre befindet sich auf 1980 m ü.M.; die Entfernung von hier zum Gletscherrand beträgt etwa 1,2 km; bis zum Rand des Columbia Icefields sind es etwa 7 km. Weitere Ausstellungsabschnitte befassen sich mit Life after Ice (Leben nach dem Eis), Snowdome Valley und Icebound Vertical World (eisige vertikale Welt).

Life After Ice – – Das Leben nach dem Eis. Zwischen den schützenden Falten der Moränen wachsen als erstes Fireweed und sogar ein paar verkrüppelte Fichten. Diese nackten Gletscherkämme lassen Wasser und Wärme eindringen, blockieren dagegen eisige Winde.

Purple Vetch = Purpurne Wicke, empfindliche und zarte Yellow Saxifrage = Körnersteinbrech sowie Zwergweiden wachsen unter angenehmen, aber riskanten Bedingungen entlang der Uferstreifen von Bächen, Seen und Deltas. Reißende Ströme sedimentreichen Schmelzwassers, die unter dem Gletscher hervorschießen, schneiden neue Kanäle und Rinnen und können die Uferränder unvermutet überschwemmen.

Sogar auf dem Eis existiert Leben. Rote Schneealgen, einzellige Pflanzen, gibt es auf und in den Sommerschnee-Massen auf dem oberen Gletscher. Insekten werden vom Wind auf den Gletscher geweht. Schneeschnaken, Schneeflöhe und Schmetterlinge ernähren sich von den Algen und werden wiederum zur Speise von Finken und anderen Gebirgsvögeln.

Snowdome Valley. Die Snowdome-Gletscher beherrschen diese vertikale Gebirgshalle. Von oben bis unten von aktivem Eis, stürmischem Wetter und der sich ausbreitenden Gewalt frierenden Wassers dominiert, stellt das Tal, Snowdome Valley, ein wildes und unberechenbares Gebiet dar. Von hier zum Mt. Kitchener sind es 6,5 km, zum Dome-Gletscher 7 km und zum Wald etwa 1,5 km.

Icebound Vertical World – eisige, vertikale Welt. Niedrige Matten gelber Bergblumen klammern sich verzweifelt an lose Felsbrocken. Bergziegen erklimmen die wenigen luftigen Nischen, auf denen sie magere Grasplätze vorfinden. Steinadler und Raben gleiten vorbei auf der Suche nach willkommenerer Umgebung.

Die plötzliche und unbeherrschte Tätigkeit von reibendem Eis, herabfegenden und herunterdonnernden Lawinen und gewaltigem Steinschlag bietet nur geringe Lebenschancen. Mit all diesen Aktionen gibt es nur geringes Vorwärtskommen für das Leben in diesem Amphitheater von Eis und Fels.

Nach dem Besuch des Ausstellungsraumes sollte man die Gelegenheit wahrnehmen, die Diashow im Theatre anzusehen. Bei der Infotheke kann man Karten, die neuesten Uhrzeiten über Veranstaltungen/Programme im Jasper Nationalpark sowie genaue Hinweise über Wanderungen im Park bekommen. Außerdem auch ausgezeichnete Bildbände und Ansichtskarten erhältlich. Gegenüber der Infotheke mehr Info über den Park:

Glaciers & Man
Gletscher & Mensch

Von links nach rechts:

The view from the top – der Blick oben vom Gipfel. Im faden Schein der Morgendämmerung weist das Knarren kalter Stiefel jeden Schritt die Moräne hinauf. Die Gipfel röten sich langsam, sobald sie von der aufsteigenden Sonne eingefangen werden. Schätzungsweise 3 Stunden mühsame Plackerei durch tiefen steilen Schnee, vermutlich ein 3tägiges Projekt, einen Kilometer vertikalen Fels zu erstürmen. Schwitzen, Fels bröckelt ab, kurzer Atem, schwindelnde Leere unter den Füßen!

Der Gipfel! Mit einem Becher Tee wird auf das Wohl der Kameraden und den blauen Himmel angestoßen, oder es wird sich kurz in den Schnee gekauert, ehe es zum knie-zitternden Abstieg geht.

Seit 1898 zeichnet dies das Leben unzähliger Bergsteiger im Columbia Icefield.

Glaciers And You
Gletscher und Du

Von oben nach unten:

Water Holders/Wasserspeicher. *Glaciers...* Die entlang der Continental Divide = Kontinentalen Wasserscheide liegenden Gletscher sind Wasserspeicher für die Farmlandschaft der Prärien.

Route Makers/Routenmacher. *The valleys...* Die von ehemaligen Gletschern geweiteten Täler wurden zu Verkehrsadern. Highways und Eisenbahnstrecken folgen nun den von Wind, Wasser und Eis ausgenagten Routen.

Landscape Carvers/Baumeister der Landschaft. *If you are...* Wer Kanadier ist, lebt in einer von Gletschern geschaffenen Landschaft. Die Reste der Eiszeit bedecken den größten Teil Kanadas.

Rock Crushers/Steinbruch. *Gravel...* Schottermaterial für die Bauwirtschaft, Straßen und Dämme stammt von eiszeitlichen Ablagerungen.

Questions And Answers/Fragen und Antworten. *Teams of scientists...* Wissenschaftliche Teams studieren die Gletscher. Daraus gewonnene Erkenntnisse erklären weltweite glaziale und klimatische Veränderungen.

Hier weiter zu Glaciers & Man:

Discovery – Entdeckung. Die ersten Menschen, die Columbia Icefield zu sehen bekamen, waren eigentlich auf der Suche nach etwas anderem. Einem Irrtum eines jener ersten Forscher zufolge gelangten zwei mythische 5 182 m hohe Gebirgsriesen – Mt. Hooker und Mt. Brown auf die Karte der kanadischen Rockies. Norman Collie und Hermann Woolley gingen davon aus, diese Berge oben von der Spitze des Mt. Athabasca sehen zu können, doch hier der Text, den Norman Collie im August 1898 schrieb: „Den Anblick, den wir im Abendlicht vor uns hatten, bekommen die meisten modernen Bergsteiger nicht häufig zu sehen. Eine neue Welt breitete sich zu unseren Füßen aus; westwärts zog sich ein weites Eisfeld, das vermutlich noch kein einziges menschliches Auge zuvor zu sehen bekommen hat, umgeben von völlig unbekannten, namenlosen und noch unbestiegenen Berggipfeln."

1923 zog J.M. Thoringtons Expedition mit Pferden auf einer Abkürzung über den Gletscher Saskatchewan Glacier entlang. Verschiedene Fotos zeigen mehr über Gletscher und Bergsteiger.

Saddle Sores – wunde Stellen durch langes Im-Sattel-Sitzen. Vor 1940, vor Fertigstellung des Icefields Parkway, mußten viele Tage im Sattel verbracht werden, ehe diese Stelle erreicht war.

Walter Wilcox hatte mit seinen Leuten hier in der Nähe 1896 sein Lager aufgeschlagen. Der Athabasca-Gletscher blockierte ihren Vormarsch nach Norden, deshalb machte die Gruppe an diesem Paß, der heute nach dem Anführer der Gruppe benannt ist, kehrt.

Über der Infotheke eine Mountain Goat = Bergziege. Links neben Infotheke Infotafel über Wanderwege und Gefahren = Trails & Area Hazards sowie Toilette.

Hintergrundinformation:

Maligne Lake

Pronounced... „Mah-lien" ausgesprochen, *Maligne* ist die französische Bezeichnung für „übel" oder „schlecht oder böse". Den ersten schriftlichen Nachweis dieses Namens fand man im Tagebuch Pater de Smets, einem belgischen Jesuitenpriester, den das Athabasca-Tal 1846 besuchte. Wie viele Reisende vor ihm hatte Pater de Smet große Schwierigkeiten, den Fluß zu überqueren, daher die Bezeichnung „Maligne".

Unter den Fotos mit Mary Schaffer, Billy Warren und Sampson Beaver, Francis Louise und Frau Leah:

The Lady in Buckskin/Die Dame in Wildleder. The „H.M.S. Chaba" set off... Die H.M.S. Chaba startete zu einer dreitägigen Erkundung des Sees. Mary Schaffer hockte hoch oben auf einem Sack Mehl, einer Schwarte Speck und einem Bündel Decken. Das kleine Floß wurde nur von hölzernen Stiften und Riemen zusammengehalten. Durch die klaffenden Spalten konnte sie bodenloses, eisig blaues Wasser sehen. Als das Floß die Engen des Sees passierte, erlebte die kleine Gesellschaft auf dem Floß einen der reizvollsten Ausblicke in die Rockies. Dies war 1908 die erste Reise auf dem Maligne Lake.

Mary Schaffer war eine wohlhabende Quakerin aus Pennsylvania, die mit ihrem Mann, einem bekannten Botaniker aus Philadelphia, viele Sommer in den Rockies verbracht hatte. Anfang dreißig und verwitwet, verbrachte sie die weiteren Sommerferien in der Banff-Area. Trotz Protests ihrer Familie und Freunde besorgte sie sich mit ihrer Freundin Mary Adams einen Führer. Billy Warren brachte den beiden das Nötige bei, mit Reiten beginnend. Eine ihrer Expeditionen sollte zum Chaba Imne, einem geheimnisvollen See in den Rockies, führen...

Mary Schaffer hatte von dem legendären See durch den Stoneyindianer Sampson Beaver erfahren, der ihr auf einem Stück Papier eine grobe Karte gezeichnet hatte.1908 zog ihre Expedition mit Packpferden von Laggan (Lake Louise) nordwärts: 22 Pferde, 6 Reiter und Muggins, der Hund. Mary Schaffer und Mary Adams waren die ersten weißen Frauen, die Maligne Lake zu sehen bekamen, als ihre Expedition vom Süden auf den See stieß.

Die alten Indianerpfade lockten Mary Schaffer bald wieder zurück.1911 kehrte sie zurück um den See zu vermessen und erwähnte viele bekannte Punkte der Area. Diese Liste von Namen läßt uns die „Lady in buckskin" für immer in Erinnerung bleiben.

Rechts neben der Karte und den Fotos:

A Legacy of Names
Ein Vermächtnis von Namen

Mt. Brazeau. 3470 m, höchster Gipfel der Maligne-Region und gleichzeitig höchster Gipfel der Front Ranges der kanadischen Rockies. Benannt nach Joseph Brazeau, einem Angestellten der Hudson's Bay Company und Sprachforscher.

Mt. Charlton. 3219 m, von Mary Schaffer nach H.R. Charlton benannt, dem damaligen Werbeagenten der Grand Truck Pacific Railway (1911).

Mt. Henry MacLeod. 3288 m, zu Ehren des Vermessers der Canadian Pacific Railway, der als erster weißer Mann 1875 den Maligne Lake erreichte. Er nannte ihn Sorefoot Lake.

Leah Peak. 2801 m von Mary Schaffer benannt nach Leah Beaver, der Frau des Stoneyindianers Sampson Beaver.

Llysyfran Peak. Von Mary Schaffer nach einem Familiennamen ihrer Freundin Mary Vaux benannt.

Lorraine Lake. Nach Lorraine Magstad benannt, deren Eltern einst am Maligne Lake arbeiteten. Ihr Vater Larry war ein Bootsführer, während die Mutter als Köchin arbeitete.

Maligne, River, Lake And Mountain/Maligne, Fluß, See und Berg. 3192 m. Ein französischer Begriff für übel oder böse. Pater de Smet, ein Jesuitenpriester aus Belgien, erwähnte als erster den „la rivière Maligne" – nachdem er 1846 den Maligne River überquert hatte.

Mt. Mary Vaux. 3201 m, von Mary Schaffer nach Mary Vaux benannt, einer Freundin aus Philadelphia, mit der sie als junges Mädchen die Rockies das erste Mal besucht hatte. Mary Vaux war die Frau von Charles Walcott, Direktor des Smithsonian Institute.

Mt. Moffat. 3105 m, von den Klubmitgliedern nach dem 25. Jahrestreffen am Maligne Lake im Jahre 1930 nach T.B. Moffat von Calgary, einem Mitglied des Alpine Club of Canada benannt.

Mona Lake. Nach Mona Harragan, die mit ihrer Schwester Agnes die Pferde im Maligne Valley gepackt und behuft hatte. War der erste weibliche Führer im Jasper Nationalpark.

Monkhead./Mönchskopf. 3219 m, von Mary Schaffer 1911 wegen der Ähnlichkeit mit einem aufgerichteten Affengesicht eines Kapuzineräffchens benannt.

Opal Hills. Mary Schaffer verlieh diesen Hügeln den beschreibenden Namen. „Herrliche Färbung hier im Morgennebel, grün und gelb im Sonnenlicht."

Mt. Paul. 2856 m, von Mary Schaffer nach ihrem neunjährigen Neffen Paul Sharples benannt, der sie bei ihrer Vermessung des Sees im Jahre 1911 begleitete.

Samson Peak. 3081 m, nach Sampson Beaver, dem Stoneyindianer, benannt, der die Karte gezeichnet hatte, die Mary Schaffer den Weg zum Maligne Lake gezeigt hatte.

Teakettle. 2480 m, ein zackiger, mittelhoher Gipfel unterhalb von Mt. Charlton.

Mt. Unwin. 3268, nach Sidney Unwin, einem Banff-Führer, benannt, der Mary Schaffer bei ihrer Suche nach Maligne Lake begleitete. Von der Seite dieses Bergs erblickte er erstmals Maligne Lake.

Valad Peak. 3246 m, nach Henry MacLeod's Führer benannt, der ihn 1875 zum Maligne Lake begleitete.

Mt. Warren. 3360 m, von Mary Schaffer 1908 nach ihrem Hauptführer, Billy Warren, benannt. Das Paar heiratete 1915.

Auf der Terrasse des Icefield Centre Infotafel, die den Blick auf Mount Athabasca erklärt:

High And Wild/Hoch und wild. *Mount Athabasca is a ...* Mount Athabasca ist eine populäre Kletterroute für Bergsteiger mit unterschiedlichen Schwierigkeitsgraden. Im Sommer kann man auf jeder der Kletterrouten Bergsteiger beobachten.

Die Columbia Icefield-Area umfaßt viele der höchsten Gipfel der kanadischen Rockies. Erfahrene Bergsteiger kommen aus nah und fern, um in dieser Area zu klettern.

Bergsteigen erfordert spezielle Fähigkeiten und Ausrüstung. Information über Bergführer mit Lizenz, Bergsteiger- und Kletterschulen sowie Kletterrouten beim Infoschalter.

Von links nach rechts sieht man die North Ridge = Nordkamm, North Face = Nordwand, Mount Athabasca 3491 m, Hour Glass = Stundenglas, Silerhorn, North Glacier = Nord Gletscher, North West Ridge = Nordwestkamm.

Vom Icefield Centre kann man auf der anderen Straßenseite des Icefields Parkway zu den Parkplätzen an der Gletscherstirn fahren, sog. *Glacier Trail Parking*. Entlang der Zufahrtstraße sieht man die Jahresmarkierungen, die angeben, wie weit der Gletscher einst reichte und wie stark er sich inzwischen zurückgezogen hat.

An der „*Stirn*" des Athabasca-Gletschers

Kurz nach der Kreuzung, wo links die Straße abbiegt, die nur für die Pendelbusse zur Snocoach Tour bestimmt ist, passiert man die Jahreszahlen 1890, 1900, 1908, 1919, 1925, 1935, dann nach etwas größerem Abstand 1942 und 1948. Am Parkplatz hat man dann 1956 erreicht.

Der über die Brücke führende Pfad führt zur Gletscherstirn oder dem „Zeh". Informationstafeln unterwegs geben die Position des Gletschers in jüngerer Zeit an, 1975, 1980, 1982. Beim Icefield Centre über Treffpunkt zu den geführten Spaziergängen, **Athabasca Glacier Ice Walks,** erkundigen.

Hier einige Erstbesteigungen: Mt. Athabasca – 3491 m; Erstbesteigung im August 1898 durch J. N. Collin und H. Woolley. Vom Gipfel des Mt. Athabasca entdeckten Collin und Woolley das Columbia Icefield. Daneben Mt. Andromeda mit 3444 m; Erstbesteigung im Juli 1930 durch W. R. Hainesworth, J. F. Lehmann, M. M. Strumiar und N. B. Waffl.

Am Ende des Parkplatzes gibt es zwei Infotafeln bei der Brücke, die das rauschende Wasser des Athabasca-Gletscher-Schmelzwassers überquert:

Links der größeren Tafel:

Athabasca Glacier Forefield Trail./Athabasca-Gletscher-Vorfeldpfad. Dieser 1 km lange Pfad überwindet einen Höhenunterschied von etwa 30 m; für den Aufstieg braucht man ca. 25 Minuten und für den Abstieg etwa 20 Minuten.

Der **Forefield Trail** durchquert ein Gebiet, das vor weniger als 100 Jahren unter dem Gletschereis lag. Vom Pfad hat man einen ausgezeichneten Blick auf den Athabasca-Gletscher und die Landschaft, die er „bearbeitet" hat.

Festes Schuhwerk und Jacke sind unbedingt erforderlich, um dieses steinige, windige Terrain zu überqueren. Die wenigen Pflanzen, die hier Fuß gefaßt haben, existieren unter harschen Bedingungen. Stets auf dem Pfad bleiben und dazu beitragen, die Vegetation zu schützen.

Nun auf der Rückseite zu **Life After Ice:**

Life After Ice/Leben nach dem Eis. Die Basis des Gletschers ist übersät mit Steinbrocken. Wenn das Eis schmilzt, werden die Steine als *Till* = Schotter oder Sander zurückgelassen, die einen natürlichen Schuttkegel erzeugen. Der Athabasca-Gletscher legte während seines Rückzugs häufige Pausen ein. Jede Pause ist durch einen wallartigen, steinigen Kamm oder sog. *recessional moraine* = Endmoräne gekennzeichnet.

Sobald das Eis geschmolzen ist, kehrt langsam der Pflanzenwuchs zurück. Im Schutz der Moränen und mit Grundwasser versorgt, schaffen es dann manche Pflanzen, zu überleben. *Alpine fireweed* = Stauden-Feuerkraut siedelt sich auf jüngst freigelegtem Schotter dicht am Gletscherende an. In der Nähe der Straße kann man langsamer wachsende Weiden und sogar gelegentlich Fichten oder Tannen entdecken.

Nun zur Inofotafel direkt neben der Brücke:

Glacier Territory/Gletscherterritorium. Von Felsen, Eis und Bergwänden umringt, befindet man sich hier in einer winterlichen Landschaft, die von andauernden Winden beherrscht wird, und in der sogar im Juli Schneestürme toben können.

Vor einem liegt der Gletscherzeh, bzw. die Stirn des Athabasca-Gletschers. Dabei handelt es sich hier nur um einen winzigen Teil des gesamten Gletschers, der wiederum einer von sechs Gletschern ist, die vom Columbia Icefield versorgt werden.

Das sich über die kontinentale Wasserscheide = Great Divide ausdehnende Eisfeld bedeckt 325 Quadratkilometer mit einer 300-365 m dicken Eisdecke. Von hier fließt Wasser ins Nordpolarmeer, in den Pazifischen und den Atlantischen Ozean.

Stop. Before You Go On.../Stopp. Bevor losgegangen wird... Auf einem Gletscher zu laufen, ist gefährlich. Zur eigenen Sicherheit: Auf dem Pfad und vom Eis entfernt bleiben.

Anfang Sommer können lockere Schneeschichten tiefe Löcher im Eis verdecken. Später wird die Oberfläche des Eises glatt und scharf. Auf dem Gletscher zu laufen, ist **jederzeit** gefährlich.

Obwohl die Umgebung wie eine Schutthalde aussieht, handelt es sich allerdings um Moränen, die wertvolle Hinweise zur Geschichte des Athabasca-Gletschers liefern. Stets auf dem Pfad bleiben und die Natur schützen.

Ice Factory/Eisfabrik. Das Columbia Icefield ist ein Gebiet mit ewigem Winter. Das ganze Jahr über häuft sich Schnee an. Bei jedem Schneefall wird die vorhergehende Schneelage überdeckt und vermehrt Dicke und Gewicht der Schneedecke. Aus dem Neuschnee entsteht durch Setzung und Wasseraufnahme Altschnee. Bei unteren Schichten erfolgt teilweises Schmelzen und anschließendes Wiedergefrieren, die Schneekristalle werden zusammengebacken und rekristallisieren, und es entsteht der Firn. Mit der Zeit wird der Schnee dann unter dem Druck überlagernder Schichten zu Firneis und schließlich zu Gletschereis: dichte, körnige Eiskristalle rangieren in Größen von wenigen Millimetern bis zu über einem Zentimeter. Sobald das Eis dick genug ist, wird es unter Druck plastisch, wobei Schwerkraft und Gewicht der akkumulierten Schneelagen ein „Fließen" des Gletschers bewirken. Es dauert etwa 150 bis 200 Jahre, ehe das Eis vom Eisfeld zur Gletscherstirn wandert.

Blue Ice And Millwells/Blaues Eis und Gletschertöpfe. Der Athabasca-Gletscher weist viele unter den Alpengletschern übliche Eigenschaften auf. *Cracks* = Risse im Eis an der Gletscherstirn lassen die inneren blauen Schichten erkennen. Die Farbe ist durch meteorologische Einflüsse und durch Ablagerung von Staub bedingt, wobei nur der blaue Rand des Spektrums reflektiert.

Crevasses = Gletscherspalten sind Risse, die in den oberen, starren Bereichen des Eises auftreten. Rund 30000 Gletscherspalten zerschneiden die Oberfläche des Athabasca-Gletschers, viele bis zu 40 m tief und mehrere Meter breit.

Meltwater streams = Schmelzwasserströme. Wo Wasser in Spalten stürzt, werden im Gletschereis spiralwandige Röhren geschaffen, die sogenannten Gletschermühlen oder Gletschertöpfe, auf deren Grund, d. h. im anstehenden Fels, oft durch in Drehbewegung versetzte Gesteinsblöcke Strudellöcher entstehen. Die Schmelzwässer treten am Ende der Gletscherzunge, an der Gletscherstirn, wieder zutage. Ein großer Teil des rechten Randes des Athabasca-Gletschers ist mit einem „Felsfurnier" aus dunklem Kalkstein bedeckt.

Nun auf der Rückseite:

Glacier In Action/Gletscher in Aktion. Ein Gletscher, so massiv und fest er aussehen mag, ist in Wirklichkeit ein Eisfluß, der langsam ins Tal fließt. Der vom darüberliegenden Eisfeld gespeiste Gletscher bewegt sich vom kalten Hochgebirgsplateau zu dem wärmeren Klima des tieferen Tals, wo Sonne und Wind sein Fortschreiten gemeinsam vereiteln.

Da während des letzten Jahrhunderts eine Erwärmung des Klimas erfolgte, begegnete dem Vorstoß des Athabasca-Gletschers eine stärkere Ablation, d. h. das Schmelzen war stärker als der Eisnachschub, so daß ein Eisrückgang erfolgte. Seit 1850 hat sich der Gletscher 1,5 km vom Tal zurückgezogen. Die Jahrestafeln entlang der Straße geben die Position der Gletscherstirn zu verschiedenen Zeiten seit 1890 an.

Moving Mountains/Berge versetzen. Gletscher können Berge versetzen. Das sich voranschiebende Eis zieht Felsbrocken von Gebirgswänden und Talböden und hält Steine, die von oben herabfallen. Schaut man sich um, erkennt man viele Zeichen und Hinweise auf dem Gletscher in Aktion. Der Bach, der dort unten fließt, war vor nur wenigen Stunden auf dem Gletscher und ist milchig-trüb und dick von dem mitgeführten sehr feinem Schuttmaterial, sogenannte Gletschertrübe. Hinter der Brücke stößt man auf einen Abschnitt Untergesteins, das durch das am Boden des Gletschers mitgeführte Geschiebe eingeritzte Gletscherschrammen in der Bewegungsrichtung des Eises anzeigt.

Überall ringsum liegen von den Bergen abgerissene Steinbrocken, die der Gletscher talwärts transportierte. Bei den wallartigen Geschieben aus Schottermaterial und Sand handelt es sich um Moränen.

Discover/Entdecken. Im Icefield Centre gibt es eine Ausstellung mit Exponaten und Publikationen über Gletscher und das Columbia Icefield; Parkbedienstete stehen zur Beantwortung von Fragen zur Verfügung. Das Centre ist im Sommer täglich geöffnet.

People And Glaciers/Menschen und Gletscher. Obwohl nur wenige Menschen in Gletschernähe leben, sind wir nahezu alle von Gletschern betroffen. Gletscher bedecken 11% der Landfläche unserer Erde und halten 75% der Frischwasservorräte. Sie beeinflussen das Klima eines beträchtlichen Teils der Erde und haben einen großen Teil der Erdoberfläche skulptiert. Wie Freilichtlaboratorien erzählen sie Forschern und Wissenschaftlern Geheimnisse vergangener Äras. Und Gletscher, wie der Athabasca-Gletscher, erinnern uns in ihrer Stärke, ungeheuren Größe und ihrem Alter sowohl an unsere prähistorische Vergangenheit als auch an unsere bescheidene Position in der Welt der Natur.

KALISPELL

„Westtor zum Glacier Nationalpark"

Kalispell – etwa 11 000 Einw. – liegt im Nordwesten des amerikanischen Bundesstaates Montana, an der Kreuzung von *US 2 & US 93.* Der Name kommt aus dem Indianischen für „Prärie über dem See" – der See **Flathead Lake** liegt nur etwa 7 mi/11 km südlich. **Glacier Nationalpark** befindet sich nur etwa 32 mi/51 km im Nordwesten. Die Entfernung beträgt bis **West Yellowstone** via Earthquake Lake, Virginia City und Missoula etwa 400 mi/640 km. Etwa 14 mi/22 km nördlich von Kalispell liegt der Ferienort **Whitefish** und das benachbarte Skigebiet **Big Mountain Ski Area;** Kalispell befindet sich etwa 60 mi/96 km südlich von der Grenze zwischen USA und Kanada.

Kalispell ist ein bequemer Übernachtungsstopp, ehe man den Glacier Nationalpark besucht. Hier gibt es mehrere billige Motels und viele Restaurants. Eine der größten Sehenswürdigkeiten der Stadt ist **Conrad Mansion** – *Woodland Avenue, zwischen Third & Fourth Streets East.* Hausbesitzer war Charles Conrad, ein Missouri River Schiffer, Händler, Farmer und Bankier – einer der reichsten Männer Montanas. Das Haus wurde 1895 fertiggestellt; im Sommer bis 20 Uhr geöffnet; Eintrittsgebühr.

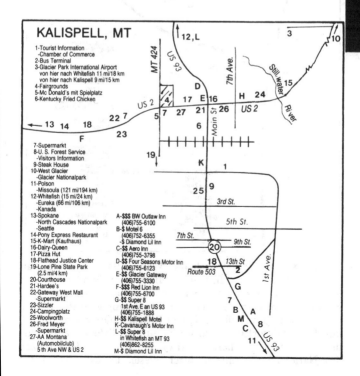

KALISPELL, MT

1-Tourist Information
 -Chamber of Commerce
2-Bus Terminal
3-Glacier Park International Airport
 von hier nach Whitefish 11 mi/18 km
 von hier nach Kalispell 9 mi/15 km
4-Fairgrounds
5-Mc Donald's mit Spielplatz
6-Kentucky Fried Chicken
7-Supermarkt
8-U. S. Forest Service
 -Visitors Information
9-Steak House
10-West Glacier
 -Glacier Nationalpark
11-Polson
 -Missoula (121 mi/194 km)
12-Whitefish (15 mi/24 km)
 -Eureka (66 mi/106 km)
 -Kanada
13-Spokane
 -North Cascades Nationalpark
 -Seattle
14-Pony Express Restaurant
15-K-Mart (Kaufhaus)
16-Dairy-Queen
17-Pizza Hut
18-Flathead Justice Center
19-Lone Pine State Park
 (2.5 mi/4 km)
20-Courthouse
21-Hardee's
22-Gateway West Mall
 -Supermarkt
23-Sizzler
24-Campingplatz
25-Woolworth
26-Fred Meyer
 -Supermarkt
27-AA Montana
 (Automobilclub)
 5 th Ave NW & US 2

A-$$$ BW Outlaw Inn
 (406)755-6100
B-$ Motel 6
 (406)752-6355
 -$ Diamond Lil Inn
C-$$ Aero Inn
 (406)755-3798
D-$$ Four Seasons Motor Inn
 (406)755-6123
E-$$ Glacier Gateway
 (406)755-3330
F-$$$ Red Lion Inn
 (406)755-6700
G-$$ Super 8
 1st Ave. E an US 93
 (406)755-1888
H-$$ Kalispell Motel
K-Cavanaugh's Motor Inn
L-$$ Super 8
 in Whitefish an MT 93
 (406)862-8255
M-$ Diamond Lil Inn

KOOTENAY NATIONALPARK

„Viele Sehenswürdigkeiten entlang des *Highways 93* durch den Park"

Radium Hot Springs liegt an der Highway-Kreuzung *Hwy 93/95.* In Richtung Norden führt der *Hwy 95* nach **Golden** und zum *Trans-Canada Highway.* Von **Briscoe** aus führt eine Schotterstraße zum **Bugaboo Glacier Provincial Park** mit seinen hohen Gipfeln, den Dreitausendern. Genau südlich des kleinen Ortes Radium Hot Springs liegt der Campingplatz Redstreak Campground im **Kootenay Nationalpark**, der größte innerhalb des Nationalparks; etwa 240 Plätze, Toiletten mit Wasserspülung, *flush toilets*, Duschräume, *showers*, und sanitäre Ablaßstellen für Camper, *trailer sewage disposal.* **Wichtiger Hinweis:** Sie erreichen diesen Campingplatz, bevor Sie zum Haupteingang oder *West Gate* des Nationalparks kommen. Östlich von Radium Hot Springs führt der *Hwy 93* auf etwa 58 mi/93 km auf einer landschaftlich reizvollen Strecke durch den **Kootenay Nationalpark**. Der 1923 fertiggestellte Highway wird auch *Banff—Windermere Parkway* genannt. Es war die erste Autostraße über die zentralen kanadischen Rockies!

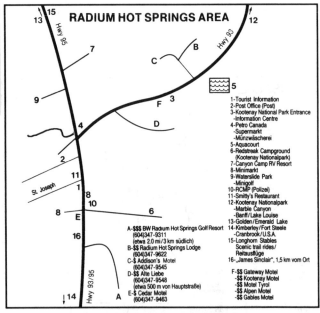

RADIUM HOT SPRINGS AREA

1-Tourist Information
2-Post Office (Post)
3-Kootenay National Park Entrance
  -Information Centre
4-Petro Canada
  -Supermarkt
  -Münzwäscherei
5-Aquacourt
6-Redstreak Campground
  (Kootenay Nationalpark)
7-Canyon Camp RV Resort
8-Minimarkt
9-Waterslide Park
  -Minigolf
10-RCMP (Polizei)
11-Smitty's Restaurant
12-Kootenay Nationalpark
  -Marble Canyon
  -Banff/Lake Louise
13-Golden/Emerald Lake
14-Kimberley/Fort Steele
  -Cranbrook/U.S.A.
15-Longhorn Stables
  Scenic trail rides/
  Reitausflüge
16-„James Sinclair", 1,5 km vom Ort

A-$$$ BW Radium Hot Springs Golf Resort
(604)347-9311
(etwa 2.0 mi/3 km südlich)
B-$$ Radium Hot Springs Lodge
(604)347-9622
C-$ Addison's Motel
(604)347-9545
D-$$ Alte Liebe
(604)347-9548
(etwa 500 m von Hauptstraße)
E-$ Cedar Motel
(604)347-9463

F-$$ Gateway Motel
-$$ Kootenay Motel
-$$ Motel Tyrol
-$$ Alpen Motel
-$$ Gables Motel

Der **Kootenay Nationalpark** wurde 1919 gegründet, als nämlich die Provinz British Columbia der Bundesregierung Kanadas den etwa 10 mi/16 km breiten Landstrich zum Ausgleich für den dafür von der Bundesregierung gebauten und finanzierten Highway überließ, den British Columbia benötigte, um das Land wirtschaftlich weiter zu erschließen. Heute führt dieser Highway, der herrliche *Hwy 93*, innerhalb der Grenzen des Nationalparks mitten durch diesen Landstreifen. Diese

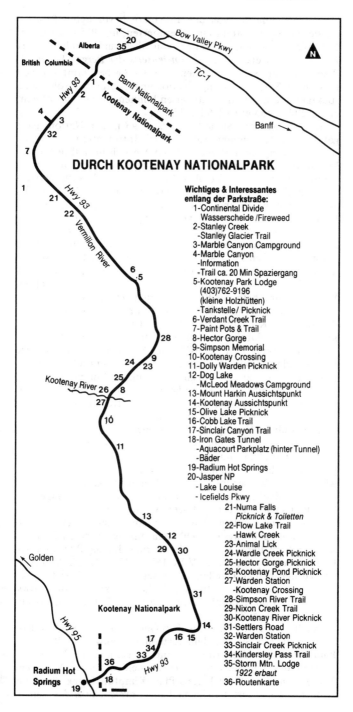

DURCH KOOTENAY NATIONALPARK

**Wichtiges & Interessantes
entlang der Parkstraße:**
1-Continental Divide
   Wasserscheide /Fireweed
2-Stanley Creek
   -Stanley Glacier Trail
3-Marble Canyon Campground
4-Marble Canyon
   -Information
   -Trail ca. 20 Min Spaziergang
5-Kootenay Park Lodge
   (403)762-9196
   (kleine Holzhütten)
   -Tankstelle/ Picknick
6-Verdant Creek Trail
7-Paint Pots & Trail
8-Hector Gorge
9-Simpson Memorial
10-Kootenay Crossing
11-Dolly Warden Picknick
12-Dog Lake
   -McLeod Meadows Campground
13-Mount Harkin Aussichtspunkt
14-Kootenay Aussichtspunkt
15-Olive Lake Picknick
16-Cobb Lake Trail
17-Sinclair Canyon Trail
18-Iron Gates Tunnel
   -Aquacourt Parkplatz (hinter Tunnel)
   -Bäder
19-Radium Hot Springs
20-Jasper NP
   - Lake Louise
   - Icefields Pkwy
21-Numa Falls
   Picknick & Toiletten
22-Flow Lake Trail
   -Hawk Creek
23-Animal Lick
24-Wardle Creek Picknick
25-Hector Gorge Picknick
26-Kootenay Pond Picknick
27-Warden Station
   -Kootenay Crossing
28-Simpson River Trail
29-Nixon Creek Trail
30-Kootenay River Picknick
31-Settlers Road
32-Warden Station
33-Sinclair Creek Picknick
34-Kindersley Pass Trail
35-Storm Mtn. Lodge
   1922 erbaut
36-Routenkarte

Route war eine der von den Indianern bevorzugten Routen, als sie die Rocky Mountains überquerten, um Büffel zu jagen. Das Wort Kootenay kommt von dem indianischen Wort *K'tunaxa,* das etwa *„Leute von jenseits der Berge"* bedeutet. Wenn Sie von Süden kommen, werden Sie bestimmt zugeben müssen, daß es sehr wenige Nationalparks gibt, die solch eine spektakuläre Landschaft aufweisen können, besonders auf dem ersten Stück von etwa 1,6 km Länge.

Direkt nachdem Sie auf dem *Hwy 93* in den Nationalpark gefahren sind, kommen Sie zu einem Information Office, neben dem Eingang, *entrance.* Holen Sie sich dort Ihre **kostenlose** Karte sowie das Veranstaltungsprogramm *Kootenay Interpretive Program,* das Sie über die von den Park-Naturspezialisten im Park durchgeführten Veranstaltungen informiert. Es gibt beispielsweise abends auf den drei Campingplätzen des Parks Vorträge oder Filmvorführungen; Sie erfahren eine Menge Interessantes über den Park. Von den Informationszentren West Gate Information Centre und Marble Canyon Information Centre sowie anderen Teilen des Parks werden Touren mit Führung durchgeführt. Erkundigen Sie sich beim West Gate Information Centre über Einzelheiten. **Wichtig:** Wenn Sie innerhalb des Parks Camping machen wollen, finden Sie den Campingplatz Redstreak Campground genau südlich der Highway-Kreuzung *Hwy 93/95.* Und auf der Weiterfahrt kommen Sie durch den kurzen aber sehr reizvollen **Sinclair Canyon.** Parkplatz in der Nähe der Schlucht, von wo aus Sie Ihre Wanderung auf dem *Sinclair Canyon Trail,* etwa 1.3 mi/ 2 km hin und zurück, beginnen können. Ein paar hundert Meter weiter gibt es einen größeren Parkplatz. Parken Sie hier, wenn Sie vorhaben, sich die heiße Quelle Hot Springs Pool auf der anderen Straßenseite anzusehen.

Der **Radium Hot Springs Aquacourt,** wie der Komplex von heißen Quellen bezeichnet wird, wird von der Nationalparkverwaltung betrieben und ist ganzjährig geöffnet. Die Wassertemperatur der heißen Quellen im „*hot pool"* beträgt etwa 45 °C, während das Wasser im kalten Becken „*cool pool"* etwa 27 °C warm ist. Machen Sie es wie die meisten Besucher, bringen Sie Ihre Badesachen mit und steigen Sie auch ins Wasser; auf Bildern kann man sehen, daß die Indianer dies früher auch so taten! **Übernachtungsmöglichkeiten** auf der anderen Straßenseite und am Berg: Radium Hot Springs Lodge, P.O. Box 70, Radium Hot Springs, B.C. V0A 1M0, 347-9622; direkter Aufzug zu den heißen Quellen sowie dem dazugehörigen Gymnastikraum mit Sauna. In der Nähe: Blakley's Bungalows, 347-9456; Mount Farnham Bungalows, 347-9515, und Addison's Bungalows, 347-9545.

Nach Ihrem Besuch der heißen Quellbäder von Radium Hot Springs, fahren Sie auf dem reizvollen Highway in Richtung **Banff** durch den **Iron Gates Tunnel** – Türme roter Felsen begrenzen das Tal **Sinclair Valley** zu beiden Seiten. Von dem 3 mi/5 km (ein Weg) langen Pfad **Kimpton Creek Trail** aus können Sie mehrere Lawinenabhänge, *avalanche slides,* sehen.

Der **Nixon Lake Trail** ist ein einfacher 1.3 mi/2 km Rundwanderweg, vom *Hwy 93*. Etwa 16 mi/26 km von Radium Hot Springs liegt der Campingplatz McLeod Campground, etwa 100 Plätze. Ein etwa 3 mi/5 km langer Rundwanderweg führt zum See **Dog Lake**. In der Nähe sehen Sie den grünlichen **Kootenay River**. Auf der Weiterfahrt werden Sie den **Mount Harkin** sehen, 2983 m hoch, der nach dem ersten Nationalpark-Kommissar Kanadas, Commissioner of National Parks of Canada, James B. Harkin, benannt wurde. Er übte diese Funktion von 1911 bis 1936 aus und wurde oft „*the Father of National Parks in Canada* — der Vater der Nationalparks von Kanada" genannt.

Etwa 4 mi/7 km südlich von **Vermilion Crossing** (*vermilion* = rötlich orange Farbe) kommen Sie zu einer Hinweistafel, die zu Ehren des Gouvernor of the Hudson Bay Territories, Sir George Simpson (1821–1860), errichtet wurde; unter seiner Leitung wurden der „*Far West* — Weite Westen" und der „*Far North* — Hohe Norden" sowie die kanadische Küste des Nordpolarmeers erforscht. Außerdem hatte man es ihm zu verdanken, daß der Frieden mit den Eingeborenen gehalten, der Handel weiterentwickelt und die englische Herrschaft bekräftigt wurde. Im August 1841 war es ihm als erstem Weißen gelungen, die Rocky Mountains über diesen nach ihm benannten Gebirgspaß, den **Simpson Pass**, zu überqueren. Der in der Nähe befindliche **Simpson River Trail** führt nach Osten zum See **Lake Magog**, in der Nähe von **Mount Assiniboine**, etwa 20 mi/32 km ein Weg; erkundigen Sie sich bei den Parkbediensteten nach Einzelheiten, Bedingungen und Voraussetzungen für diese Tour sowie nach dem exakten Routenverlauf.

Der **Mount Assiniboine Provincial Park**, im Osten vom Kootenay Nationalpark, hat **keine** Zufahrtsstraße, *no road access*. Die östliche Grenze des Provincial Parks bildet die kontinentale Wasserscheide, *Continental Divide*, die Grenzlinie zwischen den beiden kanadischen Provinzen British Columbia und Alberta sowie dem Banff Nationalpark. **Mount Assiniboine** hat seinen Namen von den hier lebenden Indianern, die auch Stoney Indianer genannt werden, was etwa „*those who cook by placing hot stones in the water* — die, die zum Kochen heiße Steine ins Wasser legen" bedeutet. Der etwa 3618 m hohe Berg wird sehr oft das „*Matterhorn*" der Rockies genannt. Zugang vom Osten über den 18 mi/28 km langen **Sunshine Village–Lake Magog Trail** innerhalb des Banff Nationalparks. Erkundigen Sie sich bei den Parkbediensteten ganz genau über alle Einzelheiten und genaue Wegbeschreibung des Wanderweges, bevor Sie diese anstrengende Tour unternehmen.

Wenn Sie auf dem *Hwy 93* weiterfahren, erreichen Sie bald **Vermilion Crossing**. Hier sehen Sie den schnell fließenden **Vermilion River**, ein Hauptarm des Kootenay River, den Sie bereits einige Kilometer südlich überquert haben. Zu den **Übernachtungsmöglichkeiten** zählt: Kootenay Park Lodge, P.O. Box 1390, Banff, Alberta T0L 0C0; Holzhütten (Blockhäuser) mit Kamin in einer bezaubernden Gegend, zünftige und rusti-

kale Stimmung, Restaurant, Lebensmittelladen, *grocery store*.
Sogar, wenn Sie hier gar nicht übernachten, sollten Sie mal
Halt machen, um den Fluß zu sehen; gehen Sie in die Lobby,
die mit Bärenfellen, Elch- und Hirschgeweihen und einem hübschen Kamin ausgestattet ist.

Etwa 13 mi/21 km nach Vermilion Crossing kommen Sie zu
den **Paint Pots**, eine der Hauptsehenswürdigkeiten im Kootenay Nationalpark. Park-Naturspezialisten werden Ihnen erklären, daß die Paint Pots für die Kootenay Indianer ein Ort der
Geister & Märchen war, aber vor allem war es für sie die Quelle
einer wichtigen Handelsware, der Farbe, *paint*. Die hier befindlichen Quellen enthalten große Mengen eisenhaltiger Mineralien, die einen stark gelbbraunen Schlamm erzeugen, der auch
Ochre Beds genannt wird. Beim Backen veränderten sich die
gelben trockenen Erdkuchen und bekamen eine rote Farbe.
Die roten Erdklumpen wurden dann zu rotem Pulver zermah-
len und mit tierischem Fett vermischt. Die Indianer benutzten
dieses Produkt dann als Farbe zum Bemalen der Tepees (Zelte)
und Bekleidung, sie haben sich auch damit angemalt. Wenn Sie
mit Kindern unterwegs sind, sollten Sie sich bei den **Park Information Centers** erkundigen, wann die sogenannten „*paint-in*"
stattfinden, bei denen die Kinder sehr freizügig malen dürfen;
es wird den Kindern bestimmt Spaß machen. Es gibt dort
einen Wanderpfad, auf dem Sie auf eigene Faust die Gegend
erkunden können, etwa 1 mi/1,6 km (ein Weg). Die Indianer
bezeichneten diese Gegend als *Usna Waki-Cagubi*, was etwa bedeutet: „*where the red clay is taken* — wo die rote Erde her-
kommt."

Nach einigen Kilometern auf dem *Hwy 93* erreichen Sie
Marble Canyon mit dem Campingplatz Marble Canyon Campground, etwa 60 Plätze. Hier gibt es einen Wanderpfad, etwa
1 mi/1,6 km (hin und zurück), auf dem Sie zum **Marble Canyon** gelangen; eine tiefe Felsschlucht, deren grau-weiße Kalk-
steinwände vom Wasser des **Tokumn Creek** ausgewaschen wurden. Die Schlucht hat eine maximale Tiefe von etwa 61 m und
ist etwa 400 m lang. Hier gibt es auch ein Information Center.

Weiter entlang des *Hwy 93* kommen Sie zum **Stanley Glacier Trail**, 6 mi/10 km hin und zurück; Ausblick auf einen
Gletscher. Der in der Nähe liegende **Mount Stanley** ist etwa
3155 m hoch. In der Nähe der Grenzlinie zwischen Kootenay
Nationalpark und Banff Nationalpark gibt es am Paß **Vermilion Pass**, 1651 m hoch, den *Fireweed* Wanderweg. Von hier
aus haben Sie eine absolut phantastische Aussicht auf die umliegenden Gebirge. Denken Sie daran, Ihre Uhr eine Stunde
vorzustellen, wenn Sie **von** British Columbia **nach** Alberta fahren! Hoch auf dem Berg, direkt am Highway, ist die Storm
Mountain Lodge, P.O. Box 670, Banff, Alberta, T0L 0C0,
(403)762-4155. Ganz echte Blockhütten, nettes Restaurant
mit einer grandiosen Aussicht. Geeigneter Rastplatz. Nach weiteren 3 mi/5 km in östlicher Richtung kommen Sie zur Kreuzung *Hwy 93/TC-1*. Fahren Sie etwa 15 mi/26 km auf *TC-1
East*, um nach **Banff**, Alberta, zu gelangen.

ROCKY MOUNTAIN NATIONALPARK
„Alpine Welt der Rocky Mountains"

Öffnungszeiten: Ganzjährig geöffnet; *Fall River Road* und *Trail Ridge Road* sind im Winter gesperrt.

Lage: Etwa *70 mi/112 km* nordwestlich von **Denver, Colorado.**

Günstigste Besuchszeiten: Juli und August.

Wetter: Wegen der Hochgebirgslage kühle Sommertemperaturen, stets warme Jacke bereithalten.

Ausmaße: Etwa 1066 Quadratkilometer.

Eingänge: Von der *Ostseite* in der Nähe von Estes Park über **Beaver Meadows Entrance** und **Fall River Entrance,** von der *Westseite* über **Grand Lake Entrance** in der Nähe von **Grand Lake.**

Ausgangsorte: Denver ist Hauptausgangsbasis zum Park. Die nächste Stadt zum Park ist Estes Park, etwa 2 mi/3 km entfernt.

Verkehrsmittel und Touren: *Bus*verbindung von Denver nach **Estes Park** mit **Gray Line;** Ausflugsbusse und Touren von **Estes Park** zum Park.

Unterkunft: *Keine* Unterkunftsmöglichkeit *innerhalb* des Parks, nur in Estes Park.

Camping: *Ostseite* – Aspenglen, Moraine Park, Glacier Basin und Longs Peak (nur Zelte); *Westseite* – Timber Creek.

Attraktionen: Tundra mit alpiner Flora (Bergblumen), Gipfel der Rocky Mountains – alles, was von der Panoramastraße *Trail Ridge Road,* die den Park durchquert, und über die kontinentale Wasserscheide – *Continental Divide* – führt, zu sehen ist; Reittouren, Angeln, Skilaufen im Winter.

Tierwelt: Wapitihirsch, Biber, Schwarzbären, Blauhäher, Schneehühner.

Wandern: Wanderparadies mit über 300 mi/480 km Wanderwegen; beliebtestes Gebiet um den Bear Lake.

Essen: Alpine Visitors Center Area.

Information: *Park* – Superintendent, Rocky Mountain National Park, Estes Park, CO 80517; *Billig-Unterkunft* – Mountain 8 Inn, Box 1632, Estes Park, CO 80517, Tel. (303)586-4421.

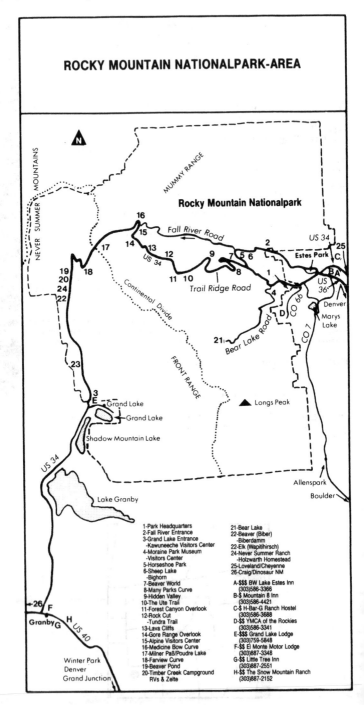

ROCKY MOUNTAIN NATIONALPARK-AREA

Rocky Mountain Nationalpark

NEVER SUMMER MOUNTAINS

MUMMY RANGE

Fall River Road

US 34

Estes Park

Trail Ridge Road

Continental Divide

FRONT RANGE

Bear Lake Road

CO 66

CO 7

Denver

Marys Lake

Grand Lake

Grand Lake

Shadow Mountain Lake

Longs Peak

Allenspark

Boulder

Lake Granby

US 34

US 40

Granby

Winter Park
Denver
Grand Junction

1-Park Headquarters
2-Fall River Entrance
3-Grand Lake Entrance
  -Kawuneeche Visitors Center
4-Moraine Park Museum
  -Visitors Center
5-Horseshoe Park
6-Sheep Lake
  -Bighorn
7-Beaver World
8-Many Parks Curve
9-Hidden Valley
10-The Ute Trail
11-Forest Canyon Overlook
12-Rock Cut
  -Tundra Trail
13-Lava Cliffs
14-Gore Range Overlook
15-Alpine Visitors Center
16-Medicine Bow Curve
17-Milner Paß/Poudre Lake
18-Farview Curve
19-Beaver Pond
20-Timber Creek Campground
  RVs & Zelte

21-Bear Lake
22-Beaver (Biber)
  -Biberdamm
22-Elk (Wapithirsch)
24-Never Summer Ranch
  -Holzwarth Homestead
25-Loveland/Cheyenne
26-Craig/Dinosaur NM

A-$$$ BW Lake Estes Inn
  (303)586-3366
B-$ Mountain 8 Inn
  (303)586-4421
C-$ H-Bar-G Ranch Hostel
  (303)586-3688
D-$$ YMCA of the Rockies
  (303)759-5848
E-$$$ Grand Lake Lodge
  (303)759-5848
F-$$ El Monte Motor Lodge
  (303)887-3348
G-$$ Little Tree Inn
  (303)887-2551
H-$$ The Snow Mountain Ranch
  (303)887-2152

TRAIL RIDGE ROAD ENTLANG
Vom Park Headquarters zum Alpine Visitors Center

Die **Entfernung** zwischen **Park Headquarters** (Hauptverwaltung) am Ostrand des Parks beim **Beaver Meadows Entrance** und dem **Alpine Visitors Center**, genau östlich der *Continental Divide* (kontinentale Wasserscheide) beträgt etwa *22 mi/ 35 km.* Diese Fahrt gehört zu den größten Erlebnissen im Park; man muß sich allerdings für diese kurvenreiche Gebirgsstrecke viel Zeit lassen. Vor Beginn der Fahrt **übernachtet** man am besten in **Estes Park** oder am **Grand Lake** oder in **Granby**, auf der Westseite des Parks.   An vielen Haltepunkten werden Landschaft, Vegetation, Tiere oder Geologie erklärt. Viele dieser Stellen bieten außer einer hervorragenden Aussicht auch wunderschöne Fotomotive.

Nachrichtlich als Hintergrundinformation:

THE MOUNTAIN PINE BEETLE — Bergpinienkäfer: Nützlich oder schädlich? Das kleine **Insekt** spielt genau wie ein Waldbrand eine beträchtliche Rolle bei der Erhaltung des Ökosystems der Gebirgswälder. Der Käfer sorgt für die Beseitigung überalterter Bäume und bringt Luft in allzu dichten Baumbestand. Innerhalb des Parks wird nichts zur Bekämpfung dieses Käfers unternommen, ausgenommen wenn er Randgebiete des Parks oder Schonungen innerhalb des Parks befällt.

MOUNTAINS — Berge: Diese **Berge** entstanden durch regionale Schiebebewegungen und Verwerfungen, bei denen die Erdkruste der Rockies vor etwa 60 Millionen Jahren aufgebrochen wurde. Die heute zerklüfteten, zackigen Berggipfel wurden durch Erosion — Wasser und eiszeitliche Gletscher — bearbeitet.

MORAINES — Moränen: Die beiden langgezogenen bewaldeten Bergrücken unterhalb der Gipfel und über den Wiesen sind **Moränen**, die während der Eiszeit als Felsablagerungen auf den Flanken eines Gletschers liegen geblieben sind.

MEADOWS — Wiesen: Die flachen **Wiesen** bildeten einst den Boden eiszeitlicher Seen, die durch Moränen gestaut und später mit Schlamm gefüllt wurden. Heute halten sich dort Rehe und Wapitihirsche auf.

An der Kreuzung Deer Ridge Junction beginnt die berühmte Parkstraße durch die Rocky Mountains – **Trail Ridge Road** (gleichzeitig *US 34*). Die 1934 fertiggestellte Paßstraße zieht sich heute noch hoch über die Rockies, schneidet sich kurvenreich durch Waldzonen und Bergalmen, klettert oberhalb der Baumgrenze über nackten Fels.
    Etwa 3 km vom Deer Ridge gelangt man zum Haltepunkt, wo ein kurzer Brettersteg durch eine herrliche Landschaft Biberteiche führt (mit etwas Glück sind Biber, Enten usw. zu sehen). Am besten Brettersteg rechts herum folgen. Nun etwas Info über Biber:

BEAVER — Biber: Biber sind „Bauleute der Natur" und gehören zu den größten Vertretern der Nagetiere. Sie können aus einem wilden Gebirgsbach eine Kette stiller Tümpel und sump-

INSIDER TIPS

Praktisch & Preiswert durch Rocky Mountain NP

Bei mehrtägigen Wanderungen **Overnight Backcountry Permit** erforderlich; bei Park Headquarters erkundigen. – – **Camping-Reservierung** beim Park Headquarters. – – Interessante Visitors Centers sind Moraine Park, Alpine und Kawuneeche. – – Für Fahrt auf *Trail Ridge Road/Fall River Road* Jacke mitnehmen. – – Verkehrsstaus unterwegs auf der Parkstraße möglich. – – Bei Information Centers erkundigen, ob Straßenabschnitte gesperrt sind. – – Parkzeitung und Area-Karte besorgen für Programmliste der Ranger-Veranstaltungen. – – **Reiten** im Moraine Park und entlang Bear Lake Road (Glacier Basin; 586-3244). – – **Reiseproviant** mitnehmen. – – **Bear Lake** frühmorgens besuchen. – – Für erfahrene und geübte Wanderer: *Longs Peak Trail*, 14 mi/22 km langer, anstrengender Pfad hinauf zum Gipfel; Höhenunterschied von etwa 2800 m bis 4340 m ü. M. – – Leichter Spaziergang: *Bear Lake Trail*, 0.5 mi/0,8 km. – – Jährlich etwa 3 Mio Parkbesucher; daher nicht zu spät am Nachmittag um Unterkunft kümmern. – – Die etwa 40 im Park lebenden **Bären** sind selten zu sehen. – – Neben Alpine Visitors Center befindet sich Cafeteria und riesiger Souvenirladen. – – Erholsamer Aufenthalt auf der Westseite des Parks, Nähe Grand Lake: **Grand Lake Lodge**, Box 569, Grand Lake, CO 80447. (303)759-5848. – – Für Parkbesucher ohne Auto gibt es Busverbindung vom Flughafen Stapleton Airport/Downtown Denver/Boulder zum Busbahnhof in Estes Park; von Estes Park werden Touren zum Rocky Mountain Nationalpark und in die Nationalpark Areas veranstaltet. – – **Park Information:** (303)586-2371(Headquarters); (303)627-3741 (Kawuneeche Visitors Center). – – **Campingreservierung** – Moraine Park & Glacier Basin: MISTIX 1-800-365-2267.

Routen durch den Park

Ostwestrichtung: (Estes Park – Granby)	Park Headquarters Bear Lake Road Bear Lake Moraine Park Museum & Visitors Center Alpine Visitors Center Holzwarth Homestead Kawuneeche Visitors Center Grand Lake Granby
Parkbesuch (Standort: Estes Park)	Fall River Entrance Fall River Road Alpine Visitors Center Trail Ridge Road Bear Lake Road Moraine Park Visitors Center Park Headquarters

Visitors Centers Öffnungszeiten:

Headquarters:	8-21 Uhr
Moraine Park:	9-17 Uhr
Alpine Visitors Center:	9-17 Uhr
Kawuneeche:	7-19 Uhr
Lily Lake Visitors Center:	9-17 Uhr

figes Marschland entstehen lassen. Biber bauen Dämme, die
rings um ihren Bau stabilen Wasserstand halten. Die Biberburgen liegen oft vom Ufer entfernt in halb versunkenen Schutt-
haufen.
Wo **Biber** sind, wird gleichzeitig in ihrer Umgebung neuer Lebensraum für andere Lebewesen geschaffen. **Greenback Trout**
− Forelle mit grünem Rücken, **Muskrat** − Bisamratte − und
Otter werden dort oft zu ständigen Bewohnern; andere Tiere
wie die **Teal Duck** − Entenart, **Elk** − Wapitihirsch, **Coyote**
halten sich nur in den wärmeren Monaten hier auf.
Ob Raubtier oder Beute − jedes Lebewesen spielt am Biber-
teich eine wichtige Rolle. Als der Biber früher wegen seines
begehrten Pelzes von Pelztierjägern gejagt wurde, drohte er
danach fast auszusterben. Heute hat er sich allerdings an vielen Stellen der Rocky Mountain Gegend bereits wieder stark
vermehrt. Innerhalb des Parks geben angenagte Baumstämme
und Wassertümpel sichere Hinweise auf Biber.

Kurz nach dem Haltepunkt gelangt man zur Abzweigung zum **Hidden Valley** − populäres Wintersportgebiet. Nun zum Aussichtspunkt **Many Parks Curve:**

Am Parkplatz zur Talseite direkt an der Felsspitze Holztafel mt Info über Gletscher:

MANY PARKS CURVE: Hier befindet man sich auf etwa
2950 m ü.M. − eine Tafel beschreibt die einzelnen Gipfel.
Der massive, quadratische Gipfel im Süden − der **Longs Peak**
− ist der mächtigste Gipfel der **Front Range** der Rockies.
Der Kamm dieses Gebirgszugs, der rechts hinter dem **Trail
Ridge** verschwindet, bildet die kontinentale Wasserscheide −
Continental Divide − im **Rocky Mountain Nationalpark.**
   Die Parkstraße *Trail Ridge Road,* die im Westen zum **Fall
River Paß** ansteigt, überquert die *Continental Divide* und bie-
tet herrlichen Landschaftsausblick auf weniger hohe Berge.
Im Norden gibt es keinen anderen Gipfel der Rockies, der
höher ist als der **Longs Peak.**

Dann direkt am Parkplatz:

MANY PARKS CURVE: („Handschrift" von Gletschern).
Ein Großteil der Umgebung wurde vor etwa 15 000 Jahren
von Gletschern geschaffen. Damals konnten sich die Gletscher
durch das kalte Klima hoch oben auf Berghängen bilden. Vermutlich hatten damals **Gletscherzungen** alle Haupt-Canyons
in und um den Rocky Mountain Nationalpark ausgefüllt.
Manche Schichten waren etwa 457 m dick, wo diese Eismassen in tiefere Regionen abrutschten. Das Eis schabte und
hobelte an der Landschaft und ließ tiefgefurchte Hänge und
U-förmige Canyons entstehen.

In den tief unten liegenden Tälern ließen die Gletscher einen
massiven, etwa 61 m dicken und etwa 8 mi/13 km langen
Eispfropfen entstehen. Bis etwa vor 13 000 bis 14 000 Jahren
beherrschten solche Eisgiganten die Szenerie, ehe die Gletscher durch wärmeres Klima anfingen zu schmelzen. Die Eismassen ließen riesige Schuttmassen zurück und Moränen ent-

stehen. Im **Moraine Park** (Moränenpark) treten diese Moränen als langgezogene bewaldete Bergrücken auf.

Obwohl die ehemaligen Gletscher schon lange dahingeschmolzen sind, gehören die Spuren ihrer Tätigkeit zu den spektakulärsten Szenerien Nordamerikas.

(Über Gletscher). Gletscher beginnen hoch über der Taugrenze als **Schneefelder**. Riesige Schneemassen sammeln sich an und verdichten sich allmählich zu Eis. Eigengewicht, Spannung und Druck ließen das Eis als zähflüssige Eismasse − **Gletscher** − sehr langsam talabwärts fließen.

Gletscher gestalten die Landschaft durch verstopfende **Eispfropfen**, schaben und scheuern den Fels und üben beim Herunterrutschen Druck aus. Die Bewegung im Innern der Eismassen geht immer vorwärts, wobei die mitgeführten Gesteinstrümmer ständig vor dem Gletscher hergeschoben werden und ebenfalls mitschleifen.

Obwohl Gletscher sich Jahrtausende halten können, wird das Eis schätzungsweise nur Hunderte von Jahren alt. Das Eis, das von oben ständig erneuert wird und mit Nachschub versorgt wird, hält sich so lange, wie es für den Weg von der Gletschermulde bis zum Gletscherrand braucht. Das Eis schiebt sich, angefangen von einigen Zentimetern, bis zu mehreren Metern pro Tag voran.

Wenn sich der Eisrückgang schneller als das Talabwärtsfließen vollzieht, bleiben riesige Fels-, Sand- und Geröllmassen zurück, die der Gletscher unterwegs mitführte. In langgezogenen Hügeln hinterlassene Schuttmassen bilden die Endmoränen, mit denen der weiteste Punkt, den die Eisfelder erreichten, bezeichnet wird.

Vom Parklatz Many Parks Curve führt ein sogenannter Catwalk (Brettersteg) entlang der Talseite zu einem weiteren Parkplatz (Vorsicht! Fahrbahn ist zu überqueren!). Entlang des Stegs mehrere Infotafeln.

Fährt man auf **Trail Ridge Road** weiter, klettert die Straße bis auf 3219 m ü.M. − rund 2 Meilen über dem Meeresspiegel!

Nun zur **Rainbow Curve** mit Solar-Toiletten. An der Aussichtsstelle befinden sich durch Sonnenenergie gespeiste Toiletten. Die Silizium-Sonnenkollektoren auf dem Dach wandeln das Sonnenlicht in Elektrizität um. Die elektrisch geladenen Batterien treiben die Pumpen an, die ein Spezialöl durchpumpen. Im Notfall wird ein gasbetriebener Generator benutzt.

Am Parkplatz:

RAINBOW CURVE − Regenbogenkurve: Etwa *3301 m ü. M.* Die Landschaft läßt ihre Vergangenheit erkennen − Gletscher, die vor über 10 000 Jahren trockene Talmulden ausfüllten; Seen, die sich flußabwärts aus zurückziehenden Gletschern bildeten, später austrockneten und Wiesen zurückließen wie den **Horseshoe Park**, durch den sich etwa 610 m tiefer der **Fall River** mäandert.

Man gelangt jetzt oberhalb der Baumgrenze zur alpinen Tundra. Bei **High Country Thoroughfare** (Hochgebirgsdurchgangsstraße) ausgezeichnete Gelegenheit, alpine Wildblumen ganz nah zu fotografieren!

Fährt man weiter auf der **Trail Ridge Road** entlang, wird der Baumwuchs immer niedriger und bald von der herrlich bunten Tundra abgelöst. Der Gipfel **Longs Peak** – 4345 m ü.M. – liegt etwa 11 mi/18 km im Südosten.

Am nächsten Aussichtspunkt, **Forest Canyon Overlook** auf ca. 3560 m ü.M. erblühen im Hochsommer überall am Gipfel die Tundrablumen. Auf der anderen Seite ein Gletscher; direkt unterhalb des Aussichtspunkts erstreckt sich ein dicht bewaldetes Tal.

Von der **Forest Canyon-Aussichtsstelle** bietet sich ein Panorama von Berggipfeln und Tälern. Hier Hintergrundinfo über den Forest Canyon Gletscher.

FOREST CANYON GLACIER – Wald-Canyon-Gletscher: Die Rocky Mountains erlebten in den vergangenen 120 000 Jahren drei intensive Gletscherperioden. Die erste begann schätzungsweise vor etwa 120 000 Jahren und wurde **Early Bull Lake Advance** genannt. Als sie ihren Höhepunkt erreicht hatte, waren die Täler und Bergrücken der Umgebung größtenteils mit etwa 305 m dickem Eis bedeckt. Es dauerte etwa 15 000 Jahre, ehe sich das Eis im wärmeren Klima zurückzog.

Die zweite Eiszeit – **Late Bull Advance** – ereignete sich vor etwa 100 000 Jahren. Jahrhundertelang lag dieselbe Landschaft erneut unter Eis begraben und wurde umgestaltet. Alle umliegenden Flüsse und Täler waren mit Eisströmen gefüllt, die manchmal eine Länge von 20 mi/32 km hatten.

Die jüngste Eiszeit – **Pinedale** genannt – vollzog sich vor etwa 22 000 Jahren. Eine weitere kalte Klimaperiode ließ die Gletscher aus Gletschermulden heraustreten oder als talwärts wandernde Gletscherzungen die in der Nähe liegenden Canyons mit Eis ausfüllen. Der Gletscher unten im **Forest Canyon** war über 457 m dick und dehnte sich talwärts etwa 13 mi/21 km aus. Vor etwa 6000 bis 7000 Jahren war das Eis aus dem **Pinedale Advance** vollkommen verschwunden.

Die wenigen Gletscher, die heute noch existieren, sind Neulinge, die sich erst weniger als 4000 Jahre im Park befinden. Unter dem gegenwärtigen Klima werden die meisten Gletscher vermutlich in etwa 150 Jahren verschwinden.

Auf der Weiterfahrt links der See **Arrowhead Lake.**

Am **Rock Cut** führt die *Trail Ridge Road* durch riesige Felsbrocken. In der Nähe befinden sich Parkplatz, Toiletten und Start zum *Tundra Trail.*

Am Parkplatz neben den Toiletten Info über die empfindliche Tundra: – **Fragile Tundra:**

THE FRAGILE TUNDRA – Die empfindliche Tundra: Jahrtausendelang fügten die Indianer der alpinen Tundra Schädigungen zu, als sie über den *Ute Trail* zogen. Gegen Ende der 1800er Jahre kamen Jäger und Goldsucher und zertrampelten mit ihren Pferden den Boden, als sie über den **Trail Ridge** die *Continental Divide* überquerten. **1932** stieg die Zahl der

Parkbesucher an; erst mit dem Bau der *Trail Ridge Road* trat eine Änderung ein. Das Ökosystem der empfindlichen Tundraböden wurde durch den Menschen erheblich beeinträchtigt.

TUNDRA TRAIL

Eine der interessantesten Stellen zum Halten entlang der **Trail Ridge Road** auf dem Weg zwischen Park Headquarters und Alpine Visitors Center ist der **Tundra Trail.** Der Wanderweg befindet sich am **Rock Cut,** nicht weit von Alpine Visitors Center. Vom Parkplatz in der Nähe der durch Solarenergie betriebenen Toiletten und der Hinweistafel **The Fragile Tundra** erstreckt sich der Pfad etwa 0.5 mi/0,8 km zum **Toll Memorial;** der Pfad folgt teilweise dem alten Ute Trail, den früher die Indianer und später die Bergwerksarbeiter benutzten, um die Kontinentale Wasserscheide = *Continental Divide* zu überwinden.

Am Start des Tundra Trails Wegweiser zum Toll Memorial Index; etwa 1 mi/1,6 km östlich; Weg folgt einem Teil des Old Ute Trails.

Entlang des Pfads wird man von einer Reihe kleiner Info-Tafeln begleitet. Zunächst wird am Beginnn des Trails auf die naturgeschützte Area hingewiesen, sog. *Tundra Protection Area* – von Hunderten von Füßen zertrampelte Flächen benötigen hundert Jahre, wieder instandgesetzt zu werden; daher auf dem Weg bleiben. Dann links am Pfad:

You are entering . . . Hier betritt man eine andere Welt. Leben wird erschwert durch scharfen Wind und bittere Kälte, nur die Stärksten überleben.

Zweites Schild links:

Have you traveled . . . Wer ist schon von den Wüsten Mexikos bis hinauf in die eisige Arktis gereist? Legt man 960 km zurück, kommt dies auf der Trail Ridge Road einem Höhenunterschied von 300 m gleich. Viele hier vorkommende alpine Pflanzen sind auch in den weiten, baumlosen Gegenden von Alaska, Kanada oder Sibirien zu finden.

The march of forests . . . Dem Klettern der Waldzonen bergaufwärts wird durch kalte Temperaturen abrupt Einhalt geboten. An der oberen Baumgrenze legen Bäume alle hundert Jahre etwa nur 2,5 cm an Umfang zu. Zu jeder Zeit des Jahres kann die Tundra von Schnee bedeckt werden. Nachttemperaturen fallen oft unter den Gefrierpunkt. Nur Pflanzen, die sich dieser harschen Umgebung angepaßt haben, überleben, wo die Wachstumsperiode nur etwa acht Wochen pro Jahr ausmacht.

Each winter . . . Jeden Winter rufen Wirbelstürme starke Winde von über 160 Stundenkilometer hervor, die Schnee über die Tundra fegen. 9 m hohe Schneeverwehungen überziehen Pflanzen und Tiere mit einer schützenden, wärmenden Decke. Wo der Schnee weggeblasen wird, rauben Winde Wärme und Feuchtigkeit, wo auch immer etwas an Vegetation freiliegt und zerschmettern jedes bloßgelegte Blatt oder Zweig mit Eis- und Sandpartikeln.

These gentle, rolling . . . Diese sanften, rollenden Berggipfel sind Reste einer urzeitlichen Ebene, die durch ungeheuren Druck in die Höhe gepreßte wurde. Der Forest Canyon zur Rechten war einst mit etwa 300 m dicken Gletschermassen gefüllt. Die Eismassen rissen den Fels ab, höhlten das Tal weit aus, schufen die Becken, die heute mit Bergseen gefüllt sind.

Ice shaped Trail Ridge . . . Trail Ridge wurde durch Eismassen geschaffen, obwohl Gletscher diese Höhenlage nie erreichten. Der Boden hier war während der Eiszeit durch Dauerfrost gefroren, und nur die Oberflächenschichten tauten im Sommer. Das im Boden über dem Eis eingeschlossene Wasser ließ die übersättigte Erde in Kämmen oder im Festigungsprozeß bergabwärts wandern.

In wet areas, buried rocks . . . An feuchten Stellen werden begrabene Felssteine durch das ständige Frieren und Auftauen der feuchten Erde geknetet. Das Gesteinsmaterial wird an die Oberfläche gedrückt, wo es Streifen, Girlanden oder Vielecke bildet.

Lichens also help . . . Flechten tragen ebenfalls dazu bei, den Fels zu verwittern. Diese mehrfarbigen, Miniaturpflanzen produzieren schwache Säure, die das bindende Gesteinsmaterial zersetzt und allmählich auflöst. Sie gehören zu den Pflanzen, die als erste Vegetation auftauchen, nachdem Gletscher sich zurückgezogen haben. Manche Arten existieren Tausende von Jahren.

In the distance . . . Von Weitem sieht die Tundra einheitlich und ohne Abwechslung aus. Doch beim Näherhinsehen lassen sich Mosaikfelder verschiedener alpiner Pflanzengemeinschaften feststellen. Diese entstanden durch unterschiedliche Schneedicke, Feuchtigkeit und Erde. Läßt man diese Tundraflecken in Ruhe, können diese dicken Grasteppiche und Riedgräser Hunderte von Jahren unverändert erhalten bleiben.

Winter winds sweep . . . Winterwinde umwehen und zersausen dieses „Steinfeld" und fegen es von Schnee frei. Diese alpine Wüste kann im Höchstfall etwa 5 cm Feuchtigkeit pro Jahr erhalten. Dichte Pflanzenkissen und -matten haben hier die besten Überlebenschancen; ihre wassersuchenden Wurzeln dringen bis zu 1,5 m tief in den steinigen Grund.

Have you noticed . . . Ist es aufgefallen, wie klein die Wildblumen sind? In Bodenhöhe sind die Pflanzen vor den harschen Naturelementen geschützt – Winde können mit 50 Stundenkilometer in Augenhöhe daherfegen, erreichen jedoch nur 5 Stundenkilometer am Boden!

Many alpine plants . . . Viele alpine Pflanzen enthalten Anthocyanin, ein chem. „Frostschutz", der Sonnenlicht in Wärme umwandelt. Pflanzenhaare bilden einen „Pelzmantel", der den Wärme- und Feuchtigkeitsverlust mindert. Diese Haare schützen die Pflanzen auch vor der starken ultravioletten Strahlung, die zweimal so stark ist wie auf Meereshöhe.

White-tailed Ptarmigan . . . Das Alpenschneehuhn besitzt ebenfalls hevorragende Anpassungsfähigkeit an alpine Klimate. Diese huhnähnlichen Vögel sind mit gefiederten Füßen ausgestattet, die wie Schneeschuhe wirken. Der Ptarmigan wartet oft die Winterstürme in winzigen Schneehöhlen ab. Seine Fähigkeit, das Gefieder im Winter weiß und im Sommer braun zu färben, verschafft ihm beste Deckung.

If you're quick . . . Wer flink ist, kann mit etwas Glück ein kleines, kaninchenähnliches Tier zwischen den Felsen entdecken. Pikas sind die Farmer der Tundra. Sie ernten Pflanzen im Sommer, lagern sie in „Heuhaufen" unter den Felsen als Winternahrung an. Deer Mice (Mäuseart), Meadow Vole (Wühlmaus), Shrews (Spitzmäuse), Pocket Gophers (Erdhörnchen) und Wiesel sind weitere Tierbewohner dieser Gemeinschaft. Und nun, kurz bevor das Wegende erreicht ist, eine weitere Info-Tafel:

Have you heard . . . Sind unterwegs schrille Töne vernehmbar gewesen? Ein gelbbauchiges Murmeltier warnt die Tiernachbarn vor drohenden Gefahren. Dieser Verwandte des „Groundhog" ist oft beim Sonnenbaden auf den Felsen entlang Trail Ridge zu beobachten. Das Murmeltier beschäftigt sich im Sommer mit Schlafen, Spielen und Fressen als Vorbereitung des mehrere Monate dauernden Winterschlafs.

Der Trail endet hier. Wer einen Panoramablik auf die Bergwelt der Umgebung genießen will, kann den kurzen Aufstieg (Vorsicht! Glitschige Felsen!) hinauf zum **Roger Wolcott Toll Memorial** unternehmen – lohnt sich! Oben auf dem Gipfel des Toll Memorial (3752 m ü. M.) gibt eine Tafel die Entfernung zu den umliegenden Gipfeln und Nationalparks an.

Zur Hintergrundinformation über den **Tundra Trail:**

FALL RIVER PASS: Links sieht man, wo die erste Autostraße über diesen Gebirgszug *Front Range* verlief. Diese historische alte, nicht asphaltierte Straße – heute nur als Einbahnstraße bergan benutzbar – ist am *Fall River,* direkt unter dem Paß zu sehen. Hinter dem Paß taucht der Südrand der *Medicine Bow Range* auf. Dieser Gebirgszug zieht sich nordwärts bis nach Wyoming.

OLD QUARRY ROAD – Alte Steinbruchstraße: Hier ist im Vordergrund ein Stück der vor etwa 40 Jahren benutzten Straße zu sehen, auf der Felsmaterial zum Bau der *Trail Ridge Road* transportiert wurde. Obwohl sie seit jener Zeit nicht mehr benutzt wurde, vollzog sich das Nachwachsen der Vegetation dort sehr langsam – typisch für den Pflanzenwuchs in Tundraregionen.

TAIEONBAA: Hier folgt man ein kurzes Stück den Fußspuren der Ute Indianer und anderer Indianerstämme, die jahrhundertelang die *Front Range* auf dieser Route überquerten. Das Ute-Wort *Taieonbaa* bedeutet „Kinderpfad". Frauen und Kinder benutzten diese Route, während die Männer etwa 12,5 km weiter südlich über den *Flattop Mountain* zogen. Von diesem Trail (*trail* = Pfad) kam der *Trail Ridge* (*ridge* = Bergrücken) zu seinem Namen.

THE GORGE LAKES – Die Gorge-Seen: Wieviele Seen der *Gorge Lakes* sind im Südwesten sichtbar? Der höchste See ist etwa 8 bis 12 Monate des Jahres zugefroren. Die Gorge Lakes sind unerreichbar, da es keinen Zugangsweg dorthin gibt.

TUNDRA BIRDS – Vögel der Tundra: *Pipit* – Pieper, *Horned Lark* – Ohrenlerche und *Rosy Finch* – Finkenart – kommen im Sommer häufig auf dem *Trail Ridge* vor. Der *Ptarmigan* – Schnee- oder Moorhuhn, der oft in dieser Umgebung zu sehen ist, lebt ganzjährig auf der Tundra. Braun gesprenkelt im Sommer, wird im Winter schneeweiß – tarnt sich in jeder Jahreszeit vor seinen Feinden.

LAVA CLIFFS – Lavaklippen: Im Nordwesten hat man einen ausgezeichneten Blick auf die dunkle Lava Cliff Mulde. Heiße Vulkanasche wurde aus Vulkanen im Nordwesten in diese Region geblasen und überzog diese Area; die Lava füllte ein steiles Tal aus. Später wurde diese Lavawand in den Felsklippen im Vordergrund von Gletschern freigelegt.

NEVER-NO-SUMMER MOUNTAINS: Im Westen (links der Lava Cliffs) ist das Profil der *Never Summer Range* (Niemals-Sommer-Gebirge) am Horizont sichtbar. Die Arapaho Indianer nannten die Range *Ni-chebe-chii* – Never-no-summer (Niemals Sommer), da sie die meiste Zeit des Jahres schneebedeckt ist. Der Kamm der Range liegt auf der *Continental Divide* und markiert die Westgrenze des Parks. Von hier aus blickt man gleich zweimal über die *Continental Divide* – etwas näher die *Front Range* und dann die *Never Summer Range.* Der *Colorado River* fließt genau dazwischen.

UTE TRAIL: Der *Tundra Trail* läuft nach links, der *Ute Trail* führt rechts weiter ostwärts. Tageswanderung auf dem *Ute Trail* entlang vom *Fall River Pass* zum *Moraine Park,* etwa 13 mi/21 km.

SEA OF ROCKS – Felsenmeer: Während der Eiszeit entstand links dieses Felsenmeer. Wasser, das zu Eis wurde und wieder taute, brachte diese Felsbrocken in aufrechte Stellung, wobei feines Material abgeschwenkt wurde. Dieses Phänomen ist für die Tundraregion besonders charakteristisch.

SOLIFLUCTION TERRACE: Diese Terrasse entstand in der Eiszeit. Bei dem wasserdurchtränkten Boden sorgte der Frost dafür, daß sich die Erde hob und loses Gestein und Erde abfielen und Terrassen bildeten. Mit Solifluction wird die Fließbewegung festen Materials beschrieben. Derartige Terrassen sind typisch für alle Tundraregionen der Welt.

WEATHER PITS – Wettergrube: Links vom Pfad befindet sich eine *Weather Pit* im Fels, die durch chemische Verwittern (verursacht durch Wasser, das sich in Felsmulden sammelte) entstanden ist. Diese runden Mulden sind im Granit dieser Region häufig anzutreffen.

CUSHION PLANTS – Kissenpflanzen: Hier führt der Pfad durch Pionierpflanzen der Tundra. Sie bilden Matten oder richtige Kissen, was gerade an windigen Stellen oder bei lockerem Boden sehr vorteilhaft ist. Das *Moss Campion* – Moosschlichtnelke – wächst an ähnlichen Stellen überall im Norden, ist aber sehr empfindlich.

MUSHROOM ROCKS – Pilzfelsen: Die Felsen am Horizont enthalten einige der ältesten Gesteine des Parks. Die dunklen Streifen lagerten sich vor hunderten Millionen Jahren erst als Schlammschichten in flachen Seen ab. Die weißen Felsen waren früher flüssig und wurden in diese Schichten hochgedrückt, die gebogen und gebacken wurden, bis sich dieses Gestein in metamorphes Gestein umwandelte. Die hellen Felsen verwittern schneller. Deshalb wurden sie auch schneller als die älteren, beständigeren, dunklen Felsen abgetragen, wodurch diese Pilzköpfe entstanden.

WIND SCARP: Rechts vom Pfad befindet sich ein „Wind Scarp" (= Windböschung), wo scharfe Gebirgswinde den dichten, alpinen Grasboden erodiert haben. Windböschungen beginnen, wo der Grasboden bereits durch andere Einwirkungen als Wind verletzt wurde.

CLIMAX TUNDRA: Die Grasvegetation rechts vom Pfad gehört zum Typ der *Climax Tundra* (Pflanzen, die diese Tundra beherrschen und sich selbst fast ewig erhalten können.) Diese Pflanze braucht allerdings einige Jahrhunderte, sich zu entwickeln. Bei der Climax Tundrapflanzen hier überwiegt ein kleines Riedgras, das nur an windigen Stellen wächst, die 9 bis 10 Monate schneefrei bleiben.

SUNDANCE MOUNTAIN: In etwa 1 mi/1,6 km Entfernung sieht man etwas rechts vom Pfad den höchsten Punkt des *Trail Ridge* – *Sundance Mountain,* 3800 m ü. M. Von den Wetterstationen gemessene Windböen von 320 Stundenkilometern fegen von Zeit zu Zeit um diesen und andere benachbarte Gipfel. Etwas mehr nach rechts, auf der anderen Seite des *Forest Canyons* liegt der *Longs Peak* – mit 4346 m höchster Punkt des Parks, etwa 13 mi/22 km entfernt.

SNOW ACCUMULATION AREA – Schneeverwehungen: Rechts und unterhalb der nackten Felsen liegen Schneefelder, die bis in den August oder das ganze Jahr über liegen bleiben. Den ganzen Winter über wird der Schnee an diese Stellen geweht und läßt tiefe Haufen entstehen. Die unter diesen Schneehaufen begrabene Tundra setzt sich aus anderen Pflanzen als denen, die entlang des Pfads zu sehen sind, zusammen. Durch die Schneedecke geschützt, erleben diese Stellen zwar nicht so starke Kälte, müssen dafür allerdings mit einer viel kürzeren Wachstumszeit als andere Tundrateile auskommen.

MAMMALS OF THE TUNDRA – Säugetiere der Tundra: *Pika* – ein kleines kaninchenähnliches Tier mit runden Ohren, lebt ganzjährig in den Felsen am *Trail Ridge.* Im Sommer bildet es Pflanzen ab, die es in „Heuhaufen" unter großen Felsen lagert. Im Winter ernährt es sich von seinem eingelagerten Pflanzenvorrat. Sein scharfes Quietschen ist oft hier zu hören. Pokket *Gopher* – Hamster – sind sehr zahlreich und richten große Schäden in der Tundra an. Andere Tiere der Tundra: *Deer Mice* – Mäuse, *Meadow Mole* – Maulwurf, *Weasels* – Wiesel, *Shrews* – Spitzmaus, *Marmots* – Murmeltiere, *Coyote, Bobcat* – Amerikanischer Luchs, *Elk* – Wapitihirsch, *Deer* – Rehe und *Bighorn Sheep* – Dickhornschaf.

MUMMY RANGE: In Richtung Norden, auf der anderen Seite des *Fall River Canyons* erheben sich die Gipfel der *Mummy Range.* Die Arapahoes nannten dieses Gebirge *White Owls* (= Weiße Eulen), da der Schnee im Winter weißer zu sein schien als andere Schneefelder.

LICHENS – Flechten: Manches metamorphe Gestein ist von verschieden großen, mehrfarbigen *Flechten* bedeckt. Flechten sind Doppelwesen, die aus Pilzmyzel und innen angesiedelten Algenkolonien bestehen. Auf den umliegenden Felsen gibt es etwa 11 Krustenflechten, deren krustenartige Lager sich über das Gestein ziehen. Die hell orangefarbene Flechte wächst dort besonders gut, wo sich Tierexkremente anhäufen.

ROGER TOLL: Roger Toll war einer der ersten Superintendenten des *Trail Ridge Road* planten – eine Straße, die über *10 mi/16 km* durch alpine Tundra führt, die längste Autostraße der USA, die oberhalb der Baumgrenze verläuft.
Roger Toll war Superintendent mehrerer Nationalparks, und zwar 1919–1921, Mount Rainier Nationalpark; 1921 bis 1928, Rocky Mountain Nationalpark; 1929–1935 Yellowstone Nationalpark. Außerdem war er Bauingenieur, Naturalist und Bergsteiger.

Fährt man nach dem *Tundra Trail* auf der *Trail Ridge Road* weiter, kommt man zu den **Lava Cliffs** – Reste vulkanischer Felsen aus einer älteren Periode. Meistens gibt es dort noch riesige Schneefelder zu sehen. Mit dem Fernglas lassen sich auch die Gletscherspalten erkennen. Am **High Point** hat man auf *3713 m ü. M.* den höchsten Punkt der Straße erreicht. Am **Gore Range Overlook** sind ein paar kleine Seen zu sehen. Danach passiert man den **Fall River Pass** und erreicht das **Alpine Visitors Center.**

An der Zufahrt zum Alpine Visitors Center erreicht man den **Fall River Paß** (3595 m ü.M.). Der Komplex umfaßt Visitors Center (Information & Ausstellung) und Store (Souvenirs – Restaurant/Lunches). Nun zum **Alpine Visitors Center:**

ALPINE VISITORS CENTER

Der Mensch und die Naturgewalten
Klima
Tundra
Landschaft des Trail Ridge
Das Tundrajahr
Überleben
Zwergwald
Interessantes am Wegrand
In den Felsen zu Hause
Die Tunnelbauer der Tundra
Wapiti, Coyote, Dickhornschaf
Jahreszeitliche Verwandlungskünstler
Vögel der Tundra
Der Mensch und Trail Ridge

Das **Alpine Visitors Center** an der Kreuzung *Fall Ridge Road* und *Trail Ridge Road* ist eines der Hauptziele der Parkbesucher. Beim **Visitors Center** — über *3353 m ü. M.* — gibt es Interessantes über Tundra, Klima und Tiere dieser dem Wetter ausgesetzten Gegend des Parks. Rangers erteilen Auskünfte über Wetter und Zustand der Wanderwege und informieren über Veranstaltungen der Park Rangers. Bildbände und topographische Karten werden ebenfalls hier verkauft. Im sich anschließenden Geschäft gibt es ein Restaurant (heiße Schokolade zum Aufwärmen), Handarbeiten der Indianer und ein riesiges Sortiment Souvenirs.

Im Ausstellungsraum rechts nach Eingang:

PEOPLE AND THE ELEMENTS
Menschen und die Naturgewalten

Stürme entwickeln sich hier in den Bergen äußerst schnell und werden oft von gefährlichen Blitzen begleitet. Sobald ein Unwetter droht, sofort in Sicherheit begeben. Große Anstrengungen in dieser Höhenlage vermeiden, da die Leistungsfähigkeit des Körpers durch die dünne Luft beeinträchtigt wird.

In solchen Höhen ist die Gefahr eines Sonnenbrandes wegen der starken ultravioletten Strahlen sehr groß.

Treten Kopfschmerzen und leichte Übelkeit auf, leidet man vielleicht an der Bergkrankheit — *Mountain Sickness.* Sobald man wieder niedrigere Höhenlagen erreicht hat, wird es meistens besser. Höhe und dünne Luft macht auch Autos zu schaffen; herunterschalten, damit der Motor nicht überdreht oder ausgeht.

Eine der größten Gefahren im Gebirge sind Wind und Temperaturen. *Wind chill* ist der Kühleffekt des Winds auf der Haut, der sich in Temperaturen ausdrückt. Hat der Wind schätzungsweise eine Geschwindigkeit von 48 Stundenkilometern und die Temperatur −1 °C, liegt die durch den Wind abgekühlte Temperatur bei −19 °C! Luftfeuchtigkeit und Luftdruck sind weitere Faktoren, die den *Wind Chill* beeinflussen.

Pflanzen und Tiere haben sich der Härte des Tundralebens angepaßt − der Mensch muß sich auf dieselben Bedingungen einstellen. Es herrscht hier sehr veränderliches Wetter − mitten im Sommer können Schneestürme auftreten! Nun zu den Exponaten:

Links am Eingang zur Ausstellung Panoramabild der arktischen Landschaft zum Thema **Tundra − Land of no Trees:**

CLIMATE
Klima
Das Geheimnis der Tundra

Niedrige Temperaturen − durchschnittliche Höchsttemperatur im Sommer etwa 10 °C (im Extremfall 17 °C). Etwa 5 Monate des Jahres bleibt die Temperatur unter dem Gefrierpunkt. Durchschnittliche Tiefsttemperatur im Winter etwa −12 °C (Extremfall −37 °C). Weitere Faktoren, durch die das Klima beeinflußt wird, sind strenge Winde, plötzlich auftretende Feuchtigkeit mit nachfolgenden Niederschlägen, intensive Sonnenstrahlung und starke Verdunstung.

YOU CAN FIND TUNDRA IN TWO WAYS
Tundra kommt in zwei möglichen Regionen vor

− **by journeying** . . . indem man in Polargebiete reist . . .
− **by climbing high** . . . indem man hohe Berge erklettert . . .

Tundra wächst entweder in polaren Regionen oder auf hohen Bergen, wie beispielsweise im Rocky Mountain Nationalpark.

Moose kommen bei allen Tundren in der Welt vor; sie wachsen hier, in Island und auch in Sibirien. Mehr als ein Viertel des Parks besteht aus alpiner Tundra − eine der größten geschützten Tundren der USA.

TRAIL RIDGE'S LANDSCAPE
Landschaft des Trail Ridge

Vor etwa einer Million Jahren entstand diese Landschaft, als sich die Bergkämme des **Trail Ridge** bildeten. Damals hatten die Berggipfel schon etwa ihre heutige Form − glatt und rund geschliffene Oberfläche.

ANCIENT ROCKS − Uraltes Gestein: Diese Berge bestehen aus uraltem Gestein, das etwa eine Milliarde Jahre alt ist − grobe Gneislagen, feiner Schiefer und Granit. Erst viel später floß Lava über den Westrand des **Trail Ridge.**

VALLEY GLACIERS − Talgletscher: Sie bildeten sich hauptsächlich an den Nord- und Ostflanken des **Trail Ridge** und ließen steilwandige Mulden entstehen.

Die Gletscher flossen langsam in bereits vorhandene Täler hinunter und schliffen sie U-förmig.

FROST-SHAPED TRAIL RIDGE − Vom Frost geformter Trail Ridge: Frost, Wasser und Wind ließen den Kamm des **Trail Ridge** verwittern. Immer wieder, vielleicht sogar einige hundert Mal im Jahr, wiederholt sich der Prozeß von Frieren und Auftauen, was die Felsen am Trail Ridge mürbe und brüchig werden läßt.

Die Kräfte der Natur sind täglich gemeinsam mit dem Wachstum der Pflanzen und den Tieren am Werk, die Gestalt von Trail Ridge zu verändern. Verwitterte Mulden werden meistens auf der geschützten Seite der Bergkämme unter lang anliegenden Schneebänken vom Frost ausgehöhlt − sogenannte *Nivation*. In den westlichen Teilen bilden sich kleine „Frostbeulen". Parallel laufende „Stein- oder Geröllflüsse" lassen erkennen, wie sich der Frost ausscheidet.

THE TUNDRA YEAR
Das Tundrajahr
(Mitte Oktober − März)

WINTER: Etwa 5 1/2 Monate lang wird die Tundra von eisigen Winden heimgesucht.

FRÜHJAHR: (April − Mitte Juni) Nasse Schneedecke liefert Feuchtigkeit für das Wachstum der alpinen Vegetation.

SOMMER: (Mitte Juni − Mitte August) Tundra blüht in Hochform.

HERBST: (Mitte August − Mitte Oktober) Rote und braune Herbstfärbung kündigt den Winter an.

Diese Feststellungen gelten ganz allgemein für die Jahreszeiten der Tundra, zuviel Nässe oder zu wenig Feuchtigkeit oder ungewöhnliche Stürme können das Pflanzenwachstum beeinträchtigen und die Länge der Jahreszeiten beeinflussen.

Dann an der Stirnseite links **Survival:**

SURVIVAL
Überleben

Welche Pflanzen in Tundra oder Wüste überleben, hängt viel davon ab, in wieweit sie den extremen Bedingungen gewachsen sind. Die in der Tundra vorkommenden Pflanzen haben sich diesen Problemen auf ganz unterschiedliche Weise angepaßt.

EXPOSURE − Erfrieren: **Elk Sedge** (bot.: *Kobresia myosuroides*), eine Grasart und viele andere Pflanzen überleben selbst strenge Eisfröste in schneefreien Gebieten. **Sibaldia** (bot.: *Sibbaldia procumbens*) und andere Pflanzen wachsen gerne in stark verschneiten Gebieten, haben dafür eine viel kürzere Wachstumsperiode.

SUNLIGHT — Sonnenlicht: Dicht auf dem Boden wachsende Blätterrosetten der **Snowball Saxifrage** (bot. *Saxifraga rhomboidea*) werden von kalten, austrocknenden Winden nicht erreicht. Die überlappenden Blatteile lassen jedes Blatt volles Sonnenlicht absorbieren. Kleine Härchen wie an der **Rydbergia** (bot.: *Hymnen oxys grandiflora*) schützen vor Feuchtigkeitsverlust und speichern Wärme zum Wachstum der Pflanze.

EXTREME WIND — Scharfer Wind: **Moss Campion** (bot.: *Silene acaulis*), diese Moosart verträgt scharfen Wind und Kälte wegen ihres niedrigen Wuchses, fängt Wärme und Feuchtigkeit in dichten Matten oder „Mooskissen"; **Snow Willow** (bot.: *Salix nivalis*), ein Ministrauch.

Die Größe der Tundrapflanzen läßt keineswegs auf ihr Alter schließen; **Dwarf Clover** (bot.: *Trifolicum nanum*), Zwergklee, kann 25 bis 250 Jahre alt werden.

REPRODUCTION — Fortpflanzung: Die **Koenigia** (bot.: *Koenigia islandica*) gilt als die einzige einjährige Pflanze der Tundra, die innerhalb von fünf Wochen blüht, befruchtet wird und Samen produzieren kann!

Whiplash Saxifrage (bot.: *Saxifraga flagellaris*) pflanzt sich durch Ableger fort, obwohl Samen oft nicht reif werden.

LIMITED MOISTURE — Wassermangel: Die großwurzelige **Spring Beauty** (bot.: *Claytonia megarhiza*) besitzt eine große Pfahlwurzel, mit der sie auch die in der Tundra vorkommende Trockenheit überstehen kann. Die **Yellow Stonecrop** (bot.: *Sedum lanceolatum*) kann in ihren fleischigen Blättern Wasser speichern, um Trockenheiten zu überstehen.

Daneben **Elfin Forest**:

ELFIN FOREST
Krummholz

Knorrige, verschlungene, verkrüppelte Bäume bilden den Zwergwald. In höheren Lagen des Rocky Mountain Nationalparks wachsen Nadelbäume, Engelmannfichten, Hochgebirgstannen, Kiefern und manchmal Lodgepole-Kiefern. Je weiter man in den Norden kommt, um so tiefer liegt die **Baumgrenze**. Die Ausstellung zeigt, wie sich Höhenunterschiede auswirken. Baumscheiben der Engelmann-Tanne — an der Baumgrenze und aus einem Waldstück unterhalb der Baumgrenze. Der Baum von der Baumgrenze war etwa 140 Jahre alt, als er gefällt wurde und besaß einen Durchmesser von etwa 11,4 cm, während der Baum aus der tieferen Region etwa 165 Jahre alt war und einen Durchmesser von etwa 28 cm hatte — hier wird der Einfluß von Alter und Höhenlage besonders deutlich.

Strenge Winde lassen das Holz austrocknen und bringen durch den ständigen Druck seltsame Formen wie Krummholz hervor — verschlungene und verbogene Stämme.

Kleines Lexikon für Natur- & Tierfreunde

Beaver	*Grizzly Bear*	*Pinyon Jay*
Biber	Grizzly Bär	Blauhäher
Bighorn Sheep	*Grouse*	*Porcupine*
Dickhorn Schaf	Birkhuhn	Stachelschwein
Bison	*Grosbeak*	*Prairie Dog*
Auerochse, Büffel	Hakengimpel	Präriehund
Black Bear	*Hermit Thrush*	*Raccoon*
Schwarzbär	Drossel	Waschbär
Burro	*Jay*	*Rattlesnake*
Wildesel	Häher	Klapperschlange
California Gull	*Lizard*	*Red Shafted Flicker*
Möwe	Eidechse	Goldspecht
Canyon Wren	*Marmot*	*Sparrow*
Felsenzaunkönig	Murmeltier	Spatz
Chipmunk	*Marten*	*Squirrel*
Streifenhörnchen	Marder	Eichhörnchen
Chuckwalla	*Moose*	*Swallow*
Echse	Elch	Schwalbe
Cougar	*Mountain Bluebird*	*Swift*
Puma	Hüttensänger	Mauersegler
Coyote	*Mule Deer*	*Titmouse*
Kojote, Präriewolf	Maultierwild	Meise
Elk	*Muskrat*	*Towhee*
Wapitihirsch	Bisamratte	Fink
Golden Eagle	*Osprey*	*Trumpeter Swan*
Steinadler	Fischadler	Trompeterschwan
Gopher	*Pelican*	*Weasel*
Erdeichhörnchen	Pelikan	Wiesel
Gray Fox	*Pronghorns*	*Wren*
Silber/Graufuchs	Antilopenart	Zaunkönig

Dann zur Glasvitrine an der rechten Wandseite und hier links an der Wand der Vitrine:

ROADSIDE FAVORITES
Interessantes am Wegrand

Streifenhörnchen — **Chipmunk** — und Gelbmantel-Erd-hörnchen — **Golden-mantled Ground Squirrel** — sind die auf-fallendsten Säugetiere am Straßenrand. Beide sammeln und hamstern Futter für schlechte Zeiten.

Auf dem Vitrinenboden links:

AT HOME IN THE ROCKS
In den Felsen zu Hause

Das **Pika** (kleines, mit dem Kaninchen entfernt verwandtes Nagetier) gehört zu den emsigsten und einfallsreichsten Be-wohnern der Tundra. Das stets fleißige Nagetier sammelt im Sommer Gräser und verteilt sie zum Trocknen auf Felsen. Später werden sie gesammelt und unter Steinen in „Heuhau-fen" als Wintervorrat gelagert.

Das Murmeltier — **Marmot** — kommt überall im Park in felsiger Umgebung vor. In seinem unter Felsüberhängen be-

findlichen Bau hält es den langen Winter über seinen Winterschlaf.

Auf dem Vitrinenboden rechts:

TUNNELERS OF THE TUNDRA
Tunnelbauer der Tundra

Meadow Mouse (Wiesenmaus), **Pocket Gopher** (Waldspitzmaus) und die **Red Backed Mouse** (Rotrücken-Maus) sind das
ganze Jahr über aktiv und beeinträchtigen die Tundra-Vegeta-
tion ziemlich stark.

Sobald der Schnee schmilzt, werden die Aktivitäten des
Pocket Gopher unter dem Schnee sichtbar — weitverzweigte
Tunnels unter dem Schnee, die entweder auf oder unter der
Erde liegen und mit Erde und Pflanzenteilen gefüllt sind.

An der Rückwand der Vitrine:

WAPITI, COYOTES, BIGHORNS
Wapiti-Hirsch, Coyote, Dickhornschaf

Wapiti-Hirsch und **Rocky Mountain Mule Deer** (Maultierwild) sind im Sommer oft abends beim Äsen auf der Tundra
zu sehen. Wapiti-Hirschbullen tauchen gelegentlich im Winter
auf der windumwehten Tundra auf.

Rocky Mountain Bighorns (Dickhornschafe) leben ganzjährig im Hochland, manchmal in der Nähe vom **Milner Paß** zu
sehen.

Coyotes leben ganzjährig in der Tundra und jagen **Pocket
Gophers** (Waldspitzmaus) und andere kleine Nagetiere.

Nächste Vitrine mit **Seasonal Fashions** (Tiere, die ihr Winter- oder Sommerkleid
ändern):

SEASONAL FASHIONS
Jahreszeitliche Verwandlungskünstler

Weasel — Wiesel — und **White-tailed Ptarmigan** — Schnee-
huhn — wechseln je nach Jahreszeit die Farbe ihres Fells bzw.
Federkleids. Das Wiesel wird in seinem Winterkleid manchmal
Ermine = Hermelin genannt.

Weitere Vitrine daneben mit **Birds of the Tundra:**

BIRDS OF THE TUNDRA
Vögel der Tundra

Im Zentrum an der Vitrinenrückwand:

White-tailed Ptarmigan — Schneehuhn: Ganzjährig in der
Tundra zu Hause. Die ausgestopften Vögel sieht man im Som-
merkleid — *summer plumage,* Farbwechsel (etwas weißer) und
Winterkleid (schneeweiß).

Alpine Visitors Center

Rechts in der Vitrine Dauerbewohner – Permanent Residents:

Brown-capped Rosy Finch — Braunkäppiger Rosa-Fink: Kommt in Colorado und Umgebung vor, lebt die meiste Zeit im Winter in tieferen Regionen, zieht bei mildem Winter auf die Tundra.

Links in der Vitrine:

Summer Visitors — Sommergäste

Robins — Rotkehlchen: Scharenweise schweben Rotkehlchen und gelegentlich **Marsh Hawk** — Kornweihe — über tiefergelegener Tundra, kündigen den Herbstbeginn an, wenn sie und andere Vögel ihren Zug nach Süden beginnen!

Water Pipit — Wasserpieper — nistet hier in der arktischen Tundra.

Common Raven — Raben: Aasfresser, oft über der Tundra schwebend.

Horned Lark — Haubenlerche: Lebt im Tundrasommer von Gras und Grassamen, zieht im Spätherbst in die Great Plains.

Clark's Nutcracker — Tannenhäher: Kommt im allgemeinen an den tieferen Berghängen vor, wo er sich von Tannenzapfen ernährt, besucht gelegentlich die Tundra auf der Jagd nach Insekten.

Anschließend an der Wandseite weiter zum Ausgang mit **Man and Trail Ridge:**

MAN AND TRAIL RIDGE
Der Mensch und Trail Ridge

Indianer zogen Tausende von Jahren über diesen Bergkamm = *ridge* auf dem Weg = *trail* über die **Front Range** und gingen gelegentlich auch auf diesem Trail zur Jagd — daher die Bezeichnung **Trail Ridge.**

THE FALL RIVER ROAD: Als **1912** der Autotourismus weiter stieg, wurde von den Larimer County Commissioners eine Straße von **Estes Park** über die **Front Range** nach **Grand Lake** vorgeschlagen. **1920** wurde mit dem Bau begonnen — eine haarsträubende Strecke! Jedes Jahr im Frühjahr waren umfangreiche Arbeiten erforderlich, um die Straße für den Reiseverkehr in Ordnung zu bringen. Als **1915** der Park gegründet wurde und die *Fall River Road* an Popularität weiter zunahm, entschloß man sich zum Bau einer noch reizvolleren Route über die **Front Range.**

TRAIL RIDGE ROAD: **1927** wurde eine neue Route vermessen. In seinem Bericht gab der leitende Ingenieur S. A. Wallace folgende Erklärung ab (Hauptgrund zum Bau der **1934** fertiggestellten *Trail Ridge Road*):

„Die vermessene Route über den **Trail Ridge** ist eine der unübertrefflichsten Berglandschaften — Hochgebirge, tiefe Schluchten, viele Seen und ewiger Schnee, alpines Blumenmeer und bewaldete Areas — alles zusammengenommen macht eine Fahrt darüber unvergeßlich."

ALPINE VISITORS CENTER
–GRAND LAKE/GRANBY
TRAIL RIDGE ROAD

Die Entfernung zwischen dem **Alpine Visitors Center** im Rocky Mountain Nationalpark und der Ortschaft **Grand Lake**, in der Nähe vom Westeingang des Parks, beträgt etwa *22 mi/ 35 km*. Vom **Grand Lake** nach **Granby** — an der Kreuzung der *US 34/US 40* – sind es weitere *16 mi/26 km*.

Vom Alpine Visitors Center führt die Panoramastraße Trail Ridge Road von 3595 m ü.M. westwärts zum Aussichtspunkt **Medicine Bow Curve**. Von hier aus liegt das Bergmassiv **Medicine Bow Mountain** etwa 32 km entfernt; bis zum US-Bundesstaat Wyoming sind es etwa 56 km.

Zur Hintergrundinformation:

SPECIMEN MOUNTAIN TRAIL: Wegen der starken Beeinträchtigung durch Dickhornschafe — **Bighorn Sheep** — und der starken Erosion über dem Krater ist dieser Bergpfad nur bis zum **Crater** — etwa *1 mi/1,6 km* von hier -- geöffnet. Hier allerdings besteht die Möglichkeit, mit ein bißchen Glück Dickhornschafe zu beobachten, wenn sie aus ihrem sicheren Revier in den Felsen zu den Futterplätzen auf der Tundra ziehen.

SPECIMEN MOUNTAIN NATURAL AREA: Der Berg **Specimen Mountain**, der die *Continental Divide* — kontinentale Wasserscheide — krönt, und der **Willow Creek** im Norden bilden einen Teil eines weltweiten Naturschutzgebiets: Wenn die Dickhornschafe ihre Jungen zur Welt bringen, ist der Pfad vom 1. Mai bis 1. Juli geschlossen, sonst darf er tagsüber von Wanderern benutzt werden. Feuermachen und Camping sind zu jeder Zeit verboten.

Nach dem **La Poudre River** geht es am **Crater Trail** vorbei zum **Milner Paß**. Hier auf 3278 m ü.M. wird die **Continental Divide** = kontinentale Wasserscheide passiert. In der Nähe der reizvolle See Poudre Lake mit Hochgebirgswiese und der ehemaligen Paßstraße Old Fall River Road. Eine Linienmarkierung auf der Straße zeigt den Verlauf der Continental Divide. Reizvoller Fußweg entlang des Sees.

CONTINENTAL DIVIDE — Kontinentale Wasserscheide: Die „Great Divide" trennt die zum **Atlantik** fließenden Flüsse von denen, die in den **Pazifik** fließen. Sie durchquert Amerika von Alaska bis fast zum Kap Hoorn. **Atlantikflüsse:** Cache La Poudre Creek mündet in den Platte River und erreicht über den Missouri und zum Schluß den Mississippi den Golf von Mexiko (als Teil des Atlantischen Ozeans). **Pazifikflüsse:** Beaver Creek mündet in den Colorado River, der durch den Grand Canyon Nationalpark und weiter in den Golf von California (als Teil des Pazifischen Ozeans) fließt.

POUDRE LAKE: Dieser See bildet die Quelle des **Cache La Poudre River**, der **1836** seinen Namen von französischen Pelz-

tierjägern der American Fur Company erhielt. An diesem Fluß
versteckten die Trapper etwa *6 mi/10 km* flußabwärts von
Fort Collins (nordöstlich des Parks) einen Teil ihres Schießpul-
vers vor den Indianern. Daher stammt also der französische
Name **Cache La Poudre** (= ein Versteck für Pulver).

HIKE THE OLD FALL RIVER ROADWAY – Wanderung auf
der alten Fall River Straße: Hier beginnt ein Wanderweg, der
der Route der alten *Old Fall River Road* zum **Fall River Paß**
folgt; führt in der Nähe des Gipfels vom **Sheep Rock** vorbei –
etwa *0.5 mi/0,8 km* langer Marsch. Auf einem 2 mi/3 km langen Wanderweg durch Tannen-Fichtenwald erreicht man die
Baumgrenze und die faszinierende alpine Tundra.

Als nächstes erreicht die Parkstraße den **Farview Curve
Overlook** mit Aussicht auf das Tal **Kawuneeche Valley** und
den **Colorado River**. Er entspringt in der Nähe des **La Poudre
Pass** an der *Continental Divide*. Der Fluß hat von hier aus noch
einen etwa **2240 km** langen Weg vor sich. Auf dieser Reise
fließt er am Colorado Nationalmonument, Arches Nationalpark und durch den Canyonlands Nationalpark sowie Grand
Canyon Nationalpark, bevor er den Golf von California erreicht. Am **Phantom Valley Trailhead** führt ein Weg nach
Lulu City – ehemaliges Goldgräbercamp. Nach dem Campingplatz **Timber Creek Campground** passiert man ein Stück Vergangenheit.

Nach Farview Curve Overlook, Colorado River Trailhead & Timber Lake   Trailhead über Beaver Creek   zum Zeltplatz Timber Creek Campground. Rechts der
etwa 0,8 km lange Staubstraße zur **Never-Summer-Ranch** (9-16 Uhr geöffnet).

HISTORIC HOLZWARTH HOMESTEAD – Historisches Holzwarth Haus: Jenseits des Tals stehen die Gebäude der **Holzwarth Homestead**, eine Dude Ranch (Arbeitsranch) der 1920er
Jahre. 1974 verkaufte Johnnie Holzwarth das Land an die
Nature Conservancy. Als die Westgrenze des Parks verlegt
wurde, gehörte die Neversummer Ranch zum Park. 1975
wurde das Land an den National Park Service verkauft.

Die Hütten können besichtigt werden. Von der Straße führt
ein Pfad zu einer Sandpiste, von wo aus man noch etwa
0.5 mi/0,8 km über das Tal zurückzulegen hat.

Nach Bowen-Baker Trailhead, Onahu Trailhead, Green Mountain Trailhead,
rechts der Valley Trail zur Grand Lake Entrance Station, Winding River   Campground & **Kawuneeche Visitors Center.** Von hier sind es 45 mi/72 km nach Estes
Park und 2 mi/3 km nach Grand Lake. Ehe man Grand Lake erreicht, biegt links
die Straße zur 1925 gegründeten **Grand Lake Lodge** ab. Grand Lake liegt auf
2551 m ü.M.

Kurz nach dem **Grand Lake Entrance** – Westeingang zum
Rocky Mountain Nationalpark – gibt es ein kleines **Visitors
Center**. Kommt man von **Granby**, ist das die erste Stelle, sich
über Straßen- und Wegezustand, Camping und Veranstaltungen, zu informieren; hier sind auch die *Wilderness Permits*
(Wandererlaubnis) erhältlich. Eine Straße führt in der Nähe
zu der kleinen **Sun Valley Guest Ranch**. In der **Grand Lake
Lodge** ganz in der Nähe gibt es ebenfalls Unterkunft – **Tip**
für 1 oder 2 Tage Pause.

Die Ortschaft **Grand Lake** begann im Jahre 1881. Heute gibt es hier Restaurants, Lebensmittelläden und Unterkunft, einschließlich Inn at Grand Lake. In der Nähe des Ostrands von Grand Lake liegen die imposanten Wasserfälle **Adams Falls**, zu denen der *East Inlet Trail* führt. Die *US 34* führt von der Grand Lake Area weiter südwärts und dabei durch die **Arapaho National Recreation Area.** Die Straße verläuft am Ufer des **Shadow Mountain Lake** und überquert den **North Fork Colorado River.** Am Lake Granby befindet sich das Colorado-Big Thompson Project (der **Big Thompson River** fließt östlich der *Continental Divide* durch den nordöstlichen Teil des Parks). Führungen durch die Granby Pumping Plant. An der Kreuzung der *US 34/US 40* befindet sich ein großer Supermarkt. Die Ortschaft **Granby** liegt genau östlich der Kreuzung.

Entfernungen in Meilen/Kilometer von Park Headquarters:

Allenspark	17/27	Grand Lake	48/77
Boulder	36/58	Idaho Springs	78/125
Central City	61/98	Laramie	100/160
Cheyenne	85/136	Mesa Verde NP	415/664
Denver	72/115	Steamboat Springs	141/226
Dinosaur NM	332/531	Vernal, UT	335/536
Granby	62/99	Yellowstone NP	530/848

FALL RIVER ROAD

8,5 mi/14 km innerhalb des Parks

Die *Fall River Road* ist eine schmale Einbahnstraße (bergauf), nicht asphaltiert, die sich vom **Endovalley** auf der *Trail Ridge Road* durch die Rockies hinauf zum **Alpine Visitors Center** windet. Dies war die ursprüngliche Straße über die *Continental Divide,* deren Bau **1920** begonnen wurde. **1934** wurde die Straße durch die spektakuläre *Trail Ridge Road* ersetzt.

Die Straße ist von der **Horseshoe Park Junction** bis zum Picknickplatz im **Endovalley** — etwa *2 mi/3 km* — asphaltiert und zweispurig. Danach führt die *Fall River Road* als Einbahnstraße zum **Alpine Visitors Center.** Genau nach Straßenzustand und sonstigen Beschränkungen erkundigen.

Die Straße wurde teilweise mit Zuchthäuslern gebaut; heute sind unterwegs noch die Zuchthäuslerhütten zu sehen. Der Wasserfall **Chasm Falls** gehört zu den Attraktionen dieser Route. Viele Spitzkehren bis zum **Alpine Visitors Center,** von denen man eine grandiose Sicht auf die Wiesen und Gipfel der Umgebung hat.

BEAR LAKE ROAD

18 mi/29 km hin und zurück

Der See **Bear Lake** gehört zu den beliebtesten Zielen des Parks — herrliche Bergszenerie und viele Wanderwege. Die etwa *9.3 mi/15 km* lange Straße *Bear Lake Road* beginnt bereits nach *1.4 mi/2,2 km* hinter dem Park Headquarters.

Für einen Ausflug zum **Bear Lake** sollte man folgendes beachten: Wegen der beschränkten Zahl der Parkplätze am **Bear Lake** gibt es einen *kostenlosen* Buspendelverkehr vom Parkplatz am **Glacier Basin Campground**. Wer allerdings bereits frühmorgens ankommt, vermeidet den großen Ansturm und wird auch am **Bear Lake** noch einen Parkplatz finden. Besucher mit Wohnanhänger und Motorhomes sollten jedoch wegen der steilen kurvenreichen Strecke vom Pendelbusverkehr Gebrauch machen. Nähere Einzelheiten bei den Park Rangers.

In dieser Area des Parks besteht auch die Möglichkeit, Reitausflüge zu unternehmen; zwei- oder vierstündige Reitausflüge mit Begleitung von den Reitställen **Moraine Park Stables** oder **Glacier Creek Stables**.

Nach der Fahrt zum **Bear Lake** kann man noch Station bei dem attraktiven Visitors Center am Anfang der *Bear Lake Road* machen. Am **Bear Lake** gibt es einen Informationsstand. Außerdem stehen dort Park Rangers für Auskünfte zur Verfügung.

Auf dem Weg zum **Bear Lake** kommt man am Visitors Center und der Abzweigung zum **Moraine Park** vorbei, überquert den **Big Thompson River**, passiert einen Picknickplatz und herrliche Blumen (wenn man im Sommer hier ist). Am **Hallowell Park** kommt eine äußerst scharfe Kurve, danach sieht man den **Brook Creek** und kommt zum Parkplatz für den Pendelbusverkehr zum Bear Lake. Nach der Abzweigung zum **Sprague Lake** und den Reitställen **Glacier Creek Stables** und vielen Espen erreicht man die Bushaltestelle nach **Bierstadt** — Schautafel und Wanderweg.

BIERSTADT

Der Wanderweg *Bierstadt Lake Trail* führt in vielen Spitzkehren auf etwa *1.4 mi/2,2 km* zum relativ flachen Rücken der **Bierstadt Moraine** (Moräne), wo der flache See von dichtem Lodgepole-Pine-Wald umgeben ist. Der **Bierstadt Lake** lebt vom Schmelzwasser der Schneeschmelze und kann bei Trockenheit vollkommen austrocknen. Der tiefe Schnee vom Winter füllt den See allerdings wieder bis zum nächsten Sommer.

Der Wander- und Reitpfad zum **Bierstadt Lake** beginnt hier. Auf dem Weg an der Seite der **Bierstadt Moraine** bergauf sieht man auf den **Longs Peak** und die *Continental Divide*. Der

Weg wird von Espen eingerahmt — viele Bäume sind klein und krumm wegen der eisigen Winterwinde und der Südlage, wo Feuchtigkeit rasch verdunstet. Die gesamte Moräne verwandelt sich im Herbst in einen Malkasten, wenn sich die Espen rostrot und gelb färben.

Von der Bushaltestelle sind es nur etwa 15–20 Minuten bis zur Sprague Lake Picnic Area. Der See **Sprague Lake** wurde in den 1900er Jahren als Fischteich und Erholungsgebiet angelegt. Die Lodge wurde abgebaut, und einen See legte man trocken, da der Damm bei Hochwasser weggespült worden war.

Die „sonnenanbetenden" **Lodgepole Pines** eignen sich oft als Baumart, ein Gebiet nach einem Sturm wiederaufzuforsten. Die Zapfen dieses Baums öffnen sich bei Hitze und lassen nach einem Waldbrand neue Saat auf den Boden fallen. Die Bäume wachsen sehr dicht, besitzen außer an der Spitze wenig Nadeln. Indianer verwendeten den geraden Stamm beim Bau von Tepees (ihre Zeltwohnungen), daher auch die Bezeichnung Lodgepole (*lodge* = wohnen; *pole* = Stamm, Mast). Entlang des Pfads sind noch die Schäden des Waldbrandes sichtbar, nach dem die Area mit Lodgepole-Pines und Espen neu aufgeforstet wurde.

Die auffälligste Baumart der Rocky Mountains ist die **Quaking Aspen** — Zitterpappel (Espen), wird wegen der weißen Rinde oft mit der Birke verwechselt. Espen sind bei Bibern äußerst begehrt, enthalten in ihrer Rinde die für Rehe und Wapitihirsche notwendigen Vitamine und eignen sich zum Aufforsten nach einem Waldbrand. Espen haben Sonne gerne und werden von Fichten und Tannen umlagert, deren Samen im Schatten der Espen reifen. Fichten und Tannen werden schließlich höher als die Espen, nehmen ihnen die Sonne weg und lassen sie absterben.

Auf dem Weg zur nächsten Station kommt man am **Prospect Canyon** mit einem kleinen Picknickplatz vorbei. **Glacier Gorge**, mit Bushaltestelle, ist der Start vieler Wanderungen, einschließlich zu den **Alberta Falls**. Einzelheiten über den Pfad zum **Longs Peak** beim Visitors Center.

GLACIER GORGE

Der *North Longs Peak Trail* wird bis zur Kreuzung mit dem *Boulder Brook Trail* von bezaubernden Limber Pine (Kiefernart) eingerahmt. Der etwa *8 mi/13 km* lange Rundwanderweg führt unter anderem an den Überresten eines Waldbrandes aus den 1900er Jahren vorbei. Bergsteiger haben über diesen nicht so stark begangenen Pfad Zugang zum **Trackless Half Mountain** mit Sicht auf die **Glacier Gorge**. Der *North Longs Peak Trail* führt über den **Granite Paß** zum **Boulder Field** etwa *6.8 mi/ 10,9 km* von hier an der Basis der Nordwand des **Longs Peak**.

Mills Lake wurde nach Ends Mills, dem Vater des Rocky Mountain Nationalparks, benannt. Über dem See erheben sich Longs Peak, Keyboard of the Winds und Pagoda Mountain. Ends Mills ließ sich **1880** in der Gegend vom **Longs Peak** nieder und wurde bald ein echter Bergnarr. Ab 1909 opferte er alle Energie, Zeit und Geld zur Schaffung dieses Nationalparks, was endlich **1915** erreicht wurde. Die Wanderung zum etwa *2.5 mi/4 km* entfernten **Mills Lake** ist eine etwa halbtägige Tour.

McHenry's Peak erhebt sich über dem Wasserfall **Ribbon Falls**, über den weniger benutzten, einfachen Pfad zwischen **Mills Lake** und **Black Lake** erreichbar, führt durch typische subalpine Vegetation. Dieses Gebiet wird mit mehr Wasser als jede andere Zone Colorados versorgt und bringt durch die starke Feuchtigkeit üppigen Baumbestand und Blumen hervor. Die nassen subalpinen Wiesen sind allerdings auch sehr anfällig und stark gefährdet. In solchen Areas sind stets die offiziellen Wanderwege zu benutzen.

Die dramatischen Felsnadeln über dem **Sky Pond** am Ende von **Loch Vale**, etwa *4.6 mi/7,4 km* von hier entfernt, wurden von Gletschern geschaffen. Im Sommer sickerte Schmelzwasser in die Felsspalten, fror nachts und im Winter zu Eis. Infolge der durch das Eis erzeugten Spannung weiteten sich die Risse oder Spalten und ließen Felsbrocken abfallen. Diese Felsbrocken gerieten in Gletschermassen und wurden Arbeitsmaterial des Gletschers. Die Felsklippen entstanden durch eine Kombination von Frostabbruch und Hobelarbeit der sich bewegenden Gletscher, durch die auch Becken ausgehoben wurden wie **Sky Pond**, der sich nach dem Schmelzen des Gletschers mit Wasser füllte.

Alberta Falls wurde von einem der ersten Siedler Abner Sprague benannt. Der äußerst beliebte Wanderweg zu dem etwa *0.6 mi/1 km* vom Start entfernten Wasserfall gehört zu den am stärksten besuchten Wegen des Parks – Hochbetrieb! Auf dem Weg zu den Wasserfällen ist die Arbeit der Biber an Espenstümpfen, Dämmen, Teichen und Biberburgen sichtbar. Der Espenbestand an den Wasserfällen **Alberta Falls** litt nicht unter Bibern, sondern unter gedankenlosen Touristen.

Vom Glacier Gorge Start zu Wanderungen windet sich die *Bear Lake Road* hinauf zum Parkplatz am **Bear Lake**. Informationsstand an der Seeseite des Parkplatzes.

ENTFERNUNGEN VOM BEAR LAKE

	mi/km	Höhe in m
Nymph Lake	0.5/0,8	2957
Dream Lake	1.0/1,6	3018
Emerald Lake	1.7/2,7	3072
Lake Haiyaha	2.0/3,2	3115
Mills Lake	2.5/4,0	3030
Jewel Lake	3.2/5,1	3033
Black Lake	5.0/8,0	3237
Loch Lake	3.0/4,8	3103
Glass Lake	4.4/7,0	3298
Sky Pond	4.8/7,7	3322
Bierstadt Lake	1.6/2,6	2870
Odessa Lake	4.1/6,6	3054
Fern Lake	4.1/7,5	2905
Flattop Mtn	4.4/7,0	3756
Andrews Glacier	5.2/8,3	3566
Tyndall Glacier	4.8/7,7	3719
Longs Peak	10.8/17,3	4345
Glacier Gorge Jct	0.5/0,8	2816
Alberta Falls	1.0/1,6	2867

BEAR LAKE

Der See **Bear Lake** liegt auf *2888 m ü. M.* Der See selbst befindet sich nur etwa 100 m vom Parkplatz, Informationsstand und verschiedene Ausstellungen.

Die subalpine Tanne, die zusammen mit der Engelmannfichte wächst, läßt sich schwer erkennen, da beide Baumarten ähnliche Form und Größe, kurze Nadeln besitzen. Die Nadeln der Tanne sind allerdings stumpf und flach, im Winter oder Anfang Sommer gibt es oft keine Zapfen zu sehen. Die Zapfen wachsen jedes Jahr und fallen dann am Baum auseinander. Ganz oben in der Spitze sind im Hochsommer fleischige, schwarze, aufrechtstehende Zapfen sichtbar. Während des übrigen Jahres bleiben nur noch die Stengel zurück, die wie Streichhölzer aussehen.

Die subalpine Zone des Rocky Mountain Nationalparks beginnt auf etwa *2700 m ü. M.* und reicht bis auf *3500 m ü. M.* — bis zur Baumgrenze. Charakteristische Pflanze dieser Zone ist die **Engelmann Spruce** (Engelmannfichte).

Der Weg zum **Lake Haiyaha** beginnt am **Bear Lake**, überquert einen Bergkamm und mündet im anschließenden Gletscher-Canyon. Nach etwa *2 mi/3 km* vom **Bear Lake** steigt der Weg durch subalpines Waldgebiet und erreicht den von Felsen umgebenen See, dem die Indianer wegen seiner Felsen ringsum am

Ufer diesen Namen gegeben haben. Auf vielen dieser Felsen wächst **Limber Pine**, an deren gebogenen Ästen sich der scharfe Wind und das rauhe Wetter in den Bergen sichtbar machen.

Flüsse wie der **Tyndall Glacier** beginnen oben in den Gletschermulden und bringen Schmelz- und Regenwasser hinunter ins Tal. Auf dem Weg zwischen **Dream Lake** und **Emerald Lake** wird der Fluß beidseitig von Büschen eingerahmt. Aufgrund der feuchten Erde und durch die Berieselung von den Wasserspritzern herrscht hier üppige Vegetation mit Sumpf- und Marschpflanzen am Flußufer. Blätter und Blüten sind größer und üppiger als bei Pflanzen in den Wäldern und tieferen, trockenen Hanglagen. Die Zacken des **Flattop Mountain** (Flachkopfberg) begleiten den **Tyndall Creek** auf dem etwa *0.7 mi/1,1 km* langen Abschnitt des Wanderpfades nach dem **Dream Lake** (Traumsee).

Fotos zeigen die Landschaft am **Bear Lake** vor und nach einem großen Waldbrand um **1900** — Bäume und andere Pflanzen konnten nach dem Brand wieder Fuß fassen. Neues Wachstum ging wegen der kurzen Wachstumsperiode, geringen Feuchtigkeit und des mageren Bodens — da dem Boden die organischen Stoffe durch das Feuer entzogen worden waren — viel langsamer voran. Die meisten Bäume um den **Bear Lake** sind **Lodgepole Pines** (hohe Kiefer), die gerne in sonnigen Hanglagen wachsen, nachdem der alte Wald durch Waldbrände gesäubert wurde. Bei den jungen Nadelbäumen mit kurzen Nadeln handelt es sich um Tannen und Fichten, die im Schatten der **Lodgepole Pines** wachsen — schießen höher und lassen die sonnenverwöhnten anderen Bäume ersticken. Es wird Jahrhunderte dauern, ehe hier bei diesem harten Klima am **Bear Lake** ein gesunder Wald mit massiven Tannen und Fichten heranwachsen wird.

Auf alle Fälle sollte man die paar Schritte vom Parkplatz zum **Bear Lake** gehen und nach Möglichkeit rund um den See wandern; der ebene Weg von etwa *0.5 mi/0,8 km* rund um den See ist auch für ungeübte Wanderer geeignet. Auf einer Wanderkarte sind die Entfernungen anderer Wanderwege eingezeichnet; Einzelheiten über Zustand der Wanderwege bei Park Rangers am Informationsstand erfragen.

MORAINE PARK MUSEUM & VISITORS CENTER

Das **Moraine Park Museum** mit **Visitors Center** befindet sich an der *Bear Lake Road*, etwa 3 mi/5 km vom Park Headquarters entfernt; 9-17 Uhr geöffnet. Kostenloser Pendelbus vom Museum sowie Parkplatz VTS (Visitor Transportation Service) gegenüber vom Glacier Basin Campground zum Bear Lake (Mitte Juni-Mitte August). Letzter Bus vom Glacier Basin Campground zum Bear Lake (Mitte Juni-Mitte August). Letzter Bus vom Glacier Basin 17.30 Uhr; letzter Bus vom Bear Lake 18.00 Uhr. Das Visitors

Center umfaßt im Untergeschoß einen Infostand, Toiletten und eine Buchhandlung. Im Obergeschoß gibt es ein Museum mit modern gestalteten Exponaten, die die Felsarten der Rockies, Gletscher, Eiszeit und die Tierwelt der Rockies erklären. Von dem großen Panoramafenster hat man eine herrliche Aussicht auf den Park, Panoramablick auf das Tal mit seinen Moränen. Infos bei den Park Rangers über Wanderungen und Veranstaltungen.

Hier nun als Hintergrundinformation Interessantes über die Tiere des Parks:

HINTERGRUNDINFORMATION

Hier wertvolle Hintergrundinformation früherer Exponate, die der Neugestaltung des Visitors Centers wegen neuer Exponate zum Opfer gefallen sind.

PINE MARTEN − Marder: **Marder** sind genau so flink wie ihre Beute. Sie jagen auch andere Nagetiere und Vögel, sogar Murmeltiere und Wühlmäuse. Scheinen keine Furcht vor Menschen zu haben. Die **Rocky Mountain Screech Owl** − Waldohreule − und die olivgrüne Drossel − **Thrush** − bewohnen dieselbe Umgebung wie der **Pine Marten.**

TREE SQUIRRELS − Baumeichhörnchen: Das kleinere **Pine Squirrel** − Pinieneichhörnchen (auch Chickaree genannt) − lebt in dichten Mischwäldern mit Tannen, Fichten und Lodgepole Pines (Kiefernart). Das schwarze, graue oder braune **Abert Squirrel** (oder Pinselohrhörnchen) kommt nur in Ponderosa-Kiefernwäldern vor.

WESTERN MINK − Nerz: Der **Nerz** lebt in Erdlöchern und Höhlen an Flüssen und Tümpeln in relativ niedrigen Höhenlagen; ernährt sich von kleinen Säugetieren und Vögeln, fängt gelegentlich auch kleine Fische; hauptsächlich nachts aktiv.

BUSHY-TAILED WOOD RAT − Eichhörnchenart: Diese kleine Eichhörnchenart kommt überall in den Bergen und Wüstenzonen im Westen vor; hauptsächlich nachts aktiv. Wird auch „Pack Rat" (Packratte) genannt, da sie kleine Gegenstände wegschleppt, um ihr Nest zu bauen.

YELLOW-HAIRED PORCUPINE − Helles Stachelschwein: **Porcupines** leben im allgemeinen in Nadelwäldern, obwohl sie auch weit umherziehen. Sie ernähren sich von der Innenrinde der Bäume und hinterlassen dort am Stamm ihre typischen Spuren; sie fressen auch Unterholz, Mistelzweige und Kiefernnadeln. Die Stacheln sind lose befestigt − äußerst wirksame Waffe gegen Raubtiere. Der **Nuthatch** − Kleiber − mit weißer Unterseite und **Audubon's Warbler** − Waldsänger − sind oft in der Umgebung des **Porcupine** zu sehen.

YELLOW-BELLIED MARMOT – Gelbbauchiges Murmeltier: **Yellow-bellied Marmots** kommen in allen Höhenlagen des Parks vor, meistens in oder auf blankem Fels. Das Murmeltier ernährt sich hauptsächlich von Pflanzen in der Nähe seines unterirdischen Baus. Murmeltiere fressen sich im Sommer eine dicke Fettschicht an, von der sie während des Winterschlafs zehren. Im Sommer sonnen sie sich oft in der Nähe ihres Baus und geben einen scharfen Pfeifton ab, wenn sie gestört werden.

SNOWSHOE HARE – Schneeschuhhase: Kommt in Schneelandschaften ausgezeichnet zurecht. Die großflächigen Hinterbeine erlauben es ihm, wie mit Schneeschuhen mühelos über den dicksten Schnee zu laufen. Das braune Sommerfell wird im Winter weiß – somit hat der **Snowshoe Hare** zu jeder Jahreszeit die richtige Tarnfarbe. Im Park kommt er im allgemeinen in Nadelwäldern und an Flüssen vor.

WHITE-TAILED PTARMIGAN – Schneehuhn: Der **White-tailed Ptarmigan** gehört zu den Hochgebirgs-Moorhühnern, von der Baumgrenze bis zur höchsten Tundra vorkommend. Die meisten Vögel wechseln zweimal im Jahr ihr Federkleid, doch der **Ptarmigan** tut es dreimal und hat somit zu jeder Jahreszeit das passende Federkleid zur Tarnung; ernährt sich von Knospen und Samenkörnern der Tundrapflanzen und von Weiden, ganzjährig aktiv.

PIKA – Zwergkaninchenart: **Pikas** oder **Conies** halten sich in felsiger Umgebung oder in Geröllhalden an und oberhalb der Baumgrenze auf. Sie sammeln und trocknen Tundrapflanzen, die sie als Wintervorrat einlagern. **Pikas** halten keinen Winterschlaf und bleiben auch im Winter aktiv. Ihr durchdringender Warnruf ist oft in der Nähe von alpinen Geröllhalden zu hören.

Die Tiere **bleiben aktiv** und passen sich der winterlichen Umgebung an, **ziehen** fort – manche **ziehen** in tiefere Höhenlagen, andere ziehen nach **Süden** – *migrate*; halten ihren **Winterschlaf** – *hibernate*.

MAGPIE AND STELLER'S JAY – Elster und Häher: Kaum ein anderer Vogel kommt der Schönheit der **American Magpie** – Elster – mit ihrem langen Schwanz gleich; hauptsächlich in tieferen Regionen vorkommend. **Steller's Jay** – Häher – sehr verbreitet und auffällig, kommt in mittleren und niedrigeren Lagen ganzjährig vor. Wie alle Vögel der Häherfamilie ist er laut und neugierig.

JAYS – Häher: **Häher** kommt häufig in mittleren Höhenlagen des Parks vor; wird auch *camp robber* (Campingdieb), *Canada Jay* oder *Whiskey Jack* genannt. Der schwarz-, grau- und weißgefiederte **Clark's Nutcracker** – Amerikanischer Tannenhäher ist oft am Bear Lake und an der *Trail Ridge Road* zu sehen. Der **Scrub Jay** – Kalifornische Blauhäher – kommt außerhalb des Parks in tieferen Höhenlagen vor.

AMERICAN DIPPER – Wasseramsel: Wegen der charakteristischen Bewegung auch Taucher genannt; ernährt sich auf dem Flußboden, fliegt und läuft unter Wasser und taucht unter. **Wasseramseln** nisten oft in der Nähe von Stromschnellen und kleinen Wasserfällen, im allgemeinen noch im Spritzbereich des Wassers.

LONG-TAILED WEASEL – Wiesel: **Wiesel** sind äußerst aktive Raubtiere, ernähren sich von Mäusen, Vögeln, Kaninchen und vielen anderen Tieren. Kommen im allgemeinen in Wäldern und auf Wiesen in tieferen Regionen vor, obwohl man sie auch manchmal sogar in der Tundra sieht. Ihr Winterfell ist weiß, wird aber im Sommer goldbraun.

BEAVER – Biber: Durch die Jagd nach **Bibern,** die wegen ihres kostbaren Fells äußerst gefragt waren, wurden viele Gebiete im Westen erst erforscht. Biber leben in Tälern von der Baumgrenze abwärts bis ins Flachland, wo sie in Flüssen und Bächen ihre Staudämme anlegen. Sie holen das Material zum Bau ihrer Wohnungen und Dämme von Weiden, Espen und Pappeln, die gleichzeitig auch ihre Nahrung liefern.

Vom Zernagen der Bäume wären die Biber bald ohne Zähne, würden ihre Schneidezähne nicht weiterwachsen. Biber pflegen ihre Zähne, indem sie an hartem, abgestorbenem Holz nagen. Bricht ein Zahn aus, wächst der gegenübersitzende Zahn, bis er sich in den anderen Kiefer bohrt, was den Tod des Bibers bedeutet.

Der Biber beißt mit den beiden großen vorderen Schneidezahnpaaren des Ober- und Unterkiefers ins Holz. Die orangefarbene Oberfläche jedes Zahns besteht aus festem Zahnschmelz. Die weiße Deckschicht ist weiches Dentin (Zahnbein). Da sich das Dentin viel stärker abnutzt als der Zahnschmelz, besitzen die Biberzähne immer scharfe Kanten.

Alles, was der Biber konstruiert, erfüllt einen gewissen Zweck:

Er baut Dämme, um einen Teich anzulegen, in dem er sich sicher bewegen, seine Vorräte lagern und seinen Bau anlegen kann.

Der Biber zernagt die Bäume hauptsächlich, um Futter zu bekommen. Nachdem er den Baum gefällt hat, zerlegt er ihn und zieht das Holz hinunter zu seinem Teich – die nährstoffreiche Rinde wurde allerdings vorher bereits entfernt.

Bäume werden im allgemeinen im Herbst gefällt und unbeschädigt unter Wasser gehalten, damit der Biber auch im Winter, wenn der Teich zugefroren ist, genügend zu fressen hat.

Im Sommer ernährt sich der Biber von Wasserpflanzen und anderen Pflanzen. Gelegentlich fressen Biber zur Abwechslung des Geschmacks auch die Rinde von Nadelbäumen.

MUSKRAT − Bisamratte: **Bisamratten** werden oft mit dem Biber verwechselt, weil sie in derselben Umgebung vorkommen (kleine Tümpel und Sumpfgelände tieferer Regionen). **Red-winged Blackbird** − Rotschulterstärling − und **McGillivray's Warbler** − Graukopf-Waldsänger − kommen meistens in derselben Umgebung von Bisamratte und Biber vor.

GREAT-HORNED OWL − Virginischer Uhu: Sein Ruf ist oft im Park zu hören; ernährt sich von kleinen Säugetieren. Der **Uhu** besitzt sehr kleine Federn, und kann dadurch fast geräuschlos fliegen, bewohnt im allgemeinen offene Wälder mit Wiesen in der Nähe.

GROUND SQUIRRELS − Erdhörnchen: Im Park kommen zwei Sorten **Ground Squirrels** vor. Das einfachere **Wyoming Ground Squirrel** gehört zu den häufigsten Tieren niedriger Höhenlagen. Man nennt sie oft „Picket-Pins", weil sie in Alarmbereitschaft aufrecht stehen und „Männchen" machen.

Das **Golden-mantled Ground Squirrel** ist leicht an den Streifen am Rücken erkennbar; ist größer als das Streifenhörnchen − **Chipmunk** − und hat keine Streifen am Kopf. Kommt in fast allen Höhenlagen vor.

BADGER − Dachs: Der **Dachs** ist sehr selten. Dachse besitzen ausgezeichnete Schaufelwerkzeuge zum Graben. Meistens auf offenen Wiesen in tieferen Lagen vorkommend, wo sie sich von Erdhörnchen ernähren. **Mountain Bluebirds** − Hüttensänger − kommen ebenfalls in ähnlicher Umgebung vor.

DENDROCTONUS PONDEROSA
Nützlich oder schädlich?
(Bergkieferkäfer)

Ein Großteil des **Ponderosa Pine** Baumbestandes im Rocky Mountain Nationalpark wird von einer Epidemie heimgesucht. In Höhenlagen von 1900 m bis 2500 m bohrt sich im Sommer ein kleiner schwarzer **Käfer** in die Rinde der **Ponderosa Pine** und legt dort seine Eier, wodurch Hunderte von ausgewachsenen, etwa zweihundertjährigen Bäumen absterben. Im allgemeinen kommt dies etwa alle 20 bis 40 Jahre je nach Beschaffenheit des Waldes vor. Es dauert etwa sechs bis acht Jahre, bis die befallenen Kiefern umfallen. Trotz wissenschaftlicher Untersuchungen gibt es bisher keine Erklärung für diesen Käferzyklus.

Es ist unklar, ob dieser Kiefernkäfer die Aufgabe der Säuberung des Waldes durch vom Blitzschlag ausgelöste Waldbrände, die jahrelang unterdrückt wurden, übernommen hat. Es ist fraglich, ob eine Rückkehr zu kälteren Winterzeiten und Beendigung von Trockenzeiten diese Epidemie wirksam stoppen könnten.

Käfer werden vom Duft bereits vorher von Käfern befallenen, durch Windbruch beschädigten oder vom Blitz getroffenen Bäumen angelockt. Käfer werden ebenfalls von dunklen Objekten mit hellem Hintergrund angezogen. Aus den Eintrittslöchern der Käfer tropfender Baumsaft erzeugt weiße Röhren.

Es gibt zwei Arten solcher Röhren. Die erste Art wird ,,dry-hit" genannt und ist hauptsächlich mit Bohrstaub und etwas Saft gefüllt. Dies ist meistens ein sicheres Zeichen, daß der Käfer erfolgreich Einzug gehalten hat. Ein ,,pitch-out" zeigt, daß von einem gesunden Baum genug Saft produziert wird, um den Käfer zu töten und mit dem ausfließenden Saft aus der Rinde zu spülen.

Die Nadeln befallener Bäume werden im folgenden Frühjahr nach dem Käferbefall welk. Käfer jedes befallenen Baumes können im darauffolgenden Jahr 3−5 neue Bäume befallen. Damit ist der Grundstock einer Epidemie bereits geschaffen.

Einige Wochen nach einer wirksamen Käferattacke treten direkt unter der Rinde blaue Flecken im Holz auf. Das ist der Schwamm im Körper des Käfers. Dieser Schwamm verstopft das Wasserversorgungsnetz des Baums und gibt den letzten Anstoß für das Sterben des Baums.

Abgestorbene Bäume sind für das Ökosystem des Waldes sehr wichtig. Von Käfern abgetötete Bäume beherbergen Holzbohrinsekten und die Tiere, die von ihnen leben, sowie viele in Baumlöchern nistende Vögel.

Zyklus der Käfer

1— Um die Augustmitte schwärmen die Käfer aus und greifen die lebenden Bäume in Massen an; sie bohren sich in den Baum und legen ihre Eier direkt unter die Rinde.

2— Aus den Eiern schlüpfen bald hungrige Larven, die beim Fressen der inneren Rinde Gänge entstehen lassen.

3— Die Larve überwintert unter streng kalten Bedingungen.

4— Gegen Frühjahrende bricht die Larve aus ihrem Winterschlaf und frißt weiter.

5— Ausgewachsene Larven bilden um den Juni Puppen und reifen zu jungen Käfern heran.

6— Die Käfer schlüpfen aus der Rinde und der Zyklus beginnt wieder von vorne!

Oben vom Obergeschoß gelangt man zu einem **Nature Trail** mit Info über Blumen, Gräser sowie Sträucher der Region.

FALL RIVER-EINGANG–DEER RIDGE JUNCTION

Vom **Fall River Entrance** des Rocky Mountain Nationalparks gelangt man auf guter Straße entweder zur *Fall
River Road* oder *Trail Ridge Road.* Von **Estes Park** sind es
über die *US 34* By Pass zum **Fall River Entrance** nur etwa
5 mi/8 km; unterwegs gibt es einige Motels entlang des **Fall
River,** der katastrophale Schäden anrichtete, als im Sommer
des Jahres **1982** der Staudamm **Lawn Lake Dam** gebrochen
war.

Vom Eingang – etwa *2512 m ü. M.* – sind es nur etwa
2 mi/3 km bis zur Abzweigung der *Fall River Road.* Zur **Deer
Ridge Junction,** wo die *Trail Ridge Road* beginnt (Park Headquarters–Alpine Visitors Center Route), sind es etwa *4 mi/
6 km.*

Kurz hinter dem **Fall River Entrance** liegt der Campingplatz **Aspenglen Campground** und **Sheep Lake** und Infostand.
Dieser Parkabschnitt ist populäres Dickhornschafgebiet.

Hier Info über Tierwelt am Sheep Lake und im Horseshoe Park:

BIGHORN – Dickhornschaf: Die Wiese wird in verschiedenen
Abständen von **Bighorn Sheep** – Dickhornschafen – benutzt.
Die Tiere ziehen vom Hochgebirge der **Mummy Range** im
Norden ins Tal und suchen in den nassen Leckstellen um die
Seen nach Salz und anderen Mineralien. Dickhornschafe kön-
nen sehr bösartig werden, wenn man ihnen zu nahe kommt;
daher Vorsicht!

Kurz hinter der Bighorn Sheep Area kommt man zur Abzweigung der *Fall River Road,* **Endovalley** mit Picknickplatz
(etwa *2 mi/3 km* entfernt) und zum **Lawn Lake Trailhead.**
Auf dem Weg zur **Deer Ridge Junction** informiert eine Tafel
über den Wapitihirsch.

WAPITI: Das Tal **Horseshoe Park** (Hufeisenpark) ist beliebtes Winterquartier der **Wapitihirsche.** Im Spätherbst und Winter kann man hier oft frühmorgens und spätabends 10 bis
40 Tiere beobachten. Scheinwerfer und lautes Geräusch ver-
treiben die Tiere allerdings.

Nun beginnt die Straße zu steigen; bald sieht man Espen
und Kiefern. An der **Deer Ridge Junction** beginnt die berühmte und landschaftlich einmalige *Trail Ridge Road;* von
der **Deer Ridge Junction** bis zum **Alpine Visitors Center** sind
es etwa *17 mi/27 km.*

SALT LAKE CITY

„Tor zum Yellowstone Nationalpark und den Rockies"

SALT LAKE CITY, UTAH

Temple Square

Großer Salzsee

Trolley Square

Utah State Capitol

University of Utah

Pioneer Museum

Temperaturen in ° C

	Jan	Feb	März	Apr	Mai	Jun	Jul	Aug	Sept	Okt	Nov	Dez
Ø max	3	6	11	18	23	29	34	33	27	18	9	3
Ø min	-7	-5	-2	3	7	11	16	15	3	3	-4	-6

Salt Lake City auf einen Blick

Lage: Norden Utahs, etwa 750 mi/1200 km östlich von San Francisco, etwa 710 mi/ 1136 km nordöstlich von Los Angeles und etwa 510 mi/816 km westlich von Denver; eingebettet zwischen zwei Gebirgsketten – Wasatch Mountains im Osten und Oquirrh Mountains im Westen. – – **Name:** Nach dem etwa 4420 Quadratkilometer großen, nur etwa 12 mi/19 km nordwestlich der Stadt liegenden Großen Salzsee (Great Salt Lake); die Stadt wird oft auch nur einfach „Salt Lake" genannt. – – **Besiedlung:** Durch die Mormonen im Jahre 1847, als der Mormonenführer Brigham Young an dieser Stelle erklärte: *„This is the Place"* (etwa – das ist die Stelle...); 1848 wurde die Area nach dem Friedensvertrag mit Mexiko Teil der USA; 1849 Raststätte der Goldsucher auf dem Weg nach Kalifornien; 1856 wurde die Hauptstadt des Utah Territoriums von Fillmore nach Salt Lake City verlegt; 1869 Fertigstellung der transkontinentalen Eisenbahn nördlich von Salt Lake City; 1896 wurde Utah 45. US-Bundesstaat mit Salt Lake City als Hauptstadt. – – **Einwohnerzahl:** Obwohl die Stadt Salt Lake City selbst nur jetwa 170 000 Einwohner hat, weist der Großraum der Salt Lake City Area, der sich zwischen Ogden und Provo erstreckt, über 1 Million Einwohner auf – und das in einem Bundesstaat, dessen gesamte Bevölkerungszahl sich nur auf 1,8 Millionen beläuft! Kein Wunder, daß es daher zu den Hauptverkehrszeiten auf der I-80 und I-15 immer wieder zu massiven Verkehrstaus kommt. – – **Handel & Wirtschaft:** Fabriken, Bergbau, Tourismus, Stahl, Energieentwicklung. – – **Höhenlage:** Etwa 1280 m ü. M. – – **Vorwahlnummer** *area Code:* (801).

Salt Lake City International Airport

Lage: Etwa 6 mi/10 km westlich von der Salt Lake City Innenstadt. – – **Unterkunft:** Am *Flughafen* – Hilton Inn, (801)539-1515; Airport Inn, (801)539-0438; Nendels Motor Inn, (801)355-0088; Holiday Inn, (801)533-9000; fast alle mit kostenlosem Abholdienst vom Flughafen. Billige Unterkunft – Motel 6 entlang der Flughafen–Stadtmitte-Route (Airport–Downtown) des Stadtbusses. – – **Verkehrsmittel:** Taxis und gute (außerdem billige) Stadtbusverbindung zwischen Flughafen und Sehenswürdigkeiten sowie Hotels der Innenstadt; Vertretung der führenden Mietwagenfirmen am Flughafen.

Straßen, Züge, Busse, Mietwagen

Straßen: Salt Lake City wird *crossroads of the West* = Verkehrsknotenpunkt im Westen genannt. *I-15* in Nordsüdrichtung westlich der Innenstadt; *I-80* Westostrichtung; *US 89* führt durch die Innenstadt. – – **Eisenbahn:** Amtrak-Züge nach Seattle, Denver (über Grand Junction, CO), Las Vegas, Los Angeles und San Francisco. – – **Busse:** Greyhound Busverbindung zu allen größeren Städten. – – **Mietautos:** Führende Mietwagenfirmen am Flughafen und in der Innenstadt. – – **Stadtbusse/City Buses:** Gute Verkehrsverbindung zu den Hauptattraktionen der Stadt sowie zum Flughafen. Im Winter – Busse zu den nahen Wintersportorten wie Brighton, Solitude und Snowbird.

SALT LAKE CITY

Exit 115: Flughafen
Exit No. Temple Street: City Center
Exit 117: I-215
Exit 120: I-15 N/Ogden
Exit 121: City Center/600 South
Visitors Information
I-15 S. (Las Vegas)/I-80 E. (Cheyenne)

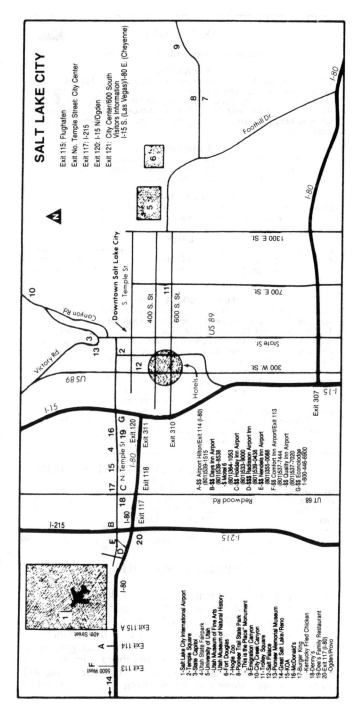

A-$$ Airport Hilton/Exit 114 (I-80)
(801)539-1515
B-$$ Days Inn Airport
(801)539-8538
-$ Motel 6
(801)364-1053
C-$$ Holiday Inn Airport
(801)533-9000
D-$$$ Radisson Airport Inn
(801)539-0438
E-$$ Mendels Inn Airport
(801)355-0088
F-$$ Comfort Inn Airport/Exit 113
(801)537-7444
-$$ Quality Inn Airport
(801)537-7020
G-$$ Econolodge
1-800-446-6900

1-Salt Lake City International Airport
2-Temple Square
3-State Capitol
4-Utah State Fairpark
5-University of Utah
 -Utah Museum of Fine Arts
 -Utah Museum of Natural History
6-Fort Douglas
7-Hogle Zoo
8-Pioneer Trail State Park
 -"This is the Place" Monument
9-Emigration Canyon
10-City Creek Canyon
11-Trolley Square
12-Salt Palace
13-Pioneer Memorial Museum
14-Great Salt Lake/Reno
15-KOA
16-McDonald's
17-Burger King
 -Kentucky Fried Chicken
18-Denny's
19-Dee's Family Restaurant
20-Exit 117 (I-80)
 -Ogden/Provo

INSIDER TIPS

Praktisch & Preiswert durch Salt Lake City

Orientierung

Salt Lake City **Straßen** bilden ein Gitternetz. Zentrum dieses Straßensystems ist die Südostecke des Temple Square, in der Nähe der Brigham Young Statue. Straßenmarkierung gibt die Entfernung von diesem Punkt an. Z. B. *2nd West Street* (oder 200 West Street) bedeutet, daß die Straße 2 Straßen westlich vom Temple Square oder *3rd South* (300 South) 3 Straßen südlich vom Temple Square liegen.

Unterkunft

Luxushotels und preiswerte Unterkunft in der Innenstadt. – – **Billige** Unterkunft – Motel 6, (801)531-1252. – – **Jugendherbergsunterkunft:** The Avenues, 107 F Street (östlich von Temple Square), (801)363-8137.

Einkaufen/Shopping

Direkt in der Innenstadt, an Main Street, **Crossroads Plaza** und ZCMI Center – zwei Einkaufszentren. **Trolley Square** – über 100 Geschäfte und Restaurants.

Touren

Gray Line und andere Tourgesellschaften bieten Stadtrundfahrten zu den Attraktionen der Stadt an sowie zum Großen Şalzsee – Great Salt Lake, zur Kennecott's Bingham Canyon Mine, Provo Canyon und andere Sehenswürdigkeiten.

Ausgehen/Restaurants

Vorschlag für Ausgehabend: Spaziergang auf dem Temple Square oder Besuch einer kulturellen oder Sportveranstaltung im **Salt Palace.** – – Besuch des **Trolley Square** mit Restaurants und Geschäften. Einkaufskomplex überdacht und vollklimatisiert, daher herrlich kühl! – – Preiswerte Speisen beim **Old Spaghetti Factory** Restaurant. – – Wer beabsichtigt, am 24. Juli in Salt Lake City oder in anderen Teilen Utahs zu sein, muß mit vielen Feiern, Rodeos und Umzügen rechnen. An diesem Tag wird der **Pioneer Day** zur Erinnerung an die Ankunft von Brigham Young und seiner Anhänger im Great Salt Lake Valley gefeiert. – – Beliebter Ausflug zu den Wintersportorten in der Nähe, z. B. Snowbird. Im Sommer sucht man hier Zuflucht vor der Hitze im Tal; viel Badegelegenheit, Tennis, Golf. Ausgezeichnete Restaurants, Unterhaltung und Hotelunterkunft. – – Beim JB's Restaurant, neben dem Howard Johnson Hotel in der Innenstadt, Nähe Temple Square, bekommt man auch noch spät abends etwas zu essen.

ENTFERNUNGEN IN MEILEN/KILOMETER NACH:

Arches NP	232/371	Moab	235/376
Bryce Canyon NP	258/413	Ogden	35/56
Canyonlands NP	250/400	Price	125/200
Capitol Reef NP	205/328	Provo	46/74
Delta	135/216	Seattle, NP	851/1362
Green River	185/296	Washington, D.C.	2100/3360
Heber City	47/75	Yellowstone NP	350/560
	Zion NP	305/488	

TEMPLE SQUARE

Mittelpunkt des Stadtzentrums von Salt Lake City und gleichzeitig Zentrum der Mormonen ist der **Temple Square.** Seine günstige Lage zu Hotels, Restaurants, Geschäften und Salt Lake Palace macht ihn zum beliebten Besucherziel. Im Sommer wird Temple Square abends besonders gerne zum Spaziergang aufgesucht. In Anbetracht der religiösen Umgebung trägt man dann im allgemeinen leichte Sommerkleider und Anzug – eine willkommene Abwechslung von der sonstigen Kleidung im wilden und staubigen Westen.

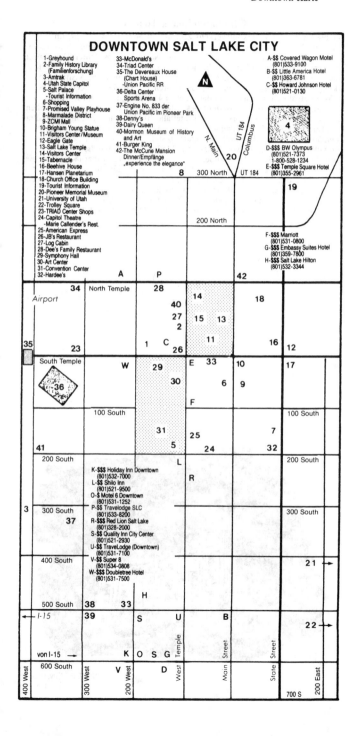

DOWNTOWN SALT LAKE CITY

Öffnungszeiten & Touren

Temple Square für Publikumsverkehr geöffnet im Sommer 8-22 Uhr, im Winter 9-21 Uhr. Keine Eintrittsgebühr oder Gebühr für Besichtigungstour. Information & Ausstellungen in South Visitors Center und North Visitors Center. Den ganzen Tag über Führungen zu den verschiedenen Attraktionen. Sammelpunkt für deutsche Führungen am Tor 13 des Tabernacle (über Zeiten beim Visitors Center erkundigen). Die Hauptführung (englisch) durch Temple Square beginnt etwa alle 15 Minuten am Fahnenmast und dauert etwa 45 Minuten. Im Nord Visitors Center sind Wandgemälde mit Bildern des Alten und Neuen Testaments zu sehen; auch Videos. Im Süd-Visitors Center findet alle 30 Minuten eine 25minütige Präsentation über Zweck des Temples und über das Buch der Mormonen *(Purpose of Temples and Book of Mormon Presentation)* statt. South Visitors Center liegt im Tempelbereich gegenüber von Crossroads Mall und McDonald's.

Für Musikfreunde wird hier außerordentlich viel geboten. Tabernacle Orgelspiel Mo.–Sa. 12–12.30 Uhr und So. 14–14.30 Uhr. Zugang der Öffentlichkeit zu den Chorproben des Mormon Tabernacle Choir Do. um 20 Uhr; sonntagmorgens Rundfunkübertragung (Publikum zugelassen) des berühmten Chors – bis 9.20 Uhr sollten die Plätze eingenommen sein. Der Chor Tabernacle Choir besteht aus 300 Mitgliedern und wird von einer der größten Orgeln der Welt begleitet – rund 10 000 Orgelpfeifen.

Salt Lake City, Utah
Salt Lake Temple

Spaziergang durch Temple Square

Innerhalb des etwa 4 Hektar großen, von einer Mauer umgebenen Platzes, **Historic Temple Square,** befinden sich mehrere bekannte Bauten. **Salt Lake Temple,** im östlichen Geländeteil, wurde nach etwa 40jähriger Bauzeit 1893 fertiggestellt. Stellenweise sind die Mauerwände drei Meter stark. Der mit sechs Türmen ausgestattete Kirchenbau wird von einer über 3,5 m großen Engelfigur gekrönt. Die Kirche ist nicht zur Besichtigung geöffnet.

Auf der Westseite des Platzes befindet sich der kuppelförmige Tabernacle, wo der berühmte Chor **Mormon Tabernacle Choir** zur Hause ist. An der Nord- & Südseite befinden sich Besucherzentren = Visitors Centers – Startpunkt verschiedener Führungen und Touren. Gleich links beim Südeingang gibt es eine Informationstafel *Sea Gull Monument,* eine von mehreren Infotafeln, die den Rundgang hier besonders interessant machen.

Sea Gull Monument – Seemöwendenkmal. Die Mormonenpioniere bauten im Frühjahr des Jahres 1848 Getreide an, nachdem sie während des ersten Winters im Tal Salt Lake Valley unter einer großen Hungersnot litten. Als das Getreide reifte, überfielen riesige Grillenschwärme aus den östlich des Tals befindlichen Ausläufern der Berge die Frucht. Die Heiligen der Letzten Tage gingen mit Stöcken, Feuer und Wasser gegen die Insekten vor. Als sie schon völlig zu verzweifeln drohten, ihre Nahrungsvorräte für den nächsten Winter zu verlieren, wurden ihre Gebete und Fürbitten erhört, als Tausende von Seemöwen auftauchten, die die Grillen verspeisten und somit die Siedler vor dem fast sicheren Hungertod bewahrten. Das Sea Gull Monument ist ein Denkmal an dieses neuzeitliche Wunder. Die Seemöwe ist heute der Staatsvogel des US-Bundesstaats Utah.

Handcart Pioneer Monument. Das Handkarren-Pionierdenkmal ist zur Erinnerung an die Tausenden von zähen Mormonenpioniere, die – da sie sich keine größeren, von Ochsen gezogenen Wagen leisten konnten – in den 1850er Jahren über die rauhen Ebenen zogen und dabei alle ihre Habseligkeiten in hölzernen Handkarren beförderten, die gezogen oder geschoben wurden.

Etwa 250 starben bei dieser Reise, doch fast 3000 – überwiegend Engländer, die zum Mormonenglauben übergetreten waren – vollendeten den 2160 km langen Treck von Iowa City, im Bundesstaat Iowa, zum Salt Lake Valley. Viele Latter-day Saints (= LDS – Heilige der Letzten Tage) gedenken voller Stolz der Strapazen, Höhen und Tiefen ihrer Vorfahren, die die Mormonen-Handkarrenpioniere waren.

Assembly Hall. Die Assembly-Hall – aus dem vom Bau des Temple übriggebliebenen Granit gebaut – wurde 1880 fertiggestellt. Besucher sind in diesem Gebetshaus willkommen. Obwohl das Gebäude vor allem für Konferenzen der Vereinigung der Heiligen der Letzten Tage und andere Kirchentreffen benutzt wird, werden auch verschiedene kulturelle und öffentliche Veranstaltungen darin abgehalten. Das neugotische Bauwerk ist 21 m breit, 37 m lang, der Mittelturm 40 m hoch. Der Zuhörerraum faßt bis zu 2000 Personen, der Chorraum umfaßt 100 Plätze. Der abgeschnittene Spiralturm war eigentlich als Kamin gedacht.

Hotelschlüssel

Hotels:
A-$$ Howard Johnson
   (801)521-0130
B-$$$ SLC Marriott Hotel
   (801)531-0800
C-$$ Doubletree Hotel
   (801)531-7500
D-$$$ The Inn At Temple Square
   (801)531-1000
E-$$$ Red Lion Hotel
   (801)328-2000
F-$$$ Shilo Inn
   (801)521-9500

SALT LAKE CITY
HISTORIC TEMPLE SQUARE

1-South Entrance (Südeingang)
2-South Visitors Center
3-Sea Gull Monument
4-Handcart Pioneer Monument
5-Assembly Hall
6-Tabernacle
7-Door 12 (Tabernacle)
8-Nauvoo Bell
9-Restrooms (Toiletten)
10-North Entrance (Nordeingang)
11-North Visitors Center
12-Salt Lake Temple

13-Bus Terminal
14-Symphony Hall
15-Salt Palace Center
16-Salt Lake Art Center
17-Tourist Information
18-Brigham Young Statue
19-Kennecott Building
20-Deseret Bookstore
21-The ZCMI Center
22-Nordstrom
23-Weinstock's
24-McDonald's
25-Restaurant
26-JB's Restaurant
27-Historic Markers (Geschichtstafeln)
28-LDS Church Offices
   (ehemaliges Hotel Utah)
29-Brigham Young's Office
30-Lion House (Löwenhaus);
   16.30–18.30 Uhr
31-Beehive House (Bienenkorbhaus)
32-Eagle Gate (Adlertor)

33-Hansen Planetarium
34-LDS Church Office Buildung
   Headquarters
35-Genealogical Library
36-Log House
37-Museum of Church
   History and Art
38-Salt Lake City International
   Airport

39-Zions Nobel Bar
   1873 gegründet
40-Kearns Building
   Zions First National Bank
   „oldest commercial Building"
41-Tribune Building
   Pony Express Statue
42-Lamb's Restaurant
   beliebt bei Einheimischen
43-One Utah Center
   hoher Bürokomplex
44-Marie Callender's Restaurant
   -Capitol Theatre
45-American Express
46-Eat a Burger
   Diner aus den 50er Jahren
47-Hardee's
   beliebtes Fast Food-Lokal
48-Promised Valley Playhouse
49-Salt Lake Theatre Infotafel
50-The Old Social Hall
   *Exponate/Alfred W. McCune
   Mansion*
51-Capitol
52-Gebr. Walker Infotafel

Tabernacle. Mit dem Bau des Tabernacle wurde 1863 begonnen; Fertigstellung erfolgte 1867, doch endgültige Vollendung des Baus erst 1875. Er ist 76 m lang, 46 m breit und 24 m hoch. Das Gewölbedach – ein Werk des Brückenbauers Henry Grow – ist ein großartiger Brückenbau verstrebter Holzbögen, die mit hölzernen Bolzen und Lederstreifen befestigt sind. Die ursprünglichen Holzschindeln wurden durch Zinnblech und später Aluminium ersetzt.

Von hier werden die musikalischen Programme des berühmten Mormonenchors Mormon Tabernacle Choir im Rundfunk ausgestrahlt. Täglich kostenlose Orgelkonzerte auf der Tabernacle Organ – eine der letzten Orgeln der Welt. Das Gebäude besitzt eine bemerkenswerte Akustik. Auf der Westseite des Gebäudes befindet sich Door 12 (Tor 12), wo die Führungen durch den Tabernacle beginnen.

Nauvoo Bell. Die Glocke, Nauvoo Bell, hing ursprünglich im Nauvoo Temple, dem zweiten Tempel, den die Mormonen errichtet hatten. Diesen Tempel rissen die Heiligen der Letzten Tage 1846 ab, als sie Illinois verlassen mußten. Auf Weisung Brigham Youngs wurde die Glocke von der zweiten Truppe von Pionieren ins Salt Lake Valley transportiert, wo sie zum Feierabend, zur Abreise und Warnung der Indianer, die Nachtwächter im Dienst waren, geläutet wurde. Die Glocke wird heute stündlich als religiöses Friedenssymbol geläutet und ist im KSL-Radio zu hören. Dieses Denkmal gedenkt der Relief Society, eine Frauenorganisation, die 1842 von der Kirche ins Leben gerufen wurde.

Brigham Young Monument Area

Die Kreuzung South Temple & Main Street, an der äußeren südöstlichen Ecke des Temple Square, ist ein besonders historischer Punkt in der Stadt. Auf der anderen Straßenseite erstreckt sich die Crossroads Plaza, eine moderne, eingeschlossene Shopping Mall (kühl im Sommer, warm im Winter). Direkt in der Kreuzungsmitte erhebt sich die Statue Brigham Youngs; in der Nähe befinden sich verschiedene interessante, geschichtliche Infotafeln. Doch zunächst zur Statue, mit der Salt Lake Citys Gründer gedacht wird.

Brigham Young Statue. Die Statue wurde anläßlich der 50-Jahrfeier der Ankunft der Pioniere errichtet, die am 24. Juli 1847 in diesem Tal ankamen. Auf der Nordseite des Denkmals sind die Namen der mutigen Mormonen eingraviert, die 1847 hier eintrafen. Die Gruppe bestand aus 143 Männern, 3 Frauen (!), 2 Kindern, 70 Wagen, 1 Boot, 1 Kanone, 93 Pferden, 52 Maultieren, 66 Ochsen und 19 Kühen. (Gegen Jahresende hatten sich über 1600 Mormonen in der Area niedergelassen). Gegenüber der Brigham Young Statue befinden sich am Bürgersteig, der den Historic Temple Square umgibt, zwei interessante Infotafeln.

Honor Thy Father And Thy Mother – ehre Vater und Mutter. Hier befindet sich auch eine Büste des Charles R. Savage, 1928 am Old Folks Day in Utah eingeweiht. Old Folks Day wurde 1875 von Charles R. Savage unter Assistenz von Eduard Hunter – amtierender Bischof der Kirche Jesu Christi der Heiligen der Letzten Tage – und George Goddard eingesetzt. Seitdem werden in fast allen Gemeinden Utahs alle Siebzig- und Mehrjährigen in einer jährlichen Feier geehrt. Anreise, Erfrischung und Unterhaltung kostenlos.

Great Salt Lake Base And Meridian. (Breitengrad 40° 46′ 04″/Längengrad 111° 54′ 00″ und Höhe am Bürgersteig 1318,95 m). Von Orson Pratt, unterstützt von Henry G. Sherwood am 3. Aug. 1847 festgelegt, als die Vermessung der „Great Salt Lake City" im Bereich des Mormonentempels, der am 28. Juli 1847 Brigham Young zu Ehren gebaut wurde, erfolgte. Die Stadtstraßen wurden von diesem Punkt aus benannt und numeriert. Die Tafel informiert außerdem darüber, daß dies der Beginn der 1855 begonnenen Landvermessung war; außerdem wurde bis 1893 eine astronomische Station in der Nähe für die genaue Zeit benutzt. Auf der anderen Straßenseite an der Ecke des ehemaligen Hotel Utah (im National Register of Historic Places) befindet sich eine weitere Infotafel.

Utah Historic Site. Ecke Main Street und South Temple hat lange eine wichtige Rolle in Utahs Geschichte gespielt. Vor dem Bau des Hotel Utah im Jahre 1909 befanden sich das Church of Jesus Christ of Latter-Day Saints' General Tithing Office (Kirchenbüro der Kirche Jesu Christi der Heiligen der Letzten Tage), Bishop's Storehouse und das „Deseret News" Building (Zeitung) an dieser Stelle. Arbeiten an dem Gebäude moderner italienischer Renaissance begannen im Juni 1909 und zwei Jahre später, am 9. Juni 1911, konnte das Hotel eröffnet werden.

 Weitere Downtown Salt Lake City Tips

Bequeme Lage und preiswerte Unterkunft: Howard Johnson, Nähe Temple Square, bequem liegendes Hotel. Netter Swimmingpool, und für Autofahrer gibt es, direkt ans Hotel anschließend, das mehrstöckige Parkhaus. Zentral und nah zu Downtown-Attraktionen und Shopping. – – **Restaurants:** An der Ecke West Temple & 200 South (neben dem Capitol Theatre Oper/Ballett) befindet sich das Marie Callender's Restaurant; gute und preiswerte Speisen. In der Nähe McDonald's. – – **Buchhandlung:** Wer gerne in Buchhandlungen herumstöbert, sollte sich im Deseret Bookstore umsehen; große Auswahl an Bildbänden und Geschichtsbüchern. – – **Crossroads Plaza:** Moderner Shopping-Komplex gegenüber vom Temple Square mit vielen Boutiquen sowie verschiedenen lokalen Warenhäusern wie Weinstock's. – – **McDonald's:** Direkt im Crossroads Plaza, gegenüber vom Südeingang zum Temple Square. – – **Salt Lake Marriott Hotel:** Luxushotel an der Südwestecke von Crossroads Plaza; in der Hotelhalle befindet sich die **Beehive Hall of Fame** („Beehive" ist der Spitzname des Bundesstaates Utah) mit der Geschichte vieler berühmter Persönlichkeiten Utahs, einschließlich John Browning (Hersteller des Browning Automatischen Gewehrs) und Boxweltmeister Jack Dempsey; interessante Ausstellung; außerdem ist es im Sommer hier schön kühl; Toiletten direkt um die Ecke.

WEITERE DOWNTOWN ATTRAKTIONEN

Beehive House/Lion House. *Beehive* = Bienenkorb, *lion* = Löwe). *South Temple Street,* östlich von Temple Square, Wohnhaus von Brigham Young (1801–1877) und einigen seiner 26 Frauen und 56 Kindern. Das 1855 errichtete Beehive House kann besichtigt werden.

Eagle Gate. Adlertor. Das Originaltor war etwa 6,7 m breit und befand sich am Eingang zum Brigham Young Wohnsitz und City Creek Canyon – eine wichtige Wasserquelle der ersten Siedler.

Genealogical Library of the LDS Church. 35 North West Temple Street. Hervorragende genealogische (Familienforschung) Bibliothek; über eine Million Mikrofilmrollen mit der Familiengeschichte einer Milliarde Menschen aus dem Europa-Nordamerika-Raum. Wer Ahnenforschung betreiben möchte – egal welcher Glaubensrichtung, befindet sich hier an der richtigen Stelle; Mo. 7.30-18 Uhr; Di.-Fr. 7.30-22 Uhr; Sa. 7.30-17 Uhr. Auch kostenlose Touren.

Hansen Planetarium. Vorführungen der Gestirnsbewegungen, Museum, Souvenirladen.

Museum of Church History and Art. 45 North West Temple Street. Kirchengeschichtliche Exponate sowie Kirchliche Kunst; auch Porträts von Mormonenführern sowie Kunst von und über amerikanische Indianer. Täglich geöffnet.

Promised Valley Playhouse. Theater. 132 South State Street.Im Sommer Aufführung von Stücken über den Mormonentreck aus dem Mittelwesten ins Salt Lake Valley (Salzsee-Tal) das *Promised Valley* (verheißene Tal). Einzelheiten über kostenlose Eintrittskarten bei den Informationszentren im Temple Square.

Salt Palace. Kongreßhalle, Sport- und Unterhaltungsveranstaltungskomplex sowie Konzerthalle; auch Touristeninformation. Nach Spezialveranstaltungen erkundigen. Heimatbühne des ausgezeichneten Ballettensembles Ballett West.

ZCMI. Zion's Cooperative Mercantile Institution – auf Initiative von Brigham Young gebildeter Zusammenschluß mehrerer Händler zur Preisstabilität. Einkaufszentrum ZCMI Mall.

STATE CAPITOL AREA

Das **Utah State Capitol** überragt hoch auf dem Berg die Stadt. Obwohl das Kapitol nur ein paar Straßen vom Temple Square entfernt liegt, dauert es etwas, ehe man es erreicht, denn es geht steil den Berg hinauf. Am besten mit dem Auto oder Bus hinauffahren. Außer dem eindrucksvollen Kapitolsgebäude befinden sich hier oben auch das **Pioneer Memorial Museum** und in der Nähe der Marmalade Historic District. Touristeninformation beim Council Hall, Ecke *State Street* und *300 North Street.*

Marmalade Historic District. Ein Viertel mit älteren Häusern. Die Gegend kam wegen der vielen Obstbäume zu ihrem Namen. Viele historische Häuser an *Quince Street.*

Pioneer Memorial Museum. Ausgezeichnetes Museum mit Exponaten der ersten Siedler gibt ein gutes Bild über den damaligen Lebensstil. Nebenan befindet sich das **Carriage House** mit Exponaten über die verschiedensten Verkehrsmittel, einschließlich Postkutsche.

State Capitol. 1916 errichtet. Sitz der Regierung des Bundesstaates Utah. Das imposante Gebäude besteht aus Utah Granit. Wandgemälde und Exponate aus allen Teilen Utahs machen das Kapitol äußerst sehenswert. Kostenlose Führungen. Im Nordosten liegt der **City Creek Canyon.**

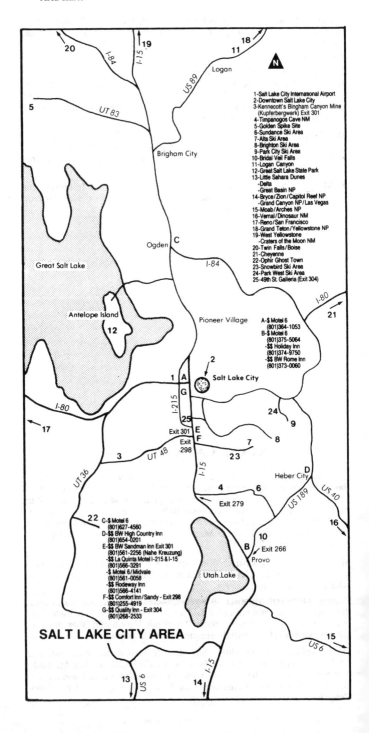

SALT LAKE CITY AREA

1-Salt Lake City International Airport
2-Downtown Salt Lake City
3-Kennecott's Bingham Canyon Mine
  (Kupferbergwerk) Exit 301
4-Timpanogos Cave NM
5-Golden Spike Site
6-Sundance Ski Area
7-Alta Ski Area
8-Brighton Ski Area
9-Park City Ski Area
10-Bridal Veil Falls
11-Logan Canyon
12-Great Salt Lake State Park
13-Little Sahara Dunes
  -Delta
  -Great Basin NP
14-Bryce/Zion/Capitol Reef NP
  -Grand Canyon NP/Las Vegas
15-Moab/Arches NP
16-Vernal/Dinosaur NM
17-Reno/San Francisco
18-Grand Teton/Yellowstone NP
19-West Yellowstone
  -Craters of the Moon NM
20-Twin Falls/Boise
21-Cheyenne
22-Ophir Ghost Town
23-Snowbird Ski Area
24-Park West Ski Area
25-49th St. Galleria (Exit 304)

A-$ Motel 6
  (801)364-1053
B-$ Motel 6
  (801)375-5064
-$$ Holiday Inn
  (801)374-9750
-$$ BW Rome Inn
  (801)373-0060

C-$ Motel 6
  (801)627-4560
D-$$ BW High Country Inn
  (801)654-0201
E-$$ BW Sandman Inn Exit 301
  (801)561-2256 (Nahe Kreuzung)
-$$ La Quinta Motel I-215 & I-15
  (801)566-3291
-$ Motel 6/Midvale
  (801)561-0058
-$$ Rodeway Inn
  (801)566-4141
F-$$ Comfort Inn/Sandy - Exit 298
  (801)255-4919
G-$$ Quality Inn - Exit 304
  (801)268-2533

WEITERE SALT LAKE CITY ATTRAKTIONEN

Fort Douglas. 1862 von der Bundesregierung in dem überwiegend von Mormonen bewohnten Utah Territorium als Horchposten der Regierung errichtet.

Hogle Zoo. Artenreicher Zoo. Nähe Pioneer Trail State Park.

Pioneer Trail State Park. Park mit „This is the Place" Monument, an der Stelle, an der Brigham Young und seine etwa 150 Anhänger am 24. Juli 1847 zum ersten Mal das Salt Lake Valley erblickten und beschlossen, sich hier niederzulassen. Zur damaligen Zeit lag diese Area außerhalb des US-Territoriums. Das Land ging erst 1848 nach dem Mexikanischen Krieg, *Mexican War,* in amerikanische Hände über. Besucherzentrum – Visitors Center. Nähe des Emigrant Canyon.

Trolley Square. Etwa 6 Straßenzüge von der Innenstadt von Salt Lake City entfernt. Großes überdachtes Einkaufszentrum mit Geschäften, Restaurants und Nachtlokalen. Hier befand sich früher die Reparaturwerkstatt und Depot der Salt Lake City Straßenbahnen *(trolley =* Straßenbahn).

University of Utah. Universität östlich der Innenstadt. Das University of Utah Medical Center stand 1983 im Mittelpunkt, als Dr. Barney Clark – Zahnarzt aus Seattle – das erste Kunstherz verpflanzt wurde, mit dem er 112 Tage lebte.

Utah Museum of Fine Arts. Beherbergt eindrucksvolle Kunstsammlung.

Utah Museum of Natural History. Naturgeschichtliches Museum mit Exponaten über Utah vor etwa 1000 Jahren. Die **Hall of Man** befaßt sich mit dem Leben der Menschen vor 10 000 Jahren. **Geology Hall** beherbergt Exponate über das Entstehen Utahs. **Biology Hall** enthält Tier- und Pflanzenpräparate.

GREAT SALT LAKE
Großer Salzsee

Der Große Salzsee – **Great Salt Lake,** nordwestlich der Stadt Salt Lake City, ist der Rest des ehemaligen **Lake Bonneville.** Der ehemalige See entstand in der Eiszeit und war etwa 300 m tief, etwa 224 km breit und etwa 480 km lang. Er umfaßte eine Fläche von etwa 52 000 Quadratkilometern. Heute ist der Great Salt Lake etwa 4420 Quadratkilometer groß und wird im Osten von den **Wasatch Mountains** und im Westen von der Wüste **Great Salt Lake Desert** umgeben.

Die Größe des Great Salt Lake ist vom jeweiligen *Klima* abhängig. Der See ist ein Endsee oder abflußloser See – er besitzt zwar drei Flüsse und mehrere Bäche als Zufluß, aber keinen Abfluß. Das was der See an Wasser verliert, erfolgt durch Verdunstung. Sein Salzgehalt ist etwa siebenmal höher als der des Meeres.

Da die Größe des Sees vom Klima abhängig ist, kommt es im Laufe der Jahrzehnte zu Veränderungen. 1873 erreichte der See seine größten Ausmaße, während er 1963 seinen niedrigsten Stand erlangte. Seit den 1960er Jahren stieg der See bei einer maximalen Tiefe von etwa 10 m durch kühles und feuchtes Wetter etwa 3 m. Der See nagt am Ufer, und jeder Zentimeter, den das Wasser steigt, kostet Millionen Dollar. Die größte der über ein halbes Dutzend Inseln des Sees ist **Antelope Island,** deren Zufahrt allerdings seit mehreren Jahren überschwemmt ist.

SALT LAKE CITY AREA ATTRAKTIONEN

Bridal Veil Falls. Wasserfall im reizvollen Provo Canyon, an *US 189* zwischen Provo und Heber City.

Golden Spike National Historic Site. In Promontory, in der Nähe der Nordseite des Great Salt Lake, westlich der *I-15* und Brigham City. Am 10. Mai 1869 fand hier der Zusammenschluß der ersten transkontinentalen Eisenbahn statt, wobei der *golden spike* (goldener Nagel) als letzter Nagel in das Gleis zwischen Ost und West eingeschlagen wurde. Von Salt Lake City fährt man auf *I-15* dann auf *UT 83 West*.

Lagoon/Pioneer Village. Beliebter Freizeit- und Vergnügungspark und Pioneer Village (Pionierdorf) in Farmington an der *I-15*; etwa 20 mi/ 32 km nördlich von Salt Lake City.

Logan Canyon. Langgestreckter, reizvoller Canyon zwischen Logan und Bear Lake, durch den sich die *US 89* zieht. Hübsche Wohnhäuser in schattiger Umgebung am Canyon-Boden.

Ophir. Kleines, unbewohntes Dorf, ehemals bedeutendes Zentrum für den Silberbergbau; nördlich der *UT 73.* In der Nähe liegt **Mercur,** eine in Betrieb befindliche Goldmine; sehr kleines, relativ uninteressantes Minenmuseum.

Seven Peaks Resort Water Parks. Provo; weltgrößte Wasserrutschbahn mit zwei 29 m Wasserrutschen (water slides).

Ski Resorts. Die Gegend östlich von Salt Lake City erhält im Winter bis zu etwa 11 m Schnee! Bestes Skigebiet des Landes in bequem erreichbaren Wintersportorten. Wintersportorte in historischer Umgebung, z. B. Park City – 1869 gegründete Silberbergbaustadt, oder modernere Orte wie das durch den Filmstar Robert Redford gegründete Sundance Resort.

Timpanogos Cave Nationalmonument. Nach dem Mt. Timpanogos benannt – etwa 3 597 m ü. M., an dessen Nordseite sich das Nationalmonument befindet. Der Name kommt aus dem Indianischen für Felsenfluß. Die Höhle Timpanogos Cave besteht aus drei Höhlen, deren erste 1887 entdeckt wurde. Die Höhlen sind durch künstliche Tunnels verbunden. Von *I-15* zwischen Salt Lake City und Provo erreichbar, östlich von Alpine. Auch vom Provo Canyon erreichbar. Mai bis Oktober geöffnet; steiler Pfad vom Parkplatz zu den Höhlen.

Kennecott's Bingham Canyon Mine im Bingham Canyon südlich von Salt Lake City; Exit 301 (7200 South), dann UT 48 West von I-15; Visitors Center etwa 16.4mi/26,2km von I-15. Nach Modernisierung seit 1988 wieder in Betrieb befindliche Kupfermine. Etwa 800 m tief – das welthöchste Gebäude, der Sears Tower, würde nur etwa zur Hälfte der Minenwände reichen. Modernes Visitors Center mit Blick in die „weltgrößte" Ausgrabung! Mitte April bis Ende Oktober geöffnet; Eintrittsgebühr, die örtl. Hilfsorganisationen zugute kommt.

SALT LAKE CITY CHECKLISTE
- ☐ TOUR ZU TEMPLE SQUARE ATTRAKTIONEN
- ☐ PIONEER MUSEUM BESICHTIGEN
- ☐ BUMMEL ÜBER ZCMI MALL
- ☐ TRIP ZUR KENNECOTT'S BINGHAM CANYON MINE
- ☐ AUSFLUG ZUM GREAT SALT LAKE

VANCOUVER, BRITISH COLUMBIA

„Tor zu den kanadischen Rockies"

Vancouver ist eine charmante Stadt mit vielen hübschen Parks, wie **Stanley Park** und **Queen Elizabeth Park,** sowie mit freundlichen und netten Menschen, die stolz auf eine reiche Vergangenheit blicken. Vancouver besitzt eine äußerst angenehme Innenstadt/Downtown. Außerdem ist die Stadt idealer Ausgangspunkt interessanter Ausflüge in British Columbia. Vancouver eignet sich besonders als Ausgangsbasis, die spektakulären Nationalparks der **kanadischen Rockies,** die Insel **Vancouver Island** (ca. 451 km lang) mit den vielen Sehenswürdigkeiten und **Victoria** zu erreichen.

Außerdem ist Vancouver bequemer Ausgangspunkt für ein Super-Zwei-Länder-Erlebnis; die Route führt südlich der Kanada/USA Grenze von Vancouver/Seattle, USA zum Glacier Nationalpark in Montana und dann zurück in die kanadischen Rockies – siehe Seite 75.

Temperaturen in °C

	Jan	Feb	März	Apr	Mai	Jun	Jul	Aug	Sept	Okt	Nov	Dez
Ø max	6	6	10	14	18	21	23	23	18	14	9	6
Ø min	0	1	3	5	8	11	13	12	10	7	4	2

Vancouver auf einen Blick

Lage: Südwestecke der kanadischen Provinz British Columbia, etwa 2900 mi/ 4640 km westlich von Montreal, etwa 150 mi/240 km nördlich von Seattle, USA, und etwa 950 mi/1360 km nördlich von San Francisco, USA. – – **Höhenlage:** Von Meereshöhe auf etwa 43 m ü.M. – – **Name:** Nach Kapitän George Vancouver, der 1792 die Area als Besitz Englands erklärte. – – **Geschichte:** *1792*– Kapitän George Vancouver erklärte die Area als Besitz Englands; *1866*– Verbindung der englischen Kolonien Vancouver Island und Festland von British Columbia mit der Hauptstadt New Westminster (östlich des heutigen Vancouvers). *1867*– „Gassy Jack" Deighton eröffnete im heutigen Gastown einen Saloon. *1868*– Verlegung des Regierungssitzes der Provinz von New Westminster nach Victoria, heutige Hauptstadt von British Columbia. *1886*– Erteilung der Stadtrechte an Vancouver; Brand zerstört die neue Stadt. *1888*– Eröffnung des Stanley Parks. *1897*– wurde Vancouver zum populären Ausgangspunkt für das Klondike-Goldrauschgebiet. *1908*– Gründung der Universität University of British Columbia. *1925*– Einweihung der Brücke Second Narrows Bridge. *1939*– Einweihung der Brücke Lions Gate Bridge (längste Spannweite 472 m). *1965*– Eröffnung der modernen Universität Simon Fraser University. *1986*– Eröffnung der Weltausstellung Expo. 86. *1993*– April. Erstes Gipfeltreffen des US-Präsidenten Bill Clinton und des russischen Präsidenten Boris Jelzin. – – **Einwohnerzahl:** Etwa 470 000. Großraumbevölkerung etwa 1,7 Mio. – – **Handel und Wirtschaft:** Banken, Schiffahrt, Holz- und Papierindustrie, Transport, Regierung, Tourismus. – – **Vorwahlnummer,** *area code:* (604); Auslandsvorwahl von der Bundesrepublik Deutschland 001.

Flughafen Vancouver International Airport

Lage: Etwa 7 mi/11 km südlich der Innenstadt Vancouvers. – – **Terminal:** Das moderne Flughafengebäude umfaßt 3 Ebenen. *Level 1,* unterste Ebene, Ankunft internationaler Flüge; auch Geldwechselbüro (money exchange) und Baggage Deposit (Gepäckaufbewahrung). *Level 2* – Ankunft von Inlandsflügen (domestic flights) sowie Abflug von Flügen in die USA; Informationsstand des Tourism British Columbia; auf derselben Ebene. Auf beiden Ebenen, Level 1 und Level 2, gibt es Hotelreservierungsbords und Autovermieter. *Level 3* ist die Abflugebene; auch Restaurants und Souvenirläden. – – **Unterkunft:** In Flughafennähe das moderne Delta's River Inn, (604)278-1241; Abholdienst vom Flughafen. – – **Verkehrsmittel:** Flughafenbus Airport Bus Service zu führenden Hotels der Innenstadt Downtown Vancouver etwa alle 15 Minuten; Abfahrt von Level 2. Billiger Bus zur Downtown Vancouver mit Umsteigen; Abfahrt von Level 3.

VANCOUVER, BRITISH COLUMBIA

VANCOUVER UNTERKUNFT

YMCA/YWCA Unterkunft

YMCA und YWCA, beide bequem in Downtown Vancouver/Innenstadt, bieten billige Unterkunft.

YMCA. 955 Burrard Street. 681-0221. Männer, Frauen und Ehepaare. Coffee Shop. Eurocard (in Kanada Mastercard) und Visa Kreditkarten.

YWCA. 580 Burrard Street, 683-2531. Frauen, Ehepaare und Familien. Eurocard (in Kanada Mastercard) und Visa Kreditkarten.

Jugendherbergen/Youth Hostels

Vancouver Hostel. 1515 Discovery Street, 224-3208. In West Vancouver Nähe Universität University of British Columbia, etwa 15 Minuten per Bus von Downtown Vancouver. Bus Nr. 4 von Granville Street zum Jericho Beach Park; Hostel liegt am Ende von Discovery Street an Jericho Beach. Bettenkapazität 280; Schlafräume für Familien vorhanden, sonst Schlafsäle.

Preiswerte Unterkunft

Bosman's Motor Hotel	Burrard Motor Inn
1060 Howe Street	1100 Burrard Street
Vancouver, B.C. V6Z 1P5	Vancouver, B.C. V6Z 1Y7
682-3171	681-2331

European Bed & Breakfast
648 East Keith Rd.
North Vancouver, B.C. V7L 1W5
988-1792

Bequem für Bus- & Bahnreisende

Vancouver Sandman Inn
180 West Georgia Street
Vancouver, B.C. V6B 4P4
681-2211
Gegenüber vom Bus Terminal, nur 1 Station
via SkyTrain von VIA Rail Station

Nicht billig, doch erschwinglich & sehr bequem

Sheraton Landmark Hotel	The Ming Court Hotel
1400 Robson Street	1160 Davie St.
Vancouver, B.C. V6G 1B9	Vancouver, B.C. V6E 1N1
687-0511	685-1311
alles praktisch zu Fuß erreichbar, wie	Nähe Stanley Park
Stanley Park, Downtown, Gastown	

Berühmt, teuer & nett

The Westin Bayshore	The Four Seasons
1601 W. Georgia Street	791 W Georgia Street
Vancouver, B.C. V6G 2V4	Vancouver, B.C. V6C 2T4
682-3377	689-9333
Nähe Stanley Park	Direkt in Downtown/Zentrum
The Delta Place	The Coast Georgian Court
645 Howe Street	773 Beatty Street
Vancouver, B.C. V6C 2Y9	Vancouver, B.C. V6B 2M4
687-1122	682-5555
Direkt in Downtown/Zentrum	Gegenüber vom B.C. Place Stadium

Billige Unterkunft am Stadtrand von Vancouver

Östlich von Vancouver in Coquitlan:	*Südlich von Vancouver in Delta:*
Coquitlan Slumber Lodge	Delta Towne & Country Inn
730 Clarke Road	6005 Highway 17
(604)937-7737	(604)946-4404
Etwa 2,4 km nördlich von Lougheed Mall	Kreuzung Hwy 17 & Hwy 99
Etwa 18 mi/29 km von Vancouver	Etwa 16 mi/26 km von Vancouver

Straßen, Verkehrsmittel Terminals, Mietwagen

Straßen/Highways & Streets: *Trans-Canada Highway 1* streift Vancouver an der Ostseite und setzt sich über die Brücke Second Narrows Bridge fort nach North Vancouver; *Hwy 99* verbindet sich an der Grenze USA/Kanada mit *I-5*, führt am Flughafen Vancouver Airport vorbei, entlang *Granville Street*, anschließend durch Vancouvers Stadtmitte (Downtown Vancouver), durch Stanley Park über die Brücke Lions Gate Bridge nach North Vancouver; *West Georgia Street* ist eine der Hauptstraßen in Downtown Vancouver und führt direkt zum Stanley Park; *Water Street* ist die Hauptstraße in Gastown. – – **Verkehrsmittel Terminals/Bahnhöfe:** Bus-, Bahn- oder Sea Bus Terminals/Bahnhöfe liegen bequem in Downtown. – – **Mietwagen:** Am Flughafen oder in der Innenstadt/Downtown.

Entfernungen in Meilen/Kilometer von Vancouver nach:

Banff	569/910	Prince Rupert	934/1494
Cache Creek	210/336	Princeton	174/278
Calgary	670/1072	Regina	1121/1794
Chicago, U.S.A.	2268/3629	Revelstoke	392/627
Dawson Creak	741/1186	Salmon Arm	329/526
Edmonton	761/1218	Saskatoon	964/1542
Hope	90/144	Seattle, U.S.A.	150/240
Jasper	536/858	Tete Jaune Cache	473/757
Kamloops	262/419	Vernon	317/507
Kelowna	284/454	Victoria	42/67
Nanaimo	17/27	Whitehorse	1609/2574
Port Hardy	256/410	Williams Lake	337/539
Prince George	487/779	Winnipeg	1465/2344

Frankfurt am Main 5106/8170
Banff via Coquihalla Hwy 509/814
Kamloops via Coquihalla Hwy 202/323

Jasper via Coquihalla Hwy 476/762

Touren

Gray Line sowie andere Ausflugs- und Tourunternehmen bieten eine Menge Rundfahrten zu Attraktionen in Vancouver und Umgebung an. *Explore Vancouver* – etwa 90 Minuten Stadtrundfahrt. – – *Mountains to Sea* – 4stündige Busfahrt zu North Vancouvers Attraktionen, einschließlich Fahrt mit der Sea Bus Fähre sowie Besichtigung der Hängebrücke Capilano Suspension Bridge. – – *Boat & Train Daytrip* – etwa 7stündige Bootsfahrt nach Squamish, Rückfahrt mit der Royal Hudson Bahn (Dampfloks). – – *Victoria Excursion* – 12stündige Ausflugsfahrt nach Victoria, Hauptstadt von British Columbia, auf der Insel Vancouver Island. Außerdem gibt es Schlauchboot-/Floßfahrten, *Raft Trip Tours*, auf dem wilden Fraser River. Neueste Information über alle angebotenen Touren vom Vancouver Visitors Bureau oder Hotel.

DOWNTOWN VANCOUVER
Vancouvers Innenstadt

Die vielen Wolkenkratzer und Luxushotels in der Downtown Area/Innenstadt machen es plausibel, weshalb Vancouver als Handels- & Wirtschaftszentrum des größten Teils von Westkanada gilt. Doch trotz der vielen modernen Bürogebäude, wie beispielsweise das etwa 140 m hohe Bankgebäude Royal Bank Tower, strahlt Vancouver eine starke Menschlichkeit aus – Eroberung Vancouvers am besten zu Fuß. Da gibt es zum Beispiel Robson Street mit ihren vielen internationalen Restaurants und Granville Street Mall – Fußgängerzone mit Einkaufsparadies direkt im Stadtzentrum. Nicht weit davon liegen Gastown, wo Vancouver seinen Anfang nahm, das lebhafte Chinatown und Stanley Park – mit Sicherheit einer der herrlichsten Parks überhaupt.

Kartenschlüssel zu Seite 244

1 -Vancouver Travel Info Centre
2-Bus Terminal
3-Stadium Station
4-Granville Station
5-Burrard Station
6-Waterfront Station
7-Starbuck's Cafe
8-Sea Bus Terminal
9-B.C. Place Stadium
10-Robson Street Restaurants
11-Edelweiss & Carpenter Restaurant
  -Safeway
  -McDonald's
  -Stanley Park
12-McDonald's
13-Eaton's
  -Pacific Centre
14-Vancouver Centre
15-Woolworth
16-Hudson's Bay Company
17-Canada Place
18-Chamber of Mines

19-Vancouver Art Gallery
20-Stanley Park
  -North Vancouver
21-Airlines/Lufthansa (im Bürokomplex)
22-Post Office
23-Vancouver Playhouse
  -Queen Elizabeth Theatre
24-Harbour Centre
  mit Skilift-Aufzug
25-Robson Square
26-Air Canada
27-Chinatown
28-Gastown
29-Exhibition Park
  -Trans Canada Highway
  -Second Narrows Bridge
  -Mt. Seymour Provincial Park
  -Deep Cove
  -North Vancouver
30-Airport
  -Seattle
  -Victoria

31-Forster's Restaurant
32-Drugstore
33-AX (Reisebüro)
34-Food Fair
  (lower level)
  -McDonald's (Straßenebene)
35-Vancouver Public Library
36-Edelweiss Rest. & Bakery
37-Sheppard's Shoes
38-1089 Robson
  (deutsche Zeitungen)
39-The Elephant & Castle
40-Sinclair Centre
  Shopping & Restaurants
41-White Spot Restaurant
42-Supermarkt

43-Marine Bldg.
44-Food Fair
45-McDonald's
46-Scotch Shop
  schottische Artikel

DOWNTOWN VANCOUVER

A-**$$** Sheraton Landmark
687-0511
B-**$$** O'Doul's Best Western
684-8461
C-**$$** Pacific Palisades Hotel
688-0461
D-**$$$** Hotel Vancouver
684-3131
E-**$$$** Hyatt Regency
687-6543
F-**$$** Hotel Georgia
682-5566
G-**$$$** Four Seasons Hotel
689-9333
H-**$$$** Westin Bayshore
682-3377
K-**$$** Ramada Renaissance
689-9211
L-**$$$** Delta Place Hotel
687-1122
M-**$$$** Meridien
682-5511
N-**$** YMCA
683-2531
-**$$** Century Plaza Hotel
687-0575
-**$** Burrard Motor Inn
681-2331
O-**$** YWCA
683-2531
P-**$$** Sandman Inn Howe Street
684-2151
-**$** Vancouver Centre Travelodge
682-2767
R-**$$** Vancouver Sandman Inn
681-2211

S-**$$$** The Coast Georgian Court
682-5555
T-**$$$** Pan Pacific Vancouver Hotel
662-8111
-Cruise Ship Terminal
-World Trade Center
-Convention Center
-CNIMAX Theatre

X-**$** Riviera Motor Inn
685-1301
Y-**$** Tropicana Motor Inn
687-6631

U-**$$$** New World Harbourside
(Waterfront Centre)
685-1301
V-**$$** Days Inn
1-800-325-2525
W-**$** Robsonstrasse City
Motor Inn
687-1674

Beatty
Cambie
Hamilton
Homer
Pender
Richards
Georgia
Seymour
Granville
Howe
Dunsmuir
Hornby
Robson
Burrard
Alberni
Thurlow
Melville
Bute
Georgia
Jervis
Broughton

Abbott
Pender
Hastings
Cambie
Water
Cordova

BC-Hwy 7A
BC 7A
BC 99
BC7A

Downtown Information

Tourist Information/Vancouver Travel Info Centre. Cordova (Waterfront Centre).

BC Transit. Vancouver Busfahrpläne, Sea Bus Information und Routenkarte/Streckennetz. Nähe Ecke *Burrard & W. Georgia,* gegenüber vom Vancouver Visitors Bureau.

Fluglinien/Airline Offices. Entlang *West Georgia Street.* Zum Beispiel Air Canada, 905 West Georgia (West Georgia & Hornby), Tel. 688-5515; Canadian Airlines, 1004 West Georgia (West Georgia & Burrard), Tel. 682-1411; Lufthansa, 1030 W. Georgia, Room 1401, Tel. 683-1313; Ticketbüro innerhalb des Bürokomplexes.

Downtown Verkehrsmittel Terminals

Air BC. Nähe Holiday Inn–City Centre am Ufer/Waterfront. „Harbour to Harbour" Flugverbindung (von Hafen zu Hafen) zwischen Vancouver und Victoria sowie zwischen Vancouver und Nanaimo.

Airport Bus. Flughafenbus zwischen Flughafen Vancouver International Airport und Bus Terminal sowie Vancouver Hotels, einschließlich Hotel Vancouver (Hauptabfahrts-/-ankunftspunkt), Holiday Inn–City Centre, Westin Bayshore, Sheraton Landmark, Century Plaza, Four Seasons und Hyatt Regency.

Bus Terminal. Neben Stadium Station der Rapid Transit Route. Inter-City Busverkehr innerhalb Kanadas und zu Städten in den USA. Ebenso häufige Busabfahrten der PCL (Pacific Coast Lines) – Buspässe gelten nicht – nach Victoria; etwa 3½ Std. Fahrt, einschließlich erlebnisreiche Fährfahrt.

Sea Bus Terminal. Am Ende von *Granville Street* im ehemaligen Bahnhof Canadian Pacific Railroad Terminal (Ankunft/Abfahrt aller VIA-Züge in Vancouver im Bahnhof VIA Rail Station im östlichen Teil der Downtwon Area). Gebäude beherbergt heute Läden, Büros, Toiletten und Fahrkartenautomaten; Bedienungsanweisung auch auf deutsch) für den Sea Bus. Sea Bus – etwa 12 Minuten Fahrt/3 km mit der Fähre über Burrard Inlet nach North Vancouver. Der Sea Bus Terminal in Vancouver liegt neben der Waterfront Station der Rapid Transit Line. In North Vancouver befindet sich der Terminal am Lonsdale Quay. Berufsverkehr und Höchsttarif lassen sich vermeiden durch Benutzen des Sea Bus an Werktagen zu verkehrsarmen Zeiten zwischen 9.30 und 15 Uhr oder nach 18 Uhr, jederzeit an Wochenenden und Feiertagen.

Sky Train. Vancouvers Bahn, Rapid Transit Line, mit 15 Stationen und etwa 21,4 km Länge, verbindet Downtown Vancouver mit Burnaby und New Westminster. Downtown Vancouver Stationen – **Main Station** (gegenüber VIA Rail Station), **Stadium Station** (gegenüber von Bus Terminal und B.C. Stadium), **Granville Station** *(Dunsmuir & Seymour/*Hudson's Bay Company Department Store), **Burrard Station** *(Burrard & Dunsmuir/*gegenüber von YWCA und Hyatt Regency Hotel), **Waterfront Station** (am Ende von *Granville Street,* neben Sea Bus Terminal und in der Nähe von Canada Place).

VIA Rail Station. Vancouvers Hauptbahnhof. Transkontinental-Züge und Züge nach Jasper und Edmonton. Bahnhof liegt neben *Main Street* und Thornton Park im östlichen Teil von Downtown Vancouver, etwa sieben Straßen südlich von Chinatown und direkt gegenüber vom SkyTrains Main Station (U-Bahn).

Downtown Vancouver Attraktionen

British Columbia & Yukon Chamber of Mines; Handwerkskammer für den Bergbau. 840 West Hastings Street, Nähe Waterfront Station und Sea Bus Terminal. Ein „Muß" für Hobbymineralogen und Steinsammler. Verschiedene erzhaltige Gesteine, beispielsweise mit Molybdän sowie Kupfer, Gold und Silber. Auch Kurse über Goldsuche & Bergbau *(Prospecting & Mining).*

B.C. Place Stadium. Nähe Bus Station. Das etwa 4 Hektar große überdachte Sportstadion ist etwa 190 m breit, etwa 232 m lang und etwa 60 m hoch. Mehrzweckstadion für Fußball, amerikanischen und kanadischen Fußball *(football),* Baseball sowie Konzerte. Das Teflon beschichtete Fiberglasdach wiegt etwa 280 Tonnen und wird von etwa 16 Ventilatoren von je 100 PS getragen. Die Transparenz des Dachs erlaubt das Eindringen natürlichen Lichts ins Stadion.

Canada Place/Convention Centre; (Kongreßgebäude). Gebaut für Expo 86; Nähe Sea Bus Terminal und Waterfront Station. Aus der Ferne gleicht der Bau einem gigantischen Segelschiff in der Burrard Inlet. Der moderne Komplex umfaßt das luxuriöse Pan Pacific Hotel, CNIMAX Theatre, World Trade Centre sowie eine Anlegestelle für Kreuzfahrtschiffe (Cruise Ship Terminal).

Chinatown. Interessante Läden und Restaurants. Einzelheiten siehe **Chinatown.** Nähe Gastown und Bus Station.

Gastown. Hier liegt die Wiege Vancouvers. Heutzutage eine Menge Boutiquen und Restaurants; Nähe Sea Bus Terminal. Herrliche Gegend für einen Bummel. Einzelheiten siehe **Gastown.**

Granville Street Mall. Herrliche Fußgängerzone; obwohl verschiedene Abschnitte der Granville Street für den Autoverkehr gesperrt sind, muß auf Taxis und Busse, die hier verkehren dürfen, geachtet werden. Die Straße führt an großen Einkaufszentren wie Pacific Centre und Vancouver Centre sowie an populären Kaufhäusern wie Eaton's und Hudson's Bay Company – kurz The Bay genannt – vorbei. Südlich von Robson Street befinden sich mehrere bekannte Theater, einschließlich Orpheum Theatre.

Harbour Centre. Nähe Sea Bus Terminal. Aussichtsplattform, Drehrestaurant und Multi-Media-Information über Vancouver.

Queen Elizabeth Theatre. Nähe Bus Station und Postamt *(post office).* Konzerte und Schauspiele.

Robson Square. 800 Robson Street, zwischen *Hornby & Howe.* Der unterirdische Komplex unter der Straße *Robson Street* umfaßt Restaurants, Geschäfte, Food Fair mit seinen Snackläden, eine populäre Kunsteisbahn in der Winterzeit. Auf Straßenhöhe befinden sich die Kunstgalerie Vancouver Art Gallery und südlich davon, in dem gläsernen Pyramidengebäude, The Law Courts.

Robson Street. Wegen der internationalen Atmosphäre oft auch Robsonstrasse genannt. Viele Boutiquen und Restaurants einschließlich des populären **The Carpenter and the Chef** (Der Zimmermann und der Koch), 1745 Robson Street, zwischen Sheraton Landmark Hotel und Stanley Park, direkt gegenüber von Safeway Supermarkt; ausgezeichnete französische Küche, zivile Preise; täglich Mittag- und Abendessen.

Vancouver Art Gallery. Kunstgalerie im alten Gerichtsgebäude, Court House, um die Ecke vom Robson Square. Beherbergt größte Sammlung populärer Künstler von British Columbia wie Emily Carr sowie Ausstellungen zeitgenössischer Künstler. Hervorragende Buchhandlung; ausgezeichneter Afternoon Tea (Nachmittagstee) im Gallery Restaurant.

Downtown Shopping
Einkaufsbummel in der Innenstadt

Vancouvers Innenstadt oder besser **Downtown Vancouver** ist ein Einkaufsparadies. Es gibt hier viele Kaufhäuser berühmter Kaufhausketten
wie Eaton's, The Bay und Woodward's sowie verschiedene Shopping-
komplexe – meistens unterirdisch. **Robson Street** mit den vielen Boutiquen und Restaurants ist ebenfalls sehr beliebtes Einkaufsziel. Benach-
bartes **Gastown** und **Chinatown** bieten weitere interessante Einkaufs-
möglichkeiten.

Eaton's. Eines der größten Kaufhäuser Kanadas. Im Pacific Centre. In den sechs
Etagen des Gebäudes findet der Käufer ein breites Warenangebot, von Bekleidung
bis Bücher sowie Räucherlachs von British Columbia. In der B.C. Experience Abteilung (im Sommer geöffnet) findet man Souvenirs – alles mögliche von Totem-
pfählen bis zu Eskimo Seifensteinschnitzereien.

Harbour Centre. *Hastings & Seymour,* Nähe Gastown und Sea Bus Terminal. Riesiger Komplex von Boutiquen und Geschäften, einschließlich Sears. Mit dem Au-
ßenaufzug zur Aussichtsplattform (Observation Deck) – ausgezeichneter Blick auf
Vancouver; Eintrittsgebühr. Im Observation Deck Gelegenheit, 25-Minuten-Vor-
führung der Multi-Media-Show „Vancouver Discovery" (Entdeckung Vancouvers)
zu erleben – ausgezeichneter Überblick über Vergangenheit und Gegenwart der
Stadt. Drehrestaurant Harbour House Restaurant – hervorragend für den Ausgehabend und Aussicht; alle 60 Minuten Umdrehung von 60 Grad.

Pacific Centre. *Georgia & Granville,* Nähe Robson Square, auf beiden Seiten von
Georgia Street. Über 130 Geschäfte, einschließlich Eaton's sowie Spezialitätenlä-
den wie Murchie's Tea & Coffee Store. Auch Restaurants und Schnellimbiß *(Fast
Food).* Täglich geöffnet, Freitag und Samstag abends längere Öffnungszeiten. Hier
befindet sich auch das luxuriöse Four Seasons Hotel.

Royal Centre Mall. 1055 W. Georgia, Ecke *Georgia & Burrard.* Unterirdischer
Einkaufskomplex.

Vancouver Centre. Südseite von *Granville & Georgia,* gegenüber von The Bay und
Eaton's.

Hudson's Bay Department Store
Kaufhaus The Bay

Möglicherweise etwas nostalgisch, doch fast ein „Muß" ist ein Besuch
des Kaufhauses **Hudson's Bay Department Store** (oft nur **The Bay** genannt) hier in Vancouver oder anderen Städten Kanadas. Das Kaufhaus-
unternehmen hat Geschichte – Start im 17. Jahrhundert mit Monopol
des Pelzhandels. Die Hudson's Bay Company (HBC) entwickelte sich zu
einem Transportunternehmen, dann zu einem fest ansässigen Handels-
unternehmen und schließlich ihrer heutigen Form – eine riesige Kaufhauskette.

Viele Jahre schon bedeckte HBC die kanadische Wildnis mit ihren
vielen Außenposten der Zivilisation. Vielen Händlern schien HBC schon
seit Ewigkeiten existent, was zu einer Abwandlung der Anfangsbuchsta-
ben HBC zu „*Here Before Christ*" (Hier vor Christus) führte!

Ein Schild an Ecke *Granville* und *Georgia* trägt die Aufschrift „Hudson's Bay Company – chartered in 1670" – 1670 gegründet. Das Unternehmen betreibt heute anstelle seiner einst berühmten Pelzhandelspo-
sten eine Kette hervorragender Warenhäuser. Zwei Jahrhunderte lang
regierte das gewaltige Unternehmen von Händlern und Forschern weite
Teile des heutigen Kanadas. 1869 wurden die etwa 390 Millionen Hektar
Land – ursprünglich 1670 dem Unternehmen von König Karl II. (Charles II) verliehen – für 1,5 Millionen Dollars der kanadischen Regierung
verkauft! Und nun zu The Bay von heute – mehrstöckiges Warenhaus
mit interessantem Warenangebot auf jeder Etage.

Street Level (Straßenebene): Trading Post mit Souvenirs.

Mall Level (eine Etage unter Straßenniveau). Canadiana Shop mit ausgezeichneter Auswahl an Souvenirs; Besuch lohnt sich. Auf gleicher Ebene, von wo aus Verbindung zur angrenzenden Pacific Centre Mall und Vancouver Centre Mall besteht, gibt es mehrere Snackbars mit gutem Essen.

Third Floor (3. Etage). Skywalk Café – leichte Mahlzeiten; auch Damenfriseur „hair Salon".

Fourth Flour (4. Etage).
The Inn, Restaurant mit zivilen Preisen; Tagesessen *(daily special)*, Fish & Chips, Soups, Sandwiches, Salads; Reisebüro (AX) in der Nähe.

Fifth Floor (5. Etage). In dieser Etage gibt es die berühmten (aber teuren) Wolldecken Hudson's Bay Point Blankets – weiß mit gelben, blauen, roten und grünen Streifen. Produktion in England (obwohl dort nicht verkauft) wie damals, als Hudson's Bay Company die Decken beim Handel gegen Pelze und Felle der Indianer eintauschte. Angeblich zeigten die Linien an einer Ecke der Decke wieviele Biberpelze die Decke wert war! Ein Gewehr hatte vergleichsweise den Gegenwert von etwa 12 Biberpelzen. Die Decken gibt es in verschiedenen Größen: 60" × 86" (1,50 × 2,10 m); 72" × 90" (1,80 × 2,30 m) und 90" × 100" (2,30 × 2,55 m); die größte Decke, 100" × 110" (2,55 × 2,80 m) kostet etwa **400** kanadische Dollar – doch „they last for generations" (halten mehrere Generationen). Postamt (ideal für Briefmarken für Ansichtskarten) (Mo.–Fr.).

Sixth Floor (6. Etage). Populäre Cafeteria mit großer Auswahl an Speisen, einschließlich Desserts. Toiletten auf derselben Etage.

EIN BESUCH IN GASTOWN

Einer der ältesten Stadtteile Vancouvers ist **Gastown** – benannt nach Jack Deighton (1830-1875), Veteran des Goldrauschgebiets in Kalifornien und im Tal Fraser Valley. 1867 eröffnete er im heutigen Gastown den ersten Saloon der Stadt sowie ein Hotel; da er als großer Schwätzer bekannt war, nannten viele ihn auch „*Gassy Jack*". So kam dieses Stadtviertel zu seiner Bezeichnung „Gassy's Town", später abgekürzt zu Gastown!

Am besten unternimmt man einen Abendbummel durch das renovierte Stadtviertel, da die Läden geöffnet, die Straßen voller Publikum und die Restaurants voller Leben sind. Die **Orientierungskarte** zu **Gastown** und dem benachbarten **Chinatown** gibt die **Lage** von Restaurants, Geschäften, Parkhaus *(parking garage)* sowie Attraktionen wie die dampfbetriebene Uhr **Steam Clock** und die am Ende von Water Street befindliche Statue von **Gassy Jack** am Mapletree Square wieder. Es muß allerdings in Kauf genommen werden, daß im Geschäftsleben Dinge sich rasch ändern können, wie beispielsweise Inhaber und Namen. Blarney Stone Pub – populäres Speiselokal mit Tanz und Unterhaltung; auch zum Verschnaufen im Pub geeignet.

Beim Bummel entlang *Water Street* – Gastowns Hauptstraße – nicht vergessen, bei der **Steam Clock** haltzumachen. Möglichst zur vollen Stunde oder 15, 30 oder 45 Minuten danach da sein, um den Spektakel des pfeifend austretenden Dampfs, der das Uhrwerk antreibt, mitzubekommen. Die Uhr wiegt über zwei Tonnen; Herstellungskosten etwa 42 000 kanadische Dollars; Dampf zum Antrieb des Uhrwerks wird aus Rohren des Fernheizwerks herbeigeführt, das verschiedene Bürogebäude Vancouvers beheizt.

Einige Straßen weiter, östlich von Gastown, erstreckt sich Vancouvers chinesisches Viertel – **Chinatown**. Mittelpunkt dieses kleinen Viertels ist *East Pender Street* zwischen *Carral Street* und *Gore Avenue;* Einzelheiten siehe **Chinatown Area.**

Insider Tips: Restaurants

Kilimanjaro Restaurant. Ostafrikanisches Restaurant mit Indisch-Afro-Spezialitäten wie Lamm mit Curry. Die Spezialität *Burning Spear* (brennender Speer) beispielsweise – benannt nach dem ehemaligen Präsidenten von Kenya, Jomo Kanyatta – besteht aus Lammfleisch, das flambiert auf einem Schwert serviert wird. *Chakula Mfalme* – gemischte Platte mit Hähnchen, Lamm und Rind – populäre Speise der Häuptlinge.

Umberto Al Porto. Feines italienisches Lokal; um die Ecke von *Water Street* mit Blick auf die Berge von North Vancouver.

Maharajah Restaurant. Lokal mit indischem Flair; vegetarische Speisen sowie Curry-Fleischgerichte.

Town Pump. Restaurant und Kabarett.

Old Spaghetti Factory. 53 Water Street. Sehr populäres Restaurant und billig. Zum Beispiel Spaghetti-Essen mit Salat, Brot, Kaffee/Tee und Eis als Nachtisch etwa 6 kanadische Dollars. Auch Spezialpreise für Kinder. Ab 11.30 Uhr geöffnet.

Brothers Bistro. 1 Water Street. Populäres Restaurant; Ober tragen Mönchskutten!

Le Railcar. Französisches Restaurant in einem echten Eisenbahn-Speisewagen; Superblick auf North Vancouver und die Berge; sonntags Brunch; teuer.

Bavaria Deli Restaurant. Bequeme Lage Ecke *Water & Carrall Streets,* Nähe Statue von Gassy Jack; gute Snacks, Suppen und Sandwiches. Freundliche Bedienung.

Baskin Robbins. Neben **Bavaria** Deli; riesige Auswahl an verschiedenen Eissorten.

The Blarney Stone Pub. Irische Atmosphäre in Gastown; Restaurant und Bar. Irish Stew, irische Drinks.

Insider Tips: Einkaufsbummel & Shopping

Inuit Gallery. Geschmackvolle und teure Sammlung von Eskimo Kunst und Plastiken.

Canadian Impressions. Indianische Kunst, Indianisches Kunsthandwerk, Seifensteinschnitzereien der Eskimos, Cowichan Pullover.

Le Magasin. Komplex mit Restaurants & Boutiquen.

Hill's Indian Crafts. 165 und 151 Water Street; der Laden Nr. 165 ist größer. Cowichan Pullover, Mokassins, indianisches Schnitzwerk; im oberen Stockwerk Galerie mit hervorragenden Drucken und ausgezeichneten Holzschnitzereien. Der Laden Nr. 151 Water Street führt ein reiches Sortiment an Shetland Pullovern und Island-Jacken (Icelandic jackets). Hut ab vor Frances Hills Mühe und Eifer, indianische Kunst und Kunsthandwerk der Indianer im pazifischen Nordwesten Amerikas einem breiten Publikum zugänglich zu machen.

The Court Yard. Kleiner Platz um die Ecke von *Water Street* mit Boutiquen, italienischem Restaurant, Sandwich-Laden und Bäckerei.

The Mews. Shopping Area Nähe Ecke *Carrall & Water Streets,* um die Ecke von *Water Street,* enthält Telefonhäuschen mit dem millionsten Telefon der kanadischen Telefongesellschaft BC Telephone Company – in den 1970er Jahren aufgestellt.

Army & Navy Store. *Cordova Street.* Alles mögliche von Jacken bis zur Campingausrüstung.

Harbour Centre. Nähe Gastown Area, mit Sears, Kaufhaus einer bekannten Kaufhauskette.

Kartenschlüssel zu Seite 250

1-Stadium Station	9-"Gassy" Jack Statue
2-Granville Station	-Wax Museum
3-Waterfront Station	10-Hudson's Bay Company
4-Bus Station	11-Harbour Centre/Simon Fraser University
5-BC Stadium/Expo 86 Site	12-Canada Place
6-Ceabus Terminal	-Cruise Ship Term'nal
7-Granville Square	13-Trans Canada Highway 1
8-North Vancouver via Sea Bus	14-Robson Street

CHINATOWN
Chinesenviertel

Gegen Ende der 1850er Jahre gelangten Chinesen nach Westkanada, um sich in den Goldrauschgebieten wie beispielsweise im etwa 473 mi/757 km nördlich von Vancouver gelegenen Barkerville als Arbeiter zu verdingen. In den 1880er Jahren trafen Tausende weitere Chinesen als Arbeitskräfte für den Bau von Kanadas erster transkontinentalen Eisenbahn ein. Viele Chinesen ließen sich in der Gegend von Vancouver nie-

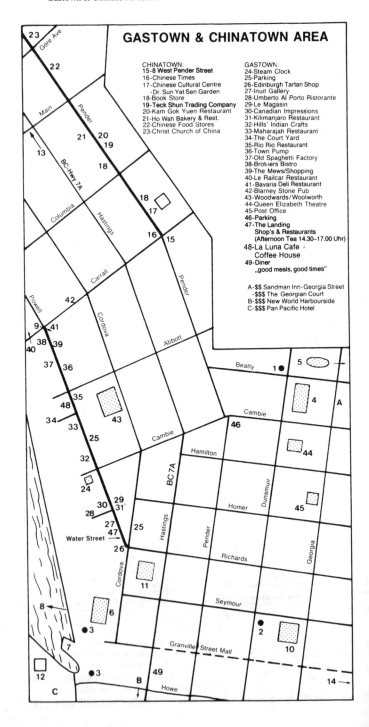

GASTOWN & CHINATOWN AREA

CHINATOWN:
15-8 West Pender Street
16-Chinese Times
17-Chinese Cultural Centre
    -Dr. Sun Yat Sen Garden
18-Book Store
19-Teck Shun Trading Company
20-Kam Gok Yuen Restaurant
21-Ho Wah Bakery & Rest.
22-Chinese Food Stores
23-Christ Church of China

GASTOWN:
24-Steam Clock
25-Parking
26-Edinburgh Tartan Shop
27-Inuit Gallery
28-Umberto Al Porto Ristorante
29-Le Magasin
30-Canadian Impressions
31-Kilimanjaro Restaurant
32-Hills' Indian Crafts
33-Maharajah Restaurant
34-The Court Yard
35-Rio Rio Restaurant
36-Town Pump
37-Old Spaghetti Factory
38-Brothers Bistro
39-The Mews/Shopping
40-Le Railcar Restaurant
41-Bavaria Deli Restaurant
42-Blarney Stone Pub
43-Woodwards/Woolworth
44-Queen Elizabeth Theatre
45-Post Office
46-Parking
47-The Landing
    Shop's & Restaurants
    (Afternoon Tea 14.30–17.00 Uhr)
48-La Luna Cafe :
    Coffee House
49-Diner
    „good meals, good times"

A-$$ Sandman Inn-Georgia Street
  -$$$ The Georgian Court
B-$$$ New World Harbourside
C-$$$ Pan Pacific Hotel

der, ehe die Stadt 1886 offiziell gegründet wurde. Obwohl sich die chinesische Bevölkerung heute weit über die Stadt verteilt, ist Vancouvers **Chinatown** heute nach San Francisco das zweitgrößte Chinatown entlang der nordamerikanischen Pazifikküste.

Vancouvers **Chinatown** erstreckt sich am östlichen Rand der zentralen Stadtmitte/Downtown Area und ist zu Fuß erreichbar von Gastown, Busbahnhof/Bus Station, B.C. Place Stadium und SkyTrain Stadium Station. Weitere Einzelheiten & Orientierung siehe **Gastown & Chinatown Area-Karte**. Wegen seiner günstigen Lage läßt sich ein Spaziergang durch Chinatown bei Tage (da viele Läden abends zu sind) gut mit einem Besuch von Gastown am Spätnachmittag oder Abend vereinbaren.

Chinatown Attraktionen

Außer dem geschäftigen Treiben sowie den lebhaften Restaurants und Läden gibt es noch mehr Interessantes in Chinatown.

Narrow Office Building. Ecke *Pender & Carrall,* 8 W. **Pender.** Oft das *„world's narrowest office building"* (schmalstes Bürogebäude der Welt) oder *„world's narrowest store"* (schmalster Laden der Welt) genannt; interessanter Anblick, besonders wenn man einiges über die Hintergründe weiß. Das Gebäude entstand etwa Anfang der 1900er Jahre, nachdem *Pender Street* erheblich verbreitert wurde und nur ein schmaler Streifen zum Bebauen übrig blieb! Um den kostbaren Grund und Boden nicht zu vergeuden, errichtete der Besitzer auf dem verbliebenen Grundstück ein Gebäude. Heute läßt sich das schmale Gebäude schwer erkennen, da ein anderes Gebäude angebaut wurde. Das einst im Erdgeschoß des schmalen Gebäudes befindliche Seidengeschäft zog kürzlich aus, als die Ladenmiete zu hoch wurde.

Chinese Cultural Center. 50 E. Pender Street. Interessantes Buchsortiment. Das Kulturzentrum dient als Sprachenschule für Englisch und Chinesisch und wird als Einrichtung für chinesische Kunst sowie als kultureller Treffpunkt benutzt.

Dr. Sun Yat-Sen Classical Chinese Garden, benannt nach dem chinesischen Revolutionär Sun Yat-Sen (1866-1925), der mehrmals Vancouver besuchte. Neben dem Chinese Cultural Center. Mit Eröffnung des klassischen chinesischen Gartens wuchs ein tieferes Verständnis für die chinesische Vergangenheit der Stadt sowie die chinesische Gartenbaukunst des 17. Jahrhunderts.

Insider Tips: Chinatown

Vorschlag für Spaziergang: *Pender Street* entlang zwischen *Carrall Street* und *Gore Avenue,* auf der anderen Straßenseite zurück; weiter entlang *Carrall* zum benachbarten Gastown.

Restaurants: Es gibt eine Menge Restaurants in Chinatown. Entlang *Pender Street,* zwischen *Columbia* und *Main Streets,* liegt das Kam Gok Yuen Restaurant; bei Einheimischen beliebt, einfach, aber zivile Preise. Spezialmenüs für 2, 3 oder 4 Personen.

Food Markets/Lebensmittelläden: In dem Häuserblock an *Pender Street* zwischen *Main Street* und *Gore Avenue* befindet sich eine faszinierende Auswahl an Läden; hier tätigt die chinesische Hausfrau in Chinatown ihre Lebensmitteleinkäufe. Es gibt Gemüseläden, Metzgereien, Lebensmittel- & Fischgeschäfte sowie verlockende Bäckereien. Sehr interessante Umgebung; man kann fast nicht umhin, sich hier etwas Proviant zu besorgen!

Einkaufsbummel. Im selben Häuserblock mit den vielen Restaurants findet man an *Pender Street* zwischen *Columbia* und *Main Streets* mehrere interessante Läden. Es gibt eine Buchhandlung sowie Läden mit Seidenstoffen und Jadeläden. Bei N&S Trading Company stößt man beispielsweise auf eine große Auswahl an Souvenirs. Daneben befindet sich ein chinesisches Reformhaus.

EIN BESUCH DES STANLEY PARKS

Direkt **westlich** von Downtown Vancouver, noch innerhalb der Stadtgrenze, erwartet Sie ein ausgedehntes Erholungsgebiet,

eine der entzückendsten Attraktionen von West-Kanada —
Stanley Park. Das Gelände des Parks wurde erstmals im Jahre
1791 von dem Spanier Narvaez entdeckt; und im Jahre 1792
markierte Captain Vancouver dieses Gebiet auf der Karte. Die
Halbinsel blieb jedoch wegen ihrer strategisch wichtigen geo-
graphischen Lage bis zum Jahre 1863 Verteidigungszwecken
vorbehalten. Etwa im Jahre 1888 wurde diese Gegend erstmals
als Parkgelände eröffnet. Als der damalige *Governor General of
Canada,* **Lord Stanley,** den 404 Hektar großen Park im Jahr
1889 der Öffentlichkeit übergab, sagte er: . . . „*to the use and
enjoyment of people of all colors, creeds and customs for all
time; I name thee Stanley Park.* — etwa . . . für alle Zeiten zum
Nutzen und zur Freude der Menschen aller Rassen, Glaubens-
formen und Volktums; ich nenne Dich **Stanley Park.**" Unserer Meinung nach **müssen** Sie, wenn Sie in Vancouver sind,
zum Stanley Park. Es gibt hier soviel Abwechslung. Stanley
Park ist kein Amüsier- oder Vergnügungspark im Stil von Dis-
neyland, sondern ein landschaftliches Erholungsgebiet mit
großzügigen Picknick- und Sportanlagen; es gibt Wald und Wiesen, und der Freizeitgestaltung sind keine Grenzen gesetzt.
Man kann spazierengehen, wandern, trimm-traben (sog.
jogging), faulenzen und sich richtig entspannen. Stanley Park
ist ein großer Spielplatz! Sie können auch auf dem Parkrund-
weg, *Scenic Drive,* entlangfahren, wenn Sie ans Ufer der Bay
möchten.

Es gibt mehrere Möglichkeiten, zum Stanley Park zu gelangen. Von einigen größeren Hotels, wie beispielsweise dem Bayshore Inn oder Sheraton-Landmark können Sie sogar **zu Fuß**
zum Park, da der so nah zur Downtown Area liegt. Aber es
gibt auch Stadtbusverbindung zum Park. Das Ausflugsbus-
unternehmen Gray Line hat den Stanley Park im Programm
seiner **Stadtrundfahrt.** Im Sommer fahren an Sonn- und Feiertagen Busse auch **innerhalb** des Parks.

Auf der etwa 6 mi/10 km langen Straße, die **Park Drive** genannt wird, gelangen Sie rund um den Park. Die **Seawall Promenade** führt rund um die ganze Halbinsel, direkt am Ufer entlang. Da bietet sich natürlich eine ausgezeichnete Möglichkeit,
einen ausgedehnten Spaziergang zu unternehmen. Strecken-
weise ist der asphaltierte Spazierweg gleichzeitig Fahrradweg.
Wenn Sie **mit dem Auto** zum Stanley Park wollen, fahren Sie
am besten in westliche Richtung auf der **Georgia Street** entlang. Dabei ordnen Sie sich in die rechte Fahrspur, *right lane,*
ein. Folgen Sie dann dem Schild **Park Drive.** Eine Fahrradvermietung, *bike rentals,* finden Sie kurz bevor Sie den Park erreichen, und zwar in der Nähe der Kreuzung von Gilford und
Georgia Streets.

Interessantes Entlang Des Park Drive

Als Überblick über interessante Stellen entlang der Einbahnstraße, *one-way,* die als **Park Drive** rund um den Stanley Park
führt, geben wir Ihnen unsere übersichtliche und praktische
Orientierungskarte an die Hand. Wir lassen die Karte dort be-

STANLEY PARK RUNDFAHRT

GEORGIA STREET EXIT ↑

Park Drive ←—

Pitch & Putt Golf Course

Mini Golf
Beach House Restaurant

Nelson Street Exit

Shuffleboard
Tennis Courts
Lawn Bowling

English Bay Beach
Beach Drive Exit

Ceperley Picnic Ground

Georgia Street Exit ←—
Zoo

Second Beach
Ferguson Point
The Teahouse Restaurant
Third Beach
E. Pauline Johnson Monument
1861 – 1913

Hollow Tree
Parking

Siwash Rock

Picnic Ground

Prospect Point
Totem Pole

Lions Gate Bridge ←—
North Vancouver

Zufahrt zu Lions Gate Bridge
Mo. – Fr. 15.30–18.30 Uhr gesperrt

Georgia Street Exit
Beaver Lake
Miniature Railway ←—
Dining Pavilion
Zoo & Aquarium

↑ *PARK DRIVE*

Lumbermen's Arch

Waterpark (Wasserpark)
Figurehead Replica
Girl in Wet Suit

Brockton Oval-Cricket Ground

Brockton Point Lighthouse

Nine O'Clock Gun
Statue
Hallelujah Point

Totem Poles

—HMCS Discovery
Bike Route
Sea Wall
Yacht Club

Parking
Zoo & Aquarium
Lord Stanley Statue   Park-Info
Robert Burns Statue

STANLEY PARK

↑ *PARK DRIVE*

Hwy 99 & Hwy 1A

Lost Lagoon

GEORGIA STREET

ginnen, wo Sie **von** der **Georgia Street** in den Park hineinfahren. Die Karte endet, wo Sie den Park **vom Park Drive** verlassen und zurück zur Georgia Street fahren.

Nachdem Sie von der Georgia Street abgebogen sind, werden Sie links eine Statue von **Robert Burns**, 1759–1796, sehen – ein berühmter schottischer Dichter. Dahinter befindet sich die Statue von **Lord Stanley**, nach dem der Park benannt wurde. Dann kommen Sie zur Zufahrt zum interessanten **Zoo** und der Superattraktion, dem **Vancouver Aquarium**. Wir empfehlen Ihnen, sich diese Attraktionen erst etwas später anzusehen.

Und bald darauf bietet sich Ihnen ein buntes Bild des Sporthafens mit den Booten des Yacht Clubs und des Vancouver Rowing Clubs, der genau rechts von Ihnen liegt. Danach haben Sie einen Blick auf den Fahrradweg, *bike route,* und die **Seawall Promenade**. Die Straße zweigt dann zur Insel **Deadman's Island** und zum Schiff **H.M.C.S. Discovery** ab. Mit der Discovery erreichte Captain Vancouver im Jahre 1792 dieses Gebiet. Auf Ihrer Weiterfahrt kommen Sie an einem **Totempfahl**, *totem pole,* vorbei. Von der dicht daneben liegenden Stelle, **Hallelujah Point**, haben Sie einen ausgezeichneten Blick auf die Stadt. Die nächste Sehenswürdigkeit auf dieser Route ist eine Kanone, **Nine O'Clock Gun**. Solche Geschütze *(a twelve-pound muzzle loader)* wurden von der Marine benutzt. Die Nine O'Clock Gun wurde 1816 in Woolwich, England, gegossen und etwa im Jahr 1894 nach Vancouver gebracht. An der Trommel des Geschützes befinden sich die Siegelinschriften des Königs Georg III. von England und des Grafen Earl of Mulgrave. Die Kanone wurde früher tatsächlich jeweils um 6 Uhr abgefeuert, um den Fischern den 6 Uhr Feierabend anzuzeigen *(6 o'clock closing)*. Heute wird das Geschütz abends um 9 Uhr abgefeuert. In der Nähe kommen Sie zum **Lumbermen's Arch** – einem riesigen Baumstamm, der von zwei weiteren Baumstämmen gehalten wird. Früher gab es hier ein Indianerdorf *Whoi-Whoi*.

Am Leuchtturm **Brockton Point Lighthouse** haben Sie eine hervorragende Aussicht auf die Brücke **Lions Gate Bridge** und den Hafen von Vancouver. Das ovale Sportfeld **Brockton Oval Cricket Ground** zeigt deutlich die Hinterlassenschaft englischer Vergangenheit in British Columbia. Das Kricket-Spiel *(cricket)* ist ein in England und in Teilen Kanadas sehr beliebtes Ballspiel. Kurz darauf kommen Sie an einer Skulptur des Künstlers E. Imrecht vorbei; ein Mädchen mit nassen Kleidern – **Girl In A Wet Suit**. Auf den ersten Blick könnte man meinen, vor der berühmten Meerjungfrau *(mermaid)* von Kopenhagen zu stehen. In der Nähe befindet sich eine Nachbildung der Gallionsfigur *(Figurehead Replica)* des Schiffes **S.S. Empress of Japan**. Das Schiff fuhr von 1891 bis 1922 regelmäßig im Linienverkehr und beförderte Vancouvers Wirtschaftsgüter in den Orient. Hier können Sie zur Abwechslung vom *Park Drive* abbiegen und auf der Straße zum See **Beaver Lake** und dem Dining Pavilion fahren (Achtung **Gegenverkehr**!).

Der See **Beaver Lake**, der nur ein wenig abseits der Straße

liegt, ist ein entzückendes Ausflugsziel. Ein Pfad führt rund um
den stillen See. Weiter entlang der Straße kommen Sie zum
Parkplatz der Mini-Eisenbahn *(miniature railway)*; Sie werden
bei einer Rundfahrt bestimmt viel Spaß haben. Man nennt
diese Eisenbahn sogar Kanadas meistbenutzte Eisenbahn! In
der Nähe befindet sich der *Dining Pavilion* – ein Pavilion mit
Cafeteria und Speiselokal. Und während Sie draußen im Gar-
tenlokal sitzen, dringen die Stimmen und Laute der verschiedenen Tiere vom nahen Zoo ans Ohr. Unweit davon ist **Malkin
Bowl,** eine Konzertbühne für verschiedene musikalische und
andere unterhaltende Veranstaltungen des Parks.

Von der Malkin Bowl sind es nur wenige Schritte bis zum
Zoo. Und von weitem haben Sie sicher auch schon das Bellen
der Seehunde *(seals)* gehört. Sie werden viel Spaß haben, diese
possierlichen Tiere zu beobachten; außerdem gibt es dort auch
die netten, verspielten Seeottern *(sea otters)*, die Eisbären,
Schwarzbären und Grizzly-Bären, Pinguine *(penguins)*, die,
obwohl sie an Land so behäbig und langsam wirken, unter
Wasser bis zu 20–30 km/h schnell sein können, Wölfe der Arktis und so viele andere Tiere. Eintritt frei! Das anschließende
Vancouver Aquarium ist eine Attraktion, die Sie sich nicht
entgehen lassen sollten. Eintrittsgebühr. Hier werden Kunst-
stücke der Mörderwale, Beluga oder Weißen Wale der Arktis
(die sind etwa 3 bis 4 m lang) sowie mit Haien, Lachsen und
Meeresschildkröten vorgeführt. In dem dabei befindlichen Souvenirladen, *gift shop,* werden Sie sicher manch nettes Souvenir finden. Wieder vorbei am Beaver Lake fahren Sie zum *Park
Drive* zurück.

Wenn Sie auf dem *Park Drive* weiterfahren, kommen Sie zur
Brückenauffahrt der **Lions Gate Bridge**, 1939 erbaut, Spannweite 847 m, die nach North-Vancouver führt. Bleiben Sie jedoch weiter auf dem *Park Drive.* Sie gelangen dann zum
Prospect Point, der eine Erhebung von etwa 67 m hat. Der hier
befindliche **Totempfahl**, *totem pole,* wird von den Indianern
Chaythoos genannt. Von hier aus haben Sie eine ganz prima
Aussicht; Coffee Shop und Souvenirladen. Unweit von hier
erlitt eines der ersten Dampfschiffe des Nord-Pazifiks, die
Beaver, am 26. Juli 1888 Schiffbruch. Wenn Sie hier Halt
gemacht haben, erlauben Sie sich einen kurzen Spaziergang
durch den Wald und die Büsche. Auf Ihrer Weiterfahrt kommen Sie zu dem Pfad, der zum Felsen **Siwash Rock** führt –
nach einer indianischen Überlieferung stellt der Felsen die *Statue* der *Skalsh* dar *(skalsh* bedeutet soviel wie uneigennützig,
unselfish). In der Nähe kommen Sie zu einem Parkplatz mit
dem sagenumwobenen Baum **Hollow Tree,** wo Sie bestimmt
ein Foto machen werden. Ein Stück weiter steht die steinerne
Skulptur, die man zum Andenken an die Indianerprinzessin
und Dichterin errichtete, die viele ihrer Werke hier verfaßt hat.
Die Seitenstraße führt hinunter zur **Third Beach**, ein Bade-
strand, der vor allen Dingen von Einheimischen bevorzugt
wird. Neben dem *Park Drive* liegt das Teehaus, **Tea House.** An
Second Beach kommen Sie zu einem Swimmingpool. Anschlie-

ßend haben Sie die Wahl, entweder zur *Georgia Street* abzubiegen oder Ihre Rundfahrt auf dem *Park Drive* fortzusetzen, dabei kommen Sie am *Lawn Bowling* vorbei, wo man ein typisch englisches Gesellschaftsspiel spielt, Rasen-Bowling. Hier kommen Sie zu den Tennisplätzen und zum Beach House Restaurant. In den letzten Jahren hat sich dieser hübsche Platz zu einem der besseren Restaurants der City entwickelt. Und wenn Sie sich für Wein interessieren, sollten Sie sich dort von dem Weinkenner den 14 000-Flaschen-Weinkeller zeigen lassen. Dann geht die Fahrt am Pitch And Putt Golfplatz vorbei; Golfschläger erhältlich. Die Straße stößt später auf Georgia Street, womit Ihre Rundfahrt im Stanley Park beendet ist.

VANCOUVER AREA ATTRAKTIONEN

Da die **Vancouver Area** eine solche Fülle von Sehenswürdigkeiten bietet, haben wir diesen Abschnitt geographisch in **vier** Unterabschnitte eingeteilt: **Sehenswürdigkeiten Südlich Von Downtown Vancouver, Attraktionen In North Vancouver, Sunshine Coast Attraktionen** und **Hwy 99 Zum Garibaldi Provincial Park.** Die Lage der Attraktionen finden Sie auf unserer Vancouver Area **Orientierungskarte.** Die Attraktionen sind in einer gewissen Reihenfolge angegeben, um einen Ausflug in diese Areas übersichtlicher zu machen. Um die neuesten Öffnungszeiten und Eintrittspreise zu erfahren, wenden Sie sich am besten an die Informationsbüros der betreffenden Area oder an das Greater Vancouver Convention & Visitors Bureau.

SEHENSWÜRDIGKEITEN SÜDLICH VON DOWNTOWN VANCOUVER

Eine Möglichkeit, einige der Hauptsehenswürdigkeiten entlang der English Bay Area zu erreichen, ist von Downtown Vancouver über Burrard Street und die Brücke Burrard Bridge zu fahren, nach kurzer Zeit gelangen Sie zu unserer ersten Attraktion – **Vancouver Museum.** Es liegt im Vanier Park, an 1110 Chestnut Street; kulturgeschichtliche Ausstellungsstücke und Stadtgeschichte über Vancouver. Hier befindet sich auch der architektonisch attraktive Rundbau des **H.R. MacMillan Planetarium**; ausgezeichnete Veranstaltungen über Sternbilder und den Weltraum. Sie finden hier auch ein Restaurant. In der Nähe, 1905 Ogden Street, befindet sich das Maritime Museum mit der **St. Roch** – ein kurzer 2-Mast-Schoner, eine *National Historic Site* – historische Gedenkstätte! Als der Schoner in den arktischen Gewässern im Einsatz war, konnte man mit seiner Hilfe das Fundament für die kanadischen Rechte über die hoch im Norden liegenden Territorien der Arktis legen. Es war das erste Schiff, das die Nordwest-Passage **in beiden Richtungen** durchfuhr – die von Ost nach West durch das Nordpolar-

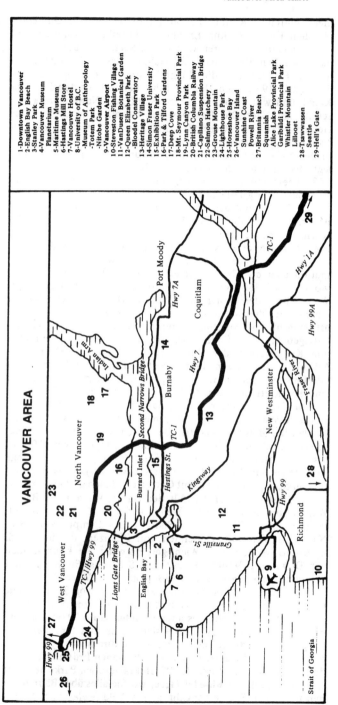

VANCOUVER AREA

1-Downtown Vancouver
2-English Bay Beach
3-Stanley Park
4-Vancouver Museum
  Planetarium
5-Maritime Museum
6-Hastings Mill Store
7-Vancouver Hostel
8-University of B.C.
  -Museum of Anthropology
  -Totem Park
  -Nitobe Garden
9-Vancouver Airport
10-Steveston Fishing Village
11-VanDusen Botanical Garden
12-Queen Elizabeth Park
  -Bloedel Conservatory
13-Heritage Village
14-Simon Fraser University
15-Exhibition Park
16-Park & Tilford Gardens
17-Deep Cove
18-Mt. Seymour Provincial Park
19-Lynn Canyon Park
20-British Columbia Railway
21-Capilano Suspension Bridge
22-Salmon Hatchery
23-Grouse Mountain
24-Lighthouse Park
25-Horseshoe Bay
26-Vancouver Island
  Sunshine Coast
  Powell River
27-Britannia Beach
  Squamish
  Alice Lake Provincial Park
  Garibaldi Provincial Park
  Whistler Mountain
  Lillooet
28-Tsawwassen
  Seattle
29-Hell's Gate

meer führende Route, die jahrhundertelang von den europäischen Forschern und Eroberern, die eine Abkürzung zum Orient suchten, befahren wurde. Die Seereise dauerte 28 Monate zwischen Vancouver und Halifax (das Schiff blieb zweimal im Eis stecken); die Rückreise dauerte nur 86 Tage. Als das Schiff 1950 nach Halifax fuhr, benutzte es den Panama-Kanal, und wurde somit das **erste** Schiff, das **Nordamerika umschifft hat!** Der **Old Hastings Mill Store,** Vancouvers erstes Geschäft (*store* = Geschäft) und Postamt, *post office,* um 1865 erbaut, wurde 1930 von seinem ursprünglichen Standort in der Nähe von Gastown hierher zur 1575 Alma Road verlegt. Es ist eines der wenigen Gebäude, die den Brand von 1886 überstanden hatten, bei dem praktisch nichts mehr von Vancouver übriggeblieben war.

Das Universitätsgelände, Campus of UBC, der **University of British Columbia** (über 30 000 Studenten) ist von Downtown Vancouver über den landschaftlich reizvollen North West Marine Drive erreichbar, vorbei am Strand Spanish Banks Beach. In der Nähe vom Eingang, *Gate 3,* wo Sie weitere Information über die Universität erhalten, liegt der **Rose Garden,** wo es etwa 350 verschiedene Rosensorten gibt, Juni—Sept. Weiter über den North West Marine Drive gelangen Sie zu einem der überragendsten Museen West-Kanadas, das UBC **Museum of Anthropology** — montags geschlossen; geringe Eintrittsgebühr. Hier finden Sie eine ausgezeichnete Sammlung von Kunstwerken der Northwest Coast Indianer (Nordwest-Küste); in der großen Halle, *Great Hall,* mit den 14 m hohen Glasfenstern, finden Sie Totempfähle, *totem poles,* der Haida und Kwakiutl Indianer. Außerhalb des Museums befindet sich **Totem Park** — Hütten der Haida-Indianer und Totempfähle. Nur etwas südlicher davon kommen Sie zu dem weltberühmten **Nitobe Memorial Garden,** benannt nach Dr. Inazo Nitobe, international bekannter Wissenschaftler; täglich von 10 Uhr bis eine halbe Stunde vor Sonnenuntergang, *sunset,* geringe Eintrittsgebühr. Sie finden hier zwei Muster japanischer Gartenbaukunst, ein Teehaus mit Garten und einen großen Park mit einer Darstellung der Vielfalt der Natur; Wasserfälle, Bäche, Wälder, Inseln und Meere. Weiter auf dem Marine Drive entlang, gelangen Sie auf der Südseite des Campus zum **B.C. Native Garden** mit Tausenden von Pflanzen, die in British Columbia vorkommen. **Wichtiger Hinweis:** Sie können auch von Downtown Vancouver mit dem Stadtbus, *Bus Nr. 10,* auf Granville Street entlang, zum UBC Campus gelangen.

Van Dusen Botanical Garden, an der Ecke von 37th Avenue und Oak Street, in einem Gebiet mit bezaubernden Wohnhäusern, liegt an der Seite des angrenzenden Golfplatzes, Shaughnessy Golf Course. Lassen Sie sich etwas Zeit für einen Spaziergang durch die Blumengärten sowie durch Areas, in denen es Pflanzen und Gewächse aus verschiedenen Erdteilen gibt. In der nordwestlichen Ecke des 22 Hektar großen Parks befindet sich der **MacMillan Bloedel Place,** wo Sie alles über Bäume lernen und einen Spaziergang durch den Wald ,*walk in the forest*'

erleben können. Täglich ab 10 Uhr. Geringe Eintrittsgebühr.
In der Nähe, an 33rd Avenue und Cambie Street liegt der
Queen Elizabeth Park, etwa 52 Hektar. Von Downtown Vancouver können Sie den Park sehr schnell über Granville, Cambie oder Main Streets erreichen. Zum Beispiel, wenn Sie über
Main Street zum Park fahren, kommen Sie an 28th Avenue an
einem McDonald's vorbei; sobald Sie 33rd Avenue erreicht haben, fahren Sie von der Main Street in westliche Richtung, und
erreichen nach ein paar Querstraßen den Park. Besuchen Sie
als erstes das **Bloedel Conservatory** – das riesige, gläserne
Kuppelgebäude mit drei Klimazonen, Wüste, *desert,* Regen-
wald, *rain forest,* und Tropenzone, *tropical,* ein riesiges Gewächshaus. Geringe Eintrittsgebühr. Hinter dem Conservatory
führen Spazierwege durch einen herrlichen Park. Von hier aus,
einer Erhebung von etwa 124 m – dem höchsten Punkt der
Stadt, haben Sie einen ausgezeichneten Blick auf Vancouver
und die Berge. Vom Quarry Garden Aussichtspunkt können
Sie den 3276 m hohen Gipfel des Mount Baker im benachbarten US-Bundesstaat Washington sehen, oder den 1650 m hohen Zwillingsfelsen, *twin peak of the Lions,* nach dem die
Brücke zwischen Stanley Park und North Vancouver benannt
ist, Lions Gate Bridge. In der Nähe gibt es ein Restaurant,
Coffee Shop und einen Souvenirladen, *gift shop.* Wenn Sie die
Straße den Berg hinunterfahren, kommen Sie an Rosengärten,
kleinen Teichen und freiem Picknickgelände vorbei, wo Sie
auch sonnenbaden können. Ziemlich zum Schluß Ihrer Fahrt
durch den Park kommen Sie zu mehreren öffentlichen Tennisplätzen, *public tennis courts,* und einem netten, eingegrenzten
Golfplatz, *pitch & putt golf course;* Golfschläger und Bälle
erhältlich. Ein weiterer Ausflug südlich der Downtown Vancouver Area ist der Besuch des reizenden Fischerdorfs **Steveston
Fishing Village** – zwischen dem Flughafen und dem Fraser
River; Yachten und Fischerboote. In der ersten Juliwoche wird
hier das Salmon Festival gefeiert.

Südöstlich von Vancouver kommen Sie im Vorort Burnaby
zur **Heritage Village,** 4900 Deer Lake Avenue; benutzen Sie
vom *Trans-Canada Highway* die Ausfahrt, *Sperling South Exit.*
Hier finden Sie ein restauriertes Dorf aus der Pionierzeit British Columbias, etwa 1890–1925. Täglich, außer montags.
Östlich von Vancouver kommen Sie auf der *Hastings Street*
zum **Exhibition Park** mit mehreren Sportstadien sowie dem **BC
Sports Hall of Fame Museum.** Hier findet Ende August die
PNE, **Pacific National Exhibition,** die jährliche Messeveranstal-
tung, statt. Wenn Sie auf dem *Hwy 7A* in östliche Richtung
weiterfahren, gelangen Sie zu dem reizvollen **Burnaby Mountain Park** mit dem 366 m hohen Burnaby Mountain, wo sich
die Universität **Simon Fraser University** befindet. Diese Universität mit ihren ultramodernen Gebäuden – etwa 6000 Studenten – wurde erst 1965 gegründet. Kostenlose Führungen
durch den Campus, täglich im Juli & August; erste Tour 10.30,
letzte um 15.30 Uhr.

ATTRAKTIONEN IN NORTH VANCOUVER

Die Gegend nördlich der Downtown Area von Vancouver, auf der anderen Seite der Bucht *Burrard Inlet*, nennt man **North Vancouver**. Hier befinden sich sehr viele Attraktionen, alle von Downtown Vancouver leicht zu erreichen. Wenn Sie über die Brücke *Lions Gate Bridge* vom Stanley Park aus fahren, gelangen Sie über die *Capilano Road* direkt zu der berühmten Hängebrücke, ein bißchen nervenkitzelnd wegen der Höhe, **Capilano Suspension Bridge**, und in der Nähe zum **Grouse Mountain**. Wenn Sie über die *Second Narrows Bridge* fahren (über die sich der *TC-1* zur Bucht Horseshoe Bay fortsetzt), erreichen Sie leicht weitere Attraktionen in der North Vancouver Area. Genau nördlich der Brücke führt Sie beispielsweise Main Street/Cotton Drive in westliche Richtung zu dem in der Nähe liegenden **Park & Tilford Gardens** – nur 1 Hektar klein, aber lohnenswert. Da gibt es den Rose Garden, Herb Garden (*herb* = Kräuter) und tropische Pflanzen im Gewächshaus, *greenhouse*; es gibt dort sogar einen Kwakiutl Totempfahl, Eintritt frei. In östlicher Richtung kommen Sie zu dem attraktiven Ort **Deep Cove**, am Indian Arm; zu einem angenehmen Speiselokalbesuch können Sie das Savoury Restaurant, 4382 Gallant Avenue, aufsuchen. In der Nähe liegt der **Mount Seymour Provincial Park** – benannt nach Frederick Seymour, Gouverneur von British Columbia 1864–1869. Die Straße führt hier bis auf 1000 m Höhe des 1453 m hohen **Mt. Seymour**. Dort gibt es viele Wanderwege; im Winter ein beliebtes Skigebiet. Auf dem Parkplatz, *parking lot 3*, können Camper/Motorhomes über Nacht geparkt werden.

Vom *TC-1* kommen Sie über die *Lynn Valley Road* zum malerischen **Lynn Canyon** mit der Hängebrücke **Lynn Canyon Suspension Bridge**, etwa 83 m über dem Lynn Creek; kostenlos. In der Nähe ist das **Centennial Ecology Centre** – Filme und Ausstellung, Wanderwege mit dem Ziel, zu einem besseren Verständnis des Verhältnisses von Mensch und Natur zu führen. Eintrittsgebühr. Der Bahnhof **British Columbia Railway Station** befindet sich an 1311 W. First Street, am Ende der Pemberton Avenue; fahren Sie vom *TC-1* oder vom *Marine Drive* auf Pemberton Avenue in südliche Richtung. Nördlich von der *Lions Gate Bridge*, gelangen Sie über die *Capilano Road* zur **Capilano Suspension Bridge** – „the world's longest foot suspension bridge* – die längste Fußgänger-Hängebrücke der Welt", 137 m lang, und 70 m über dem Fluß. Die **1899** erbaute Brücke ist mit ihrer romantischen Beleuchtung auch abends geöffnet. Eintrittsgebühr. Hier gibt es auch eine große Trading Post/Gift Shop (Souvenirs), wo die Indianer ihre Waren verkaufen, zum Beispiel Pullover, *sweaters*, oder Holzschnitzereien, *wood carvings*. Genau nördlich davon liegt die Lachszucht, **Capilano Salmon Hatchery** – hier erfahren Sie alles über die sagenhaften Lachse. Der nahegelegene Staudamm, **Cleveland Dam**, staut das Wasser des Sees Capilano Lake; der See ist eine wichtige Trinkwasserversorgungsquelle für die Vancouver Area.

Über Capilano Rd. und Nancy Green gelangt man zur Abfahrtsstelle der Seilbahn **Grouse Mountain Skyride**, die Sie auf den 1100 m hohen Berg bringt, von wo Sie eine einmalige Sicht auf die Vancouver Area haben. Erkundigen Sie sich nach der **preisgünstigen** Kombination (Fahren & Essen) *ride & dinner combination.* – Vom Grouse Nest Restaurant oben auf dem Gipfel haben Sie ganz Vancouver vor sich, während Sie speisen. Sie können auch von Downtown Vancouver mit dem Bus die Area erreichen. Als besonderen Genuß sollten Sie zum Afternoon Tea, 15–16.30 Uhr, ins Hobbit House Restaurant, 3650 Capilano Road, gehen; montags geschlossen. Zu den **Übernachtungsmöglichkeiten** in der Vancouver Area zählt das Coach House Inn, in der Nähe der Second Narrows Bridge, 700 Lillooet Road (am *TC-1*), 985-3111. Östlich der Lions Gate Bridge ist das International Plaza Hotel, 1999 Marine Drive, 984-0611. Und nun zu einer weiteren Attraktion, wenn Sie in westlicher Richtung nach Horseshoe Bay, zum Küstengebiet Sunshine Coast und dem Garibaldi Provincial Park fahren – **Lighthouse Park** (*lighthouse* = Leuchtturm), 5 mi/8 km westlich der Lions Gate Bridge; Wanderwege durch Wälder und eine fabelhafte Aussicht auf die Meeresstraße Strait of Georgia.

SUNSHINE COAST ATTRAKTIONEN

Horseshoe Bay ist nicht nur Ihr Ausgangspunkt für die Fähre nach **Victoria** und zur Insel **Vancouver Island** (Einzelheiten finden Sie unter Reiserouten), sondern auch für die Fähre über **Langdale** zur **Sunshine Coast** – der malerische Küstenstreifen, auf dem der *Hwy 101* bis nach **Powell River** (mit einer weiteren Fähre) an der Küste entlang, und dann nördlich weiter nach **Lund** führt. Nachdem Sie Langdale erreicht haben, führt der *Hwy 101* weiter nach **Gibsons**, oft benutzt für Fernsehaufnahmen; etwa 2500 Einwohner. Es gibt dort im Museum eine große Muschelsammlung, *shell collection.* Etwa 9 mi/14 km westlich liegt der Campingplatz **Roberts Creek Provincial Campground**, etwa 25 Plätze. **Sechelt**, das nächste Dorf, hat etwa 1000 Einwohner; mit reicher indianischer Vergangenheit. Nördlich davon liegt der **Porpoise Bay Provincial Campground**, etwa 80 Plätze und ein breiter Sandstrand. Der Park kam wegen der vielen hier gesichteten Tümmler, *porpoises,* zu seinem Namen. Wenn Sie auf dem *Hwy 101* weiter westwärts fahren, kommen Sie an Kalksteinhöhlen vorbei; von der Straße aus auf einem kurzen Wanderpfad erreichbar.

Pender Harbour, etwa 40 mi/64 km nordwestlich von Langdale, ist der Mittelpunkt des Fischfangs und mehrerer Fischfangoasen, *fishing resorts.* Man sagt, daß die in aller Welt in Aquarien vorgeführten Killerwale hier gefangen wurden. Nordöstlich von **Earls Cove**, Abfahrtsstelle der Fähre über die Bucht Jervis Inlet nach Saltery Bay, liegt **Egmont** und der **Skookumchuck Narrows Park** – nach dem Chinook-Indianer-Begriff für turbulentes Wasser. Wegen des engen Durchgangs hier, konzentriert sich das Wasser des Pazifischen Ozeans zeitweilig bei

Ebbe und Flut so, daß viermal am Tag wilde Strudel erzeugt werden. Vom Parkplatz zum Aussichtspunkt dauert es etwa 1 Stunde (zu Fuß); keine Campinggelegenheit.

Nach Beendigung der zweiten Überfahrt mit der Fähre an der **Sunshine Coast** gelangen Sie nach **Saltery Bay**. In der Nähe befindet sich der **Saltery Bay Provincial Campground**, etwa 45 Plätze. **Powell River** hat etwa 16 000 Einwohner und liegt etwa 81 mi/130 km (Landentfernung, Highway) nordwestlich von Horseshoe Bay. Rechnen Sie die beiden Fährfahrten, davon jede etwas weniger als 1 Stunde, hinzu. Der Ort von dem behauptet wird, daß er „mehr Sonnenschein als Hawaii habe", wurde nach Dr. J.W. Powell, 1836−1915, benannt; ein gestrenger Advokat, der bei der Konföderation British Columbias mit Kanada, 1871, mitwirkte. Im Ort gibt es die **MacMillan Bloedel Paper Mill**, eine der größten Papiermühlen für Zeitungsdruckpapier; Führungen möglich. In der Nähe des Museums befindet sich der Willingdon Beach Park. Natürlich ist der Ort bekannt für seinen Fischfang; erkundigen Sie sich beim Tourist Office über Einzelheiten. Genau südlich von der Fähre, *ferry terminal* (Überfahrt nach Comox auf Vancouver Island), gibt es als **Übernachtungsmöglichkeit** das Beach Garden Resort Hotel, 7074 Westminster Street, Powell River, B.C. V8A 1C5, 485-6267. **Lund** ist ein kleines Dorf, etwa 15 mi/24 km nördlich von Powell River. Hier endet der *Hwy 101* (oder beginnt!); er erstreckt sich südwärts von hier hinunter nach Mexiko City, und einige Abschnitte, besonders in Kalifornien, sind bekannt als *Camino Real*, der früher, im 18. und 19. Jahrhundert, als Verbindungsstraße zwischen den einzelnen Missionsstationen benutzt wurde. Die Fahrt entlang der **Sunshine Coast** = Sonnenschein-Küste bietet eine ausgezeichnete Möglichkeit, eine **Rundfahrt** von Vancouver nach Powell River und dann hinüber zur Vancouver Island und nach Victoria zu unternehmen; von Victoria zurück nach Vancouver.

HWY 99 ZUM GARIBALDI PROVINCIAL PARK

Von **Horseshoe Bay** setzt sich der *Hwy 99* in Richtung Norden, am malerischen Meeressund, **Howe Sound**, entlang, fort, über Britannia Beach, Squamish, Garibaldi Provincial Park und Whistler Mountain. Weiter nördlich führt eine Schotterstraße, *gravel road* (nur im Sommer befahrbar − Forstwirtschaftsweg, achten Sie auf Holztransporte) weiter bis **Lillooet**. Eisenbahnstrecke der *British Columbia Railway*, die den Personenverkehr zwischen North Vancouver und Prince George unterhält, läuft ein ziemlich langes Stück parallel zum *Hwy 99*. In **Britannia Beach** können Sie das interessante Bergbaumuseum **BC Museum of Mining** besuchen; einer der Höhepunkte ist eine Zugfahrt durch das Bergwerk. Das Bergwerk Britannia Mines, 1899 gegründet, war 1930−1935 das größte Kupferbergwerk des englischen Imperiums. Hier können Sie auch Ihr Glück beim Goldwaschen, *gold panning*, probieren.

Wenn Sie auf dem *Hwy 99* in Richtung Norden fahren, kommen Sie an den Wasserfällen **Shannon Falls** vorbei, wo aus 304 m Höhe Wasser in Kaskaden über steile Felsen herunterkommt. **Squamish,** 28 mi/45 km nördlich von Horseshoe Bay, ist die größte Stadt der Area. Der Name kommt aus dem Indianischen für starken Wind. **Wichtiger Hinweis:** Anfang August werden hier die Loggers Days (*logger* = Holzfäller) gefeiert. Die Stadt ist auch die nördliche Endstation des **Royal Hudson Train** von North Vancouver. Etwa 8 mi/12 km nördlich von Squamish ist die Zufahrt zum **Alice Lake Provincial Park,** benannt nach der Frau eines Pioniers; Badegelegenheit am Westufer des Sees Alice Lake; über 80 Campingplätze im Park. Weiter nördlich kommen Sie an den Wasserfällen **Brandywine Falls** vorbei, 64 m hoch.

Hwy 99 und die Eisenbahn *British Columbia Railway* streifen beide den **Garibaldi Provincial Park,** ein riesiges Gelände, 196 000 Hektar Gebirgswildnis. Der 2678 m hohe Mt. Garibaldi sowie der Park wurden nach dem italienischen Freiheitskämpfer Guiseppe Garibaldi (19. Jahrhundert) benannt. Der Park ist ideal zum Wandern und Bergsteigen; in höheren Lagen finden Sie Gletscher; keine angelegten Campingplätze. Ein beliebter Zugang zum Park befindet sich etwa 23 mi/36 km nördlich von Squamish. Vom *Hwy 99* führt ein 1.5 mi/2,4 km langer Schotterweg zum Parkplatz Rubble Creek, *parking lot.* Der See **Garibaldi Lake** ist zu Fuß über einen etwa 6 mi/10 km langen Weg vom Parkplatz aus erreichbar. Die reizvolle Wiesenlandschaft **Black Tusk Meadows,** nördlich des Sees, ist ebenfalls über einen Wanderpfad zu erreichen. **Wichtiger Hinweis:** Züge von *British Columbia Railway* halten bei Bedarf an Garibaldi Station, nur 2.5 mi/4 km vom Rubble Creek Parkplatz.

VANCOUVER CHECKLISTE
- ☐ STANLEY PARK ERLEBEN
- ☐ BUMMEL DURCH GASTOWN
- ☐ AUSSICHT VOM HARBOUR CENTRE
- ☐ FAHRT MIT DER SEA BUS FÄHRE
- ☐ BESUCH DES ANTHROPOLOGY MUSEUMS
- ☐ QUEEN ELIZABETH PARK BESUCHEN
- ☐ HUDSON'S BAY COMPANY EINKAUFSBUMMEL

VANCOUVER AREA CHECKLISTE
- ☐ CAPILANO BRIDGE ERLEBEN
- ☐ AUSFLUG NACH SQUAMISH
- ☐ SEILBAHNFAHRT ZUM GROUSE MOUNTAIN
- ☐ SALMON HATCHERY / LACHSZUCHT ANSEHEN
- ☐ KÜSTENFAHRT ENTLANG DER SUNSHINE COAST
- ☐ WANDERN IM GARIBALDI PARK
- ☐ SPAZIERGANG DURCH PARK & TILFORD GARDENS
- ☐ AUSFLUG NACH VICTORIA

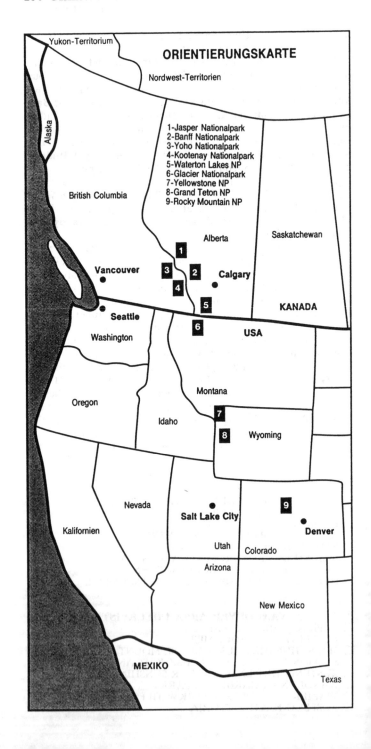

WATERTON LAKES NATIONALPARK

„Kanadischer Nationalpark an der Grenze Kanada/USA"

Der **Waterton Lakes Nationalpark** liegt im äußerst südwestlichen Zipfel der Provinz **Alberta**, wo die Prärielandschaft an die Rockies stößt. **Calgary** liegt etwa 166 mi/266 km im Norden. Die südliche **Parkgrenze** ist gleichzeitig auch die Grenze zwischen **Kanada** und den **USA**. Nördlich dieser internationalen Ländergrenze liegt der **Waterton Lakes Nationalpark**, während sich südlich davon der viel größere **Glacier Nationalpark**, im US-Bundesstaat Montana, erstreckt. Beide Parks ergeben zusammen einen internationalen Park, der 1932 gegründet wurde und **Waterton-Glacier International Peace Park** (Friedenspark) genannt wird. Der Park ist im Vergleich zu den Nationalparks von Jasper und Banff relativ klein (mit einer Größe von etwa 1360 Quadratkilometern, und etwa 180 Kilometer Wanderwegen, *backcountry trails*), hat aber eine Menge an Freizeitangeboten, das ihn zu einem idealen Ferienziel und Erholungsort besonders für Familien macht — hier gibt es auf engstem Raum viel zu sehen und zu erleben!

Das „Tor" zum **Waterton Lakes Nationalpark** ist die „Kleinstadt" **Pincher Creek**, in der Nähe der Kreuzung *Hwy 3/Hwy 6*, etwa 32 mi/51 km im Norden. **1878** gründete die *North West Mounted Police* (heute Kanadas berittene Polizeieinheit *Royal Canadian Mounted Police*) hier eine Pferde- und Rinderranch — denn hier gab es fruchtbares Weideland — als Versorgungsdepot für ihre Truppe. Der Name **Pincher Creek** (*creek* = Bach) kommt daher, daß man die Stelle am Bach, wo die Abenteurer, *prospectors*, eine Art Greifzange, *a pair of pincers*, verloren hatten, danach bezeichnet hat. In den 1880er Jahren entstanden mehrere große Rinderzucht-Ranches in dieser Gegend, und das heutige Pincher Creek blieb seitdem ein Viehzuchtzentrum des Südens von Alberta. Wenn Sie auf dem *Hwy 6* südwärts fahren, scheint es, als ob die Rocky Mountains plötzlich vor Ihnen herausschießen. **Wichtiger Hinweis:** Da Sie sich hier in einer ländlichen Gegend mit Pferden und Rindern befinden, achten Sie hier ganz besonders auf Tiere auf der Straße. In der Nähe des Parkeingangs, noch außerhalb des Parks, kommen Sie zu einem Privat-Campingplatz, *commercial campground*.

In der Nähe vom Eingang zum **Waterton Lakes National-park** (innerhalb des Parks) ist das Büffel-Freigehege, **Buffalo Paddocks**, westlich vom *Hwy 6*. Man hatte 1952 eine kleine Büffelherde in diese Gegend gebracht, einen Bullen und fünf Kühe, die sich seitdem vermehrt hat. Obwohl man annimmt, daß bereits früher Büffel in dieser Gegend frei lebten (es gibt in der Nähe einen alten Felssturz, einen sogenannten *bison jump,* über den früher die Indianer die Büffel gejagt haben, um sie zu töten. Das war zu jener Zeit, als es noch keine Pferde und Gewehre zum Jagen gab.), wurden die Büffel im 19. Jahrhundert durch den weißen Mann praktisch ausgerottet. Man nimmt beispielsweise an, daß es 1790 etwa über 60 Millionen Bisons gab, um 1890 waren es nur noch etwa 1100!! Es ist der kanadischen und der US-Regierung sowie den Parkverantwortlichen und Tierschützern zu verdanken, daß die 1000 kg schweren Tiere, die bis zu 40 mph/64 km/h schnell sein können, hier schon 30 Jahre lang leben.

Die Haupt-Parkstraße folgt dem Untersee, **Lower Waterton Lake,** dem Mittelsee, **Middle Waterton Lake** und läuft dann am Obersee, **Upper Waterton Lake** entlang, vorbei am Grabmal von „Kootenai" Brown, einer der ersten Parkverantwortlichen, und an der Abzweigung, wo der *Red Rock Parkway* zum reizvollen **Red Rock Canyon** und dem Campingplatz Crandell Mountain Campground führt, etwa 129 Plätze (etwa 5 mi/ 8 km abseits der Hauptstraße). In der Nähe gibt es einen 18-Loch-Golfplatz (wie Sie sehen, bietet der Park eine ganze Menge, um sich mehrere Tage hier aufzuhalten), anschließend kommen die Reitställe, *riding stables,* direkt neben der Straße; Sie können Pferde mieten, und ein Picknickplatz befindet sich ebenfalls dort. Danach gelangen Sie zum **Park Information Centre.** Machen Sie dort Halt, und besorgen Sie sich eine Orientierungskarte über den Park, *map of the park,* die Parkzeitung, *park newspaper, Mountain & Prairie,* mit den neuesten Informationen über das Parkleben, ein Programm *Interpretive Program Schedule,* in dem alles über Touren, Wanderungen, *hikes,* und Vorträge, *talks,* der Park-Naturspezialisten, *park naturalists,* zu finden ist, den interessanten Prospekt *The Trees and Forests of Waterton Lakes National Park,* alles über die im Park vorkommenden Bäume. Erkundigen Sie sich auch über die Wanderwege durch den Park, *self-guiding nature trails;* es gibt dort auch Wanderkarten, *topographic maps.* Vom Information Centre beginnt beispielsweise der Wanderweg *Bears Hump Trail;* Ein-Weg-Entfernung etwa .7 mi/1,1 km.

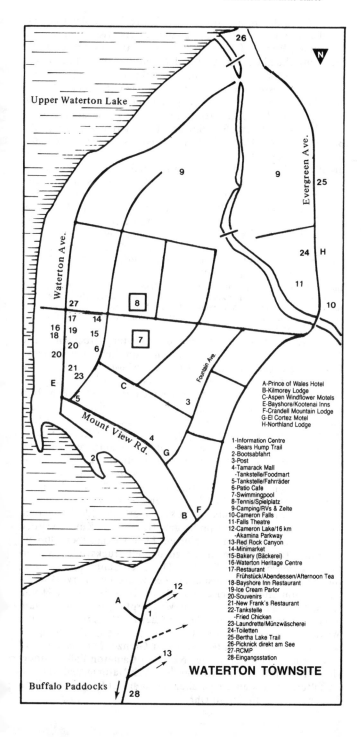

Upper Waterton Lake

Evergreen Ave.

Waterton Ave.

Fountain Ave.

Mount View Rd.

Buffalo Paddocks

A-Prince of Wales Hotel
B-Kilmorey Lodge
C-Aspen Windflower Motels
E-Bayshore/Kootenai Inns
F-Crandell Mountain Lodge
G-El Cortez Motel
H-Northland Lodge

1-Information Centre
 -Bears Hump Trail
2-Bootsabfahrt
3-Post
4-Tamarack Mall
 -Tankstelle/Foodmart
5-Tankstelle/Fahrräder
6-Patio Cafe
7-Swimmingpool
8-Tennis/Spielplatz
9-Camping/RVs & Zelte
10-Cameron Falls
11-Falls Theatre
12-Cameron Lake/16 km
 -Akamina Parkway
13-Red Rock Canyon
14-Minimarket
15-Bakery (Bäckerei)
16-Waterton Heritage Centre
17-Restaurant
 Frühstück/Abendessen/Afternoon Tea
18-Bayshore Inn Restaurant
19-Ice Cream Parlor
20-Souvenirs
21-New Frank's Restaurant
22-Tankstelle
 -Fried Chicken
23-Laundrette/Münzwäscherei
24-Toiletten
25-Bertha Lake Trail
26-Picknick direkt am See
27-RCMP
28-Eingangsstation

WATERTON TOWNSITE

In der Nähe vom Information Centre ist die Abzweigung, wo die Straße den Berg hoch zu dem majestätisch und rustikal wirkenden **Prince of Wales Hotel** (etwa 80 Zimmer) führt, das Sie wahrscheinlich bereits aus der Ferne erblickt haben. Ein Besuch lohnt sich, selbst wenn Sie nicht hier übernachten. Sie können hier essen, in der Windsor Lounge mit offenem Kamin ausruhen, oder Sie können sich auch im interessanten Souvenirladen umsehen. Und gehen Sie auch auf die andere Seite des Hotels, und genießen Sie den Blick auf den See und die Berge. Der See, **Upper Waterton Lake**, ist einer der **tiefsten** Seen der Rocky Mountains, etwa 152 Meter tief. Wenn Sie hier draußen stehen, werden Sie bald feststellen, daß dies eine der windigsten Gegenden von Alberta ist; das merken Sie beim Tennis und Golfspiel. Bei diesem bezaubernden Blick vom Hotel auf den See, wird Ihnen der indianische Name dieser Gegend bewußt, „*Omok-si-kimi*" – Land der bezaubernden Gewässer. Die Seen wurden nach dem berühmten englischen Naturforscher Charles Waterton benannt. Telefonnummer des Hotels: (403)859-2231; **Postanschrift**: Prince of Wales Hotel, Waterton Park, Alberta T0K 2M0.

Information: Park – Superintendent, Glacier National Park, West Glacier, MT 59936, (406)888-5441; Unterkunft – Glacier Park Inc., Glacier Park Lodge, P.O. Box 147, East Glacier Park, MT 59434, (406)226-5551 (Sommer, 15. Mai-15. Sept.); Glacier Park Inc., The Dial Corporate Center, Phoenix, AZ 85077, (602)207-6000 (Winter, 16. Sept.-14. Mai).

Die Haupt-Parkstraße führt südlich weiter, vorbei am Prince of Wales Hotel und der Abzweigung zum hübschen **Cameron Lake**, erreichbar über den *Akamina Parkway,* zum Kern von **Waterton**, dem Mittelpunkt des Parks. Hier im Zentrum von **Waterton** gibt es mehrere Motels, Geschäfte, Tankstellen, Tennisplätze; beheiztes Schwimmbad (die Seen eignen sich nicht zum Schwimmen, das Wasser ist zu kalt); die Post, *post office;* Bootsabfahrtsstelle, *boat docks,* wo Sie Boote/Kanus mieten können, und wo auch die Ausflugsboote abfahren; und der große Campingplatz Townsite Campground, etwa 200 Plätze, Duschen vorhanden. Die *Waterton Avenue* ist der **Puls** von Waterton, mit hübschen Boutiquen, Souvenirläden und Restaurants. Es gibt auch Fahrradvermieter. Bei all den Freizeitmöglichkeiten werden Sie überzeugt sein, hier einen **idealen** Ferienort für Ferien mit der **Familie** anzutreffen; die Kinder werden sich auch hier wohlfühlen. Nur ein klein wenig außerhalb vom „Stadtzentrum" kommen Sie zu den eindrucksvollen Wasserfällen **Cameron Falls**. Die 600 Millionen Jahre alten Felsen, die durch das stetige Aushöhlen des Wasserfalls hervorkamen, zählen zum ältesten Felsgestein dieses Teils der Rocky Mountains. Dort gibt es auch einen Wanderpfad, *self-guiding trail.* Vom *Cameron Falls Drive* beginnt der *Bertha Lake Trail* (zum Wasserfall und den Seen), etwa 3 mi/5 km eine Richtung, sowie Wanderweg zur **internationalen** Grenze, *boundary* (5 mi/ 8 km eine Richtung). In der Nähe der **Cameron Falls** befindet sich das **Falls Theatre**, wo von den Park-Naturspezialisten veranstaltete interessante (vor allem kostenlose) Programme stattfinden, abends um 20.30 Uhr.

AUSFLÜGE

Einer der beliebtesten Ausflüge von **Waterton** ist die Schiffstour. **Wichtiger Hinweis:** Es gibt zwei Schiffsverbindungen. Eine ist mit dem Schiff **International**, das Sie über den See, über die Grenze Kanada/USA nach **Goat Haunt**, USA, bringt. Diese Schiffstour dauert etwa 90 Minuten, und in Goat Haunt haben Sie etwas Zeit, um dort zum **Visitors Center** zu gehen (wegen der Gründung des **Waterton-Glacier International Peace Park** eingerichtet). Bootsabfahrten normalerweise um 9, 11, 14 und 16 Uhr von der Schiffsanlegestelle, *dock,* in Waterton. An manchen Tagen erwarten Park Rangers das 9-Uhr-Schiff in Goat Haunt und führen eine Wanderung durch, so daß Sie aber mit dem nächsten Boot wieder zurück nach Waterton fahren können; das bedeutet, daß Sie gegen 12.30 Uhr zurück sein werden. Sogar bei einer späteren Bootsfahrt können Sie die Goat Haunt Area etwas erkunden und das nächste Boot zurücknehmen. Beispielsweise führt ein beliebter **Trail** von der Anlegestelle in **Goat Haunt** um den See, am **Waterton River** entlang bis zu den Wasserfällen **Rainbow Falls** (hin und zurück etwa 2 mi/3,2 km mit keinen nennenswerten Steigungen). Erkundigen Sie sich immer nach den neuesten Abfahrtszeiten. Ein weiterer Bootsausflug ist die **Shoreline Cruise**, dabei bekommen Sie die Uferlandschaft mit den Steilklippen zu sehen; für Fotofans wird das eine ganz begeisternde Schiffstour-Fotosafari. Es gibt auch eine Abendfahrt, *sunset cruise,* um 19 Uhr. Es gibt auch Wasser-Taxi-Service, um zu den Wasserfällen **Hell Roaring Falls** oder von dort auf dem Trail zum See **Crypt Lake** zu gelangen, gegenüber der „Stadt" Waterton. Hier gibt es auch einfache Campingstellen. Erkundigen Sie sich bei der Ausflugsbootsgesellschaft nach Einzelheiten.

Eine weitere Ausflugsmöglichkeit von der Stadt **Waterton** aus ist eine Fahrt auf dem 10 mi/16 km langen *Akamina Parkway,* der am **Cameron Creek** zum wunderschönen See **Cameron Lake** führt. Auf halbem Weg etwa kommen Sie an der Stelle vorbei, wo Kanadas erste Ölpumpe in Betrieb genommen wurde. 1878 wurden die ersten „fünf Gallonen" (etwa 25 Liter) Rohöl von hier befördert – West-Kanadas erstes Öl! 1902 hatte man ein Bohrloch bis zu 312 m Tiefe getrieben und war auf Erdöl bester Qualität gestoßen. Man plante, die Gegend zu einem riesigen Ölproduktionszentrum auszubauen, aber **Oil City**, wie die Gegend genannt wurde, erwies sich nicht, wie ursprünglich erhofft, als eine so ergiebige Ölquelle. Nichts blieb von den ehemals so eifrigen Bohraktivitäten zurück. Und obwohl man nicht so viel Öl hier gefunden hatte, war doch das Interesse an Öl wachgeworden. 1914 wurde die größte Ölquelle im Tal **Turner Valley**, südlich von **Calgary**, entdeckt. Am **Cameron Lake** werden Kanus vermietet; Picknickplatz.

Zu den beliebtesten Ausflügen im Park gehört eine Fahrt auf dem *Red Rock Parkway* entlang zum **Red Rock Canyon**; unterwegs liegt der Crandell Mountain Campground. Auf der etwa 9 mi/15 km langen Strecke werden Sie mit ein bißchen

Glück, Tiere sehen können. Von mehreren Aussichtsstellen unterwegs auf der Route, die die Pelzhändler der Hudson's Bay Company vor etwa 200 Jahren benutzten, um ihre Handelsposten im südlichen Teil British Columbias, zu versorgen, können Sie den Berg **Mount Blakiston** sehen, mit 2940 m der höchste Berg im Park. Am **Red Rock Canyon** gibt es den 1.5 mi/2,4 km langen *self-guiding nature trail* am Canyon entlang und zu den Wasserfällen **Blakiston Falls**. Das rote Gestein, *red rock*, kommt vom dem Eisen, das bloß gelegt wurde und mit der Zeit rostete und daher die rote Farbe bekam.

Vom **Waterton Lakes Nationalpark** geht die Fahrt über *Hwy 6* (in Alberta) und *Hwy 17 & US 89* (in Montana, USA) zum Glacier Nationalpark. Der kleine Belly River Campground, noch im Waterton Nationalpark, hat etwa 24 Plätze, etwa 7 mi/11 km im Südosten. Es ist in einer Beziehung sehr überheblich, zu erwarten **Glacier Park** in einem Tag zu erleben; doch wenn Sie sich länger im **Waterton Lakes Nationalpark** aufhalten, können Sie eventuell diesen Ausflug unternehmen. **Wichtige Hinweise:** Der reizvolle *Chief Mountain International Highway* ist nur im Sommer geöffnet, wie auch die Grenzstation, *customs office*, an der **Grenze Kanada/USA** (0700 bis 2200 Uhr geöffnet), erkundigen Sie sich nach Einzelheiten über Uhrzeiten usw. in **Waterton**, bevor Sie starten. **Chief Mountain** ist ein 2751 m hoher Gipfel des Parks. Und obwohl Sie sich vielleicht schon an die zugelassene Geschwindigkeit von 68 mph/110 km/h auf dem *Trans-Canada Highway* gewöhnt haben, beachten, daß die Geschwindigkeit auf vielen Highways in den **USA** auf **55 mph/88 km/h** begrenzt ist! Nachdem Sie beim **St. Mary Visitors Center** am Eingang zum **Glacier Nationalpark** waren, fahren Sie auf der bezaubernden 50 mi/80 km langen *Going-To-The-Sun-Road* quer durch den Park nach **West Glacier**, anschließend auf *US 2* (etwa 55 mi/ 88 km) nach **East Glacier** und dann nach Norden auf *Hwy 49, US 98* und *Hwy 17* zurück zum **Waterton Nationalpark**. Es ist ein volles Tagesprogramm, und dazu müssen Sie sehr, **sehr früh** starten, mit **vollem Tank**. Es ist ein sehr lohnender Ausflug. Sie können über diese Route auch zum **Yellowstone Nationalpark** gelangen. Erkundigen Sie sich über Einzelheiten über den **Glacier Nationalpark** (und der Fahrbeschränkung für *trailers,* Wohnanhänger) beim **Park Information Centre**, in der Nähe vom **Prince of Wales Hotel**, bevor Sie zu Ihrem internationalen Ausflug starten. **Haben Sie Ihr US-Visum?**

 ## ÜBERNACHTUNGEN

Außer den Campingplätzen, die wir bereits erwähnt haben und dem reizvollen **Prince of Wales Hotel**, das wir bereits beschrieben haben, finden Sie im „Stadtzentrum" von **Waterton** mehrere Übernachtungsmöglichkeiten. Dazu zählen auf der Nordseite der Stadt Kilmorey Motor Lodge, Box 124, 859-2334; direkt am See, *home-cooked meals*, bürgerliche Küche.

Aspen Windflower Motel gegenüber vom geheizten Swimmingpool und den Tennisplätzen; 859-2255.

Bayshore Inn, direkt am See. Box 38; 859-2211; hübsches Restaurant *(dining room)* mit Blick zum See; **billigere** Zimmer über dem Restaurant. Emerald Bay Motel, Box 7; 859-2620. Falls Sie eines der Hotel/Motels selbst anschreiben wollen, achten Sie darauf, daß die Adresse wie folgt lautet: Waterton, Alberta T0K 2M0, Kanada. Vorwahlnummer, *area code* (**403**). An **Tamarack Mall**, einem winzigen Ladenzentrum, kommen Sie zur Geschäftsstelle eines Ausflugsunternehmens, *tour company,* das Ausflugsfahrten durch den Park veranstaltet und Wanderer zu den *Trailheads* der Wanderwege bringt, mit Taxi-Service. Die **Taxifahrt** zwischen der Stadt und dem Prince of Wales Hotel, kostet etwa $3-4. Hier gibt es auch eine Tankstelle. Bei der Texaco Tankstelle können Sie auch **Fahrräder** mieten. Picknickgelände südlich der Stadt sowie Campingplatz. Wie bereits erwähnt, ist *Waterton Avenue* die Hauptstraße des Ferienorts, der jährlich etwa eine halbe Million Besucher hat, aber **im Winter** wohnen nur etwa 100 Leute in der Stadt!

WATERTON AREA CHECKLISTE

- ☐ BÜFFELHERDE ANSEHEN
- ☐ BOOTSFAHRT AUF DEM WATERTON LAKE
- ☐ OIL CITY, ÖLSTADT, BESUCHEN
- ☐ RED CANYON EROBERN
- ☐ INFORMIEREN BEIM INFORMATION CENTRE
- ☐ AUSSICHT VOM PRINCE OF WALES HOTEL
- ☐ AUSFLUG ZUM CAMERON LAKE
- ☐ CAMERON-FÄLLE ANSEHEN

WATERTON–YELLOWSTONE -AUSFLUG

„Museum of the Plains Indians östlich vom Glacier Nationalpark"

Browning – etwa 12 mi/19 km östlich von East Glacier und dem Glacier Nationalpark – ist ein lebhaftes Wirtschaftszentrum der Ranchbetriebe der Umgebung und der Blackfeet Indian Reservation. Größte Attraktion der Stadt ist das **Museum of the Plains Indian.** Das moderne Museumsgebäude liegt an *US 89*, am Westrand von Browning.

Unter den Exponaten befinden sich Kostüme, Kleidung, Kunsthandwerk der Northern Plains Indianer, zu denen Blackfeet, Crow, Northern Cheyenne, Sioux, Assiniboine, Arapaho, Shoshone, Nez Percé, Flathead, Chippewa und Cree gehören. Im Museumsladen gibt es herrliche Bildbände sowie echte Indianerarbeiten als Souvenir. Hier erhält man Information über Spezialveranstaltungen, beispielsweise *North American Indian Days* – 4tägiges Fest im Juli, eines der größten Indianertreffen. Und nun zur Ausstellung im Museum.

MUSEUM OF THE PLAINS INDIAN

MEDICINE ROCK – Medizinfelsen: Dieser Felsen befand sich ursprünglich im Tal des **Marias River**, etwa 7 mi/11 km westlich vom alten **Fort Conrad.** Vor vielen Jahren sollen angeblich auf dem Kriegspfad befindliche Blackfeet Indianer am Felsen Rast gemacht und den Stein gedankenlos den Berg hinabgerollt haben. Zur Strafe wegen Beleidigung der Geistermächte sollen nur 2 Mitglieder der Bande lebend zurückgekehrt sein.

Danach brachten die Indianer zur Verehrung der unsichtbaren Mächte Gaben wie rote Farbe, Perlen, Tabak, Adlerfedern und andere Geschenke zum Felsen. Jahrelang war dieser Fels ein Markstein entlang des **Narrow Ridge Trails.**

Mike Connelly, der sich 1888 in der Area mit seiner Familie niedergelassen und das Land bis 1952 bewirtschaftet hatte, pflegte den Felsen für die Blackfeet Indianer. Durch gemeinsames Bemühen des Blackfeet Tribal Council und der Brian Connelly Familie wurde der Stein an seinen heutigen Standort verbracht.

Rechts, wenn man das Museum betritt, stößt man auf den Abschnitt **Migration of the Plains Indians** – Zug der Plains Indianer. Danach **History of the Plains Indians** – Geschichte der Plains Indianer.

Hauptströme der Indianer-Wanderungen

Shoshonean-sprechende Indianer	– Comanche
Kiowan-sprechende Indianer	– Kiowa
Algonquian-sprechende Indianer	– Arapaho
	– Atsina
	– Blackfeet
	– Cheyenne
	– Ojibway
	– Plains-Cree
Siouan-sprechende Indianer	– Assiniboine
	– Crow
	– Sioux

The Great Plains And Early Indian Migration
Die Great Plains und erste Indianerwanderungen

Die **Great Plains** = große Prärie oder Ebene, Grasflächen (links auf der Karte zu sehen) Nordamerikas umfassen ein riesiges Gebiet, das sich vom Innern Kanadas südwärts bis zur Rio Grande-Grenze in Texas über Hunderte von Kilometern erstreckt. Die Ausläufer der Rocky Mountains Gebirgskette bilden die westliche Grenze, während der Ostrand etwa parallel zum Mississippi River verläuft. Das gesamte Gebiet der Great Plains wird vom Flußsystem der Flüsse Missouri und Mississippi River durchzogen, die von Nord nach Süd, über die nördliche Prärie und anschließend durch ein Gebiet fließen, in denen indianische Jäger von prähistorischen Zeiten bis zum 19. Jahrhundert ausgezeichnete Jagdgründe vorfanden.

Trotz wechselnder klimatischer Verhältnisse wie Schneestürme, Dürre, Trockenzeiten, Überschwemmungen, Wirbelstürme und schwelender Hitze, wurden die Indianer, die dieses weite Land durchzogen und bewohnten, von der Fülle natürlicher Rohstoffquellen, die sie in den Great Plains fanden, angelockt. Von größter Bedeutung waren die Grasflächen – satte lang- oder kurzstielige Gräser, die den riesigen Bisonherden (bekannter als Büffel), Antilopen, Rehwild, Wapitihirsch und anderen Tieren, wovon die Indianer lebten, unendlich weite natürliche Weideflächen boten. Die Tiere belieferten die Stämme mit dem Lebenswichtigsten: Nahrung sowie Rohmaterial zum Herstellen von Kleidung, Geräten und Behausung.

Der östliche Teil der Großen Prärie – agrikulturisch begünstigtes Gebiet, das von zahlreichen Flüssen durchzogen war – zog die Indianerstämme an, die Ackerbau der Jagd vorzogen. Überall in der Gegend gab es eine Vielfalt an Vegetation und Tieren, die sowohl den Jägern als auch den Farmern unter den Indianern Nahrung, Farbstoffe sowie Baumaterialien für ihre Behausung lieferten.

LATER TRIBAL MIGRATIONS – Spätere Indianer-Wanderungen: Das Leben der Indianer der Great Plains erfuhr vom 17. bis zum 19. Jahrhundert eine bemerkenswerte Wandlung, als nämlich die Gegend zu einem großen Schmelztiegel verschiedener Indianerstämme wurde, die verschiedene Sprachen redeten (siehe Karte links; im Museum). Diese verschiedenen Indianerstämme kamen aus ihren eigentlichen Heimatgebieten (Homelands) an den westlichen und östlichen Grenzen der großen Prärie und waren ins Herz der Great Plains gezogen, wo es ihnen bestimmt sein sollte, ihren Ursprung als nordamerikanischer Indianer zu erhalten, ehe weiße Siedler in die Gegend eindrangen. Diese Indianerkultur der Plains Indianer zog als Reitervolk und Nomaden auf Büffeljagd und umfaßte zunächst 9 Stämme, die sich gegen Ende des 17. Jahrhunderts in diesem weit ausgedehnten, fruchtbaren Weideland zusammengefunden hatten.

Aus dem Gebiet der nördlichen Rocky Mountains kamen die Comanchen = **Comanche**, (sprich: komanschi), die sich von ihrem Stammesstamm, den Shoshonen = **Shoshone** (sprich: schuschoni) getrennt hatten, um in Südostrichtung in die Great Plains zu ziehen, wobei sie alle früheren seßhaften Stämme vor sich herjagten. Ebenfalls aus dem Gebiet der Rocky Mountains kamen die Kiowas = **Kiowa** (sprich: keiowa), die zuerst in östlicher Richtung in die Black Hills zogen und dann südwärts abbogen, um den Comanche zu folgen, mit denen sie sich vermutlich verbündeten, um die riesige Gegend der südlichen Prärie = Southern Plains zu beherrschen.

Die Hauptwanderungen der Indianer begannen von der nordöstlichen Grenze der Prärie, wo verschiedene Algonquian- und Siouan-sprechenden Stämme von ihren Nachbarstämmen an den Großen Seen, die über Feuerwaffen und andere Handelsgüter von den Franzosen in Kanada verfügten, westwärts gedrängt wurden. Die

Algonquian- und Siouan-sprechenden Stämme begannen einer nach dem andern, über die nördlichen und zentralen Gebiete der Great Plains zu ziehen und schoben nun ihrerseits bereits hier schon ansässige Stämme vor sich her – manche wurden sogar westwärts über die Rocky Mountains gedrängt.

Die **Crow** (sprich: kro) – unter den ersten, die die lange Wanderung Richtung Westen über die Prärie begannen – wurden bald von den **Cheyenne** (sprich: scheijenne), **Arapaho** (sprich: eräpeho), den **Atsina** (sprich: ätsina) und später von den **Sioux** (sprich: su) gefolgt. Weiter im Norden zogen die **Blackfeet** (sprich: bläkfieht) zu einem endgültigen Platz in den Ausläufern der Rocky Mountains, gefolgt von den **Assiniboine**.

Noch etwas später, etwa gegen Ende des 18. und Beginn des 19. Jahrhunderts, als die Plains Indianer noch in der Übermacht waren, begannen andere Indianerstämme – hauptsächlich die **Cree** (sprich: krie) und **Ojibway** (sprich: ojibwe) aus dem Norden, auch in das Gebiet zu wandern, um den Lebensstil ihrer Vorgänger aufzunehmen.

Gegen Ende des 18. Jahrhunderts waren diese Indianer nomadisierende Jäger zu Pferde sowie Krieger geworden und beherrschten das endlose Kerngebiet Nordamerikas. Sie zogen weite Strecken entlang, um die ausgedehnten Büffelherden zu jagen, standen mit ihren Nachbarn auf Kriegsfuß, überfielen Ackerbau treibende Stämme und immer mehr vom Süden und Westen eindringende weiße Siedler oder trieben Handel mit ihnen; sie genossen ein freies, unbeschwertes Leben auf den weiten offenen Flächen der großen Ebenen – Great Plains.

PLAINS INDIAN CULTURE – Plains Indianer: Die ersten Stämme, die in die Area zogen, überquerten die Great Plains **zu Fuß** auf der Suche nach Jagdwild, und benutzten den Hund als einziges Lasttier. Innerhalb kurzer Zeit erlebte das Leben der Plains Indianer mit Einführung des Pferdes eine wahre Revolution.

Das Pferd war im 16. Jahrhundert durch spanische Siedler im Südwesten von Nordamerika eingeführt worden und tauchte im 18. Jahrhundert durch Handel zwischen den Stämmen (Karte links im Museum) in den Great Plains auf. Mit dem Pferd kam neues Tempo in das Nomadenleben der Plains Indianer, wurden Jagdmethoden bei der Büffeljagd enorm verbessert und größere Mobilität bei der Verlegung des Lagers bei Verfolgung von grasenden Büffelherden ermöglicht. Die beiden Tiere – Pferd und Büffel – beeinflußten in jeglicher Hinsicht rasch das Leben der Plains Indianer.

Während der Jagd sowie bei allen Lageraktivitäten wurde sehr auf kooperatives und soziales Verhalten geachtet. Soziale Stellung drückte sich aus in den Mengen an Nahrung, Pferden und Geschenken, die verteilt wurden. Politisch gesehen besaßen sie eine äußerst demokratische Gesellschaftsordnung. Bestimmte, verehrte und geachtete Männer fungierten als Berater. Spezialgesellschaften oder Vereinigungen mit militärischem und zeremoniellem Charakter sorgten für Ruhe und Ordnung bei den großen Büffeljagden oder anderen besonderen und wichtigen Anlässen der Stämme.

In dem vom Geist des Jagens beherrschten Leben der Plains Indianer war es nur zu natürlich, daß sich unter den Stämmen Konkurrenzkämpfe zu entwickeln begannen, die mit der Zeit zu Kriegen ausarteten. Kampf galt bei den Plains Indianern nicht nur als Mittel zur Machtausübung über Jagdgründe, oder um sich wertvolle Güter durch Kriegsbeute anzueignen, sondern auch, um den Besseren von zwei Gegnern festzustellen und den Rang als tapferer Krieger zu erlangen.

Das Leben der Plains Indianer war in jeder Beziehung von Religion und Zeremonie geprägt. Fast bei allen Stämmen bildete der **Sonnentanz** = *Sun Dance* eine der wichtigsten Zeremonien. Die Zeremonie fand jeden Sommer statt, wenn sich die verschiedenen nomadischen Zweige des Stamms zu einem Treffen versammelten. Bei diesem Ritual erhoffte man durch Ekstase und Visionen die Rückkehr der Büffel und das Wohlergehen des Stammes.

Die Religion der Plains Indianer ist stark geprägt von Visionen und Träumen. Mit Hilfe von Schutzgeistern wie mythischen Kreaturen, Himmelskörpern und alles im Wasser und in der Erde Vorkommende wird dem *Schamanen* (Vermittler) Kraft verliehen. Durch Visionen kann jede Naturgewalt sowie der Mond, die Sterne, ein Falke oder Büffel zum übernatürlichen Gehilfen werden bei der Jagd, im Kampf oder beim Sport oder Spiel.

THE PLAINS WARS – Die Plains-Kriege: Obwohl die Indianer schon seit dem 17. Jahrhundert mit europäischen Forschern und Handelsleuten zusammengekommen waren, erlebten die Plains Indianer erst, nachdem die USA 1803 das riesige Louisiana Territorium erworben und Lewis & Clark ihre historische Reise über die Great Plains zur Pazifikküste beendet hatten, erstmals die Weißen richtig, als diese in Scharen aus dem Osten westwärts zogen.

Die Plains Indianer bestanden auf Vertragserfüllung und zeigten zunächst keinen aktiven Widerstand, als die weißen Emigranten in ihr Land und ihre Jagdgründe eindrangen, bis die Masse immer größer wurde. Als 1848 in California und später in den Black Hills Gold entdeckt wurde, folgte eine Flut von Prospektoren und Goldsuchern, die die Great Plains überschwemmten. Truppen der US-Regierung marschierten auf, um die Region zu überwachen und das Sioux-Problem zu lösen. Es kam zu unvermeidlichen Zusammenstößen mit den Plains Indianern, die ihre Heimat (ihre Homelands) zu verteidigen begannen. Die Plains Kriege, *Plains Wars,* wurden ernst. 1876 holten die verbündeten Truppen der Sioux und Cheyenne in der Schlacht *Battle of the Little Big Horn* zu einem blutigen Vergeltungsschlag gegen die Weißen aus. Obwohl diese Schlacht den größten Sieg der Indianer darstellte, hatten sie endgültig gegen die Stampede von Goldsuchern und Siedlern verloren.

In der letzten Hälfte des 19. Jahrhunderts kamen starke Verbände der US-Truppen und schickten die Plains Indianer unter Gewaltanwendung in staatliche Reservate, in denen viele ihrer Nachkommen heute noch leben (auf der Karte rechts im Museum). Nach dem freien Leben auf den Great Plains als nomadisierende Jäger war das Leben auf den Reservaten tatsächlich sehr schwer. 1890 kam es auf der Pine Ridge Reservation am **Wounded Knee** zu einem letzten bitteren Kampf zwischen den US-Truppen und den Sioux. Das Ende des 19. Jahrhunderts bedeutete für die Plains Indianer das endgültige und tragische Ende der alten Büffelzeit und alten Lebensweise und Beginn ihrer modernen Geschichte.

Reservations Of The Plains Indians
Reservate der Plains Indianer

Heute leben etwa 106 000 Abkömmlinge der vielen Algonquian-, Siouan-, Shoshonean- und Kiowan-sprechenden Stämme, die im 18. und 19. Jahrhundert in die Great Plains wanderten, auf etwa 16 Reservaten oder individuell zugewiesenen Grundstücken in 5 Plains-Staaten (5 US-Bundesstaaten der Great Plains, unten auf der Karte im Museum). Kulturell gesehen blieben sie verschieden, nur durch die Sprache mit ihrer Vergangenheit verbunden, während Englisch mittlerweile als Schulsprache gesprochen wird. Die Indianer der Great Plains sind moderne und fortschrittliche Staatsbürger der USA, besitzen auf ihren verschiedenen Reservate eigene politische Organisationen und verwalten sich selbst durch ihre *Tribal Councils*. Die Plains Indianer pflegen mit ihrer kreativen Kunst und ihren Bräuchen ihre verschiedenen Traditionen und leisten ihren eigenen Beitrag zur modernen Kultur der USA.

Arts Of The Plains Indians
Kunst der Plains Indianer

Die ersten Amerikaner brachten die einzigen, wirklich einheimischen Kunstformen Nordamerikas bei Kleidung und Behausung hervor. Im 18. und 19. Jahrhundert entwickelten die Stämme, die die Great Plains bevölkerten, aus den Rohmaterialien, die diese unendlichen Weidegebiete lieferten, reiche Kunstformen – Büffelhäute und Häute kleinerer Tiere, Stachelschweinborsten und Federn verschiedener Vögel. Aus diesen Grundelementen schufen sie eine große Palette verschiedenartiger Produkte, prächtig verziert in genialen Formen, die sie als Jäger und Krieger benutzten.

Bei ihren Kunstwerken verstanden es die Plains Indianer hervorragend, ihr traditionelles Konzept mit Modernem zu vermischen. Dabei blieb allerdings die Ästhetik ihrer Produkte erhalten.

TOOLS MATERIALS AND TECHNIQUES – Werkzeug, Material und Methoden: Verhältnismäßig einfaches Werkzeug – Tierhäutekratzer oder -schaber aus Geweih, Bürste oder Ahle aus Knochen und Messerklinge aus Stein – wie sie auch ihre Vorfahren benutzten. Methoden beim Häuten von Tieren, Nähen, Bemahlen mit irdenen Farben, Verzierung mit Stachelschweinborsten und Federschmuck wurden ebenfalls von anderen Urbewohnern Nordamerikas angewandt. Die Plains Indianer brachten allerdings den Gebrauch der Werkzeuge und die Anwendung der Herstellungsmethoden durch ihre Geschicklichkeit zum erneuten Aufleben.

Mit der Zeit übernahmen die Plains Indianer auch die Rohstoffe des weißen Mannes, der langsam in die Great Plains eindrang und Glasperlen, neue Farbstoffe, Werkzeuge aus Metall und Webstoffe sowie neue Ziermotive mitbrachte. Die Plains Indianer verknüpften diese neuen Materialien geschickt mit ihren althergebrachten Methoden und brachten eine Verbesserung und Erweiterung der Stammeskunst hervor.

Die Plains Indianer hatten besonders als reitende Jäger und Nomaden besseren Zugang zu Rohmaterialien, die für ihre Produkte charakteristisch waren. Das Pferd ermöglichte bessere Jagdmethoden als bisher bei der Büffeljagd. Der **Büffel** lieferte alle Grundmaterialien – Haut, Knochen, Sehnen, Horn und andere Abfälle, die die Grundlage der Kunst der Plains Indianer bildete.

FORM AND EXPRESSION – Form und Ausdruck: Das Pferd als Lasttier beeinflußte die verschiedenen Formen, die die Künstler ihren Produkten verliehen. Die Notwendigkeit, bei der Verfolgung von Jagdwild schnell ein Lager abzubrechen und woanders neu aufzuschlagen, erforderte leicht zu transportierende Ausrüstung und Gegenstände. Die Plains Indianer schufen daher aus Häuten und Tierfellen eine große Auswahl flexibler und unzerbrechlicher Gegenstände. Alles – Bekleidung, Behälter und sogar Behausung, das Tipi (Tepee, Zeltplane) – waren so beschaffen, daß es schnell zusammengefaltet und gepackt werden konnte. Da die aus Häuten bestehenden Dinge leicht im Gewicht waren, ließen sie sich auf dem Pferd schnell und problemlos über die weiten Flächen der Great Plains transportieren.

Die Plains Indianer schufen praktische Formen, versahen die Produkte aber gleichzeitig mit hübschen Verzierungen aus Federn, Borsten, Perlen oder durch Bemalen, worin sie ihre Gedanken und Gefühle zum Ausdruck brachten. Besondere Dekorationen waren bestimmten Kleidungsstücken vorbehalten und machten den erfolgreichen Krieger oder Jäger oder die geschickte und stolze Hausfrau kenntlich. Reiche Bemalung von Schildern und Trommelfellen brachten die tiefsten religiösen Gedanken der Künstler zum Ausdruck.

THE ARTIST'S ROLE – Die Rolle des Künstlers: Obwohl jeder erwachsene Plains Indianer beim Herstellen von Kleidung, Geräten und Behausung sich irgendwie künstlerisch betätigte, blieb die höchste Entfaltung von Kunst nur einigen wenigen begabten Personen vorbehalten. Diese außergewöhnlichen Künstler genossen nicht nur Ruhm, sondern ernteten oft auch etwas Vermögen.

Künstlerisches Schaffen hing ab von der Rolle des Künstlers im wirtschaftlichen, gesellschaftlichen oder religiösen Leben, was die Stammeskunst von Frauen und Männern oft im Konzept unterschied.

Die vielen wichtigen Aufgaben im familiären und gesellschaftlichen Leben der Frau ließen eine Produktion unterschiedlichster Dinge auch bei Anwendung von Dekorationen – Bemalen mit Erdfarben und Borsten- & Perlstickerei – hervorgehen. Die Dinge des täglichen Bedarfs – Kleidung, Behälter in verschiedenen Formen, Babytragedecken und Zeltwandung des Tipis – wurden von Frauen aus Tierfellen und -häuten hergestellt, die bearbeitet und feingegerbt wurden. Bei diesen Artikeln brachten die Frauen ihr größtes Geschick zum Ausdruck, was ihnen jeweils eine besondere gesellschaftliche Anerkennung verschaffte. Reich dekorierte, und von Frauen mit geometrischen Mustern versehene Artikel waren ständiger Stolz einer Familie, und als Geschenk bei besonderen Anlässen verliehen sie dem gesamten Camp besonderes Ansehen.

Die Männer beschäftigten sich hauptsächlich mit Schnitzen, Bemalen und Federschmuck und stellten als Krieger und Jäger alle Waffen, Geräte und Ausrüstung her. Sie produzierten für ihre Ritualien und Zeremonien besonders verzierte religiöse Gegenstände und errangen oft dabei größten künstlerischen Ruf. Männer, die durch bestimmte Zeremonien Visionen erzeugten und ihren Mut und ihre Männlichkeit bewiesen, hielten sich die naturalistische Form der Malerei vor, wobei sie lebhaft über ihre Erlebnisse (Kampfszenen, Jagderlebnisse) berichteten.

Mit den einfachsten Materialien und Werkzeugen aus prähistorischer und moderner Welt schufen die Plains Indianer eine der typischsten und ausdruckreichsten Kunstrichtungen Nordamerikas.

Clothing
Bekleidung

TAILORING – Maßschneiderei: Die Plains Indianer schufen „maßgeschneiderte" Kleidung aus weichen, gegerbten Häuten verschiedenster Tierarten – hauptsächlich Hirsch, Wapitihirsch oder Antilope. Beim Zuschnitt benutzte man die natürliche Form der Haut, wobei oft nur zurechtgeschnitten werden mußte. Die typische Form der Beinteile der Häute wurde hauptsächlich bei Hemden der Männer und Kleidern der Frauen genutzt. Hemden und Kleider wurden im Ponchostil, an den Schultern mit Sehnen zusammengerafft – zum Durchschlüpfen des Kopfs wurde eine Öffnung belassen, getragen. Die offenen Seiten konnten nach Belieben an den Rändern durch Riemen zusammengehalten werden.

DECORATION – Dekoration: Alltagskleidung war im allgemeinen ohne Verzierung, Festtagskleidung dagegen reich verziert, worin die Plains Indianer ihr künstlerisches Geschick in Malerei, Perlen- und Borstenstickerei zum Ausdruck brachten. Unter den Exponaten in den Schaufenstern des Museums befinden sich reich verzierte Kleidungsstücke der Plains Indianer.

WEST YELLOWSTONE, MONTANA
„Tor zum Yellowstone Nationalpark"

Parkinformation

Flughafen

Greyhound Busstation

Parkeingang

Motels

Erdbebensee

West Yellowstone auf einen Blick

Lage: Südwestlich des amerikanischen Bundesstaates Montana/Nordwesten des Bundesstaates Wyoming; etwa 320 mi/512 km nördlich von Salt LakeCity, etwa 380 mi/608 km nordöstlich von Wells, Nevada, etwa 580 mi/928 km nordwestlich von Denver, Colorado und etwa 110 mi/176 km nordöstlich von Idaho Falls, Idaho und etwa 130 mi/208 km (über Grand Teton & Yellowstone Nationalparks) nördlich von Jackson, Wyoming. – – **Name:** Die Stadt innerhalb der Bundesstaatengrenze Montana ist der westliche Zugang zum Yellowstone Nationalpark. – – **Geschichte:** *1863* kamen Goldsucher in die Gegend; *1872*, Gründung des Yellowstone Nationalparks; *1877* Nez Perce Retreat = Nez Perce Rückzug; als man die Nez Perce Indianer in ein Reservat umsiedeln wollte, versuchten sie, nach Kanada zu fliehen; *1880*, Postkutschendienst über Virginia City zum Yellowstone Nationalpark; *1907*, Ausbau der Eisenbahn nach West Yellowstone; *1915*, Autoverkehr zum Park zugelassen; *1917*, Busverkehr zum Park zugelassen; *1959*, Erdbeben mit Erdstößen der Stärke 7,1 auf der nach oben offenen Richter-Skala im Nordwesten; der dadurch verursachte Erdrutsch von etwa 1,6 km Länge (etwa 69 m dicke Schlamm- und Geröllmassen), der mit 160 Stundenkilometern entlangsauste, blockierte Madison River Canyon und ließ einen neuen See entstehen, den Earthquake Lake (Erdbebensee); 28 Menschen kamen dabei um. – – **Wirtschaft:** Viehzucht, Landwirtschaft und Tourismus. – – **Höhenlage:** Etwa 2073 m ü. M. – – **Wetter:** Angenehme Sommertemperaturen; kalte Winter; Schneefall auch Mitte September möglich. – – **Einwohnerzahl:** Etwa 1000. – – **Vorwahlnummer,** *area code:* (406).

West Yellowstone Airport/Flughafen

Lage: Etwa 2 mi/3 km nördlich von West Yellowstone. – – **Unterkunft:** In West Yellowstone – Best Western Executive Inn, (406)646-7681. – – **Verkehrsmittel:** Kleinbusverkehr zur Greyhound Busstation in West Yellowstone; Mietwagen vorhanden.

Straßen, Busse, Eisenbahn

Straßen: US 20 kommt nördlich von Idaho Falls; US 191 südlich von Bozeman. – – **Busse:** Greyhound Busse von Salt Lake City. – – **Eisenbahn/Amtrak:** Kein Bahnanschluß; nächster Bahnhof Salt Lake City/Ogden.

Entfernungen in Meilen/Kilometer nach:

Billings	230/368	Idaho Falls	110/176
Bozeman	90/144	Jackson, WY	130/208
Butte	150/240	Missoula	270/432
Calgary, Alberta	600/960	Salt Lake City	320/512
Denver	580/928	Seattle	750/1200
East Glacier	380/608	Virginia City, MT	90/144
Great Falls	270/432	Wells, NV	380/608
Helena	190/304	West Glacier	410/656

WEST YELLOWSTONE ERLEBEN

Die kleine Stadt **West Yellowstone** ist einer der Hauptzugänge zum Yellowstone Nationalpark; der Parkeingang liegt auch direkt an der Ostseite der Stadt. Da dieser Zugang zum Park das Hauptgeschäft der Stadt bildet, kommt es hier zu einer Ansammlung von Motels, Restaurants und Souvenirläden. Während der Hochsommersaison finden abends Theaterveranstaltungen statt – sehr unterhaltsam.

Zentrum der Aktivitäten ist für viele Besucher die **Greyhound Busstation.** Sie dient nicht nur als Busstation, sondern ist gleichzeitig Informationsstelle für den Yellowstone Nationalpark; hier können auch Zimmerreservierungen für Unterkünfte innerhalb des Parks vorgenommen werden. Auf der gegenüberliegenden Straßenseite kommt man zum **Museum of the Yellowstone** – Exponate zur Geschichte und Tierleben. Old Faithful Inn, Zentrum des Yellowstone Nationalparks liegt etwa 30 mi/48 km südöstlich von West Yellowstone.

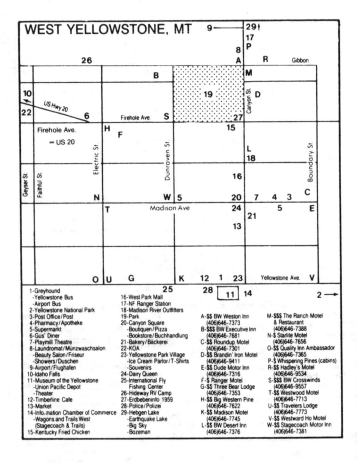

WEST YELLOWSTONE, MT

1-Greyhound
 -Yellowstone Bus
 -Airport Bus
2-Yellowstone National Park
3-Post Office/Post
4-Pharmacy/Apotheke
5-Supermarkt
6-Gus' Diner
7-Playmill Theatre
8-Laundromat/Münzwaschsalon
 -Beauty Salon/Friseur
 -Showers/Duschen
9-Airport/Flughafen
10-Idaho Falls
11-Museum of the Yellowstone
 -Union Pacific Depot
 -Theater
12-Timberline Cafe
13-Market
14-Information Chamber of Commerce
 -Wagons and Trails West
 (Stagecoach & Trails)
15-Kentucky Fried Chicken
16-West Park Mall
17-NF Ranger Station
18-Madison River Outfitters
19-Park
20-Canyon Square
 -Boutiquen/Pizza
 -Bookstore/Buchhandlung
21-Bakery/Bäckerei
22-KOA
23-Yellowstone Park Village
 -Ice Cream Parlor/T-Shirts
 -Souvenirs
24-Dairy Queen
25-International Fly
 Fishing Center
26-Hideway RV Camp
27-Erdbebeninfo 1959
28-Police/Polizei
29-Hebgen Lake
 -Earthquake Lake
 -Big Sky
 -Bozeman

A-$$ BW Weston Inn
 (406)646-7373
B-$$$ BW Executive Inn
 (406)646-7681
C-$$ Roundup Motel
 (406)646-7301
D-$$ Brandin' Iron Motel
 (406)646-9411
E-$$ Dude Motor Inn
 (406)646-7316
F-$ Ranger Motel
G-$$ Three Bear Lodge
 (406)646-7353
H-$$ Big Western Pine
 (406)646-7622
K-$$ Madison Motel
 (406)646-7745
L-$$ BW Desert Inn
 (406)646-7376

M-$$$ The Ranch Motel
 & Restaurant
 (406)646-7388
N-$ Starlite Motel
 (406)646-7656
O-$$ Quality Inn Ambassador
 (406)646-7365
P-$ Whispering Pines (cabins)
R-$$ Hadley's Motel
 (406)646-9534
S-$$$ BW Crosswinds
 (406)646-9557
T-$$ Westwood Motel
 (406)646-7713
U-$$ Travelers Lodge
 (406)646-7773
V-$$ Westward Ho Motel
W-$$ Stagecoach Motor Inn
 (406)646-7381

INSIDER TIPS

Praktisch & Preiswert durch West Yellowstone

Information & Zimmerreservierung für Yellowstone Nationalpark bei **Greyhound Busstation** in West Yellowstone. – – Bei Ankunft am Nachmittag oder frühen Abend in West Yellowstone am besten hier **übernachten** und am nächsten Morgen in den Park weiterfahren. – – Bei Ankunft per Bus, auf alle Fälle versuchen, als Erster aus dem Bus zu kommen und sich umgehend an den Yellowstone-Schalter der Busstation begeben und **Reservierungen** vornehmen – sei es zu einer Bustour, Unterkunft im Park, Mietwagen oder um andere Auskünfte und Informationen zu erhalten; wer mehrere Tage im Yellowstone Nationalpark verbringen will, sollte sich nach speziellen Tourpaketen, sogenannte *all inclusive tour packages*, die Fahrt, Essen und Unterkunft enthalten, erkundigen. – – **Touren** von West Yellowstone umfassen *Lower Loop Adventure* – Old Faithful und Grand Canyon of the Yellowstone; *Upper Loop Adventure* – Mammoth Hot Springs und Artist Paint Pots am Norris Geyser Basin; beide Touren etwa 7 Stunden. – – **Busfahrplan** für Fahrten zum Park und innerhalb des Parks – das Heft *Transportation Schedule* verlangen. – – Wer **campen** will, sollte sich merken, daß der Bus innerhalb des Parks an **Madison Junction** hält, wo sich ein riesiger Campingplatz befindet. – – Wer per Flugzeug ankommt, und ein **Auto** mieten möchte, sollte seine Reservierung rechtzeitig **im voraus** vor Ankunft vornehmen. – – Briefmarken für alle Ansichtskarten bei der **Post** in West Yellowstone besorgen. – – **Big Sky Resort** liegt nur etwa eine Stunde nördlich von West Yellowstone. – – **Unterkunftsreservierung** für innerhalb des Yellowstone Nationalparks: (307)344-7311.

WEST YELLOWSTONE CHECKLISTE

- ☐ ZIMMERRESERVIERUNG IM VORAUS
- ☐ YELLOWSTONE KARTE BEIM PARKEINGANG
- ☐ NACH ABENDPROGRAMM ERKUNDIGEN
- ☐ PROVIANT FÜR UNTERWEGS BESORGEN
- ☐ PARKINFORMATION BEI GREYHOUND BUS

Yellowstone National Park

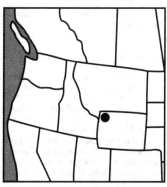

YELLOWSTONE NATIONALPARK

"Der erste und schönste Nationalpark der USA"

Öffnungszeiten: *Mitte Mai–Okt.;* Hauptsaison Mitte Juni–Anfang Sept. Begrenzte Unterkunftsmöglichkeiten Ende Frühjahr & Anfang Herbst. Im *Winter* für Snowmobiles (Schneefahrzeuge) geöffnet; eine Lodge ist in Betrieb.

Lage: NW-Ecke von Wyoming.

Entfernungen in Meilen/Kilometer von Yellowstone nach:

Salt Lake City	.350/ 560	*Glacier Nationalpark*	.400/ 640
Bryce Canyon NP	.610/ 976	*San Francisco*	.947/1515
Zion Nationalpark	.670/1072	*von Old Faithful–Jackson Lodge*	
Grand Canyon NP		*(Grand Teton Nationalpark)*	62/99
(Nord)	.730/1168	*von Old Faithful Area nach*	
Grand Canyon NP		*Jackson, Wyoming.*	.100/ 160
(Süd)	.840/1344	*Denver*	.540/ 864

Günstigste Besuchszeiten: *Mitte Juni–Anfang Sept.* Auch im *Winter* Gelegenheit zum Schneeschuhlaufen, Skilanglauf und Snowmobiles.

Wetter: Wegen seiner Höhenlage – etwa 2133 m ü. M. – liegt der ganze Park im allgemeinen *von Okt. bis Mai* unter einer *Schneedecke.* Im *Sommer* überschreiten die Temperaturen selten 21°C; kühle Abendtemperaturen, nachts sogar Temperaturen um den Gefrierpunkt möglich! Mit Niederschlägen muß zu jeder Zeit gerechnet werden; die meisten Niederschläge im südwestlichen Parkbereich.

Ausmaße: *898 349 Hektar.* Parklänge von Nord nach Süd 101 km und von Ost nach West 86 km. Der Park ist etwa genauso groß wie Kärnten (Österreich) oder fast halb so groß wie Hessen. *96%* des Parks liegt in *Wyoming,* 3% in Montana und 1% in Idaho. Etwa *10%* der Gesamtfläche besteht aus *Wasser.*

Eingänge: Es gibt *fünf* Parkeingänge – *West* (über West Yellowstone), *South* (über Grand Teton Nationalpark & Flagg Ranch), *North* (über Livingston & Gardiner), *Northeast* (über Billings & Cooke City) und *East* (über Cody). Nur der *North Entrance* bei Mammoth Hot Springs ist **ganzjährig** geöffnet.

Ausgangsorte: *Salt Lake City* ist der Hauptausgangsort für Flug-, Bus-, Bahn- & Mietautoreisende. Dichtester Ausgangsort ist *West Yellowstone,* Montana – Bus- & Flugverbindung, Mietautos. Flugverbindungen auch nach *Jackson,* Wyoming – Ausgangsort für Grand Teton Nationalpark; Busverbindung von Jackson nach Yellowstone. Andere Ausgangsorte: *Bozeman* & *Billings* – Flug-, Busverbindungen & Automieten, und *Livingston,* Montana – Bus.

Verkehrsmittel & Touren: Yellowstone-Park-*Busverbindung* von West Yellowstone, Bozeman, Livingston & Jackson *zum Park.* Innerhalb des Parks – organisierte Rundfahrten durch den Park. Auch *organisierte* Angeltrips, Reitausflüge, Postkutschenfahrten, Old West Cookouts (Steakessen), Boottrips; Floßfahrten auf dem *Yellowstone River.* Viele *kostenlose,* von Park Rangers/Park Naturkunde-Experten durchgeführte Veranstaltungen.

Unterkunft: Hotelzimmer & Hütten in allen Preislagen in sechs verschiedenen Areas im Park, neben Attraktionen – Canyon, Lake, Mammoth Hot Springs, Old Faithful, Roosevelt und Grant Village. Rechtzeitig reservieren.

Camping: Mehr als ein Dutzend Campingplätze mit über 2500 Stellplätzen für Zelte und Camper.

Attraktionen: Old Faithful Geysir, Morning Glory Pool, Tower Falls, Fountain Paint Pot, Minerva Terrasse bei Mammoth Hot Springs, Norris Geyser Basin, Yellowstone Lake, Mud Volcano, Kontinentale Wasserscheide – *Continental Divide,* Grand Canyon of the Yellowstone mit den Wasserfällen Upper und Lower Falls. Alle auf der Hauptstraße des Parks, *Grand Loop Road,* erreichbar.

Geysire: Es gibt im Park ein paar Hundert Geysire und etwa 10 000 Thermalquellen von heißen Quellen bis zu Schlammtöpfen.

Tierwelt: Trompeterschwan, Pelikane sowie Grizzly Bär, Schwarzbär, Elch, Maultierwild, Wapitihirsch, Bison (oder Büffel) und über 40 andere Säugetiere.

Wandern: Über 1600 km Wanderwege; Kurzwanderungen in Geysirgebieten und entlang der Schlucht – *Canyon* – sowie Ganztagstouren hinauf zum Mt. Washburn. *Backcountry Permits* für Übernachtwanderungen ins Hinterland; Auskunft über bestimmte Sicherheitsbestimmungen bei den Park Rangers.

Essen: Über 15 Restaurants, Cafeterias & Snack Bars; auch General Stores, Läden für Proviant.

Information: *Park* – Superintendent, Yellowstone National Park, WY 82190. *Unterkunft & Touren* – TW Services, Yellowstone National Park, WY 82190, (307)344-7311.

Der riesige Waldbrand von 1988

Im Sommer 1988 wüteten in vielen Gebieten des Yellowstone Nationalparks verheerende Waldbrände. Lt. Auskunft der Parkverwaltung im Frühjahr 1989 wurden schätzungsweise etwa 44 Prozent der 900.000 Hektar großen Fläche, (Wald und Grasflächen) an den Grenzen der Bundesstaaten Wyoming, Montana und Idaho vom Feuer in Mitleidenschaft gezogen. Wir haben das Inferno der Flammen selbst miterlebt. Bei einem jetzigen Besuch kann man die Folgen dieser Brandkatastrophe selbst beurteilen. Sicher ist, daß die Besucherzentren, Unterkunftanlagen, die berühmten Geysire sowie andere Hauptattraktionen den Besuchern zur Verfügung stehen. Die magische Kraft der Natur drängt sich selbst nach einer solchen Feuersbrunst vorwärts und bedeckt die beschädigte Landschaft mit neuem Grün. Überall zeigen sich auch wieder Bären, Büffel, Elche und Wapitihirsche sowie andere Säugetiere. Trotz Naturkatastrophe und verbrannter Erde bleibt Yellowstone „der schönste Nationalpark des Landes".

PLANUNG IHRES YELLOWSTONE-AUFENTHALTS

Der Yellowstone Nationalpark ist ein Wunderland der **Wildnis** mit Gebirgslandschaften, heißen Quellen, Geysiren, Bächen & Flüssen, Wasserfällen, Schluchten, Seen, Wiesen & Wäldern und einer abwechslungsreichen **Tierwelt**. In der kurzen Sommersaison kommen **einige Millionen** Besucher in den Park. Berücksichtigen, und zwar, daß es

1. erforderlich ist, **Zimmerreservierungen** *im voraus* vorzunehmen;
2. zweckmäßig ist, mindestens 3–4 **Tage** im Park zu verbringen.

Superattraktionen

Yellowstone Nationalpark – der **erste** Nationalpark des Landes – ist ein riesiger Park. Man kann den Park wegen seiner Ausmaße und auch wegen seiner verschiedenartigen Landschaften in mindestens 7 verschiedene Parkbereiche einteilen, wobei jeder ganz anders ist.

Old Faithful: Lage des Old Faithful Geysir und ausgedehntes Gebiet weiterer Geysire und heißer Quellen. Hier gibt es die *Old Faithful Inn,* das berühmte Hotel des Parks.

Mammoth Hot Springs: Eine Area mit phantastischen Kalksteinsinterterrassen (z. B. Minerva Terrace) und heißen Quellen, in der Nähe des *North Entrance* (Nordeingang), die einzige Area des Parks, deren Zufahrtsstraße im Winter für den Autoverkehr freigehalten wird.

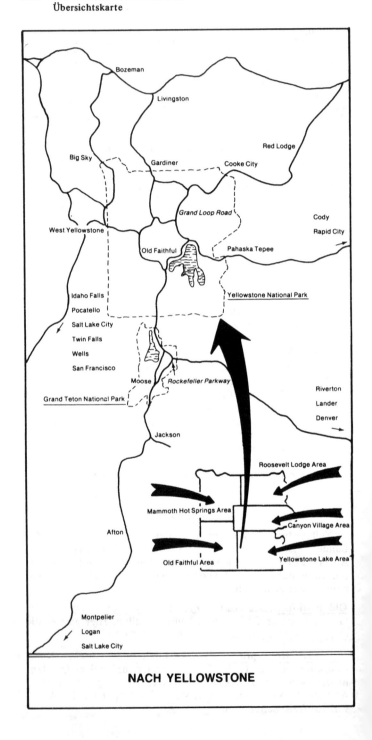

NACH YELLOWSTONE

Yellowstone Lake: Dieser bezaubernde See mit etwa *176 km* Uferlänge, macht etwa 4% der Gesamtfläche des Parks aus. (Der See ist übrigens größer als die Hälfte des Bodensees.) In der Landschaft am See wimmelt es von Tieren, einschließlich *Trompeterschwan, Pelikan* und *Fischadler.* Am Seeufer gibt es zahlreiche heiße Quellen.

Canyon Village: Dieses Zentrum moderner Unterkunftsstätten, Läden und einem großen Campingplatz liegt in der Nähe vom *Grand Canyon of the Yellowstone.*

Roosevelt Lodge: Abfahrtsstelle der *Westernkutschen,* Start für Reitausflüge, *Old West Cookouts* (Steakessen im Freien); rustikale Unterkünfte – richtige Westernatmosphäre.

Grant Village: Im südlichen Teil des Parks. Moderne Motelunterkunft sowie Besucherzentrum mit Exponaten über die große Brandkatastrophe im Sommer 1988.

Zu den interessantesten und aufregendsten Areas im Yellowstone Nationalpark gehört das **Norris Geysir Basin,** das nach einem der ersten Superintendenten des Parks benannt wurde. In dem kleinen, hervorragenden Museum kann man sich über die Pflanzenwelt der Area sowie über die **vier** Arten thermaler Aktivität informieren – **Geysire, Fumarole, Schlammkessel** – *mudpots* und **heiße Quellen.** Zu beiden Seiten des Museums gelangt man über Fußwege, Plankenwege, zu faszinierenden Areas thermaler Aktivitäten.

Unterkunft – Zimmerreservierung im voraus

Im Park gibt es natürlich viel zu **sehen.** Außerdem führen National Park Service, Park Rangers und Park Naturkunde-Experten sehr viele aktive Veranstaltungen **zum Mitmachen** durch. Wenn man das alles übersieht, werden Sie es *nicht* bereuen, mindestens *drei bis vier* Tage hier im Park zu verbringen. Wir haben eigens dazu einen **3–4-Tage-Plan** mit **Routen** durch den Park entwickelt. Der Plan wird auch Ihren eigenen Bedürfnissen gerecht, sie können ihn nämlich Ihrer zur Verfügung stehenden Zeit anpassen.
Eines der ersten Ziele unseres Vorschlags ist, Ihnen bei der Auswahl des Unterkunftsorts innerhalb des Parks zu helfen. Eine weitere Hilfe ist unsere **Beschreibung der Unterkunftstypen** – dieser Abschnitt gibt Ihnen ein Bild, **welche** verschiedenen Sorten Unterkünfte **wo** im Park vorhanden sind. Am besten wenden Sie sich dann an ein Reisebüro, um Ihren Aufenthalt endgültig zu planen; im Abschnitt **Informationsquellen** finden Sie außerdem die Adresse & Telefonnummer des Unternehmens, das die Hotels im Park betreibt. Sie können *hinschreiben* oder direkt dort *anrufen,* um alle nötigen *Zimmerreservierungen* vorzunehmen. Je früher, um so besser. Ein weiters Ziel unseres Vorschlags ist, Ihnen ein Gefühl zu geben, **welche** und **wieviel** Attraktionen man in der Regel bei einem vollen Tagesprogramm im Park sehen kann.

YELLOWSTONE NP ENTFERNUNGEN IN MI/KM

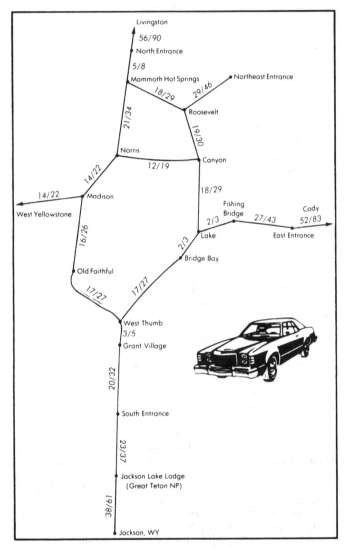

Livingston

56/90

North Entrance

5/8

Mammoth Hot Springs

18/29   29/46   Northeast Entrance

21/34

Roosevelt

19/30

Norris

14/22   12/19   Canyon

18/29

14/22   Madison

Fishing Bridge   27/43   Cody 52/83

16/26

2/3   East Entrance

Lake

2/3

Bridge Bay

Old Faithful

17/27   17/27

West Thumb

3/5

Grant Village

20/32

South Entrance

23/37

Jackson Lake Lodge
(Great Teton NP)

38/61

Jackson, WY

INFORMATIONSQUELLEN

Eines der Ziele dieses Reiseführers ist. Sie auf weitere *Informations-quellen* hinzuweisen. Beim National Park Servie und beim Konzessionär (Yellowstone Park Division), Unternehmen, das Hotels & Touren innerhalb von Yellowstone betreibt, erfahren Sie die jüngsten Entwicklungen und Preise. Sie brauchen nur hinzuschreiben und entsprechendes Informationsmaterial anzufordern.

Vor Ihrer Abreise

National Park Service
Yellowstone National Park,
WY 82190

Kostenloses Material:
Map of Yellowstone National Park
Karte vom Yellowstone Nationalpark
Fishing Information
Fischfangbestimmungen
Campground Information
Information über Campingplätze
Safety Information
Sicherheits-Information

TW Services
Reservations Department
Yellowstone National Park.
WY 82190
Tel. (307)344-7311

Kostenloses Material:
Latest Accommodation Prices
Neueste Zimmerpreise
Transportation Schedule
Parkbusfahrplan
Activities Guide To Yellowstone
Veranstaltungskalender für Yellowstone
Unterkunftsreservierungen

Chamber of Commerce
P.O. Box 458
West Yellowstone, MT 59758
Tel. (406)646-7701

Kostenlose Information über
Attraktionen & Unterkunft in West
Yellowstone

Distribution Section
U.S. Geological Survey
Federal Center
Denver, CO 80225

Kostenlose Liste topographischer
Karten erhältlich

Yellowstone Library
& Museum Association
P.O. Box 117
Yellowstone National Park.
WY 82190

Bildbände sowie topographische
Karten per Post

Unterwegs auf dem Weg zum Park

Travel & Information Centers die vom Konzessionär betrieben werden (das Unternehmen, das die Hotels innerhalb vom Yellowstone Nationalpark betreibt), gibt es **innerhalb** und **außerhalb** des Parks. Um noch in allerletzter Minute, schon *unterwegs* zum Park, eine Reservierung für Übernachtungen und Touren innerhalb des Parks vorzunehmen, wenden Sie sich am besten an folgende, günstig liegende Travel & Information Centers. Bei Drucklegung befanden sie sich in:

West Yellowstone, MT
(im Greyhound Busterminal)

Livingston, MT
(im Greyhound Busterminal)

Bozeman, MT
(am Flughafen)

Jackson Lake Lodge
(Grand Teton Nationalpark)

Bozeman, MT
(im Greyhound Busterminal)

Jackson Hole Travel Service
20 W. Broadway, Jackson, WY

Gegenüber vom Wyoming Travel Center
515 North Cache, Jackson, WY

Innerhalb des Park

Innerhalb vom Yellowstone Nationalpark erhalten Sie bei den **Park Rangers & Park Naturkunde-Experten** (Park Naturalists) vom National Park Service alle Informationen und Auskünfte, die Sie brauchen, um den Park zu erobern. Sie finden diese hilfsbereiten Bediensteten an den Parkeingängen – *Entrance Stations, Ranger Stations* und in den Besucherzentren – *Visitors Centers.* Denken Sie daran, die kostenlose Karte *(map)* über den Park, Sicherheits-Informationen *(safety information)* und den speziellen Veranstaltungskalender *(special activities' calender)* zu verlangen, in letzterem sind alle von Park Ranger/Park Naturalist geleiteten Veranstaltungen aufgelistet, beispielsweise Lagerfeuer-Treffs *(campfire programs)* und geführte Wanderungen *(contucted walks).*

Travel & Information Centers dagegen sind mit Personal des Unternehmens besetzt, das die Hotels innerhalb des Parks betreibt. Das ist die Stelle, bei der man Reservierungen *für alles, was Geld kostet,* vornehmen lassen kann: Unterkunft, Touren, Reittrips, Fischfangtrips. Solche Zentren gibt es bei:

Mammoth Hot Springs Hotel	Old Faithful Inn
Canyon Village Lodge	Madison Campground
Lake Yellowstone Hotel	Fishing Bridge Recreational Vehicle Park
Roosevelt Lodge	Grant Village Campground & Hotel

Eine weitere wertvolle Informationsquelle sind die sehr detaillierten **Broschüren**, die bei manchen Hauptattraktionen zur Verfügung stehen. Sie stecken in einem Kasten, einer sogenannten *leaflet box*, und stehen zur freien Verfügung; nach Gebrauch steckt man sie wieder zurück. Wenn Sie sie allerdings behalten wollen, werfen Sie das Geld dafür einfach in den dafür vorgesehenen Münzeinwurf, die Gebühr ist dort angegeben.

Entfernungen in mi/**km**

	OF	GV	Lake	CL	RL	MHS
OF		20 **32**	38 **61**	41 **66**	60 **96**	51 **82**
GV	20 **32**		24 **38**	39 **62**	58 **93**	70 **112**
Lake	38 **61**	24 **38**		15 **24**	34 **54**	47 **75**
CL	41 **66**	39 **62**	15 **24**		19 **30**	32 **51**
RL	60 **96**	58 **93**	34 **54**	19 **30**		18 **29**
MHS	51 **82**	70 **112**	47 **75**	32 **51**	18 **29**	

OF = Old Faithful
GV = Grant Village
Lake = Lake Lodge
CL = Canyon Lodge
RL = Roosevelt Lodge
MHS = Mammoth Hot Springs

BESCHREIBUNG DER UNTERKUNFTSTYPEN

Unterkunftsmöglichkeiten reichen im Yellowstone Nationalpark von luxuriösen Hotelzimmer – *Deluxe Hotel Rooms* – und luxuriösen Blockhütten – *Luxury Cabins* – bis zu ganz einfachen Hütten ohne jeglichen Komfort – *Rustic Shelters.* Hier ist die sinngemäße Bedeutung der Beschreibung des Konzessionärs zu den verschiedenen Typen von Unterkünften sowie Angabe der Lage der verschiedenen vorhandenen Unterkunftsmöglichkeiten. Diese Auflistung hilft Ihnen, die Reservierung für den für Sie geeigneten Unterkunftstyp vorzunehmen.

HOTEL ROOMS – HOTELZIMMER

Deluxe Rooms: Vornehme Zimmer, beste Lage mit modernem Bad.

Rooms with bath: Komfortable Zimmer mit Bad oder Dusche

Rooms without bath: Komfortable Zimmer, Badbenutzung auf dem Flur

CABINS – HÜTTEN

Luxury Cabins: Vornehme Hütte mit moderner Innenausstattung & Bad

Standard Cabins: Komfortabel ausgestattete Hütten mit Dusche

Canyon Cabins: Modern & komfortabel ausgestattete Hütten, in Canyon Village, mit Dusche

Old Faithful Cabins: Einfache Hütten mit Dusche

Two Room Family Cabins: Ideal für mehrköpfige Familie. 2 Schlafräume durch Waschbecken & WC getrennt. Eigene Handtücher mitbringen; Münz-Duschen vorhanden.

One Room Family Cabins: Einfache Hütten mit Waschbecken & WC. Eigene Handtücher mitbringen; Münz-Duschen.

Budget Cabins: Nette, einfache Hütten nur mit Waschbecken. Eigene Handtücher mitbringen; Toiletten & Münz-Duschen vorhanden

Roughrider Cabins: Einfache Hütten (ohne Wasser). Holzfeuerofen (Holz steht zur Verfügung). Eigene Handtücher mitbringen; Münzduschen & Toiletten vorhanden.

Rustic Shelters: Einfache Hütten mit Holzfeuerofen (Holz steht zur Verfügung). Bettlaken & Handtücher mitbringen. Kein Wasser im Raum; Münz-Duschen & Toiletten vorhanden.

	Suites	Rooms With Bath	Rooms Without Bath	Western Cabins	Frontier Cabins	Family Cabins	Budget Cabins	Roughrider Cabins	Rustic Shelters
Lake Yellowstone Hotel	•	•	•		•	•			
Lake Lodge				•	•				
Old Faithful Inn	•	•	•						
Old Faithful Snow Lodge			•		•				
Old Faithful Lodge					•				
Mammoth Hot Springs Hotel	•	•	•		•		•		
Canyon Lodge				•	•				
Roosevelt Lodge					•	•		•	•
Grant Village		•							

CAMPING IN YELLOWSTONE

Innerhalb vom Yellowstone Nationalpark gibt es etwa ein Dutzend Campingplätze, *campgrounds,* die vom **National Park Service** betrieben werden. Bei all diesen Campingplätzen werden die Stellplätze auf *first-come, first-served basis,* d. h. in der Reihenfolge der Ankommenden (bei Drucklegung) vergeben. Übernachten außerhalb von Campingplätzen verboten. Erkundigen sie sich bei Park Rangers über besondere Sicherheitsmaßnahmen & Verhaltensregeln **Bären** gegenüber.

Der Campingplatz für Campingfahrzeuge *(Recreational Vehicles = R.V.)* **Fishing Bridge Recreational Vehicle Park** wird von demselben Unternehmen betrieben, das die Hotels betreibt; vorherige Reservierungen durch dieses Unternehmen möglich. **Tip:** Versuchen Sie nach Möglichkeit, gegen 9 Uhr auf einem Campingplatz anzukommen, um eine größere Chance zu haben, einen freien Stellplatz zu finden.

Tips für Camper zur Unterbringung von Verpflegung

Alle Speisen oder Lebensmittelbehälter, die starken Geruch haben oder die auf Tischen oder in offenen Dosen zurückgelassen werden oder jeder Abfall ist eine ausdrückliche Einladung für Bären. Im allgemeinen werden Camper, die ihren Platz sauber halten, weniger von Bären belästigt.

1 – – Speisen nicht auf Tischen oder im Zelt halten; 2 – – Verstauen Sie Speisereste in sauberes Papier oder in luftdichte Behälter. Kühlboxen oder Kühltaschen sind im Kofferraum oder im Camper (mit festen Wänden) aufzubewahren; 3 – – Halten Sie Speisen so kühl wie möglich; 4 – – Ihr Kofferraum ist eine der besten Vorratskammern; 5 – – Melden Sie jeden Überfall eines Bären sowie mögliche Verletzungen durch Bären sofort einem Park Ranger.

Yellowstone Campingplätze

Bridge Bay
3 mi/5 km südl. der Lake Area
438 Plätze, fließ. Wasser,
Duschen, WC m. Wasserspülung,
Abwasserkanal

Canyon
0.3 mi/0,5 km östl. von
Canyon Jct.
280 Plätze, fließ. Wasser,
Duschen, WC m. Wasserspülung,
Abwasserkanal, keine Zelte
oder Faltcamper

Fishing Bridge
1 mi/1,6 km östl. von
Fishing Bridge Jct.
308 Plätze, fließ. Wasser,
Duschen, WC m. Wasserspülung,
Abwasserkanal, keine Zelte oder
Faltcamper

Grant Village
2 mi/3 km südl. von West Thumb
433 Plätze, fließ. Wasser,
Duschen, WC m. Wasserspülung,
Abwasserkanal

Madison
0.3 mi/0,5 km westl. von
Madison Jct.
292 Plätze, fließ. Wasser
WC m. Wasserspülung,
Abwasserkanal

Mammoth
0.5 mi/0,8 km nördl. von
Mammoth
87 Plätze, fließend Wasser
WC mit Wasserspülung

Norris
1 mi/1,6 km nördl. von
Norris Jct.
116 Plätze, fließend Wasser
WC mit Wasserspülung

Indian Creek
7.5 mi/12 km südl. von
Mammoth
78 Plätze, fließend Wasser

Lewis Lake
10 mi/16 km südl. von
West Thumb
100 Plätze, fließend Wasser

Pebble Creek
7 mi/12 km südl. vom
Northeast Entrance
36 Plätze, fließend Wasser

Slough Creek
10 mi/16 km nordöstl. von
Tower
30 Plätze

Tower Fall
3 mi/ 5 km südl. von Tower
37 Plätze, fließ. Wasser

Fishing Bridge
Recreational Vehicle Park
(vom Konzessionär betrieben)
1 mi/1,6 km östl. v. Fishing
Bridge Jct.
358 Plätze, fließ. Wasser,
Duschen, WC m. Wasserspülung,
Abwasserkanal, Elektrizität,
Reservierung, keine Zelte oder
Faltcamper

YELLOWSTONE GANZ BILLIG $$$

Mit etwas **Planung** kann man die Kosten für einen Aufenthalt im Yellowstone Nationalpark *erstaunlich niedrig* halten. Wenn Sie ein öffentliches Verkehrsmittel benutzen wollen, um zum Park zu gelangen, so ist der Greyhound **Bus** eines der billigsten Verkehrsmittel, und zwar wenn Sie beispielsweise von Salt Lake City nach West Yellowstone fahren wollen. Falls Sie vorhaben, anschließend in andere Gegenden der USA weiterzureisen, lohnt sich die *preiswerte* Anschaffung eines **Buspasses**, der für *unbegrenzte* Busreisen mit den großen Inter-City Busgesellschaften gilt. Sobald Sie in West Yellowstone angekommen sind, können Sie mit **Parkbussen** in den Park nach **Madison** und **Old Faithful** fahren.

Wenn Sie mit einem Tramperrucksack, *backpack*, unterwegs sind, sollten Sie vielleicht in **Madison** aussteigen, wo **Zelten**, *tent camping*, erlaubt ist. Campinggebühr etwa $10 pro Nacht; geringere Gebühren bei weniger ausgebauten Campingplätzen. **Busverbindung** von Madison nach Old Faithful, wo man an **Touren** zu anderen Gebietsteilen des Parks teilnehmen kann.

Wenn mehrere zusammen reisen, kommt es möglicherweise pro Kopf am billigsten, zum Yellowstone Nationalpark zu gelangen, wenn man beispielsweise in **Salt Lake City** ein **Auto** mit unbegrenzten Meilen und billigen Wochenmieten mietet. **Wichtiger Hinweis:** Bei diesen Spezialmietpreisen muß man das Auto manchmal *im voraus reserviert* haben und muß es anschließend wieder nach Salt Lake City zurückbringen.

Mit dem Auto sind Sie *beweglicher*, auf einer Reihe von Campingplätzen im Park **Camping** zu machen. Falls Sie kein Camping machen, können Sie mit dem Auto bequem zu den Areas des Parks mit **billigen** Unterkünften gelangen. In den **Roughrider Cabins** in der **Roosevelt Area** zahlt man für die Unterkunft in der *Hütte* für *bis zu vier Personen* (bei Drucklegung) nur etwa $18! Wenn Sie Ihren eigenen Schlafsack oder Bettlaken dabei haben, kostet es in den **Rustic Shelters** sogar noch weniger.

In der **Old Faithful Area** gibt es für Auto- sowie Busreisende, die auf den Pfennig gucken, auch **billige Unterkünfte**. Sogar bei der **Old Faithful Inn** gibt es beispielsweise Zimmer **ohne Bad** – eine *erhebliche Kostenersparnis* gegenüber den Zimmern mit Bad. **Budget Shelters** sowie **Budget Cabins** (beides einfache Hütten ohne jeglichen Komfort) sind ebenfalls vorhanden. Prima Gelegenheit, Geld zu sparen. **Wichtiger Hinweis:** Man muß seine Zimmer- oder Hütten-**Reservierung** rechtzeitig im voraus vornehmen. Obwohl man spart, muß man allerdings manche Unbequemlichkeit in Kauf nehmen.

Außer der *Kostenersparnis* bei der **Unterkunft**, kann man noch weitere Aufenthaltskosten in Yellowstone gering halten, indem man sich beispielsweise **selbst verpflegt**, und zwar wenn man **Proviant** und **Snacks** vor der Ankunft bereits in Supermärkten besorgt und sich seine eigene Mahlzeiten zurecht macht. Bei den interessanten, von Park Rangers/Park Naturkunde-Experten überall im Park durchgeführten Veranstaltungen kann man den Park richtig erleben – außerdem ist das alles **kostenlos**!

Wenn Sie viel **fotografieren** wollen, sollten Sie Ihre Filmvorräte und was Sie an sonstigem Material brauchen bereits einkaufen, **bevor** Sie in Yellowstone ankommen. Und falls Sie mehrmals in und aus dem Park fahren oder mehrere andere Nationalparks besuchen wollen, sollten Sie den Kauf eines **Golden Eagle Passport** in Erwägung ziehen. Er kostet etwa $25 und deckt die Eintrittsgebühr für alle Nationalparks für ein Kalenderjahr.

VORSCHLAG FÜR 3-4-TÄGIGEN PARKAUFENTHALT

Wir machen hier einen Vorschlag für einen **drei-Nächte-Aufenthalt** in Yellowstone. Er soll Ihnen helfen, Ihren Parkaufenthalt so optimal wie möglich zu gestalten und es erleichtern, Ihre **Reservierungen** für Unterkünfte **rechtzeitig im voraus** vorzunehmen. Die zur Auswahl stehenden *Unterkunftstypen* finden Sie jeweils unter der betreffenden **Parkarea** sowie am Anfang unseres Kapitels über den Yellowstone Nationalpark. Wenn Sie wissen, für **welchen Tag** Sie Unterkunft brauchen, **welchen Unterkunftstyp** Sie bevorzugen, und **wo** Sie bleiben wollen, können Sie dann leicht Ihre Reservierung vornehmen.

Wenn Sie Ihre Aufenthaltszeit auf den Park verteilen, nutzen Sie die Ihnen zur Verfügung stehende Zeit optimal aus, und vermeiden dabei manches Wiederholen von Strecken. Sollten Sie ein bißchen mehr Zeit haben (wie beneidenswert!), dann können Sie mehrere Tage hintereinander beispielsweise in der Old Faithful Inn bleiben, das Hotel ein bißchen mehr genießen, sich ausruhen und die Atmosphäre erleben.

Der 3-Nächte-Vorschlag ist natürlich völlig **flexibel**; Sie passen ihn ganz Ihren eigenen Vorhaben an. Beispielsweise können Sie, wenn Sie das Gefühl haben, mit ganz *primitiver* Unterkunft auszukommen, die Nacht in der **Roosevelt Lodge** verbringen, statt in einer *komfortablen* Unterkunft in **Mammoth Hot Springs** zu bleiben. Wenn Sie gerne *reiten*, werden Sie es vorziehen, lieber in **Canyon Village** als in der **Lake Area** zu bleiben. Oder falls Sie sich mehr von der *modernen* Unterkunft in **Canyon Village** angezogen fühlen und mehr Zeit am nahen Grand Canyon of the Yellowstone verbringen wollen, so kommt die **Canyon Area** in Frage. Und wenn Sie gerne *angeln* oder Bootfahren wollen, und zwar auf dem **Yellowstone Lake**, dann werden Sie es ideal finden, in der Nähe von der Bridge Bay Area, beispielsweise in der **Lake Area** zu sein.

Obwohl sich unser Vorschlag für den drei-Nächte-Aufenthalt in Yellowstone hauptsächlich auf mit dem **Auto** ankommende Besucher bezieht, können Sie ihn genau so gut auch benutzen, wenn Sie per **Bus** oder **Flugzeug** in *West Yellowstone* ankommen. Sie können entweder dort ein **Mietauto** mieten oder den **Parkbus** benutzen; Parkbusse fahren *mehrmals täglich* zur **Old Faithful Inn**. Von dort werden **Touren** zu verschiedenen Areas des Parks durchgeführt.

Diejenigen, die in Yellowstone **Camping** machen, können natürlich ebenfalls unseren vorgeschlagenen Aufenthaltsplan benutzen. Denken Sie nur daran, daß es **keine** Campinggelegenheiten in der Old Faithful Area gibt. Die nächsten Campingplätze befinden sich in **Grant Village** und **Madison. Wichtig:** Die meisten Campingplätze sind schon früh am Tag belegt. Sichern Sie sich also erst Ihren Stellplatz, und gehen Sie *dann* mit Ihrem Camper auf Entdeckungsreise. Busse für Besucher ohne Auto gibt es auch vom Grand Teton Nationalpark.

☀ 3—4 TAGE YELLOWSTONE-PROGRAMM

1. TAG: **Ankunft in Old Faithful Area.** Da Zimmer im allgemeinen erst am Nachmittag frei werden, sollten Sie es so einrichten, daß Sie um diese Zeit ankommen. Sie brauchen beim Einchecken die schriftlich bestätigte Anmeldung, *written confirmed reservations.* Erinnern Sie sich, welchen Unterkunftstyp Sie bestellt haben (z.B. *cabins* (Hütten) oder *hotel rooms* (Hotelzimmer)).

Zum Besucherzentrum, Visitors Center, gehen
Den kurzen Film ansehen
Eruption des *Old Faithful Geysir* beobachten
Spaziergang am Upper Geyser Basin & Morning Glory Pool
An Veranstaltungen der Park Ranger/Park Nautrkunde-Experten teilnehmen
Übernachten in Old Faithful Area

2. TAG: **Old Faithful — Mammoth Hot Springs.** Am ersten vollen Tag in Yellowstone können Sie von Old Faithful nach Mammoth Hot Springs fahren. Das ist zwar eine der interessantesten, aber gleichzeitig auch eine *lange* Strecke. Damit Sie unterwegs mehr von der Gegend genießen können, sollten Sie Proviant fürs Picknick im Freien mitnehmen. Wenn Sie in Mammoth Hot Springs gegen Nachmittag ankommen und sich dort gleich um Ihre Unterkunft kümmern, bleibt noch genug Zeit, zur Roosevelt Lodge zu fahren und an dem beliebten *Old West Cookout* teilzunehmen. Reservierung im voraus vornehmen. Nach dem Steakessen im Freien im Westernstil kehren Sie wieder zurück nach Mammoth Hot Springs, um an dortigen abendlichen Veranstaltungen teilzunehmen.

Black Sand Basin
Biscuit Basin
Firehole Lake Drive
Fountain Paint Pot
Firehole Canyon Drive
Madison Museum
Gibbon Falls — Wasserfälle
Picknick am Gibbon River
Norris Museum
Norris Geyser Basin — Geysire
Roaring Mountain
Obsidian Cliff
Sheepeater Cliff
Mammoth Terrace Drive
Old West Cookout — Western Steakessen im Freien
Übernachten in Mammoth Hot Springs

3. TAG: **Mammoth Hot Springs — Lake Area**
Mammoth Visitors Center
Besichtigung der Terrassen — Terrace Walk
Undine Falls — Wasserfälle
Blacktail Drive
Petrified Tree — versteinerter Baumstumpf
Calcite Springs — Calcitquellen
Tower Falls — Wasserfälle
Blick vom Mount Washburn
Canyon Visitors Center
Grand Canyon of the Yellowstone
Mud Volcano Area — Schlammvulkane
Fishing Bridge Visitors Center
Abendprogramm des Park Service
Übernachten in Lake Area

4. TAG: **Abfahrt von Yellowstone**
Bootsfahrt von Bridge Bay
West Thumb Geyser Basin
Grant Village Visitors Center

SICHERHEITS-INFORMATIONEN

Erinnern Sie sich immer wieder, daß der **Yellowstone National-park** eine **Naturwildnis** ist und daher gewisse *Gefahren* birgt. Die folgenden Sicherheits-Informationen, die wir sinngemäß wiedergeben, werden vom National Park Service als *Safety Information* ausgegeben. Sobald Sie in Yellowstone angekommen sind, sollten Sie sich darum bemühen, die ausführlichen *Safety Information* von einem Park Ranger zu erhalten.

Verkehr. Zurückhaltend fahren. Der *Grand Loop* ist keine Autobahn und nur zum Langsamfahren angelegt. Halten Sie nicht plötzlich, um Tiere zu beobachten oder die Landschaft zu betrachten, verursachen Sie keinen Stau. Rücksichtsvoll fahren. Man muß unterwegs auch mit Fahrrad- & Motorradfahrern rechnen. Schließen Sie das Auto gut ab, wenn Sie aussteigen − auch wenn es nur für kurze Zeit ist.

Tierwelt. Tiere des Parks sind *wild* und möglicherweise gefährlich. *Bären* und andere Tiere nehmen dem Menschen gegenüber oft eine aggressive Haltung ein und sind unberechenbar. Kleintiere können *Krankheiten* übertragen. Kommen Sie den Tieren nicht zu nahe, beobachten Sie sie lieber aus der Entfernung oder vom Auto aus. Füttern der Tiere verboten (die Tiere nicht ärgern)!

Thermalgebiete. Thermalgebiete bergen gewisse Gefahren. *Siedendes* Wasser. Nicht tragfähiger Untergrund. Über heißen Wasserbecken liegt oft nur eine dünne, zerbrechliche Kruste. Passen Sie besonders auf Kinder auf. Bleiben Sie auf bezeichneten Wegen oder Plankenwegen.

Camping. Bären werden von *Nahrungsmitteln* auf Campingplätzen angelockt. Nahrungsmittel im verschlossenen Auto halten oder etwa 3 m über dem Boden und etwa 1,5 m vom Stamm auf einen Baum hängen, am besten in luftdicht abgeschlossenen Behältnissen. Der beste Schutz gegen Bären ist ein sauberer Lagerplatz. Bleiben Sie stets auf der Hut und rechnen Sie immer mit einer Begegnung mit Bären, besonders nachts. Schließen Sie auch immer alle Campingutensilien und andere Ausrüstung gut weg, um Diebstahl zu verhüten.

Backcountry Travel. *Backcountry* = Hinterland. Für Ausflüge ins Hinterland braucht man ein *Permit*, eine Erlaubnis. Wanderungen, Ausritte oder Bootstrips bergen manche Gefahren. Für Angler und Bootsausflüge birgt kaltes, tiefes Wasser eine besondere Gefahr. Beraten Sie sich immer vorher mit einem Park Ranger, bevor Sie Backcountry-Ausflüge unternehmen. Wenn Sie das Auto verlassen, lassen Sie keine Wertgegenstände offen liegen (immer *vor* Ankunft an einem Halteplatz bereits gut verstauen!). Auto immer abschließen.

INSIDER TIPS

Praktisch & Preiswert durch Yellowstone

Buffet Dinner, all you can eat – **Abendessenbüfett,** soviel man essen kann: Abends in der *Old Faithful Lodge* – – Da es bei manchen Unterkünften des Parks keinen Weckdienst gibt, kleinen **Wecker** mitbringen – – Besorgen Sie sich bei Ankunft im Park eine **Veranstaltungsliste** der Park Ranger-Programme – zu einigen muß man sich *vorher anmelden* – – Kleines **Proviantpaket** für Fahrten zu den verschiedenen Areas des Parks mitnehmen – – Stellen Sie sich auf **kühle** Temperaturen ein – – *Halten* Sie Ihre **Kameraobjektive** im Bereich von Geysiren stets *bedeckt,* bevor Sie Aufnahmen machen – – **Fernglas** äußerst nützlich, um Tiere zu beobachten – – Bei Ankunft mit dem *Bus* in West Yellowstone möglichst unter den Ersten beim Informationsstand des **Travel & Information Center** *innerhalb* der Busstation sein, um **Reservierungen** vorzunehmen, z. B. ein *Auto* zu mieten oder für eine *Unterkunft* innerhalb des Parks – – Um *langen Warteschlangen* fürs Mittagessen in Cafeterias & Restaurants aus dem Weg zu gehen, nehmen Sie **Picknickvorrat** mit in den Park – – *Gebührenfreie* **Angelerlaubnis,** *fishing permit*, beim Visitors Center erhältlich – – Nachtfahrten oder **Fahren bei Dunkelheit vermeiden,** da sich möglicherweise *Tiere* auf der Straße befinden, aber auch wegen Bildung von *Nebel* in bestimmten Gegenden des Parks – – Bei verschiedenen Sehenswürdigkeiten werden übers **Autoradio** sachdienliche Hinweise und Erklärungen dazu gegeben, schalten Sie einfach den Sender auf der *angegebenen Frequenz* ein – – Für **Wanderer:** Verlangen Sie beim Visitors Center die kostenlose, informative Broschüre *Beyond Road's End* (etwa Abseits der Straße) – alles Wichtige übers Wandern in Yellowstone – – Wenn Sie bei der Fahrt mit der **Westernkutsche** zum Old West Cookout fahren und oben auf dem Kutschbock sitzen wollen (neben dem Kutscher), *warten* Sie bis alle innen in der Kutsche sitzen, *bevor* Sie bitten, *oben* aufsteigen zu dürfen, wo Sie so richtig den Staub und Fahrtwind mitbekommen – – Für interessante Tieraufnahmen ist ein Teleobjektiv (oder Zoomobjektiv) eine unerläßliche Anschaffung vor der Reise – – Nehmen Sie die doppelte Menge **Filmvorrat** mit, doppelt soviel wie Sie vorraussichtlich verwenden wollen – – Festes **Schuhwerk** mit *rutschfesten* Sohlen tragen (auf manchen Wegen oder Bretterstegen ist es oft schlüpfrig) – – **Niemals** *Wertvolles* im Zimmer oder auf dem Campingplatz zurücklassen, wenn Sie wegfahren (Ausflug usw.) – – **Fotos,** die sich bestimmt lohnen: Kalksteinsinterterrassen von *Mammoth Hot Springs, Old Faithful Geysir,* Wasserfälle am *Grand Canyon of the Yellowstone, Parkeingangsschilder, Mud Volcano* in Aktion, *Sonnenuntergang* am See – Yellowstone Lake.

WAS KANN MAN MIT KINDERN UNTERNEHMEN?

Der Yellowstone Nationalpark eignet sich als Ferienziel für den Urlaub mit der **Familie**. Es gibt gar keinen Zweifel, daß die Kinder beispielsweise nur nach wenigen Tagen Aufenthalt im Park schon eine Menge über die Geschichte unserer Erde über Tiere und Naturgewalten lernen können. Hier im Yellowstone Nationalpark kann man ständig Neues lernen.

Man kann auch zur Abwechslung mit den Kindern die Ausstellungen in den **Visitors Center** besuchen und dadurch ergänzen oder auflockern, indem man beispielsweise eine aufregende Fahrt mit der **Westernkutsche** ins Hinterland unternimmt oder eine zünftige **Bootsfahrt** auf dem Yellowstone Lake macht oder an Veranstaltungen der **Park Ranger/Park Naturkunde-Experten** teilnimmt – welches Kind würde dabei keinen Spaß haben! Wir geben Ihnen hier ein paar **Anregungen**, was Sie mit Kindern unternehmen können.

Lassen Sie die Kinder unterwegs die **Tiere** notieren, die sie sehen; interessant ist auch, eine Strichliste über die **Zahl** der Tiere zu führen. ☐ Kinder sind begeistert, ihr eigenes **Tagebuch** zu führen. Das wird zu Hause auch eine hübsche Erinnerung sein, wenn von den Ferien erzählt wird. ☐ Erkundigen Sie sich bei verschiedenen Visitors Centers über **Veranstaltungen für Kinder**, *Especially For Kids* ☐ Schlagen Sie hier nach, und **lesen** Sie die einzelnen Abschnitte über Ausstellungen & Museen und Visitors Center **vorher** durch, damit Sie den Kindern die Exponate leichter erklären können. ☐ **Erklären** Sie die *Continental Divide* = **Kontinentale Wasserscheide** zwischen West Thumb und Old Faithful. ☐ Kaufen Sie die kleine **Reliefkarte** über den Park ☐ Lassen Sie die Kinder die Strecke, die Sie fahren, auf der **Karte** über den **Park markieren**. ☐ **Fotografieren** Sie Ihre Kinder am **Parkeingangsschild** oder am **Roosevelt Arch**. ☐ Erklären Sie die **Richter Skala** im Old Faithful Visitors Center ☐ Lassen Sie die Kinder einen **Mudpot**, eine Schlammquelle, beschreiben. ☐ Erklären Sie, **wie** und **wo** der **Yellowstone River** fließt.

NAMEN IN YELLOWSTONE AUF EINEN BLICK

Yellowstone Nationalpark wurde 1872 gegründet ☐ Der Name kommt aus dem Französischen für „gelber Stein" = *yellow stone,* und zwar wegen der gelben Felssteine in der Schlucht vom **Yellowstone** River, dem Grand Canyon of the **Yellowstone** ☐ **Hayden** Valley – nach Ferdinand Hayden vom U.S. Geological Survey, der Leiter der 1871 und 1872 durch den Park durchgeführten *Expeditionen* ☐ **Grant** Village – nach Ulysses S. Grant (18. US-Präsident, der 1872 das Gesetz zur *Gründung* des Yellowstone Nationalparks unterzeichnete (Amtszeit: 1869–1877); ☐ Nathaniel **Langford** – *erster* Superintendent des Parks ☐ **Norris** Geyser Basin – nach P. Norris, *zweiter* Superintendent des Parks ☐ **Madison** River – nach James Madison (*4. US-Präsident,* Amtszeit: 1809–1817) ☐ **Lewis** Falls – nach Merriwether Lewis von der *Lewis & Clark Expedition* (1804–1806) ☐ Mount **Washburn** nach dem *Vermesser* Henry Washburn, der 1870 an einer Expedition teilnahm ☐ **Tower** Falls – nach den *turmähnlichen* Felszacken in der Umgebung der wunderschönen Wasserfälle ☐ **Gibbon** River – nach General John Gibbon, der in der ersten Zeit des Parks hier Offizier war ☐ **Chittenden** Bridge – nach Capt. Hiram Chittenden, der zu den U.S. Pionieren der U.S. Army gehörte, die die *Straße* und *Brücke* in Yellowstone gebaut haben ☐ **Nez Perce** Creek – der Bach wurde nach dem *Indianerstamm* benannt, der 1877 durch Yellowstone kam ☐ **Grand Loop Road** – die 140 mi/224 km lange *Doppelschleife,* die als Parkstraße durch den Park führt.

ROUTEN DURCH YELLOWSTONE

Es spielt keine Rolle, ob Sie vorhaben, mit dem Auto oder Tourbus durch Yellowstone zu reisen, die folgenden **Routenbeschreibungen** eignen sich für beides und machen Ihre Entdeckungsreise wirklich zu einem Erlebnis. Unterwegs haben Sie damit eine einfache **Orientierung** und sind stets bereit für die auf der Route liegenden **Attraktionen** und **Ausstellungen/ Museen.**

Benutzen sie die **Routenbeschreibungen** und die dazugehörigen **Routenkarten** am besten zusammen mit den Parkkarten, die Sie kostenlos an den Parkeingängen und bei den Besucherzentren, **Visitors Center,** erhalten. Lesen Sie die **Routenkarten** von unten nach oben; alle Entfernungsangaben dienen nur als Anhaltspunkt.

Wir geben Ihnen zuerst die **fünf** *Eingangsrouten* (Ausgangsrouten oder Gateway Routes) in den Park. Jede dieser Routen schließt sich an einem Punkt an die wie eine Acht verlaufende Parkstraße *Grand Loop Road* an. Sie können dann **von allen Seiten** in unser **Routenkarussell** einsteigen!

Diese *Grand Loop Road* ist die etwa *140 mi/224 km* lange asphaltierte Parkstraße, die zu den meisten Sehenswürdigkeiten des Parks führt. Wir haben die *Grand Loop Road* in **acht** logische *Abschnitte* aufgeteilt; alle **acht** Routenabschnitte werden im **Uhrzeigersinn** hintereinander behandelt. Bei diesem System können Sie nämlich Ihre Entdeckungsfahrten durch den Park unternehmen ohne dieselbe Strecke mehrmals hin und her zu fahren, egal welchen *Parkeingang* Sie benutzen.

Die letzte dieser Routen ist die kurze Strecke zwischen der Westseite und Ostseite der *Grand Loop Road*, die den Park aufteilt in einen **Upper Loop** (= Obere Schleife; nördlicher Abschnitt des Parks) und einen **Lower Loop** (= Untere Schleife; südlicher Abschnitt) − ideal für Leute, deren Zeit ziemlich knapp ist.

Eingangsrouten

West Yellowstone − Madison
Grand Teton Nationalpark − West Thumb
Weitere Eingangsrouten

Grand Loop Road

Madison − Norris
Norris − Mammoth Hot Springs
Mammoth Hot Springs − Roosevelt Lodge
Roosevelt Lodge − Canyon Area
Canyon Area − Fishing Bridge/Lake Area
Fishing Bridge/Lake Area − West Thumb
West Thumb − Old Faithful
Old Faithful − Madison
Norris − Canyon

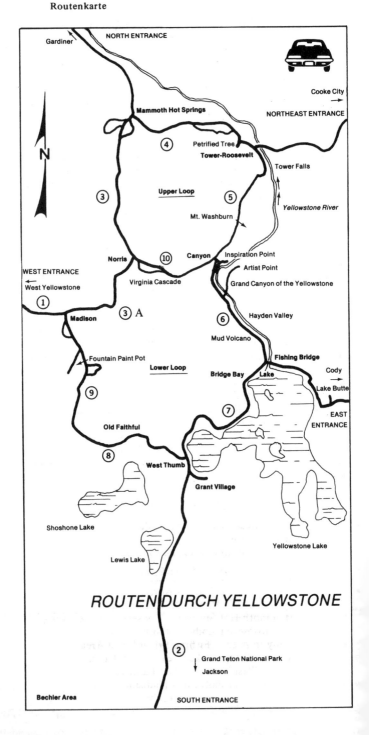

① *WEST YELLOWSTONE—MADISON*

(Madison Area siehe Seite 344)

Die *14 mi/23 km* lange Fahrt am **Madison River** entlang führt Sie von dem Ausgangsort **West Yellowstone** zur Kreuzung Madison Junction (auch Madison Jct.) und zur *Grand Loop Road* − die *140 mi/224 km* lange Achterschleife, auf der man mühelos die meisten Hauptattraktionen im Yellowstone Nationalpark erreichen kann.

Die Parkgrenze liegt am Rand von West Yellowstone. Dieser westliche Eingang, **West Entrance**, zum Park ist von *Anfang Mai bis Ende Oktober* geöffnet. Lassen Sie sich vom Park Ranger am Parkeingangstor folgendes Material geben:
Kostenlose Parkkarte − *free map of the park*, Sicherheitsinformationen zum Schutz gegen Bären − *bear-safety information* − und einen Plan über Spezialveranstaltungen der Park Ranger/Park Naturkunde-Experten im Yellowstone Nationalpark − *Schedule of special activities*.

Wichtiger Hinweis: Die Straßen innerhalb des Parks sind mit Hinweisschildern über *Geschwindigkeitsbegrenzungen* versehen. Hier im Park erwartet man natürlich eine äußerst rücksichtsvolle Fahrweise, bei der man auf andere Parkbesucher und Tiere achtet. Doch nun zur ersten Information am Straßenrand. Hier erfährt man, wie die Besucher früher nach Yellowstone reisten.

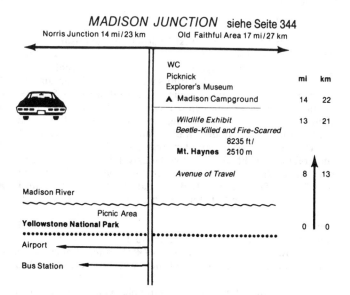

MADISON JUNCTION siehe Seite 344

Norris Junction 14 mi/23 km   Old Faithful Area 17 mi/27 km

	mi	km
WC		
Picknick		
Explorer's Museum		
▲ Madison Campground	14	22
Wildlife Exhibit	13	21
Beetle-Killed and Fire-Scarred		
8235 ft/		
Mt. Haynes 2510 m		
Avenue of Travel	8	13
Madison River		
Picnic Area		
Yellowstone National Park	0	0
Airport		
Bus Station		

WEST YELLOWSTONE

Bei 8 mi/13 km: West Yellowstone—Madison

Kurz nachdem Madison River überquert wurde:

AVENUE OF TRAVEL – Geschichte übers Reisen: Den Fußabdrücken durch Mokassins *(moccasins)* folgten Hufabdrücke von Pferden und Wagenräderfurchen, die die Vorreiter für den Zugang zum Park vom Westen her durch dieses Flußtal waren.

Indianer und Bergwanderer benutzten diesen Weg auf der Suche nach Fleisch und Pelzfellen oder um ihre Neugierde zu befriedigen. **1863** kamen Goldsucher unter dem Anführer Walter DeLacey aus dem Süden nach Yellowstone und verließen die Gegend wieder über den Madison River.

Postkutschen, *stagecoaches,* benutzten die Route von **1880** bis **1917**. Eine sehr frühe Postkutschenlinie verkehrte zwischen Virginia City und dem Lower Geyser Basin. Der *95 mi/152 km* lange Trip dauerte **16** Stunden. Später gab es Bahnanschlüsse an Postkutschenlinien, zum Beispiel bei **Merida**, Montana (etwa *60 mi/96 km* westlich von West Yellowstone). **1907** erreichte die Eisenbahn West Yellowstone.

Die Reisegruppe Folsom-Cook Peterson Party bereiste **1869** die nördlichen Gebiete des heutigen Parkgeländes. Die Gruppe Washburn-Langford-Doane Party besuchte **1870** den Park; **1872** war der Vermessungstrupp Hayden Survey unterwegs, und **1877** war der Nez Perce Retreat (Rückzug der Nez Perce Indianer). **1915** durften Autos in den Park. Zwei Jahre später ersetzten Busse die Pferdekutschen. Straßen waren grob & staubig oder schlammig & sandig. Pferde und Autos benutzten dieselbe Straße. Pferde hatten Vorfahrt!

Entlang Madison River:

Bei 13 mi/21 km: West Yellowstone—Madison

Am Fluß kurz vor dem Campingplatz: (6806 ft/2074 m)

WILDLIFE EXHIBIT – Natur: Im Winter, Frühling und Herbst kann man viele **Wapitihirsche** auf den Wiesen am Madison River entlang grasen sehen; die Zahl wird im Sommer geringer. Die Tiere gehören zu einer Herde von etwa *1000 Tieren,* die das ganze Jahr über im Park bleiben. Die Herde wird natürlich durch den Kampf ums Futter, bei dem sich die Tiere gegenseitig bekämpfen, reguliert.

Im **Frühling** taucht der hungrige Grizzly Bär auf, der sich über die toten Wapitihirsche hermacht und die vom Winter geschwächten Tiere anfällt. Dadurch daß der Grizzly die schwächeren Tiere aussondert, hilft er, die restliche Herde stabil zu halten.

Verendete Wapitihirsche und solche, die zu schwach sind, Raubtieren zu entkommen, bleiben als Futter für andere Tiere — Berglöwen, Präriewolf, Vielfraß *(Wolverine)*, Raben sowie der gefährliche Grauwolf und der Weißkopfseeadler *(Bald Eagle)*.

Die in den Gebieten Madison, Firehole, Gibbon und Upper Yellowstone ansässigen **Wapitihirsche** sind die einzigen Bewohner des Parks, die unter absolut natürlichen Bedingungen **im Park** leben. Alle anderen Tierherden ziehen im Winter aus dem Park und finden dort an verschiedenen Stellen von Menschen ausgelegtes Futter. Der Kampf ums Futter ist im Winter am stärksten, wenn die Tiere durch den Schnee gezwungen sind, zusammen zu bleiben. Dabei sind die gesündesten Tiere den schwächeren jungen oder alten Tieren weit überlegen.

Kurz nach der Hinweistafel gelangt man an die Seitenstraße, die zum Campingplatz **Madison Campground** führt. Einzelheiten unter **Madison Area**. Und wenn der **Old Faithful Geysir** Ihr *erstes Ziel* ist (jeder Besucher will schließlich diesen berühmten Geysir sehen!), fahren Sie an der Kreuzung **Madison Junction** *südwärts* (und zwar biegen Sie hier **rechts** ab). (Madison Area siehe S. 344)

② *GRAND TETON—WEST THUMB*

Der Südeingang, **South Entrance**, ist einer der beliebtesten Zugänge zum Yellowstone Nationalpark. Der **South Entrance** ist vom *1. Mai bis 31. Oktober* geöffnet. Die Strecke zwischen dem Ende des **Grand Teton Nationalpark** und **Grant Village/ West Thumb**, die erste Area, die man **innerhalb** des Yellowstone Nationalparks erreicht, beträgt etwa *27 mi/43 km*. Auf dem *7 mi/11 km* langen Stück des *John D. Rockefeller Jr. Memorial Parkway* zwischen dem **Grand Teton Nationalpark** und dem **Yellowstone Nationalpark** liegen mehrere Campingplätze sowie Unterkunftsstätten, ein Restaurant, General Store (Geschäft), eine Tankstelle und ein Reitstall beim Flagg Ranch Komplex.

Lassen Sie sich vom Park Ranger am Parkeingangstor folgendes Material geben:

Kostenlose Parkkarte – *free map of the park*, Sicherheitsinformationen zum Schutz gegen Bären – *bear-safety information* – und einen Plan über Spezialveranstaltungen der Park Ranger/Park Naturkunde-Experten im Yellowstone Nationalpark – *schedule of special activities*.

Kurz nach dem **South Entrance** Parkeingang kommt man zu einem Picknickplatz, *picnic area*, und zu dem Wasserfall **Moose Falls** am Crawfish Creek (*crawfish* oder *crayfisch* = Flußkrebs) – *moose* bedeutet übrigens Elch. Die eindrucksvolle Schlucht **Lewis Canyon** zieht sich ein paar Kilometer vom Süden nach Norden. Teilweise sieht man unterwegs die steilen Felswände mit säulenförmigen Steinkerzen und tief unten den Fluß **Lewis River**, der diese Schlucht geformt hat. Auf der anderen Seite der Straße taucht ein Meer von Steinen auf – ein kleines Felsenmeer. Dann kommt man zu dem 9 m hohen Wasserfall **Lewis Falls**, den man beim Überqueren des Lewis River sehen kann.

Am Südufer des Sees **Lewis Lake** (auf etwa 2100 m ü. M.) liegt der Campingplatz **Lewis Lake Campground**. Die Straße führt am See entlang; auf der anderen Uferseite kann man Geysire erkennen. Vom Nordufer des Sees führen die Wanderwege nach *Nordwesten* zum See **Shoshone Lake** und nach Osten zum **Heart Lake Geyser Basin** und zum See **Heart Lake** (*heart* = Herz). Kurz bevor man an die Kontinentale Wasserscheide **Continental Divide** gelangt – auf 2435 m ü. M., führt ein Wanderpfad ostwärts zum See **Riddle Lake**.

Danach kommt man an die Straße, die nach **Grant Village** führt – **keine** Unterkunftsmöglichkeiten nur Campingplatz und ein Besucherzentrum, Visitors Center. Ein bißchen weiter nördlich liegt **West Thumb**. Bei West Thumb mündet die Süd/Nord-Straße in die *140 mi/224 km* lange *Grand Loop Road*, die zu den meisten Hauptattraktionen führt.

WEST THUMB

Lake		mi	km
Old Faithful 17 mi/27 km	Fishing Bridge 22 mi/35 km		
	West Thumb	27	43
	Grant Village ▲	25	40
	Continental Divide 7988 ft/ 2435 m	23	37
	Riddle Lake Trail		
Lewis Lake		21	34
Lewis Lake Campground ▲		19	30
Lewis River			
Lewis Falls 30 ft/9 m		17	27
	Lewis River Canyon Fire Power	14	22
Crawfish Creek	**Moose Falls**	9	14
	Picnic Area		
	Toiletten & Telefon 6886 ft/		
Yellowstone National Park ↑	South Entrance Station 2099 m	7	11
The Huck Fire ••••••••••••••••••	••••••••••••••••••••••••••••••		
Flagg Ranch Campground ▲			
Snake River Ranger Station		6	10
Flagg Ranch Village: „food, cabin, gift shop grocery store, gas station, telephone"			
Snack Bar, Restaurant, Reitstall (horse rental), Floßfahrten (float trips)		5	8
After the Fires	Snake River		
Snake River Campground ▲		3	5
	← Rockefeller Parkway		
••••••••••••••••••••••	••••••••••••••••••••••••		
Grand Teton National Park ↓		0	0
Colter Bay Village 12 mi/19 km Jackson Lake Lodge 16 mi/26 km			

GRAND TETON NATIONALPARK

·········· *WEITERE EINGANGSROUTEN* ··········

Außer den populären Routen über den Westeingang, **West Entrance** (West Yellowstone – Madison), und über den Süd-eingang, **South Entrance** (Grand Teton – West Thumb), in den Yellowstone Nationalpark gibt es noch *drei* andere Routen, auf denen man in den Park gelangen kann. Der Nordeingang, **North Entrance**, ist der **einzige** Eingang, der *das ganze Jahr* über **geöffnet** ist. Vom Parkeingang bei **Gardiner** sind es nur etwa *5 mi/8 km* nach **Mammoth Hot Springs** mit der Parkhauptverwaltung, Park Headquarters, und der *Grand Loop Road*.

Die Eingangsroute in den Park über den Nordosteingang, **Northeast Entrance**, ist etwa vom *1. Juni bis 15. Oktober* geöffnet. Die etwa *29 mi/47 km* lange Route vom Parkeingang zur **Tower Junction/Roosevelt Lodge** führt zu zwei kleinen Campingplätzen – **Pebble Creek Campground** und **Slough Creek Campground**. Die Straße verläuft auch durch das hübsche Tal **Lamar Valley**; südlich erstreckt sich die **Specimen Ridge**, ein Gebiet, das für die versteinerten Baumstümpfe bekannt ist. **Wichtiger Hinweis:** Wenn Sie von Billings herkommen, müssen Sie über den etwa 3334 m hohen Paß **Bear Tooth Pass**.

Die Route über den Osteingang, **East Entrance,** ist die letzte der fünf Eingangsrouten zum Yellowstone Nationalpark, die wir beschreiben. Die Straße ist vom *1. Mai bis 31. Oktober* für den Autoverkehr geöffnet, obwohl wir es erlebt haben, daß der Paß **Sylvan Pass** sogar schon Mitte September wegen Schnee für mehrere Tage gesperrt war!

Den **East Entrance** benutzen hauptsächlich viele Besucher, die aus dem Osten, zum Beispiel vom Mount Rushmore National Memorial, in South Dakota, kommen. Die Anfahrt ist besonders reizvoll. Die Entfernung vom **East Entrance** bis **Fishing Bridge** und zur *Grand Loop Road* beträgt etwa *27 mi/43 km*. Die Straße klettert über den **Sylvan Pass** – etwa 2603 m ü. M. – und führt am **Sylvan Lake** vorbei.

Eine Seitenstraße führt zum See **Lake Butte** – etwa 2544 m ü. M., von wo man eine herrliche Aussicht auf den benachbarten **Yellowstone Lake** hat. Die Hauptstraße führt dann am **Yellowstone Lake** entlang, am **Steamboat Point** mit seinen Dampfventilen vorbei zur Bucht **Mary Bay,** wo man mit etwas Glück den Trompeterschwan oder Büffel beobachten kann. Anschließend überquert man den Bach **Pelican Creek** – ein Gebiet mit reicher Tierwelt, viele Elche.

Obwohl es in der **Fishing Bridge Area** keine Unterkunft gibt, liegen etwas *östlich* des Gebiets **zwei** Campingplätze. Der eine ist der **Fishing Bridge Campground** (wird vom National Park Service verwaltet), der südlich der Straße liegt. Der andere Platz, **Fishing Bridge Recreational Vehicle Park**, wird von demselben Konzessionär betrieben, der die Hotels und Hütten des Parks bewirtschaftet. Beim letzteren kann man Standplätze im voraus reservieren!

③ *A*   *MADISON—NORRIS*

Madison siehe S. 344
Norris siehe Seite 351

Auf der etwa *14 mi/23 km* langen Strecke zwischen **Madison** und **Norris** bekommt man auf der *Grand Loop Road* einen Vorgeschmack auf die Naturwunder von Yellowstone: Geysire, herabstürzende Flüsse, Wasserfälle, Wälder, liebliche Wiesen und mit etwas Glück Tiere. Nach nur kurzer Entfernung kommt man von der Kreuzung **Madison Junction** zur **Terrace Spring**, wo man auf einem Brettersteg etwas dichter an die heiße Quelle gelangt. Die Fahrstraße führt am **Gibbon River** entlang – gelegentlich hat man einen kurzen Blick zum Fluß und zu niedlichen Wiesen.

In der Nähe des Rands vom **Gibbon Canyon** ist der Wasserfall **Gibbon Falls** – 26 m hoch. Kurz vor dem Wasserfall gibt es einen kleinen Picknickplatz. Ein Stück weiter sieht man viele große Felsbrocken, die in den Fluß gestürzt sind. Unterwegs bis **Norris Junction** muß man den **Gibbon River** mehrmals überqueren, und nach dem ersten Mal gelangt man zur bezaubernden **Beryl Spring**. Kurz dahinter wird ein Weg sichtbar, ehe man erneut den Gibbon River überquert. Dieser etwa *1 mi/1,6 km* lange *Monument Geyser Basin Trail* führt zu mehreren heißen Quellen im **Gibbon Geyser Basin**.

Wenn man in Richtung *Norden* weiterfährt, gelangt man durch eine weit offene Wiesenlandschaft. In der Ferne kann man die **heißen** Quellen erkennen. In der Nähe gibt es einen Picknickplatz. Anschließend kommt man an dem kleinen Wasserfall vorbei, wo der Gibbon River sich in Kaskaden herabstürzt – **Gibbon River Rapids**. Kurz danach passiert man die von den Wapitihirschen und Elchen bevorzugte Gegend – **Elk Park**. Nach *Westen* hin sieht man noch mehr Geysire – ein Hinweis auf das, was man im **Norris Geyser Basin** erleben wird (siehe S. 351).

Mammoth Hot Springs ↑ | Canyon →

Norris siehe Seite 351

NORRIS JUNCTION

Von Norris Jct bis Canyon
26 mi/42 km

Nuphar Lake

	mi	km
	14	22

Norris Geyser Basin & Museum
siehe S. 351 · Elk Park — 13 · 21
Gibbon River — 11 · 18

Gibbon Meadows Picnic Area — 10 · 16

Artist Paint Pot Trail
Gibbon Meadows Trail — 9 · 14

Monument Geyser Basin Trail
(1 mi/2 km)
Beryl Spring — etwas weiter hinter Gibbon Falls 8 · 13
schöner Blick auf die Wasserfälle

Gibbon River — **Gibbon Falls** & Picnic — 7 · 11
Tuffs Cliffs Picnic

Hot Springs Walkway — 5 · 8

— 0 · 0

MADISON JUNCTION 2074 m ü.M.

West Yellowstone ←

Madison Jct Explorer's Museum
7500 ft/
National Park Mountain 2286 m

↓ Old Faithful

Von Norris Jct bis Canyon: 26 mi/42 km

③ NORRIS—MAMMOTH HOT SPRINGS

Mammoth siehe Seite 346

Die etwa *22 mi/35 km* lange Etappe zwischen **Norris Junction** und der **Mammoth Hot Springs Area** gehört zu den landschaftlich reizvollsten und interessantesten Strecken des Parks. Weil hier morgens oft starker Nebel herrscht, hat man den Eindruck, daß hier alles etwas später „aufwacht" als sonst

im Park. Aber gerade während dieser frühen Morgenstunde kann man mit etwas Glück viele Tiere sehen. Hier sollte man keine Eile haben. Lassen Sie sich ein paar Stunden Zeit, diesen Abschnitt der *Grand Loop Road* zu genießen und richtig zu erleben.

Kurz nach **Norris Junction** erreicht man den Campingplatz am Gibbon River, **Norris Campground.** In dieser Gegend befanden sich früher mehrere Militärgebäude, in denen die Soldaten, die den Yellowstone Nationalpark bewachten, untergebracht waren. Das Hauptquartier, Headquarters, der Parkverwaltung befand sich im **Fort Yellowstone** in **Mammoth Hot Springs.** Wenn Sie auf der Straße zum Campingplatz fahren, können Sie sich die rekonstruierten Gebäude ansehen.

NORRIS SOLDIER STATION — Norris-Kaserne: Dieses Gebäude befindet sich auf der anderen Seite des Flusses — ein Überbleibsel aus Yellowstones Anfangstagen, als das amerikanische **Militär** den Park **schützte.** Von **1886** bis **1916** waren hier Kavallerieeinheiten stationiert, die die Parkstraße kontrollierten. Sie verfolgten Wilddiebe, bekämpften Waldbrände und standen damals den Besuchern zur Verfügung wie heute die Park Rangers des National Park Service. Der National Park Service verwaltet den Yellowstone Nationalpark seit **1916.**

Etwas weiter gelangt man zum See **Nymph Lake** und zu den **Frying Hot Springs** — überall kochend heißes Wasser. Dann führt die Straße an den Seen **South Twin Lake** und **North Twin Lake** vorbei. Und kurz dahinter sehen Sie eines der glänzendsten Beispiel dessen, was bestimmte Mineralien enthaltende Dampfquellen mit ihrer unmittelbaren Umgebung anstellen können — **Roaring Mountain.**

Bei 5 mi/8 km: Norris—Mammoth Hot Springs

EARTH FORCE AND FUMAROLES — innere Erdkräfte und Fumarole: Heiße vulkanische **Gase** von abkühlender **Magma** (glutflüssige Lava oder glühend heißes Felsgestein) dringen aus der Tiefe an die Erdoberfläche. Diese oft mit starkem Pfeifgeräusch entweichenden Gase und Dämpfe enthalten Kohlendioxyd, Schwefelwasserstoff (der Duft fauler Eier), Arsen, Bor und Chlor.

Die kleinen Dampf- und Gasaustrittslöcher, durch die das Gas/Dämpfe entweicht, nennt man **Fumarole** (aus dem Lateinischen *fumus* = Dampf). Sie lassen zwar meistens Wasserdampf ausströmen, aber es mischen sich auch andere Gase darunter. **Fumarole** sind im allgemeinen an steilen Uferrändern und Berghängen mit spärlichem Grundwasser zu finden. Wenn genügend Wasser vorhanden ist, können sich an den Austrittslöchern auch heiße Quellen entwickeln.

1902 entwickelte sich hier eine ungeheure Tätigkeit der Fumarole, die viele Bäume absterben ließ. Doch seitdem hat die Kraft der Fumarole ziemlich nachgelassen. Das lautstarke

MAMMOTH HOT SPRINGS ③
Mammoth Hot Springs siehe S. 346

		mi	km
	Gardiner		
	Roosevelt Arch		
	Mammoth Campground ▲		
Mammoth Hot Springs Hotel	**Visitors Center** _____	22	35
	Horace M. Albright siehe Seite 347		
Liberty Cap	Horseback Rides	21	34
Mammoth Terrace Drive		20	32
	Silver Gate		
	Panoramic View	19	30
The Hoodóos		18	29
	Golden Gate Turnout ℗	17	27
	Bunsen Peak Road		
	Swan Lake Flat	16	26
Geology Exhibit		16	26
	Sheepeater Cliff	14	22
Indian Creek Campground ▲		13	21
Willow Park		12	19
Moose Exhibit		11	18
	Apollinaris Spring	10	16
	Obsidian Cliff	9	14
Beaver Ponds		8	13
Grizzly Lake		7	11
Obsidian Creek Turnout ℗		6	10
	Roaring Mountain	5	8
North Twin Lake		4	6
South Twin Lake			
	Frying Pan Springs	3	5
Nymph Lake			
	Norris Campground ▲	1	2
	Gibbon River		
Norris Geyser Basin —	**Norris Junction**	0	0
Madison ◄—	Virginia Cascades, Canyon ►		

Route 3

NORRIS JUNCTION   ③

Dampfaustrittsloch, das dem Berg den Namen gab — **Roaring Mountain**, etwa tobender und zischender Berg, ist nicht mehr in Aktion. Doch wenn man über den riesigen kahlen weißen Hügel im Vordergrund schaut, sieht man die Spuren seiner einstigen Tätigkeit.

In der Gegend des **Obsidian Creek** kann man richtig kochend heiße Quellen sehen; günstige Stelle, wo man am frühen Morgen Tiere beobachten kann. Der etwa 2 mi/3 km lange *Grizzly Lake Trail* führt über eine Wiese und am Bach an dampfenden Quellen entlang zum See **Grizzly Lake**. Anschließend gelangt man auf der Hauptstraße zu den **Beaver Ponds** mit Picknickplatz.

Bei 9 mi/14 km: Norris—Mammoth Hot Springs

OBSIDIAN CLIFF: Obsidian Fels ist noch ein Rest eines Rhyolith-Lavastroms, der etwa vor **150 000 Jahren** beim Vulkanausbruch ausgeströmt war und sich über mehrere Kilometer ausgebreitet hat.
Die ersten Besucher von Yellowstone waren wahrscheinlich vor etwa **12 000 Jahren** hinter Tieren her, als sie in diese Region kamen. Sie benutzten dieses schwarze vulkanische Gesteinsglas zum Herstellen von **Werkzeug**. Seit jenem Steinzeitalter bis man Feuerwaffen und metallene Bogenspitzen vor etwa 200 Jahren einführte, benutzten die Indianer der nördlichen Prärie, **Great Plains** genannt, den **Yellowstone Obsidian**, um ihre Pfeilspitzen, Messer und andere Kratz- und Schneidewerkzeuge daraus herzustellen. Scharfkantige Splitter und Bruchstücke des **Obsidian Cliff** waren ihre Haupt-Felsquellen.
Die **prähistorischen** Indianer mußten den Yellowstone Obsidian sehr geschätzt haben, denn er wurde weitverbreitet gehandelt. Man fand sogar Obsidian von Yellowstone in einem Grabhügel in Ohio, etwa *2400 km* von hier — Obisidan wurde in einem nur ein paar Hundert Meter entfernten Steinbruch abgebaut. Schräg gegenüber der Straße ist heute noch Obsidian zu finden.

Weiter entlang der *Grand Loop Road* kommt man zu der netten Picknickarea an der Wasserquelle **Apollinaris Spring**, die auf der anderen Straßenseite liegt. Erste Parkbesucher, die das Wasser der Quelle kosteten, behaupteten, das Wasser schmecke genauso wie der berühmte Sprudel von Bad Neuenahr. Vor Gebrauch abkochen!

Bei 11 mi/18 km: Norris—Mammoth Hot Springs

ABOUT MOOSE — über Elche: Die Informationstafeln an dieser Stelle geben interessante Hintergrundinformation über Elche, die man in dieser Gegend beobachten kann. **Sommer:** Im Unterholz und am Wasser; neues Geweih sichtbar; von

Insekten geplagt; Kälber sind mit der Mutter zusammen.
Herbst: Verlassen das Unterholz; Geweih voll entwickelt
(Bast ist abgescheuert); Paarungszeit und Kampf der Bullen.
Winter: Ziehen in höher gelegenes Weideland; Geweih fällt
ab; lange, kraftvolle Beine erlauben dem Elch, durch tiefen
Schnee zu laufen. **Frühling:** Ziehen wieder zurück ins Unterholz; Geweihschaufeln fangen an zu wachsen; Kälber kommen
zur Welt – eins, manchmal zwei, selten drei. Elchkuh erreicht
etwa 3/4 der Größe des Bullen und besitzt kein Geweih.

Nach der Informationstafel über Elche gelangt man zum
Willow Park, eine Stelle, die die Elche besonders lieben.
Daran schließt sich der Campingplatz **Indian Creek Camp-
ground** an, etwa *8 mi/13 km* südlich von **Mammoth Hot
Springs** oder etwa *13 mi/21 km* nördlich von **Norris Junction.**
Nur ein bißchen nördlich vom Campingplatz gibt es eine
Gegend, die man für eine ehemalige Wohngegend der Indianer,
die in Yellowstone zu Hause waren, hält.

Bei 14 mi/22 km: Norris—Mammoth Hot Springs

SHEEPEATER CLIFF: Nur ein kurzes Stück von der *Grand
Loop Road* entfernt, kommt man auf einer schmalen Straße
am Gardner River entlang zu der Stelle, wo einst die **Sheepeater Indianer** lebten. Man fand Spuren der Indianer an den
Felswänden und unten am Fluß. Diese Indianer ernährten
sich vom Bighorn-Schaf, *bighorn sheep,* daher nannten sie
die weißen Männer *sheepeater* – Schaffresser. Die Felswände
bestehen aus Basalt-Lava, die beim Abkühlen mehreckige
Säulen hinterließ. Abgebrochene Säulen sehen aus wie Würfel!
   Von der geologischen Ausgrabungsstätte, *Geology Exhibit,*
hat man einen Blick auf die Berge **Gallatin Range,** zu denen
der **Electric Peak** mit etwa 3350 m ü. M. gehört. Diese Berge
sind erst in jüngster Zeit entstanden und in die Höhe geschoben worden und setzen sich aus mehreren der ältesten Felsschichten des Parks zusammen. Auf der Weiterfahrt kommt
man durch ebenes Land, das man **Swan Lake Flat** nennt.
   Dann fährt man am **Glen Creek** vorbei, der eine tiefe
Schlucht in den Fels gegraben hat. Einige der auf der anderen
Uferseite sichtbaren Felsbrocken stammen noch von dem
Erdbeben des Jahres **1959.** Auf der anderen Uferseite sieht
man auch grünbemooste und mit Flechten bewachsene Steine.
Und in einigem Abstand taucht der Wasserfall **Rustic Falls**
auf. Kurz vor dem Glen Creek biegt eine steile, nicht geteerte
Straße nach Osten ab – *Bunsen Peak Road,* die an den **Sheepeater Cliffs** vorbei, um den Berg **Bunsen Peak** (etwa 2610 m
ü. M.) herum, am Wasserfall **Osprey Falls** (*osprey* = Fischadler)
vorbei wieder auf die *Grand Loop Road* führt. Diese Seitenstraße nach Mammoth ist etwa 4 mi/6 km lang. Vom Golden
Gate Parkplatz kann man sehen wie der Wasserfall über mehrere Terrassen springt.

Nur etwas nördlich von hier führt auf der Westseite der *Grand Loop Road* eine kurze Nebenstraße durch ein Felsenmeer mit Steinbrocken und riesigen Felsen. Es ist eine kurze aber sehr interessante Fahrt. Man kennt die Area unter dem Namen **Hoodoos**. Hoodoos sind die seltsamen Steingebilde, die fast wie Pilze oder Mexikaner-Hüte aussehen.

Wieder auf der Hauptstraße, passiert man die **Silver Gate** Area und gelangt auf einen Straßenabschnitt mit einem bezaubernden Panorama vom Tal und mehreren Seen. Kurz darauf kommt die Zufahrt zum *Mammoth Terrace Drive*, den wir im Abschnitt **Mammoth Hot Springs Area** ausführlich behandeln. Wenn Sie nicht in Zeitdruck sind, ist es empfehlenswert, sich die halbe Stunde (mindestens) zu nehmen, und auf dieser Einbahnstraße entlangzufahren. Unterwegs kann man dann ein paar Mal halten und sich die faszinierenden Sinterterrassen der heißen Mineralquellen ansehen.

Die *Grand Loop Road* führt dann bergab zur **Mammoth Hot Springs Area**. Unterwegs kommt man an den Reitställen vorbei. Die Straße verläuft dann ganz dicht an der **unteren** Ebene der **Mammoth Hot Springs Terraces** und an der **Liberty Cap** (eine abgestorbene Quelle, die nur noch als Steinfragment zurückgeblieben ist) vorbei, ehe sie zum Fotoladen, *camera shop*, Restaurant, Hotel und Besucherzentrum, Visitors Center, führt. Mammoth Hot Springs siehe S. 348.

MAMMOTH HOT SPRINGS—ROOSEVELT ④

Roosevelt siehe Seite 364

Auf dem etwa *18 mi/29 km* langen Stück der *Grand Loop Road* fährt man von der **Mammoth Hot Springs Area** mit Visitors Center und riesigem Hotel zur **Roosevelt Area** — eine Gegend mit rustikalen Blockhütten, einer komfortablen Lodge, Westernkutschen und Steakessen im Freien nach alter Westernart, die sogenannten Old West Cookouts. Hier herrscht echte Westernatmosphäre!

· Am Anfang der Strecke fährt man durch eine Gegend mit vereinzelten Bäumen und Büschen. Dann überquert man den **Gardner River** — von der modernen Brücke hat man einen guten Blick. Nach der tiefen Schlucht beginnt die Straße zu steigen; die Bäume werden nun auch zahlreicher. Im Norden ist der etwa 18 m hohe Wasserfall **Undine Falls**, dann der Lava Creek und die Schlucht Lava Creek Canyon. Direkt am Fluß liegt der angenehm schattige Picknickplatz Lava Creek Picnic Area.

Vorbei an Lavafeldern führt die Straße an einem dürren Tal entlang. Hier liegen die kleinen Seen **Blacktail Lakes**, **Blacktail Deer Creek** sowie ein Wanderweg. Der Weg führt nordwärts zum **Yellowstone River** und zur Schlucht **Black Canyon of the Yellowstone**. Die Straße setzt sich weiter durch eine Heidelandschaft fort, bis sie .ein Felsenmeer erreicht. Hier muß eine Entscheidung getroffen werden. Von der asphaltierten *Grand Loop Road* führt nämlich die Schotter- und Einbahnstraße, *Blacktail Drive,* ab und zieht sich durch eine Gras- und Wiesenlandschaft mit reizvollem Panorama und zum Schluß durch den Wald, wo sie wieder auf die *Grand Loop Road* trifft. Dieser Ausflug von etwa *7 mi/11 km* Länge ist eine sehr reizvolle und staubige Angelegenheit. Falls Sie mit der Zeit etwas knapp sein sollten, empfehlen wir, die Fahrt auf der *Grand Loop Road* fortzusetzen.

Fährt man auf der *Grand Loop Road* weiter in Richtung Roosevelt, geht es bergab. Doch nach dem inzwischen verschwundenen **Phantom Lake** steigt die Straße wieder. Bald darauf erreicht man **Floating Lake** und ein paar Kilometer weiter die Abzweigung zum **Petrified Tree,** einem versteinerten Baumstumpf; siehe S. 364.

Route 4

ROOSEVELT/TOWER JUNCTION
siehe Seite 364

			mi	km
Slough Creek Campground ▲		Canyon Village		
Pebble Creek Campground ▲		Tower Falls Campground ▲		
Northeast Entrance 29 mi/46 km ←		↑ Tower Falls		
←		**Roosevelt Lodge**	18	29
	Tower Junction			
		Gas Station		
		Ranger Station		
	Elk Creek	**Petrified Tree Road**	17	27
Panoramic View		Floating Island Lake	15	24
	Trailhead			
Douglas Fir			14	22
		Phantom Lake		
		Panoramic View	10 ▲	10
		Blacktail Plateau Drive	9 ▲	14
Blacktail Lakes		Wraith Falls		
Lavaablagerungen			6	10
		Lava Creek Picnic Area	5	8
Undine Falls			4	6
	hohe schöne Brücke	Gardner River	2	3
Visitors Center		Cascade Lake Trail	0	0
Gardiner, Campground ▲				
Mammoth Hot Springs Hotel		Restaurant, Norris		

MAMMOTH HOT SPRINGS 1902 m ü.M.

Man fährt von der *Grand Loop Road* etwa 0,8 km auf der
Petrified Forest Road entlang bis zum Parkplatz, von dem es
nur noch ein paar Schritte bis zu dem einsamen Rotholzbaum,
Redwood Tree, sind. Der Baum ist rundum von einem Schutz-
zaun umgeben. Dieser Baum ist ein Vertreter von Yellowstones
einzigartigem **versteinerten** Wald. Er hielt dieselbe Position,
in der er wuchs – möglicherweise vor 40 Millionen Jahren!
Wenn man ein Stück dieses Holzes in wasserstoffreiche Säure
gibt, löst sich das Steinmaterial (ein Silikat) auf. Als Rückstand erhält man das ursprüngliche Holz, bei dem die Zell-
struktur fast vollständig erhalten ist. Wieder zurück zur Hauptstraße: Hier gelangt man bald zur Tower Junction, Ranger
Station, Tankstelle und Roosevelt Lodge ; siehe S. 364.

ROOSEVELT LODGE—CANYON AREA ⑤

siehe Seite 323/324
Die Entfernung zwischen **Roosevelt Lodge/Tower Junction**
und der **Canyon Area** beträgt etwa *19 mi/31 km*. Zuerst geht
die Fahrt durch den Wald und ein Gebiet mit Lavaresten.
Nach ein paar Kilometern kommt man bei **Calcite Springs** zu
einem alten Thermalgebiet.

ANCIENT THERMAL AREA – altes Thermalgebiet: Hier frißt
sich der **Yellowstone River** durch Felsformationen, die von unterirdisch arbeitenden Thermalquellen gebleicht und gelb ge-
färbt sind. Wasserdämpfe, die vom Canyonboden hochsteigen,
und der Duft von Schwefel sind Zeichen, daß die Gegend noch
thermalaktiv ist. **Calcite Springs** ist die einzige, die von den
alten Thermalquellen übriggeblieben ist. Hier hat man übrigens
auch einen guten Blick aufs Tal.

Kurz hinter **Calcite Springs** hat man einen schönen Blick
auf den **Yellowstone River** mit seinen bizarren Felsnadeln auf
der einen Seite und der schroffen Felswand auf der anderen
Seite. Man hat den Wasserfall **Tower Falls** wegen der Felsnadeln und Türme rund um die Fälle so benannt (*tower* = Turm);
etwa 40 m hoch.

TOWER FALL, dieser Wasserfall hat seinen Ursprung im
Yellowstone River. Hier hat der Yellowstone als hartnäckiger
und kraftvoller Strom seine steilwandige Schlucht in voller
Fahrt herausgeschnitten. Der viel kleinere **Tower Creek** konnte
nicht mit dem Yellowstone River Schritt halten und blieb
hoch oben in der Canyonwand hängen. All dies passierte in
den letzten **15 000** Jahren – für den Geologen nur ein Augenblick. Der steile Bergpfad, der zur Basis des **Tower Fall** führt,
ist etwa *0,5 mi/0,8 km* lang. Etwa im Norden liegt die Stelle,
die **The Narrows** genannt wird – die engste Stelle des Yellowstone River.

Der Campingplatz Tower Fall Campground liegt auf der anderen Straßenseite vom General Store.

Die *Grand Loop Road* folgt nun dem Bach **Antelope Creek** und verläuft bald darauf hoch über dem Tal. Gerade hier hat man zwischen Roosevelt und Canyon einen besonders bezaubernden Routenabschnitt. Nach einer Weile taucht der etwa 3122 m hohe **Mt. Washburn** auf und man sieht, wie sich die *Chittenden Road* den Berg hinauf windet. Dann gelangt man zu der Abzweigung, wo die feste aber nicht geteerte Straße etwa *1.4 mi/2,2 km* abbiegt, die bis zum **Mt. Washburn** mit Parkplatz hinaufführt. Hier oben am Parkplatz gibt es Toiletten und einen Wanderpfad der auf dem Berggrat entlang zum Gipfel des Mt. Washburn führt. Es scheint, als ob der Himmel sich hier oben plötzlich öffne; ringsum gibt es Wiesen, die voller bunter Wiesenblumen sind.

Es gibt auf Höhen wie um den **Mt. Washburn** ein paar *BIG-HORN-SHEEP* — Dickhornschafe. Sie werden natürlich von allen Bergsteigern beneidet, weil sie sich auf fast senkrechten Felswänden sicher bewegen können. Die Unterseite ihrer Hufe ist ausgehöhlt und am Rand ganz scharf, so daß sie sich stark dehnen können.

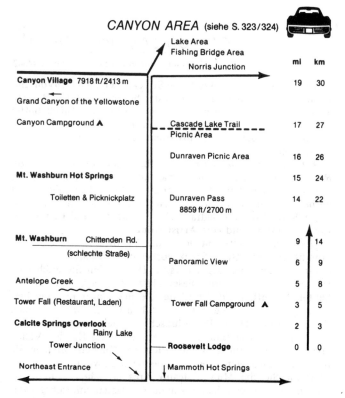

CANYON AREA (siehe S. 323/324)

	Lake Area	mi	km
	Fishing Bridge Area		
	Norris Junction		
Canyon Village 7918 ft/2413 m		19	30
← Grand Canyon of the Yellowstone			
Canyon Campground ▲	Cascade Lake Trail	17	27
	Picnic Area		
	Dunraven Picnic Area	16	26
Mt. Washburn Hot Springs		15	24
Toiletten & Picknickplatz	Dunraven Pass	14	22
	8859 ft/2700 m		
Mt. Washburn Chittenden Rd.		9	14
(schlechte Straße)	Panoramic View	6	9
Antelope Creek		5	8
Tower Fall (Restaurant, Laden)	Tower Fall Campground ▲	3	5
Calcite Springs Overlook Rainy Lake		2	3
Tower Junction	**Roosevelt Lodge**	0	0
Northeast Entrance	Mammoth Hot Springs		

ROOSEVELT/TOWER JUNCTION

Wieder zurück zur Hauptstraße. Hier gelangt man dann zum Paß **Dunraven Pass** – etwa 2700 m ü. M. – mit einem kleinen Picknickplatz. Von dieser Stelle hat man einen herrlichen Blick nach Osten, wo man die heißen Quellen **Washburn Hot Springs** sieht.

WASHBURN HOT SPRINGS: Diese heißen Quellen, die man in etwa 2 mi/3 km Entfernung sieht, tauchen in dem Waldgebiet als weiße Fläche auf. **Inkspot Spring** ist hier die auffälligste unter den heißen Quellen; wegen der Tintenschwärze so bezeichnet (*ink* = Tinte, *spot* = Klecks).

Dort wo die Straße bergab zur **Canyon Area** führt, passiert man noch mehrere Picknickplätze, ehe man zur Kreuzung **Canyon Junction** gelangt. Im *Osten* liegt **Canyon Village**, das Visitors Center, der Campingplatz Canyon Campground und der Grand Canyon of the Yellowstone. *Südwärts* führt die Straße zu den in der Nähe liegenden Reitställen, *horse corrals,* und nach **Fishing Bridge**. Die Straße nach *Westen* führt zum **Norris Geyser Basin**. Canyon Area siehe S. 323/324.

CANYON–LAKE VILLAGE ⑥

Fishing Bridge/Lake siehe Seiten 334/342

Die etwa *17 mi/27 km* lange Strecke zwischen **Canyon** und **Fishing Bridge/Lake** führt durch das bezaubernde Tal **Hayden Valley**. Hier kann man meistens mit ein bißchen Glück Büffel oder andere Tiere sehen. Die *Grand Loop Road* folgt auf einem großen Stück dem **Yellowstone River** bis zum See **Yellowstone Lake.**

Kurz nachdem man **Canyon Village** über die *Grand Loop Road* verlassen hat, kommt man an den Reitställen und an der Seitenstraße zum Aussichtspunkt **Upper Falls Viewpoint** vorbei. Bald darauf führt eine Nebenstraße über den Yellowstone River bis zum Südrand der Schlucht **Grand Canyon of the Yellowstone** und zum **Artist Point.**

Wenn man weiter in Richtung Yellowstone Lake fährt, kommt man am **Otter Creek** vorbei und zu einer Stelle, von der man Tiere beobachten kann. Hier finden Sie auch eine Hinweistafel über Tiere. Dieser Platz ist übrigens ein sehr beliebter Aufenthaltsort für Elche, die man sogar tagsüber hier beobachten kann. Und mit ein bißchen Glück kann man auch Büffel grasen sehen. Die Flußschleife des ruhig fließenden Yellowstone River und die sanften Hügel des Hayden Valley ergeben eine herrliche Idylle. **Wichtiger Hinweis:** Bleiben Sie immer im Auto, wenn Sie Bären beobachten wollen.

Wenn Sie die **Mud Volcano Area** erreichen, sollten Sie sich mindestens eine halbe Stunde Zeit lassen, um sich die verschiedenen Schlammquellen anzusehen. Sie werden fasziniert sein; außerdem können Sie den Schwefel von der benachbarten **Sulphur Caldron** riechen. Ein *Caldron* (= Kessel) ist etwas wie ein Kessel, den man zum Kochen von Flüssigkeiten verwendet − daher auch der Name für diese Quellen! Es sieht hier übrigens wie in einer Hexenküche aus − überall quirlt Schlamm auf, wie in einem Gruselfilm, wenn ein Gespenst auftaucht.

Vom Parkplatz aus kann man sie sehen − **Mud Volcano, Dragon's Mouth** sowie **Mud Caldron**. Nur ein paar Schritte am anderen Ende des Brettersteges ist **Black Dragon's Caldron** − schauen Sie sich dieses Schlammgequirle an. **Tip:** Ausgezeichnetes Souvenirfoto von Ihrer Entdeckungsfahrt durch den Yellowstone Nationalpark.

Kurz hinter der **Mud Volcano Area** kommen Sie zu einem hübschen Picknickplatz. Sie können auf dem kurzen ungeteerten Seitenweg am Fluß entlang zur **Buffalo Fort Picnic Area** fahren. Ein richtiges Paradies für Kinder und für Angler! Noch ehe Sie die Straße erreichen, die nach *Osten* über den **Yellowstone River** zur **Fishing Bridge Area** und zum **East Entrance** (Osteingang) führt, haben Sie einen wunderschönen Blick auf den See **Yellowstone Lake**. Wenn Sie weiter in *südliche* Richtung fahren, kommen Sie zur **Lake Area**.
Lake Area siehe S. 342.

FISHING BRIDGE/LAKE VILLAGE

„Catch & release only!" = Nur Fang & Wiederaussetzen!"
siehe Seiten 334/342

		mi	km
	West Thumb 20 mi/32 km		
Lake Area		17	27
East Entrance 27 mi/43 km			
Fishing Bridge Area		16	26
7792 ft/2375 m Le Hardy Rapids			
Buffalo Ford Picnic Area	Cascade Picnic Area beliebtes Angelgebiet	13	21
Sulphur Caldron	ⓅMud Volcano Area	10	16
Wildlife Exhibit	Dragons Mouth		
Hayden Valley	(faule Eier-Geruch)	9	14
Grizzly	Black Dragons Caldron		
Wildlife Exhibit (Alumn Creek)			
Animal Watching Point	Elk Creek	5	8
Grand Canyon of the Yellowstone Artist Point	Otter Creek	2	3
Upper Falls Viewpoint			
	Horseback Rides	1	2
Grand Canyon of the Yellowstone	Norris Junction	0	0

Roosevelt 19 mi/31 km

CANYON AREA

LAKE VILLAGE – WEST THUMB ⑦

Der größte Teil der etwa *21 mi/34 km* langen Strecke auf der *Grand Loop Road* zwischen **Lake** und **West Thumb** verläuft am Seeufer des **Yellowstone Lake**. Wer eine Bootsfahrt auf dem See unternehmen möchte, hat dazu die erste Gelegenheit von der **Bridge Bay Area**. Hier kann man Boote mieten; es werden auch Ausflugsfahrten mit dem Boot durchgeführt. Etwas *südlich* von hier kommt man zu der kurzen Abzweigung zur Naturbrücke – **Natural Bridge**; ein Abstecher, der sich wirklich lohnt. In der Nähe verläuft auch der *Gull Point Drive* am Seeufer entlang, mit Picknickplatz; gute Aussicht auf den See.

Weiter entlang der *Grand Loop Road* passiert man Picknickplätze und Info über **Contrasting Forest** = gegensätzliche Waldlandschaften. Bei der Weiterfahrt am See werden einem die verschiedenartigen Landschaften der vielen Gebietsteile des Yellowstone Nationalparks bewußt.

Kurz bevor der Abschnitt **West Thumb** erreicht wird, kommt man am Quellgebiet **Potts Hot Springs Basin** vorbei. Und dann ist man in der **West Thumb Area**.

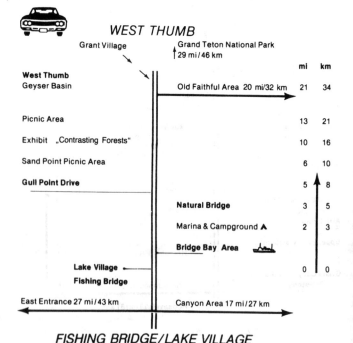

		mi	km
WEST THUMB			
Grant Village	Grand Teton National Park ↑ 29 mi/46 km		
West Thumb Geyser Basin	Old Faithful Area 20 mi/32 km	21	34
Picnic Area		13	21
Exhibit „Contrasting Forests"		10	16
Sand Point Picnic Area		6	10
Gull Point Drive		5	8
	Natural Bridge	3	5
	Marina & Campground ▲	2	3
	Bridge Bay Area		
Lake Village		0	0
Fishing Bridge			
East Entrance 27 mi/43 km	Canyon Area 17 mi/27 km		

FISHING BRIDGE/LAKE VILLAGE

⑧ WEST THUMB—OLD FAITHFUL

Old Faithful siehe Seite 357

Die etwa *18 mi/29 km* lange Strecke der *Grand Loop Road* zwischen **West Thumb** und **Old Faithful** ist ganz bezaubernd. Kurz hinter der West Thumb Area kommt man im Norden am See **Duck Lake** vorbei. Die Straße beginnt zu steigen und zieht sich durch dichten Wald. Nach kurzer Zeit kommt man an einen Picknickplatz und dann zur Kontinentalen Wasserscheide – **Continental Divide**; es ist sehr hübsch hier. **Tip:** Foto mit dem Hinweisschild aus Holz – Continental Divide, etwa 2557 m ü. M.

Wenige Minuten später erreicht man einen weiteren Picknickplatz. Nach *Süden* hin hat man einen ausgezeichneten Blick auf den See **Shoshone Lake**. Von hier führt ein Weg zum **Shoshone Lake,** dem zweitgrößten See des Parks. Er liegt auf etwa 2438 m ü. M. Am Westufer erstreckt sich das **Shoshone Geyser Basin.**

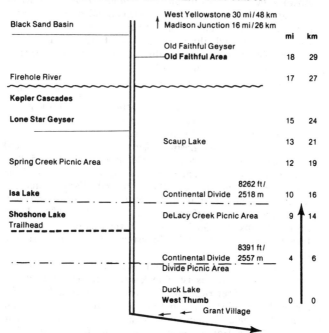

OLD FAITHFUL AREA siehe Seite 357

			mi	km
Black Sand Basin	West Yellowstone 30 mi/48 km ↑ Madison Junction 16 mi/26 km			
	Old Faithful Geyser			
	Old Faithful Area		18	29
Firehole River			17	27
Kepler Cascades				
Lone Star Geyser			15	24
	Scaup Lake		13	21
Spring Creek Picnic Area			12	19
Isa Lake	Continental Divide	8262 ft/ 2518 m	10	16
Shoshone Lake Trailhead	DeLacy Creek Picnic Area		9	14
	Continental Divide Divide Picnic Area	8391 ft/ 2557 m	4	6
	Duck Lake **West Thumb**		0	0
	← ← Grant Village			

Grand Teton National Park 17 mi/27 km

WEST THUMB

Und wenn Sie es verpaßt haben sollten, ein Erinnerungs-foto vom ersten Continental Divide-Schild zu machen, hier oben auf dem **Craig Pass**, etwa 2518 m ü. M., haben Sie eine weitere Gelegenheit. In der Nähe liegt der kleine See **Isa Lake**; von diesem See fließt ein Teil wegen dieser Kontinentalen Wasserscheide zum Pazifischen Ozean, während ein weiterer Teil ins Mississippi-Becken und in den Golf von Mexiko fließt — wie der Yellowstone River.

Weiter die Straße entlang in Richtung Old Faithful kommt ein weiterer Picknickplatz sowie der **Scaup Lake**. Ein Pfad führt zum **Lone Star Geysir** — ein paar Kilometer *südlich* der Straße. Danach passiert man die **Kepler Cascades** und fährt am **Firehole River** entlang. Das ist der Fluß, der durch die **Old Faithful Area** und die vielen Geysirbecken zwischen **Old Faithful** und **Madison** fließt. Old Faithful siehe S. 357.

OLD FAITHFUL—MADISON ⑨

Madison siehe Seite 344

Die etwa *17 mi/27 km* lange Strecke zwischen der **Old Faithful Area** und **Madison** auf der *Grand Loop Road* entlang ist vollgepackt mit Areas von Thermalquellen und anderen Sehenswürdigkeiten. Lassen Sie sich mindestens *2—3 Stunden* Zeit für diesen Teil Ihrer Yellowstone-Entdeckung. Diesen Teil des Yellowstone Nationalparks sollte man unbedingt bei jedem Besuch gesehen haben!

Genau *nördlich* der Old Faithful Area finden Sie das **Black Sand Basin**. Nachdem Sie den **Firehole River** über-quert haben, sind Sie am **Biscuit Basin**. Der Bretterweg, der als Rundweg dort entlang führt, ist etwa *0,8 km* lang. Bis zum Wasserfall **Mystic Falls** sind es etwa *1.2 mi/2 km*.

Das **Midway Geyser Basin** ist Ihr nächster Halt, direkt auf der anderen Uferseite des Firehole River. Die **Grand Pris-matic Spring** ist mit einem Durchmesser von etwa 113 m das größte Quellbecken im Park. Die schillernde Farbenpracht ist einzigartig. Es gibt hier in der Area eine überaus große ther-male Aktivität. So fließen beispielsweise etwa *1893 Liter/ pro Minute* aus der Quelle, die sich am dichtesten am Fluß befindet. Rechnen Sie mit mindestens 30 Minuten Aufent-halt.

Die nächste Sehenswürdigkeit auf dieser Route ist der *Firehole Lake Drive*; es ist eine kurze Einbahnstraße, die in ein Gebiet mit einer riesigen Fülle von Geysiren und dem See **Firehole Lake** führt. Dort befindet sich der **Great Fountain Geysir**, der viele Schlammterrassen besitzt. Dann kommt man zum **White Dome Geysir** — kein Zweifel, wie der Gey-sir zu seinem Namen kam (*white* = weiß, *dome* = Kuppel). Hier finden Sie auch einen sehr interessanten kurzen Wander-weg.

THREE SENSES NATURE TRAIL — Drei-Sinne-Naturlehrpfad: Dieser Pfad stellt ein Experiment dar, und zwar durch **Hören, Tasten** und **Riechen** die Umwelt zu verstehen und zu erleben. Fassen Sie den Rand des Schilds an, schließen Sie die Augen und folgen Sie dem Pfad von Stop zu Stop. Für Blinde gibt es bei jedem Haltepunkt eine Erklärung in Blindenschrift; 30 Schritte bis zum ersten Stop!

Beim ersten Stop kann man sehen, wie das Wasser vom See **Firehole Lake** unter dem Brettersteg durchfließt. Es war kochend heiß, als es aus einer Quelle auf dem Boden des Sees in den See eindrang. Es kühlt sich dann bis auf etwa *51 °C* ab.

Der Hauptstrom des Wassers vom **Firehole Lake** fließt mit dem Wasser vom **Black Warrior Lake** und **Hot Lake** zusammen — auf der anderen Straßenseite, und fließt dann westwärts zum **Firehole River**. Zusammen stoßen sie ständig etwa *13 626 Liter/pro Minute* aus. Und wenn man vom *Firehole Lake Drive* auf die *Grand Loop Road* fährt, gelangt man auf der anderen Straßenseite zur **Fountain Paint Pot Area**, ein Teil des unteren Geysirbeckens, **Lower Geyser Basin**.

MADISON JUNCTION 6806 ft/2074 m
siehe Seite 344

West Yellowstone 14 mi/23 km ↑ Norris 14 mi/23 km

		mi	km
Madison Campground			
Madison Museum	Gibbon River	17	27
Firehole Canyon Drive		16	26
Fountain Flat Drive		14	22
Chief Joseph Story Nez Perce...	Nez Perce Creek	13	21
Fountain Flats Lower Geyser Basin			
Fountain Paint Pot Nature Trail		11	18
	Firehole Lake Drive & Three Senses Nature Trail	7	11
Midway Geyser Basin	Picnic Area	6	10
Mystic Falls 1.2 mi/2 km **Biscuit Basin**		2	3
Black Sand Basin	Firehole River	1	2
	Upper Geyser Basin Old Faithful Area	0	0

↓ West Thumb 17 mi/27 km

OLD FAITHFUL

Die **Fountain Paint Pot Area** ist eine absolut faszinierende Ansammlung farbenprächtiger Blubberquellen und Geysire. Halten Sie sich hier mindestens *30 Minuten* auf. Die türkisfarbene **Silex Spring** sticht hier durch diese betont starke Färbung hervor, und der **Fountain Paint Pot** besteht aus rotem Schlamm. Wenn man etwas näher hinschaut, sieht man die *Fumarole* (eine Öffnung in einem vulkanischen Bereich, aus der heiße Gase entweichen) — man denkt bei dem Geräuscht, daß man auf einer alten Dampflok fährt ! Doch gehen Sie nur weiter. Der Brettersteg führt am **Leather Pool** vorbei — diese blubbernde Quelle spuckt auch! Weiter geht es zum **Red Spouter** (aufquellender Schlamm) und allen möglichen Geysiren.

Nachdem Sie die Fountain Paint Pot Area verlassen haben, geht die Fahrt durch **Fountain Flats** — eine relativ flache Gegend mit einer Fülle von Geysiren, die alle sprühen. Danach gelangen Sie zu einer Hinweistafel, die über die **Indianer** informiert, die beim Versuch, nach Kanada zu gelangen, durch diese Gegend kamen.

INDIAN ENCOUNTERS WITH VISITORS — Zusammenstoß von Indianern und Besuchern: In den **1870er** Jahren wurden die **Nez Perce Indianer** aus ihren traditionellen Jagdgründen in ein anderes Gebiet umgesiedelt. Obwohl die Nez Perce Indianer sich in ihrem neuen Heimatland, *homeland*, als Farmer niederließen, floh **1877** eine Gruppe von Indianern unter ihrem Anführer Häuptling **Chief Joseph** in diese Gegend. Auf ihrer Umwegroute von 2880 km zum Asyl in Kanada gab es 4 Schlachten und 6 Kämpfe. Zu ihrer Fluchtroute gehörte ein Wagentreck durch den Yellowstone Nationalpark, bei dem vom 23. bis 31. August zwei Touristen getötet und vier verletzt wurden.

Die Nez Perce Indianer lagerten am **23.** August in der Nähe der Madison Junction. An jenem Tag wurde ein Goldsucher namens **Shively** bei **Madison Junction** gefangen genommen. Man behandelte ihn gut und benutzte ihn bis zum **31.** August als Führer und ließ ihn frei. Am **24.** August nahmen die Indianer zehn Touristen im Lager beim **Lower Geyser Basin** gefangen. Die Häuptlinge ließen die Touristen später frei, doch wurden sie von Kriegern angegriffen, danach konnten zwei Männer in den Wald entfliehen.

Die **Nez Perce Indianer** ergaben sich schließlich nach fünftägiger Belagerung in den Bergen **Bearpaw Mountains** von Montana. Sie waren *87 Männer, 184 Frauen* und *47 Kinder*. Sie befanden sich nur in geringer Entfernung von Kanada und ihrer Sicherheit!

Nach dieser Hinweistafel **Chief Joseph History Exhibit** ergibt sich die Möglichkeit, einen kurzen Abstecher zu unternehmen, und zwar von der *Grand Loop Road* auf dem *Fountain Flat Drive* entlang — nur ein kurzes Stück auf einer alten Postkutschenstraße entlang; die erste Hälfte ist geteert, der Rest Schotterstraße. Unterwegs geht die Fahrt an mehreren

Quellen, einschließlich **Ojo Caliente Spring** vorbei. Am Ende
der Schotterstraße liegt der Picknickplatz **Feather Lake Picnic
Area.** Hier führt ein Pfad zum Wasserfall **Fairy Falls**, etwa
2.2 mi/3,5 km und zum **Imperial Geysir**, etwa *2.8 mi/4,5 km.*
Und nach einem weiteren Stück kommt man zu der schmalen
Straße, die zum bezaubernden Picknickplatz direkt am See
führt.

Wieder zurück zur *Grand Loop Road.* In Richtung **Madison
Junction** passiert man die **Firehole Picnic Area.** Die Straße
setzt sich nordwärts am **Firehole River** entlang fort. Man
sieht einige Lavabrocken an den Berghängen. Dann kommt
man zur Einfahrt zum *Firehole Canyon Drive* – eine bezaubernde Einbahnstraße in Nord-Süd-Richtung, die parallel zur
Grand Loop Road verläuft. Es lohnt sich unbedingt, diese
Straße zu fahren, vorbei am Wasserfall **Firehole Falls** – etwa
12 m hoch und den **Cascades of the Firehole.** Wieder zurück
auf der *Grand Loop Road* gelangt man bald zum **Madison
Museum** und zur **Madison Junction.** Einzelheiten unter **Madison Area**; siehe S. 344.

⑩ *NORRIS JUNCTION—CANYON VILLAGE*

Die letzte unserer Routen durch den Yellowstone Nationalpark ist die *12 mi/19 km* von *West* nach *Ost* verlaufende Straße zwischen **Norris Junction** und **Canyon Junction.** Sie unterteilt den Park durch die *Grand Loop Road* zweckmäßig in
einen **Lower Loop** *(lower = unterer;* südlicher Teil, den die
Grand Loop Road einfaßt) und einen **Upper Loop** *(upper =
oberer).*

Kurz nach **Norris Junction** kommt man an der **Norris
Picnic Area** und am **Gibbon River** vorbei. Danach gelangt
man zur Abzweigung des *2.5 mi/4 km* langen *Virginia Cascade
Drive,* eine reizvolle Einbahnstraße. Diese Straße ist ein **Tip** für
einen Ausflug. Sie zieht sich hoch über dem waldreichen Tal
entlang; schroffe Abhänge. Unterwegs hat man einen Blick auf
die Wasserfälle **Virginia Cascade**; ein echtes Erlebnis! Nach den
Wasserfällen folgt die Straße dem nun sanft gewordenen Gibbon River; man kann kaum glauben, daß dieses harmlose
Wasser nur in geringer Entfernung zu einem tosenden Wasserfall wird! Nach den Wasserfällen gibt es einen Parkplatz. Bald
darauf geht die Fahrt durch eine flache Wiesenlandschaft mit
Picknickplatz. Und kurz danach stößt die Straße wieder auf
die Hauptstraße **Norris—Canyon.**

Auf der Hauptstraße in Richtung Canyon Village sieht man
im Norden den See **Ice Lake.** Und hier hat man auch einen
herrlichen Blick über einen riesigen Wald. Am Start des Wanderweges *Grebe Lake Trail* gibt es einen günstigen Parkplatz.
Grebe Lake ist etwa 3 mi/5 km, **Cascade Lake** etwa 5 mi/8 km
und **Wolf Lake** etwa 5 mi/8 km entfernt. Und kurz bevor man
Canyon Village erreicht, fährt man durch die friedliche Wiesenlandschaft der **Cascade Meadows** und überquert den **Cascade
Creek.**

Auf der Fahrt zwischen Norris Junction & Canyon Village unbedingt bei der Infotafel „Blowdown" haltmachen. Hier vom Brettersteg mit ringsum völlig verkohlten und umgefallenen Bäumen wird man Zeuge der Auswirkungen des riesigen Waldbrandes von 1988.

Blowdown/Umgeweht. Die Flammen eines 1988er Waldbrandes wüteten hier heißer und radikaler als in den umliegenden Gebieten. Verbrannte Lodgepole-Bestände der Umgebung bieten ein völlig anderes Bild. Vier Jahre vor dem Waldbrand schlug eine andere Katastrophe hier zu und verwüstete und zerschmetterte diese Kiefern. Ein tornadoähnlicher Sturm säbelte ca. 22 mi/35 km Waldstücke ab und hinterließ überall auf dem Plateau seine Spuren, wo er alles kurz und klein geschlagen hatte. Doch im darauffolgenden Jahr kamen neue Triebe hervor, und der Wald begann, sich zu erholen. Ein großer Teil des Windbruchs zerfiel zu Asche, als die Flammen 1988 dieses Gebiet erreichten.

Nach zwei hintereinanderfolgenden Aufforstungen mag diese Area sich erneut mit Gräsern und Büschen erneuern, doch wird sie jahrzehntelang Wiese bleiben. Die feuerbeständigen Lodgepolezapfen lassen eventuell aus ihren Samen einen neuen Wald hervorgehen wie an den meisten abgebrannten Stellen des Yellowstone Plateaus.

Eine Luftaufnahme vom 8. Juli 1984 zeigt den Windbruch. Die genaue Ursache des Sturms konnte nie genau ermittelt werden. Ein Zeuge berichtete von einer trichterförmigen Wolke in der Area. Ein weiteres Foto zeigt die Stelle am Tag nach der 1988er Feuersbrunst.

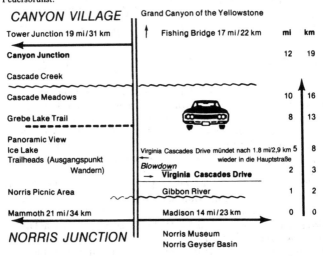

CANYON VILLAGE	Grand Canyon of the Yellowstone		
		mi	km
Tower Junction 19 mi/31 km	Fishing Bridge 17 mi/22 km		
Canyon Junction		12	19
Cascade Creek			
Cascade Meadows		10	16
Grebe Lake Trail		8	13
Panoramic View			
Ice Lake	Virginia Cascades Drive mündet nach 1.8 mi/2,9 km	5	8
Trailheads (Ausgangspunkt Wandern)	wieder in die Hauptstraße		
	Blowdown		
	→ Virginia Cascades Drive	2	3
Norris Picnic Area	Gibbon River	1	2
Mammoth 21 mi/34 km	Madison 14 mi/23 km	0	0
NORRIS JUNCTION	Norris Museum Norris Geyser Basin		

——→ AREAS IN YELLOWSTONE

BECHLER RIVER AREA •••••••••••••••••••••••••••

Ganz abgelegen im *südwestlichsten* Zipfel des Yellowstone Nationalparks liegt das Gebiet **Bechler River Area**. Man hat über die Straße *westlich* von **Ashton**, Idaho, Zugang zu diesem abseits liegenden Teil des Parks. Die Straße zieht sich nur ein kurzes Stück in den Park. Von **Ashton** bis zum Wasserfall **Cave Falls** am **Falls River**, innerhalb des Parks sind es etwa *27 mi/ 43 km*. Weitere Wasserfälle am **Bechler River** entlang sind **Bechler Falls** und nördlich **Iris Falls**. Bevor Sie planen in diesen Teil des Parks zu fahren, sollten Sie sich unbedingt mit einem Park Ranger in Verbindung setzen.

BRIDGE BAY AREA

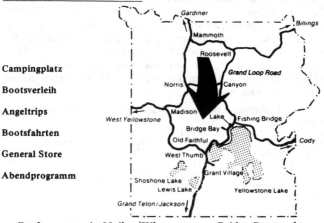

Campingplatz

Bootsverleih

Angeltrips

Bootsfahrten

General Store

Abendprogramm

Entfernungen in Meilen/Kilometer von Bridge Bay nach:

Lake Area	2/ 3	Northeast Entrance	68/109
Fishing Bridge	4/ 6	North Entrance	62/ 99
West Thumb	17/27	West Yellowstone	60/ 96
Old Faithful	34/54	East Entrance	31/ 50
Canyon Area	20/32	South Entrance	39/ 62

Die **Bridge Bay Area** ist die geeignete Ausgangsbasis für den See Yellowstone Lake. Man kann hier **Ruderboote** (etwa $2/Stunde — Kapazität bis zu 4 Personen) und **Motorboote** mieten. Es werden auch begleitete **Angeltrips** angeboten — Angelgeräte werden zur Verfügung gestellt. Außerdem kann man auch auf einem bequemen **Ausflugsboot** eine Entdek-kungsfahrt auf dem **Lake Yellowstone** unternehmen — meh-rere Abfahrten während des Tages, etwa stündlich. Im Geschäft am Bootshafen gibt es Angelzubehör sowie Snacks.

Der Campingplatz **Bridge Bay Campground** — einer der größten im Park — liegt gegenüber vom Hafen. In dem Frei-lichttheater in der Nähe, im **Amphitheater**, finden verschie-dene Veranstaltungen statt, zum Beispiel *Diavorträge* sowie andere Abendprogramme, die von Park Rangers/Park Natur-kunde-Experten durchgeführt werden; dabei kann man eine ganze Menge interessanter Dinge über Yellowstone erfahren. Erkundigen Sie sich bei den *Park Rangers* über Einzelheiten. Die nächsten **Ranger Stationen**, gibt es in der **Lake Area** und in **Grant Village**. Ein Besucherzentrum, **Visitors Center**, mit einer ausgezeichneten Ausstellung über die Tierwelt und Geologie des Yellowstone Lake befindet sich in der **Fishing Bridge Area**.

CANYON AREA

Ein Besuch beim Visitors Center
Geschäfte/Restaurants im Canyon Village
Der Grand Canyon Of The Yellowstone
Was kann man unternehmen?
Übernachtungsmöglichkeiten

Die **Canyon Area** besteht aus *zwei* Hauptbereichen – aus dem **Canyon Village** mit seinem Besucherzentrum – **Visitors Center**, Geschäften, modernen Holzhütten zum Übernachten – Cabins, sowie dem riesigen Campingplatz für Campingfahrzeuge und aus dem reizvollen **Grand Canyon of the Yellowstone**, die Schlucht, die nur ein paar Meter vom Canyon Village entfernt ist. Halten Sie jedoch in dieser Area am besten zuerst beim **Visitors Center**.

Entfernungen (in Meilen/Kilometer) von Canyon nach:

Nachbarschaft
Artist Point................3.8/6,1
Dunraven Pass 4.8/7,7
Hayden Valley................4.6/7,4
Mud Volcano.................12/19
Inspiration Point............1.8/2,9
Lower Falls Parkplatz........1.9/3
Upper Falls Parkplatz........2.5/4

Osten
East Entrance (Osteingang)......43/69
Cody, Wyoming 96/154

Süden
Lake........................16/26
Bridge Bay..................18/29
West Thumb..................37/59
Grant Village...............39/62
South Entrance (Südeingang)...60/97
Jackson Wyoming 117/187

Westen
Norris......................12/19
Old Faithful (via Norris &
   Madison)..................42/65
Old Faithful (via Lake & Grant).54/87
Madison.....................26/42
West Entrance &
W. Yellowstone, MT..........40/65

Norden
Tower-Roosevelt 19/30
Mammoth Hot Springs
   (via Norris)..............34/55
Mammoth Hot Springs
   (via Tower) 37/60
North Entrance (Nordeingang) &
   Gardiner, MT..............39/63
Northeast Entrance 48/78

Rundfahrt auf Parkstraßen
Lower Loop..................96/154
Upper Loop..................70/112
Gesamte Parkschleife
   (Grand Loop)..............142/227

CANYON VISITORS CENTER

Das **Visitors Center** der **Canyon Area** informiert mit einer ausgezeichneten Ausstellung über die Entstehung von Yellowstone und Yellowstones thermaltypische Eigenschaften. Beim Infostand kann man topographische Karten und herrliche Bildbände sowie Postkarten kaufen. Backcountry Permit (Wandererlaubnis) ebenfalls hier erhältlich. Toiletten & Telefon vorhanden.

Canyon Visitors Center Ausstellungsraum

Am Eingang zum Ausstellungsraum – „ Window on the Earth":

Window on the Earth/Blick in die Erde. Diese Ausstellung entstand in Zusammenarbeit mit dem National Park Service und den Schülern und Lehrern der Shelley High School in Shelley, Idaho, der Capital High School in Helena, Montana, und der Cody Junior High School in Cody, Wyoming.

Der Besucher wird nun von einem durch ein Hologramm präsentierten Trapper mit Gewehr empfangen, unter dem Titel „Colter's Hell":

Colter's Hell. *Are You wondering why...* Sind Sie verwundert, weshalb dieses Exponat „Colter's Hell" genannt wird? Gestatten Sie, daß ich mich vorstelle: Mein Name ist John Colter, und ich war zweifellos der erste Weiße, der dieses Gebiet des heutigen Yellowstone Nationalparks zum ersten Mal besucht hat. Ich stieß zufällig auf diese Gegend, als ich im Jahre 1807 Fallen aufstellte.

Als ich anderen Trappern von verborgenen Feuern, rauchenden Gruben, unangenehmen Dämpfen und Schwefelduft berichtete, hielten diese mich für einen Spinner und bezeichneten meine Schilderungen als Erdichtetes mit „Colter's Hell". In ihrem Spott nahmen sie mir die Geschichte ab, daß ich tausend Indianer überwältigt hätte, aber das, was ich tatsächlich in diesem Park gesehen hatte, und was Sie entdecken sollen, glaubten sie mir nicht!

Nach Betreten des Ausstellungsraums stößt man links auf eine Serie von 7 Tafeln zum Thema **Caldera/Hot Spot.** *Zunächst zur ersten von zwei Tafeln mit der Überschrift „What formed Yellowstone" (Was hat Yellowstone geformt?):*

CALDERA/HOT SPOT

What formed Yellowstone?
Was hat Yellowstone geformt?

Beneath the surface ... Unter der Oberfläche liegt die Kraftquelle, der sogenannte heiße Kern oder *hot spot.*

In a living body ... Im menschlichen Körper übernimmt das Herz die Lebensfunktion. Es pumpt Blut und führt allen Körperteilen Sauerstoff zu. **Hot Spot** ist für Yellowstones Geologie wie das Herz die Lebenskraft. **Hot Spot** ist das Herz Yellowstones.

Linke Seite der Tafel:
The earth ist made... Die Erde besteht aus mehreren Schichten. Man stelle sich nun einmal einen Basketball (Korbball) mit einer Orange als Kern vor. Die lederne Außenhülle läßt sich mit der **Erdkruste** vergleichen, und die Orange ist mit dem **Erdkern** vergleichbar. Der Kern ist extrem heiß, besteht vermutlich aus festem Gestein als Folge des ungeheuren Drucks in dieser Tiefe. Der Zwischenraum zwischen Orange und Leder läßt sich mit dem **Erdmantel** vergleichen. Wissenschaftler gehen davon aus, daß dieser Mantel aus heißem, flüssigem Gestein, dem sogenannten Magma besteht.

Rechte Seite der Tafel mit schematischer Darstellung des Hot Spot:
The hot spot (A) ... Der heiße Kern (A) hat den unteren Teil der Erdkruste (B) geschmolzen und dabei eine Magmakammer (C), sogenannter Vulkanherd mit Magmaansammlung, in sehr großer Tiefe gebildet. Magma – oder Lava, wie man diese Masse nennt, wenn sie durch Vulkane an die Oberfläche ausbricht – hat Yellowstones Landschaft viele Male geschaffen und zerstört.

Nun zum zweiten Teil unter der Überschrift „What formed Yellowstone?" mit vier schematischen Darstellungen des Vorgangs im Erdinnern bis zum Ausbruch an die Erdoberfläche:

Slowly, magma beneath the crust ... Das Magma hat langsam unter der Erdkruste das umgebende Gestein schmelzen lassen und die Magmakammer wie einen Ballon wachsen lassen. Während sich innerhalb der Kammer Druck gebildet hat, schwoll die Erdoberfläche allmählich an, wobei sich eine kuppelartige Wölbung bildete. Ein Vorgang, ähnlich wie beim Kochen im Dampftopf auf dem Herd.

Around the edge ... Um den Rand der Kuppel fing das Gestein an, unter dem gewaltigen Druck zu bersten. Die dabei entstandenen Risse, sogenannte Ringbrüche, beeinträchtigten die Stabilität der Decke der Magmakammer.

Eventually these ... Diese Ringbrüche schnitten sich unter Umständen tiefer und drangen bis zur Magmakammer. Vor ca. 600 000 Jahren wurde die Kammer durch eine Explosion entleert, wobei sich Asche und Lava über die gesamte Yellowstone-Landschaft verteilten.

Because there was ... Da die Kuppel plötzlich keinen Halt mehr hatte, brach ein Stück Land etwa von der Größe des Bundesstaates Rhode Island (ca. 3 144 km^2) ein und drückte sich über eine Meile (1,6 km) tief in die leere Kammer und ließ dabei die Yellowstone **Caldera** entstehen.

*Nun zur dritten Tafel mit der Überschrift **Comparison of Volcanoes:***

Comparison of Volcanoes
Vulkane im Vergleich

When a volcano erupts ... Wenn ein Vulkan ausbricht, werden Tonnen von Gas, Asche und Lava ausgeschleudert. Dieses Material wird hier **ejecta** genannt. Die graphische Darstellung vergleicht die Menge ausgestoßenen Materials zweier in jüngster Zeit eruptierter Vulkane (Mount St. Helens und Tambora) mit dem Auswurfmaterial der Yellowstone Eruption vor 600 000 Jahren.

To get an idea ... Um sich eine Vorstellung über die Menge ausgestoßenen Materials zu machen, dient folgender Vergleich. Bei der Eruption von Mount St. Helens im Jahre 1980 wurde soviel vulkanisches Material ausgespien, daß man den ganzen Bundesstaat Texas mit einer dicken Staubschicht überziehen könnte. Mt. Tambora in den Philippinen, einer der größten Vulkane der Geschichte, brach 1815 aus und stieß soviel Material aus, das ganz Texas mit einer ca. 30 cm dicken Schicht Schutt bedeckt hätte. Das bei der Yellowstone Eruption ausgestoßene Material *(Ejecta)* würde Texas mit einer ca. 3½ m dicken Schicht vulkanischen Schutts bedeckt haben; die bei der Eruption freigewordene Energie hätte die USA 3 000 Jahre lang mit Strom versorgen können!

*Nun zur vierten Tafel mit der Überschrift **Theories:***

Theories
Theorien

Though not widely ... Obwohl die Meteoritentheorie nicht überall akzeptiert wird, scheint sie doch bei weitem fesselnder zu sein. Einige Wissenschaftler spekulieren, daß vor Millionen von Jahren ein riesiger Meteorit in die Erde eingeschlagen hat. Die Wucht des Aufpralls drückte den Meteoriten ca. drei Meilen (4,8 km) in den Planeten Erde, hinterließ ein Loch, das sich sofort mit im Erdmantel befindlichem Magma füllte. Diese gewaltige Verschiebung von Magma ließ die Magmaströme entstehen, die Hitze aus dem Erdkern zur Erdkruste führen.

Another theory ... Einer anderen Theorie zufolge besteht der heiße Kern *(hot spot)* aus konzentrierten Ablagerungen hitzeproduzierender radioaktiver Elemente. Diese Ablagerungen befinden sich im oberen Teil des Erdmantels. Die Hitze wird langsam von einer Reihe von Konvektionsströmen zur Erdoberfläche befördert.

Currently, the most widely ... Neuerdings ist die weitverbreitetste Theorie der „Hot Spot"-Bildung auch die einfachste. Hitze wird aus dem Erdkern von durch den Erdmantel laufenden, zirkularen Strömungen aus dem Erdkern zur Unterseite der Erdkruste befördert. Wie die Strömungen entstehen, ist nicht bekannt.

*Zur fünften Tafel – **Other Hot Spots:***

Other Hot Spots:
Andere heiße Stellen

Yellowstone is only ... Yellowstone ist nur eines der vielen Gebiete, in denen heiße Stellen vorhanden sind. Diese Gebiete gehören zu den bekanntesten Vorkommen heißer Stellen in der Welt.

The Galapagos Islands ... Die Galapagos Inseln vor der Küste von Ecuador umfassen Vulkane, die während dieses Jahrhunderts ausgebrochen sind. Die größte Insel, Isabella, besitzt fünf große Vulkane.

Iceland is also known ... Island ist ebenfalls bekannt für seine heißen Quellen und vulkanische Aktivität. Jüngste Aktivität zeigte sich in Surtsey, einer südlich der Hauptinsel Islands befindlichen Provinz.

The Hawaiian Islands ... Die Inseln von Hawaii sind bekannt für aktive Vulkane. Die Eruptionen des Vulkans Kilauea lassen auf der Hauptinsel von Hawaii neue Landgebiete entstehen.

Nun zur sechsten Tafel – Wildlife Adaptions:

Wildlife Adaptions
Die Tierwelt paßt sich an

The hot spot was ... Die heiße Stelle war und ist weiterhin eine Hauptnaturkraft, die Yellowstones Landschaft formt und gestaltet. Die Auswirkungen reichen bis in die biologischen Lebensgemeinschaften und beeinflussen die einzigartige Tierwelt, der man begegnet.

Thermal basins become ... Thermalbecken werden Zufluchtsort vor dem strengen Winter im Park. Warmer, dampfender Boden und heißes Wasser verhindert ein Anhäufen dicker Schneedecken, wie sie an anderen Stellen des Parks zu finden sind. Wapitihirsch *(elk)* und Büffel *(bison)* werden von diesen Stellen angelockt, da es dort leichter ist, Futter zu finden.

The heat and spray ... Die Hitze und der heiße Wasserstaub von Thermalquellen verändert die Dicke des Schnees. Mäuse und andere kleine Nagetiere haben es leichter, sich bei der Futtersuche durch den körnigen Schnee in diesen Gebieten zu graben.

The 'Coyote Cafe' ... Das Coyote Cafe, eine große mit Kohlendioxyd gefüllte Höhle, wird zwar vielen Tieren zum Verhängnis, aber anderen recht dienlich. Vögel, die in die Höhle fliegen, ersticken durch das Gas. Coyoten haben gelernt, in die Höhle zu rennen, sich einen Vogel zu schnappen, um diesen nach überstandenem Rückzug zu verzehren.

Nun zur siebten Tafel – Trail of the Yellowstone Hot Spot; eine Karte zeigt den Verlauf der heißen Stellen von Idaho über Montana und Wyoming nach Yellowstone:

Trail of the Yellowstone Hot Spot
Fährte des Yellowstone Hot Spot

Yellowstone Park ist not only ... Der Yellowstone Park ist nicht das einzige Gebiet, das vom Yellowstone Hot Spot beeinträchtigt wurde. Einigen Theorien gemäß hatte der Hot Spot seinen Ursprung vor der Küste Kaliforniens. Die Erdkruste der an der Westküste befindlichen Bundesstaaten ist dicker als in Idaho. Entweder begannen Vulkanausbrüche erst, als sich Idaho über dem Hot Spot befand, oder die Spur des Hot Spot wurde durch spätere Gebirgsbildung und Anschluß von Landmassen an die kontinentale Küste verwischt.

Das **Owyhee-Humboldt** Vulkanfeld wird für den ersten Beweis vulkanischer Aktivität in Idaho gehalten. Es ist schätzungsweise 13,8 Millionen Jahre alt. Als sich die Nordamerikanische Platte weiter in südwestliche Richtung schob, *brannte der Hot Spot einen Pfad* über den Süden Idahos, wobei die Snake River Plain entstand.

Owyhee und Yellowstone bilden gerade zwei Haupt-Vulkanfelder, die mit dem Yellowstone Hot Spot verbunden sind. Zu den anderen Feldern entlang der Snake River Plain gehören:

Bruneau-Jarbridge Field – etwa 12,5 Millionen Jahre alt
Twin Falls Volcanic Field – unbekannt
Picabo Volcanic Field – 10,3 Millionen Jahre alt
Heise Volcanic Fields – 6, 5, 6 und 4,3 Millionen Jahre alt

When the hot spot ... Als der *hot spot* die Yellowstone Area erreichte, kam es dort zu Haupteruptionen, die Calderas entstehen ließen. Vor zwei Millionen Jahren entstand die Huckleberry Ridge Caldera. Die Island Park Caldera entstand 800 000 Jahre später am Westrand der größeren Caldera, außerhalb des heutigen Parks.

Vor 600 000 Jahren entstand die Lava Creek oder Yellowstone Caldera am Ostrand der Huckleberry Ridge Caldera.

Wissenschaftler nehmen an, daß eventuell Billings, Montana, statt Yellowstone über dem Hot Spot liegen könnte. In Jahrmillionen könnte Yellowstone ein Kartoffelfeld und Billings ein Nationalpark sein.

Und nun steigt man in das Modell einer Calderaformation des Nationalparks, das einer Höhle ähnelt:

Calderaformation-Modell

You have just entered ... Sie haben nun eine Calderaformation des Yellowstone Nationalparks betreten. Dieses Modell zeigt von innen nach außen den natürlichen Vorgang, der den Park geschaffen hat. In diesem Augenblick befindet man sich tief im Innern der Erde, von einer steinernen Mauer umgeben. Zu Füßen liegt der Hot Spot. Beim Durchgang durch dieses Modell erfährt man mehr über dieses faszinierende Phänomen.

Stage 1/1. Stufe. Vor etwa 600 000 Jahren lag der Hot Spot unter dem heutigen Yellowstone Nationalpark, wobei durch die gewaltige Hitze ein Großteil des darüberliegenden Gesteins geschmolzen wurde. Dieses halbflüssige Gestein stieg durch einen röhrenähnlichen Schacht **(plume)** in eine Magmakammer **(magma chamber).** Dieses geschmolzene Gestein ließ die äußere Oberfläche zu einer riesigen Kuppel anschwellen.

Stage 2/2. Stufe. Während die Kuppel wuchs, dehnte sich das Gestein und gab schließlich nach. Daraufhin explodierten Wolken glühendheißer Asche aus der Kuppel entlang zirkulärer Ringrisse rund um den Umkreis der Kuppel und fegten über die Neigung der Kuppel abwärts. Zu diesem Zeitpunkt waren 240 Kubikmeilen Gestein und Schutt ausgestoßen worden und ein Großteil des Magmas der Magmakammern ausgelaufen.

Stage 3/3. Stufe. Nach der Eruption hatte die Kuppel keinen Halt mehr. Sie brach ein und fiel in die leere Magmakammer und schuf eine riesige Caldera. Die Caldera füllte sich langsam mit durchsickernder Lava, weshalb diese Caldera heutzutage kaum erkennbar ist. Geologen haben herausgefunden, daß sich die Erdkruste in Yellowstone wieder hebt, wonach sich in dem Gebiet vermutlich eine weitere, Caldera schaffende Eruption ereignen wird.

Eine Zeichnung demonstriert den möglichen Vorgang des Entstehens einer Caldera. Danach verläßt man das Modell und stößt rechts auf die Exponate zur **Mountain Building** *oder Orogenese:*

Mountain Building
Gebirgsbildung

Volcanism/Vulkanismus. Bogenförmige Vulkangebirge entstehen, wenn die Erdkruste durch aus großen Magmakammern nach oben dringendes Magma gehoben wird. Diese Magmakammern bilden sich durch Hitze und Reibung der abziehenden tektonischen Platten. Die Gebirge der Absaroka und Washburn Ranges wurden durch bogenförmig verlaufende vulkanische Phänomene geschaffen.

Erosion. Berge werden hauptsächlich durch die ausräumende Tätigkeit des fließenden Wassers abgetragen, entweder in fester Form, und zwar durch Gletscher oder flüssig durch Flüsse und Bäche. Heutzutage gibt es keine Gletscher im Park, aber während der Eiszeiten war der Park von weiten Flächen mit glazialer Aktivität bedeckt (weiteres unter Geschichte/History auf der anderen Seite der Ausstellung).

Ancient Volcanoes/Urzeitliche Vulkane. Vor 55 Millionen Jahren stieg Magma unter dem Park in Taschen auf und bildete die Gebirge der Absaroka und Washburn Ranges (siehe unter Mountain Building/Gebirgsbildung auf der anderen Seite der Ausstellung). Vor 50 Millionen Jahren kam es zur Eruption dieser vulkanischen Gebirge. Heute findet man vulkanisches Gestein dieser Basalte, Andesite und Tuffsteine rund um die Absaroka und Washburn Ranges.

Cambrian through Cretaceous/Vom Kambrium bis zur Kreidezeit. Die westliche Hälfte dieses Kontinents war ca. 500 Millionen Jahre lang von flachen Meeren bedeckt. Während dieser Zeit wurden Sedimente Schicht für Schicht abgelagert. Heute stößt man auf Gestein jener Zeit in Form von Schieferton, Sandstein und Kalkstein in der Gallatin Range und in den Red Mountains.

Precambrian through Cambrian/Präkambrium bis Kambrium. Vor 2 000 bis 570 Millionen Jahren entstand das älteste Gestein des heutigen Yellowstone Nationalparks. Damals war dieses Gestein Granit. Heute handelt es sich bei dem Gestein nach jahrelanger Einwirkung von Hitze und Druck um Gneis und Schiefer. Derartiges Gestein findet man auf dem Buffalo Plateau und südlich der Gallatin Range.

Laramide Orogeny/Orogenese. Vor 75 Millionen Jahren begann die westliche Hälfte des Kontinents, über dem Meeresspiegel aufzusteigen. Dieses Anheben, Laramide Orogeny genannt, war der Beginn der Rocky Mountains.

Nun um das Exponat herum und links zu den Exponaten zur Grabenbildung:
Normal Faulting/Normales Falten. Normale Faltengebirge entstehen, wenn sich die Erdkruste durch Spannung oder Dehnung faltet. Ein Block (C) wird hochgeschoben, während der andere (D) hinuntergedrückt wird. Die Grand Tetons und die Gallatin Range wurden auf diese Weise geschaffen.

Thrust Faulting/Trogfaltung. Faltung der Tröge entsteht, wenn sich die Erdkruste durch Druck faltet. Ein Block (A) wird nach oben gestoßen, während der andere (B) nach unten gepreßt wird. die Beartooth & Wind River Ranges sind ebenso wie der größte Teil der Rocky Mountains auf diese Weise entstanden.

Canyon Visitors Center

Ice Age/Eiszeit. Vor 300 000 bis 9 750 Jahren erlebte der Park drei eiszeitliche Perioden. Es bildete sich bis zu 915 m dickes Gletschereis. Die Gletscher bearbeiteten mit Eis und Fels die Landschaft, die sie aushöhlten und glattschmirgelten. Aus den Schmelzwassern bildeten sich Flüsse und Seen, die als Erosion Material abtrugen oder Sedimente abschwemmten und verteilten.

Caldera Activity/Caldera Aktivität. Vor 3 bis 2 Millionen Jahren sammelte sich Magma in zwei Kammern unter dem Park an. Vor etwa zwei Millionen Jahren fand die erste Calderaeruption statt. Dabei wurden viele Tonnen geschmolzener Lava freigemacht und zusammen mit vielen Kubikmeilen Staub und Asche ausgestoßen. Nachdem derartig viel Material entfernt war, brachen die beiden Kammern rund um eine Ringbruchzone ein.

Basins & Ranges/Becken und Gebirge. Vor 10 Millionen Jahren ereignete sich eine andere Periode der Gebirgsbildung im Park. In dieser Zeit entstanden die Tetons und Gallatins. Damals war normale Auffaltung an der Tagesordnung im Gegensatz zur Trogfaltung, die die Laramide Oregeny bestimmt (siehe unter Mountain Building auf der anderen Seite der Ausstellung).

Nun zum Brettersteg und dort von rechts nach links unter der Überschrift **Origin of Hydrothermal Features:**

Origin of Hydrothermal Features
Ursprung hydrothermaler Vorgänge

The hydrothermal features ... Die hydrothermalen Erscheinungen des Yellowstone Nationalparks resultieren aus speziellen, globalen, regionalen und lokalen Umständen. Die heißen Quellen, Geysire, Schlammkessel und Fumarole des Parks würden nicht ohne Zutun der Resultate aus globalen Plattenverschiebungen, regionaler Gebirgsbildung sowie glazialer Aktivität und örtlichem Vulkanismus existieren.

Der 'Yellowstone' Hot Spot, der sich zur Zeit unter einem Gebiet des Parks befindet, liefert die erforderliche Hitze zum Betreiben hydrothermaler Vorgänge. Gräbensysteme, die bei der Gebirgsbildung entstanden, und Caldera bildender Vulkanismus dienen als Leitung, um das Oberflächenwasser zu Grundwasserreservoirs im Tal zu befördern. Glaziale Ablagerungen bieten großen Mengen Wasser Speicherkapazitäten.

In Yellowstone gibt es über zwanzig hydrothermale Stellen. Die meisten davon liegen in Tälern oder Becken innerhalb der vor 600 000 Jahren entstandenen Caldera.

Diese Täler und Becken leiten einen großen Teil der in Form von Regen oder Schnee auf Yellowstones Hochplateaus niedergehenden Niederschläge weiter. Das Wasser wird von einer zwei bis drei Meilen (3,2 – 4,8 km) unter der Erde liegenden Heizquelle indirekt beheizt, dann durch Spalten und Risse entlang großer Bruchstellen und Gräben zur Oberfläche zurückgeführt.

Hot Springs
Heiße Quellen

Hot springs are ... Heiße Quellen sind die häufigsten thermalen Erscheinungsformen in Yellowstone, wobei jede anders ist. Farben, Formen und Aktivität schaffen ursprüngliche Landschaften und geben Hinweise auf die Erde unter uns.

Eine heiße Quelle beginnt als Regen oder Schnee. Langsam sickert das Wasser tausende Meter tief in die Erde. Irgendwann erreicht es eine Zone mit durch vulkanische Kräfte aufgeheiztem Gestein. Durch den enormen Druck der darüberliegenden Erdmasse eingekesselt, wird das Wasser so heiß, daß es entlang winziger Risse und Brüche aufsteigt, durch größere Kanäle fließt und zu einer heißen Quelle umgeformt an die Oberfläche zurückkehrt.

Unterirdisches Röhrensystem bestimmt, ob sich eine solche Stelle als Geysir oder heiße Quelle „benimmt". Die die heiße Quelle versorgenden Kanäle müssen frei bleiben, damit das Wasser kontinuierlich an die Oberfläche gelangt.

Geysers
Geysire

Rare among ... Diese seltenen Naturwunder sind kochende Fontänen, die jegliche Fantasie übersteigen. Viele geben unberechenbare Vorstellungen; manche wiederum, wie Old Faithful, haben gewisse regelmäßige, voraussagbare „Auftritte".

Ein Geysir ist eine heiße Quelle, die periodisch Wasser und Dampf springbrunnenartig ausstößt. Diese Vorgänge, die Eruptionen genannt werden, ereignen sich blitzschnell oder dauern stundenlang; manche sind ein paar Zentimeter hoch oder springen mehrere hundert Meter hoch. Zu Eruptionen kommt es, wenn von dem überhitzten Wasser in den Quellröhren des Geysirs Dampfblasen aufsteigen und Druckentlastung eintritt; durch die damit verbundene Siedepunkterniedrigung verdampft das gespeicherte Wasser und schleudert die über ihm stehende Wassersäule und anderes Wasser ruckartig heraus. Kontinuierlicher Zufluß von neuem Wasser bewirkt die ständige Wiederholung des Vorgangs.

Der Yellowstone Nationalpark umfaßt die meisten der auf der Erde existierenden Geysire. Von den etwa 10 000 thermalen Erscheinungsformen verhalten sich etwa 200 als Geysire; viele davon befinden sich im Upper Geyser Basin.

*Nun an dem Ölgemälde vorbei weiter zu **Mudpots:***

Mudpots
Schlammkessel

Steamy, seething mudpots . . . Dampfende, aufwallende Schlammkessel lassen auf eine Formation der ursprünglichen Erde schließen. Mudpots, eine Art heißer Quellen, enthalten relativ wenig Wasser. Wenn säurehaltiges Wasser sich mit Gestein verbindet, entstehen Lehmmassen. Der sich daraus bildende Schlamm kann dick oder dünn wie Suppe sein, zähflüssig und fast fest. Manchmal werden Brocken dicken Schlamms ausgeschleudert, und es bildet sich eine Kuppe oder Kegel; derartige Erscheinungsformen sind als Mud Volcano/Schlammvulkan bekannt.

Mudpots sind von jahreszeitlich veränderlichen Regen- oder Schneefällen betroffen. Im Winter und Frühjahr wird der Schlamm durch reichlich Oberflächenwasser verdünnt, was den Schlammkessel größer und aktiver erscheinen läßt. In den trockeneren Sommer- und Herbstmonaten wird der gegensätzliche Effekt bewirkt; manche Mudpots scheinen zu schrumpfen und werden schwach dampfende Schalen.

Fumaroles
Fumarolen

The hottest temperatures ever . . . Die heißesten Temperaturen, die jemals auf der Erde gemessen wurden, verzeichnete man in Fumarolen. Eine Art thermaler Erscheinungsformen, bei der nur heißer Wasserdampf und heiße Gase austreten. Fumarolen werden auch *steam vents*/Dampfquellen genannt. Das Dampf- und Gasgemisch kann leicht in der Luft verpuffen oder mit der Wucht und dem ohrenbetäubenden Knall eines Düsenjets gen Himmel explodieren.

Fumarolen sind wie Geysire und heiße Quellen mit einem Leitungssystem ausgestattet, das die Hitze- und Wasserquellen anzapft. Allerdings fehlt ihnen eine gewisse Portion Wasser, um so wie Geysire auszubrechen oder wie heiße Quellen zu fließen. Fumarolen sind im allgemeinen an Hängen oder hoch über dem Boden oder höher als andere thermale Erscheinungen anzutreffen.

*Nun zu **Window on the Past** mit dem Yellowstone Canyon:*

Window on the Past
Blick in die Vergangenheit

The Yellowstone River acts . . . Der Yellowstone River arbeitet als Zeitmaschine, indem er sich durch die Erde schneidet und eine geologische Geschichte von ungeheurer und erstaunlicher Komplexität freilegt. Vulkanische Explosionen, Gletscher, geothermische Aktivität und Erosion haben den Grand Canyon des Yellowstone geschaffen. Obwohl 20 Meilen (32 km) lang, sind die südlichen fünf Meilen (8 km) das berühmteste und meistbesuchteste Stück des Canyon.

In den Canyonwänden nach Spuren der Vergangenheit suchen. Dampfpuffwolken geben die Lage heißer Quellen und Fumarolen an. Vulkanisches Rhyolithgestein hat sich durch Thermalaktivität verändert, ist weicher geworden, eher der Erosion ausgesetzt und bunter als in unverändertem Zustand. An den unteren Fällen, **Lower Falls,** sieht man den Kontakt zwischen festerem, unverändertem Rhyolith und dem weicheren, hydrothermal umgewandelten Gestein.

Old Faithful

For more than . . . Seit über 100 Jahren blieb Old Faithful wegen seiner genau voraussagbaren täglichen Eruption seinem Namen treu. Allerdings variieren die Eruptionen unwahrscheinlich in Höhe, Länge und Abständen:
– Eruptionsintervalle von 33 bis 120 Minuten
– Eruptionen können von 1½ bis 5½ Minuten dauern
– Eruptionen erreichen Höhen von 32 bis 56 Meter

Old Faithful Eruption Math/Mathematische Berechnung der Old Faithful Eruption. Die nächste Eruption läßt sich auf Minuten voraussagen, und zwar unter Zugrundelegung der Dauer der vorangegangenen Eruption:

$$\text{Interval} = 10 \times \text{Dauer} + 30 \text{ Minuten}$$

Das Messen der Dauer ist wichtig für eine zuverlässige Voraussage. Die Dauer wird vom ersten kontinuierlichen Wasser, das man über der Austrittsöffnung sieht, bis zum letzten sichtbaren Wasserstaub gemessen.

Nach dem letzten Exponat kehrt man zu den Exponaten auf der dem Höhleneingang (Modell) gegenüberliegenden Wandseite zurück mit Vitrine, in der hydrothermale Erscheinungsformen an Hand von Farbfotos gezeigt werden. Gelegenheit zum Kauf von Broschüren zu den verschiedenen Teilgebieten des Parks.

GESCHÄFTE/RESTAURANTS IM CANYON VILLAGE

An der Kreuzung **Canyon Junction** gibt es eine Tankstelle. Das Besucherzentrum, Visitors Center, liegt auf der *Westseite* der U-förmigen Straße, die an der *Innenseite* an dem riesigen Parkplatz entlangläuft und an der *äußeren Seite* an den Geschäften und Restaurants vorbeiführt. Neben dem Visitors Center befinden sich **Post**, *post office*, ein **Fotogeschäft**, *photo shop*, sowie ein **Souvenirladen.** Daran schließt sich ein großes Geschäft, ein **General Store** an, wo man praktisch alles kaufen kann von Lebensmitteln bis zur Campingausrüstung. Dort gibt es auch einen **Coffee Shop** und einen Soda Fountain (wo man Speiseeis bekommt) – alles unter einem Dach.

Auf der *Ostseite* des Parkplatzes gibt es **Cafeteria & Restaurant**, *dining room* (den ganzen Tag durchgehend geöffnet), **Lounge, Friseur** (Damen/Herren) – *beauty/barbershop*, und **Souvenirladen,** wo man eine gute Auswahl indianischer Kunstwerke und Handarbeiten hat. In diesem Bereich des ganzen

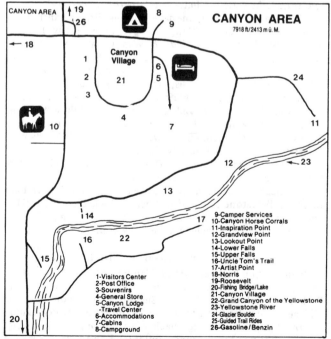

CANYON AREA
7918 ft/2413 m ü. M.

1-Visitors Center
2-Post Office
3-Souvenirs
4-General Store
5-Canyon Lodge
  -Travel Center
6-Accommodations
7-Cabins
8-Campground
9-Camper Services
10-Canyon Horse Corrals
11-Inspiration Point
12-Grandview Point
13-Lookout Point
14-Lower Falls
15-Upper Falls
16-Uncle Tom's Trail
17-Artist Point
18-Norris
19-Roosevelt
20-Fishing Bridge/Lake
21-Canyon Village
22-Grand Canyon of the Yellowstone
23-Yellowstone River
24-Glacier Boulder
25-Guided Trail Rides
26-Gasoline/Benzin

Auf dem Weg zum Inspiration Point kommt man an einem Glacier Boulder – vom Gletscher abgeschliffener Felsbrocken – vorbei.

Komplex befindet sich auch ein **Travel & Information Center**, wo man sich für Touren, Reittouren — *horseback rides,* Kutschfahrten — *stagecoach trips,* Western Cookouts (Steakessen im Freien) und Angeltrips, *fishing trips,* anmelden und wo man Reservierungen für Übernachtungen in anderen Areas des Parks vornehmen kann. Im nächsten Gebäude ist die Anmeldezentrale der **Canyon Village Motor Lodge** untergebracht.

Auf der anderen Seite vom *North Rim Drive,* der zum **Grand Canyon of the Yellowstone** weiterführt, liegt der Campingplatz **Canyon Campground** mit seinem Camper Services Building, wo es Duschen, *showers,* und Waschsalon, *laundry,* gibt. In der Nähe befindet sich auch das Amphitheater, wo von den Park Rangers/Park Naturkunde-Experten durchgeführte Abendprogramme stattfinden. **Wichtiger Hinweis:** Genau südlich vom Canyon Village gibt es an der Hauptstraße zwischen Canyon und Fishing Bridge eine Stelle, wo man **Pferde** für Ausritte mieten kann.

GRAND CANYON OF THE YELLOWSTONE

Der **Yellowstone River,** der in der Nähe des historischen Fort Union — nahe der Bundesstaatengrenze Montana/North Dakota in den **Missouri River** mündet (mit anderen Worten, der Yellowstone River fließt in Richtung *Norden*), ist über *1056 km lang.* Auf etwa *16 km* ist der Yellowstone River auf seinem Weg durch **Hayden Valley,** nachdem er den **Yellowstone Lake** verlassen hat, ein relativ *friedlicher* Fluß.

Wenn man **von** Canyon **nach** Fishing Bridge fährt, kann man unterwegs beobachten, wie der Fluß relativ harmlos dahinfließt. Doch genau *südlich* vom Canyon Village wird aus dem ruhigen Fluß ein *wildes, rauschendes* Wasser. Er stürzt etwa *33 m* über die **Upper Falls** und dann kurz darauf *94 m* über die **Lower Falls,** wo er seine wilde Fahrt durch einen *32 km* langen zerklüfteten, felsigen Canyon nimmt, und zwar durch den **Grand Canyon of the Yellowstone.** Es ist also kein Wunder, daß die bezaubernde Naturschönheit dieses Canyon ein Hauptgrund war, diese Area als Nordamerikas **ersten** Nationalpark auszuwählen!

Um einen Begriff von den Dimensionen der beiden gigantischen Wasserfälle zu bekommen, die so dicht beim Canyon Village liegen, muß man sich vorstellen, daß die **Lower Falls of the Yellowstone** *zweimal* so hoch sind wie die Niagarafälle! Die Canyon-*Breite* schwankt zwischen *457 m* und *1219 m,* und die *Tiefe* bewegt sich zwischen *229 m* und *366 m.*

Am Nordrand entlang — North Rim

Beim Erkunden des **Grand Canyon of the Yellowstone** sollten Sie den ersten Halt am **Inspiration Point** einlegen, Parkplatz vorhanden. Fahren Sie am besten vom Canyon Village auf der Einbahnstraße (im Zeitpunkt der Drucklegung) *North Rim Drive* entlang. Nach etwa *0.5 mi/0,8 km* zweigt eine zweispurige Straße zum Canyonrand ab (etwa *1.5 mi/2,4 km* hin und zurück), die am **Glacial Boulder** vorbeiführt. Hier haben Sie ein Überbleibsel aus der Eiszeit vor sich, als Gletscher riesige Mengen Schutt und Felsbrocken vorwärtsbewegten.

Die Straße führt weiter zum Inspiration Point. Vom Parkplatz am Aussichtspunkt **Inspiration Point** steigt man ein paar Stufen hinunter zu einer kleinen Plattform, wo sich eine phantastische, wirklich inspirierende Sicht bietet! Von hier aus sind die Lower Falls nur etwa *1.5 mi/2,4 km* entfernt. **Wichtiger Hiweis**: Vom Inspiration Point verläuft der Wanderweg *North Rim Trail* parallel zum Canyon bis zu den oberen Wasserfällen **Upper Falls** und bis zur Brücke **Chittenden Bridge** – etwa eine *2.5 mi/4 km* lange Wanderung (in einer Richtung).

Von Inspiration Point fährt man auf der zweispurigen Straße wieder zurück zum *North Rim Drive*, wo man kurz darauf zum **Grandview Point** gelangt – direkt gegenüber, auf der anderen Seite des Canyon liegt **Artist Point**. Vom **Grandview Point** hat man eine Supersicht auf die gelbgefärbte Schlucht. Wenn man auf dem *North Rim Drive* weiterfährt, erreicht man als nächstes den **Lookout Point**; hier führt der *Red Rock Trail* hinunter zum **Red Rock**. Etwas weiter auf dem *North Rim Drive* kommt man zu dem letzten Parkplatz, bevor man auf die Hauptstraße *Canyon–Fishing Bridge Road* stößt. Von hier führt der 600 m lange *Brink of Falls Trail* nach einem steilen Stück von etwa 183 m zum Aussichtspunkt am Rand der Wasserfälle **Lower Falls**.

Etwa nach *1.5 mi/2,4 km* südlich der Kreuzung Canyon Junction und noch auf der Seite des Canyon Village führt eine Seitenstraße von der Hauptstraße *Canyon–Fishing Bridge Road* zum Aussichtspunkt **Upper Falls** – etwa *0.5 mi/ 0,8 km* hin und zurück. Auf dem etwa 200 m langen Pfad *Brink of Upper Falls Trail* gelangt man ganz dicht an die Wasserfälle.

Am Südrand entlang – South Rim

Nach etwa *3 mi/5 km* auf der Hauptstraße südlich vom Canyon Village biegt eine Straße zwischen Canyon und Fishing Bridge zur Brücke **Chittenden Bridge** ab. Auf dieser Straße stößt man auf den etwa *2 mi/3 km* langen *South Rim Drive;* man nennt diese Straße, da sie zum **Artist Point** führt, auch *Artist Point Road*. Der etwa *3 mi/5 km* lange Wanderweg *South Rim Trail* beginnt neben der Brücke und führt am **Canyon** entlang am **Artist Point** vorbei. Vom Parkplatz bei der Brücke führt der *Wapiti Trail* zum See **Clear Lake** 1.5 mi/2,4 km, **Ribbon Lake** 3 mi/5 km, **Broad Creek** 14 mi/22 km und **Wapiti Lake** 16 mi/26 km. Der *Howard Eaton Trail* führt vom Parkplatz südlich am Flußufer des **Yellowstone River** entlang; nach **Fishing Bridge** sind es etwa *14 mi/22 km*.

Der nächste Parkplatz, den man auf dieser Straße erreicht, ist Uncle Tom's Parking Area, ganz dicht am Südrand des Canyon, **South Rim**. Hier gelangt man auf den ziemlich anstrengenden (aber sehr historischen) *Uncle Tom's Trail*. Von diesem Pfad hat man auch eine herrliche Sicht auf die unteren

Wasserfälle **Lower Falls**. Man kann auch bis zum nächsten Parkplatz weiterfahren, wo man nur einen kurzen Fußweg zum **Artist Point** hat. Doch eines ist ziemlich sicher, man **muß** unbedingt hierher kommen, denn hier findet man ein echtes Mekka für Fotofans!

WAS KANN MAN UNTERNEHMEN?

Visitors Center **besuchen** ☐ Durch den Canyon wandern ☐ Reiten.
Von **Park Ranger/Park Naturkunde-Experten** geleitete Unternehmungen: *Canyon Rim Walk* – Canyonrand Spaziergang (1 Stunde) ☐ *Wilderness Hike* – Wanderungen in der Wildnis ☐ *Mt. Washburn Hike* – Wanderung zum Mt. Washburn ☐ *Flowers/Birds Hikes* – Naturkundliche Wanderungen Blumen/Vögel ☐ *Evening Programms* – Abendveranstaltungen; erkundigen Sie sich bei einem der **Park Rangers** nach den neusten Veranstaltungszeiten und Einzelheiten.

ÜBERNACHTUNGSMÖGLICHKEITEN

Canyon Village Motor Lodge: *Luxury Cabins* – Luxus Hütten;
Canyon Cabins – Canyon Hütten.

Hier in Canyon Village gibt es eine der **modernsten** Übernachtungsstätten in Yellowstone. Wer **Komfort** in moderner Umgebung sucht, sollte sich bei der Vorbereitung und Planung, wo man im Park übernachten möchte, an diese Möglichkeit, hier in Canyon Village übernachten zu können, erinnern. Auf der anderen Straßenseite liegt der Campingplatz **Canyon Campground**.

FISHING BRIDGE AREA 7792 ft/2375 m ü. M. ●●●●●●●●●●●

Die **Fishing Bridge Area** liegt am nördlichen Ende des **Yellowstone Lake**. Von hier nimmt der **Yellowstone River** seinen Verlauf nach *Norden,* und zwar auf einer Strecke von etwa *960 km* bis zum **Missouri River** (der letztgenannte Fluß mündet später in den **Mississippi**, bevor dieser später in den Golf von Mexiko mündet).

In dieser Area um den sagenhaften See gibt es verschiedene interessante Attraktionen, einschließlich Visitors Center, Amphitheater, wo Abendveranstaltungen stattfinden, und zwei Campingplätze. Doch die größte Sehenswürdigkeit ist die **Fishing Bridge** – die Angelbrücke, nach der die Area benannt wurde. Von der berühmten Angelbrücke (von der heute nicht mehr geangelt werden darf) kann man im klaren Wasser des Sees Forellen, aber auch andere Vertreter der Tierwelt beobachten. Wenn Sie sich für den See und seine Tierwelt interessieren, empfehlen wir Ihnen, das **Visitors Center** zu besuchen.

Entfernungen in Meilen/Kilometer von Fishing Bridge nach:

Lake Area 2/ 3	*Northeast Entrance* 64/102
Bridge Bay Area 4/ 6	*North Entrance* 54/ 86
Canyon Area 16/26	*West Yellowstone* 56/ 90
Old Faithful 38/61	*East Entrance* 27/ 43
Mammoth Hot Springs . . 49/78	*South Entrance* 43/69

EIN BESUCH BEIM VISITORS CENTER

Vogelausstellung

Lake Yellowstone

Biologie des Sees

Geologie des Sees

Amphitheater

Picknickgelände

Seeblick

Beim Besucherzentrum, **Visitors Center**, von **Fishing Bridge** gibt es eine Ausstellung über Vögel, die in der Gegend um den See Lake Yellowstone leben, außerdem eine Abteilung mit Wissenswertem über die **Geologie** und **Biologie** dieses riesigen Sees. Der Yellowstone Lake ist mit seiner Lage auf etwa **2357 m ü. M.** einer der *höchstgelegensten* Seen Nordamerikas. Hier zu der Beschreibung des National Park Service über die Ausstellung im Visitors Center.

Vitrine Nähe Eingang Parkplatzseite:

Great Blue Heron – großer *Amerikanischer Graureiher* ist auch ausgestellt; er ist hier am Ufer von Bächen und des Sees auf der Suche nach Fröschen und Fischen. Er nistet gerne in Kolonien auf Baumkronen. Zu den Wasservögeln von Yellowstone zählt die **Mallard** – *Stockente*. Unter den kleineren Vögeln gibt es Sperlinge, Pirole, Schwalben und Waldsänger.

Vitrine an Seeseite:

Ebenfalls ausgestellt sind **California Gulls** – *Kalifornische Möwen* und **Caspian Tern** – *Raubseeschwalbe*, die auf engem Raum auf den Inseln **Molly Islands** leben. Tausende der California Gulls verbringen den Sommer auf dem Yellowstone Lake. Man schätzt, daß etwa folgende **Vogelzahl** auf Molly Islands lebt:

California Gulls 2000–3000
White Pelican 300–400
Caspian Tern 20–25

In der Mittelvitrine: **Swans & Gulls**
Schwäne & Möwen

Unter den ersten Vögeln, die man in der riesigen Ausstellung des Visitors Center sieht, befindet sich ein Exemplar des

YELLOWSTONE LAKE DIMENSIONEN

348 Quadratkilometer Wasserfläche
176 km Uferlänge
32 km lang
22 km breit
Durchschnittliche Tiefe: 42 m
Maximale Tiefe: 98 m
Höhenlage ü. M.: 2357 m

ATTRAKTIONEN AM SEE

1 – **Potts Hot Springs**
2 – **West Thumb Geyser Basin:**
Heiße Quellen, Schlammquellen
und Geysire am Seeufer entlang
3 – **Natural Bridge:**
Nebenstraße zur Naturbrücke
4 – **Pelican Creek:**
Marschgelände an der
Bachmündung ist beliebter
Aufenthalt für Elche (Moose)
5 – **Mary Bay:**
Halten Sie Ausschau nach
dem Trompeterschwan auf
dem kleinen See an der Straße.
Anfang Sommer auch oft Büffel.
6 – **Steam Point:**
Dampfventile

7 – **Lake Butte:**
Nebenstraße zum Aus-
sichtspunkt auf den See
8 – **Molly Islands:**
Nistplätze der Pelikane,
Seeschwalben & Möwen
9 – **River Delta:**
Breites Marschland mit
großem Tierreichtum

Inseln:
10 – Stevenson Island
11 – Dot Island
12 – Frank Island
13 – Peale Island
8 – Molly Islands

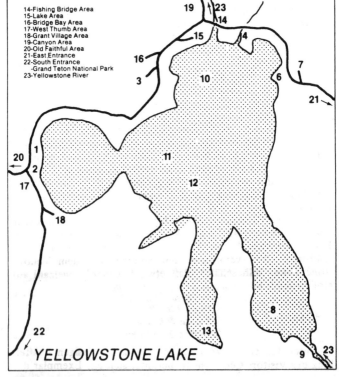

14-Fishing Bridge Area
15-Lake Area
16-Bridge Bay Area
17-West Thumb Area
18-Grant Village Area
19-Canyon Area
20-Old Faithful Area
21-East Entrance
22-South Entrance
 -Grand Teton National Park
23-Yellowstone River

YELLOWSTONE LAKE

Trumpeter Swan – *Trompeterschwans*, der zu den *Entenvögeln* zählt und einer der *seltensten* Vögel der Welt ist. Die Schwäne, die man in Yellowstone normalerweise sieht, sind Trompeterschwäne. Diese Schwanenart ist jedoch mit Ausnahme einiger weniger Exemplare, die in Wildnisgebieten Alaskas und hier in Yellowstone zu Hause sind, am Aussterben.

Vitrine an der Wand der Seeseite:

Dann gibt es hier auch den **Whistling Swan** – *Singschwan*, der beim Flug der Zugvögel im *Frühjahr* und *Herbst* nach Yellowstone kommt. Er ist leicht mit dem Trompeterschwan, der das ganze Jahr über hier lebt, zu verwechseln.

Vitrine an Seeseite Nähe Infoschalter:

Pelicans
Pelikane

Die Molly Islands im Yellowstone Lake gehören zu den Hauptnistkoloinien des **White Pelican** – *Weißen Pelikans*. Pelikane verstehen es glänzend, ihre Fische aus dem Wasser zu holen. Pelikane schwärmen in Gesellschaft aus und treiben die Beute, Fische, in flachen Gewässern einander zu. Dann packen sie die Fische mit dem riesigen **Schnabel** und befördern sie mit einem Ruck in den *Hautsack* – wie ein Käscher! Junge Pelikane schlüpfen *nackt* und unbeholfen aus den Eiern. Nach etwa *zwei Wochen* bekommen sie eine weiße Daunendecke. Die Jungen halten sich in Gruppen auf. Ausgewachsene Pelikane wechseln sich beim ,,Kinderhüten'' ab!

Pelikane sind ausgezeichnete **Flieger**. Folgene Merkmale des Körperbaus verleihen dem Pelikan diese glänzende Eigenschaft: *Stromlinienförmiger Körper – geringer Luftwiderstand*
Federn – große, weit ausgebreitete Schwingen
Hohle Knochen – maximale Länge und leichtes Gewicht
Großer Brustknochen – enthält die kräftigen Flugmuskeln

Exponate Nähe Info-Schalter:

Ravens & Hawks
Raben & Greifvögel

Unter den ausgestellten Vögeln gibt es auch den **Canyon Raven** – *Kolkrabe*. Dieser schwarze Rabe hat eine Flügelspannweite bis zu etwa *122 cm*! Die **Common Crow** – *Krähe*, die auch ausgestellt ist, wird oft mit dem Raben verwechselt. Der große Unterschied zwischen den beiden liegt darin, daß die Krähen *selten* beim Fliegen gleiten und schweben.

Vitrine Nähe Yellowstone Geology-Ausstellung mit **Canada Geese:**

Überraschend ist, daß die **Canada Goose** – *Kanadagans* das ganze Jahr über hier lebt. Das hängt aber damit zusammen, daß die heißen Quellen die meisten Flüsse sogar noch bei *46 ⁰C unter Null* offenhalten.

In der Ausstellung befinden sich auch verschiedene Greifvögel wie der **Osprey** – *Fischadler*. Dieser Fischadler ist der einzige Greifvogel, der beim Jagen seiner Beute ins Wasser taucht. Außerdem sieht man mehrere Eulenarten, darunter den **Great Gray Owl** – *Bartkauz*, eine der größten Eulenarten Nordamerikas.

Im Raum rechts vom Parkplatz kommend:
Linke Wand an Lake Biology-Raum:

Lake Biology
Biologisches Leben des Sees

Der See **Yellowstone Lake** liegt hoch, inmitten der welligen, aus *Lava* entstandenen Hügellandschaft des **Yellowstone Plateau**. Im *Osten* erhebt sich die schneebedeckte Bergkette der **Absaroka Range**. Der See erhält sein kaltes, klares Wasser aus Regen- und Schmelzwasser dieser wilden und zerklüfteten Wasserscheide.

Der etwa **355 Quadratkilometer** große See auf etwa **2357 m** ü. M. ist einer der *höchstgelegensten* Seen Nordamerikas. Das Seeufer wandert etwa 110 mi/176 km lang durch eine Wildnis von Nadelhölzern. Eine reiche *Tierwelt* bevölkert die Strände und sumpfigen Wiesen entlang der Uferränder des Sees. Das *Wasser* des Sees bietet einer vielfältigen und faszinierenden Welt von Lebewesen den geeigneten Lebensraum.

Gegenüber an der Wand **Lake Biology**, dann im Raum links an der Wand entlang:

Weitere interessante Exponate über **Little Bits of Life** (kleine Lebenszeichen), **Sunlight – The Source of All Life** (Sonnenlicht – Quelle allen Lebens), **Beach Marsh** (Strandmarsch) und **Demise of Lake** (Ableben des Sees).

Nach **Sunlight-The Source of All Life** Diorama „The Beach":

The Beach – der Strand: An manchen Uferstellen hat das Wasser durch Wellenbewegung *Sandstrände* entstehen lassen, wodurch in dem seichten Wasser kein Pflanzenwuchs zustande kam. Sturmwellen reichen bis hoch ans Ufer, wo sie eine Ansammlung von Ästen, Treibholz, Pflanzenteilen, tote Fische und andere organische Ablagerungen zurücklassen. Diese Ablagerungen bilden für viele Tiere eine Nahrungsquelle.

Diorama „The Marsh":

The Marsh – der Sumpf & Marschland: An geschützten Stellen des Seeufers siedeln sich *Schilfgräser* und *Binsen* an. Ihre Wurzeln halten Kies und Sand sowie angeschwemmtes Material ihrer eigenen Pflanzenfamilie zusammen. Ein *Sumpf* findet dort, wo es vorher offenes Wasser gab, günstige Bedingungen, sich zu entwickeln. An solchen sumpfigen Uferstellen kann sich eine üppige und artenreiche Tierwelt ansiedeln. Diese Stellen werden gerne von **Elchen, Fröschen** und der **Bisamratte** als Aufenthaltsort gewählt. Rund um den Yellowstone Lake gibt es viel Sehenswertes und vielerlei Freizeitmöglichkeiten.

Nach Info über den See geht es in den linken Raum mit Yellowstone-Geologie:

Yellowstone Geology Exhibit
Geologische Yellowstone Ausstellung

Vor etwa **50 Millionen** Jahren wurden die subtropischen Wälder von Yellowstone durch **Vulkanausbrüche** vernichtet. Die ständig über die Berghänge hinunter fließenden Schlammmassen und vulkanischen Ablagerungen bedeckten die Wälder und füllten Flußtäler mit diesem Schutt auf und veränderten damit die Landschaft vollkommen.

In den vergangenen Jahrmillionen wurde Yellowstone mindestens dreimal von in den Gebirgen gebildeten Gletschern in einen Eismantel gehüllt. Heute sind Seen, flußlose Täler und Schuttablagerungen stille Zeugen einer ehemaligen Landschaft aus Eis.

Yellowstone Lake
„The lake was formed by volcanic action"

Infolge der *vulkanischen* Tätigkeit trat geschmolzenes Gestein als **Ergußgestein** an die Erdoberfläche. Daraufhin erlebte die ganze Area wegen der im Erdinnern entstandenen Hohlräume einen regelrechten Zusammenbruch.

Als die Bergmassen kippten und versanken, flossen junge, glühende Lavaströme in Richtung Osten über den Boden der Tiefebene hinweg, erreichten jedoch nie das **Absaroka Gebirge**.

Nachdem die Lava erkaltete, füllte sich das Becken zwischen dem **Absaroka Gebirge** und der frisch geflossenen Lava mit Wasser und bildete den **Yellowstone Lake!**

Der See hat seine Ausmaße bereits öfter geändert – mal war er größer, mal kleiner als heute – und ließ sein Wasser durch mehrere Täler abfließen. *Gletscher* und ständige *Verschiebungen* von Bergmassen verursachten wieder andere Änderungen der Gestalt der Erdoberfläche.

In der Raummitte verschiedene Gesteinsproben von Basalt, Perlite, Rhyolite und *Obsidian* – von den indianischen Jägern äußerst geschätzte Steine, die auch als Tauschobjekte benutzt wurden, bevor der weiße Mann in die Neue Welt kam.

GESCHÄFTE/RESTAURANTS IN FISHING BRIDGE

An der Hauptstraße von **Fishing Bridge** zu den **Campingplätzen**, etwa *1 mi/1,6 km*, gibt es mehrere Geschäfte und Restaurants. Da gibt es beispielsweise eine Tankstelle mit einer **Autoreparaturwerkstätte**, einen General Store und ein Fotogeschäft, *photo shop.* Auf dem **Fishing Bridge Recreational Vehicle Park** finden Sie Duschen, und eine Münzwäscherei, *self-service laundry,* und zwar im rückwärtigen Teil des Verwaltungsgebäudes. Hier befindet sich auch ein **Travel & Information Center**, wo man Reservierungen und Anmeldungen für verschiedene Veranstaltungen wie Old West Cookout (Steakessen im Freien) und Reitausflüge vornehmen kann. Besucher mit Campingfahrzeugen bevorzugen es, das Fahrzeug auf dem Campingplatz zu lassen und eine der verschiedenen Touren, die veranstaltet werden, mitzumachen. Erkundigen Sie sich dort über Einzelheiten.

WAS KANN MAN UNTERNEHMEN?

Visitors Center **besuchen** ☐ Von der Angelbrücke **Fishing Bridge** Fische & Tiere beobachten ☐ Am Seeufer beim Visitors Center **entspannen**.

ÜBERNACHTUNGSMÖGLICHKEITEN

In der **Fishing Bridge Area** gibt es **keine Hotel- oder Cabin-(Hütten-) Übernachtungsmöglichkeiten.** Dafür gibt es aber *östlich* vom Visitors Center zwei riesige Campingplätze. Der *südlich* der Straße zwischen Fishing Bridge und dem East Entrance liegende Platz heißt **Fishing Bridge Campground.** Der *nördlich* der Straße liegende Campingplatz wird **Fishing Bridge Recreational Vehicle Park** genannt; er wird von demselben Unternehmen verwaltet, das die Hotels und Cabins im Park betreibt, daher kann man auch (jedenfalls bei Drucklegung) den Stellplatz vorher **reservieren.**

GRANT VILLAGE AREA •••••••••••••••••••••••••••

Die **Grant Village Area** liegt am *Westufer* des Yellowstone Lake, ein paar Kilometer *südlich* der West Thumb Area und etwa 1 mi/1,6 km *östlich* der Hauptstraße *West Thumb—Grand Teton National Park.* Das Besucherzentrum, Visitors Center, und das Amphitheater liegen praktisch direkt am Yellowstone Lake.

Entfernungen in Meilen/Kilometer von Grant Village nach:

West Thumb Area. . . .	2/ 3	*Northeast Entrance.*	87/139
Old Faithful	19/ 30	*North Entrance*	75/120
Fishing Bridge.	24/ 38	*West Yellowstone.*	49/ 78
Canyon Area.	39/ 62	*East Entrance*	50/ 80
Mammoth Hot Springs .	70/112	*South Entrance*	20/ 32

GESCHÄFTE/RESTAURANTS IN GRANT VILLAGE

Auf dem Weg zum Visitors Center passiert man die Tankstelle, rechts das **Registration Building,** wo man in die Lodge eincheckt, dann Post und Lake View Restaurant. Vom Registration Building führt die Straße weiter zur Lodge sowie dem Marina Steakhouse. Vom Visitors Center gelangt man weiter zum Camper Service mit Waschautomaten und Duschen und weiter entlang der Straße dann zum Campingplatz.

Im Registration Building werden außer dem Einchecken sämtliche Reservierungen für Kutschfahrten, Reittouren und andere Aktivitäten vorgenommen.

VISITORS CENTER

Information

Amphitheater

Diavorführung

Bilder

Zelterlaubnis

Das Visitors Center mit seinen modernen Exponaten ist der großen **Brandkatastrophe** im Yellowstone Nationalpark im Sommer **1988** gewidmet. Info und Bilder über den Brand, begleitet von Auszügen aus Briefen an das 1988 geborene Kind Alexis, umfassen folgende Themenkreise: Causes (Ursachen), Summer '88 (Sommer '88), Human Response („Feuerbekämpfung"), After Fire (Nach dem Brand), Renewal („Regenerierung"), Lodgepole Pine Cycle (Lodgepolekiefer-Wachstumszyklus), Aspen Cycle (Espen-Wachstumszyklus), Yellowstone Cycles (Yellowstone-Zyklen). Park Rangers erteilen Auskunft.

West Thumb – Grant 2 mi/3 km

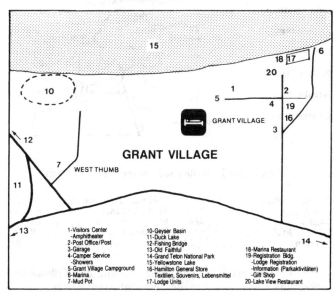

1-Visitors Center
 -Amphitheater
2-Post Office/Post
3-Garage
4-Camper Service
 -Showers
5-Grant Village Campground
6-Marina
7-Mud Pot

10-Geyser Basin
11-Duck Lake
12-Fishing Bridge
13-Old Faithful
14-Grand Teton National Park
15-Yellowstone Lake
16-Hamilton General Store
 Textilien, Souvenirs, Lebensmittel
17-Lodge Units

18-Marina Restaurant
19-Registration Bldg.
 -Lodge Registration
 -Information (Parkaktivitäten)
 -Gift Shop
20-Lake View Restaurant

WAS KANN MAN UNTERNEHMEN?

Visitors Center **besuchen** ☐ Seespaziergang unternehmen.
Von **Park Ranger/Park Naturkunde-Experten** geleitete Unternehmungen: *Wilderness Hike* — Wanderung durch die Wildnis
☐ *Evening Programs* — Abendliche Veranstaltung. Erkundigen Sie sich bei einem **Park Ranger** über Einzelheiten und Veranstaltungsbeginn.

ÜBERNACHTUNGSMÖGLICHKEITEN

Camping und Hotelunterkunft in modernen zweigeschossigen Gebäuden; alle Zimmer mit Bad. Ebenfalls Restaurant vorhanden.

LAKE AREA ••••••••••••••••••••••••••••••••••••

Hotel

Cabins/Hütten

Lake Lodge

Abendprogramm

Cafeteria

Ranger Station

Krankenhaus

General Store

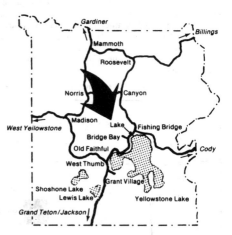

Entfernungen in Meilen/Kilometer von Lake nach:

Fishing Bridge	2/ 3	*Northeast Entrance*	66/106
Bridge Bay	2/ 3	*North Entrance*	60/ 96
West Thumb	19/30	*West Yellowstone*	48/ 77
Old Faithful	36/58	*East Entrance*	29/ 46
Canyon	18/29	*South Entrance*	41/ 66

Die **Lake Area** erstreckt sich direkt entlang des **Yellowstone Lake**, und zwar zwischen der benachbarten Fishing Bridge

Area im *Nordosten* und der Bay Bridge Area im *Südwesten*. In der Lake Area dominieren das riesige **Lake Yellowstone Hotel**, das in der Nachbarschaft befindliche **Krankenhaus** und die **Lake Lodge** – weniger als *1 mi/1,6 km* entfernt. Bei der Lake Lodge gibt es **nur Cabin-** (Hütten-) Übernachtungsmöglichkeit, während man beim Lake Yellowstone Hotel-Komplex

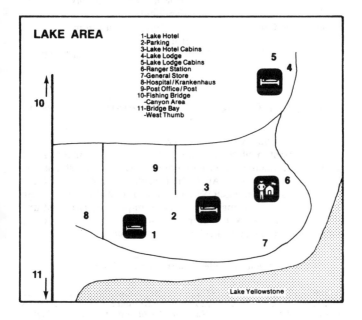

sowohl **Hotelzimmer** als auch **Cabins**/Hütten zur Auswahl hat. Bei der Lake Lodge gibt es eine **Cafeteria** mit Mahlzeiten zu *vernünftigen* Preisen

Zwischen den beiden Übernachtungskomplexen liegt die **Ranger Station**. Erkundigen Sie sich hier oder im Hotel über Einzelheiten des Programms der von **Park Ranger/Park Natur-kunde-Experten** veranstalteten Unternehmungen, beispielsweise *Abendveranstaltungen* im Hotel.

In dem beim Hotel befindlichen **General Store** findet man eine große Auswahl an Souvenirs, Lebensmittel, Freizeitkleidung & Ausrüstung. In einer Ecke des General Store gibt es ein winziges **Restaurant** – bequem für einen Snack oder eine heiße Suppe. Die Straße zwischen der Ranger Station und dem Hotel führt **direkt** am Seeufer des Lake Yellowstone entlang – hier hat man einen herrlichen Landschaftsblick. In dieser Area gibt es **keine** Campingmöglichkeit.

ÜBERNACHTUNGSMÖGLICHKEITEN

Lake Yellowstone Hotel: *Deluxe Rooms* − Luxuszimmer;
Rooms with bath − Zimmer mit Bad;
Rooms without bath − Zimmer ohne Bad.
Cabins neben dem Hotel: *Standard Cabins* − Standard-Hütten;
One Room Familiy Cabins − 1-Zimmer-Familienhütte.
Lake Lodge Cabins: *Luxury Cabins* − Hütten mit Komfort;
Standard Cabins − Standard-Hütten.

MADISON AREA ••••••••••••••••••••••••••••••••••••

Die **Madison Area** ist das *erste* Zentrum, das Besucher, die von **West Yellowstone** im Yellowstone Nationalpark ankommen, erreichen. Von hier kommt der Besucherstrom, der im allgemeinen ohne Aufenthalt nach *Norden*, zum Norris Geyser Basin oder nach *Süden* zur Old Faithful Area fließt. Doch gerade, wenn man mit einem Camper unterwegs ist und mehr über den Park erfahren will, sollte man in der Madison Area einen ersten Halt machen.

Entfernungen in Meilen/Kilometer von Madison nach:

Norris Geyser Basin	*14/22*	*Northeast Entrance*	*74/118*
Old Faithful	*16/26*	*North Entrance*	*40/ 64*
Canyon Village	*26/42*	*West Yellowstone*	*14/ 22*
Mammoth Hot Springs	*35/56*	*East Entrance*	*69/110*
Fishing Bridge	*42/67*	*South Entrance*	*55/ 88*

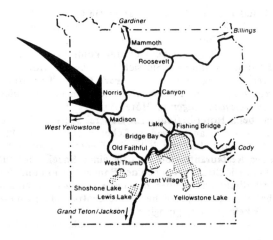

ÜBERNACHTUNGSMÖGLICHKEITEN & WAS KANN MAN UNTERNEHMEN?

In **Madison** gibt es **keine** Hotel- und Cabin- (Hütten-) Übernachtungsmöglichkeiten. Dafür finden Sie hier einen großen **Campingplatz** für Zelte und Campingfahrzeuge. **Wichtiger Hinweis:** *Suchen* Sie sich zuerst Ihren Stellplatz *aus* und gehen Sie dann erst zur *Anmeldung,* melden sich an und *zahlen* Ihre Platzgebühr!

Der Campingplatz liegt etwa *400 m* westlich der Kreuzung **Madison Junction,** an der Straße *West Yellowstone– Madison.* Benzin, Restaurants & Übernachtungsmöglichkeiten gibt es unter anderem in West Yellowstone (der naheste Ort), Old Faithful, Canyon Village und Mammoth Hot Springs.

Wichtiger Hinweis: Im Anmeldegebäude des Madison Campground gibt es ein **Travel & Information Center,** wo man Reservierungen zur Teilnahme an solchen Unternehmungen wie Reitausflüge – *horseback rides,* Kutschfahrten – *stagecoach trips,* sowie für Übernachtungen vornehmen kann. Zu den *kostenlosen,* von **Park Ranger/Park Naturkunde-Experten** geleiteten Unternehmungen gehören Abendveranstaltungen im Amphitheater, genau südlich vom Campingplatz. Man kann aber auch unabhängig und auf eigene Faust das **Madison Museum,** das auch **Explorer's Museum** genannt wird, besuchen.

EXPLORER'S MUSEUM

Genau *südlich* von Madison Junction und dem Campingplatz befindet sich das **Madison Museum,** das auch Explorer's Museum (Entdecker-Museum) genannt wird. Das kleine und bescheidene Museum liegt neben dem Parkplatz und dem Amphitheater und zu Füßen des etwa *2286 m* hohen **National Park Mountain.**

Die Ausstellung befaßt sich unter anderem mit dem Thema **A Land Of Rumor And Legend,** denn früher galt diese Landschaft von Yellowstone als eine Landschaft, über die es unglaubliche Geschichten und Gerüchte gab. Obwohl Indianer, Trapper und Goldgräber über die Yellowstone Gegend Bescheid wußten, gaben sie in ihren oft recht übertriebenen und übertrumpften Beschreibungen einen fast unglaublichen Eindruck von der Gegend. In alten Beschreibungen konnte man beispielsweise derartiges lesen, wie *bubbling caldrons of hot mud* – blubbernde Heißschlammquellen, *a mountain of glass* – ein Glasberg und *forests of stone trees* – Wälder voll versteinerter Bäume.

Man kann hier auch einige **Fallen** und **Goldgräberutensilien** sehen. Auf einigen alten **Fotos** sieht man verschiedene Attraktionen des Parks; besonders interessant ist beispielsweise ein großes Bild von **Mammoth Hot Springs** aus dem Jahre **1871.**

Außerhalb der Hütte gibt es in der Nähe der Felsen eine Tafel zu Ehren von **Stephen Tyng Mather** (1867–1930). Er ist eigentlich der „Vater" des National Park Service, denn er hat die Grundlagen geschaffen, mit einem Stab von Leuten, die dafür verantwortlich sind, bestimmte Naturlandschaften zu schützen, diese auch künftigen Generationen zu erhalten.

Weiter Richtung Fluß:

In der Nähe vom **Explorer's Museum** kann man auch die Geschichte über **The First National Park** – den ersten Nationalpark erfahren. Hier an der Kreuzung, wo sich die Flüsse *Firehole* und *Gibbon Rivers* treffen, haben sich am 19. September **1870** die Mitglieder der **Washburn-Langford-Doane-Expedition** am letzten Abend ihrer historischen Forschungsexpedition durch das Yellowstone-Gebiet um ein Lagerfeuer versammelt und über die erstaunlichen Naturwunder, die sie gesehen hatten, diskutiert. Dabei wurde der Gedanke, einen Park zu schaffen, entwickelt, als ein gewisser Cornelius Hedges den Vorschlag machte, diese Naturwunder *nicht* in Privathand übergehen zu lassen, sondern dafür zu sorgen, sie der Allgemeinheit zu erhalten und zugänglich zu machen. Da diese Ansicht auch bei anderen Anklang fand, wurde am 1. März **1872** das Gesetz zur Gründung von Yellowstone als dem ersten Nationalpark der Welt vom amerikanischen Präsidenten **Ulysses Grant** (Amtszeit: 1869–1877) unterzeichnet. Seit damals sind inzwischen in über **90 Ländern über 1200 National**parks und ähnliche Naturschutzgebiete eingerichtet worden. Der vor Ihnen befindliche Berg trägt zur Erinnerung an die Schöpfung der Nationalparkidee daher den Namen **National Park Mountain!**

MAMMOTH HOT SPRINGS AREA ••••••••••••••

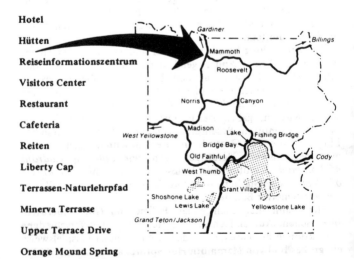

Hotel

Hütten

Reiseinformationszentrum

Visitors Center

Restaurant

Cafeteria

Reiten

Liberty Cap

Terrassen-Naturlehrpfad

Minerva Terrasse

Upper Terrace Drive

Orange Mound Spring

Die **Mammoth Hot Springs Area** war der *erste* touristische Zugang und Ausgangsort zum Yellowstone Nationalpark. Bis zum heutigen Tag befindet sich auch die Hauptverwaltung des Parks, *Park Headquarters,* hier. Bereits in den **1880er** Jahren kamen Besucher aus aller Welt hierher, um die Schönheiten des Parks zu erforschen und zu entdecken. Und davon gibt es tatsächlich sehr viele, beispielsweise direkt hier die spektakulären Terrassen der Thermalquellen von **Mammoth Hot Springs.**

Die Area, die sich auf einer Höhe von etwa 6239 ft/1902 m ü. M. erstreckt, liegt nur etwa 5 mi/8 km südlich von **Gardiner** (Start von Wildwasser-Floßfahrten auf dem Yellowstone River) und dem eindrucksvollen **Roosevelt Arch,** durch den Besucher kurz nach der Jahrhundertwende in den Park gelangten. Das steinerne Tor schuf Hiram M. Chittenden (von ihm stammt auch die Brücke über den Yellowstone River bei Canyon Village); den Grundstein legte der Präsident Theodore Roosevelt im Jahre 1903. Das Tor trägt die Aufschrift *For The Benefit And Enjoyment Of The People* – etwa: zum Nutzen und Wohle der Menschheit. In der Nähe verläuft der 45. Grad nördlicher Breite (etwa der halbe Weg zwischen Nordpol und Äquator).

Entfernungen in Meilen/Kilometer von Mammoth nach:

Roosevelt Area	*18/29*	*Northeast Entrance*	*47/ 75*
Canyon Area.	*33/53*	*North Entrance*	*5/ 8*
Norris Area	*21/34*	*West Yellowstone*	*49/ 78*
Old Faithful.	*51/82*	*East Entrance*	*76/122*
Lake Area	*49/78*	*South Entrance*	*90/144*

HORACE M. ALBRIGHT VISITORS CENTER

Das **Horace Albright Visitors Center** von Mammoth Hot Springs war früher Wohnhaus der im benachbarten Fort Yellowstone stationierten Offiziere. In den Anfangszeiten des Parks wurde Yellowstone vom Militär verwaltet. Heute hat der National Park Service seine Hauptverwaltung, Park Headquarters, hier in Mammoth Hot Springs. Benannt wurde das Visitors Center nach Horace M. Albright, der 1919 Superintendent des Parks und später (1923-33) Direktor des National Park Service war. Man findet hier im Visitors Center interessante Ausstellungsstücke über die Geschichte und Tierwelt des Parks; Exponate im Erd- und Obergeschoß.

Toiletten im Souterrain, von außen zugänglich. Interessante Buchabteilung und Infostand. Auskunft über Veranstaltungen und Programme bei den Park Rangers. In kurzen Abständen wird ein ausgezeichneter Film gezeigt.

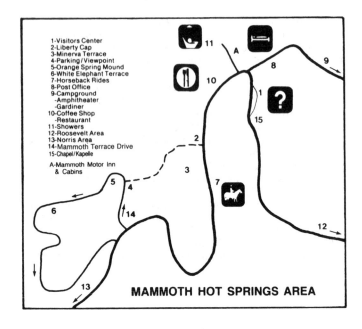

1-Visitors Center
2-Liberty Cap
3-Minerva Terrace
4-Parking / Viewpoint
5-Orange Spring Mound
6-White Elephant Terrace
7-Horseback Rides
8-Post Office
9-Campground
 -Amphitheater
 -Gardiner
10-Coffee Shop
 -Restaurant
11-Showers
12-Roosevelt Area
13-Norris Area
14-Mammoth Terrace Drive
15-Chapel/Kapelle

A-Mammoth Motor Inn
 & Cabins

MAMMOTH HOT SPRINGS AREA

Golden Mantled Ground Squirrel

MAMMOTH HOT SPRINGS TERRACES

Die äußerst eindrucksvollen Sinterterrassen **Mammoth Hot Springs Terraces** liegen in Sichtweite des Albright Visitors Centers. Vom Mammoth Hot Springs Hotel ist es nur ein kurzes Stück zu den Terrassen der Thermalquellen. Die von Algen herrlich buntgefärbten Terrassen überschauen die gesamte Mammoth Hot Springs-Area. Von der **Lower Terrace** sowie von der **Upper Terrace** kann man die Terrassen unmittelbar erleben.

Fährt man auf *Mammoth Terrace Drive* entlang, hat man einen grandiosen Überblick auf die Terrassen; ein sagenhafter Blick! Der Rundfahrweg zweigt kurz vor der Kreuzung, wo die Norris-Mammoth Hot Springs Road abbiegt und zu den Reitställen sowie zur Mammoth Hot Springs-Area führt, ab.

Mammoth Terraces

Die Bildung von Terrassen und Erosion sind ein ständig fortschreitender Prozeß – manchmal nimmt eine Formation etwa **56 cm/Jahr** zu. Die heißen Quellen verändern sehr oft ihre Lage, und sobald sie trocknen, verwandelt sich das Sintergestein, der **Travertin** *(Calcium-Carbonat-Ablagerung* = Kalkgestein), und wird sehr schnell grau und farblos, erscheint leblos und bröckelt ab.

Silikathaltiges Sintergestein wie solches an den Geysir-Becken bildet sich viel langsamer als beim Kalkstein – nur etwa 1,3 cm/Jahr; diese Sintergesteine bilden auch weniger ausgeprägte Formen.

How do the Terraces Form?
Wie entstehen die Terrassen?

Regen und Schnee fällt auf die umliegenden Berge. Das **Wasser** sickert dann durch die *Kalksteinschicht.* Das Magma (das heiße Material, das sich unter der Erdkruste befindet) gibt **Hitze** und **Kohlendioxyd** an das *Wasser* ab. **Heißes Wasser** und **Kohlendioxyd** verbinden sich und bilden harmlose *Kohlensäure*, die den Kalkstein rasch *auflöst.*

Das *heiße, kalkhaltige* **Wasser** kommt bei Mammoth Hot Springs durch **Felsspalten** an die Erdoberfläche. Sobald das Gas *entweicht,* wird der *aufgelöste* **Kalk** ausgefällt und *bildet* die Kalksteinterrassen. Durch das von den Beckenrändern **tropfende Wasser** kann das Gas **schneller** entweichen, und daher bildet sich hier der Kalkstein auch schneller. Schätzungsweise werden hier etwa **2 Millionen Liter Wasser** und **2 Tonnen Kalkstein** *täglich* ausgestoßen!

Andere Terrassen

Bei dem herrlichen Panoramablick, den man auf die spektakulären Terrassen hat, erlebt man einen der größten Höhepunkte – gewiß eines der unvergeßlichsten Erlebnisse in Yellowstone, das Sie und Ihre Kinder haben werden. Der Rundgang führt etwa noch einen weiteren Kilometer an ähnlich farbenprächtigen Terrassen, wie **Orange Mound Spring** sowie an der riesigen **White Elephant Terrace** vorbei, bevor er auf die Hauptstraße zur Mammoth Area stößt.

Wenn man die Terrassen von der *unteren Ebene* ansehen will, sollte man in der Nähe von **Liberty Cap** beginnen – der alleinstehende Fels, der wie ein riesiger Stinkmorchel aussieht (der Name kommt aber davon, daß die Form den Uniformmützen zur Zeit der amerikanischen Revolution gleicht – *Liberty* = Freiheit). Die Terrassen beginnen praktisch direkt neben der Straße. Für den *Terrace Nature Trail,* von dem man einen guten Blick auf die spektakuläre **Minerva Terrace** hat, braucht man eine gute halbe Stunde. **Wichtiger Hinweis**: Abgestorbene Terrassen erkennt man daran, daß sie im allgemeinen *grau* und *schwarz* sind.

WAS KANN MAN UNTERNEHMEN?

Visitors Center **besuchen** ☐ Mammoth Terrace erkunden ☐ Reiten.
Von **Park Ranger/Park Naturkunde-Experten** geleitete Unternehmungen: *Terrace Walk* – Spaziergang an den Terrassen ☐ *Evening Program* – Abendprogramm ☐ *Campfire Program* – Lagerfeuerveranstaltung ☐ *Mammoth Discovery Walk* – Mammothspaziergang für Entdecker ☐ *Fort Yellowstone Walk* – Spaziergang zum Fort Yellowstone ☐ *All Day Hike* – Ganztagswanderung.
Einzelheiten bei den **Park Rangers**.

ÜBERNACHTUNGSMÖGLICHKEITEN

Mammoth Hot Springs Hotel & Cabins:	*Rooms with bath* – Zimmer mit Bad; *Rooms without bath* – Zimmer ohne Bad.
Cabins neben dem Hotel:	*Standard Cabins* – Standard Hütten; *Budget Cabins* – Primitive, einfache Hütten.
Mammoth Campground:	*0.5 mi/0,8 km* nördlich vom Mammoth Jct. (Kreuzung).

Mammoth Hot Springs Hotel & Cabins sind nur wenige Schritte vom Visitors Center, den herrlichen Sinterterrassen, dem Restaurant und Coffee Shop entfernt. Im Hotel befindet sich ein ausgezeichnetes **Travel & Information Center**, wo man Reservierungen für Unternehmungen & Veranstaltungen, Touren und Übernachtungen in anderen Parkgegenden vornehmen kann. Es ist übrigens auch eine besonders ideale Stelle, zum Steakessen, *Old West Cookout*, bei Roosevelt aufzubrechen, oder zu einer Rundfahrt mit dem Bus *Twilight Scenicoach Tour* zu starten.

Von der Hotelhalle kann man eine Stippvisite im Souvenirladen, *gift shop*, oder im **Map Room** unternehmen. Im Map Room werden übrigens auch Diaserien und Filme vorgeführt. Schauen Sie sich hier einmal die **Landkarte** über die USA an, sie besteht aus Nußbaum, Teak, Mahagoni und Rosenholz. Außerhalb vom Hotel kommt man zum sogenannten **Recreation Center** mit Friseur, *barber/beauty shop*.

NORRIS GEYSIR AREA •••••••••••••••••••••••••••••

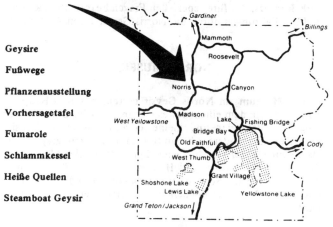

Geysire

Fußwege

Pflanzenausstellung

Vorhersagetafel

Fumarole

Schlammkessel

Heiße Quellen

Steamboat Geysir

Zu den interessantesten und aufregendsten Areas im Yellowstone Nationalpark gehört das **Norris Geysir Basin**, das nach einem der ersten Superintendenten des Parks benannt wurde. In dem kleinen, hervorragenden Museum kann man sich über die Pflanzenwelt der Area sowie über die **vier** Arten thermaler Aktivität informieren – **Geysire, Fumarole, Schlammkessel** – *mudpots* und **heiße Quellen**. Zu beiden Seiten des Museums gelangt man über Fußwege, Plankenwege, zu faszinierenden

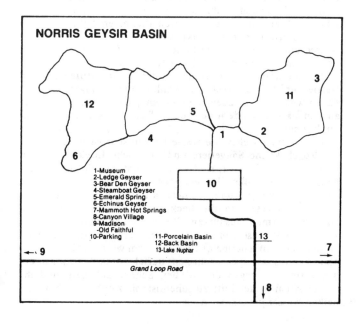

Areas thermaler Aktivitäten. Auf den Rundgängen kann man diese Naturwunder bequem entdecken. Hier finden Sie auch **Park Rangers**, die Ihre speziellen Fragen beantworten können und die **Führungen** durch die Norris Geysir Basin Area durchführen.

NORRIS MUSEUM

Das **Museum** am **Norris Geysir** besteht aus *zwei* Hauptabschnitten – in dem einen gibt es eine informative Bilderausstellung über **Bakterien** und kleine **Tiere**, die nahe der Geysire existieren; der andere Abschnitt befaßt sich mit graphischen Darstellungen der verschiedenen Typen **thermaler Aktivitäten**, die es in Yellowstone gibt. Hier nun zuerst zur Beschreibung des National Park Service zu den Bakterien und Algen die in oder in der Nähe der kochenden Wassertümpel überall im Park existieren.

Plants & Animals
Pflanzen & Tiere

Einzellige Lebewesen, die man **Algen** nennt, vermehren sich im *Wasser* von *Thermalquellen*. Die *Farbe* der Algen variiert zwischen gelb, rosa, orange und grün je nach Wassertiefe, Temperatur und Jahreszeit.

Die **wärmeren** Wasserstellen im Park sind Brutstellen verschiedener **kleiner** Lebewesen – Fliegen, Spinnen und Wasserwürmer. Die **Sommerhitze** erlaubt zwar einigen, sich von den warmen Wasserstellen abzusondern, bringt aber auch **räuberische** Insekten und Vögel in ihren thermalen Lebensbereich. Das **Winterwetter** beschränkt deren Tätigkeit auf *warmes Wasser* und die etwa *3 cm* hohe *geheizte Luftschicht* darüber und hält auch die sommerlichen Feinde fern.

Die meisten Pflanzen finden in den Temperaturen um den **Gefrierpunkt** und **Frost** eine willkommene Umgebung, sich zu entwickeln. Trotzdem gibt es ein paar wenige Arten, die an den **nassen Rändern** der heißen Wasserbecken üppig wachsen können.

Im **Sommer** ziehen die Wasserbecken sehr viele Lebewesen an. **Vögel, kleine Säugetiere** und zahlreiche **Insekten** streifen durch die Norris Area, sind jedoch nicht so sehr an den Lebensraum des heißen Wassers angewiesen wie die sogenannte *Brine Fly*, eine bestimmte Fliegenart. Der Winter zieht dann solche Lebewesen an die Becken, die das Naturheizsystem zum Aufwärmen ausnutzen. Wenn es kalt wird, zieht der **Elch** beispielsweise von seinem höher gelegenen Sommerrevier zu den warmen Thermalquellen mit dem warmen Mikroklima. Man kann sogar die mächtigen **Büffel** im Park beobachten, wenn sie sich gegen den weißen Schnee abheben, und ihr heißer Atem in der Luft zu sehen ist; sie zieht es auch an die heißen Wasserquellen der Area.

Wissenwertes über Geysire und heiße Quellen

In diesem Teil des Museums findet man alles Wissenswerte über **Geysire, heiße Quellen, Schlammkessel** und **Fumarole** sowie Interessantes über die **Geologie** des Parks. Zunächst etwas Information über den berühmten Geysir **Steamboat Geysir,** zu dem man nach einem kurzen Spaziergang vom Museum aus gelangt.

Und hier Wissenswertes über die vier im Park vorkommenden Typen thermaler Tätigkeit.
Zunächst zu heißen Quellen, gleich links wenn man 'reinkommt:
linke Wandseite:
Hot Springs have . . . heiße Quellen besitzen ein unterirdisches Durchlaufsystem, in dem Wasser schnell zirkulieren kann. Aufsteigendes heißes Wasser verteilt die Hitze durch Verdunstung und Ablauf in kleinen Rinnsalen. Konvektionsströme bringen das abgekühlte Wasser zurück in die Tiefe, wo es von der Temperatur der heißen Quellen gebremst wird, so hoch zu steigen, daß es zur Eruption kommt.

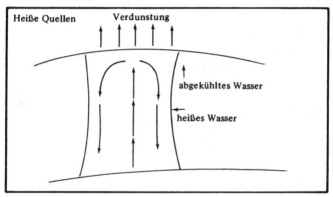

Geysers are hot springs . . . Geysire sind heiße Quellen, die zur Eruption gelangen. Wenn es im unterirdischen Durchlaufsystem zur Verstopfung kommt, oder sich Gasbläschen entwickeln und dadurch die Wasserzirkulation wie in heißen Quellen gestört wird, staut sich die Hitze und es kann zur Eruption kommen.

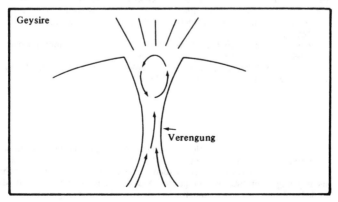

Bei manchen Geysiren, beispielsweise beim **Ledge** im Porcelain Basin, kommt es durch ein wie eine Düse geformtes Ventil zur Eruption, wobei das heiße Wasser hoch in die Luft gespritzt wird. **Steamboat** und **Old Faithful** sind solche Cone Geysers (Düsengeysire).

Wenn der Geysir sich durch ein Becken stehenden Wassers arbeiten muß, pustet er Dampf und drückt eine breite Wasserfontäne in die Luft. **Echinus** im Back Basin ist ein derartiger Fountain Geyser (Fontänengeysir).

Auf der anderen Raumseite geht es später weiter mit Mudpots und Fumaroles. Doch zunächst zu Vulkanen und Thermalaktivitäten:

Volcanoes shaped much . . . Vieles in der Landschaft von Yellowstone geht auf vulkanischen Ursprung zurück. Die letzte Eruption des Vulkans geht auf etwa 80 000 Jahre zurück – nur ‚gestern‘, wenn man es auf geologische Zeiten bezieht. Geysire und andere thermale Erscheinungsformen sind typische Zeichen erlöschender Vulkantätigkeit.

Lava, Asche, Obsidian und anderes vulkanisches Gestein bedeckten weite Teile der Area.

Beneath the Thermal Basin
Unter dem Thermalbecken

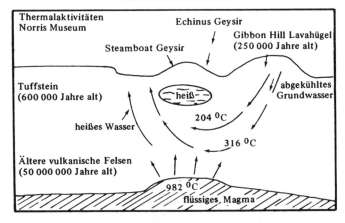

Rechts daneben vulkanisches Gestein wie Basalt, Obsidian und Rhyolith.

In der rechten Ecke:

Thermal areas can create . . . Thermale Areas sind imstande Felsen hervorzubringen oder zu verändern. Silikat wird vom heißen Wasser von Geysiren und heißen Quellen hervorgebracht und in Form von Silikat-Sintergestein abgelagert.

Der Geruch fauler Eier im Bereich von Thermalquellen hängt mit dem Schwefel zusammen, der als gelbe oder schwarze Masse vorkommt.

Bei jüngsten Bohrversuchen des U. S. Geological Survey ging man bis in 305 m Tiefe mit Temperaturen bis zu 234° C!

Nun zu Fumaroles:

Fumaroles are . . . Bei Fumarolen handelt es sich um vulkanischen Gas- oder Dampfaustritt aus Löchern oder Spalten im Fels. Die Öffnungen oder Ventile reichen zwar bis zu dem heißen Gestein hinunter, besitzen jedoch nicht genug Grundwasser! Die geringe Wassermenge, die einsickert, wird umgehend in Dampf verwandelt, der oft mit starkem Pfeifgeräusch entweicht. Man kann rund um **Norris Geyser Basin** solche Fumaroles sehen, wo der Dampf aus trockenen Löchern hervorgestoßen wird.

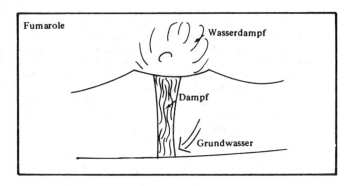

Entlang der rechten Wand:

Nun zu „Mudpots":

Some hot springs become mudpots . . . Schlammkessel sind heiße Quellen, in denen Lehm weich geworden ist. Es bildet sich Säure, und zwar sobald Schwefelwasserstoffgas, das aus der Tiefe aufsteigt, auf den im Grundwasser, das die Quelle speist, enthaltenen Sauerstoff reagiert. Wenn der Wasserverlust in der Quelle durch Verdunstung etwa gleich groß wie der Nachschub an Quellwasser ist, hat die Säure das Bestreben, sich an der Oberfläche zu konzentrieren. Sie zersetzt das dort befindliche Gesteinsmaterial und produziert den lehmartigen Rückstand, der das Quellwasser in einen brodelnden Schlammkessel verwandelt – *mudpot.*

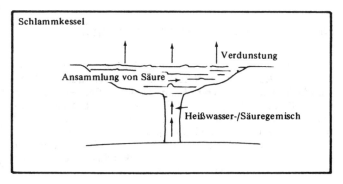

Nun in der Ecke links neben dem Ausgang:

During the 1960's Steamboat Geyser . . . Die Eruption des Steamboat Geysirs war in den 1960er Jahren stärker als die jedes anderen aktiven Geysirs in der Welt. Haupteruptionen, die sich nie genau voraussagen lassen, können bis zu 100 m Höhe erreichen.

NORRIS GEYSER BASIN

Man teilt das **Norris Geyser Basin**, eine faszinierende Area mit heißen Quellen und Geysiren in der Nähe des Museums, in zwei Hauptareas auf, und zwar **Porcelain Basin** und **Back Basin**. Nachdem Sie sich das Museum angesehen haben, sollten Sie sich an der **Tafel** über die **Eruptionszeiten** der Geysire informieren, am sogenannten *Prediction Board*. Erkundigen Sie sich auch über **Führungen,** die in kleinen Abständen von Park Rangers durchgeführt werden.

Porcelain Basin, das am dichtesten beim Museum liegt, hat seine Bezeichnung von dem *perlenartigen Sintergestein,* aus dem das Becken größtenteils besteht. Es wurde in großer Tiefe von *vulkanischem* Gestein gelöst und mit dem heißem Wasser, das an die Erdoberfläche stieg und dann verdunstete, nach oben befördert und abgelagert. Zu den Geysiren dieser Area zählen der **Ledge Geysir** und der **Bear Den Geysir**.

Die größten Attraktionen der **Big Basin Area**, die sich über eine etwas größere Fläche als Porcelain Basin erstreckt, sind der **Steamboat Geysir**, die farbenprächtige **Emerald Spring** und **Echinus Geysir**.

WAS KANN MAN UNTERNEHMEN?

Norris Museum **besuchen** ☐ Porcelain Basin & Back Basin Von **Park Ranger/Park Naturkunde-Experten** durchgeführte Unternehmungen: *Geyser Basin Walk* – Spaziergänge am Geysir Basin ☐ *Campfire Get-Together* – Lagerfeuertreffen ☐ *Sylvan Springs visit* – Sylvan Springs ansehen ☐ *Beryl Spring visit* – Beryl Spring ansehen ☐ *Artist Paint Pots visit* – Artist Paint Pots ansehen ☐ *Geyser Basin visit at night* – Geysir Basin bei Nacht. Erkundigen Sie sich über nähere Einzelheiten bei den **Park Rangers.**

ÜBERNACHTUNGSMÖGLICHKEITEN

Bei Norris gibt es **keine** Hotel- oder Cabin- (Hütten-) Übernachtungsmöglichkeit. Der Campingplatz **Norris Campground** befindet sich etwa 1 mi/1,6 km nördlich von *Norris Junction* (Kreuzung).

OLD FAITHFUL AREA •••••••••••••••••••••••••••••••••••••

In der **Old Faithful Area** gibt es sehr viel zu unternehmen und
auch viel Sehenswertes. Hier befinden sich gleich **zwei** der beliebtesten Attraktionen des Yellowstone Nationalparks – **Old
Faithful Geysir** und das attraktive Hotel **Old Faithful Inn.**
Diese Area ist speziell wegen der hier vorhandenen Einrichtungen sehr gut als Ausgangsbasis für die Entdeckungsreise
durch den Park geeignet.

Entfernungen in Meilen/Kilometer vom Old Faithful nach:

Fishing Bridge	*38/61*	*Northeast Entrance*	*90/144*
West Thumb	*17/27*	*North Entrance*	*56/ 90*
Norris	*30/48*	*West Yellowstone*	*30/ 48*
Mammoth Hot Springs	*51/82*	*East Entrance*	*65/104*
Canyon	*42/67*	*South Entrance*	*39/ 62*

Ein Besuch beim Visitors Center
Old Faithful Geysir
Old Faithful Inn
Restaurants in der Old Faithful Area
Was kann man unternehmen?
Übernachtung in der Old Faithful Area

EIN BESUCH BEIM VISITORS CENTER

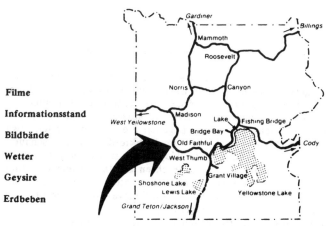

Filme

Informationsstand

Bildbände

Wetter

Geysire

Erdbeben

Im ständig gut besuchten Besucherzentrum, **Old Faithful
Visitors Center,** das nur ein paar Schritte von der historischen **Old Faithful Inn** und dem spektakulären **Old Faithful
Geysir** entfernt liegt, gibt es **Park Rangers.** Die stehen Ihnen
für Ihre Fragen zur Verfügung, sie stellen aber auch erforderliche **Backcountry Permits** aus (Wandererlaubnis für größere

Wanderungen, bei denen *unterwegs übernachtet* wird). Hier erfährt man auch Neuigkeiten über Spezialveranstaltungen und Unternehmungen.

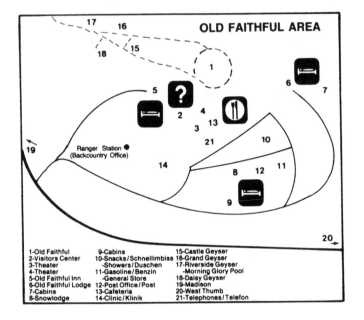

OLD FAITHFUL AREA

1-Old Faithful	9-Cabins	15-Castle Geyser
2-Visitors Center	10-Snacks/Schnellimbiss	16-Grand Geyser
3-Theater	-Showers/Duschen	17-Riverside Geyser
4-Theater	11-Gasoline/Benzin	-Morning Glory Pool
5-Old Faithful Inn	-General Store	18-Daisy Geyser
6-Old Faithful Lodge	12-Post Office/Post	19-Madison
7-Cabins	13-Cafeteria	20-West Thumb
8-Snowlodge	14-Clinic/Klinik	21-Telephones/Telefon

Geysir Eruptionszeitenvoraussage

Neben dem Informationsstand im Visitors Center sind die zu „erwartenden" Eruptionszeiten des Old Faithful Geysir angeschlagen. Manche hier tätige Park Rangers können auch mit einer etwa 75%igen Genauigkeit voraussagen, wann die nächste Eruption sein wird. **Tip:** Begeben Sie sich am besten etwa *15 Minuten* **vor** der Zeit zum **halbkreisförmigen** Zuschauerrund um den Old Faithful Geysir, um sich einen guten Platz auf einer **Bank** zu sichern. Richten Sie Ihre **Kamera** in aller Ruhe *schußbereit* ein (vergewissern Sie sich, daß Ihr Filmvorrat ausreicht) und beobachten Sie, was **vor** der eigentlichen großen Eruption vor sich geht.

Eruptionszeiten verschiedener benachbarter Geysire:

    Castle – Eruptionen etwa alle 9,5 Std;

    Grand – Eruptionen 2–3 Mal pro Tag;

    Riverside – Eruptionen etwa alle 6,5 Std.;

    Daisy – Eruptionen etwa alle 95 Min.

Erkundigen Sie sich bei den **Park Rangers** nach weiteren Einzelheiten.

Erdbeben & Tätigkeit heißer Quellen

Viele Hauptgebiete **heißer Quellen** sind häufig eng mit aktiven **Erdbebenzonen** verknüpft. Im allgemeinen sind es *Erdverschiebungen* an Rissen oder bei Erdspalten im Erdinnern, die Erdbeben auslösen. *Regen-* und *Schmelzwasser* können bei solchen Erdspalten Tausende Meter ins Erdinnere eindringen, wo sie mit *heißem* Felsgestein zusammentreffen, das diese Feuchtigkeit als heißen **Dampf** an die Erdoberfläche ausstößt.

Thermalwasser macht den Bereich an Erdrissen besonders gleitfähig und löst dabei kleinere Beben aus; damit kann das eigentliche Erdbeben verhütet oder verzögert werden. Starke Erdbeben (über 5 auf der **Richter Skala**) rufen in oder in der Nachbarschaft von heißen Quellgebieten entscheidende Veränderungen hervor. Der **Seismic Geysir** (in der Nähe vom Firehole River, auf der anderen Seite vom **Biscuit Basin**) entstand **1959** infolge des Hebgen-See-Erdbebens, **Hebgen Lake Earthquake**. Der **Old Faithful Geysir** blieb indessen seit **1870**, seitdem sein Eruptionsrhythmus erstmals registriert wurde, im großen und ganzen unverändert. Kleine Erdbeben fördern die Tätigkeit heißer Quellen, indem sie im Bereich von Erdrissen Öffnungen aufrechterhalten, durch mineralische Ablagerungen würden diese Quellen erstickt und schließlich versiegen.

Richter Skala

Die **Richter Skala** ist die Skala, die mit Hilfe von *Seismographen* die Stärke von Erdbewegungen, Erdstößen mißt und anzeigt. Sie wurde vor über einen halben Jahrhundert von **Dr. Charles Richter** entwickelt. Sie basiert auf Logarithmen; das Steigen einer Skalenangabe bedeutet ein *zehnfaches* Ansteigen der Stärke des Erdstoßes! Hier ist eine allgemeine Beschreibung der Skala:

0 – – Beben um den *Nullpunkt*; die im Visitors Center befindlichen Instrumente zeigen solche Beben an.

3 – – Erdstöße sind nur im *unmittelbaren* Bereich des Bebens wahrzunehmen;

4 – – Die Erdstöße sind etwa über die Hälfte des Parkgebiets zu spüren;

5 – – Bei solch starken Beben werden *Erdrutsch* und Veränderungen im Verhalten heißer Quellen ausgelöst, Gebäude werden jedoch noch nicht zerstört;

7 – – Erdbeben dieser Stärke *zerstören Gebäude* und verursachen starke Veränderungen im Bereich thermaler Quellen, wie beim Erdbeben des Jahres 1959 – **Hebgen Lake Earthquake**, das man im Umkreis von **480 km** vom Epizentrum spüren konnte.

8,5 – – Solche Erdbebenstärke verursacht *totale Verwüstung* und ruft entscheidende Veränderungen der Erdoberfläche hervor.

Der in einer Ecke des Visitors Center befindliche **Seismograph** wurde vom U.S. Geological Survey speziell dafür eingesetzt, die Erschütterungen und Beben innerhalb des Parks zu messen. Leichte, vom Menschen nicht wahrzunehmende Erdstöße werden von diesem Gerät angezeigt. Für *jedes* Erdbeben gibt es *10 000 kleine Beben,* die der Mensch gar nicht wahrnehmen kann.

Film

In einem der Vorführ-/Theaterräume wird in kurzen Abständen ein **10-Minuten-Film** gezeigt. Schauen Sie sich dieses **kostenlose** Kinostück an. Es gibt eine ausgezeichnete Erklärung zu den vier Grundtypen, die es im thermalen Bereich gibt: **Schlammquellen, Fumarole, Geysire** und **heiße Quellen.** Hier sieht man, daß die Erde lebt und sich ständig verändert.

OLD FAITHFUL GEYSIR

Schild beim Info Center: *„Remember! We just predict, we don't schedule* – Bitte beachten! Wir sagen voraus, aber wir können keine genauen Zeiten festlegen"; eine gute Erklärung, falls man am Old Faithfull vergeblich darauf wartet, daß er hoch geht, und nichts passiert!

Der **Old Faithful Geysir**, der von mehreren Stellen der Old Faithful Area zu sehen ist, liegt nur etwa zehn Minuten vom Visitors Center entfernt. Bevor Sie sich zu diesem grandiosen Schauspiel des berühmten Geysirs begeben, sollten Sie sich nach der nächsten **Eruptionszeit** erkundigen. **Tip:** Schauen Sie sich zuvor auch den kurzen und interessanten Film an, bevor Sie sich dem Strom der Zuschauer in Richtung Geysir anschließen.

Man sollte als erstes damit rechnen, daß der Old Faithful Geysir, der „alte Getreue", gar nicht so getreu ist, denn er geht meistens *nicht pünktlich* zur angegebenen Zeit los. Der Geysir kam eigentlich nur zu seinem Namen, weil er im vergangenen Jahrhundert tatsächlich regelmäßige und ziemlich pünktliche Eruptionen hatte (*faithful* bedeutet nämlich zuverlässig). Gelegentlich beträgt der zeitliche Abstand zwischen den Eruptionen zwischen *50* und *über 80 Minuten,* obwohl *der Durchschnitt* bei etwa **67—68 Minuten** liegt. Bei jeder Eruption stößt der Old Faithful etwa **15 140—30 280 Liter Wasser** in einer etwa **40 m hohen Fontäne** in die Luft. Eruptionen dauern etwa **2—5 Min.**; aber jedesmal ist der Ausbruch dieses gewaltigen Geysirs wieder ein faszinierender Anblick!

OLD FAITHFUL INN

Eines der historischsten Hotels im *alten Westen* ist die **Old Faithful Inn**, die wie aus einem Bilderbuch aussieht. Man sollte wirklich die Gelegenheit wahrnehmen — auch ohne daß man hier übernachtet — die Atmosphäre dieser rustikalen und originellen Herberge ein bißchen zu erleben. **Tip:** Lassen Sie sich für eine Weile in einem der gemütlichen Stühle nieder und genießen Sie das ganze Drumherum. Da gibt es beispielsweise den hohen, urigen **offenen Kamin** (es wurden dazu etwa 500 aus Yellowstone stammende Felsbrocken verwendet) mit der großen **Uhr.** Interessant ist es auch oben auf den mehrstöckigen Balkonen, wo es ein bißchen stiller ist. Man hat von dort einen Blick aus der Vogelperspektive auf die etwa *24 m* hohe **Hotelhalle.** Probieren Sie aus, ob man oben im ersten Stock zur Veranda hinaus kann — dort hat man nämlich einen prächtigen Ausblick auf den Old Faithful Geysir.

Im *Erdgeschoß* der Hotelhalle finden Sie den Stand des **Travel & Information Center,** wo man sich für **Bustouren** anmelden, wo man **Reservierungen** für Reittouren, Kutschfahrten und Steakessen im Freien (Old West Cookouts) im Bereich **Roosevelt Area** vornehmen kann. Man kann hier auch Zimmerreservierungen für **andere** Areas innerhalb von Yellowstone vornehmen.

Um **1885** wurde das erste Hotel der Old Faithful Area gebaut, das allerdings neun Jahre später einem Brand zum Opfer fiel. Das jetzige Hauptgebäude der **Old Faithful Inn** wurde **1904** fertiggestellt; mit seinen über 100 Zimmern galt es als eines der größten Blockhaus-Hotels, die überhaupt damals existierten. In den nachfolgenden **25 Jahren** kamen zum Hauptgebäude noch die Seitenflügel hinzu, die dem Hotel eine Kapazität von über **300** Zimmern gaben. Das Hotel ist im allgemeinen von **Mai bis Oktober** geöffnet.

Die Old Faithful Inn verfügt über viele Einrichtungen. Außer dem **Travel & Information Center** gibt es hier noch eine **Snack Bar,** einen Friseur — *beauty shop*, sowie mehrere Münz-Telefonkabinen. Neben der Hotelhalle kommt man zur Bar.

Neben der schweren, mit Schmiedeeisen beschlagenen Holztür des Eingangs gibt es einen großen **Souvenirladen**; der unter anderem auch Indianerarbeiten führt. Und wie man sich natürlich vorstellen kann, geht es im riesigen Speisesaal immer recht turbulent zu. **Tip:** Wenn Sie hier essen möchten, lassen Sie sich rechtzeitig auf die Warteliste setzen.

RESTAURANTS IN DER OLD FAITHFUL AREA

Da praktisch jeder, der zum Yellowstone Nationalpark kommt, auch in die Old Faithful Area gelangt, kann man sich vorstellen, daß beispielsweise gerade um die *Mittagszeit* in den Restaurants und Snack Bars *Hochbetrieb* herrscht. **Tip:** Wenn Sie in einem der Restaurants essen wollen, lassen Sie sich rechtzeitig auf die Warteliste setzen. In der **Cafeteria** sollten Sie am besten die Hauptessenszeiten ganz meiden. Erkundigen Sie sich, bis zu welcher Uhrzeit man noch etwas zu essen bekommt.

> **Dining Rooms** (Restaurants) – Old Faithful Inn: *7–22 Uhr;*
> – Old Faithful Lodge: *17–23 Uhr;*
> **Cafeteria** – Old Faithful Cafeteria: *11–20 Uhr.*

Coffee Shops gibt es auch in der Old Faithful Lodge *(7–22 Uhr)* und in der Old Faithful Snow Lodge *(6–21 Uhr)*. **Snack Bars** finden Sie auch in der Old Faithful Inn, gegenüber von der Post, und Larry's Lunch Station (nach dem bekannten, früheren Inhaber des Restaurants benannt) – hier gibt es übrigens das leckere Speiseeis – in der Old Faithful Lodge. Alle drei Übernachtungsstätten haben Bars. Hier ein **wichtiger Tip** für Leute, die wirklich hungrig sind: In der **Old Faithful Lodge** wird ab 17 Uhr *(5 p.m.)* ein reiches Abendbüfett serviert; Kinder unter 10 zahlen die Hälfte.

WAS KANN MAN UNTERNEHMEN?

Das **Visitors Center aufsuchen** und sich nach den neuesten Eruptionszeiten der Geysire erkundigen; sich an der Anschlagtafel über Veranstaltungen informieren □ Den **10-Minuten-Film** ansehen □ Bei der **Eruption** des Old Faithful Geysir zuschauen □ Sich das **Upper Geyser Basin** (oberes Geysirbecken) ansehen □ In der Old Faithful Lodge **Square Dance** Programm oder andere Spezialveranstaltungen nachforschen □ In den **Souvenirläden** umsehen □ An der Abendfahrt *Scenicoach Twilight Drive Tour* teilnehmen – Gelegenheit, noch eine andere Perspektive von den Thermalgebieten zu bekommen und mit etwas Glück einige Tiere zu beobachten.

Von **Park Rangers/Park Naturkunde-Experten** geleitete Unternehmungen/Veranstaltungen: *Geyser Walking Tour* – Geysir Spaziergang □ *Photo Walk* – Fotosafari zu Fuß □ *Tour* *of Old Faithful Inn* – Old Faithful Inn Führung □ *Geyser Gazing Tour* (3 Std. Wanderung) – Geysir Beobachtungstour □ *Twilight on Geyser Hill* – Dämmerung am Geyser Hill erleben □ *Evening Program* beim Visitors Center – Abendveranstaltung. Erkundigen Sie sich beim **Visitors Center** oder bei **Park Rangers** über die neuesten Veranstaltungszeiten, ob man sich anmelden muß und nach weiteren Unternehmungen.

ÜBERNACHTUNG IN DER OLD FAITHFUL AREA

Old Faithful Inn:	*Deluxe Rooms* – Luxus Zimmer; *Superior Rooms* – Zimmer mit Komfort; *Rooms with bath* – Zimmer mit Bad; *Rooms without bath* – Zimmer ohne Bad;
Old Faithful Lodge:	*Old Faithful Cabins* – Hütten; *One Room Family Cabins* – Ein-Zimmer-Hütten; *Budget Cabins* – einfache Hütten; *Budget Shelters* – primitive Hütten;
Old Faithful Snow Lodge:	*Rooms without bath* – Zimmer ohne Bad; *Standard Cabins* – Standardhütten; *Two Room Family Cabins* – 2-Zimmer-Hütten; *Budget Cabins* – einfache Hütten; *Budget Shelters* – primitive Hütten.

Die **Old Faithful Area** bietet ein breitgefächertes Sortiment von Unterkünften aller Kategorien. Wer auf ein bestimmtes Maß an *Komfort* im Urlaub nicht verzichten möchte, dem ist die **Old Faithful Inn** zu empfehlen. Die **Old Faithful Snow Lodge** dagegen bietet ziemlich anspruchslose Unterkunft, besonders für Leute geeignet, die auch mit weniger Komfort auskommen; hier wie auch bei der Old Faithful Lodge gibt es die **billigsten** Zimmer der Area. Bei der **Old Faithful Lodge** sowie bei der benachbarten **Old Faithful Snow Lodge** kann man bei den billigsten Unterkünften **Münz-Duschen** benutzen. Wenn Sie einen für Sie geeignet erscheinenden Unterkunfttyp suchen, schlagen Sie einfach in unserer **Übersicht über Übernachtungstypen** nach. Übrigens gibt es in der Old Faithful Area k e i n e Campingplätze.

ROOSEVELT AREA ••••••••••••••••••••••••••••••••••••

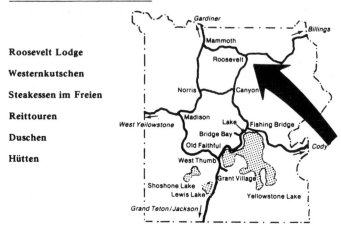

Roosevelt Lodge

Westernkutschen

Steakessen im Freien

Reittouren

Duschen

Hütten

Entfernungen in Meilen/Kilometer von Roosevelt Area nach:

Mammoth Hot Springs . . *18/29*	*Northeast Entrance* *29/ 46*
Tower Falls *2/ 3*	*North Entrance* *23/ 37*
Canyon Area. *19/30*	*West Yellowstone* *58/ 93*
Madison Area *44/70*	*East Entrance* *61/ 98*
Old Faithful Area *60/96*	*South Entrance* *77/123*

Roosevelt Lodge
Steakessen – Old West Cookouts
Was kann man unternehmen?
Übernachtungsmöglichkeiten

Die **Roosevelt-Tower** Area, in der Nähe der Kreuzung Tower Junction, gehört zu den interessantesten Gegenden von Yellowstone. Hier kann man noch richtige Westernatmosphäre erleben mit rustikalen Blockhütten, einer historischen Lodge, Pferdekutschen, Reitställen und dem beliebten Steakessen im Freien – *Old West Cookouts*.

Obwohl es hier kein Besucherzentrum, Visitors Center, gibt, kann man sich bei der **Ranger Station,** in der Nähe der an der Straße befindlichen Tankstelle, über den Park selbst sowie über Veranstaltungen der Park Rangers erkundigen. *Nordwestlich* der Roosevelt Area kommt man zu dem viel bestaunten versteinerten Baumstumpf, **Petrified Tree,** bei dessen Betrachtung sich das Rad der Zeit weit zurück in die Vergangenheit des Parks dreht. Im *Südosten* gelangt man zum Aussichtspunkt **Calcite Springs Overlook** mit den sagenhaften Wasserfällen **Tower Falls.** Nach *Osten* erstreckt sich das Tal **Lamar Valley.** Die Straße führt von der Kreuzung Tower Junction zum **Northeast Entrance** (Nordosteingang) nach Cooke City, Red Lodge und Billings.

ROOSEVELT LODGE

Die **Roosevelt Lodge** liegt etwas abseits der Hauptstraße – eine sehr geschmackvolle Lodge, in der man ein bißchen entspannen und zum Essen gehen kann. Hier gibt es auch ein **Travel & Information Center.** Hinter der Lodge sind die **Münz-Duschen,** und direkt neben der Lodge ist ein kleines **Geschäft** mit Filmen und Lebensmitteln. Rundum gibt es die sehr rustikalen, *billigen* Holz-**Hütten.**

Die Roosevelt Lodge wurde **1906** erstellt, und zwar zur Erinnerung an den Campingurlaub, den der US-Präsident **Theodore Roosevelt** im Jahre **1903** in dieser Gegend verbrachte. Von der Lodge kann man *Reitausflüge* oder Kutschfahrten mit der originellen *Westernkutsche* unternehmen. Hier startet man auch zu Ausflügen in die *nordöstliche* Gegend des Yellowstone Nationalparks. In der Lodge gibt es ein Western-Restaurant; natürlich hängt hier auch ein Bild, das Roosevelt zeigt. Um den einladenden offenen Kamin gibt es auch eine bequeme und gemütliche Sitzgruppe.

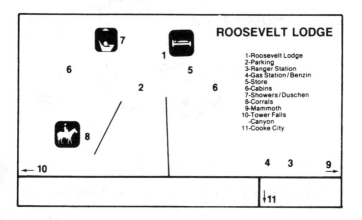

ROOSEVELT LODGE

1-Roosevelt Lodge
2-Parking
3-Ranger Station
4-Gas Station / Benzin
5-Store
6-Cabins
7-Showers / Duschen
8-Corrals
9-Mammoth
10-Tower Falls
  -Canyon
11-Cooke City

OLD WEST COOKOUT
Steakessen im Freien

Wer einmal bei einem zünftigen **Old West Cookout** in der Roosevelt Area dabei war, wird genau wie wir davon schwärmen, einen Abend in Yellowstone mit Steakessen im Freien zu verbringen. Da dieses Cookout sich jedoch größter Beliebtheit erfreut, raten wir dringend, sich **rechtzeitig im voraus** dazu anzumelden, am besten direkt mit der Zimmerreservierung verbinden.

ÜBERNACHTUNGSMÖGLICHKEITEN

Die bei Roosevelt vorhandenen Unterkunftstypen sind ziemlich **rustikal**. Man darf keine allzu hohen Anforderungen stellen; wer ohne Luxus auskommt, wird von der hier herrschenden Atmosphäre begeistert sein, vor allem, daß die Hütten zu den **billigsten** Unterkünften des Parks gehören. Brennholz steht zur Verfügung.

One Room Familiy Cabins:	Einfache Hütten mit Waschbecken & Toilette;
Roughrider Cabins:	Kein Wasser, für 1–4 Personen;
Rustic Shelters:	Kein Wasser; man muß eigenes Bettzeug mitbringen;
Tower Falls Campground:	Campingplatz 3 mi/5 km SO von Tower Jct.;
Slough Creek Campground:	10 mi/16 km NO von Tower Jct.;
Pebble Creek Campground:	22 mi/35 km östlich von Tower Jct.

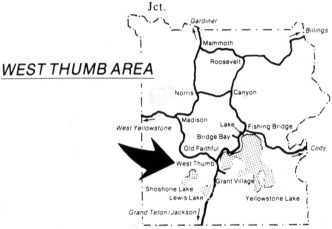

WEST THUMB AREA

Hier hat man auch einen grandiosen Blick über den Yellowstone Lake; bei **West Thumb** kann man die ungewöhnlich heißen Quellen des **Fishing Cone** im See erkennen.

Sie werden sich wohl wundern, woher der **Name** West Thumb kommt. Es ist anzunehmen, daß er von der Form des Sees kommt, da der Yellowstone Lake fast einer **Hand** gleicht. Wenn Sie nun die rechte Hand mit der *Außenfläche* auf eine Karte der Area legen, stellen Sie fest, daß sich die Finger im *Süden* in den **Southeast Arm** (SO-Ausläufer) und **South Arm** (südlicher Ausläufer) erstrecken, während sich der **Daumen** nach *Westen* spreizt – daher **West Thumb** = West Daumen!

Entfernungen in Meilen/Kilometer von West Thumb nach:

Grant Village	*3/ 5*	*Northeast Entrance*	*85/136*
Old Faithful	*17/27*	*North Entrance*	*73/117*
Lake Area	*19/30*	*West Yellowstone*	*47/ 75*
Fishing Bridge	*21/34*	*East Entrance*	*48/ 77*
Bridge Bay	*17/27*	*South Entrance*	*22/ 35*

YOHO NATIONALPARK
„Entlang Trans-Canada-Highway durch British Columbia"

Wenn Sie vom Banff Nationalpark zum **Yoho National-park** fahren, überqueren Sie die **Continental Divide** über den bekannten Gebirgspaß **Kicking Horse Pass.** Der Nationalpark soll, wie man sagt, seinen Namen von dem indianischen Wort **Yoho** bekommen haben, das bedeutet etwa „*Wunder*" und „*Erstaunen*". Der Paß und der Fluß kamen aus folgender Situation zu ihrem Namen: Sir James Hector soll 1858 in der Nähe der Wasserfälle **Wapta Falls** von einem der Packpferde einen Tritt erhalten haben (*kicking* = tretend; *horse* = Pferd). Kanadas erste transkontinentale Eisenbahn führte durch den **Kicking Horse Pass**, dort wo die turmhohen Berge eine Schlucht gelassen haben.

Nicht weit vom Paß gibt es direkt am *TC-1* einen Parkplatz. Hier werden Wanderer und Feriengäste von einem Spezialbus abgeholt, der sie zur Lake O'Hara Lodge, am See **Lake O'Hara** bringt. Zum See Lake O'Hara gibt es keinen Zugang per Auto, nur mit dem **Bus** oder über den **Trail.** Der **Campingplatz** Lake O'Hara Campground, der vom Nationalpark verwaltet wird, liegt ebenfalls hier, etwa 8 mi/13 km vom Parkplatz. Zum Zelten muß man sich vorher anmelden, (604)343-6418. Die Über-nachtungspreise in der Lodge und in den Ferienwohnungen mit Seeblick übersteigen möglicherweise Ihr Budget, aber dafür sind alle Mahlzeiten im Preis inbegriffen. Vorherige Anmel-dung **unbedingt** erforderlich; erkundigen Sie sich (im Sommer) nach Einzelheiten (einschließlich Bustransport) und machen Sie dann Ihre schriftliche Reservierung: Lake O'Hara Lodge, Box 55, Lake Louise, Alberta, T0L 1E0; 343-6418 (denken Sie daran, die Lodge befindet sich in British Columbia). Außer-halb der Saison wenden Sie sich an folgende Adresse: Lake O'Hara Lodge, Box 1677, Banff, Alberta, T0L 0C0.

Wenn Sie auf dem *TC-1* westwärts weiterfahren, können Sie vielleicht in der Wapta Lodge **übernachten**, 343-6486. Im An-schluß folgt der See **Wapta Lake**, die Quelle des Kicking Horse River, der kilometerweit neben dem **Trans-Canada Highway** herfließt. Danach gelangen Sie zum Aussichtspunkt **Spiral Tunnel Viewpoint**; halten Sie mal an, und betrachten Sie das bautechnische Kunstwerk unter Ihnen. Um das starke Gefälle hier auszugleichen, bauten die Eisenbahnbauer der Canadian Pacific diese Serie von spiralförmigen Tunnels und Schleifen.

Für **Fotofreunde**: Bläulicher Rauch der vom Zug den **Big Hill** herunterkommt, wird beim „Stahl-an-Stahl"-Bremsen, das die Talfahrt des Zuges verlangsamt, verursacht. Blick vom **Mount Stephen** Aussichtspunkt auf den gleichnamigen 3199 m hohen Berg mit Gletscher. Als der **Yoho Nationalpark** 1886 ge-gründet wurde, umfaßte er nur die Gegend um den Berg (be-kannt wegen seiner Fossilien). Heute besitzt der Park etwa 1300 Quadratkilometer.

Kurz nach dem *Viewpoint* erreichen Sie die **Yoho Valley Road.** Die Straße führt zum Campingplatz Kicking Horse

Campground, einem Informationsstand des Yoho Nationalparks, den Cathedral Mountain Chalets (Ferienwohnungen),
Whiskey Jack Hostel (Jugendherberge) und den hohen Wasserfällen Takakkaw Falls. Pfad zum Twin Falls Chalet.

Ein Stück weiter auf der *Yoho Valley Road* kommen Sie zu
den Cathedral Mountain Chalets, Field, B.C. V0A 1G0,
343-6442; Ferienwohnungen mit Bad sowie rustikale Hütten.
Falls Sie nicht hier übernachten, können Sie sich hier in dem
kleinen Lebensmittelladen, *grocery store,* mit Reiseproviant
versorgen, recht interessant. Zu einer reizvollen Fahrt folgen
Sie etwa 8 mi/13 km der Straße am turbulenten Yoho River
entlang und gelangen dann zur Jugendherberge Whiskey Jack
Hostel, etwa Mitte Juni bis Mitte September geöffnet. In der
Nähe sind die hohen Wasserfälle **Takakkaw Falls,** etwa 384 m
hoch! Ein Stück weiter liegt der Campingplatz Takakkaw
Falls Campground, **nur zu Fuß** erreichbar! Und wenn Sie hier
wandern, klettern oder angeln möchten, können Sie versuchen,
in den Twin Falls Chalet zu übernachten, Zugang über einen
8 mi/13 km Fußpfad, der in der Nähe der Wasserfälle beginnt;
etwa 2 1/2 Stunden − Juli & August geöffnet. Wenden Sie sich
hinsichtlich aller Einzelfragen und zur Anmeldung an: Twin
Falls Chalet, Ste. 11, 230-21st Ave., S.W. Calgary, Alberta T2S
0G6.

Wenn Sie auf dem *TC-1* weiter durch den **Yoho Nationalpark** fahren, gelangen Sie durch die Ortschaft **Field.** Einige
Kilometer weiter kommen Sie zu der etwa 5 mi/8 km langen
Straße, die zum See **Emerald Lake** führt. Dieser Ausflug ist
ein **MUSS!** Auf der Fahrt zu dem 1882 entdeckten See passie-
ren Sie die Stelle der **Natural Bridge.** Es gibt dort einen kleinen
Parkplatz, von dem aus Sie ganz von der Nähe sehen können,
wie sich die starke Strömung des **Kicking Horse River** durch
den Fels gearbeitet und so eine Naturbrücke *„natural bridge"*
geschaffen hat. Wenn Sie zum See kommen, werden Sie dort
die Reitställe sehen, wo Sie Pferde mieten können, für stünd-
liche, halbtägige oder ganztägige Ausritte; es werden auch begleitete Reittouren durchgeführt. Von der Fußgängerbrücke
am Parkplatz (Startpunkt, *trailhead,* zu dem etwa 4 mi/6 km
langen, steilen Wanderweg zum See Hamilton Lake − etwa
3 Stunden ein Weg) haben Sie eine wunderschöne Aussicht auf
den Emerald Lake; nehmen Sie Ihre Kamera mit! Hier gibt es
eine Snackbar und Gelegenheit, Kanus zu mieten. Den Berg
hoch, vorbei an den Ferienwohnungen (Hütten), kommen Sie
zum Emerald Lake Chalet; Restaurant. Wenn Sie ein paar
erholsame Ferientage verbringen wollen, so bietet sich dieser
Platz an, wo Sie reiten, kanufahren oder bergwandern und
faulenzen können. Zimmer, *chalet rooms,* oder Ferienhütten,
cottages; Information und Anmeldung (Juni bis Mitte September): Emerald Lake Lodge, Yoho National Park, Field, B.C.
V0A 1G0, 343-6313.

Wieder zurück auf dem *TC-1* erreichen Sie bald den Campingplatz Hoodoo Creek Campground, etwa 100 Campingplätze − der größte Campingplatz im Yoho Nationalpark;

Toiletten mit Wasserspülung und sanitäre Abfallbeseitigung für Camper, *sewage disposal*. In der Nähe befinden sich zwei Wanderwege; der **Avalanche Nature Trail** (etwa eine Stunde) führt Sie zu einem Lawinenhang. Der andere Pfad, **Deerlodge Trail** (auch etwa 1 Stunde), führt Sie zu der ersten im Park errichteten Schutzhütte. Praktisch auf der anderen Seite des Highway kommen Sie über eine kurze Zufahrtsstraße zum Campingplatz Chancellor Peak Campground. Die Wasserfälle **Wapta Falls** liegen etwa 2.5 mi/4 km vom *TC-1* entfernt; die letzten 1 mi/1,6 km zu den Wasserfällen müssen Sie zu Fuß zurücklegen. In der Nähe der Parkgrenze gibt es ein weiteres Park Information Office.

Etwa 16 mi/25 km westlich vom **Yoho Nationalpark** liegt die Stadt **Golden**, etwa 3500 Einwohner, am Zusammenfluß der beiden Flüsse **Kicking Horse River** und dem mächtigen **Columbia River**. Zu den **Übernachtungsmöglichkeiten** im östlichen Stadtteil von Golden zählt die Golden Rim Motor Inn, 344-2216. In der Nähe gibt es auch ein Informationsbüro B.C. Tourist Information Office. Halten Sie auf alle Fälle hier, um sich die neuesten touristischen Informationen zu besorgen.

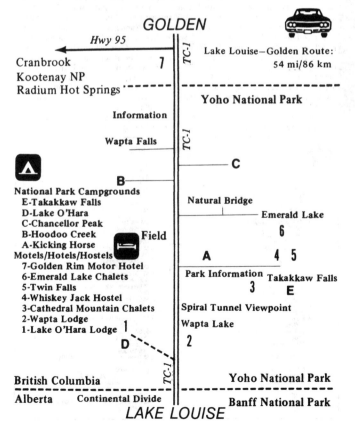

SEATTLE, WASHINGTON/USA

„Alternativer Ausgangspunkt für die Rockies"

Seattle Center

Puget Sound

Space Needle

University of Washington

Seattle Art Museum

Tillicum Village

Waterfront

Museum of Flight

Temperaturen in °C

	Jan	Feb	März	Apr	Mai	Jun	Jul	Aug	Sept	Okt	Nov	Dez
∅ max	6	9	11	14	18	21	24	23	21	15	10	7
∅ min	1	2	3	4	7	10	10	12	10	7	4	2

Seattle auf einem Blick

Lage: Im Nordosten des US-Bundesstaates Washington, etwa *840 mi/1344 km* nördlich von San Francisco, etwa *3400 mi/5440 km* nordwestlich von Miami, Florida, etwa *2900 mi/4640 km* westlich von New York City und etwa *150 mi/240 km* südlich von Vancouver, Kanada. – – **Höhenlage:** Etwa *3 m ü. M.* am Ufer; Seattle Center und Seattles Innenstadt liegen höher. – – **Name:** Nach dem Indianerhäuptling der Duwamish Indianer, *Chief Seathl,* benannt; die Indianer hatten für ihr Land in der Seattle Area $ 16 000 bekommen. – – **Geschichte:** Die Seattle Area wurde 1851 erstmals am Alki Point (West Seattle) besiedelt; spätere Pioniere siedelten sich in der Pioneer Square Area an; 1861 wurde die heutige Universität University of Washington gegründet; 1884 Ausbau der Eisenbahn bis Seattle; 1889 wurde der größte Teil der Stadt beim Brand zerstört; 1897 wurde Seattle mit den Goldfunden im Klondike und in Alaska zum Tor des Nordens. 1909 wurde die Alaska-Yukon-Pacific Exposition auf dem Gelände der heutigen University of Washington abgehalten. 1916 bauten William Boeing und Charles Westervelt Wasserflugzeuge und gründeten die Flugzeugfirma Boeing Company, die heute in der

Hotelschlüssel zur Karte

A-$ Motel 6/Everett - Exit 189
(206)347-2060
B-$ Motel 6 - Exit 186
(206)353-8120
C-$$ Everett Mall Inn - Exit 189
D-$$$ Ramada Inn - Exit 173
(206)365-0700
 -McDonald's
E-$$$ Holiday Inn-Issaquah - Exit 15 an I-90
(206)392-6421
 -$ **Motel 6-Issaquah**
(206)392-8405
F-$ Motel 6 (Sea-Tac) - Exit 152
(206)241-1648
 -$$ **Hampton Inn**
(206)878-1700
 -$$ **Super 8**
(206)433-8188
 -KOA
G-$$ BW Executive Inn - Exit 137
(206)448-9444
H-$ Motel 6/Tacoma - Exit 137
(206)922-1270
K-$$$ Holiday Inn Boeing Field - Exit 158
(206)762-0300
L-$$ Royal Coachman Inn - Exit 137
(206)922-2500
M-$$ Nendels Inn - Exit 136 B
(206)922-0550
 -$$ **Travelers Inn**
 -$$ **Portage Motor Inn**
(206)922-3500
N-$$ Holiday Inn - Exit 134
(206)383-5566
O-$$$ Sheraton - Exit 133
(206)572-3200
 -$$ **Quality Inn**
(206)572-7272

P-$$ Motel 6 - Exit 129
(206)473-7100
 -$ **Apple Inn**
(206)473-7100
 -$$ **Shilo Inn**
 -$$ **Heritage Inn**
R-$$ Nendels Inn - Exit 128
(206)535-3100
 -$$$ **BW Tacoma Inn**
(206)535-2880
 -$$ **Sherwood Inn**
(206)535-3200
S-$$ University Plaza Hotel - Exit 169
(NE 45th St) (206)634-0100
T-$$$ Stouffer Madison Hotel - Exit 164
(206)583-0300
U-$$$ Doubletree Suites & Doubletree Inn - Exit 153
(206)246-8220
V-$$ BW Landmark Inn Lynwood - Exit 181
(206)775-7447
W-$$ Cypress Inn Everett - 128th Exit/Exit 186
(206)347-9099
 -McDonald's
X-$ Motel 6 - Exit 151 (Military Road)
(206)824-9902
 -$$ **BW Executel Pacific Hwy S**
(206)878-1814
Y-$$ Northwest Motor Inn - Exit 189
(206)337-9090
Z-$$ TraveLodge - Exit 7 West, Exit 6 B Ost
I-90
(206)232-8000
Aa-$$$ Ramada - Exit 24, I-405
1-800-2-RAMADA
Ab-$$ Motel 6 - Exit 20, I-405 Kirkland
(206)821-5618
 -$$ **BW Arnold's Motor Inn** NE 116th Kirkland
(206)822-2300

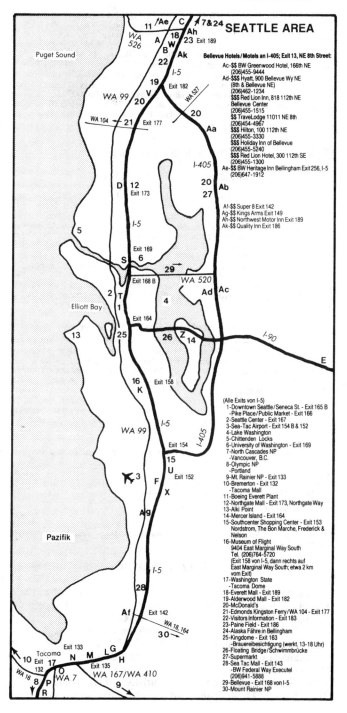

SEATTLE AREA

Bellevue Hotels/Motels an I-405; Exit 13, NE 8th Street:

Ac-$$ BW Greenwood Hotel, 166th NE
(206)455-9444
Ad-$$$ Hyatt, 900 Bellevue Wy NE
(8th & Bellevue NE)
(206)462-1234
$$$ Red Lion Inn, 818 112th NE
Bellevue Center
(206)455-1515
$$ TraveLodge 11011 NE 8th
(206)454-4967
$$$ Hilton, 100 112th NE
(206)455-3330
$$$ Holiday Inn of Bellevue
(206)455-5240
$$$ Red Lion Hotel, 300 112th SE
(206)455-1300
Ae-$$ BW Heritage Inn Bellingham Exit 256, I-5
(206)647-1912

Af-$$ Super 8 Exit 142
Ag-$$ Kings Arms Exit 149
Ah-$$ Northwest Motor Inn Exit 189
Ak-$$ Quality Inn Exit 186

(Alle Exits von I-5)
1-Downtown Seattle/Seneca St. - Exit 165 B
 -Pike Place/Public Market - Exit 166
2-Seattle Center - Exit 167
3-Sea-Tac Airport - Exit 154 B & 152
4-Lake Washington
5-Chittenden Locks
6-University of Washington - Exit 169
7-North Cascades NP
 -Vancouver, B.C.
8-Olympic NP
 -Portland
9-Mt. Rainier NP - Exit 133
10-Bremerton - Exit 132
 -Tacoma Mall
11-Boeing Everett Plant
12-Northgate Mall - Exit 173, Northgate Way
13-Alki Point
14-Mercer Island - Exit 164
15-Southcenter Shopping Center - Exit 153
 Nordstrom, The Bon Marche, Frederick &
 Nelson
16-Museum of Flight
 9404 East Marginal Way South
 Tel. (206)764-5720
 (Exit 158 von I-5, dann rechts auf
 East Marginal Way South; etwa 2 km
 vom Exit)
17-Washington State
 -Tacoma Dome
18-Everett Mall - Exit 189
19-Alderwood Mall - Exit 182
20-McDonald's
21-Edmonds Kingston Ferry/WA 104 - Exit 177
22-Visitors Information - Exit 183
23-Paine Field - Exit 186
24-Alaska Fähre in Bellingham
25-Kingdome - Exit 163
 -Brauereibesichtigung (werkt. 13-18 Uhr)
26-Floating Bridge/Schwimmbrücke
27-Supermarkt
28-Sea Tac Mall - Exit 143
 -BW Federal Way Executel
 (206)941-5888
29-Bellevue - Exit 168 von I-5
30-Mount Rainier NP

Seattle Area über etwa 70 000 Beschäftigte verfügt. 1917 wurde der etwa 8 mi/ 13 km lange Wasser- und Schiffahrtskanal *Lake Washington Ship Canal & Chittenden Locks* fertiggestellt. 1954 – Entwicklung eines Prototyps des ersten Düsenflugzeugs, der späteren Boeing 707. 1962 – Weltausstellung Seattle World's Fair mit dem etwa 184 m hohen Turm Space Needle. 1966 – Boeing 747. 1981 – Boeing 767. 1982 – Boeing 757. 1987 – Eröffnung des Museum of Flight. 1988 – **riesige Boeing:** am 29. April 1988 startet hier zum ersten Mal die Boeing 747-400; Streckenweite etwa 13440 km und Kapazität von 660 Passagieren (wegen verlängerten Oberdecks) – der weltgrößte Ziviljet! – – **Einwohnerzahl:** Etwa 516 000, Großraumbevölkerung etwa 2,6 Millionen. – – **Wirtschaft & Handel:** Flugzeugbau, Export-Importzentrum, Schiffsbau, Fischfang, Banken, Forst- & Holzwirtschaft, Tourismus. – – **Vorwahlnummer,** *area code:* (206).

Sea-Tac International Airport
(Seattle-Tacoma International Airport)

Lage: Etwa *14 mi/22 km* südlich von Seattles Innenstadt, westlich der *I–5*. – – **Terminal:** Verbindung der Terminal-Gebäude mit Haupt-Terminal/Gepäckauslieferung (baggage claim) durch automatische U-Bahn. – – **Unterkunft:** In Flughafennähe in allen Preiskategorien – vom Radisson, Wyndham. Marriott, Hilton, Red Lion Sea Tac Motor Inn bis zum Holiday Inn sowie Travelodge bis zu den relativ preiswerten Motel 6, Hampton Inn und Super 8 Motel; alle mit Abholdienst vom Terminal. **Für Autofahrer:** Nur vom **Lower Level** (untere Ebene) möglich, direkt auf S. Pacific und zu den Motels Super 8, La Quinta, Red Lion Sea Tac und dem preiswerten Hampton Inn, (206)878-1700 – Exit 152 von I-5, zu gelangen. Kurz vom Lower Level Terminal nicht in Richtung „To Freeways", sondern geradeaus Richtung Tacoma & WA 99 (exit ca. 500ft = Ausfahrt etwa 150 m). – – **Verkehrsmittel:** Mietautos, Taxis und Flughafenbus in Seattles Innenstadt (etwa 20 Minuten); preiswerte Stadtbusverbindung *(Bus 174)* zu Seattles Innenstadt (etwa 45 Minuten).

Straßen, Eisenbahn, Busse, Mietwagen

Straßen: Haupt-Highway ist *I–5*, die durch die Innenstadt am Pazifik entlang von Kanada bis Mexiko führt; *I–90* erstreckt sich ostwärts bis nach Boston, Massachusetts. – – **Eisenbahn/Amtrak:** Bahnhof in der Nähe vom Kingdome, südlich der Innenstadt. – – **Greyhound:** Innenstadt. – – **Monorail** (Einschienenbahn): Terminal der 90-Sekunden-Fahrt von der Innenstadt zum Seattle Center an *4th Avenue & Pike Street.* – – **Stadtbusse:** Kostenlose Beförderung in der zentralen Innenstadt; Verbindungen im gesamten Großraumbezirk Seattles. – – **Mietwagen:** Am Flughafen oder in der Innenstadt. – – **Seattle Trolley/Waterfront Streetcars:** Ehemalige australische Straßenbahn verkehrt entlang Alaskan Way zwischen Broad & So. Main St.

Entfernungen in Meilen/Kilometer von Seattle nach:

Burlington	65/104	Port Angeles (via US 101)	182/291
Everett	30/48	Portland, OR	180/288
Kelso	124/198	Salt Lake City, UT	851/1362
Mt. Rainier NP	110/176	Silverdale	121/194
New York City	2900/4640	Spokane	280/448
North Cascades NP	130/208	Tacoma	35/56
Olympia	60/96	Vancouver, BC	150/240
Olympic NP (via US 101)	186/298	Yakima	145/232
Mt. St. Helens Nat. Volcanic Mon. Visitors Center (bei Castle Rock, WA)	143/229	Washington, D.C.	2750/4400

SEATTLE ÜBERBLICK

Seattle besitzt eine hervorragend schöne *Lage* zwischen **Puget Sound** und **Lake Washington,** eingerahmt von den Gebirgen der **Olympic Mountains** und **Cascades** (Kaskadengebirge). Wichtigster *Verkehrsknotenpunkt* im Pazifischen Nordwesten, daher auch Tor zu diesem nördlichen Teil der USA, dem angrenzenden Kanada und dem 49. amerikanischen Bundesstaat im hohen Norden – Alaska.

Die Stadt besitzt eine Reihe touristisch interessanter *Viertel.* Zunächst der **Flughafenbereich** – nicht allein wegen der vielen

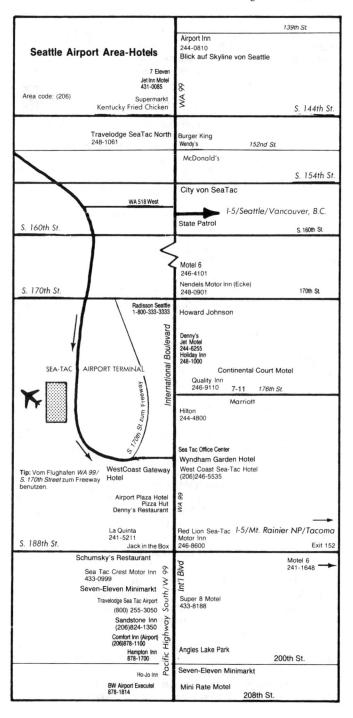

Seattle Airport Area-Hotels

139th St.

Airport Inn
244-0810
Blick auf Skyline von Seattle

7 Eleven
Jet Inn Motel
431-0085

Area code: (206)

Supermarkt
Kentucky Fried Chicken

WA 99

S. 144th St.

Travelodge SeaTac North
248-1061

Burger King
Wendy's   152nd St.

McDonald's

S. 154th St.

City von SeaTac

WA 518 West

I-5/Seattle/Vancouver, B.C.

State Patrol

S. 160th St.

S. 160th St.

Motel 6
246-4101

S. 170th St.

Nendels Motor Inn (Ecke)
248-0901   170th St.

Radisson Seattle
1-800-333-3333

Howard Johnson

International Boulevard

Denny's
Jet Motel
244-6255
Holiday Inn
248-1000

Continental Court Motel

SEA-TAC   AIRPORT TERMINAL

S. 170th St. zum Freeway

Quality Inn
246-9110   7-11   176th St.

Marriott

Hilton
244-4800

Sea Tac Office Center

Wyndham Garden Hotel

Tip: Vom Flughafen WA 99/
S. 170th Street zum Freeway
benutzen.

WestCoast Gateway
Hotel

West Coast Sea-Tac Hotel
(206)246-5535

Airport Plaza Hotel
Pizza Hut
Denny's Restaurant

WA 99

La Quinta
241-5211

Red Lion Sea-Tac   I-5/Mt. Rainier NP/Tacoma
Motor Inn
246-8600   Exit 152

S. 188th St.

Jack in the Box

Schumsky's Restaurant

Motel 6
241-1648

Sea Tac Crest Motor Inn
433-0999

Int'l Blvd

Seven-Eleven Minimarkt

Travelodge Sea Tac Airport
(800) 255-3050

Super 8 Motel
433-8188

Pacific Highway South/W 99

Sandstone Inn
(206)824-1350

Comfort Inn (Airport)
(206)878-1100

Hampton Inn
878-1700

Angles Lake Park

200th St.

Ho-Jo Inn

Seven-Eleven Minimarkt

BW Airport Executel
878-1814

Mini Rate Motel

208th St.

Attraktionen, sondern wegen der vielen Unterkunftsmöglichkeiten verschiedenster Preisklassen; dann die lebhafte **Innenstadt – Hafengebiet** – historischer **Pioneer Square** – Unigelände der **University of Washington** – **International District** mit asiatischer Kultur – sowie das bekannte **Seattle Center** mit dem Wahrzeichen, der **Space Needle.**

SEA-TAC INTERNATIONAL AIRPORT

Seattle ist ein wichtiger Verkehrsknotenpunkt. Die Orientierungskarte über den Flughafenbereich gibt die Lage vieler Hotels an. Die Zimmerpreise verschiedener Hotels, einschließlich **Hampton Inn,** Super 8 Motel (beide mit Abholdienst vom Flughafen-Terminal) und Motel 6 liegen im allgemeinen weit unter denen der Stadthotels. Dank der guten Stadtbusverbindung vom Flughafen zur Innenstadt kann man nach Ankunft bequem in Flughafennähe übernachten und Seattles Sehenswürdigkeiten auch ohne Auto erkunden.

Shopping Centers in Flughafennähe: Zweistöckiges Pavilion Outlet Center (South 180th St. & Southcenter Pkwy, Tukwila) sowie die großen Einkaufszentren an I-5 und I-405 Parkway Plaza und Southcenter Shopping Center (neben Doubletree Plaza Hotel), Exit 154 B von I-5. Vom Flughafen zu den Freeways S. 170th St./WA 99 folgen.

DOWNTOWN SEATTLE

In Seattles Innenstadt – **Downtown Seattle** – gibt es mehrere luxuriöse Hotels sowie einige etwas billigere Hotels, Unterhaltung und Theater sowie Terminals der verschiedensten Verkehrsmittel. Außerdem befinden sich hier auch schöne Kaufhäuser und Geschäfte, Stadtbüros der Fluglinien und Ausflugsunternehmen sowie das Seattle Visitors Bureau (Verkehrsverein). Zu Fuß erreichbar liegen unterhalb des steilen Hügels Hafengebiet – Waterfront Area, Pike Place Market und Pioneer Square. Die lebhafte Innenstadt Seattles ist ein guter Ausgangspunkt für die Seattle Area.

Die Skyline nördlich der Innenstadt wird von der etwa 184 m hohen **Space Needle** des Seattle Centers überragt. In der Innenstadt ragen Seattles Wolkenkratzer empor – **Seattle First National Bank Building** (mit Restaurant) mit etwa 186 m und das elegante 42-Stockwerk-hohe **Rainier Bank Building** mit 157 m. Die Doppeltürme des **Westin Hotels** mit 40 und 47 Stockwerken sind jeweils 121 und 137 m hoch. Das **Columbia Center** ist mit 73 Stockwerken derzeit Seattles höchstes Gebäude.

HAFENVIERTEL
Waterfront Area

Das Hafenviertel Seattles wird **Waterfront Area** oder auch *Gold Rush Strip* – etwa Straße des Goldrauschs – genannt. Sehr interessante Gegend für erfrischenden Spaziergang, da stets eine frische Brise von der Elliot Bay und dem Puget Sound (beide führen zum Pazifischen Ozean) hereinweht. Man kann hier die ankommenden und abfahrenden Schiffe beobachten, Bummel durch die vielen Geschäfte machen und Fischlokale besuchen, wo es frischen Fisch gibt.

Von Seattles Innenstadt benutzt man am besten die *University Avenue,* um zur **Waterfront Area** und zum **Alaskan Way** zu ge-

Jugendherberge/Youth Hostel: 84 Union Street, (206)622-5443

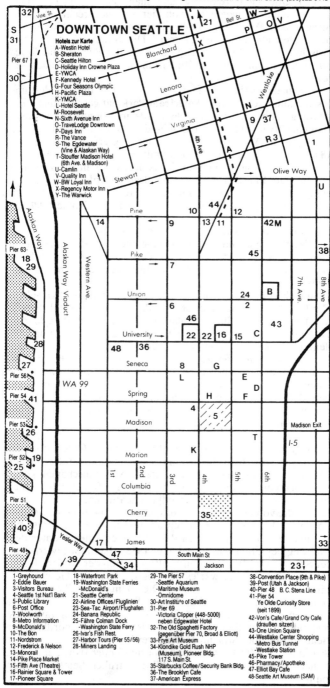

DOWNTOWN SEATTLE

Hotels zur Karte
A-Westin Hotel
B-Sheraton
C-Seattle Hilton
D-Holiday Inn Crowne Plaza
E-YWCA
F-Kennedy Hotel
G-Four Seasons Olympic
H-Pacific Plaza
K-YMCA
L-Hotel Seattle
M-Roosevelt
N-Sixth Avenue Inn
O-TravelLodge Downtown
P-Days Inn
R-The Vance
S-The Egdewater
(Vine & Alaskan Way)
T-Stouffer Madison Hotel
(6th Ave. & Madison)
U-Camlin
V-Quality Inn
W-BW Loyal Inn
X-Regency Motor Inn
Y-The Warwick

1-Greyhound
2-Eddie Bauer
3-Visitors Bureau
4-Seattle 1st Nat'l Bank
5-Public Library
6-Post Office
7-Woolworth
8-Metro Information
9-McDonald's
10-The Bon
11-Nordstrom
12-Frederick & Nelson
13-Monorail
14-Pike Place Market
15-Fifth Ave (Theatre)
16-Rainier Square & Tower
17-Pioneer Square

18-Waterfront Park
19-Washington State Ferries
       -McDonald's
21-Seattle Center
22-Airline Offices/Fluglinien
23-Sea-Tac Airport/Flughafen
24-Banana Republic
25-Fähre Colman Dock
       -Washington State Ferry
26-Ivar's Fish Rest.
27-Harbor Tours (Pier 55/56)
28-Miners Landing

29-The Pier 57
       -Seattle Aquarium
       -Maritime Museum
       -Omnidome
30-Art Institute of Seattle
31-Pier 69
       -Victoria Clipper (448-5000)
        neben Edgewater Hotel
32-The Old Spaghetti Factory
       (gegenüber Pier 70, Broad & Elliott)
33-Frye Art Museum
         117 S. Main St.
34-Klondike Gold Rush NHP
       (Museum), Pioneer Bldg.
35-Starbucks Coffee/Security Bank Bldg.
36-The Brooklyn Cafe
37-American Express

38-Convention Place (9th & Pike)
39-Post (Utah & Jackson)
40-Pier 48   B. C. Stena Line
41-Pier 54
         Ye Olde Curiosity Store
         (seit 1899)
42-Von's Cafe/Grand City Cafe
       (draußen sitzen)
43-One Union Square
44-Westlake Center Shopping
       -Metro Bus Tunnel
       -Westlake Station
45-Pike Tower
46-Pharmacy/Apotheke
47-Elliot Bay Cafe
48-Seattle Art Museum (SAM)

langen. Über mehrere Stufen steigt man zum Hafengebiet hinab
und befindet sich gegenüber von Pier 57. Die recht beliebte
Straßenbahn **Waterfront Trolley** bietet eine weitere Alternative,
das Hafenviertel kennenzulernen. Die Straßenbahn verkehrt
zwischen *South Main Street* in der Nähe der Pier 48 und *Broad
Street* in der Nähe von Pier 70; Parkmöglichkeiten an beiden Seiten.

Der in der Nähe von Pier 57 mit Importläden und
Fischlokalen befindliche **Waterfront Park** hat geschichtliche Bedeutung. Am 17. August **1896** wurde im **Klondike** – heutiges
Dawson City in Yukon – Gold gefunden. Das war etwa 11 Monate, bevor die Welt von dieser Entdeckung erfuhr. Am 16. Juli
1897 legte der Dampfer *Portland* mit seiner wertvollen Fracht –
„eine Tonne Gold" – hier an der Anlegestelle an. Im Klondike
war der Goldrausch ausgebrochen! **Seattle** wurde der Hauptaus-
gangspunkt zum Klondike und zu anderen bedeutenden Gegenden, wo Gold gefunden wurde, zum Beispiel in Nome **1899** und
Fairbanks **1902.**

Nördlich vom Waterfront Park befinden sich an der Pier 57
das **Seattle Aquarium** und der **Omnidome** – ein Rundtheater, in
dem interessante Filme gezeigt werden. An Pier 67 Hotel direkt
am Wasser. An Pier 70 gibt es weitere Geschäfte und Restaurants.

Südlich vom Waterfront Park gibt es ebenfalls viel zu sehen.
Die Gegend zwischen Pier 56 und Pier 54 ist die Abfahrtsstelle
der Touren nach **Tillicum Village** im Blake Island State Marine
Park im Puget Sound. *Tillicum* ist ein indianisches Wort und bedeutet „freundlich". Von Pier 52 gehen verschiedene Fähren der
Washington State Ferries ab, zum Beispiel nach **Bremerton.**
Fährverbindungen auch nach **Winslow** auf der Insel **Bainbridge
Island.** Nördlich der Insel, in der Nähe der Ortschaft **Suquamish,**
befindet sich das Grab des Indianerhäuptlings Chief Seathl, der
der größten Stadt im amerikanischen Bundesstaat Washington
seinen Namen gegeben hat.

Im Bereich von Pier 54 kommt man zum Ye Olde Curiousity
Shop – einzigartiger Laden mit Tausenden von interessanten
Dingen des Pazifischen Nordwestens. Sich umschauen kostet
schließlich nichts. In der Nähe von Pier 51 befindet sich die Stelle, wo **1856** die Indianer die Siedlung Seattle angegriffen haben.
Durch die von einem Kriegsschiff abgefeuerten Kanonenschüsse
zogen die Indianer erschrocken ab, und Seattle war gerettet!

Links von Pier 51 lag Seattles erste Pier – heute unter dem
Gehweg begraben. Das berühmte, **1853** erbaute Sägewerk Yesler Sawmill und Werft waren Seattles Beginn der großen Holzin-
dustrie. Lange Jahre war es Seattles Zentrum des Geschäftsbe-
zirks. Die ehemals von Pier 48 abge-
henden Fähren des *Alaskan Marine Systems* – Tor nach Alaska
(Fähren nach Prince Rupert, B.C. Kanada, und Skagway, Alaska) fahren von Bellingham (etwa 89 mi/142 km nördlich von
Seattle) ab, und zwar im Hafenbereich von Fairhaven, weitere
Auskunft: 1-800-642-0066. Und nun zum *Yesler Way,* der zu dem
benachbarten **Pioneer Square** führt – früher Seattles Mittelpunkt.

PIONEER SQUARE

Obwohl Seattle **1851** am **Alki Point** gegründet wurde – heutiges West-Seattle, verlegte man **1852** die Hauptsiedlung zum **Pioneer Square**. An der Stelle mit dem 18 m hohen Totempfahl erfolgte die Grundsteinlegung der Stadt Seattle. Henry Yesler's Sägemühle kurbelte Seattles Wirtschaft und Industrie an. Bearbeitetes Holz wurde nach San Francisco verschifft, das eine emporstrebende Stadt war. Bei einem Brand wurden **1889** große Teile Seattles zerstört. Im Bereich des **Pioneer Square** blieben viele steinerne Gebäude aus jener Zeit erhalten. Nach dem Brand wurde die Straßenebene dieses Gebietes höher gelegt, wobei ein großer Teil ganz alter Gebäude und Geschäfte überbaut wurde. Heute gibt es Untergrundtouren, *Underground Tours,* bei denen diese alten Winkel entdeckt werden. Tourbeginn am Doc Maynard's Public House, *First* und *James,* in der Nähe des Totempfahls.

Pioneer Square ist auf den ersten Blick vielleicht etwas enttäuschend. Doch nach einer Weile ist etwas von dem feinen alten Charme des Platzes zu spüren. Auf alle Fälle beim Visitors Center (Klondike Gold Rush Museum) vorbeischauen – Interessantes über dieses historische Viertel, das die Seattle Unit des **Klondike Gold Rush National Historical Parks** darstellt; 117 South Main Street.

INTERNATIONAL DISTRICT

Bei etwas übriger Zeit kann man sich den **International District** mit seinen chinesischen und japanischen Vierteln ansehen. Der hügelige Bezirk enthält viele chinesische, japanische und indonesische Restaurants. Besucher, die zum erstenmal hier sind, sollten die interessanten Stellen in diesem Distrikt bei einer Führung durch Chinatown kennenlernen – *Chinatown Tour.* Tourbeginn am Kobe Park Building, an *South Washington Street* – Besuch des Kobe Terrace Park sowie eines asiatischen Markts. Die Führung läßt sich auch mit Mittagessen oder Abendessen verbinden. Kobe, Seattles Schwesterstadt, ist eine japanische Stadt in der Nähe von Osaka im Südwesten Japans.

SEATTLE CENTER

Am Rand von Seattles Innenstadt liegt Seattles populärste Sehenswürdigkeit – **Seattle Center** mit seiner **Space Needle** (Weltraumnadel). Bequem mit der Einschienenbahn *Monorail* erreichbar; etwa 90-Sekunden-Trip vom Terminal in der Innenstadt bis zur berühmten **Space Needle** – Symbol der Weltausstellung des Jahres **1962.**

Heute ist Seattle Center – im Gegensatz zu vielen vorausgegangenen Weltausstellungen – noch am Leben, gut erhalten und in seine Aufgabe hineingewachsen – nicht nur Veranstaltungszentrum, Restaurants, Geschäfte, Sportveranstaltungen und wissenschaftliche Ausstellungen, sondern auch kultureller Brennpunkt: Kunst, Oper, Musik, Theater und Ballett. **Seattle Center** entwickelte sich zum kulturellen *Smorgasbord*. Vor wenigen Jahren fanden hier die ersten Wagner-Festspiele Nordamerikas statt. Der **International Fountain** (internationale Brunnen) und das berühmte Wandgemälde von Horiuchi *The Seattle Scene* sind ebenfalls sehr sehenswert!

Space Needle. Etwa 183 m hoch und etwa 223 m ü. M. Drei Aufzüge – zwei Expreßlifte befördern die Besucher in 43 Sekunden den Aussichtsturm hinauf. In der Spitze befinden sich Aussichtsplattform sowie Drehrestaurant, das sich einmal in der Stunde ganz herum dreht; grandiose Aussicht.

Center House. Souvenirs und Geschäfte sowie mehrere Restaurants mit Spezialitäten aus aller Welt. Im selben Gebäude Seattle Children's Museum (Exponate zum Anfassen) nicht nur für Kinder.

Pacific Science Center. Großleinwand-Theater, Computerspiele, Ausstellungen „zum Anfassen", Laserium mit Ton- und Lichtschau.

Northwest Crafts Center. Arbeiten von Künstlern der westlichen USA sowie Kanadas.

Seattle Art Museum Pavilion. Teil des Seattle Art Museum (Kunstmuseum), ausgezeichnete Wanderausstellungen. Montags geschlossen.

Playhouse. Heimatbühne des Seattle Repertory Theatre.

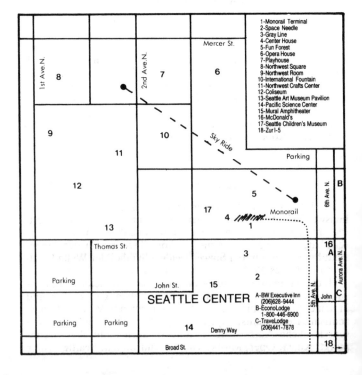

Opera House. Heimat der Seattle Opera, Seattle Symphony und das Pacific Northwest Ballet.

Fun Forest. Vergnügungspark.

UNIVERSITY OF WASHINGTON AREA

Der etwa 2,9 Quadratkilometer große Campus der Universität **University of Washington** liegt weniger als 15 Minuten von der Innenstadt Seattles entfernt. Die Territorial University of Washington wurde **1861** eröffnet (Washington wurde **1889** amerikanischer Bundesstaat). Die Universität befand sich zunächst im heutigen Innenstadtbereich Seattles und verlegte **1889** ihren Sitz an den heutigen Standort; heute etwa 37 000 Studenten.

Zwei Attraktionen, die Besucher auf das Universitätsgelände locken, sind Museum und Kunstgalerie sowie Aussicht vom Rainier Vista. Die Kunstgalerie **Henry Art Gallery** am Besucherparkhaus und Visitors Information Center beherbergt eine Dauerausstellung mit Werken aus dem 19. und 20. Jahrhundert sowie Wanderausstellungen. Das **Thomas Burke Memorial Museum** – neben *NE 45th Street* und mehrere Blocks von der Kunstgalerie entfernt – ist hervorragend: Totempfähle, Fossilien, Kajaks, Muscheln aus dem Pazifik und Masken der Eskimos von Alaska. Interessantes über Archäologie des Columbia River, Peru, Mikronesien usw. Kleiner Souvenirladen, Museumscafé. Parkmöglichkeit neben dem Museum über *Gate 2* (Tor 2), Ecke *NE 45th Street* und *17th Avenue NE*.

Die Universität ist auch mit dem Bus erreichbar – *Busse 7* und *8*. An der Haltestelle *NE 45th Street & University Way NE* befindet man sich nur ein paar Straßen westlich vom **Thomas Burke Memorial Museum.** Läuft man auf *University Way* etwa 5 Straßen südwärts, gelangt man zum Visitors Information Center. Per Auto biegt man von *I–5* auf *NE 45th Street East* bis zum *University Way* und fährt südwärts weiter bis zum Visitors Information Center (südlich von *NE 41st Street*) und Besucherparkplatz. Beim Visitors Information Center gibt es eine Orientierungskarte sowie Broschüren für Rundgänge auf eigene Faust. Hier auch nach Spezialveranstaltungen erkundigen.

INSIDER TIPS

Praktisch & Preiswert durch Seattle

Übernachtungsmöglichkeiten

Seattle ist ein großes Kongreßzentrum und Touristenziel. In den Sommermonaten während der Hochsaison daher Zimmerreservierungen im voraus vornehmen oder früh am Tag um Übernachtung kümmern. – – **Luxushotels** in der Innenstadt: Westin Hotel (zwei Hoteltürme), 728-1000. Weitere Hotels: Seattle Sheraton, Park Hilton, Seattle Hilton und Four Seasons. – – Etwas **preisgünstiger,** aber noch mit günstiger Lage: Pacific Plaza Hotel, 623-3900. – – Zwischen Innenstadt und Seattle Center: **Best Western Loyal,** 2301 8th Ave, 682-0200, und **Best Western Executive Inn,** 448-9444, nur ein paar Straßen von Space Needle entfernt. – – In der Nähe des Busbahnhofs – The Vance Downtown Hotel, 620 Stewart St., 441-4200. – – **Billigunterkunft** im YWCA (nur Frauen), 447-4888, und im YMCA (Männer & Frauen), 382-5000; 909 4th Avenue. – – **Billigunterkunft** für Autofahrer: **Motel 6,** südlich von Everett in der Nähe der Boeing Plant; von *I–5* Abfahrt 189W benutzen, dann auf *WA 526* bis *WA 99,* dann weiter südwärts, (206)347-2060. Südlich von Seattles Innenstadt, in der Nähe vom Flughafen Sea-Tac International Airport: **Motel 6,** an *I–5 & S 188th Street,* (206)241-1648; Hampton Inn am Pacific Hwy South, (206)878-1700 – beide Exit 152 von I-5. – – **Jugendherberge/Youth Hostel:** 84 Union Street, (206)622-5443; Innenstadt – Fährabfahrtsstelle, Seattle Aquarium und Pioneer Square zu Fuß erreichbar.

Einkaufen – Shopping

Die Seattle Area ist ein Einkaufsparadies. **Innenstadt:** Kaufhäuser wie Bon Marche, Nordstrom und Frederick & Nelson; Westlake Center. Andere Einkaufsgebiete: **Rainier Square.** In der Nähe befindet sich **Pike Place Market** – Frischer Fisch, Gemüse, Obst und Boutiquen. – – Im **Hafenviertel:** Von der Pier 70 bis Pier 51. – – **Pioneer Square:** Buchhandlungen und Antiquitäten. – – **International District:** Souvenirs und Ware aus Asien. – – **Seattle Center:** Verschiedene Geschäfte. – – **Northgate Mall:** Riesiges Einkaufszentrum etwa *8 mi/13 km* nördlich der Innenstadt an *I–5*. – – **Southcenter Shopping Center:** Etwa *12 mi/19 km* südlich der Innenstadt, an *I–5 & I–405*, in der Nähe des Flughafens Sea-Tac Airport.

Öffentliche Verkehrsmittel

Metrobus-(Stadtbus) Beförderung *innerhalb* der zentralen Innenstadt Seattles ist **kostenlos!** Attraktionen *außerhalb* der Innenstadt bequem mit dem Bus erreichbar. Seattle Art Museum im Volunteer Park – *Bus 10* Capitol Hill ab *4th Ave & Pike Street.* University of Washington – *Busse 7* und *8* aus der Innenstadt. Zwischen Innenstadt und Flughafen Sea-Tac International Airport: *Bus 174.* – – **Straßenbahn/** Trolley im Hafenviertel zwischen Pier 70 und Pier 50. – – Einschienenbahn/ **Monorail:** 90-Sekunden-Fahrt von Innenstadt zum Seattle Center. – – Neueste Information über Busverbindungen (Metro Service): 447-4800. – – **Fähren**/Ferry Service in der Puget Sound Area: Von Pier 52 *Washington State Ferries* nach Bremerton und Bainbridge. Weitere Informationen: 464-6400 & 1-800-542-7052. Fähren des *Alaskan Marine Higway Systems* nach Alaska vom Hafen Fairhaven der 140 km nördlich von Seattle liegenden Stadt Bellingham, Tel. 1-800-642-0066.

Touren/Ausflüge

Verschiedene Touren zum Kennenlernen Seattles und seiner Sehenswürdigkeiten sowie seiner Umgebung. Neueste Informationen, Abfahrtszeiten, Preise, Tourziele und Veranstaltungstage beim Seattle Visitors Bureau oder im Hotel erfragen.

Architectural Tours: Stadtrundgang durch Seattle, Besichtigung architektonisch interessanter Gebäude. Einzelheiten beim Visitors Bureau, Touren im allgemeinen samstags.

Boeing Everett Plant 747/767 Tour: Mo-Fr kostenlose Besichtigung der Flugzeugfabrik Boeing Everett Plant, wo die Düsenjets 747 und 767 gebaut werden. Touren etwa 1 ½ Std., alles zu Fuß; Mindestalter 12 Jahre. Einzelheiten beim Seattle Visitors Bureau oder Tel. 342-4801. Boeing liegt etwa *25 mi/40 km* nördlich von Seattles Innenstadt an *WA 526.* Von *I–5* Abfahrt 189 West benutzen und etwa *2 mi/ 3 km* auf *WA 526* bleiben, dann rechts auf *20th Avenue* abbiegen.

Chinatown Tour: Fußtour durch den International District – Mischung chinesischer, japanischer und anderer asiatischer Kulturen. Tourkombination auch mit Mittag- oder Abendessen möglich. Start an 622 South Washington Street. Neueste Informationen und Anmeldung: 447-9230.

Gray Line: Großes Tourangebot; Stadtrundfahrten – *City Tours,* Ausflug in *Mt. St. Helens Area* (10 Std), *North Cascades Wilderness* (12 Std), *Mt. Rainier Nationalpark* (9 Std). Auch 2-Tage-Tour zur *Olympic Peninsula,* Ausflug zum Kaskadengebirge – *Cascade Loop* (Cascades & Mt. Rainier) und *Victoria.* 3-Tage-Tour nach *Victoria & Vancouver.* Einzelheiten im Hotel erfragen oder 626-5208.

Harbor Tours: Hafenrundfahrten; 1stündige Bootsfahrt durch Elliot Bay. Abfahrten an Pier 56; 623-1445.

Kingdome Tour: Besichtigung des großen Hallensportstadions. Heimat der professionellen Sportmannschaften Seattles, wie Seahawks (Football), Supersonics (Basketball), Mariners (Baseball) und Sounders (Fußball); 628-3128.

Rainier Brewing Company Tours: Kostenlose Brauereibesichtigung, Mo-Fr 13-18 Uhr. Von Seattles Innenstadt von *I–5* Abfahrt *Airport Way* benutzen bis 3100 Airport Way South; Einzelheiten: 622-2600.

Skagit Tours: Vom Elektrizitätswerk der Seattle Area, Seattle City Light, veranstaltete Touren mit Bootsfahrt, Besichtigung des Kraftwerks und Verpflegung. Tourbeginn am *North Cascades Highway (WA 20),* östlich von Newhalem (vom Kraftwerk erbaute Stadt). Sehr beliebte Tour. Einzelheiten und Anmeldung: 625-3030.

Tillicum Tours: 45-Minuten Bootsfahrt zur Blake Island und Tillicum Village – nach indianischer Art gebratener Lachs und Indianertänze. Gesamttour 4-5 Std. Einzelheiten: 329-5700. Abfahrt von Pier 56.

Unterhaltung

Seattle bietet eine ganze Menge zum Ausgehen, z. B. Abendessen im Drehrestaurant der **Space Needle** (Tischreservierung: 443-2100). – – Etwas legerer Ausgehen im **Seattle Center** mit internationaler Küche im **Center House.** – – In der Innenstadt: Broadway Musical im **Fifth Avenue Theatre,** 1301 Fifth Avenue – neueste Programmansage: 625-1900. – – Bummel durch das Hafenviertel mit preiswertem Essen in der **Old Spaghetti Factory** in der Nähe der Pier 70, oder Fischlokal mit Blick aufs Wasser. – – **Chinatown Tour** kann auch mit Abendessen kombiniert werden. – – In den Luxushotels gibt es oft verschiedene Restaurants mit ausgezeichnetem Unterhaltungsprogramm und Tanz.

Vorschläge für 2-Tage-Aufenthalt

1. Tag: Fahrt nach Everett zur Besichtigung der Boeing Plant; auf dem Rückweg nach Seattle Besichtigung der Schleuse Hiram M. Chittenden Locks und Fischleiter. Anschließend zum Seattle Center und Blick von der Space Needle. **2. Tag:** Seattle Art Museum und Seattle Museum of History and Industry. Anschließend Pike Place Market, Bummel durchs Hafenviertel und Pioneer Square.

Seattle Area ohne Auto

Die meisten Attraktionen Seattles sind zu Fuß oder mit dem Stadtbus – *Metro Bus* erreichbar. – – Seattle ist auch hervorragende Ausgangsbasis zu den Nationalparks im Pazifischen Nordwesten und im angrenzenden Kanada. Es gibt z. B. Tagestouren zum Mt. Rainier Nationalpark, 3-Tage-Touren mit Victoria und Vancouver Kombination, 2-Tage-Touren zum Olympic Nationalpark und Tagestour zum North Cascades Nationalpark. Weitere Alternative: Mit dem *Bus* nach Port Angeles, Fähre über die *Juan de Fuca-Straße* nach Victoria. Von Victoria mit Bus/Fähre nach Vancouver; häufige Busverbindung zwischen Vancouver & Seattle. – – Auf eigene Faust: Mit der Fähre der *Washington State Ferries* von Pier 52 ab, Puget Sound und Skyline von Seattle erleben; billig und interessant.

SEATTLE AREA ATTRAKTIONEN

Hier folgen einige der Attraktionen der Seattle Area. Informationen über andere Attraktionen, z. B. Tillicum Village oder Boeing Plant unter **Touren** oder im Abschnitt der jeweiligen Area, z. B. **Downtown Area** oder **Seattle Center.** Einzelheiten über die Seattle Area, einschließlich Attraktionen beim Seattle Visitors Bureau, 1815 Seventh Avenue, (206)447-4216.

Alki Point. Erste Siedlung Seattles.

Floating Bridges. Schwimmbrücke, auf der *WA 520* den See Lake Washington überquert, ebenfalls *I–90* (von Exit 3 bis Exit 6) zwischen Mercer Island und Seattle.

Hiram M. Chittenden Locks. Schleusensystem. Verbindet Salzwasser vom Puget Sound mit Süßwasser vom Lake Washington. **1917** fertiggestellt. Der Wasser- und Schiffahrtskanal *Lake Washington Ship Canal* ist etwa 8 mi/13 km lang und an seiner engsten Stelle etwa 30 m breit. Die große Schleuse ist etwa 251 m lang und 24 m breit; die darauffolgende kleine Schleuse ist 46 m lang und 9 m breit. Nach dem Major benannt, der den Kanal plante; zuvor war er für den Straßenbau im Yellowstone Nationalpark zuständig. Der Schleusendamm ist etwa 72 m lang und 19 m hoch. Das in der Schleuse befindliche Salzwasser wird wieder zurück in den Puget Sound geleitet. In der Nähe herrlicher Park, Visitors Center und Fischleiter – Lachse kehren zu ihren Laichplätzen zurück. Von *I–5* westwärts auf *NE 45th Street/N 45th Street* abbiegen; nordwestlich der Innenstadt.

Museum of Flight (Luftfahrtmuseum). 9404 East Marginal Way South; von I-5 Exit 158 benutzen, rechts auf Marginal Way South abbiegen (Museum ca. 2 km vom Exit, gegenüber des Boeing Development Centers). Unter einer ultramodernen Stahl-Glaskonstruktion befindet sich eine überschaubare Sammlung von DC-3, Boeing 80-A (das erste mit Stewardess besetzte Passagierflugzeug), Boeing P-12 (Modell 100), B & W (Boeings erstes Flugzeug), Northrop F-5 „Freedom Fighter" (erstmals 1963 eingesetzter „Starfighter"), B-17 (ein Bomber aus dem Zweiten Weltkrieg) und vielen anderen Flugzeugen und Flugobjekten. Im Freien befinden sich weitere Exponate wie P-51 Mustang, B-47 Stratojet (erster in Serie gebauter Düsenbomber), A-4 Skyhawk B A.

Vom Eingang/Kasse rechts Übergang zur historischen Red Barn, der ursprünglichen Boeing Flugzeugfabrik aus dem Jahre 1909 – ein echter Leckerbissen. Außer Exponaten über die dramatischen Anfänge der Fliegerei bis 1938, wie beispielsweise über den Lilienthal Gleiter des Jahres 1891 oder Deutschlands Rolle im Spanischen Bürgerkrieg, sind im Obergeschoß die ehemaligen Planungs- und Designbüros mit Plantischen, Flugzeugplänen, Holzpropellern sowie Modell der ersten Boeing Fabrik zu sehen. Übrigens begann hier der Weg der Boeing 707, einst Pionier des Düsenzeitalters, des ersten für die Lufthansa bestimmten Düsenjets! Museum tägl. 10–17 Uhr geöffnet (im Sommer Do. und Fr. bis 21 Uhr); Tel. (206)764-5720; Eintrittsgebühr. Parkplätze hinter dem Museum.

Pike Place Market. Obst und Gemüsemarkt, Fisch, Läden, Restaurants, Flohmarkt. Zwischen Innenstadt und Hafenviertel; *Pike Street & 1st Avenue.*

Pioneer Square. Zentrum des alten Seattle. In Hafennähe.

Seattle Art Museum. Asiatische Kunst, afrikanische Skulpturen, amerikanische & europäische Malerei; Museumsladen. Von *I–5* Abfahrt 166 ostwärts auf *Denny Way* abbiegen, nordwärts auf *Broadway*, ostwärts auf *Aloha* entlang. Im **Volunteer Park.** Im Seattle Center ebenfalls **Seattle Art Museum Pavilion.**

Seattle Center. Gebäude von der Weltausstellung des Jahres **1962,** in denen z. B. Opera House, Pacific Science Center, Center House untergebracht sind. Restaurants, Unterhaltung, kulturelle Veranstaltungen und 184 m hoher Aussichtsturm Space Needle. Mit Einschienenbahn/Monorail von Innenstadt aus erreichbar.

Seattle Museum of History and Industry. Museum für Geschichte & Industrie. Exponate über die Geschichte der Seattle Area. Von *I-5 East* (Ost) Abfahrt 168 zur *WA 520* benutzen. 2161 East Hamlin, in Ufernähe der Union Bay.

Thomas Burke Memorial Museum. Ausgezeichnetes Museum über die Indianer im Nordwesten und andere Kulturen des Pazifikrandes. Gehört zur University of Washington (NW-Ecke des Campus).

University of Washington. Gepflegtes Unigelände nördlich vom Wasser- und Schiffahrtskanal *Washington Ship Canal.* Burke Museum und Henry Art Gallery.

University of Washington Arboretum. Großer Park südlich vom Seattle Museum of History and Industry mit japanischem Teehaus.

SEATTLE CHECKLISTE

- ☐ MONORAIL TRIP ZUM SEATTLE CENTER
- ☐ SPACE NEEDLE BESUCH
- ☐ SEATTLE-FIRST NATIONAL BANK BUILDING BLICK
- ☐ SPAZIERGANG AN DER WATERFRONT
- ☐ FÄHRAUSFLUG AB WATERFRONT
- ☐ TILLICUM VILLAGE TRIP
- ☐ MT. RAINIER NATIONALPARK AUSFLUG
- ☐ CHITTENDEN LOCKS BESICHTIGUNG
- ☐ BOEING FABRIK BESUCH
- ☐ KOSTPROBE IM CENTER HOUSE, SEATTLE CENTER

REGISTER

Abkürzungen: A = Alberta; BC = British Columbia; CO = Colorado; Hwy = Highway; MT = Montana; Mt., Mtn., Mts. = Mount, Mountain, Mountains (Berg, Gebirge); Mus = Museum; NM = Nationalmonument; NP = Nationalpark; Pkwy = Parkway (Straße); PP = Provincial Park; Rd = Road (Straße); UT = Utah; VC = Visitors Center; WA = Washington.